国/际/商/务/经/典/译/丛

国际经济学

第9版

史蒂文·赫斯特德（Steven Husted）
迈克尔·梅尔文（Michael Melvin） 著
黄磊 译

INTERNATIONAL ECONOMICS

Ninth Edition

中国人民大学出版社
·北京·

图书在版编目（CIP）数据

国际经济学/史蒂文·赫斯特德等著；黄磊译．—9版．—北京：中国人民大学出版社，2018.8
（国际商务经典译丛）
ISBN 978-7-300-25930-7

Ⅰ.①国… Ⅱ.①史…②黄… Ⅲ.①国际经济学-教材 Ⅳ.①F11-0

中国版本图书馆CIP数据核字（2018）第133006号

国际商务经典译丛
国际经济学（第9版）
史蒂文·赫斯特德
迈克尔·梅尔文 著
黄　磊 译
Guoji Jingjixue

出版发行	中国人民大学出版社		
社　　址	北京中关村大街31号	**邮政编码**	100080
电　　话	010－62511242（总编室）		010－62511770（质管部）
	010－82501766（邮购部）		010－62514148（门市部）
	010－62515195（发行公司）		010－62515275（盗版举报）
网　　址	http://www.crup.com.cn		
	http://www.ttrnet.com（人大教研网）		
经　　销	新华书店		
印　　刷	北京密兴印刷有限公司		
规　　格	185 mm×260 mm　16开本	**版　　次**	2018年8月第1版
印　　张	24.75 插页2	**印　　次**	2018年8月第1次印刷
字　　数	540 000	**定　　价**	58.00元

译者序

当今世界，谁可以回避经济全球化的影响？要在纷繁复杂的领地立足并获得一定的竞争力，每个人都有必要对其中的行为规范、游戏规则有所了解。花一些时间研习国际经济学，不失为达成此目标的一条捷径。我以为，如同经济学原理一样，国际经济学也应当成为一门普及大众的学科。如果说一般经济学原理可以促进对经济学家思维的解读，让决策者更加理性，那么国际经济学就属于一门比较实用的学科。后者聚焦于指导人们如何在全球舞台上运作，除了对一般国际货物和服务贸易理论的探究，还有对国际金融以及其他类型的全球性竞争与合作机制的深入研判。其中的思想武器绝对是全球化大潮中弄潮儿的不二选择。

国际经济学教材汗牛充栋，各种译本和专业著述俯拾皆是。我不避忌此激烈竞争的场所，花费大量时间投入耗神费力的专业著作翻译，缘由大抵在于一个基本认知。我认为，国际经济学教材具有类似垄断竞争市场的部分特色。在该领域替代品繁多，要使自己的需求曲线右移，唯一的途径是依赖独家之功，竭力促成产品差异化。

作为翻译著作，差异化至少依赖于两个方面。其一是原作。原作在此领域必须独树一帜。在这点上，本著作无疑是成功的。诚如前言所述，在众多的教材中，此著作确实特色鲜明：行文简练，内容完整充实，与时俱进，既完美囊括了传统的经典理论，也充分考虑了国际经济学当代的发展内容和趋势。作者巧妙地规避了数理推导的细节，将复杂的数理推导与基础内容分开表述，兼顾内容的深入和全面。此外，本书的教辅内容和资料十分丰富，令人融会贯通，开卷有益。本书既可以作为专业学生的经典教材，也是国际经济学入门者的最佳选择之一。

其二，翻译质量。译事维艰，翻译向来是吃力不讨好的工作。德国著名诗人歌德曾说格律诗写作乃是“戴着镣铐跳舞”。此论何尝不与专业著作翻译工作相吻合？或许文学类翻译可以天马行空，但专业著作翻译的再创作空间却逼仄狭窄。一方面，“镣铐”本身无疑是一种框架，将译者的想象力约束在一个有限的空间内；另一方面，这副“镣铐”却可以令译者守法守则，不被缤纷绚丽之现象所迷惑，误入歧途，从而保持原作的本真。中西文化迥然，其文字演绎方式各有千秋。在两者的转换之间，如何做到游刃有余，不失原意又能够体现译者自身的风格和再创造能力，实在是无比吸引人却又令人恐惧有加。经常是，译罢数言即懊悔，更愁不得上佳句。敲碎键盘倦意浓，回头但见我自痴。不敢说为一词而枯肠索尽，确实曾有多回彻夜无眠。终信奉，如同人生之璀璨，专业著作的翻译也是一个充满权衡取舍(tradeoff)的过程。对“信、达、雅”的取舍，当以“信、达”为要义，内容表述忠实、顺畅，逻辑结构严谨，然后方可考虑“雅”之表述。终极目标是，哪怕空间狭小，亦求舞出自我。总而言之，要翻译出好的质量，译者首先必须拥有坚实的外文基础，对原文的理解和对逻辑结构的研判不存在障碍；其次，母语表达能力必须达到一定的高度，除却对原意的忠实表述，须尽力呈现母语的力量和优美。

人类智慧的领空群星璀璨。人世间来往川流，纷纷扰扰，却也在混沌中井然有序，无数智者的贡献实为这一切条理与次序的关键基石。但是，每每沉醉于大师们构筑的深邃而惊心动魄的广阔世界，总有另一种心绪产生。放眼当今世界经济管理经典，莫不以西人学说为盛。我大中华泱泱巨国，无论在世界文明、世界文化、世界管理还是世界经济等领域，其贡献何其巨大？其影响何其空前？中国梦横空出世，文化自信辉耀东方，“一带一路”撼动全球。中国需要世界，世界也需要中国。然而，与中国梦和文化自信目标的宏伟博大相比，我国在经济学和管理学领域的原创性成就尚存在巨大的增长空间。因此，我有一个梦想，有朝一日，能够把中国学人自己的管理学或经济学理论翻译成外文，让世人识得我中华之伟大。

感谢中国人民大学出版社给予的宝贵机会。感谢家人在此过程中的默默付出和无声帮助。感谢广东外语外贸大学商学院几位研究生的热情参与，从她们身上我获益良多。其中陈丹翻译第7章和第18章；陈雪莹翻译第6章和第14章；李秋婷和徐瑞彤分别翻译第15章和第16章。本人翻译本书的其余部分，并负责全书的最终校对和润色工作。

环宇知识无限，个体智慧有穷。对本著作的理解和翻译不过是译者的一己之见、一家之言。倘若此译稿交付别的学者，成果定然不会如出一辙。此乃世间常态，我等无从改变亦无须沉湎。唯一的祈愿是，读友们厚爱有加，不吝赐教。

黄磊

于广州白云山麓

前　言

一如在先前各种版本中所申明的那样，我们编撰此教材的目的很简单：希望可以为莘莘学子提供一份“国际经济学”课程的学习指南，此指南理当行文通俗易懂、内容丰富全面、论述有效中肯并尽力做到与时俱进。承蒙使用过拙作师生的溢美之词，依之判断，自信预定目标大抵已达成。不过，我们写作的初心不变，宗旨依旧。为此目的，在此版中我们对原来的内容进行了较大幅度的修订，以求更完整地涵盖本领域的基本内容，囊括其他丰富多彩的议题，这些议题已然跻身学界新近的核心研判主题。

新版新看点

除却数据和示例之更新，本版的修订内容尚涉多处。前部分大幅修订的内容包括以下：

- 第 1 章增加了对 2009 年国际贸易崩溃及其随后反弹的讨论，对中国作为国际贸易主要参与者的崛起进行了详细研讨。
- 第 8 章有关美国商业政策举措的内容终得更新，并加入一个贸易政策案例，内容为中国向美国轮胎出口引发的中美贸易争端。
- 第 9 章详细介绍了美国同几个国家缔结和批准的自由贸易协定。同时增添了对美国和部分亚太地区国家之间最近倡议的讨论，即所谓的“跨太平洋伙伴关系”议题。

对后半部分内容的修订可谓本书出版以来范围最大的一次。此举的首要目标是加强本书第一和第二部分之间风格的吻合度。修订内容如下：

- 材料重组。删除早期版本中的介绍性章节，并将关于国际货币体系的章节前置。此外，早期版本中的汇率和利率两章在此版中合并为一章。关于开放经济的宏观经济学的章节得以简化，哪怕是对宏观经济学模型接触有限的学子，学习本章时亦可做到举重若轻。蒙代尔-弗莱明模型的推导被放到本章附录部分。
- 第 13 章涵盖了国际货币体系的前世今生与未来。其中对金本位制和布雷顿森林体系的讨论尤其广泛充裕。
- 第 14 章探讨并建立了一个模型，以增进读者对短期汇率行为的理解。探讨的核心内容为无抛补利率平价。

● 第 15 章着眼于长期汇率行为，购买力平价理论和汇率的货币分析法可谓浓墨重彩。

● 第 16 章研究的是经常项目理论，包括对弹性模型的探讨以及对跨期模型的简介。

● 第 17 章致力于开放经济语境下对宏观经济学问题的探讨。本章正文展示了如何通过一个简单的开放经济凯恩斯主义模型，来诠释最近金融危机对经济活动和经常项目余额的影响。

● 第 18 章对国际债务问题的处理进行了总结，增加了一个"全球视野"专栏，题为"欧元区危机"。

内容范畴

我们试图撰写一部涵盖国际经济学发展现状的教材，同时不让那些只学习一两门经济学原理课程的学生感觉太难。为此，数学推导过程已尽量简化，并将难度较大的部分置入附录。此教材的学习辅助工具很多，包括对各种新概念的定义、"全球视野"专栏和案例研究等。这些内容均是教材正文所研究的思想理论内容在现实世界中的呈现。同时，每章结尾部分都提供一组练习，以巩固本章所识。除了课本内容，我们还将趣味盎然且与时俱进的网络内容融入这些基于章节主要内容的习题。

覆盖面和重点内容

为促进学生对教材中讨论的问题的深入理解，书中整合了现实世界中的大量数据。例如，第 1 章几乎完全用于描述国民经济和国际贸易的模式和流向。书中其他表格比比皆是。我们力求尽最大可能将最新的统计资料呈现给读者。

至于第 2 章内容，一般的国际经济学教材鲜有涉及。本章目的在于对一般均衡的基础分析方法进行回顾，尤其是要向学生介绍构建经济模型的逻辑和方法。本章首先通过简明的生产可能性边界图，直接对封闭经济体的一般均衡展开分析。然后，引入对参与国际贸易的意义的讨论。随后的第 3 章和第 4 章采用生产可能性边界作为主导分析工具，对古典贸易模型和赫克歇尔-俄林模型进行详细介绍。

第 5 章对古典贸易模型和赫克歇尔-俄林模型进行了实证检验。然后，简要研究了新创立的贸易理论，包括非完全竞争和规模收益递增。第 6 章先后介绍了包括关税在内的商业政策。第 7 章讨论了战略性贸易政策以及环境保护成为贸易保护的缘由。第 8 章对美国的贸易政策进行了充分详尽的研讨，包括解决环境问题的贸易政策案例研究，与欧盟发生的香蕉贸易争端，以及对从中国进口轮胎征收关税的问题。本章还对 WTO（世界贸易组织）和多哈回合谈判的崩溃进行了深入讨论。

第 9 章是对区域贸易协定的经济学研究。本章首先对这种安排的成本和收益进行一般讨论，然后聚焦北美自由贸易协定和欧盟。第 10 章对本书的第一部分进行归纳，内容包括贸易和增长以及生产要素的国际流动等。

第 11 章覆盖国际收支平衡表的内容，并使用国民收入账户来阐明国家储蓄、投资和经常项目之间的联系。第 12 章所描述的外汇市场细节远非其他传统教材可以比肩。本章对 24 小时的市场交易性质进行了描述，本地交易时间和交易量也在列举范围之内。第 13 章讨论了国际货币体系的前世今生，并对其未来发展进行了展望。第 14 章和第 15 章为利率和汇率之间联系、价格和汇率之间联系的基本知识构筑了坚实的基础，这些内容的讨论均在当前的实例和数据语境中进行。第 16 章研讨国际收支理论。第 17 章采用简明的开放的宏观经济模型来诠释各种宏观经济政策对产出和国际收支的影响。第 18 章涉及国际银行业务、主权债务和国家风险分析等内容。

我们希望上述修订有助于加强读者的研习流程。国际经济学属动态领域，而世界发展瞬息万变。作为作者，我们的职责是确保此教材从满足学生需求的角度出发，覆盖全部的最新动态变化内容。

课程选择和重点内容

该教材旨在提供足够的灵活性，以实现一学期粗略考察“国际经济学”课程或两学期全面研究国际贸易和国际金融的教学目标。导师千百学有治，各有偏爱不足奇。基于此，我们对教材内容的安排建议如下：

- 一学期的“国际经济学”概览：第 1～4 章，第 6～9 章，第 11～13 章及第 17 章。
- 一学期的“国际贸易理论”课程：第 1～10 章。
- 一学期的“国际金融”课程：第 11～18 章。

在线教师手册包括各章末练习的参考答案。在线题库和计算机化题库中的测试材料丰富多样。PowerPoint 演示文稿中包含课堂讲授大纲以及教材中的图表。

致谢

没有朋友和同事的评论、批评和意见，任何教材都无法顺利编撰。我们对许多朋友心怀感激，他们是 Arsene Aka，Jim Cassing，Passcal Gauthier，John K. Hill，Ked Hogan，Douglas Irwin，Ali Kutan，Steve Matusz，Jacquie Pomeroy，Roy Ruffin，Steve Tokaric 和 Magali Valero-Tonone。Ian Robin 和 Svitlana Maksymenko 认真研读了本教材第 8 版的部分内容，并提出诸多有益建议。我们特别要感谢 Marie Connolly，Bettina Melvin 和 Eugenio Dante Suarez。这些年来，他们承担了对本书大部分内容的阅读、编辑和校对工作。Lawrence Officer 对本书内容和表述水准的意见在正文第一部分被大量采用。

在本教材的撰写过程中，读者的评论也使我们受益匪浅。为第 9 版提供帮助的有 Orhan Kara，Martha Meaney，Bill Davis，Bedassa Tadesse，G. Rod Erfani，Svitlana Maksymenko，Joe Nowakowski，Orhan Atesagaoglu，Allen Dalton，Regina Tawah，Thomas Carter 和 David Hudgins。早期版本的编写从下列人员深思熟虑的评论中获得启示，他们是 Richard V. Adkisson，Mohsen Bahmani-Oskooee，Rita Balaban，Lloyd B. Brown，Phillip J. Bryson，James H. Cassing，Steven Skeet Chang，Robert V. Cherneff，Raymond Cohn，Addington Coppin，Dean Cortes，Satya P. Das，Zane DennickReam，William Donnelly，Lewis R. Gale，John Gilbert，Bassam Harik，Panos Hatzipanayotou，Lutz Hendricks，Thu-Mai Ho-Kim，Tomotaka Ishimine，Bang Nam Jeon，Magnus Johansson，Susan K. Jones，Yoonbai Kim，Denise Eby Konan，Kishore Kulkarni，William E. Laird，Byunglak

Lee，Daniel Lee，Chyi-Ing Lin，Kristina Lybecker，Joseph A. McKinney，Michael A. McPherson，Richard Milam，Michael H. Moffett，William E. Morgan，Robert NcNown，Douglas Nelson，John Neral，Joe Nowakowski，Walter G. Park，Susan Pozo，David A. Riker，Daniel Ryan，Andreas Savvides，Bansi L. Sawhey，John A. Shaw，Garry Brooks Stone，Eugenio Suarez，Edward Tower，Michael Veseth，Frank Weiss，Harold R. Williams，Darrel Young，Allan H. Zeman，I-Ming Chiu，Ron Davies，Zaki Eusufzai，Mary Rose Leacy，Raymond MacDermott，Marina Rosser，Gerry Simons，Niloufer Sohrabi 等。并非所有人的出色建议都能够融入书中，但最终的书稿一定留有他们深刻的思想痕迹。与 Pearson Education 的编辑人员 Noel Kamm Seibert 和 Carolyn Terbush 的精诚合作，令我们在使命的完成过程中身心愉悦。

最后，我们要衷心感谢家人的大力支持。感谢那些学习“国际经济学”课程的莘莘学子。得益于他们的贡献，我们终可在相关方法和主题领域构筑起自己的思想理念。那些方法和主题既满足课堂教学的需求，也与教材的编撰相得益彰。

史蒂文·赫斯特德

迈克尔·梅尔文

目　　录

第1章 国际贸易导论

本章主题

国民经济的特征
国际贸易的流向
哪些产品会在国家之间进行贸易

国际经济学探究的问题令人迷醉。诸如，全球金融危机会对世界贸易产生怎样的影响？近来世界贸易的增长是否加剧了危机的影响力？对国际贸易的依赖程度上升，是否令美国公民失去了"好"的工作机会？美国企业是否能够与劳动力成本低廉国家的企业同台竞争？世界贸易组织（WTO）给美国的政策带来哪些影响？美国国际贸易逆差为何如此之大？这种逆差是否会对美国经济造成损害？美元的合理价值是多少？等等。换句话说，现实世界里发生的很多问题都是国际经济学家关注的对象，每天的新闻报道都被这些问题所充斥。

本书是对国际经济学这门学科的全面介绍。我们分析研究了上述几个问题，同时还描述了经济学家研究这些问题的方法。本书为读者提供了大量有关国际商务交易范围和性质的信息。在整个过程中，我们一直努力把相关概念同现实中碰到的真实案例联系起来。最重要的是，我们努力为读者提供一套简明的分析工具来研究上述问题，并对未来发生的事件进行考量。

"经济学原理"课程分为两个部分：微观经济学和宏观经济学。一般而言，"国际经济学"尤其是这本教材对课程材料的分类方法与"经济学原理"相仿。即前10章内容与国际贸易理论相关（国际微观经济学），其中的核心内容为产品和服务的国际交换。特别有意思的内容包括：国家为什么要参与国际贸易？国与国之间到底要贸易哪些产品？国际贸易对国内工作岗位的数量、配置以及经济收入会产生什么影响？国际贸易是否需要通过关税、配额或者其他壁垒进行调节？如果需要调节，其范围和程度应该怎样界定？国际劳务和资本流动又是怎样对国家产生影响的？此外，这部分材料还讨论了美国和其他国家贸易政策的制定过程，并对国家之间现有的各种贸易协议进行了介绍。

第11～18章关注的是国际金融（国际宏观经济学），其焦点放在金融资产的国际交换上。中心内容包括国际收支平衡表；汇率决定理论；汇率、价格水平和利息的关系；国际银行、债务和风险；各国之间宏观经济政策的互相影响。这一部分还介绍了国际货币体系的演变历程，同时对某些国际组织如国际货币基金组织在当今经济中的功能进行了讨论。

经济学的目的是促进人们理解日常生活中观察到的商业交易形式以及人与社会之间的互动方式。国际经济学的焦点集中在对国与国之间的商业互动的研究分析上。国际经济学的目标是建立一个与时俱进的理论框架，以帮助人们对现实世界中的现象进行有效解释，并预测国际环境变化可能导致的种种后果。因此，本书的大部分议题针对经济行为理论的开发。然而，实践出真知，真空无法生成理论。国际贸易对国家的重要性如何？一国当与何国贸易？何种产品可以在国家之间贸易？本章后半部分将对类似问题作出实事求是的解答。

1.1 国民经济的特征

当今世界，国家数量已然超过190个，大小各异。众民大国（如中国、印度）有之，寡民大国（如澳大利亚和加拿大）有之，而众民小国（如日本）和寡民小国（如牙买加和新加坡）亦非少数。然而，无论国大国小、民寡民众，只要是一个国家，则必然有某些共性。比如，每个国家都存在经济活动，都生产、交换和消费产品和服务。

一个国家的经济活动范围可以通过多种方式衡量。最常规的方法有二：**国民生产总值**（gross national product，GNP）和**国内生产总值**（gross domestic product，GDP）。[①] 两者皆为对某一国最终产品和服务销售总量的估值。由于售卖者的收入由产品和服务的销售量构成，所以，GNP和GDP也被视为总国民收入的指标。GNP和GDP的差别在于产品和服务由谁生产。GDP指的是生产在某一国领土上发生，与生产资料（如劳动力和资本）来源于国内还是国外无关。GNP指使用本国生产要素进行生产，不受国土领域的约束。因此，位于美国领土内的加拿大厂商生产的产品会被计入美国的GDP，它们同时也是加拿大GNP的组成部分。就大多数国家而言，GNP和GDP相差无几。假设两者真的存在差异，大可归因于部分生产要素（如劳动力和资本）的国际流动。

通过一国的GNP（或GDP）与人口之间的比率可以大致估算该国人民的生活水平。这个方法称为这个国家的“人均收入”或者“人均GNP（或GDP）”。如果这个国家的总产出能够在所有公民间平均分配，则可以大致计算出每一位公民的所得。根据这个标准，某些国家会被视为低等或中等收入（尽管部分国民可

① 世界银行出版物目前将GNP称为GNI（国民收入总值）。

能比较富有）国家，另一些国家被视为高收入（尽管部分国民可能比较贫穷）国家。本书分别用发展中国家或新兴市场国家代表低收入或中等收入国家。富裕国家称为发达或工业化国家。

毫无例外，没有哪个国家可以置身于国际贸易之外。这意味着，每个国家生产的部分产品和服务需要售卖给经纪代理（比如个人、厂商和政府），这些产品称为**出口产品**（exports）。国内消费的部分产品和服务会从其他国家的经纪代理那里购买，这些产品称为**进口产品**（imports）。

各个国家参与国际贸易的程度不尽一致。此参与率（非常粗略的估算）可以通过出口额与 GNP（GDP）的比率乘以 100 获得。其结果称为**开放指数**（index of openness）。尽管指数有可能大于 100①，但是，一般而言，数值会在 0～100 之间浮动。数值越高，说明这个国家与他国的贸易程度越深，该国相对开放。开放指数低的国家被视为相对封闭，因为国际贸易在其经济活动中的占比细微。

表 1－1 列举的实际数据可以帮助我们进一步了解这些概念。表 1－1 陈列了一系列经济体 1980—2009 年间的基本数据，包括面积和人口总数，以及人均 GNP（通过两种方法计算）、开放指数（产品和服务出口在 GDP 中占的百分比）和商品贸易额（2009 年的进出口额）。

研究一下表 1－1 中的数据。首先，各个经济体按照人均 GNP 从低到高排序。最穷经济体大致位于非洲和亚洲。富裕经济体多为西欧、北美和环太平洋的工业化国家/地区。除了中国内地和印度，经济体实际大小（面积）和人口规模与人均收入相关性不强。

表 1－1　　**部分经济体的基本特征**

	2009 年人口（百万）	人均 GNP				开放指数		产品和服务	
		面积（1 000 平方公里）	2009 年（美元）	根据 PPP 估算	2000—2009 年年均增长率	1980 年	2009 年	2009 年出口额（百万美元）	2009 年进口额（百万美元）
低收入经济体									
布隆迪	8.0	28	150	390	0.2	9.0	4.9	65	410
马拉维	15.0	118	280	760	2.1	25.0	19.3	960	1 600
埃塞俄比亚	83.0	1 104	330	930	5.9	11.0	5.2	1 490	7 310
尼日尔	15.0	1 267	340	660	0.8	25.0	16.7	900	1 550
塞拉利昂	6.0	72	340	790	6.2	18.0	10.6	205	505
几内亚	10.6	246	370	940	0.5	n. a.	23.9	980	1 400
马达加斯加	20.0	587	420	1 050	1.1	13.0	12.7	1 150	2 900

① 数值大于 100 意味着这个国家的出口额高于总体产出水平（GDP 或 GNP）。如果一个国家的大部分经济活动涉及装配以及出口最终产品，这些产品来源于进口材料或半成品材料，那么这种情况有可能发生。数值超过 100 是因为产出按照增值额计算，即在生产流程中资本和劳动服务价值的增加。而出口是根据产品的总价值计算的，包括进口部件的价值。显然，在这个条件下，出口额高于增值额的概率很大。

续前表

	2009 年人口（百万）	人均 GNP				开放指数		产品和服务	
		面积（1 000 平方公里）	2009 年（美元）	根据 PPP 估算	2000—2009 年年均增长率	1980 年	2009 年	2009 年出口额（百万美元）	2009 年进口额（百万美元）
莫桑比克	23.0	802	440	880	5.4	11.0	19.9	1 950	3 750
尼泊尔	29.0	147	440	1 180	1.7	12.0	5.4	680	3 550
多哥	7.0	57	440	850	−0.1	51.0	27.3	780	1 400
中非共和国	4.0	623	450	750	−1	25.0	5.5	110	300
卢旺达	10.0	26	460	1 060	4.3	14.0	4.0	205	1 750
乌干达	33.0	241	460	1 190	4.3	19.0	22.6	3 560	4 410
坦桑尼亚	44.0	945	500	1 350	4	n. a.	13.7	2 970	6 347
布基纳法索	16.7	274	510	1 170	2.1	10.0	9.8	800	1 900
孟加拉国	159.0	144	590	1 580	4.3	4.0	16.9	15 081	21 833
乍得	11.0	1 284	610	1 230	7.2	17.0	40.4	2 700	2 100
马里	13.0	1 240	680	1 190	2.9	15.0	23.3	2 100	2 600
加纳	24.8	239	700	1 480	3.4	8.0	35.4	5 530	8 140
贝宁	9.0	113	750	1 510	0.7	23.0	15.0	1 000	1 800
肯尼亚	40.0	580	770	1 570	1.8	28.0	14.4	4 335	9 670
毛里塔尼亚	3.0	1 026	960	1 960	2.1	37.0	44.9	1 360	1 410
平均值			**500**	**1 112**	**2.7**	**18.8**	**17.8**	**2 223**	**3 938**
中等收入经济体									
巴基斯坦	170.0	796	1 020	2 710	3	12.0	10.6	17 695	31 720
塞内加尔	13.0	197	1 030	1 790	1.6	27.0	16.7	2 180	5 210
科特迪瓦	21.0	322	1 060	1 640	−1.4	35.0	40.4	9 300	6 500
尼日利亚	155.0	924	1 140	1 980	4	29.0	31.1	52 500	3 900
喀麦隆	20.0	475	1 170	2 200	1.1	28.0	14.2	3 100	3 800
印度	1 155.0	3 288	1 180	3 260	6.4	6.0	11.8	155 249	243 636
巴布亚新几内亚	7.0	463	1 180	2 270	0.9	43.0	57.4	4 530	3 480
玻利维亚	10.0	1 099	1 620	4 260	2.2	25.0	28.0	4 850	4 410
菲律宾	92.0	300	1 790	3 540	3	24.0	23.9	38 335	45 802
洪都拉斯	7.0	112	1 820	3 730	2.9	36.0	35.8	5 235	7 830
刚果共和国	4.0	342	1 830	2 940	1.7	60.0	65.6	5 700	2 700
斯里兰卡	20.0	66	1 990	4 720	4.6	32.0	17.5	7 360	9 883

续前表

	2009 年人口（百万）	人均 GNP				开放指数		产品和服务	
		面积（1 000 平方公里）	2009 年（美元）	根据 PPP 估算	2000—2009 年年均增长率	1980 年	2009 年	2009 年出口额（百万美元）	2009 年进口额（百万美元）
埃及	82.0	1 001	2 070	5 690	3	31.0	11.2	21 150	44 946
印度尼西亚	230.0	1 905	2 230	4 060	4	34.0	22.2	119 776	91 720
巴拉圭	6.0	407	2 270	4 430	1.5	15.0	21.3	3 191	6 940
危地马拉	14.0	109	2 620	4 590	1.3	22.0	20.0	7 360	11 521
摩洛哥	32.0	447	2 790	4 450	3.8	17.0	15.2	13 848	32 804
萨尔瓦多	6.0	21	3 370	6 360	2.2	34.0	17.1	3 797	7 255
中国内地	1 336.0	9 597	3 590	6 770	10.3	6.0	24.1	1 201 534	1 005 688
突尼斯	10.0	164	3 720	7 820	3.9	40.0	36.5	14 449	19 100
约旦	6.0	89	3 740	5 840	4.7	40.0	27.9	6 366	14 075
泰国	68.0	513	3 760	7 640	3.7	24.0	57.8	152 498	133 801
厄瓜多尔	15.0	284	3 920	8 040	3.9	25.0	24.0	13 724	15 093
秘鲁	29.0	1 285	4 150	8 140	4.7	22.0	21.2	26 885	21 706
阿尔及利亚	35.0	2 382	4 420	8 130	2.5	34.0	31.1	43 689	39 103
多米尼加共和国	10.0	49	4 510	8 100	4	19.0	11.7	5 460	12 230
哥伦比亚	45.0	1 139	4 930	8 500	3.2	16.0	14.2	32 853	32 898
保加利亚	8.0	111	5 770	12 290	6	36.0	34.9	16 435	23 300
南非	49.0	1 221	5 770	10 060	2.8	36.0	21.9	62 627	71 950
哥斯达黎加	5.0	51	6 230	10 940	3.4	26.0	30.0	8 777	11 395
巴拿马	3.0	76	6 710	12 530	5.2	51.0	3.6	885	7 785
马来西亚	27.0	330	7 230	13 530	3.3	58.0	82.2	157 433	123 832
阿根廷	40.0	2 780	7 570	14 120	4.4	5.0	18.1	55 750	38 771
巴西	203.0	8 547	8 040	10 260	2.4	9.0	9.7	152 995	133 609
罗马尼亚	21.0	238	8 330	14 460	6.1	35.0	25.1	40 500	54 075
土耳其	75.0	775	8 730	13 730	3.6	5.0	16.6	102 139	140 869
墨西哥	107.0	1 958	8 920	14 110	1.2	11.0	26.3	229 707	241 515
乌拉圭	3.0	177	9 360	12 910	4	15.0	14.9	5 386	6 907
俄罗斯	142.0	17 075	9 370	18 390	6.2	n. a.	24.7	303 978	191 868
智利	17.0	757	9 420	13 430	3	23.0	32.4	53 024	42 378
委内瑞拉	28.0	912	10 150	12 370	3.2	29.0	17.6	57 595	42 220
平均值			**4 403**	**7 725**	**3.5**	**26.9**	**26.0**	**78 533**	**72 884**

续前表

	2009年人口（百万）	面积（1 000平方公里）	人均GNP			开放指数		产品和服务	
			2009年（美元）	根据PPP估算	2000—2009年年均增长率	1980年	2009年	2009年出口额（百万美元）	2009年进口额（百万美元）
高收入经济体									
波兰	38.0	323	12 260	18 440	4.5	28.0	31.3	134 452	146 626
匈牙利	10.0	93	12 980	18 570	3.1	39.0	65.1	83 965	77 550
斯洛伐克	5.0	49	16 130	21 600	5.7	n. a.	63.8	55 933	55 186
捷克共和国	10.0	79	17 310	23 610	3.9	n. a.	59.6	113 319	104 982
韩国	49.0	99	19 830	27 310	3.7	34.0	43.7	363 534	323 085
葡萄牙	11.0	92	20 940	22 870	0.3	25.0	19.0	43 192	69 238
以色列	7.0	21	25 740	27 040	1.6	44.0	24.5	47 670	49 150
希腊	11.0	132	28 630	28 440	3.2	16.0	6.0	19 886	59 398
新西兰	4.0	271	28 830	26 430	1.7	30.0	19.9	24 936	25 583
中国香港	7.0	1	31 420	44 070	4.6	90.0	153.1	329 739	352 688
西班牙	46.0	506	31 870	31 630	1.3	16.0	14.9	218 027	290 240
意大利	59.0	301	35 080	31 330	−0.1	22.0	19.2	404 653	410 385
新加坡	5.0	1	37 220	49 850	4.1	215.0	148.1	269 832	245 785
日本	128.0	378	37 870	33 280	1	14.0	11.5	580 845	550 679
英国	62.0	245	41 520	37 360	1.4	27.0	16.1	350 728	479 890
加拿大	34.0	9 971	42 170	37 590	1.5	28.0	23.6	315 552	330 268
德国	82.0	357	42 560	36 960	0.9	n. a.	33.5	1 120 927	931 434
法国	63.0	552	42 680	33 980	0.8	22.0	17.9	474 972	551 092
澳大利亚	22.0	7 741	43 770	38 210	1.8	19.0	16.7	154 043	165 471
爱尔兰	4.0	70	44 310	33 280	2.3	48.0	50.5	114 662	61 871
比利时	11.0	33	45 310	36 520	1.1	57.0	78.9	369 760	351 035
芬兰	5.0	338	45 680	34 430	2.2	33.0	26.4	62 586	60 037
奥地利	8.0	84	46 850	38 850	1.5	36.0	35.6	137 217	143 527
美国	307.0	9 364	47 240	46 730	1.2	10.0	7.4	1 056 895	1 603 768
瑞典	9.0	321	48 930	38 560	1.8	29.0	32.2	130 742	118 758
荷兰	17.0	41	49 350	40 510	1.3	51.0	63.0	498 648	445 802
瑞士	8.0	41	56 370	41 830	1.2	35.0	34.5	172 742	155 595
丹麦	6.0	43	58 930	37 720	0.8	33.0	30.0	93 102	82 893
挪威	5.0	324	86 440	56 050	1.3	43.0	31.6	120 710	68 506
平均值			**37 870**	**34 243**	**2.1**	**40.2**	**40.6**	**271 147**	**286 570**

注：n. a. 表示无数据。

资料来源：World Bank，*World Development Report 2011*（Washington，D. C.：World Bank）various tables.

按照第3列数字，大多数中低等收入经济体非常贫困。与人均GNP超过34 000美元的发达经济体比较，某些经济体的人均GNP甚至低于500美元。以印度为例，2009年的人均GNP为1 180美元。你可能感到困惑，为什么收入如此低，印度人一样可以生存？对这个问题的部分解释是，这些经济体的生产率以及政府的政策差异很大，与美国和其他发达经济体相比，它们在很多产品和服务上花费的成本也低得多。例如，在目前印度大多数城市里，中等收入公民一套房子的月租金大约为100美元，男性理一次发的费用平均在50美分到1美元之间。这些价格比当前美国同类产品和服务的价格要低得多。因为GNP的衡量标准是当前的产品市场价格，对采用以美元计价的产品价格较低的经济体而言，其GNP结果存在下行的偏差倾向。

过去几十年间，数个国际机构发布了对生活水平进行测量的新方式，这些新方式考虑到国家/地区间产品和服务的价格差异。收集这些数字的基本出发点是回答这样一个问题：根据某个国家/地区当地流行的价格水平，美国公民应该支付多少美元才可以购买到这个国家/地区平均每一位居民可以购买到的产品和服务？这些测量方式的核心因素是一个被称为“购买力平价”（PPP）的概念。根据购买力平价汇率计算的2009年人均GNP列在第4列。[①] 值得注意的是，对最贫困经济体而言，第4列的数字总体大幅超过第3列。这表明，尽管经济体之间的平均生活水平差距不小，却并非如第3列数字显示的那样悬殊。例如，对印度GNP的传统计算结果为人均年GNP为1 180美元，但如果采用PPP方法计算，典型的印度国民生活水平可达3 260美元。

1.1.1 经济增长

2007年发端于美国的经济大衰退终结于2009年，尽管到2012年失业率仍居高不下。2007年以来，不少国家尤其是某些欧洲国家，同样受到经济衰退的侵扰。尽管如此，表1-1中列举的大部分经济体在2000—2009年间依然获得较大幅度的生活水平的提高。表中的低收入经济体的人均GNP年增长率为2.7%（参见第5列数字）。[②] 这一组的增长率差别巨大，正负悬殊。比如，中非共和国的增长率为−1%，乍得、塞拉利昂和埃塞俄比亚的增长率分别为7.2%，6.2%和5.9%。实际上，低收入、多人口国家如孟加拉国、埃塞俄比亚和肯尼亚等，这十年内经济增长率均有所提高。同一期间，中等收入经济体的经济增长率最强劲，平均达3.5%，几乎为高收入经济体人均GNP增长率的两倍。

---

① 要进一步了解PPP，请参考第15章。要了解如何通过PPP汇率度量收入，请参考Paul Schreyer and Francette Koechlin，“Purchasing Power Parities—Measurement and Uses，”OECD Statistics Brief，March 2002。参考网页www.oecd.org/dataoecd/32/34/2078177.pdf。

② 第5列表示GNP与人口的比率变化。贯穿本书，我们用“∧”来表示一个变量的百分比变化。如$\hat{x}$表示x的百分比变化。如果x等于两个数字的比例（如$x=y/z$，其中，y=GNP，z=人口），根据简单的近似原则，我们可以确定x的增长率：$\hat{x}=\hat{y}-\hat{z}$。我们将随时用到这个近似值。在此例中，公式表示，人均GNP的增长与GNP增长正相关，与人口增长负相关。例如，如果GNP增长1%，但是人口增长3%，则人均GNP会下降2%。

在低收入和中等收入经济体中，2000—2009年间经济遭遇负增长的有科特迪瓦和中非共和国，年均GNP下降速度达到或超过1%。高收入经济体尽管后来也出现过一到两年人均收入负增长的局面，但这期间几乎没有任何高收入经济体的经济经历过负增长。人均收入负增长的意思是，社会个体的人均收入较上一年减少。

导致生活水平持续下降的因素不一而足。2008年，美国爆发金融危机，随着银行和金融机构对企业和个人的借贷进一步收紧，危机旋即扫荡列国，令世界经济整体陷入衰退。借贷的收紧意味着家庭不得不降低消费，厂商无法维系正常的生产运作活动。后果是，经济活动螺旋式下滑，失业率高企，人们的收入锐减。2010年，美国经济有所恢复，尽管幅度不大，但是人均收入有所回升。然而，2012年初，很多欧洲经济体尤其是欧元区国家，再度陷入衰退的泥淖。很难预料欧洲的这场经济衰退会不会蔓延到全球。

某些国家的GNP下降乃是战争（或者内战）的后果，战争毁坏了工厂，摧毁了经济基础设施（如港口、公共设施、铁路和机场）。某些国家的GNP减少有可能源自经济体所依赖的商品（如咖啡、铜、可可和糖）价格的下降，价格下降的原因可能是政府急于求成的工业化政策。其他国家的负增长可能是对人口急剧增长引致的经济停滞的反映。无论原因何在，长时间的经济负增长绝对是经济恶化的征兆。

与此相反，另一些国家则在同一时间表现出强劲的增长势头。这些国家中，几个位于东欧，包括保加利亚、俄罗斯、罗马尼亚、波兰和捷克共和国。过去20年间，这些国家经历了显著的转型过程，计划经济体制被废除，由私营企业取而代之。获得强劲增长（超过4%）的其他经济体包括阿尔及利亚、阿根廷、中国内地、希腊、中国香港、印度、约旦、巴拿马、秘鲁、新加坡、斯里兰卡和泰国。

为什么在低收入发展中国家和高收入发达国家之间、国与国之间经济增长率存在如此大的差异？这是因为在经济增长过程中，国家的生产要素禀赋（如劳动力、资本和技术水平）的改进不仅取决于数量，更有赖于质量。许多经济学家相信，经济增长的核心驱动力乃是工人知识和技能的积累程度。① 人力资本的增长主要发生在学校、实验室和其他工作岗位上。对设备和工厂投资带来的有形资本增长也非常重要。但是，关键在于工人们都是在某一环境条件下工作的，时刻面对新挑战，因此必须掌握新技能。类似的情形在出口占比较大的国家尤其突出。为满足全球市场需求而生产，同时与他国对手竞争的双重挑战，令这类国家除了注重发明创造，还必须持续提高企业家才能、管理技能和生产技术水平。假如缺乏来自外部的竞争压力，这些国家的人力资本获得和整体经济增长都将放缓。因此，表1-1中列举的不少快速增长的经济体同时也倾向于更加开放就不足为奇了。

1.1.2 国际贸易

国际贸易对世界经济日益重要。图1-1按照实际价格列举了1950—2010年

---

① 此论述的详细内容可参考Robert E. Lucas, Jr.,"Making a Miracle," *Econometrica* (1993)。

间世界出口总额和商品产出量（世界 GDP）。① 为留足空间，每一系列数值都转换为指数形式，1950 年取值 100。图形显示，1950—1960 年间，产出和出口额几乎以相似的比率增长。20 世纪 60 年代早期，世界出口额开始以高于产出的速度增长。1973 年的世界出口额超出 1950 年 500%，总产出增长 200%。1989 年的世界出口额超出 1950 年 1 000%，总产出增长超过 400%。数据表明，20 世纪 90 年代，世界贸易出现。1990—2007 年间，世界出口额增长超过 1 倍。同期的世界产出增长 56%。

世界贸易出现的原因何在？答案比较复杂。其中一个重要原因是国际贸易壁

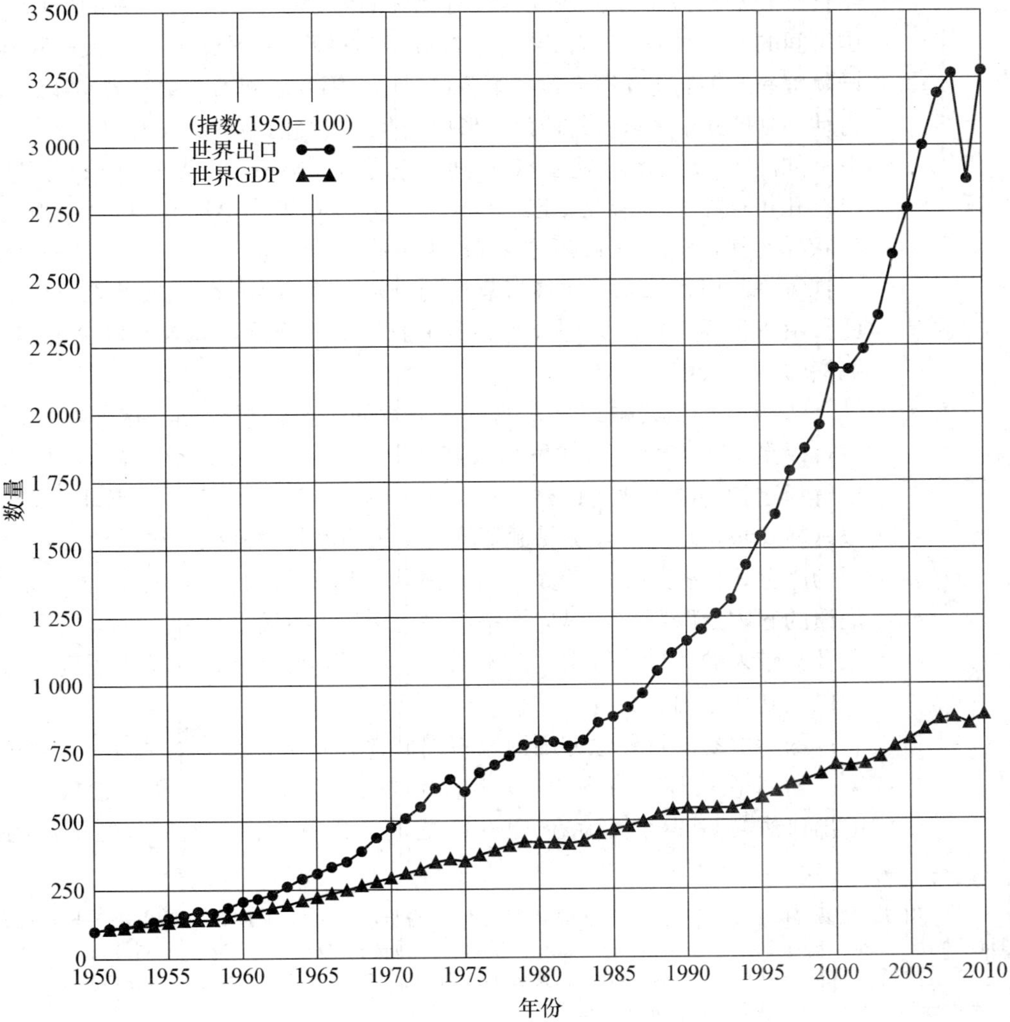

图 1-1　按实际价格计算的世界出口额和产出：1950—2010 年

资料来源：World Trade Organization，*International Trade Statistics 2011*，Table A1.

① 出口统计中没有包括商业服务国际贸易水平。

垒的下降。贸易壁垒包括运输和沟通成本。随着以下领域技术的进步，如集装箱运输、超大邮轮和卫星通信技术等，出口商与他国消费者的沟通流程得以简化，产品运输能够按时实现。

贸易壁垒也包括政府对贸易实施的限制政策，如进出口关税和配额。过去40年间，各国政府尤其是工业化国家政府间签署了一系列双边贸易协议，意在降低政府强制实施的贸易壁垒。其中一些协议在部分国家间签署，如1957年达成的关于欧盟（EU）的协议就使国际贸易在欧洲国家间自由进行。其他削减关税的谈判如60年代的肯尼迪回合谈判、70年代的东京回合谈判、80年代及90年代早期的乌拉圭回合谈判等，有更多的国家参与。这些谈判的成果是，工业化国家间的关税水平，通过连续三次削减，总额下降超过40%。关税和其他政策对国际贸易的影响将在第6章和第7章讨论。第8章和第9章将描述降低贸易壁垒的行动、其他几个区域贸易协议的形成以及美国当前的贸易政策。①

如图1-1所示，过去60年间，世界贸易额每一年都在增长。其间的实际出口有几年存在下滑情况，以70年代中期、80年代早期和2001年为代表。2009年状况尤甚，实际贸易额较2008年下降13%。这四个阶段存在一个共同的特点：每一阶段都标志一次经济衰退的开始，美国和其他主要的工业化国家尤其如此。由于世界出口的大部分产品由主要经济体购买，如果这些经济体发生衰退，购买力一定会随之下降。

2009年的贸易模式与其他三个下滑的阶段大相径庭。这种贸易模式如此独特，以至于被人们称为"贸易大崩溃"（Great Trade Collapse）。有几种理论可以解释这种崩溃。亚历山德里亚（Alessandria）、卡博斯基（Kaboski）和米德里根（Midrigan）认为，贸易额下降是由于商品订单削减，这些商品在平时可能被视为库存。② 不少研究将贸易崩溃归咎于贸易信用的枯竭。③ 第三类研究认为，崩溃的起因是跨国生产纵向网络的兴起。④ 这些理论是否能够解释经济下滑的现象及其带来的后果，答案一直不明确。但是，经济下滑在很大程度上与这三种因素以及其他原因有关。⑤

国际贸易的重要性亦因国家不同而存在很大的差别。表1-1中的第6列和第7列列举了1980年和2009年的开放指数。先看1980年的指数，许多经济体的出口额与GDP的比率在10～40之间。也就是说，大部分经济体的出口额与

---

① 对导致贸易增长速度大于产出的一些因素进行的统计分析，参见Mark Dean and Maria Sebastia-Barriel，"Why Has World Trade Grown Faster Than World Output?" *Bank of England Quarterly Bulletin*（Autumn 2004）。

② 参见George Alessandria，Joseph P. Kaboski，and Virgiliu Midrigan，"The Great Trade Collapse of 2008-09：An Inventory Adjustment?" *IMF Economic Review*（2010）。

③ 参见Mary Amity and David E. Weinstein，"Exports and Financial Shocks，" *Quarterly Journal of Economics*（2011），以及Davin Chor and Kalina Manova，"Off the Cliff and Back? Credit Conditions and International Trade during the Global Financial Crisis，" *Journal of International Economics*（forthcoming）。

④ 参见Julian di Giovanni and Andrei Levchenko，"International Trade，Vertical Production Linkages，and the Transmission of Shocks，" *Vox EU*，http://voxeu.org/index.php?q=node/4185（2009）。

⑤ 有关贸易崩溃的更多内容，参见Richard Baldwin，ed.，"The Great Trade Collapse：Causes，Consequences，and Prospects，" *Vox EU*，http://www.voxeu.org/index.php?q=node/4297（2009）。

GDP总额的比率为10%～40%。所列举经济体的平均值为29。

新加坡是开放度最高的经济体，指数达215（出口额是其GDP的两倍多!)。其他开放度高的经济体有中国香港（开放指数90)、刚果（60)、马来西亚(58)、比利时（57)、多哥（51)、巴拿马（51）和荷兰（51)。最封闭的经济体有巴西（9)、中国内地（6)、印度（6）和美国（10)。开放指数的特征表明，经济体规模越大（面积和人口数量)，越倾向于封闭，反之越倾向于开放。对这个事实的普遍性解释是，小的经济体没有能力生产国民所需的全部产品，出口因此无法回避，因为出口可以交换本国缺乏的那些产品。大的经济体则具备多元化生产能力，拥有多种资源和大量生产要素禀赋的经济体尤其如此。

1980—2007年间，大多数经济体变得更加开放。开放指数平均值从29上升到33。不过，由于贸易大崩溃，2009年很多经济体的开放指数与1980年没有显著的差别。过去30年，所有经济体的开放指数实际上都在上升。但是，由于经济增长水平的差别，不同收入经济体的开放指数变化值也存在区别。按照平均水平，低收入经济体还是维持原来的封闭状态。

中国香港（153)、新加坡（148）和马来西亚（82）照常名列前茅。其他高开放度经济体还有比利时（79)、刚果（66)、荷兰（63)、斯洛伐克（64）和匈牙利（65)。

总体而言，1980年封闭的经济体到2009年都倾向于更加开放。阿根廷的指数从5上升到18；中国内地从6到24；加纳从8到35；墨西哥从11到26。印度（12)、埃塞俄比亚（5)、日本（12）和美国（7）依然相对封闭。有意思的是，根据开放指数，尽管美国和日本被认为是最封闭的经济体，它们在2009年的出口额却分别名列世界第三和第四（参见第8列)。这表明，美日两国在世界经济总量中占据巨大的比重。哪怕美日两国在世界市场上销售大量的产品和服务，与整体经济活动相比，其出口额比例仍然很小，由此压低了其开放指数。

表1-1的第8列和第9列给出了各国的进出口数据。通过粗略比较，两列的进出口额大致相等。也就是说，某些经济体的进口额高于出口额（既定年份)，其他经济体会相应产生出口额高于进口额的结果。但是，通过对更广泛的经济体群组进行一年的观察，或者对某个代表性经济体几年平均贸易流量（表中没有列举）进行观察，进出口额趋于平衡。进出口额大致均等并非偶然，这个结果表明，出口获得的收益是经济体购买进口商品的基础。如果出口不足，进口则必须依赖负债完成。正如个人无法无限借贷一样，经济体的举债也并非没有约束。所以，在某些年份，经济体会提高出口额，以支付过去的进口负债，或者累积资产，以满足未来年份的进口需求。

进口额超过出口额称为**贸易逆差**（trade deficits)。逆差的规模与国家用于进口的借贷金额大抵相当。出口额超出进口额称为**贸易顺差**（trade surpluses)。一个国家的贸易顺差数额可视为此国国外债务的削减，或者资产持有水平的扩充。贸易平衡是对国家的国际收支平衡表的一种衡量方式。第11章会对此内容进行较详尽的探讨。

前面提到过，2009年美国是世界第三大出口国，同时也是世界最大的进口国，贸易逆差世界第一。2009年，日本出口额排名世界第四，位于中国、德国和美国之后。2009年出口排前十名的国家还包括荷兰、法国、意大利、比利时、韩国和英国。

中国的出口领先全球，可谓当今世界最显著的特色之一。当前，中国的出口额占世界出口总额10%以上，而1980年几近为零。1995年，中国的出口额占世界出口总额不过2.5%左右，在这样短的时间内，上升到如此规模，可谓史无前例。中国出口的产品大多数是经过多国多阶段加工后获得的，生产加工地以亚洲国家为主。这种纵向产业链网络是当代经济活动的一个重要特征。①

1.2 国际贸易的流向

毫无疑问，国际贸易的发展突飞猛进。但是，是否所有国家的贸易发展速度都一样？哪些国家在相互贸易？这些贸易模式是否随着时间产生变化？下面我们开始讨论这些问题。图1-2列举了1965年和2010年国际贸易在不同地区的分布数据，这两年的总体出口数据一并给出。贸易额以10亿美元为单位进行衡量。图中列举的是6个地区的出口额。这些区域包括工业化国家/地区群组（例如美国、加拿大和欧盟）和发展中国家/地区群组（如拉丁美洲、非洲和中东地区）。亚洲则包括三个传统意义上的工业化国家/地区——日本、澳大利亚和新西兰，以及几个新兴工业化国家/地区，如中国香港、韩国和新加坡，同时还有包括中国内地、印度、印度尼西亚和巴基斯坦在内的数个发展中国家/地区。

图中的数据为国际贸易模式提供了几个典型化事实。② 其一，工业化国家占世界贸易量之大头。1965年，美国、加拿大和欧盟25国制造了世界出口产品的63%。如果把澳大利亚、日本和新西兰的出口额计入，当年工业化国家占世界出口总额的70%。③ 2010年，这30个国家占世界出口总额的55%。

数据表明，这些发达国家不仅是出口大国，同时也是进口大国。这两年中，美国、加拿大和欧盟国家一直是世界各国出口产品的主要市场。

此图的一个显著特征是，作为出口产品制造地，亚洲的地位越来越重要。与1965年相比，2010年的世界出口额增长了91倍。而2010年亚洲的出口额比1965年增加了234倍。46年内，亚洲出口在世界上的占比从原来的12%上升到32%。如前所述，对国际贸易增长贡献最大的国家包括中国、日本和其他新兴工业化国家（NIC）。

---

① 有关中国1995年以后贸易增长的更多内容，参见 Steven Husted and Shuichiro Nishioka, "The Rise of Chinese Exports," unpublished working paper, University of Pittsburgh (2012).

② 典型化事实（亦即经验性规律）指的是通过对真实世界数据进行规律性观察得到的一种模式。例如，在消费行为中，一种模式就是，青年人和老年人倾向于支出高于收入，中年人倾向于储蓄。

③ 这三个国家的出口额计入亚洲国家。它们1965年的出口额为125亿美元，其中日本为80亿美元。2010年，这些国家的出口额为1.2万亿美元，其中日本为7 700亿美元。

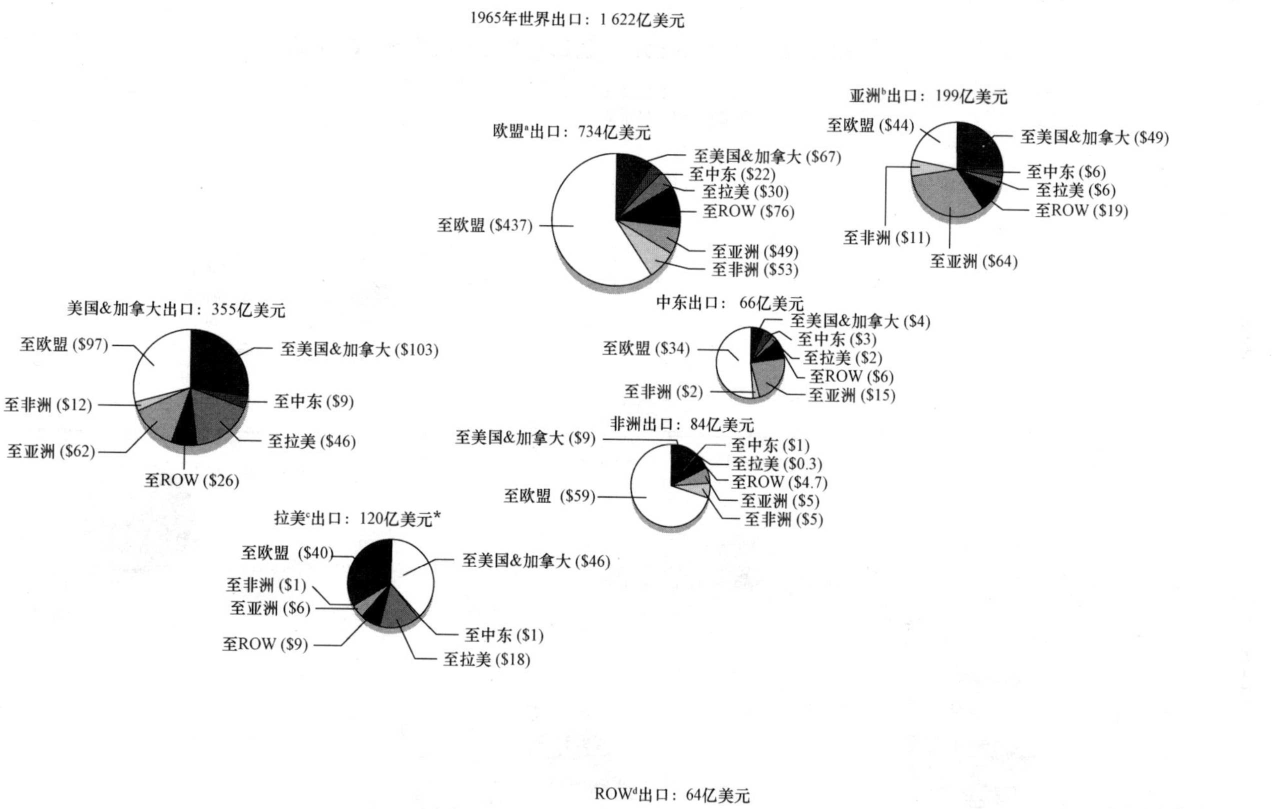

图 1-2 商品贸易的地理格局：1965 年和 2010 年

a. 欧盟：奥地利、比利时、塞浦路斯、捷克共和国、丹麦、爱沙尼亚、芬兰、法国、德国、希腊、匈牙利、爱尔兰、意大利、拉脱维亚、立陶宛、卢森堡、马耳他、荷兰、波兰、葡萄牙、斯洛伐克共和国、斯洛文尼亚、西班牙、瑞典、英国。

b. 亚洲包括澳大利亚和新西兰。

c. 拉美包括墨西哥。

d. ROW 表示世界的其他地方。

* 由于四舍五入，数值有误差。——译者

资料来源：International Monetary Fund，*Direction of Trade Statistics Yearbook*（Washington，D. C.：International Monetary Fund，Bureau of Statistics）and WTO International Trade Statistics 2011，Table A2.

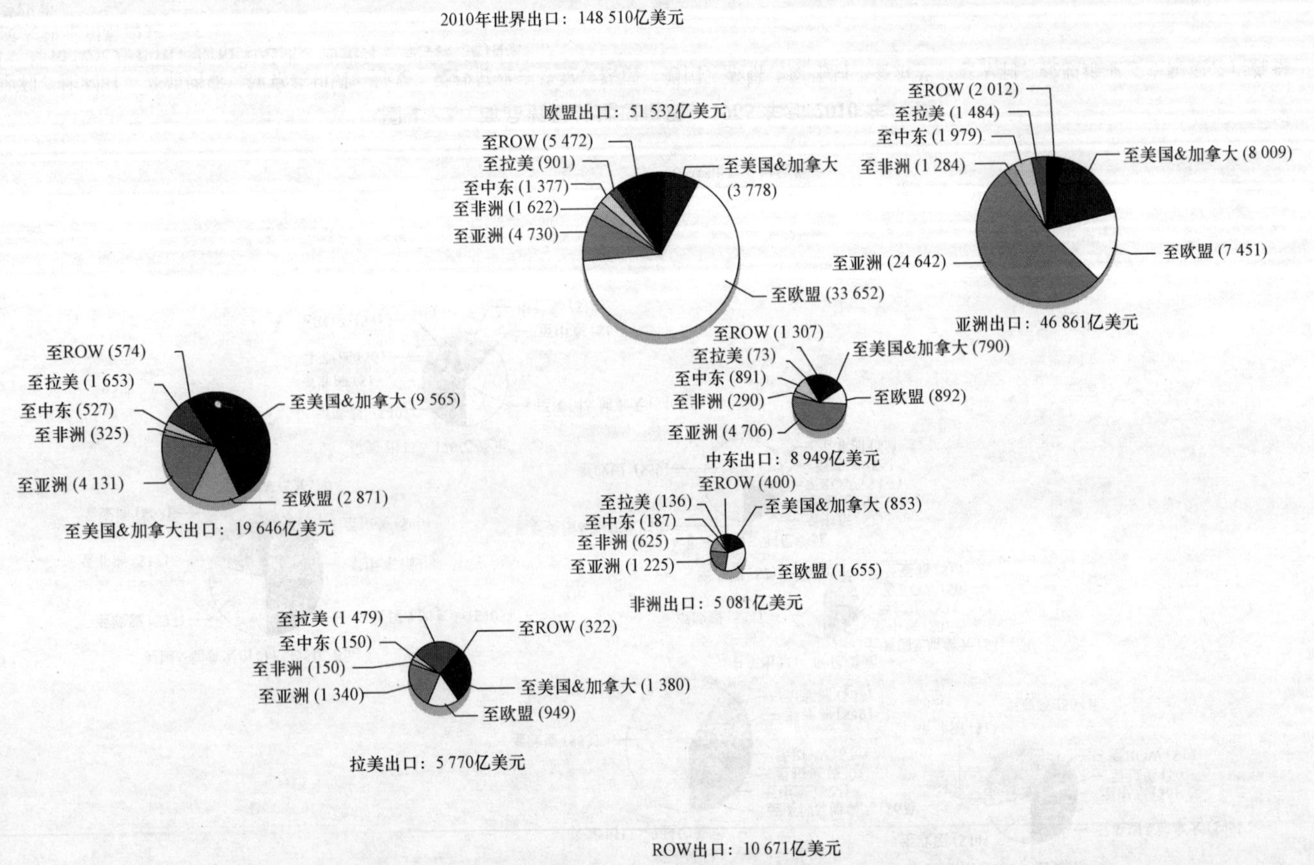

图 1-2　商品贸易的地理格局：1965年和2010年（续）

随着亚洲出口产品生产地位的上升，拉丁美洲和非洲的地位日渐式微。拉丁美洲的占比从 7%下降到 4%。非洲则从原来大约 5%下滑到 3%。在此期间，北美的出口份额也在下降，从原来 20%以上下降到近 13%。

表 1－2 列举了具有代表性的国家/地区 2010 年的主要贸易伙伴。表中列出了每个经济体产品出口贸易伙伴的前十名。这个表格呈现了几个特征：其一，美国是很多经济体的贸易伙伴。这反映了美国的经济规模以及美国相对于其他市场较高的收入水平。其二，有足够的证据表明，地理位置对贸易模式产生了关键影响。例如，美国和加拿大就互为对方的最大贸易伙伴。

表 1－2　　2010 年代表性经济体贸易伙伴前十名（总商品出口的百分比）

美国		英国		中国内地	
加拿大	19.43	美国	14.35	美国	17.98
墨西哥	12.79	德国	10.84	中国香港	13.84
中国内地	7.19	荷兰	7.84	日本	7.67
日本	4.74	法国	7.69	韩国	4.36
英国	3.79	爱尔兰	6.21	德国	4.31
德国	3.76	比利时-卢森堡	4.93	荷兰	3.15
韩国	3.04	西班牙	3.67	印度	2.59
巴西	2.77	意大利	3.33	英国	2.46
荷兰	2.74	中国内地	2.76	新加坡	2.05
新加坡	2.28	瑞典	2.04	意大利	1.97
德国		**日本**		**加拿大**	
法国	9.45	中国内地	19.41	美国	74.86
美国	6.83	美国	15.65	英国	4.08
荷兰	6.59	韩国	8.10	中国内地	3.33
英国	6.20	其他亚洲国家/地区	6.82	日本	2.31
意大利	6.10	中国香港	5.50	墨西哥	1.26
澳大利亚	5.60	泰国	4.44	德国	0.95
中国内地	5.59	新加坡	3.28	韩国	0.93
比利时-卢森堡	4.84	德国	2.65	荷兰	0.81
瑞士	4.39	马来西亚	2.29	巴西	0.65
波兰	3.97	荷兰	2.13	挪威	0.64
墨西哥		**巴西**		**印度***	
美国	80.07	中国内地	15.25	阿联酋	14.38
加拿大	3.57	美国	9.64	美国	10.82
中国内地	1.41	阿根廷	9.17	中国内地	5.87

墨西哥		巴西		印度*	
西班牙	1.28	荷兰	5.07	中国香港	4.05
巴西	1.27	德国	4.03	其他亚洲国家/地区	3.88
哥伦比亚	1.26	日本	3.54	新加坡	3.86
德国	1.19	英国	2.30	英国	3.69
日本	0.64	智利	2.11	荷兰	3.66
智利	0.62	意大利	2.10	德国	3.31
荷兰	0.62	俄罗斯	2.06	沙特阿拉伯	2.19
新加坡*		埃及		俄罗斯*	
中国香港	11.58	意大利	8.35	荷兰	14.26
马来西亚	11.46	西班牙	6.16	其他亚洲国家/地区	13.35
中国内地	9.75	沙特阿拉伯	5.88	意大利	6.51
印度尼西亚	9.68	美国	5.88	中国内地	5.30
美国	6.56	印度	4.66	德国	4.25
韩国	4.66	利比亚	4.63	波兰	3.81
日本	4.55	土耳其	3.74	土耳其	3.75
澳大利亚	3.92	叙利亚	3.60	乌克兰	3.65
泰国	3.74	英国	3.51	日本	3.35
印度	3.43	法国	3.09	美国	3.23

*2009年数据。

资料来源：*2010 International Trade Statistics Yearbook*，UN Comtrade Data Web site，http://comtrade.un.org/pb/.

英国、法国和德国之间以及与其他欧盟国家的贸易往来极其密切；墨西哥与美国之间贸易量也非常高；新加坡与太平洋西岸国家、俄罗斯与东欧国家的贸易等都反映了这种特征。

对这部分描述的贸易模式进行总结可以看出，工业化国家占据世界最大的出口和进口份额。工业化国家之间的贸易额尤其大。过去45年间，亚洲国家占世界贸易份额的比重几乎增长了两倍。作为出口源地，亚洲排名第二，紧随欧洲之后。同时，亚洲也是其他国家出口产品的重要消费市场。

至于国家贸易模式，世界各国大都倾向于与邻国进行大量贸易。这一点在欧盟有特别明显的表现。欧盟各国2/3的出口产品流向其他欧盟国家。北美洲的情况也很类似，美国、加拿大以及墨西哥等国均变成相互间产品贸易的主要市场。另外，美国也是其他国家出口产品的重要市场。

国际贸易经济学家对上述国家贸易模式进行了一系列实证测试。经济学家采用“引力模型”（Gravity Model）[①] 来预测国家之间的贸易倾向。所谓“引力模型”是一种统计模型，它根据两个贸易伙伴的经济特点来估算一个国家与另一个国家的贸易流量。引力模型的基本估算方式是，如果两个国家的综合 GNP 数额较大，而且两国之间距离较近，则两国会加强贸易。毫不奇怪，这一节所描述的结果表明，经济学家发现引力模型能够充分解释贸易模式。

1.3 哪些产品会在国家之间进行贸易

至此，我们已经证明贸易是发展迅速的世界经济重要的（平均占 GDP 的近 40%）组成部分。我们同时还描述了总体贸易模式的一系列典型化事实。在这一部分，我们将分享国家之间贸易产品的部分信息。在考虑具体国家的进出口主要产品之前，我们先探讨一下哪些产品最适合贸易。

参考表 1-3。表中列举的产品是根据它们在 2010 年的世界贸易份额（根据价值计算）排列的。[②] 原油从 1999 年的第四位跃升为 2007 年最大宗的单项贸易产品（根据价值计算）。如表所示，2010 年的原油出口额几乎是 2003 年的 3 倍。原油当年排名居首（2012 年亦是）原因有二：其一，从 2002 年开始至大衰退期间，很多发展中国家收入大幅上升，刺激了石油需求的增加。其二，与工业化国家的需求结合，世界上的石油需求相对高于供给，在这个时期的大部分时间内，石油价格持续上扬。由于对石油的需求缺乏弹性，随着价格的上升，石油的总支出也在提高。2010 年，办公设备、电脑和配件排名第三（根据价值计算），汽车出口名列第四。过去 15 年，上述三类产品的出口额一直稳居世界前三名。

贸易产品目录的前十名由服装、晶体管（半导体、微处理器、电视显像管和其他电子产品部件）、有机化工产品、通信设备、药品以及钢铁等占据。大多数美国人可以猜想到，这些产品应该排在世界进口清单的首位。过去几十年，美国人对下列消息和故事已经习以为常：石油从中东进口，匹兹堡、加里（印第安纳州）和其他地方的钢铁厂倒闭，失业汽车工人从密歇根州向得克萨斯州迁移，服装生产商敦促美国人寻找“美国制造”标签。简而言之，因为美国进口额超出其他国家，在美国本土普遍交易的产品是美国的主要进口产品这种现象不足为奇。

表 1-3 还列举了在世界市场中普遍贸易的其他产品。这些产品包括木制品和纸制品、石油产品、化工产品、药品和飞机，大多数为美国的出口产品。

---

① 要进一步了解引力模型的理论背景，请参见 James Anderson，“A Theoretical Foundation for the Gravity Equation,” *American Economic Review*（1979）；Jeffrey H. Bergstrand，“The Gravity Equation in International Trade：Some Microeconomic Foundations and Empirical Evidence,” *Review of Economics and Statistics*（1985）。最近的一些实证研究包括 Andrew Rose，“One Money，One Market：Estimating the Effects of Common Currencies on Trade,” *Economic Policy*（2000）；James Anderson and Eric van Wincoop，“Gravity with Gravitas：A Solution to the Border Puzzle,” *American Economic Review*（2003）。

② 本表左栏的行业依据标准国际贸易分类（SITC）代码进行划分。该代码将行业划分为十个非常宏观的类别，编号为 0～9。在各大类别内，根据具体的生产类型进一步划分行业。这些行业分组用两位数号码识别，其中第一个数字与行业大类相同。例如，道路车辆在第 7 组（机器和运输设备）中被标记为行业 78。更详细的分类内容可以考虑三位数。因此，客运汽车的分类为行业 781。

表1-3　1999年、2003年、2006年和2010年世界贸易的主要产品（排名，价值单位为十亿美元，所占百分比）

SITC	产品	1999年			2003年			2006年			2010年		
		排名	价值	占比	排名	价值	占比	排名	价值	占比	排名	价值	占比
333	原油	4	216.5	4.1	3	385.3	5.5	1	991.9	8.3	1	1 100.2	7.3
334	石油产品	14	106.3	2.0	11	183.2	2.6	5	426.1	3.6	2	674.4	4.5
751+752+759	办公设备、电脑和配件	1	306.1	5.8	1	763.6	10.9	2	545.4	4.6	3	576.2	3.8
781	汽车	2	294.2	5.6	2	393.3	5.6	3	533.3	4.5	4	559.0	3.7
776	晶体管、阀门等	3	224	4.3	4	292.9	4.2	4	490.4	4.1	5	543.5	3.6
54	药品	15	104.6	2.0	8	213.5	3.0	8	320.3	2.7	6	456.9	3.0
764	通信设备和配件	6	169.3	3.2	7	227.6	3.2	6	407.0	3.4	7	446.1	3.0
67	钢铁	10	130.7	2.5	10	185.6	2.6	7	367.0	3.1	8	415.4	2.8
84	服装	5	185.3	3.5	5	235.0	3.4	9	311.6	2.6	9	370.1	2.5
51	有机化工产品	12	116.0	2.2	13	175.5	2.5	10	298.7	2.5	10	334.4	2.2
784	汽车配件	9	132.1	2.5	12	178.8	2.5	11	253.8	2.1	11	301.2	2.0
34	天然气和人造煤气	26	51.2	1.0	17	103.4	1.5	12	229.5	1.9	12	268.2	1.8
65	纺织品	8	147.2	2.8	9	186.2	2.7	13	206.2	1.7	13	258.8	1.7
58+893	合成树脂、塑料	7	164.0	3.1	6	233.5	3.3	15	179.5	1.5	14	223.2	1.5
63+64	木制品、纸制品	11	128.3	2.4	14	157.1	2.2	14	202.7	1.7	15	216.7	1.4
772	电路板元件	16	77.5	1.5	16	103.5	1.5	16	165.2	1.4	16	204.6	1.4
287+288+682	铜、铜矿和废铜	27	50.9	1.0	28	64.7	0.9	17	162.8	1.4	17	194.8	1.3
05	水果和蔬菜	17	71.8	1.4	18	90.9	1.3	18	134.7	1.1	18	180.4	1.2
22+42+081	油籽、菜油和油饼	25	51.3	1.0	25	70.8	1.0	25	98.9	0.8	19	178.5	1.2
793	船只	34	40.1	0.8	34	52.7	0.8	40	53.9	0.5	20	168.8	1.1
874	度量设备	19	64.3	1.2	19	85.2	1.2	21	127.4	1.1	21	153.2	1.0
281+282	铁矿和废铁	39	31.7	0.6	45	24.6	0.4	32	80.0	0.7	22	147.4	1.0
792	飞机	13	110.0	2.1	15	117.1	1.7	19	132.0	1.1	23	137.6	0.9
713	活塞发动机	18	66.4	1.3	21	83.4	1.2	22	122.3	1.0	24	137.0	0.9
821	家具	22	57.2	1.1	23	78.6	1.1	23	116.9	1.0	25	129.1	0.9

续前表

SITC	产品	1999年			2003年			2006年			2010年		
		排名	价值	占比	排名	价值	占比	排名	价值	占比	排名	价值	占比
287+684	铝土矿、铝土和铝	21	59.4	1.1	24	78.1	1.1	20	128.0	1.1	26	128.6	0.9
667	珍珠和宝石	31	44.9	0.9	29	60.5	0.9	28	86.4	0.7	27	127.5	0.8
04	粮食谷物和谷制品	23	55.2	1.1	27	67.9	1.0	30	84.0	0.7	28	127.1	0.8
62	橡胶件	33	43.0	0.8	32	54.9	0.8	27	86.9	0.7	29	116.4	0.8
32	煤	46	18.5	0.4	44	26.2	0.4	37	68.0	0.6	30	114.7	0.8
01	肉类和肉制品	32	43.5	0.8	30	55.4	0.8	35	76.9	0.6	31	111.8	0.7
782	货车和特殊车辆	24	54.0	1.0	26	69.9	1.0	24	107.5	0.9	32	103.9	0.7
03	鱼类和鱼制品	28	47.0	0.9	20	84.3	1.2	29	85.3	0.7	33	101.9	0.7
851	鞋类	35	39.7	0.8	36	47.8	0.7	34	79.4	0.7	34	96.0	0.6
723	建筑工程设备	45	24.6	0.5	43	33.4	0.5	31	80.4	0.7	35	95.6	0.6
741	加热和冷却设备	36	38.6	0.7	35	50.4	0.7	33	79.8	0.7	36	94.7	0.6
52	无机化工产品	41	31.1	0.6	39	38.3	0.5	36	74.6	0.6	37	91.1	0.6
894	玩具、体育用品	30	44.9	0.9	33	53.1	0.8	26	90.7	0.8	38	87.2	0.6
07	咖啡、茶叶、可可和香料	40	31.1	0.6	42	33.5	0.5	42	50.0	0.4	39	80.8	0.5
714	引擎和马达（不另外说明）	29	46.6	0.9	31	55.2	0.8	38	67.5	0.6	40	76.2	0.5
02	奶和奶制品、蛋类	44	26.9	0.5	41	34.0	0.5	43	48.0	0.4	41	70.7	0.5
112	酒精饮料	42	30.0	0.6	38	38.6	0.6	41	51.9	0.4	42	64.2	0.4
24	软木和木材	37	36.9	0.7	37	38.7	0.6	39	59.7	0.5	43	53.0	0.4
26−266−267	天然纺织纤维	47	14.1	0.3	46	15.1	0.2	46	21.3	0.2	44	27.4	0.2
749	非电子设备配件	20	61.1	1.2	22	16.1	0.2	45	22.2	0.2	45	25.4	0.2
881+882+883	照相设备和配件	38	32.1	0.6	40	35.0	0.5	44	36.2	0.3	46	25.0	0.2
上述产品总额			3 920.0	74.6		5 672.4	80.9		8 442.2	71.0		10 194.9	67.7
世界产品贸易总额（十亿美元）			5 257			7 013.0			11 888			15 060	

资料来源：United Nations，*2010 International Trade Statistics Yearbook*，United Nations Comtrade Web site http://comtrade.un.org/pb/.

值得注意的是，最常用于贸易的商品为农产品、原材料、半成品或资本品（例如，石油、钢铁、纺织品、办公设备、粮食谷物、汽车配件、天然气、塑料、化工产品、木材、水果和蔬菜、油籽、飞机和通信设备），很少有例外。很少有进口品直接与世界市场上消费者购买的产品类型竞争。[①] 相反，相对普遍的模式似乎是，国家进口原材料或半成品，加工为成品后再行销售。

20 世纪末，半成品贸易大幅上升。利用运输成本下降、贸易壁垒降低的优势，企业在世界各地建立了各类生产制造和安装部门。这种方式称为全球化生产（或外包），这也是世界贸易增长的关键解释因素之一。部分经济学家认为，全球化生产的增长可以用来解释美国和其他国家之间技工和非技工日益扩大的薪酬差异。[②] 有关薪酬和贸易之间关系的其他研究可以参考第 4 章内容。有关外包的内容可参考第 10 章。

表 1-3 没有列举任何国际服务贸易方面的信息。服务贸易是国际商务中迅速增长的业务。2010 年，世界服务贸易额高达 3.5 万亿美元，占全部国际贸易额的近 25%。国际服务贸易分为三大类：运输服务、旅游服务和其他类型服务。运输服务贸易涉及雇用某国公民，使用另一国的轮船和飞机或汽车，将物品和人员从一方运输到他方。例如，美国企业经常租用他国如巴拿马的轮船，将物品运输到他国港口。对这类轮船服务的支付形成了美国运输服务的进口额。2010 年，运输服务占总服务贸易额的 21%。

旅游服务包括某国公民到别国旅游时所购买的物品，包括住宿、食品、游览观光等。2010 年，旅游服务占国际服务出口额的 1/4。许多国家被视为旅游度假胜地，如巴哈马和牙买加，这些国家对旅游服务出口极度依赖。

其他服务贸易包括银行服务、药品、咨询、保险和教育。例如，一旦外国留学生在某一美国大学注册入学，即被计入美国教育出口额。2007 年，其他类型服务占世界服务贸易总额的 50%以上。

与产品贸易一样，国际服务贸易也是由主要工业化国家执牛耳。2010 年，美国服务出口额为 5 180 亿美元，进口额为 3 580 亿美元，双双高居全球榜首。德国为全球第二服务出口大国（2 320 亿美元），紧随其后的为英国（2 270 亿美元）、中国（1 700 亿美元）和法国（1 430 亿美元）。2010 年，德国也是第二服务进口大国（2 600 亿美元），其后有中国（1 920 亿美元）、英国（1 610 亿美元）和日本（1 560 亿美元）。[③]

表 1-4 列举了 2010 年具有代表性的国家部分出口产品的具体数据。来看看美国的出口额。[④] 这些产品中超过 1/3 为机器和运输设备。在这一列，汽车（大

---

① 也有例外，比如客运轿车、家用计算机、服装和玩具等。

② 参见 Robert C. Feenstra and Gordon Hanson, "Global Production Sharing and Rising Inequality: A Survey of Trade and Wages," in E. Kwan Choi and James Harrigan, eds., *Handbook of International Trade* (Oxford: Blackwell, 2003), 146-185。

③ 世界贸易组织最近在努力提供有关服务贸易及其与商品贸易重要性比较的信息。更多信息可以参见 *WTO Annual Report* (Geneva: World Trade Organization) 或登录 http://www.wto.org。

④ 此表也用 SITC 代码表示行业。

表 1-4　**2010 年主要国家出口大类产品（%）**

SITC	产品	美国	德国	日本	中国	英国	法国	加拿大	墨西哥	巴西	新加坡	埃及
0	食品和活物	6.47	4.17	0.51	2.61	3.84	8.55	7.38	4.78	22.90	1.14	15.23
01	肉类	1.04	0.79	0.01	0.16	0.53	0.94	1.14	0.23	6.75	0.02	0.04
04	粮食谷物	1.81	0.60	0.05	0.08	0.74	2.16	2.16	0.38	1.40	0.06	1.97
1	饮料和烟草	0.43	0.78	0.08	0.12	2.26	2.93	0.25	1.12	1.45	0.68	0.42
12	烟草产品	0.13	0.36	0.04	0.06	0.13	0.15	0.05	0.10	1.40	0.17	0.38
2	原材料	6.35	1.85	1.41	0.74	2.46	2.36	8.59	1.66	26.67	0.58	4.98
24	软木和木材	0.38	0.22	0.01	0.07	0.04	0.18	1.51	0.03	0.53	0.02	0.08
3	矿物燃料	6.32	1.88	1.69	1.69	12.60	3.66	23.80	13.77	10.05	16.12	28.67
32	煤和焦炭	0.79	0.04	0.04	0.23	0.09	0.01	1.58	0.01	0.00	0.00	0.72
33	石油产品	4.91	1.14	1.64	1.29	11.15	2.65	17.10	13.64	9.88	16.06	18.95
4	动植物油	0.35	0.19	0.02	0.02	0.16	0.28	0.65	0.04	0.83	0.13	0.57
5	化工产品	14.78	14.74	10.19	5.55	17.89	17.84	8.57	3.97	6.20	11.29	13.41
6	初级制造产品	9.36	13.00	12.96	15.79	11.03	11.99	13.04	7.52	11.83	3.82	20.62
65	纺织品	0.95	1.04	0.92	4.87	0.92	1.11	0.49	0.65	0.55	0.23	4.90
67	钢铁	1.35	2.50	5.45	2.51	1.91	3.17	1.82	1.52	4.51	0.79	3.34
68	有色金属	1.25	2.07	1.87	1.14	2.21	1.28	4.26	1.63	1.35	0.89	4.29
7	机器和运输设备	35.17	46.01	59.50	49.51	31.63	39.00	26.14	55.58	16.78	51.05	4.29
75	办公设备和电脑	3.59	2.13	2.69	13.06	2.20	1.13	0.78	5.35	0.19	8.44	0.08
761	电视	0.30	0.17	0.14	1.40	0.18	0.14	0.10	6.80	0.05	0.19	0.04
763	录音和照相设备	0.23	0.19	1.25	1.33	0.35	0.08	0.11	0.11	0.00	0.31	0.00
78	汽车	7.44	15.47	18.84	2.81	8.86	9.01	12.36	17.26	5.87	1.16	0.38
792	飞机	0.58	2.38	0.33	0.08	0.00	9.07	2.49	0.20	2.21	1.31	0.00
8	其他制造品	10.48	10.15	7.59	23.89	11.78	10.67	4.92	9.09	2.38	6.98	7.67
84	服装	0.37	1.34	0.07	8.23	1.38	1.95	0.30	1.46	0.08	0.30	4.86
851	鞋类	0.09	0.29	0.01	2.26	0.32	0.41	0.06	0.13	0.83	0.07	0.08
88	复印设备	0.67	0.59	1.95	0.75	0.68	0.64	0.19	0.27	0.06	0.85	0.00
9	其他产品	10.31	7.23	6.03	0.09	6.35	2.72	6.66	2.47	0.92	8.21	4.18

资料来源：United Nations，*2011 International Trade Statistics Yearbook*，United Nations Comtrade Web site，http://comtrade.un.org/pb/.

多为出口加拿大的汽车）占美国出口总额的约8%。飞机不到1%，办公设备（包括电脑）4%左右。美国其他主要出口行业有食品（大部分出口品为粮食，如小麦）、原材料（包括纸和纸浆）、化工产品和基础设备。

日本的出口额几乎来自初级制造产品（13.0%）以及机器和运输设备（59.5%）。钢铁出口占初级制造产品出口额的近一半。汽车占机器和运输设备出口额的1/3左右。

比较一下美国和日本出口模式之间的差异。美国出口产品品种繁多，除了饮料和烟草及动植物油，几乎涉及所有主要产业目录。日本的出口仅仅依赖两个产业。原因何在？

答案之一与资源的获取有关。美国地大物博，耕地和林地广袤，同时积累了大量的技工和资本。因此，美国的产品生产能力范围广泛。日本地窄物稀，耕地面积非常有限。不过，其劳动力技能和队伍也很庞大。多年来，日本厂商一直保持对新工厂和设备的投入。所以，日本拥有制成品的生产资源，但缺乏足够的资源来生产食品和原材料，以满足其人口或工厂生产的需求。

对美国和日本出口模式的差异，我们给出几种可能的理由。每个国家出口产品的类型为前面的解释提供了另外的注脚（但不是完全的）。参考表1-5。美国2010年进口产品18%以上为矿物燃料，这表明这样一个事实：美国的石油供给无法满足自己的需求。制成品是美国进口的另一个主要产品类型，显然，这类贸易与国家需要进口那些国内缺乏制造资源的产品的假设不一定保持一致。

与其出口方式类似，日本的进口更加集中。日本的主要进口产品为矿物燃料，占其进口总额的29%左右。原材料和食品占其进口总额的约15%。也就是说，日本进口的40%以上可以用日本自然资源有限这样一个事实解释。

所以，这两个国家的贸易模式呈现出下列特点：日本把制成品出口到世界各地，用以交换食品、原材料和燃料。美国则出口制成品、原材料和食品，同时进口燃料、热带产品，以及很多其他类型的制成品。

对美日贸易模式的讨论，其实是为贸易的产品组成的分析提供一种注脚。这种分析是为了回答下列问题：哪个国家对另一个国家进行何种商品贸易？因为世界上国家众多、产品繁杂，经济活动五花八门，所以描述起来比理解更困难。结果是，国际经济学家一直在试图创立某种经济理论，即构建可以进行简单假设的国际商务模型来增进人们对基本活动模式的理解。下面几章将对类似的几种理论进行讨论。比如，第4章的H-O比较优势理论（即赫克歇尔-俄林理论）认为，一个国家的产品出口以本国所拥有的资源和要素禀赋数量为基础。第3章和第5章将对国际贸易的其他理论进行讨论。此外，我们还将在第2章对经济学家建立经济活动模型的一般方法进行研究。

表 1-5　　2010 年主要国家进口大类产品（%）

SITC	产品	美国	德国	日本	中国	英国	法国	加拿大	墨西哥	巴西	新加坡	埃及
0	食品和活物	3.79	5.68	7.62	1.55	7.63	7.08	5.86	4.84	3.91	2.19	14.91
01	肉类	0.27	0.71	1.60	0.16	1.40	0.98	0.58	1.12	0.12	0.25	1.92
04	粮食谷物	0.34	0.45	1.16	0.13	0.65	0.61	0.67	1.28	1.56	0.23	6.69
1	饮料和烟草	0.89	0.74	0.93	0.17	1.56	0.93	0.98	0.30	0.28	0.72	0.81
12	烟草产品	0.07	0.19	0.57	0.06	0.26	0.37	0.04	0.06	0.04	0.17	0.69
2	原材料	1.54	3.81	7.93	15.18	2.63	2.51	2.72	2.91	2.49	0.70	7.36
24	软木和木材	0.24	0.23	0.90	0.76	0.42	0.32	0.36	0.15	0.02	0.05	1.77
3	矿物燃料	18.44	11.43	28.68	13.54	11.23	13.80	10.06	7.98	16.60	26.11	13.45
32	煤和焦炭	0.11	0.59	3.52	1.30	0.52	0.52	0.32	0.37	1.98	0.00	0.56
33	石油产品	17.20	7.53	18.19	11.76	8.67	10.01	8.51	6.30	12.36	26.11	9.46
4	动植物油	0.23	0.37	0.21	0.65	0.33	0.36	0.23	0.44	0.41	0.22	1.93
5	化工产品	9.00	12.60	8.78	10.70	12.08	14.12	10.60	11.30	17.91	6.67	11.90
6	初级制造产品	10.33	12.60	8.48	9.40	12.22	12.85	12.28	13.60	12.67	6.11	20.52
65	纺织品	1.19	1.17	1.04	1.27	1.21	1.25	1.06	1.71	2.09	0.34	3.84
67	钢铁	1.57	2.74	1.26	1.79	1.45	2.66	2.73	2.76	3.26	1.51	6.34
68	有色金属	1.78	2.75	2.60	3.53	2.43	1.81	1.43	2.00	2.29	1.18	1.57
7	机器和运输设备	37.03	33.97	23.30	39.38	31.50	34.12	41.11	47.23	39.33	46.31	24.42
75	办公设备和电脑	6.12	3.72	3.63	4.07	3.83	2.71	3.21	4.96	2.78	5.72	0.95
761	电视	1.57	0.68	0.87	0.01	0.86	0.81	0.76	0.56	0.13	0.27	0.15
763	录音和照相设备	0.62	0.38	0.64	0.33	0.69	0.36	0.49	0.36	0.19	0.43	0.06
78	汽车	9.27	7.02	2.08	3.53	9.38	9.13	14.57	8.14	9.11	1.41	7.03
792	飞机	0.97	2.43	0.62	0.89	0.00	4.08	1.38	0.11	1.27	1.77	0.01
8	其他制造品	15.26	10.97	12.20	8.11	15.21	14.11	12.28	9.43	6.40	7.00	4.60
84	服装	4.17	3.06	3.88	0.18	4.13	3.64	2.12	0.76	0.75	0.63	1.15
851	鞋类	1.12	0.69	0.69	0.08	1.00	1.00	0.49	0.21	0.20	0.16	0.24
88	复印设备	0.60	0.53	0.91	1.03	0.66	0.78	0.46	0.48	0.43	1.05	0.25
9	其他产品	3.49	7.83	1.88	1.32	5.59	0.12	3.87	1.98	0.00	3.95	0.10

资料来源：United Nations，*2011 International Trade Statistics Yearbook*，United Nations Comtrade Web site，http://comtrade.un.org/pb/.

本章小结

1. 国际贸易是一个不大但却在持续增长的世界经济活动的组成部分。过去40年里，国际贸易总额扩大了2 000%。

2. 如今，工业化国家是世界贸易的主要参与者，占世界出口总额的60%多。它们之间多数为相互贸易。工业化国家同时也是发展中国家出口产品的最大消费市场。

3. 美国是国际贸易最大的单方参与者（以进出口额衡量）。美国是很多国家和地区的主要贸易伙伴。

4. 大多数国家倾向于与邻国进行频繁贸易。

5. 目前，尽管汽车在世界出口贸易中排名第三（按照价值计算），但是，进入国际贸易的大多数产品为农产品、原材料、半成品或资本品。

练　习

1. 解释为什么邻国间倾向于进行频繁的国际贸易活动。

2. 利用表1-4和表1-5的信息以及自己拥有的关于墨西哥经济的知识，对墨西哥的贸易模式进行总结和解释。

3. 找出表1-1中五个有趣的事实。

4. 找出表1-4和表1-5中五个有趣的事实。

5. 比较1999年和2010年世界出口排名前十位的产品（参考表1-3）。讨论这些排名改变如此之大的部分原因。

6. 参考表1-1，找出2009年五个最开放的经济体。这些经济体的增长效果与表中其他经济体的平均增长效果有何不同?

7. 参考表1-4，比较美国和加拿大的出口结构，对其异同点进行评述。对你观察到的结果，有何明显的理由可以解释?

8. 根据图1-2，欧盟成员国内部贸易占欧盟贸易的很大比重。这是什么原因引起的?

9. 根据图1-2，欧盟是非洲及中东国家和地区的主要出口消费国。你认为这些国家和地区的主要出口产品有哪些?为什么欧盟是这些产品的最佳客户?

10. 根据表1-5，比较中国和德国的进口模式的异同。

第2章 国际贸易模型的分析工具

本章主题

方法论基础
基础模型：假设
基础模型：解决方案
国民财富的衡量
国家供给与需求

前一章提供的信息之一是，国际经济的复杂性异乎寻常。世界各国悉数参与。部分国家贸易频繁，部分国家交往有限。各国的生产资源禀赋和经济发展水平参差不齐。多数国家的贸易伙伴众多。贸易的产品成千上万。这些活动应该怎样理解？如何解释？

本章和下面几章将试图回答这个问题。尤其是在这一章，我们将为一个参与国际贸易的国家建立一个经济模型。模型或理论一旦建立，就可以用之解释很多重要问题。例如，国际贸易为何产生？国际贸易的益处和成本是什么？贸易的好处显而易见，否则，人们为何如此热衷。同样显而易见的现实是，一个国家内，并非所有人都能从贸易中同等获益，否则，贸易就不会至今还争议不断。

有很多问题与参与国际贸易的国家的特性相关，这些问题可以通过理论解释。例如，一个国家会出口哪些产品？进口哪些产品？这是国际经济关系理论最古老的问题之一。对此问题的回答五花八门。其他问题还包括，贸易额度应为多少？与国家的经济总额比较，贸易额应该更大还是更少？贸易应该以什么价格为基础？国际价格的衡量方法之一为贸易条件。此方法被界定为，一个国家的出口产品价格除以其进口产品价格。下面将会讨论到，一个国家贸易条件的改变，与这个国家从国际贸易中的获益密切相关。

最后，我们希望理论可以解释贸易对各种生产要素支付的效应。也就是说，国际贸易是如何对人员薪酬或资本品业主的租金水平产生影响的？这可能是与国际贸易领域有关的最重要的问题；然而，在人们的第一印象中，国际贸易对薪酬或租金的影响似乎微乎其微。但是，正如美国钢铁工人联盟提醒我们的一样，贸易对薪酬或租金的影响其实很深刻。例如，来自外国钢铁生产商的竞争导致美国本土钢铁制造业的就业率大幅下降，薪酬从协会到行业都在削减。当然，正是这个原因激发人们反对自由国际贸易，并呼吁防止来自外国的竞争。所以，我们希望我们的理论可以解释政府是如何对国际贸易额度进行规范的，同时也可以解释这些规范可能带来的影响。

国际贸易理论将按照下列次序讨论：本章聚焦于经济模型基本要素的设立。我们将以一个孤立于世界各国的经济体为例进行讨论。通过这个例子，人们可以了解到在缺乏国际贸易的条件下，价格水平和产出是如何决定的，如此便可以在国际贸易发生时，对这些价格水平和产出进行比较。接下来的两章，我们将根据不同的对生产特点的假设，把这个国家放到国际贸易环境中进行讨论。从第 6 章开始，我们将讨论如何把政府强制的约束因素添加到模型中，以及如何分析这些约束因素带来的影响。

2.1 方法论基础

一个经济体是互相交易产品和服务的实体（包括个人和厂商）的集合。在国际经济中，经济体按国家边界划分，因此，国家也被视为经济体。国际经济学意在解释产品和服务交易过程中国家之间的互动。

经济学家经常通过建立经济模型来增进自己对经济行为模式的理解。经济模型就是对这些行为模式的理论诠释。经济模型各式各样，可以是对经济行为的纯语言描述。语言模型是所有模型中最重要的一类，通过这种模型，经济学家可以将自己对经济状态的理解传递给大众。因为听众为普罗大众，语言模型往往简明扼要。但是，要真正发挥作用，这些模型必须能够适应不同的环境。因此，建立一个语言模型所面临的挑战，就是要确保模型以一个内在逻辑关系一致的正式结构为基础。而且，由于数学是逻辑的正式语言，经济学家建立理论往往要依赖数学这个工具。

经济学理论的数学表述可以通过两种形式实现。其一，是本书大多数模型采用的几何形式。几何模型的优势显而易见，因为模型是正规的数学表达式，对多数人而言简单易懂，而且可以随时修正，用于分析各种不同的经济现象。几何模型的一个缺陷是，它无法超越三维。这就导致在同一时间内几何模型无法对多个变量进行研究或调整。

模型也可以是代数形式。因为不受维度的约束，代数模型也很有价值。再者，代数模型可以与电脑联用，对经济数据进行统计评估或者对经济行为进行模拟。

除了正规程度存在差异，所有的经济模型都存在一定的共性。模型是对现实的抽象，也就是说，模型需要对即将研究的现象或者实体的行为进行假设，使经济学家能够在模型允许的最大范围内作出最精确的预测。理论必须比现实简单，因此，模型对行为的解释和预测总是存在偏差。诺贝尔经济学奖获得者弗里德曼认为，对一个理论信度的检测就是不要质疑其假设的合理性，而是将理论的预测结果与以往经验比照。① 如果某一理论的预测结果总是充满矛盾或者其正确率低于其他理论，此理论当可寿终正寝。这样的方法论普遍适用于所有的科学领域，但是，对经济学理论却有些勉强，因为经济学家很难实施可控性实验。

比如，根据微观经济学我们知道（在一般的供需关系假设下），对某一产品课税的结果往往会推高其价格。假设政府对每升汽油加收 50 美分税收后，油价却急速下降了。难道经济学理论存在纰漏？根据前面讨论过的判断经济学理论的标准的解释，答案应该是肯定的。但是，也很容易证明，如果在政府课税的同时，人们对汽油的需求下降（经济衰退或者国家倡议绿色消费以减少碳足迹），油价显然必须要下调。所以，理想状态是，理论应该尽可能完整地描述整个世界，以便人们就各类可能的冲突力量对经济体产生作用的结果进行辨析。这些力量一旦确认，在其他因素不变的假设条件下，理论可以在某一变量对经济体产生作用的基础上建立起来。回到刚才的例子，对理论的正确表述应该是，在其他因素不变的情况下，对香烟的课税将促使其价格上升。

在后面的章节中我们会发现，在国际贸易领域，真实世界的现象不总是与理论预测的结果完美吻合。有时候，这种偏离会促使人们去寻找某些尚未得到合理考虑的因素。在另外的情境中，则会激发新理论的产生。

所有经济学理论的另一个普遍特征是，理论可以用于**实证分析**（positive analysis）和**规范分析**（normative analysis）。实证分析指的是尝试对描述性问题作出回答。课税会对香烟的生产和消费量产生怎样的影响？规范分析指的是对规定性问题的解释。政府是否应该对香烟课税？对第一类问题的回答基本上没有争议，经济学家尤其如此。任何两个经济学家只要采用同一种模型分析，结论一定是一致的（尽管不同的模型可能给出不一样的答案）。对规范性问题的回答则大多依赖于价值判断，答案会由于个体差异而大相径庭。本书里，我们会把我们在分析过程中作出价值判断的时间和地点告诉读者。对其他与国际经济相关的各种最优政府政策的对立观点的介绍，我们也努力做到一视同仁。

2.2　基础模型：假设

我们现在开始建立一个与国际贸易有关的基础经济模型，即**一般均衡**（general equilibrium）模型。根据一般均衡，我们认为生产、消费、价格水平和国际贸易（最后）同时决定了一个国家全部产品的生产和消费。

一般均衡模型的优点很多。最突出的优点是，这个模型可以让我们追踪一个

① Milton Friedman, "The Methodology of Positive Economics," in *Essays in Positive Economics* (Chicago: University of Chicago Press, 1953), 3-43.

经济体参与贸易时，该经济体的所有部门发生了哪些变化。其突出的缺点是，如果我们确实有意对一个国家所有可能被生产和消费的产品的生产、消费和价格水平同时发生的变化进行研究，我们会发现这个模型实在是太大、太复杂而无法进行有效研究。因此，我们被迫作出一些简单假设。我们以 7 个假设为基础开始讨论。

2.2.1 假设 1

所有的经济实体，尤其是厂商和消费者，其行为全部表现为理性。

经济实体以目的为导向。厂商进行市场决策，目的在于利润最大化。消费者通过消费决策实现效用（满意度）最大化。这是经济学最基本的原理。如果这个假设不成立，经济行为将变得随机而无法解释。

2.2.2 假设 2

世界上只有两个国家，美国（用字母 A 表示）和英国（用字母 B 表示）。世界上也只存在两种产品，黄豆（用字母 S 表示）和纺织品（用字母 T 表示）。每个产品在这两个国家中均为同质，每个国家均要消费这两种产品。

本假设的两部分均是为了几何表达的便利而设定的。一般均衡亦可以通过代数式表达，其中的国家和产品数量可以根据需要设定为两个以上。本章所有的结论完全与这些模型相符。但是，在下面的章节中，当国家和产品数量超出两个时，部分案例的结果会与模型脱节。我们会将出现这种结果的地方标识出来。

2.2.3 假设 3

不存在**货币幻觉**（money illusion）现象。

也就是说，厂商进行产出决策、消费者进行消费决策时，他们会把所有的价格变化因素都考虑在内，而不仅仅是考虑其中几个而已。因此，当经济体中的“实际”条件没有变化时，他们不会愚昧地纠正自己的行为方式。为了更加清楚地说明这个假设的意义，请考虑下面的例子。

假设一位农民考虑某一年应该种植哪种农作物。他面临两种选择（如玉米和小麦），两种作物的种植数量和所花费的精力相等。[①] 假设开始时，两种产品的售价相同。倘若如此，农民大可不必为种植何种作物而纠结，他可以通过抛硬币来决定种植小麦。但是，如果在开种前农民得知玉米价格已经翻番，他会改种玉米吗？答案是，不一定。首先，他必须了解小麦的价格发生了什么变化。只有玉米

① 有农作物种植经验的读者可能不会赞同这种说法，但请允许我们这样假设。

的价格上涨幅度高于小麦，他才会改种玉米。如果小麦的价格也翻倍，则改种玉米对他并非更加有利。如果小麦价格上涨超过两倍，改种玉米只会令他境况更差。只考虑一种价格变化而不顾其他价格的变化，就产生了所谓的货币幻觉。

考虑另一个例子。比如两年之间某人的薪酬提高了 10%。产生货币幻觉的人会简单地认为，由于名义收入（货币）增加，自己的购买力（实际收入）也随之提高了。事实显然并非如此，因为此人所购买的物品价格也全部上涨了 10%。

我们应该如何设置一种假设，才能表示经济体中运作的厂商和个人不会产生货币幻觉？答案是，所有的经济抉择（如生产和消费决定）都立足于**相对价格**（relative price）而不是**名义价格**（nominal price）。名义价格指的是货币价格，如黄豆价格，用 P_S表示，或者纺织品价格，用 P_T表示。相对价格是指价格的比率，即 P_S/P_T。要理解相对价格的作用，请把握下列重要原则：

假设$P_S/P_T=k$（则 1 单位 S$=k$ 单位 T（价值））

或者　　1 单位 T$=1/k$ 单位 S（价值）

假设一蒲式耳黄豆的成本为 10 美元，纺织品一码 5 美元。黄豆与纺织品的相对价格 P_S/P_T等于 2。这意味着，在市场上售出 1 蒲式耳黄豆获得的收益可以用来购买 2 码纺织品。而且，此结果在两种产品价格翻番或者同比率上升时维系不变。下面的章节所探讨的模型表明，在相对价格中，如果一个价格的变化比例高于另一个价格，则相对价格的变化方向会对经济决策者产生影响。要了解相对价格变化会对生产者和消费者行为产生怎样的影响，请参见全球视野 2-1。

全球视野 2-1

世界对石油相对价格变高的反应

从 2007 年到 2008 年，世界各地的石油价格大幅上涨，汽油价格也不能摆脱这一局面。美国的许多地区，汽油的价格从每加仑约 2 美元提高到 4 美元以上。汽油价格的上涨可以视为相对价格变化的结果，而在同一时期，几乎所有其他商品的价格上涨幅度均无法与之匹敌。这一重要的相对价格变化对美国和世界各地的行为产生了巨大影响。* 2008 年，美国原油和石油产品的月消费量比前一年同期平均减少了约 4%。2008 年 5 月，美国人的驾驶里程比一年前减少 97 亿英里，下降 3.7%。美国消费者应对相对价格变化的其他例子如下。

美国人从大型汽车和皮卡转向更小型、更省油的汽车、摩托车和自行车。经销商手中的丰田普锐斯等混合型动力汽车很快售罄，潜在买家排起了长队。福特宣布将大幅改变其北美组装工厂生产的车型，从卡车、SUV 运动型汽车和其他耗油车转向更小、更省油的车型。这些车型跟福特公司在欧洲和世界其他地区生产的车型类似，这些地方的汽油价格几十年来一直居高不下。自行车修理店的生意开始转好。学生放弃了开车到校园上课的方式，参加在线大学课程学习的人数屡破纪录。美国铁路公司（Amtrak）的列车载客量飙升，其他形式的公共交通的乘客也大幅增加。全国各地家庭对节能家电的购买量也在攀升。

世界各地的生产者都在采取措施减少使用汽油和其他石油产品。国内外航空公司所购买的飞机均换为市场上最省油的机型。印度拉贾斯坦邦的农民的拉犁方式从拖拉机转向骆驼。无独有偶，美国田纳西州部分地区的农民用骡子来替代拖拉机拉犁。艾奥瓦州的农民开始依赖空气吹干新收割的玉米，而不再使用丙烷加热器。

这些变化都在说明经济学家为什么要强调相对价格的变化对人类行为的促进作用。到 2008 年底，汽油的相对价格大幅下降，尽管此价格仍然高于峰值前的水平，而且消费量继续低于 2007 年。汽油消费水平较低，部分原因来自全国较高的失业率以及美国消费者所采取的节油措施。节能行为是否可以持续，取决于能源的相对价格变化情况，以及未来几年经济的总体状况。

* 这些例子和其他例子可以在 2008 年 8 月 12 日《华尔街日报》中题为“U. S. Retools Economy, Curbing Thirst for Oil”的文章中找到。

相对价格亦可以通过图表来表述。如图 2-1 所示，纵轴表示纺织品 T 的实际数量，横轴表示黄豆 S 的数量。假设 P_S/P_T 等于 2，农民生产 10 单位黄豆并全部在市场上销售，则其收入可以购买多少纺织品？由于黄豆比纺织品贵一倍，答案是 20 单位。这个关系可以通过在 20 单位 T 和 10 单位 S 之间画一条直线来表达。这条直线就是所谓的价格线（贸易条件）。价格线表示在收入既定时可以购买的两种产品的所有可能组合（相对价格不变）。

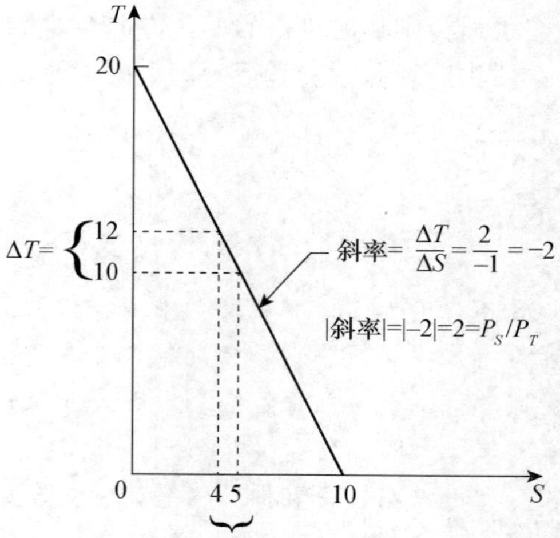

图 2-1　价格线实例

价格线最重要的特征是这条线的斜率（绝对值）表示价格的比率 P_S/P_T。再参考上述图形。如果农民售出 1 单位 S，其收益可以购买 2 单位 T。因此，沿着直线移动反映了同等价值之间的交易——唯一一种人们愿意进行的非强制性交换。

价格线的两个端点表明了参与交易者的一些收入信息。也就是说，此例开始时假设农民生产 10 单位 S 产品。假如他生产 1 000 单位，并在市场上销售，他最多可以买入多少 T 产品？答案当然是 2 000 单位。所以，价格线末端在 S 轴上将是 1 000，在 T 轴上将是 2 000。连接这两点的直线的斜率（绝对值）还是 2，即 S 的相对价格。对 S（或 T）的任何给定产出水平，价格线表明了市场中一种产品用来交换另一种产品的比率。

最后，假如 P_S/P_T 从 2 上升到 3，价格线会受到怎样的影响？它会变得更陡。这表明了什么？这表明同样数量的黄豆 S 现在可以交换 3 单位而不是 2 单位的纺织品。也就是说，纺织品 T 变得廉价或者说黄豆 S 相对昂贵了。图上更加陡峭的价格线显示，与纺织品 T 比较，黄豆 S 变昂贵了，扁平的价格线的意义恰好相反。

2.2.4　假设 4

每一个国家的要素禀赋固定不变，既有的技术集合也保持恒定。

如果这些条件成立，一个国家的供给状况可以用**生产可能性边界**（production possibility frontier，PPF）表示。生产可能性边界表示，在技术条件、生产要素（例如土地、劳动和资本）恒定，另一种产品如黄豆 S 的产出既定时，一个国家可以生产的某一产品如纺织品 T 的最高产量。图 2-2 显示了一个国家两条潜在的 PPF。(a) 部分图形与大多数的课本类似。国家资源既定，产出可以在 DE 线上或内部获得。如果产出在线上，如 G 点，则意味着资源得到充分利用，生产有效率。这是因为如果不减少某种产品的产量，就无法提高另一种产品的产量。如果生产在 PPF 内进行，如 I 点，则生产缺乏效率，因为要提高某一产品的产量，根本不用再增加国家的资源基础。模型同时假设生产无法超越 PPF 进行（如 H 点），因为这涉及应用本国以外的资源。

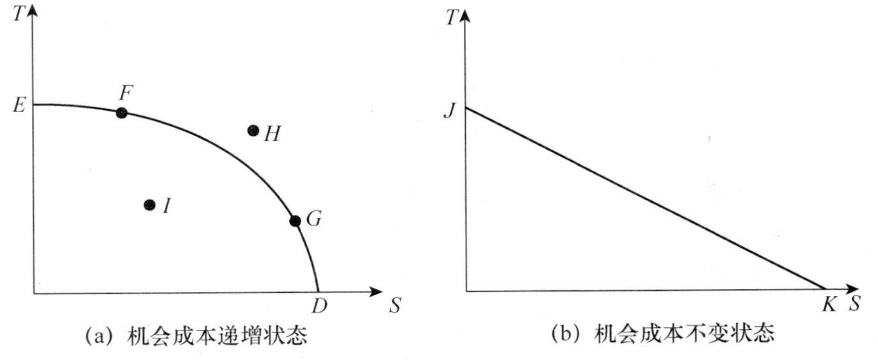

图 2-2　生产可能性边界举例

如果资源得以充分利用，要提高某一产品产量，必须以牺牲另一个产品的产量为代价。我们把增加 1 单位黄豆 S（或纺织品 T）产量的**机会（社会）成本**（opportunity (social) cost）定义成为了节省出资源生产黄豆 S（纺织品 T）必须放弃的纺织品 T（或黄豆 S）的数量。这个图形表达了一个国家两种产品生产受机会成本递增原则约束的假设。也就是说，从 E 点（国家只生产产品 T）开始，如果生产更多的 S（即 PPF 有所下降），以所放弃的 T 产品的产量为计算基础的成本一直上升。简而言之，(a) 部分表示，黄豆 S 的产出每增加一单位，所放弃的纺织品 T 的产出数量越来越高。生产额外一单位黄豆 S 的成本可以用 PPF 在初始生产点上斜率的负值（$-\Delta T/\Delta S$）来表示。[①]

是什么原因令机会成本上升？一种可能的答案是，生产过程中，两种产品 S 和 T 的生产要素组合存在差别。例如，纺织品生产需要更多的劳动力，黄豆则不需要太多；同样，黄豆生产需要大片土地，而纺织品生产占地不多。参见图中的 E 点，国家资源全部集中于纺织品行业。要离开此点，纺织品行业必须将部分资源释放给黄豆行业。因为纺织品行业需要大量的劳动力和少量的土地资源，黄豆生产恰好相反。有效的资源再配置意味着纺织品行业需要向黄豆行业转移的土地数量比劳动力数量多。结果是，纺织品 T 的产出只会少量下降，而黄豆 S 的产出却大幅上升。但是，这个过程并非永无止境。如果黄豆 S 的生产持续扩张，最后从纺织品行业转移出来的劳动力会越来越多于土地。这个现象产生时，纺织品的产量将会以越来越大的幅度下降。

（b）部分则表述了另一种假设，就是所谓的机会成本不变。随着黄豆 S 产出的扩大，纺织品 T 的产出下降，但是，比率保持不变。适合这个条件的情况如两个行业消耗的生产要素比率相同，恒定不变。例如，每个行业每公顷土地上雇用 100 个工人。如果一个行业萎缩，其资源会按照这个比率释放，产出也会按固定数量削减。同时，扩张的行业会按照这个幅度吸收资源，产出也以固定数量增加。

在下面的模型中，我们经常假设经济体要么面对机会成本递增，要么受制于机会成本不变原则。现实中存在两种可能，但是，大多数经济学家认为机会成本递增原则更接近现实状况。此外，机会成本不变原则有时候非常有用，因为这个原则简明易懂，可以用来预测国际贸易对经济体不同的影响。

2.2.5 假设 5

两个国家的两种行业处于完全竞争状态，生产不存在外部性。

额外生产一单位 S 产品的机会成本，即这个过程中所放弃的 T 产品的数量。假设 5 确认，市场价格反映了生产的实际社会（机会）成本。根据微观经济学原理，完全竞争厂商的利润最大化生产点在价格与边际成本（即生产最后一单位产品的成本）相等的地方。如果生产没有外部性（即生产中没有产生污染），则生产 S 的边际成本刚好与生产这个产品的资源价值（包含正常利润）相等。用于生产黄豆的资源也可以用于生产纺织品，因此，在这个例子中，生产和机会成本处于完全重合的状态。

有两点值得强调。第一，这个假设容易用图形表达。完全竞争市场要求价格与边际成本相等。在这个例子中，根据纺织品价格计价的黄豆价格必须与根据纺织品成本计价的黄豆成本一样。或者说，在生产点上，PPF 的斜率绝对值 $|\Delta T/\Delta S|$ 必须与相对市场价格比率 P_S/P_T 相等（见图 2-3）。

① 因为 PPF 的斜率为负值，我们引入负号来定义机会成本，成本就可以通过正值计算。另外，我们可以用绝对值表示 PPF 初始生产点上的斜率。

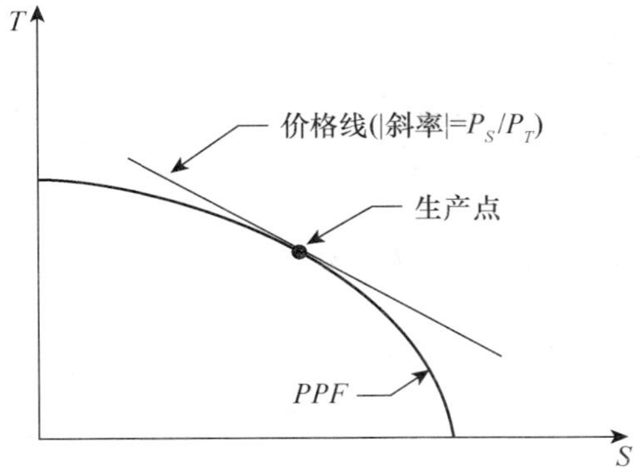

图 2-3　生产点和价格线关系图

第二，完全竞争市场假设也可以应用于要素市场。这意味着，必须假设不存在工会和类似团体，因为它们会促使要素支付水平高于要素市场可观察到的价格水平。

2.2.6　假设 6

生产要素在每个国家的两个行业中完全自由流动。

本假设的意义在于，要素将根据任何潜在的支付变化自由流动于两个行业之间。这就保证了在一个国家中，生产要素（如劳动力）在两个行业中获得的要素支付（如薪酬）水平完全一样。

假设 4 到假设 6 描述了我们必须研究的经济体的供给侧问题。假设 7 将会用来研究需求侧问题。不过，在详细探讨最后一个假设之前，有必要回顾一下消费者选择理论。

消费者无论何时来到市场，他都会面临多种选择。是什么决定了消费者的最终选择？经济学家认为，消费者购买的产品数量取决于消费者所考虑的各种物品的支付价格、支付总额以及对这些产品的既定偏好（口味）。根据价格、预算和偏好，我们假设消费者会选择能够让自己获得最大满意度（效用）的产品组合。

如何表达消费者效用最大化这一过程？简单举例，假设琼斯夫人目前面临对两个产品组合的选择，每个组合都由黄豆 S 和纺织品 T 组成。图 2-4（a）中点 0 和点 1 表示这些组合。组合 0 表示 S_0 单位的 S 产品与 T_0 单位 T 产品的组合，组合 1 表示 S_1 单位的 S 产品与 T_1 单位 T 产品的组合。进一步假设不允许琼斯夫人出售或者赠送她所选择的任何产品组合，她只有三种选择。喜好组合 0 大于组合 1；喜好组合 1 大于组合 0；或者两种组合对她效果一样，或者说她认为两种组合为无差异（或者同样满意）。经济学家对**无差异曲线**（indifference curve）的定义为，对产品的一系列组合，每一种组合带给消费者的满意度一样。

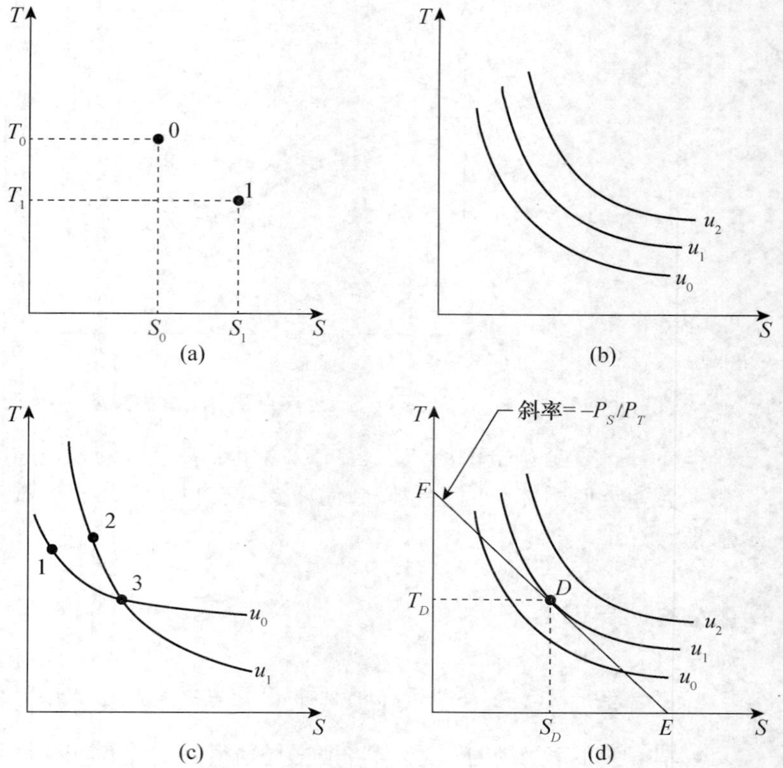

图 2-4　无差异曲线和个人效用最大化

无差异曲线具有几个重要特性。图 2-4（b）可以用来表示某些特征。第一，因人而异。也就是说，曲线的位置和形状取决于消费者本人的偏好。第二，全部向下倾斜。这意味着对消费者而言，两种产品都是真正的“物品”，因此，如果某种组合的纺织品较少，则必须增加黄豆 S 的数量，以便消费者获得同样的满意度。第三，无差异曲线凸向原点。这反映了一个普遍现象：人们喜好物品多样化，如果过多拥有某种物品，则对这种物品的欲望会下降。不过，某些消费者可能具有特殊的偏好，喜欢某物品如纺织品的数量多于黄豆数量。如果是这样的话，他们的无差异曲线形状就如图 2-4（b）所示，但是，会接近 T 轴。

第四，因为至少可以假设消费者能够描述自己对任何消费组合的感受，所以无差异曲线会无穷多。图中展示了三条这样的曲线。曲线位置越高，代表的满意度越高。最后，无差异曲线不会相交。这保证了消费者的偏好排列永远一致。

要理解最后的特性，根据图 2-4（c），假设两条无差异曲线真的交叉了。组合 1 至组合 3 就落在这两条曲线上。对该图形描述的这一个体而言，组合 2（拥有的两种产品数量更多）的位置高于组合 1，所以，较之组合 1，这个消费者偏好组合 2。因为组合 3 和组合 2 同处一线，所以这个消费者对组合 3 的偏好程度也会高于组合 1。但是，在图中，组合 3 也与组合 1 同处一线，说明这两种组合会带来同样的满意度。这就存在一个逻辑矛盾。如果一个消费者的偏好是一致的，则他不可能在对组合 3 的偏好高于组合 1 的同时，在组合 3 和组合 1 的选择上无差异。

至此，我们设定了无差异曲线的重要特征，可以用来指导琼斯夫人选择让自己获得效用最大化的产品组合。假定她在两种产品上的预算为 M 美元。在市场上，她必须为每单位 S 支付 P_S，为每单位 T 支付 P_T。在两种产品上花费 M 美元后，其支出必须满足下列公式：

$$P_S \times S_j + P_T \times T_j = M \tag{2.1}$$

式中，S_j 和 T_j 分别是琼斯夫人购买 S 和 T 产品的数量。式（2.1）是我们已经学习过的知识，即价格线（参见假设 3）。参考图 2－4（d），价格线与前面相同，为一条斜率绝对值等于 P_S/P_T 的直线。假设消费者愿意在两种产品上花费全部预算金额 M，两个端点分别表示消费者可以购买的两种产品 S（E 点）和 T（F 点）的最大数量。因此，价格线代表消费者在预算为 M 时，可以购买的 S 和 T 两种产品的所有组合。带给消费者最高效用的组合是价格线与无差异曲线的切点（D 点）。其他落在价格线上的组合与位置更低的无差异曲线相关，故而效用低。位置更高的无差异曲线穿过预算金额无法购买的其他产品组合。

你也曾经流连于充斥着五花八门商品的商店，要做购买抉择。你是否意识到自己面临的无差异曲线（或者经济学家认为你应该如此）？答案是否定的。这难道不是对上述讨论的否定吗？答案依然是否定的。重要的一点是（分析过程一直试图反映的），由于你会面临各种约束，如你的预算以及产品价格等，你选择购买的只是能够给你带来最大效用的那些组合。图 2－4（d）简要表示了这一流程。

现在，我们把对个体消费者选择的研究转移到对消费群体选择的研究（如社区或国家）。下面的假设适用于这类研究。

2.2.7　假设 7

群体消费偏好可以通过一系列连贯的社会无差异曲线表达。

假设存在一系列**社会无差异曲线**（community indifference curve，CIC），用来表示一个群体对不同产品组合的消费偏好，其原理与个体消费者无差异曲线所表述的含义完全一样。如果这些曲线保持一致，则会包含我们刚刚描述过的个体无差异曲线的所有特征。

事实证明，假设 7 非常强大。这个假设申明，可以将不同个体归类，并要求他们对自己对不同消费产品组合的偏好进行排序。但是，这一点在实际生活中谈何容易。群体如何做决定？一种方法是选举，选出大多数投票人倾向的偏好。如下例所示，在此类选举中，如果个体之间存在差异但是个人偏好一致，组成群体后结果就很难说了。

比如，存在一个三人三产品 A，B 和 C 的经济体。表 2－1 列举了每一个体对这些组合的偏好排序。现在，让大家通过选举来决定群体如何给这些组合排序。如果群体视组合A高于组合B，组合A将赢得两票，因为莫伊和柯利偏好组合A胜过组合B。如果群体要在B和C之间做决定，则组合B会取胜，因为莫伊和拉利偏好B胜过C。结果是，如果群体喜欢A胜过B，B胜过C，则喜欢A胜过C。但是，表格清楚表明，群体投票2比1，认为C比较好。问题很明显。尽管个体的偏好很一致，群体却并非如此。① 读者不必对这个结果感到诧异。对群体活动有经验的读者会了解让群体做决策有多难。

表2-1　　孔多塞投票悖论

偏好次序	莫伊	拉利	柯利
1	A	B	C
2	B	C	A
3	C	A	B

如何才能让假设7成立？在很多情况下，可以让群体决策达成一致。一种方式是单人（星期五加入之前的鲁滨逊·克鲁索*）经济体。在此，个体和群体的偏好完全一样。第二种方式是严格的单人独裁，这里所有其他人的消费偏好全部由独裁者的偏好决定。最后一种方式是，如果经济体中每个人的偏好和收入一样，则社会无差异曲线的形状跟群体中任何一个个体（同质）的无差异曲线看起来完全一样。这类社会无差异曲线具有个体无差异曲线所有的特征。目前，我们假设最后一种方式是成立的。②

2.3 基础模型：解决方案

至此，假设讨论完毕，到了直接给模型提供一般均衡解决方案的时候。我们将把需求和供给原则结合起来，找出生产、消费和价格均衡。不过，在此之前必须意识到我们要获得的解决方案是一种**自给自足**（autarky）式的解决方案。自给自足意味着自我满足。自给自足的国家指的是那些不用参与国际贸易的国家，也称为封闭经济体。因此，自给自足的解决方案就是我们为一个封闭经济体设置的一般均衡。

图2-5根据机会成本不变的假设对这个解决方案进行了描述。*EF*为这个国家的生产可能性边界。CIC_0，CIC_1和CIC_2分别为这个国家几条不同的社会无差异曲线。需求和供给力量如何在这个模型中互相作用？假设1认为，所有的经济决策者全部按照理性原则办事。因此，所有的消费者将会购买能够给他们带来最

① 这一悖论最初是由法国数学家孔多塞（Marquis de Condorcet，1743—1794）解释的。更多关于构建社会无差异曲线的问题，参见Kenneth J. Arrow，*Social Choice and Individual Values*（New York：John Wiley & Sons，1951）。

* 星期五是笛福《鲁滨逊漂流记》里的一个人物，是岛上野人准备杀掉的俘虏，后被鲁滨逊搭救，被救日为星期五，因之命名。此后，星期五成为鲁滨逊忠实的仆人和朋友。——译者

② 更多关于社会无差异曲线的解释和几何表述，参见Edward Tower，"The Geometry of Community Indifference Curves," *Weltwirtschaftliches Archiv*（1979）。

大效用的产品组合。供应商将通过生产决策满足消费者的需求。由图可见，消费者的群体效用最大化出现在 Z 点，即社会无差异曲线与 PPF 的切点。所以，Z 点成为经济体的理想消费点。由于经济体处于封闭状态，故 Z 点亦是其最理想的生产点，因为通过生产社会需要的产品组合可以使生产者的利润最大化。结论是，在封闭状态下，这个国家将会生产和消费 S_Z 单位黄豆和 T_Z 单位纺织品这样一个产品组合。

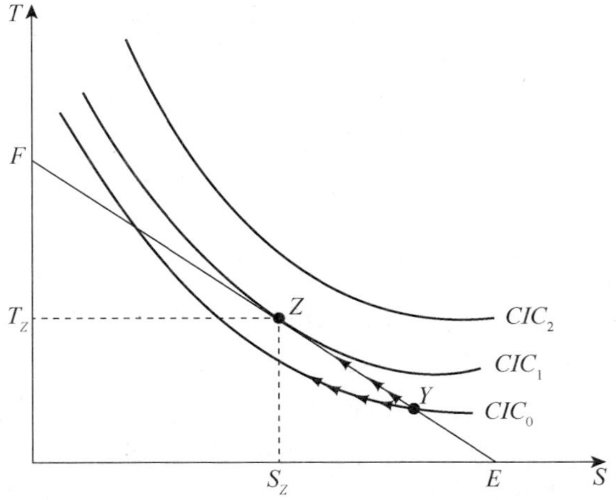

图 2－5　封闭经济体的一般均衡：机会成本不变

至此，两种产品的生产和消费水平已经得到确认。那么，这两种产品的相对价格是多少？根据假设 5，价格比率是 PPF 上生产点的斜率，故而，本例中的价格比率就是 EF 线的斜率。这个答案很有趣，因为只要生产两种产品（生产按照机会成本不变原则进行），需求对相对价格的决定就起不到任何作用。需求的功能就是找到两种产品最精确的产出组合。

需求如何与供给互动方可使经济体最终在 Z 点运作？假设生产者决策失误，在 Y 点而非 Z 点生产。如果经济体产出始于 Y 点，则会生产出超过消费者需求量的更多的 S（更少的 T）。只有在 S 的相对价格下降到与 CIC 跟 Y 点交点的斜率相等的条件下，消费者才会对这个产品组合感到满意。也就是说，消费者必须为 S 支付的价格（即市场相对价格）高于他们想要支付的价格。基于此，对 S 产品的消费呈现下降趋势，导致市场中 S 产品供给过剩而产量减少（也就是说，出现一个短期的在 PPF 内生产的趋势）。S 行业中的过剩生产要素因此转移到 T 行业。随着这些过剩生产要素的再利用和 T 产品的增加，经济体移回其 PPF 并向 Z 点靠拢。

需求的作用在一个机会成本递增的经济体中显得更有意思，可以用图 2－6 表示。我们继续通过 PPF 来表示供给条件（图中的 GH 曲线），用一条典型的社会无差异曲线（CIC 曲线）表示需求条件。跟前面的讨论一样，最佳消费和生产点仍然是 PPF 与社会无差异曲线的切点，用 X 表示。S 的相对价格为 PPF 上 X 点的斜率。

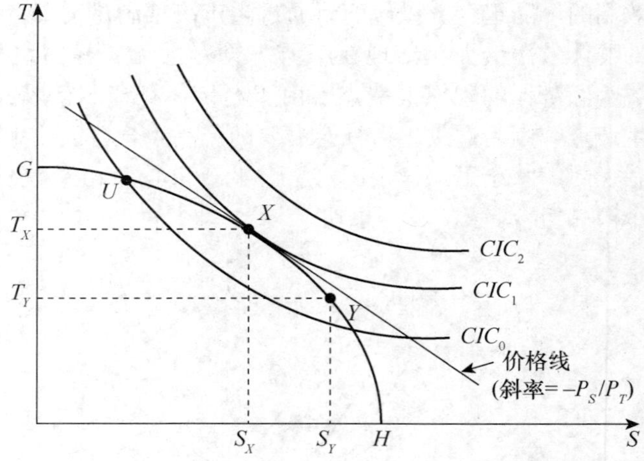

图 2-6　封闭经济体的一般均衡：机会成本递增

如果生产在组合 X 以外进行，经济体会如何反应？请研究一下 U 点。这里 T 的产出（S 产出不足）超出一般均衡点。在 U 点，消费者愿意为 S 产品支付的价格（由这一点的 *CIC* 曲线的斜率决定）超过当前的市场价格（由这一点的 PPF 的斜率决定）。来自消费者的压力把 S 的相对价格推高，促使 S 生产商扩大产出，T 生产商降低产量。经济体中两种力量的作用将产出水平推向 X 点。在这里，消费者愿意支付的价格刚好与市场价格即他们必须支付的价格相等。

至此，经济体中两种产品的消费和生产组合及其市场交易的相对价格已经确定。此模型的解决方案可以延续多久？答案是，如果其他条件不变，X 持续为最优选择。哪些条件会发生变化？生产条件将因为某个或两个行业出现技术创新而发生改变。如此，PPF 的形状会发生变化，切点会在新的可能更高的地方出现。如果没有足够的信息，对相对价格的影响将无法预测。

偏好可能会改变。比如，由于一定的原因，群体偏好改变，喜欢 S 胜过 T。其社会无差异曲线将会移动，围绕 S 轴旋转（图 2-6 没有显示这一点）。这可能表明一个新的最优消费点的产生，如 Y 点。在这种情形下，生产和价格会如何反应？显然，在 Y 点，消费者对 S 产品的需求上升了（从 S_X 上升到 S_Y），而对 T 产品的需求下降了（从 T_X 下降到 T_Y）。如何促使生产者根据需求的变化改变产出水平？答案跟价格有关。随着对 S 需求的上升，价格也跟着上涨。与此同时，对 T 产品需求的下降导致其价格下降。因此，S 的相对价格 P_S/P_T 上升。这相当于鼓励生产者将资源从纺织品生产向黄豆生产转移。

2.4　国民财富的衡量

经济学的重要目标之一就是在可能的条件下，说明各种经济活动的经济利益。例如，经济学家愿意努力证明在多数情形下，完全竞争要优于垄断状态。前面讨论过，类似的价值判断属于规范经济学的范畴。本书要回答的规范经济学问题之一与对自由贸易的偏好高于其他形式贸易这一问题有关。为此，我们需要确定一种可以应用于各种贸易情形的经济财富（或富裕程度）的衡量方式。

我们其实已经设立了一种经济财富的衡量方式，即社会无差异曲线。但是，我们知道 *CIC* 分析必须以对群体偏好的严格假设为基础，而这个假设很难立足于现实。即使这个假设成立，如果没有对满意度的衡量方式或者没有某一发言人告知大众这个国家的发展情况，我们怎样了解一个国家的满意度水平？幸运的是，有一种简单直接的办法可以回答这个问题。在这一部分，我们将对群体满意度和一种更加普遍的国民财富衡量方式——国内生产总值（GDP）之间的关系进行讨论。

依前所述，*CIC* 与固定的满意度水平有关，*CIC* 越高满意度越大。如何衡量这些满意度？答案是，我们做不到，至少无法直接做到这一点。原因很显然。满意度是一种主观现象，无法通过观察获得，而且个体之间的满意度无法比较。对网上教授评估体系熟悉的读者都了解，可以对教授的几个特点进行评估，分值在 1 分到 5 分之间。对同一名教授，如果瑞拉给 4 分，玛丽只给 3 分，我们是否可以下结论说瑞拉比玛丽更喜欢这位教授？答案是否定的。瑞拉可能只是一位老好人而已。我们需要的是这样一些标准，使我们对满意度的测量不再模棱两可。在 *CIC* 中采用的是实际 GDP。

GDP 被定义为根据市场价格计算的，一个国家在一段给定的时间内（一般为一年）生产出来的新的产品和服务。我们的简明模型只列举两种产品，式（2.2）是 GDP 的计算公式：

$$GDP = P_S \times S + P_T \times T \tag{2.2}$$

这个公式表明，在任何一个时间点，这个国家的 GDP 与该国的黄豆和纺织品产量的价值相等（实际生活中，GDP 包括除模型以外的很多其他产品）。公式也表明，GDP 的价值会因为两个原因而改变：产出水平改变（如 S 或 T 变化）或者价格水平变化。显然，这两种变化的意义不同。一方面，GDP 上升意味着消费者可以享受到更多的消费产品。这里指的是实际 GDP 的上升。另一方面，GDP 可能只是因为价格水平上升而增长，我们说名义 GDP 上升了，但实际 GDP 维系不变。

为了辨析这两种变化，我们在式（2.2）两侧除以 P_T。这就使 GDP 的计算单位从货币转向实际单位（T 的单位）。为证明这一点，请参考式（2.3）：

$$GDP/P_T = P_S/P_T \times S + T \tag{2.3}$$

根据价格线原理，P_S/P_T 代表依据 T 计算的 S 的价格，因此，公式右侧第一个数据表示的是根据 T 产出单位计算的 S 产品的价值。第二个数据是 T 产品的产量。因此，一旦将这两个条件考虑在内，我们就获得了实际 GDP 的计算方法。通过此种方式计算 GDP，GDP 的任何变化反映的都是实际 GDP 而非名义（价格水平）GDP 的变化。

参见图 2-7。我们根据式（2.3）描绘了一系列 GDP 线。每一条 GDP 线的斜率的绝对值都等于给定的相对价格。

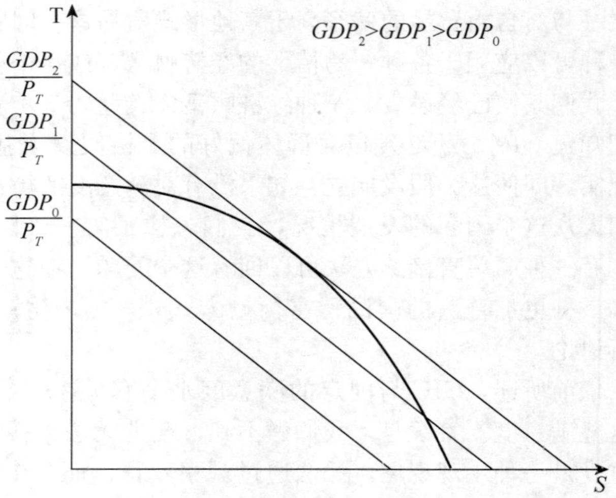

图 2-7　实际 GDP 水平的确定

实际 GDP 的价值水平决定了每一条线的高度。线的位置越高代表 GDP 水平越高。重要的一点是，在 P_S/P_T 给定时，PPF 上的产出水平会接近潜在的最高 GDP 水平。同样，随着消费者集体效用最大化的实现，实际 GDP 的上升（下降）可能意味着群体生活水平的提高（倒退）。

我们用“可能”这个词有以下几个理由。首先，国家的人口可能会随着时间推移而增加（假设 4 的模型忽略了这种现象）。因此，即便一个国家的实际 GDP 在增长，但如果人口的增长速度超过 GDP，人均获得的产品和服务的消费数量也会减少。故而，衡量生活水平最佳的方式是人均 GDP。尽管这种方法远非完美，但是它假设所有的个体都享有更高的生活水平。同时，在实际操作中，这种统计方法忽略了不少经济活动（如家务和非法贸易），也没有将其他对生活质量作出贡献的因素（如休闲时间）考虑在内。

2.5　国家供给与需求

我们以对一般均衡模型即两种产品的国家供给和需求曲线的进一步讨论来总结本章内容。① 这些曲线是对一个经济体如何决定生产、消费和价格水平的另一种解释方法（但是结果一样）。因此，我们将采用这些曲线说明到底是哪些动机促使两个国家愿意参与国际贸易。

一个产品如产品 S 的**国家供给**（national supply）曲线是指一个国家根据产品 S 的相对价格，所生产的 S 产品的数量。图 2-8 中的 NS_S 就是一条国家供给曲线的实例。曲线向上倾斜是对机会成本递增假设原则的反映。根据这个假设，随着 S 产出的不断增加，其相对价格必须越来越高，以便补偿生产者不断上升的

① 对这些曲线的正式推导参见附录 2-1。

生产成本。这说明，在机会成本递增的条件下，随着一个产品（如 S）产出的增加，一个国家的 PPF 会变得越来越陡。

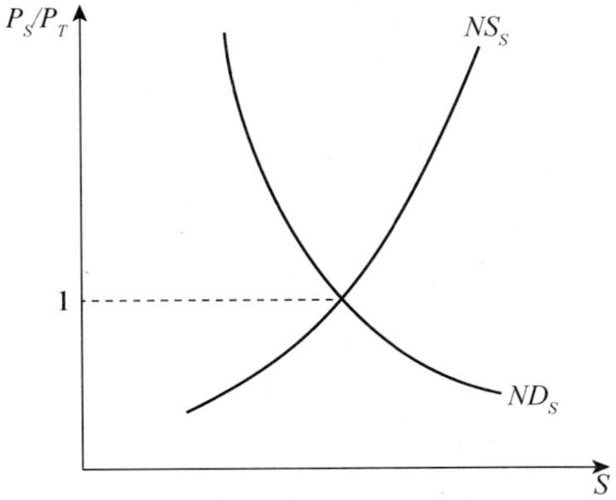

图 2－8　自给自足价格的另一种推导

一个产品的**国家需求**（national demand）曲线是指一个国家在这个产品不同的相对价格上，愿意消费的产品数量。图 2－8 中的 ND_S 就是一条国家需求曲线的实例。曲线向下倾斜的特征反映了对人类需求行为的一个常规假设，即相对价格越高（越低），人们消费某一产品的动机越低（越高）。

图 2－8 中国家供给曲线和国家需求曲线的交点是自给自足均衡点确立的另一种表述方法。在这个例子中，如果价格为 1 美元，则 S 产品的国家需求与国家产出相等。价格高于 1，消费欲望下降，生产者却愿意生产更多产品，导致 S 供给过剩。价格低于 1 时，出现超额需求。

下面我们把 B 国纳入分析过程中。图 2－9 直接给出了 B 国（A 国也一样）的国家需求和供给曲线。除非 B 国的生产能力和偏好与 A 国完全一致，否则 B 国的需求和供给曲线的位置和形状跟 A 国存在差异，其自给自足价格的交点会出现在另一个地方。如图所示，交点在 2 美元处。

假设两国一起参与国际贸易，情况会怎样呢？从两国的自给自足均衡点开始，B 国的消费者要从 A 国生产者那里购买 S 产品，因为 S 产品在 A 国更加便宜。这额外的需求将促使 A 国 S 产品的价格上升（图中没有表明）。A 国 S 产品的生产者会扩大 S 的生产规模，并将之出口到 B 国。同样，B 国在 T 产品相对价格较低时开始生产，A 国消费者会试图从 B 国进口 T 产品，从而诱发 B 国 T 产品相对价格的上升，结果是供给过剩，超出部分会出口到 A 国（图中没有表明）。

因为 A 国 S 产品的自给自足（相对）价格较低，故而，A 国的 S 产品生产具有比较优势，T 产品生产具有比较劣势。基于同样的逻辑，B 国的 T 产品生产有比较优势，S 产品有比较劣势。如图所示，国家具有沿着比较优势线进行贸易的动机，即每一个国家都出口其拥有比较优势的产品，进口拥有比较劣势的产品。

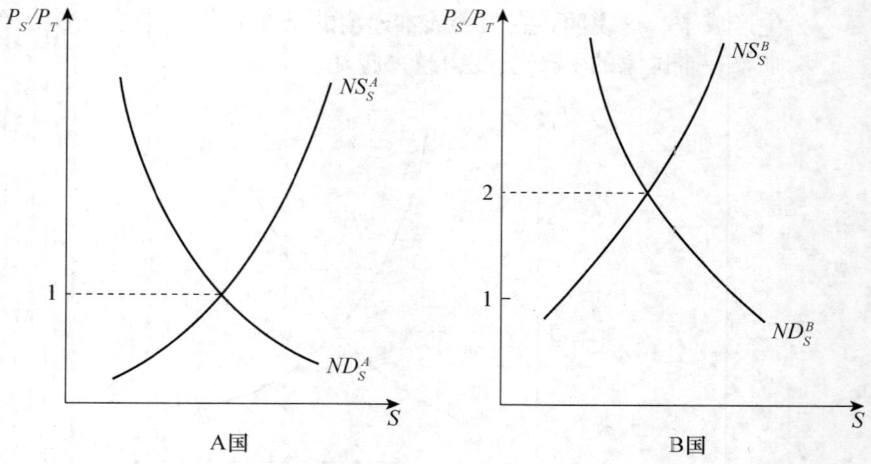

图 2－9　自给自足价格水平的国际差别

某个国家如何在某一产品上获得比较优势？根据刚刚分析的图形，答案依赖于需求和供给条件的国际差别。两百多年以来，经济学家通过一个更加完备的模型来解释这个现象。他们的大部分研究工作聚焦于供给条件的国际差异问题，尽管某些研究也关注需求条件问题。根据我们当前对这个主题了解的情况，后面几章会对这个问题进行研究，以进一步解释比较优势原理。

本章小结

1. 经济学家建立模型来了解不同经济力量的互动结果。这些模型均通过假设来简化分析过程，并提高分析的预测能力。

2. 本章为封闭经济体建立了一个一般均衡模型。一般均衡模型指的是以生产、消费、价格水平以及（最后）国际贸易为条件，对所有的产品同时进行分析。

3. 我们的模型的结论预测，在自给自足状态下，生产和消费将在一国的 PPF 上同一点发生。这个结果保证了在自给自足的条件下，人们可以享受到最高的生活水平。

4. 如果允许本国人民利用国际贸易的机会，贸易将会沿着比较优势线发生。

练　习

1. 假设某一经济体只生产三种产品：葡萄干（R）、黄豆（S）和纺织品（T）。在机会成本恒定的条件下，其 PPF 的形状是怎样的？如果机会成本递增，图形又如何？

2. 利用下列数据，计算这个国家的名义和实际 GDP 水平：

例子	P_S（美元）	S	P_T（美元）	T
a	5	20	1	15

续前表

例子	P_S（美元）	S	P_T（美元）	T
b	10	20	2	15
c	4	40	8	12
d	4	60	8	18

3. 运用练习 2 的计算结果，比较 a 和 b 之间名义 GDP 和实际 GDP 的变化情况。解释之。

4. 假设某国面临机会成本不变的条件，P_S/P_T

等于 1.5。推导此国的国家供给曲线。这跟图 A2-1 有何不同？解释之。

5. 假设在世界市场上，S 产品的相对价格低于 A 国的自给自足价格。A 国将成为 S 产品的净出口国还是进口国？如果 A 国的 T 产品处于这种状态，结果又怎样？

6. 推导 A 国 T 产品的国家供给和需求曲线。注意对坐标轴的标记。

7. 如果一个国家处于其 PPF 上的一点，在此点上，PPF 的斜率比通过同一点的 *CIC* 的斜率更平坦，如果两种产品的产出发生变化，使 PPF 下移，那么这个国家的生活水平上升了。这个结论是对还是错？用图形演示并解释。

8. 假设 A 国在机会成本不变的条件下生产两种产品。根据其现有资源，S 产品最大的产出水平为 700 单位，制造 T 产品的机会成本是 2。T 产品的最大产量是多少？用图形演示并解释。

9. 假设一个国家利用两个生产要素 K 和 L 生产两种产品 X 和 Y。X 产品每单位的生产所需的 K 高于 Y 产品。这对国家的 PPF 的形状意味着什么？详细解释之。

10. 在进行消费和生产决策时，为什么相对价格比名义价格更重要？通过一个例子来说明你的答案。

11. 假设一个热带小国生产芒果供国内消费，并有可能用于出口。该国的芒果国家需求曲线和供给曲线通过下式给出：

$P=50-M$（国家需求）

$P=25+M$（国家供给）

P 表示芒果的相对价格，M 表示芒果的数量（吨）。

a. 通过几何方式说明这些关系。

b. 什么是自给自足的价格和交易量？

c. 假设世界的芒果价格是 45。这个小国会不会出口芒果？如果出口，数量为多少吨？

附录2-1 国家供给和需求曲线的推导

参考图A2-1（a）部分。在顶端图形中，我们复制了A国的PPF。我们同时在图中加上三条不同的价格线，以反映三种可能存在的价格。这些价格分别为1/2，1和2。回顾一下，一个经济体的生产点是由相对价格水平决定的。特别是，随着S产品的价格开始上涨，生产者将通过生产更多的S产品响应之。这一点通过顶端图形反映，方式为切点向右移动。

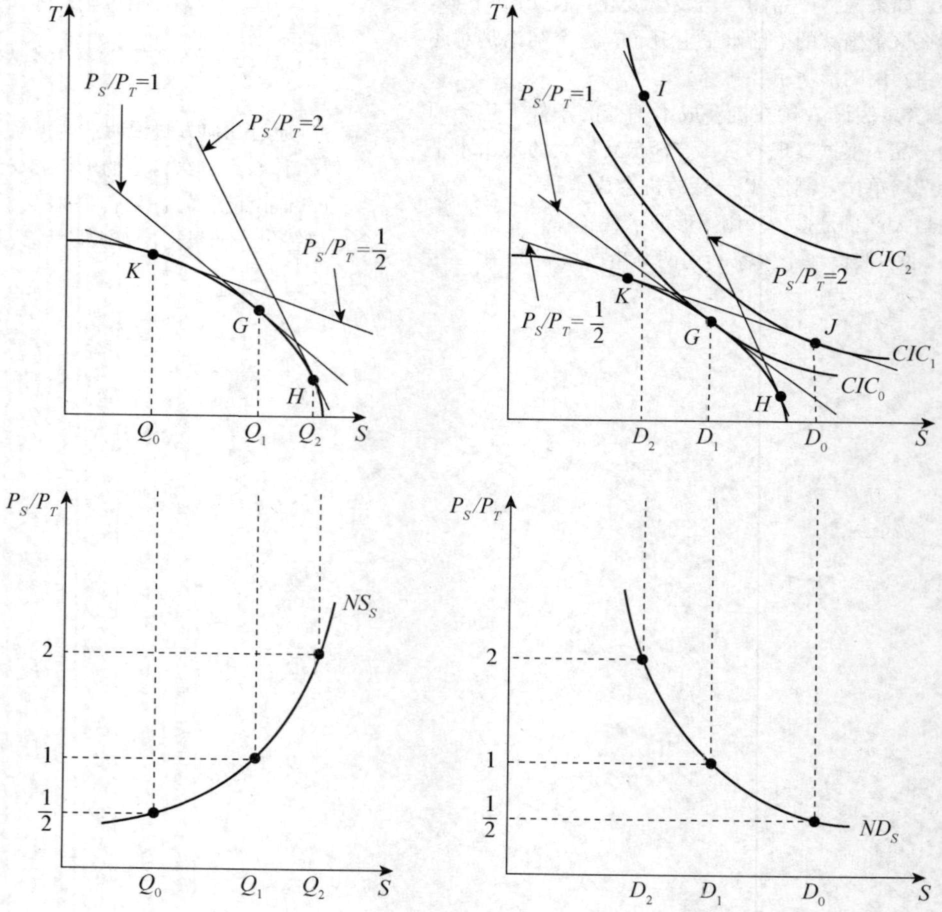

图A2-1 国家供给和需求曲线的推导

底部图形则以不同的方式来表示这个过程。在这里，我们将顶端图形的信息转换到另一个图形中，用纵轴表示相对价格，横轴表示产出，S产品的产量与不同的价格对应。得出的曲线即A国S产品的国家供给曲线，记为NS_S。请注意，此曲线的形状是大家所熟悉的向上倾斜。原因来自这种情形下机会成本递增的假设。事实上，当我们沿A国的PPF向下滑动时，相应的国家供应曲线变得越来越陡。这就反映了这样一个事实，即要生产额外的 S 产品，必须让其价格更高，以补偿生产者所承担的越来越高的生产成本。

在图 A2－1（b）部分中，我们展示了推导 A 国 S 产品的供给曲线的过程。在顶端图形中，我们展示了 A 国的 PPF、几条 *CIC* 线和市场价格。为达到满意度最大化的目的，消费者选择的产品组合会落在价格线与最高 *CIC* 线的交点上。由图可知，当 P_S/P_T 等于 1 时，所需的消费水平是 D_1（在 G 点下方）。现在，让价格上涨到 2。显然，消费者不再愿意消费 D_1 单位的 S 产品。如有可能，他们会更偏好 D_2 单位（在 I 点下方，新的价格线刚好与 *CIC* 在此点相切）。同样，如果价格下降到 1／2，A 国的消费者愿意将 S 产品的消费增加到 D_0（在 J 点下方）。当然，在自给自足状态下，I 点和 J 点均无法达到，因为这两点均落在国家 PPF 的外面。

在图 A2－1（b）的底部图形中，S 产品的消费水平通过图形记录，即纵轴表示 P_S/P_T，横轴表示 S 产品的单位。推导出的曲线即 S 产品的国家需求曲线，记为 ND_S。如图所示，它具有我们熟悉的向下倾斜的特点（虽然不一定都如此）。其位置和斜率取决于国家 *CIC* 曲线的位置，同时也取决于经济体生产点的位置。

第3章 国际贸易的古典模型

本章主题

作为贸易基础的绝对优势理论：亚当·斯密模型
作为贸易基础的比较优势理论：大卫·李嘉图模型
古典模型的一般均衡解
国际贸易的收益
贸易和薪酬
对古典模型的述评

目前，我们已经掌握了创立一个国家如何和为什么参与国际贸易的理论所需要的全部工具。本章首先探讨的是国际贸易的古典理论。这个理论由亚当·斯密在其1776年出版的名著《国富论》中创立。与亚当·斯密同时及随后几十年中，许多经济学家对这个理论研究作出重大贡献，包括大卫·李嘉图、罗伯特·托伦斯和约翰·米勒等。其中，李嘉图的贡献尤其重要，以至于人们有时会把古典理论称为李嘉图理论。

李嘉图的国际贸易理论在其1819年出版的著作《政治经济学原理》第7章中展示。这一章同时也讨论了比较优势的概念。多数经济学家认为，比较优势原理决定了国际贸易的基本模式。尽管人们非常认可李嘉图对这个原理的发现，但是，经济思想史的学生倾向于批判这种看法，因为有足够的证据证明，当时默默无闻的英国经济学家托伦斯早在1808年就提出了比较优势的说法。

没有人能确认，到底是李嘉图发现了托伦斯的思想后借用之，还是自己发现了这一原理。但是，对一个两百多年前创立的理论进行讨论本身就足以证明比较优势原理的重要地位。古典理论的研究还有其他几个理由。第一，此模型对真实世界的假设与当今世界相符。尤其是，它能够帮助人们了解发达国家与发展中国家互惠贸易关系的基础。第二，这个理论解释了为什么一些薪酬较高的国家如美国，其产品在世界市场上一样拥有竞争力。第三，与其他理论相比，比较优势原理更好地解释了国际生产专业化的益处。

3.1 作为贸易基础的绝对优势理论：亚当·斯密模型

要建立一种国际贸易理论，我们应该立足何处？显而易见，观察自己所处的世界不失为一个好的开端。或许，你观察到的经济行为本身就可以用来阐释国家之间的互动行为。这也是苏格兰教授亚当·斯密在撰写《国富论》之前所痴迷的事情。他观察到的世界是，工厂在生产过程中的作用变得重要。在亚当·斯密眼里，工厂的最大优势是每个工人都专注于某项具体的任务。专业化的结果是，产出水平大大超出工人各自为战状态下的总体产出。亚当·斯密通过一个别针制造厂案例表述了自己的观点：

> [一个] 劳动者如果对于这种职业 [制造别针] 没有受过相当的训练，又不知道怎样使用相关的机器，那么纵使竭力工作，也许一天也制造不出一个别针，要做 20 个当然是不可能的。但是，按照现在经营的办法，不但这种作业已经成为专门职业，而且，这种职业分为若干部门，其中的大多数也成为专门职业……一个人抽铁丝，一个人拉直，一个人切割，一个人削尖一端，一个人磨另一端，以便装上圆头。要做圆头，需要有两三种不同的操作……装圆头，涂白色，乃至包装，都是专门的职业。制造一个别针的重要流程是，将之分解为 18 种完全不同的操作方式……我见过一个这样的小工厂，只雇用 10 名工人……他们一天可以制作 12 磅（48 000 个别针）……每个人……一天可以制作 4 800 个别针。①

斯密将这个流程命名为劳动分工，其例子说明，通过这样的劳动分工，优势勃发。

与斯密一样，现在我们可以进一步讨论这个例子。假设世界是一个大工厂，可以生产大量不同的产品。如果每个国家都是自给自足，那么，世界的总产量应为多少？这与别针厂工人各自为战的情形相似。从另一个角度考虑，同别针厂一样，如果每个国家都专注于某一个产品的生产，产量一定会大大提高。故而，与工厂劳动分工相仿的**国际劳动分工**（international division of labor），其产出水平将会大大超出自给自足状态下的产量。超出的产量可以通过国际贸易方式在国家之间分配，这样，世界产量将高于缺乏贸易往来时的产量。

这就是斯密所建议的人们应该欢迎的世界生产模式。但是，当亚当·斯密研究自己所处的世界时，他发现很多政府早已制定出一系列制度、法律和规定，用于限制国际贸易和国际劳动分工。这种政府用来限制国际贸易的体系称为**重商主**

① 参见 Adam Smith，*The Wealth of Nations*（New York：Modern Library，1937），4-5。

义（mercantilism）。18世纪的重商主义体系流行于欧洲大部分地区，主要是对进口物品课以关税，禁止进口其他物品，并对部分产业制定以牺牲他人利益为代价的特别法规和税收政策。重商主义的目的之一是鼓励出口，限制进口。[①] 亚当·斯密认为，重商主义限制外国产品进口、鼓励本国产品出口的结果是降低了国家的财富或者生活水平。亚当·斯密通过其著作批评了重商主义的理论，并推崇自由贸易。

那么，自由贸易如何促进精确劳动分工的形成？尤其是应该如何决定谁生产何种产品？产品一旦生产出来，什么才是最佳的分配手段？要回答上述和其他问题，我们必须为参与国际贸易的经济体制定一个模型。要做到这一点，我们必须首先设定假设，为此，我们将保留第2章所讨论过的那几个假设，并在本章中增加五个新假设。

3.1.1 假设8

生产要素不能在国家之间流动。

简而言之，这个假设保证国际贸易发生以后，一个国家的生产可能性边界曲线的形状或者位置保持不变。不过，这意味着我们在日常生活中观察到的现象，比如移民（合法和非法的）和跨国公司将不会出现在这个模型中。在第10章，我们将研究国际要素流动问题。这个假设的第二个意义是，如果两个国家间劳动力不能自由流动，我们将无法期望国际贸易发生后，两国之间用同一货币衡量的工资率能够保持一致。

3.1.2 假设9

产品贸易不存在壁垒限制。

也就是说，假设产品贸易完全自由。这意味着当前流行的关税、配额甚至运输成本全部被排除在模型之外。第6章到第8章将对贸易壁垒的范畴和重要性进行讨论。假设9的重要意义之一是，一旦贸易开始，同一产品在世界各地的价格必须一致。

3.1.3 假设10

进口额必须等于出口额。

用另一句话说，贸易必须保持平衡。这个假设将国家间的货币净流量排除在外。也就是说，要想获得他国产品，一个国家必须向他国支付等值产品而非货

① 有关英国重商主义思想的描述和分析，参见 Douglas Irwin，*Against the Tide*（Princeton：Princeton University Press，1996），第2章。

币。从长期看，一个国家更看重的是产品而非某个国家的货币。这是因为一个国家的货币价值与这些货币可以购买的产品密切相关。持币会导致价值流失，因为随着一个国家物价的上升，货币可以购买的产品数量会下降。因此，一旦一个国家从产品出口中获得外国货币，这个国家就不会持币过久。相反，它会把外币出售给当地银行，银行随后会将这些货币出售给产品进口商。如此，外币产生了回流。一旦货币全部回流，基本上就意味着所有的产品都获得了支付。假设 10 只是为了确保这一点在模型中能够成立。

假设 10 在现实世界中成立的可能性有多大？在第 1 章我们已经发现，在给定的年份里，大多数国家的进出口额大致相等。对表 1-1 中列举的不同收入水平经济体的平均贸易流量而言，结果尤其如此。不过，情况也并非完全一致，某些国家如美国和日本近年来基本处于贸易失衡状态。

最后三个假设与参与自由贸易国家的行为有关。本章和下一章将继续使用这些假设。下面的两个假设与古典模型相关，本章结束后即放弃。

3.1.4　假设 11

生产率或生产成本研究中的生产要素只与劳动相关。

这个假设看起来似乎古怪。但是，此假设似乎比刚开始出现时更有道理。对这个假设的另一种解释是，无论生产黄豆（S）还是纺织品（T），劳动和资本都是不可或缺的两种要素，每个行业所消耗的要素比率均等（如，一名工人/一把铲子）。此外，这个假设表明，工人到工作场所报到时，会随身携带自己的铲子（类似木匠或者机械工）。值得注意的是，我们只假设一个国家中劳动和资本的组合同质，并不假设各个国家间所采用的劳动-资本组合也同质，或者说不同国家采用一样的劳动工具。

假设 11 是对古代思想的一种现代解释方法。不过，古典经济学家相信一个所谓的价格决定理论，即劳动价值论。该理论认为，对于自给自足的国家而言，产品的价格由生产这个产品所花费的劳动决定。这个理论看起来很容易反驳。很多产品的价格是一样的，但是，这些产品生产所花费的劳动数量显然存在很大的差别。不过，古典经济学家把这个流程看得更加困难，因为他们假设在计算产品所花费的劳动数量时，必须将生产过程中所采用的有形资本生产所花费的劳动也包括在内。

某些经济学家有时会怀疑，劳动价值论并不是客观现实的真实反映。要让这个理论成立，人们必须进行更多的其他约束性很强的假设。幸运的是，与劳动价值论比较，我们的假设相对普遍。而且，为使理论成立，假设 11 比实际需要的更加严谨。另外，这个假设可以让我们以最简单的方式表达普适性结果。

3.1.5　假设 12

生产表明劳动和资本之间存在**规模收益不变**（constant returns to scale）。

所谓规模收益不变，指的是所有的生产要素等比率变化时，产出也等比率改变的技术关系。例如，某行业中，当生产要素翻倍时，产出水平也随之翻倍。在古典模型中，只有一个生产要素即劳动与此相关。因此，在这个案例中，规模收益不变的假设意味着生产过程中，雇用的劳动力数量和产出水平之间的比率是固定不变的。而且，这个固定比率可能会受制于所在国家的技术水平、气候条件或土地质量，但是，比率恒定不变。例如，A 国生产 1 码布匹耗费 8 小时的劳动，则其生产 2 码布匹会耗费 16 小时，80 小时可以产出 10 码布匹。这是另一个极端简单的假设，人们可以通过最夸张的方式表述国家参与国际贸易对其国内产出的意义。

既然新假设已经就位，我们就可以考虑如何将模型匹配。假设 A 国和 B 国的两个行业 S 和 T 的固定投入/产出比率如表 3-1 所示。表中的数字反映了一个国家生产一个既定产品需要耗费的小时数。比如，A 国要耗费 3 个小时生产一单位的 S 产品；基于假设 12，无论 S 现在的产量多少，此关系维系不变。

表 3-1　　贸易的基础理论：绝对优势原理

	国家	
	A 国	B 国
黄豆	3	12
纺织品	6	4

注：表中数字表示生产 1 单位产品需要耗费的劳动。

认真研究表 3-1，我们可以从中学习到很多东西。首先，A 国工人生产 S 产品所耗费的时间短于 B 国，同时，B 国在 T 产品的生产上具有优势。因为 A 国工人生产 S 产品所耗费的时间短于 B 国工人，所以在 S 产品的生产上，A 国具有**绝对优势**（absolute advantage）。根据类似的理由，此例中 B 国在 T 产品的生产上具有绝对优势。

亚当·斯密认为，合适的国际劳动分工是某国专业化生产其具有绝对优势的产品。在这个例子中，与其各国在自给自足状态下生产两种产品，倒不如 A 国专注于生产 S 产品，B 国专注于生产 T 产品。

如果每个国家都按照这个原则生产，结果会怎样呢？表 3-2 总结了这个结果。假定 A 国减少 1 单位纺织品（T）的产出，则可以省出 6 小时劳动。让这个工人去生产黄豆（S）。6 小时劳动可以使黄豆产量增加 2 单位。同理，让 B 国的 S 产品减少 1 单位，由此可以为 T 行业释放 12 小时劳动，这样，可以多生产 3 单位纺织品。

表 3-2　　A 国专业化生产黄豆（S）、B 国专业化生产纺织品（T）后的单位收益

	单位收益	
	S 的产量	T 的产量
A 国	+2	−1
B 国	−1	+3
全世界	+1	+2

最后加总结果。在 A 国，纺织品生产释放出 6 小时劳动用于黄豆生产，结果

是T产量下降1单位，S增加2单位。在B国，S产量下降1单位，T增加3单位。从整个世界来看，S产量增加1单位，T产量增加2单位。由此可看出国际劳动分工的益处。不用增加新资源，世界总产出提高了！这个增量是由于国际生产遵从一个简单的规则，即每个国家必须按照自己生产效率最高的原则从事产品专业化生产。

说服各个国家工人按照自己的绝对优势从事生产本身也是一个问题。正如斯密所察觉的那样，解决方案其实很简单。参与国际贸易之后，市场力量可以保障生产集中于绝对优势行业。劳动价值论认为，贸易前的产品价格由其中的劳动量决定。假设每一个行业都处于完全竞争状态（假设5），我们很容易确认在自给自足状态下，一个产品的价格只与其生产的劳动成本相当，反过来说，价格等于i国的工资率W_i乘以所投入的劳动数量。

由表3-1可以确定每个国家贸易前的比率P_S/P_T。在A国为：

$$P_S = W_A \times \text{小时}_{SA} = W_A \times 3$$
$$P_T = W_A \times \text{小时}_{TA} = W_A \times 6$$

所以

$$\text{A国的 } P_S/P_T = (W_A \times 3)/(W_A \times 6) = 3/6 = 1/2$$

同理

$$\text{B国的 } P_S/P_T = (W_B \times 12)/(W_B \times 4) = 12/4 = 3$$

由上述计算可知，A国S产品的成本为1/2单位T产品，B国为3单位T产品。一旦贸易产生，B国消费者更愿意从A国而不是从本国购买黄豆，因为A国黄豆的价格较低。对A国黄豆的需求将上升。生产该如何进行才可以满足需求的增加？资源必须从T产品的生产中释放出来。这可能吗？市场力量将再次发挥作用。尤其是，A国纺织品自给自足的价格为2单位黄豆，B国纺织品的价格只有1/3单位黄豆。因此，一旦A国有机会向B国购买产品，A国消费者对本国生产的纺织品的需求就会下降。A国纺织品行业需求的下降将导致失业率的上升。失业工人会涌入扩张的黄豆行业。当然，B国发生的情况恰好与此相反，对纺织品的需求导致该行业扩张，而黄豆行业将萎缩。

下面对讨论过的内容进行总结。亚当·斯密的国际贸易模型包括以下几点①：

1. 由于各种各样的原因，包括技术和气候条件的差异，世界各国不同产品的生产能力存在差别。

2. 如果国家之间拒绝类似重商主义的闭关锁国的行为，世界总产出将会增加，国家可以专业化生产自己具有绝对优势的产品。

3. 这个条件很容易达成，因为这是市场力量和自由国际贸易相结合带来的自然结果。这是因为在按照绝对优势原则生产的国家里，每一种产品的价格都最便宜。

---

① 要进一步了解对亚当·斯密贸易观点的讨论，参见Douglas Irwin，op. cit，第6章。

3.2 作为贸易基础的比较优势理论：大卫·李嘉图模型

你可能还被不少问题困扰。首先，如果一个国家对两种产品均拥有绝对优势，情况会如何？这个问题会给第一次阅读亚当·斯密著作的人带来困惑。正如托伦斯和李嘉图所言，在这种情况下，一个国家应该专业化生产自己拥有最大绝对优势（如果这个国家两种产品均拥有绝对优势）的产品或者生产自己拥有最小绝对劣势（如果这个国家两种产品都不具备绝对优势）的产品。这个原则就是**比较优势**（comparative advantage）。

如表3-3的例子所示。前面的投入-产出表中的数字表示一个国家1单位某一产品生产需要投入的劳动时间。这个例子与前面例子差异最大的地方在于：A国拥有两种产品生产的绝对优势！但是，这种绝对优势在两个行业中程度并不一样。在S产品生产上，A国的效率是B国（3小时与12小时比较）的4倍。但是，在T产品上，A国的效率只是B国的4/3（6小时与8小时比较）。因为A国的最大绝对优势在于S产品的生产，故而A国在S产品生产上具有比较优势。同理，B国的T产品生产具有最小绝对劣势，因此，B国在T产品生产上具有比较优势。

表3-3　　基于比较优势的贸易

	国家	
	A国	B国
黄豆	3	12
纺织品	6	8

注：表中数字表示1单位产出需要的劳动时间。

根据比较优势原理，如果两国之间发生贸易，每一个国家将根据自身的比较优势进行产品专业化生产，出口其剩余产品，以交换自己缺乏的产品。这个过程会带来怎样的结果？假设各国均根据比较优势进行生产决策，其结果如表3-4所示。

表3-4　　A国生产更多S、B国生产更多T后的单位收益

	单位收益	
	S的产量	T的产量
A国	+2	−1
B国	−1	+1.5
全世界	+1	+0.5

假如A国按照比较优势扩大生产，S产量会增加。增产需要的资源来自T行业，即T的产量会下降。比如T产量下降1单位，则可以释放出6小时的劳动时间。这些劳动时间将被用于S行业的生产，使其产量增加2单位。在B国，如

果 S 产量下降 1 单位，则可以释放出 12 小时的劳动时间。这 12 小时用于纺织品生产，其产量可以增加 1.5 单位。如表 3－4 所示，此结果非常惊人。在没有发现新资源、A 国在两种产品生产上均具备绝对优势的条件下，根据比较优势进行生产，两种产品的产量均得到提高。当然，也可以举出比较优势无法带来两种产品产量增加的例子。但是，哪怕在这种情形下，通过专业化生产，所有国家的境况也都会变得更好。因为每个国家产出更多，产品可以在世界市场上销售，而且每一单位可以收取更高的价格，所以，这个结果是站得住脚的。

3.3　古典模型的一般均衡解

至此，我们关于古典模型的讨论内容基本上接近古典经济学家著作中呈现的逻辑和形式。下面，我们将以更加正式的形式利用前面章节提到的分析工具来阐述古典模型。

我们继续假设表 3－3 中的技术适用于两个国家。第一，我们将运用表格中的数据直接推导出两个国家的 PPF。假定 A 国劳动丰裕，一年的工作时间为 12 000 小时，那么应该可以生产多少单位的 S 产品？答案是 4 000 单位（12 000 小时/3 小时每单位）。T 产品的最大产量为 2 000 单位（12 000 小时/6 小时每单位）。可以将这两个数字分别在 S 和 T 轴上表示，将这两点连接就得到 A 国的 PPF。图 3－1（a）给出了 A 国的 PPF。

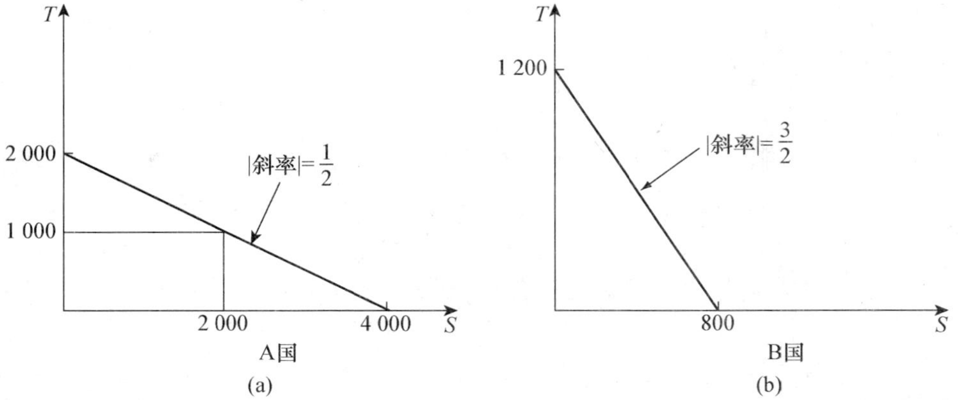

图 3－1　A 国和 B 国的 PPF

PPF 为什么是直线？答案与两种产品各种组合的固定投入产出比有关。例如，从 T 产品 2 000 单位的生产点开始，此处的 S 产出为 0。如果减少 T 产品产量 1 000 单位，则可以释放 6 000 小时劳动用于 S 行业生产。在 S 行业中，每增加 3 小时劳动，产出可以增加 1 单位。S 行业新增的 6 000 小时劳动可以为 S 产品带来的产出增量为 2 000 单位。此例的意义在于，A 国 S 产品和 T 产品的机会成本为 1/2。也就是说，A 国每新增 1 单位 S 产品的产出，T 产品的减少量为 1/2 单位。这个答案很显然，因为 A 国的 PPF 斜率的绝对值为 1/2；根据第

2章的讨论，我们已明确一个国家的PPF的斜率代表贸易前该国的相对价格P_S/P_T。

B国的情况可以类推。假设B国也拥有9 600小时劳动时间。其S产品的最大产出为800单位（9 600/12），T产品的最大产出为1 200单位（9 600/8）。B国S产品的机会成本（也是B国自给自足的相对价格）为3/2（1 200/800）。

对上述内容总结如下，自给自足状态下S产品的价格在A国为1/2单位的T产品，在B国为3/2单位的T产品。这点可以通过两国的PPF曲线证明。条件涉及两国生产每一种产品所需要的劳动，以及每个国家劳动的相关信息。其实，把表3-3中的数据简单换算为比率，就可以计算出自给自足状态下的价格。

如果两国均在自给自足状态下生产，竞争行为将令一般均衡解出现在国家PPF的某一点上。这些点由该国的社会无差异曲线与PPF的切点决定。图3-2(a)和(b)中的K和L分别代表这些均衡点。

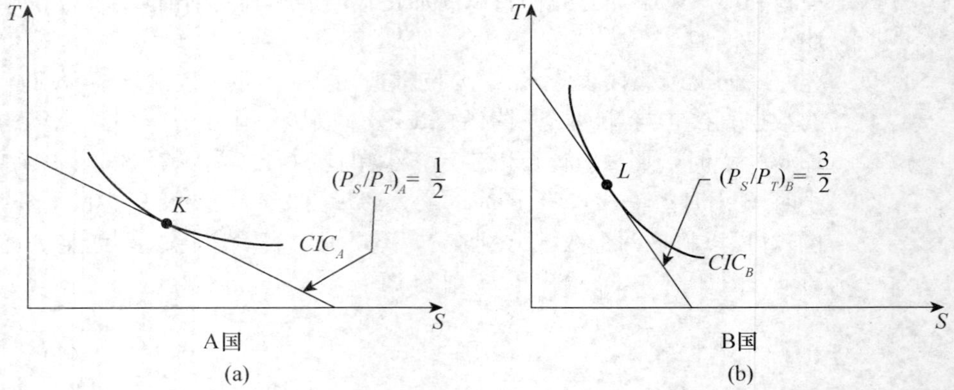

图3-2 A国和B国的贸易前均衡

如果允许两国参与国际贸易，一般均衡解又会发生怎样的变化？考虑一下起作用的因素。A国S产品的自给自足价格低于B国，B国T产品的自给自足价格低于A国。如果贸易产生，这些价格差异还会存在吗？如果假设成立，则答案是否定的。尤其是缺乏贸易壁垒时，A国对S产品的需求上升，B国对S产品的需求下降。此后，S的相对价格在A国上升，在B国下降（同理，对T产品的需求及其相对价格P_T/P_S在A国下降，在B国上升）。因此，P_S/P_T将会持续移动，直到新的均衡达成。这个新的均衡就是所谓的国际贸易均衡。

这个新的均衡有何特征？首先，与原来存在两种自给自足价格的情况不同，现在只剩下一个世界价格。这个价格就是**贸易条件**（terms of trade）。下面我们将会讨论世界价格形成的过程。至少我们可以了解到，世界价格会设定在1/2（A国的自给自足价格）和3/2（B国的自给自足价格）之间。这是因为A国厂商永远不会以低于其自给自足价格（1/2）的价格在世界市场上销售S产品，B国消费者给S产品支付的价格永远不会超过其自给自足价格（3/2）。

如果贸易条件为3/4，情况会如何？在A国，曾经可以以1单位S产品获得

1/2 单位T产品的S产品生产商现在可以在世界市场上以3/4单位T产品的价格将自己的产品出售给两国消费者。因为机会的改变，A国的黄豆生产商会愿意扩大产出。另一方面，A国的纺织品生产商发现自己的产品价格从原来等同于2单位黄豆下降到4/3单位，于是降低产量。因为两种生产商都处于完全竞争状态，在经济上自给自足，所以在原来价格上，他们只获得正常利润。如今，随着T产品价格的下降，他们将蒙受损失并被挤出行业。A国的T行业因此倒闭，释放出来的劳动会流入S行业以扩充产能。这个进程何时结束？假设机会成本恒定，答案是，在新的均衡点，A国将会专业化生产S产品。同理，B国将会专业化生产T产品。①

由此得出一个非常重要的结果：在上述条件下，自由贸易促使每个国家完全专业化生产自身具备比较优势的产品。也就是说，具有较低自给自足价格产品的产出将得到扩张。根据定义，如果一个国家某一产品的自给自足价格较低，这个国家对此产品的生产就具有比较优势。因此，生产和贸易均按照比较优势规则进行。

如何用图形来描述完全专业化生产流程？如图3-3所示，(a)和(b)两部分各自代表A国和B国的情况。K点和L点分别表示两国自给自足时的均衡点。我们在每个图上都添加一条新线，记为TOT。此线有两个重要特征：第一，斜率（绝对值）与贸易条件相等，假设为3/4。第二，此线在每个国家的国际贸易生产点上与该国的PPF相交。所以，其起点在图3-3(a)和(b)中分别为J和M。本例中A国参与国际贸易带来的结果是S产出扩大，T产出削减。A国PPF上的箭头表示这个过程，尽管这不是向J点移动的实际路径。图3-3(b)中相同的箭头表示B国T产品的扩张，S产品的削减。

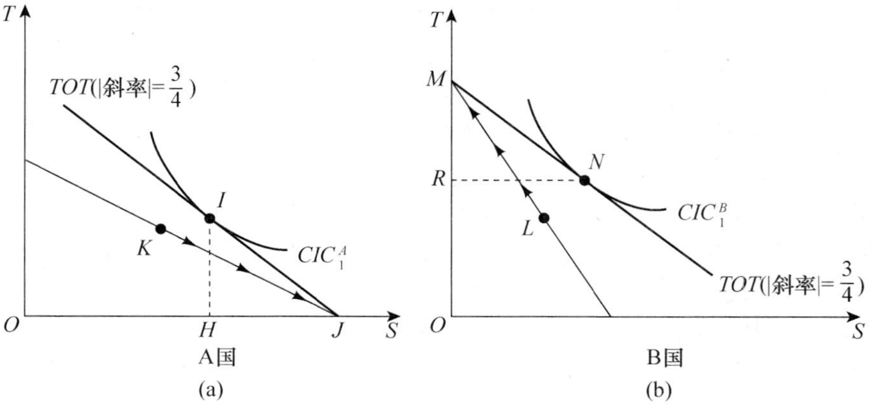

图3-3 A国和B国的贸易后均衡

TOT线表示一个参与国际贸易的国家的**消费可能性边界**（consumption possibility frontier）。消费可能性边界表示一个国家利用国际贸易优势所获得的各种

① 完全专业化生产是古典模型的一种标准预测。但现实并非总是如此。假设A国很大，B国很小。B国可能无法生产A国所需要的全部T产品。在这种情况下，B国会进行完全专业化生产，但A国会生产两种产品。另外，贸易条件会以贸易前A国的价格比率为基准。下一节的后面部分会解释这个现象。

产品组合（消费组合）。再次以 A 国为例，通过国际贸易，A 国完全实现 S 产品的专业化生产。假设人们愿意，所有边界贸易全部关闭，那么 A 国的消费品只剩下 S 产品。另一个选择就是，A 国 S 产品生产者按照 3/4 的价格在国际市场上销售 S 产品，则 1 单位 S 产品可交换到 3/4 单位 T 产品。

A 国的消费选择是什么？如果国际价格为 3/4，A 国的消费组合将由 A 国的社会无差异曲线与 *TOT* 的切点决定。在图 3－3（a）部分，这一点为 *I* 点。A 国如何到达 *I* 点？还是以此图为例。在 *J* 点，A 国生产 *OJ* 单位 S 产品，T 产品产出为 0。其在 *I* 点的消费偏好组合为 *OH* 单位 S 产品，*HI* 单位 T 产品。所以，A 国的 S 产量比本国的需求多出 *HJ* 单位，其差额用来出口。同样的道理，A 国消费者愿意消费的 T 产品产量比生产者产量多出 *HI* 单位，所以，必须进口。

三角形 *HIJ* 成为 A 国的**贸易三角形**（trade triangle）。贸易三角形指的是在给定的世界价格条件下，一国消费者愿意贸易的数量。三角形的边长代表在给定的贸易条件下，一国理想的进出口额，其数量由三角形斜边的斜率决定。

现在看看图 3－3（b）部分，我们可以根据同样的原理推导出 B 国的贸易三角形。B 国会在 *M* 点专业化生产 T 产品。在价格为 3/4 的条件下，最佳消费点为 *TOT* 上的 *N* 点。因此，B 国的贸易三角形为 *MRN*。B 国的出口量为 *MR*，进口量为 *RN*。

你能从两国的贸易三角形中看出什么？首先，根据几何原理，相似三角形形状相近，但是，边长不一定相同（也就是说，其内角一样）。根据贸易三角形的推导过程，这些三角形显然均为相似三角形（根据几何原理）。为什么？因为反映了世界价格，所以每个三角形斜边（直角的对边）的斜率均相等。记住两个三角形都是直角三角形，所以，两个三角形的内角相等。其次，在国际贸易均衡状态下，这两个三角形不但相似，而且全等（这意味着两个三角形全等）。因为我们假设以物易物，故而这一点是成立的。在均衡点上，A 国 S 产品的期望出口水平（此例中为 A 国三角形的底边）必须等于 B 国 S 产品的期望进口水平（B 国三角形的底边）。因为两轴表示的是产品的数量，均衡要求两个长度相等。同理，我们认为均衡也要求两个三角形等高。

有趣的是，如果两个相似三角形的底边长度相等（也就是说，A 国 S 产品的期望出口水平等于 B 国 S 产品的期望进口水平），那么两个三角形等高（也就是说，A 国 T 产品的期望进口水平等于 B 国 T 产品的期望出口水平）。这个原理更正式的经济学表达为**瓦尔拉斯定律**（Walras law）。根据瓦尔拉斯定律，如果世界上存在 n 个市场，且 $n-1$ 个市场处于均衡状态，则第 n 个市场也会处于均衡。对于我们的模型而言，这个定律尤其适用，因为我们的模型只有两个市场，如果其中一个均衡，另一个无疑也处于均衡状态。

假设两个贸易三角形只相似而非全等，根据几何原理，其中一个三角形的邻边和底边会大于另一个三角形的邻边和底边。根据经济学原理，大三角形的国家比小三角形的国家更愿意参与贸易。在这种情况下，贸易均衡是如何实现的？这个问题的几何答案很简单。大三角形必须变小，小三角形必须变大。是否可以用经济学流程表述这个道理？答案是肯定的。这个流程就是所谓的**相互需求原理**

(reciprocal demand)。

相互需求原理表示的是国际供给和需求的互动过程。其原理与其他市场的供给和需求类似。如果世界市场中的供给与需求不相等，则国际价格会朝均衡方向变动。两个三角形的形状亦会随着世界市场价格的波动发生变化。尤其是，每个国家对两种产品的消费意愿会发生变化（可以拿一把尺子，以图 3-3（a）部分的 J 点为中心，上下移动证明这一点）。只要一个国家专业化生产自己的出口产品，其生产点就会固定不变。因此，如果每个国家的消费改变但产出水平不变，其期望贸易数量就会随着国际价格的波动而改变。也就是说，贸易三角形的形状会随着国际价格的变化而改变。

要获得国际均衡，大三角形国家的进口价格必须提高，使国民需求降低；小三角形国家的进口价格必须下降，以促进国民积极参与贸易。也就是说，在需求过剩的市场，价格必须提高；在供给过剩的市场，价格必须降低。这一点跟其他市场中的价格调节机制毫无二致。随着价格的变化，两个贸易三角形开始趋向重叠。这个过程完成后，得到的结果就是国际贸易均衡（全等贸易三角形）。

下面总结一下我们从模型中学到的内容：

1. 为了参与国际贸易，一个国家不一定具备某种产品生产的绝对优势，只需具备某一产品或其他产品生产的比较优势就可以了。在只有两个国家、两种产品的世界中，如果一国某产品的价格低于贸易前的相对价格，说明这个国家在这个产品的生产上比另一国具有比较优势。

2. 国际贸易按照比较优势原则进行。国家将出口其具备比较优势的产品，进口其具有比较劣势的产品。这是因为每个国家的比较优势产品在本国最初的出售价格低于他国，期望的贸易模式就此确立。

3. 国际贸易均衡由下列条件决定：存在一个世界价格——贸易条件。这个价格将会落在两国的自给自足价格之间。价格由国际供给和需求力量即所谓的相互需求决定。尤其是国际价格会发生变化，以确保所有市场中的贸易达到均衡状态。

3.4 国际贸易的收益

我们已经证明，自由国际贸易促使每个国家专业化生产自己具备比较优势的产品，在很多情形下，世界总产出得以增加。到底谁将在国际贸易中获益？是两国都获益，还是一个国家以牺牲另一个国家为代价获益？看来应该是每个国家的获益都高于自给自足状态，否则就不会有人参与贸易。这一节我们将就这些答案以及与贸易收益有关的其他问题进行研讨。

图 3-4 展示了 A 国的贸易均衡状态。国际贸易对 A 国的影响是，从自给自足状态下的均衡点 K 点移动到专业化生产 S 产品的 J 点，但是，其消费组合落在 I 点。A 国是通过以 HJ 单位 S 产品交换 HI 单位 T 产品而达到 I 点的。贸易后，A 国居民的状况是否优于自给自足状态下的 K 点？答案是肯定的。为什么？可以从以下几个方面来回答这个问题。

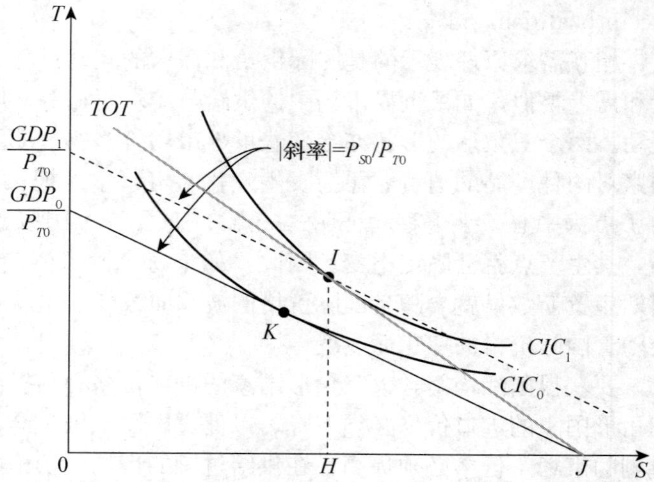

图 3-4　国际贸易的收益（A 国）

第一，I 点在 K 点的右上方。这意味着在这个消费组合中，两种产品的数量都高于 K 点。因为我们假设国家的人口不变，所以在新的均衡点上更容易将国际贸易中获得的额外产品平均分配给 A 国居民。因此，A 国每一位居民都有可能较自给自足状态下更富有。

不过，一个国家的居民不一定选择两种产品都多的国际贸易消费点。他们可以选择 TOT 线上的任何一种组合。世界上是否有另一个更普遍的手段来衡量经济福利的变化状态？以上一章社会无差异曲线存在及意义的假设为依据，我们知道国际贸易令 A 国的国民更加富裕。这是因为与 K 点相比，I 点位于更高的社会无差异曲线（CIC）上。如果高 CIC 表示更高的社会生活水平，则 A 国的生活水平提高了。不过，社会无差异曲线的存在必须基于严格的假设。这些假设的严格性意味着我们需要一种更加直接的方法来证明贸易使 A 国国民更加富有这一结论。很幸运，的确存在这样一种标准。

我们需要遵从的原则在上一章已经讨论过，即实际 GDP 标准。根据自给自足价格计算，A 国的实际 GDP 为 GDP_0/P_{T0}。考虑通过 I 点的直线（国际贸易消费点），其斜率与贸易前 P_{S0}/P_{T0} 的值相等。第二条线的截距大于 A 国 PPF 的截距，说明无论根据哪种产品衡量，A 国在 I 点的消费值全部超过 K 点。也就是说，A 国的生活水平已经提高。如果还处于自给自足状态，则 A 国居民根本没有条件消费贸易状态下的产品组合。

A 国获得贸易收益的原因何在？答案有两点。其一，贸易消费收益。因为通过国际市场，A 国消费者可以以低价购买消费品。其二，贸易生产收益。国际贸易使得生产集中于 A 国劳动效率相对较高的部门。更大的产出意味着 A 国的实际 GDP 上升了，居民的产品消费范围扩大了，从而其总体生活水平提高了。这些收益有多大？我们会在下面讨论，答案基本上因国家而不同，取决于贸易条件与贸易前价格比率的差别程度。收益可以很大。比如全球视野 3－1 中就讨论了 19 世纪日本参与国际贸易后所产生的变化。

国际贸易收益与贸易条件直接相关。在两国两产品模型中，一个国家的贸易条件与贸易前价格比率越接近，另一个国家的收益就越高。例如前面的例子，A 国的贸易前价格比率为 1/2，B 国为 3/2。要使 A 国从国际贸易中获益，则国际价格比率必须大于 1/2。由于 A 国要在国际市场上出售 S 产品来交换 T 产品，因此 S 产品的相对价格越高（即 T 的相对价格越低），居民的状况就越好。要使 B 国从贸易中获益，贸易条件必须小于 3/2。如果国际价格定在两个自给自足价格之间，与自给自足状态相比，两国均获益。显然，如果国际价格等于或接近 3/2，则 A 国的获益大于 B 国。反之，假如国际价格等于或接近 1/2，则 B 国的获益大于 A 国。是否还存在其他理由说明国际价格是如何决定的，从而解释哪个国家从国际贸易中获益更多？

如前所述，国际价格由相互需求原理决定。价格定在贸易流量均衡处。每个国家国际价格与自给自足价格的偏离程度取决于国外需求和供给因素的大小。如果一个国家的某一产品的需求由于国外需求增加而上升，则其价格一定大幅上升。如果国外需求与国内消费相比较小，则对价格的影响很微弱，甚至不会产生任何影响。

通过这个分析得出下列一般规则：如果两个国家规模接近，且参与国际贸易的模式相似，则国际贸易收益会在两国间平均分配。相反，如果一个国家大于另一个国家，则大国获益较小。实际上，如果国家规模差别较大，大国一定会继续生产具有比较劣势的产品，因为小国无法把世界需求的某一产品全部生产出来。如此，小国在国际贸易中获得所有的利益。这就是所谓的**充当不重要角色的重要性**（importance of being unimportant）。

全球视野 3－1

日本 1858 年参与世界贸易的收益

1858 年以前，日本基本上与世隔绝。当年，日本政府开始解禁，参与国际贸易。在此政策变化对日本贸易模式影响的最近一项研究中，丹尼尔·伯恩霍芬（Daniel Bernhofen）和约翰·布朗（John Brown）认为，日本经济是按照本章讨论的理论来运作的。正如模型所预测的那样，贸易扩张根据比较优势进行。[1]

在更早期的一项研究中，理查德·胡伯（Richard Huber）对生产和贸易变化如何对日本经济产生影响进行了估算。[2]贸易开始后，日本开始专业化生产三种产品：丝绸、蚕茧和茶叶。在自给自足状态下，这些产品的价格极其低廉。随着贸易壁垒的下降，价格大幅上升。丝绸在日本的实际价格上升了 26%。茶叶价格上升超过 50%。日本进口产品的价格亦大幅下降，实际均价下降 39%。日本的生产者和消费者均对日本贸易条件的急剧上升作出反应。市场开放的 12 年间，国际贸易提高了 7 000%。胡伯教授估算，贸易条件的提升加上对外国技术的使用，使日本国民实际收入增加 65%。

[1] 参见 Daniel M. Bernhofen and John C. Brown, "A Direct Test of the Theory of Comparative Advantage: The Case of Japan," *Journal of Political Economy* (2004)。

[2] 参见 J. Richard Huber, "Effect on Prices of Japan's Entry into World Commerce After 1858," *Journal of Political Economy* (1971)。

3.5 贸易和薪酬

对国际贸易与要素支付之间的关系，古典理论持有怎样的看法？在回答这个问题之前，让我们先回顾一下先前讨论的有关两个国家货币价格的决定因素。我们假设两个行业均处于完全竞争状态，劳动是唯一获得支付的生产要素，所以，在贸易前的均衡中，下列关系成立：

$$\begin{aligned} P_{SA} &= W_A \times \text{小时}_{SA} = W_A \times 3 \\ P_{TA} &= W_A \times \text{小时}_{TA} = W_A \times 6 \\ P_{SB} &= W_B \times \text{小时}_{SB} = W_B \times 12 \\ P_{TB} &= W_B \times \text{小时}_{TB} = W_B \times 8 \end{aligned} \tag{3.1}$$

上述公式中，价格和薪酬按当地货币计算，反映贸易前水平。贸易一旦开始，就会朝着比较优势的方向进行，如果用同一货币衡量，一国拥有比较优势的产品的贸易前货币价格会低于或等于此产品贸易前的国外价格。要使贸易发生，至少得有某一产品定价较低。为简单起见，假设两种价格不等。为了使贸易能够按比较优势的方向进行，下列条件必须同时成立：

$$\begin{aligned} P_{SA} &< E \times P_{SB} \\ P_{TA} &> E \times P_{TB} \end{aligned} \tag{3.2}$$

式中，E 代表将 B 国货币单位转换为 A 国货币单位的汇率。（如果假设 A 为美国，B 为英国，则 $E=2$ 意味着 1 美元可以兑换 2 英镑。）应用式（3.1）中的信息，可以将式（3.2）中的不等式转换如下：

$$\begin{aligned} W_A \times 3 &< E \times W_B \times 12 \\ W_A \times 6 &> E \times W_B \times 8 \end{aligned} \tag{3.3}$$

不等式组可以同时求解。过程很简单。在第一个不等式中，两边除以 $E \times W_B$，再除以 3。这就使所有的代数项移到不等式左边，纯数字留在右边，但是，结果不变。对第二个不等式使用同一方法，结果是：

$$\begin{aligned} W_A/(E \times W_B) &< 4 \\ W_A/(E \times W_B) &> 4/3 \end{aligned} \tag{3.4}$$

或者，两式合并以后

$$4/3 < W_A/(E \times W_B) < 4 \tag{3.5}$$

认真研究式（3.5）。公式中间的 $W_A/(E \times W_B)$ 部分就是所谓的相对工资比率，即 A 国工资值除以 B 国工资值（按照 A 国货币计算）。式（3.5）表示，要使贸易按比较优势的方向进行，A 国工人的薪水必须高于 B 国工人。具体说来，就是 A 国工人的薪水不能超过 B 国工人薪水的 4 倍，也不能低于 B 国工人薪水的 4/3。这个结果如何解释？

答案与两国的劳动生产率差别有关。根据表 3－3 中的数据，A 国工人在两种产品的生产上效率均高于 B 国工人（A 国在纺织品和黄豆生产上均具有绝对优势）。式（3.5）给出的信息是，在给定的时间内，因为 A 国工人的产量高于 B 国工人，故 A 国工人的薪水应该高于 B 国工人。高出多少？在 A 国具有比较优势的黄豆行业，A 国工人的薪水为 B 国工人的 4 倍。因此，A 国的工资率不超过 B 国的 4 倍。在 A 国具有比较劣势的纺织品行业，A 国工人的薪水仅为 B 国工人的 4/3 倍。所以，A 国薪水不低于 B 国薪水的 4/3。

我们已经论证，国际贸易前两国的货币价格与各自的工资率密切相关。随着工资率上升，价格也随之上升。假设 A 国或者 B 国的工资偏离生产率，这会对国际贸易产生怎样的影响？以 A 国为例，如果 A 国的工资是 B 国的 5 倍，则

$$W_A = 5 \times E \times W_B$$

两国贸易前的价格又是怎样呢？

$$\begin{aligned} P_{SA} &= W_A \times 3 = (5 \times E \times W_B) \times 3 = E \times W_B \times 15 \\ P_{TA} &= W_A \times 6 = (5 \times E \times W_B) \times 6 = E \times W_B \times 30 \end{aligned} \tag{3.6}$$

回顾一下 B 国按照 A 国货币计算的贸易前价格水平：

$$\begin{aligned} E \times P_{SB} &= E \times W_B \times 12 \\ E \times P_{TB} &= E \times W_B \times 8 \end{aligned} \tag{3.7}$$

对比式（3.6）和式（3.7）中两个国家的价格。显然，贸易前 A 国两个产品的价格均高于 B 国。这是成立的，因为两国的薪酬差别超过生产率的最大差别。

如上例，B 国存在向 A 国销售两种产品的动机；相反，A 国没有东西可向 B 国销售。在真实世界里，B 国对 A 国会出现贸易顺差，即 B 国的出口额会超过进口额；反过来，A 国会出现贸易逆差。

此例给人们提供了两条有价值的经验。其一，要令生产率不同的国家产生贸易，一国的薪酬必须高于另一国。具体说来，如果技术差别带来更高的生产率，则高技术国家的薪酬必须较高。这个简单的例子说明，为什么美国工人的薪酬高于发展中国家的工人，而且，在世界市场上美国工人还具有竞争力。全球视野 3－2 将这个分析方法应用到美国和墨西哥两国的关系中，预测两国比较优势的方向。

其二，案例表明，由于工人生产率的原因，即薪酬与生产率不匹配，一个国家可能因此失去比较优势。具体而言，上述最后一个例子中，假设 $W_A = 5 \times E \times W_B$。要使 A 国具备国际竞争力，则 W_A 不能高于 $4 \times E \times W_B$。A 国如何应对这种情况？对策有二。要么 A 国薪酬相对 B 国薪酬下降（降到 $4 \times W_B$ 以下）。或者，如果薪酬以 A 国货币计算，则 B 国薪酬相对 A 国薪酬价值提高。这种情况在汇率上升时可能实现。汇率上升时，以 A 国货币计价的 B 国货币会升值。

在国际经济背景下，这两种变化自然发生的程度有多深？这是我们要在后面的章节讨论的问题之一。当前，我们先忽略这个问题，假设薪酬水平与生产率匹配。

全球视野 3-2

美国和墨西哥的薪酬和生产率比较

在一项关于国际贸易对北美自由贸易协定（NAFTA）的潜在影响的有意思的研究中，安德鲁·索罗查（Andrew Solocha）采用了与我们刚刚讨论的类似的贸易和薪酬关系分析方法。[1] 通过考察美国、加拿大和墨西哥三个国家 20 世纪 90 年代初期不同产业的薪酬和劳动生产率数据，索罗查试图根据某个国家某一具体产业的薪酬是否与劳动生产率不符，来确认比较优势的模式。

索罗查采用的方法比我们文中讨论的简要模型要复杂得多。毋庸置疑，每个国家的产业种类繁多，根本不是模型中的简单两种。更重要的是，每个产业的薪酬率也存在差异。[2] 不过，基本原理与我们的讨论相似。令 a_j 为母国生产 1 单位 J 产品所需的劳动时间（如 A 国生产 1 单位 S 产品需要 3 小时），a_j^* 为外国的对应时间（如 B 国需要 12 小时）。如果 $W_A/(E\times W_B)$ 大于 a_j^*/a_j（即 12/3），则 A 国会丧失 S 产品的比较优势。索罗查在自己的研究中计算出同样的比率。索罗查的计算与本例的主要差别是，他采用的薪酬比率基于具体产业（即 $W_{Aj}/(E\times W_{Bj})$），并用一国中所有制造业的平均比率对每一种薪酬比率加权（J 产业的薪酬和生产率是通过与每个国家的平均薪酬和生产率比较计算出来的）。索罗查认为，如果某一产业的薪酬比率低于（超过）该产业的生产率比率，则美国（墨西哥）在此产业上拥有比较优势。他的计算过程参见下表。

美国-墨西哥的相对薪酬和生产率数据

产业	相对薪酬	相对生产率
食品	0.979	1.624
饮料	1.212	1.345
烟草	1.052	0.755
纺织品	0.756	1.049

续前表

产业	相对薪酬	相对生产率
服装	0.699	1.306
鞋类	0.673	0.865
木制品	0.940	1.553
家具	0.952	0.961
纸和纸制品	1.034	1.376
纸浆和纸	1.256	1.915
印刷和出版	0.819	1.175
工业化学品	1.038	1.088
除了化肥的基础化工产品	0.932	0.730
合成树脂	1.115	1.105
其他化工产品	0.850	2.043
药物	0.901	2.686
石油、煤炭产品	1.255	0.683
橡胶产品	0.585	0.727
塑料产品	0.853	1.242
瓷器	1.008	1.157
玻璃和玻璃制品	0.784	1.004
非金属制品	0.747	0.909
钢铁	1.316	0.597
有色金属	0.924	0.375
金属制品	0.973	1.114
机械设备	0.905	0.780
办公设备、电脑	0.888	0.606
电气设备	1.152	1.170
收音机、电视	1.339	1.159
运输设备	1.187	0.521
汽车	1.182	0.512
专业用品	0.848	1.580
其他产业	0.339	0.940

为了更好地理解这些数据，假设墨西哥所有产业的薪酬水平完全一样，工人的生产率也全部相同。根据这个特殊的假设，研究一下钢铁产业一栏。数据 1.316 表示美国钢铁工人的薪酬比制造业平均薪酬水平高出 30%左右。这一点跟实际情况相差不大。数据 0.597 表示美国钢铁产业的生产率仅为美国制造业平均生产率的 60%左右。这一点

与实际情况可能相差较大。实际情况可能是这个产业的美国工人生产率很高，但是与其他产业比较，墨西哥工人在这个产业上生产率更高。无论如何，1.316 大大超出 0.597，索罗查的计算表明，墨西哥在这个产业拥有比较成本优势。另外，在有色金属、运输和石油产品行业，墨西哥较之美国具有明显的比较成本优势。在食品、木制品、纸、药物、塑料产品和专业用品方面，美国具有比较成本优势。令人惊奇的是，分析结果显示，美国在服装和纺织品产业也具有比较劳动成本优势。

[1] 参见 Andrew Solocha, "Implications of Comparative Cost Advantages for the NAFTA," *The International Trade Journal* (1994)。

[2] 回忆一下我们假设只有两个行业且两行业工资相等。

3.6　对古典模型的述评

正如我们在本章开头所看到的一样，两百多年来，古典模型的很多基本材料已经成为经济学的标准内容。时间证明，该模型尚存在许多内容可供学习研究。这些内容到底是什么呢？

显然，最重要的一点是贸易按照比较优势原理进行。比较优势原理告诉我们，国际贸易有助于全球产能的提升，同时，它也能提高贸易参与国居民的生活水平。另外，国际贸易是自由市场行为的一个结果。

古典模型也存在问题。它在很多方面不够完善；也就是说，模型认为贸易是基于国家之间的生产率差异，但是却没有解释这些差异的根源。模型的预测方法比较绝对，与现实不符。模型预计，一个国家将会完全专业化生产出口产品，完全放弃进口竞争产品。但实际上，一个国家也经常生产进口竞争产品。例如，美国既生产钢铁也进口钢铁。最后，模型似乎显示，国家间的技术水平差异越大，从国际贸易中获得的收益越高。然而，正如我们在第 1 章介绍的那样，大部分国际贸易发生在发达国家之间，这些国家的生活水平和技术水平非常接近。

那么，古典模型是否只是一个教学手段，而不能用于解释贸易现象？答案是否定的。例如，古典模型解释了发达国家与发展中国家贸易的动机，同时解释了为什么高收入国家在与低收入国家贸易时也可以获得收益。下一章，我们将会研究一个更现代的国际贸易理论。这个理论研究的是人们已经注意到的古典模型中存在的一些问题。

本章小结

1. 古典国际贸易模型在两百多年前由亚当·斯密创立。他认为，不同国家在某种产品的生产上具有独特的优势。如果国家间能够按照自己的生产优势自由贸易，世界总产出会增加。

2. 托伦斯和李嘉图扩展了这个理论。他们认为，即使一个国家在任何产品上都不具有绝对优势，这个国家和其他国家也能够从国际贸易中获益。如果一个国家能够专业化生产自己具有最大绝对优势或最小绝对劣势的产品，这种情况就会发生。这就是所谓的比较优势原理。

3. 贸易前相对价格决定比较优势的方向，从而决定国际贸易的方向。与其他国家和其他产品比较，如果一个国家某一产品的贸易前价格较低，则这个国家在这个产品上具有比较优势。

4. 国际价格会在两国的贸易前相对价格之间浮动。国际价格越接近某国贸易前的相对价格，另一个国家在贸易中的获益就越多。

5. 技术发达国家的劳动生产率比较高，所以，这些国家的薪酬率也相对较高。因为薪酬与生产率相关，所以，高薪酬国家保持了自己的比较优势。

练 习

1. 根据下列实例确定：（a）贸易前相对价格；（b）比较优势的方向；（c）相对薪酬率的范围。

生产S产品和T产品花费的劳动时间（小时）

实例1			实例2		
	A国	B国		A国	B国
S	6	15	S	10	5
T	2	12	T	4	5
实例3			**实例4**		
	A国	B国		A国	B国
S	10	8	S	4	9
T	20	4	T	2	3

2. 哪一个实例表示A国在生产S产品上拥有绝对优势，B国在生产T产品上有绝对优势，A国在S产品上有比较优势，B国在T产品上有比较优势。

3. 哪一个实例表示一个国家在S产品生产上具有比较优势，在T产品生产上具有比较劣势。

4. 利用表3-3的数据，解释如果每个国家均按照自己的比较劣势进行专业化生产，世界产出会受到怎样的影响。

5. 假设A国的劳动时间为20 000小时。1单位S产品的生产需要耗费5小时劳动，1单位T产品的生产需要耗费4小时劳动。找出A国PPF的形状和规模。

6. 利用第5题的信息和下列数据画出A国的贸易三角形：世界相对价格=2；A国进口=2 000；A国出口=?

7. 评估下列结论：

a. 与发展中国家进行贸易无法带给发达国家任何好处。

b. 与发展中国家贸易的益处全部被发达国家攫取，因为发达国家可以控制其他国家的价格。

c. 因为美国的工资水平太高，故而无法参与世界市场竞争。

8. 讨论非完全专业化生产国家的福利低于完全专业化生产国家的福利。

9. 假设下表列举的是A和B两国现有的技术水平：

	A国	B国
S	4	8
T	2	4

此例中是否存在贸易动机？解释之。

10. 根据练习1中的实例2，哪个国家更愿意接受1.1这个贸易条件，而不是2这个国际价格？解释之。

11. 根据练习1中实例4给定的技术水平，考虑A和B两个国家。假设A国的工资率W_A等于每小时10美元，B国的工资率用美元计算，等于$E \times W_B$，即每小时5美元。计算贸易前A国和B国S与T两种产品的价格。是否存在两国互利的贸易基础？为什么？假设W_A上升至每小时12美元，其他条件不变，对贸易模式会产生什么影响？为什么？A国将会通过什么手段解决这个问题？

12. 根据练习1中实例3给定的技术水平，考虑A和B两个国家。假设A国的工资率W_A等于每小时10美元，为了使贸易互利，B国的工资率用美元计算，等于$E \times W_B$，其幅度为$X \sim Y$美元。计算X和Y并解释之。

13. 古典模型预测，一个国家将根据自己的比较优势进行完全专业化生产。解释为什么参与国际贸易的机会会带来这个结果。

14. 根据练习1中实例3给定的技术水平，假设A国拥有10 000劳动小时。推导A国的PPF并确定其实际规模。现在假设A国科学家开发出一项新技术，使两个行业的劳动生产率翻番。A国的

PPF 会发生怎样的变化？推导并解释之。比较优势的模式会产生怎样的变化？推导并解释之。

15. 根据练习 1 中实例 4 给定的技术水平，假设 A 国拥有 40 000 劳动小时。推导 A 国的 PPF 并确定其实际规模。现在假设 A 国科学家开发出一项新技术，使 S 产品的劳动生产率翻番。A 国的 PPF 会发生怎样的变化？推导并解释之。比较优势的模式将产生怎样的变化？推导并解释之。

附录3-1 多产品条件下的古典模型

可以直接将古典模型延伸到两国和多产品的情形。获得的主要结果是，贸易开放以后，各个国家将专业化生产一个或多个产品，并贸易其消费篮子中的其他产品。

假设产品数量并非只有S和T两种，而是有S，T，X，Y和Z五种之多。而且，古典模型的所有假设条件均成立。尤其是两国中五个行业的劳动产出比固定不变。如果劳动产出比为表A3-1中给定的数值，根据这些数据，B国为技术先进国家。B国在T产品生产上技术先进，即拥有比较优势，生产率是A国的3倍。A国的先进技术即其比较优势表现在Y产品上，生产效率与B国相当。

根据前面的分析，可知两个事实。其一，如果只有两种产品，一旦贸易产生，A国将专业化生产Y产品并出口。B国将专业化生产T产品并部分出口。这个结论在此处是成立的。其他三种产品的情况如何？何国生产何种产品？答案与相对工资比率有关。

要使贸易能够根据比较优势进行，相对工资比率必须在相对生产率差异的最大值和最小值之间移动。所以，以同种货币计算时，技术落后的A国的工资不能高于B国，但也不能低于B国工资的1/3。或者根据本章推导的相对工资公式：

$$1/3 < W_A/(E \times W_B) < 1 \tag{A3.1}$$

根据表A3-1的信息，按照A国比较优势的次序将产品从左到右排列。左侧为A国（B国）比较优势最小（最大）的产品。此排序依据的是B国的劳动小时除以A国的劳动小时的结果，这样表中的数字将变成小数从小到大排列，如表A3-2所示。此次序称为比较优势链。最终的贸易模式由两国之间现有的相对工资比率决定。假设此工资率为0.66，这意味着A国工人的薪酬为B国工人的2/3（用同种货币计算）。如表A3-2所示，相对工资比率在生产率差异的最大值与最小值之间。0.66的相对工资比率小于1，但是却大于所有其他相对生产率水平。在这种情况下，除了Y产品，B国可以低于市价的价格向A国出售其他产品。因此，此处的国际贸易模式是，A国仅专业化生产Y产品，并以之交易模型中包括的部分或全部其他产品。如果相对工资比率低，如0.45，则A国出售S产品和Z产品同样获益。结果是，相对工资比率决定了在何处分割比较优势链，使得A国出口某些产品而B国出口另一些产品。

表A3-1　国家和产业的劳动需求

	产业				
	S	T	X	Y	Z
A国	4	9	10	2	5
B国	2	3	4	2	3

表A3-2　按照产业B国与A国的劳动小时比率

	产业				
	T	X	S	Z	Y
比率	0.33	0.4	0.5	0.6	1

附录 3－2　提供曲线和贸易条件

本章讨论了决定贸易条件的流程。我们将之定义为相互需求原理。本附录将提供另一种几何方式，用于解释相互需求原理。这种方式就是提供曲线。

图 A3－1 表示 A 国的 PPF 以及贸易条件为 TOT_1 时 A 国的消费意愿点。在此均衡中，A 国愿意出口 EH 单位 S 产品，进口 HF 单位 T 产品。现在，我们接着研究一个有趣的问题，如果贸易条件改变，A 国的期望贸易水平将发生什么变化。这一点用图 A3－2 表示。

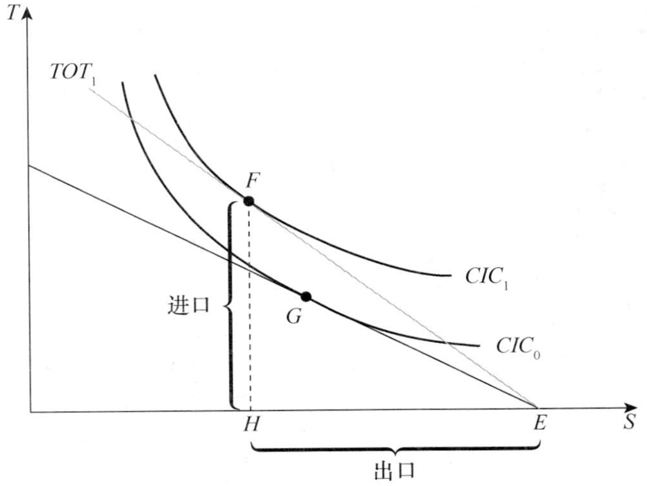

图 A3－1　A 国的贸易均衡

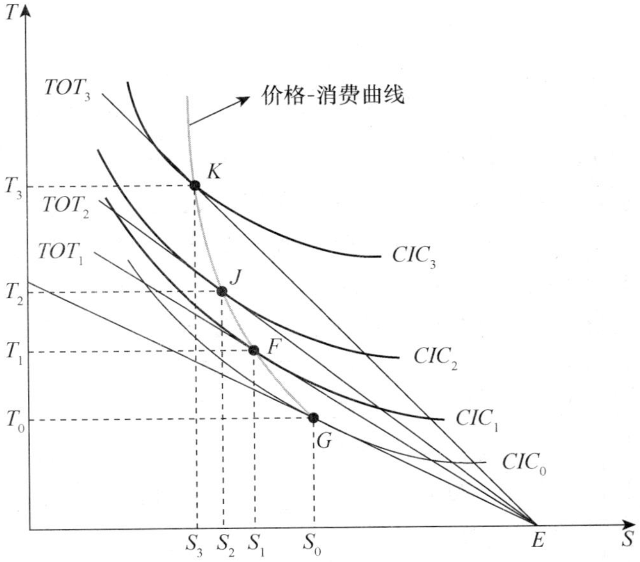

图 A3－2　A 国的价格-消费曲线

图 A3－2 按照三个不同的贸易条件值，描述了 A 国的期望贸易点。随着 *TOT* 变得越来越陡，A 国的期望进口水平上升了（从 T_0 上升到 T_3），同时，其期望出口水平也在提高*（从 S_0 到 S_3）。曲线 *GFJK* 表示在不同的世界价格上，A 国的消费意愿组合。这些曲线即 A 国的价格-消费曲线。

现在考虑另一个图，用于国际贸易的 S 产品和 T 产品的数量分别用横轴和纵轴表示。我们先在这张图上按照不同的价格描出 A 国的期望贸易量。由于存在这方面的信息，这张图很容易画出来。将线段 *EG* 加到 A 国的价格-消费曲线上，将得出的线条反转，令 *E* 点与原点重合。这条新线在图 A3－3 给出。这就是 A 国的提供曲线。

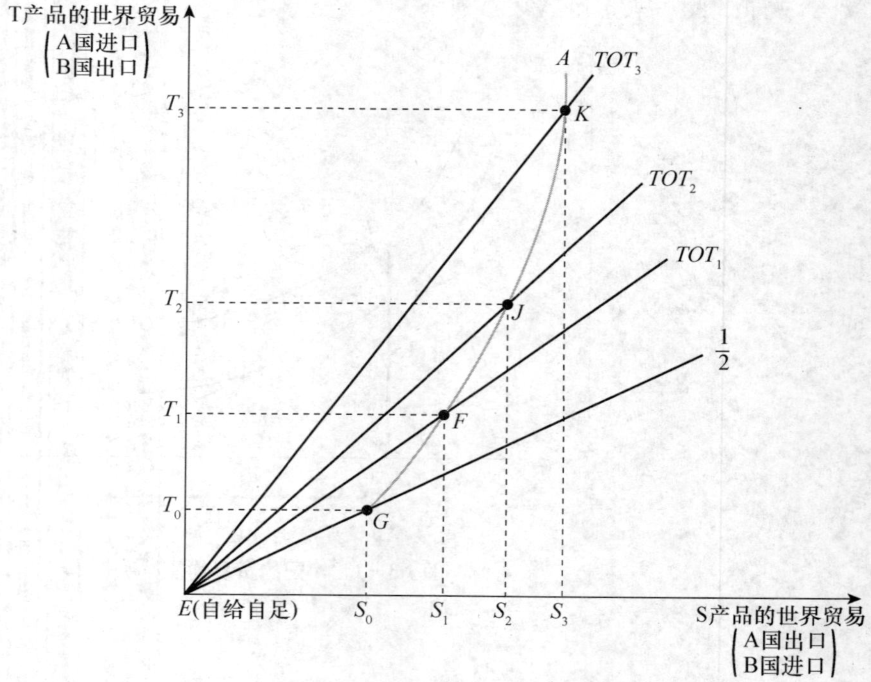

图 A3－3　A 国提供曲线的推导

认真考虑此图。坐标轴分别用来标记 S 产品和 T 产品的世界贸易情况；其测量单位为实际数量（如多少蒲式耳大豆、多少码纺织品）。要理解 A 国提供曲线上各点的含义，可以回顾图 A3－2 中包含的信息。首先，贸易开始后，如果 S 产品的价格仍旧保持在 12，在世界贸易中，A 国将会拥有各种各样的选择机会，其中任何一种选择都可以令 A 国享受到自给自足状况下的富足。例如，A 国可以选择不参与任何贸易，或者完全专业化生产 S 产品，然后，出售 ES_0 单位 S 产品以换取 S_0G（$=T_0$）单位 T 产品。A 国也可以选择在其 PPF 上的 *E* 点和 *G* 点之间生产，然后，按照世界价格交易 12 单位 S 产品，以便在福利最大化的 *G* 点上消费。因此，如果世界价格为 1/2，A 国一定愿意以任何数量出口 S 产品，从

* 应该是降低，原文如此，疑有误。——译者

0（E 点）单位直到最大的 S_0 单位。为了通过图形说明这个关系，我们用一条直线表示 A 国的提供曲线，此线从原点出发，一直延伸到 G 点（在 S_0 上方），其斜率为 1/2。

再参考图 A3－2，我们知道，要使 A 国增加其贸易量，S 产品的价格必须提高。例如，当价格上涨到 TOT_1 时，A 国增加的期望出口量为 E 点到 S_1 点的距离。而且，当世界价格为 TOT_1 时，A 国的期望进口量用该国的提供曲线在 S_1 点（即 T_1 单位的 T 产品）上方的高表示。因此，根据我们所指定的坐标轴，A 国的提供曲线显示了其期望出口量和进口量。

现在，让我们对 B 国重复此推导过程（读者自己推导）。图 A3－4 显示了这条曲线，记为 EB。这里要注意几个问题。由于 A 国的提供曲线表示 A 国在不同价格条件下的期望贸易量，B 国的提供曲线包含的信息一样，因此，国际贸易均衡点必须出现在两条提供曲线的交点上。只有在这个交点上两国的期望贸易量才相等。这一点在图上用 J 点表示。S 轴上位于 J 点下方的 S_J 点，表示 A 国期望的 S 产品出口量和 B 国期望的 S 产品进口量。显然，由于这些点全部一样，S 产品在世界市场上必然达到均衡。值得注意的是，两条曲线在其交点处等高，T 产品的贸易也必然存在均衡。这是对瓦尔拉斯定律的简单论证。

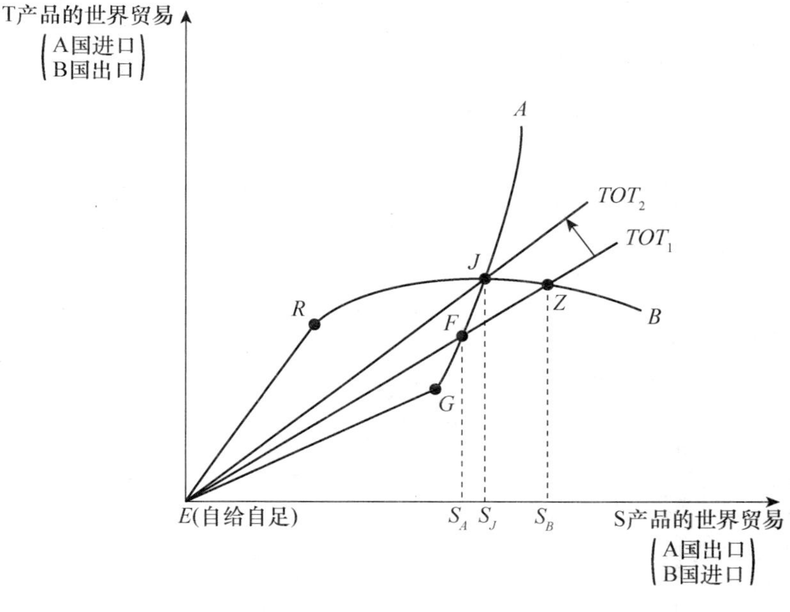

图 A3－4　国际贸易均衡

从原点（E 点）引出至交点的线段，其斜率确定了贸易条件，用 TOT_2 表示。我们可以对相互需求原理进行论证，此原理通过非常直接的方式将该价格运用到世界市场上。假设此价格为 TOT_1，在这个价位上，A 国愿意在 F 点上（出口 S_A 单位 S 产品），而 B 国愿意在 Z 点上（进口 S_B 单位 S 产品）。显然，在世界市场上，B 国对 S 产品的需求超过了 A 国 S 产品的供给。要实现市场出清，价格必须上升。图中箭头表示的就是这一点。

最后请注意，因为在 J 点上，A 国和 B 国均位于其价格-消费曲线上，此点上两国的 CIC 必须彼此相切。因此，两国之间的产品分配必须落在国际贸易均衡点的契约曲线上。请注意，这不是自给自足条件下的消费点 G 点和 R 点。这不过是对本章一系列表格的图形表述方式而已。自由国际贸易比自给自足状态效率更高。

第4章 赫克歇尔-俄林模型

本章主题

HO 模型：基本假设
HO 定理
HO 模型的均衡
部分新 HO 定理
最后的述评

与其他科学家无异，在把事情妥当处理之前，经济学家总不会那么心满意足。如前面几章所示，国际贸易的古典模型存在几个致命的缺陷。尤其是这个模型给出的几种绝对预测基本上与实践中的贸易模式脱节。理论与实践的脱节刚好给 19 世纪和 20 世纪的经济学家创造了一个契机，他们可以孜孜以求，进一步探究国际贸易的因果关系。

首先，为了加深对国际贸易的了解，经济学家对古典模型的部分严格假设有所松动。例如，经济学家取消了机会成本恒定的假设，代之以机会成本递增的假设。这一修正放弃了人尽皆知却经常脱离现实的那个预测，即国际贸易会促使所有国家完全放弃其具备进口竞争力的产品的生产。不过，古典模型的问题依旧存在。古典模型的立论根基是，贸易来源于国家间生产率水平的差异，但是，古典模型却无法阐明这种差异存在的根源。另外，与此预测相反，欧洲各个国家之间以及欧美之间的贸易极度繁荣，而这些国家的经济发展和技术水平却非常相似。

部分经济学家选择完全放弃古典模型，以探求比较优势的另一种解释方式。20 世纪早期，一种新的国际贸易理论应运而生。这个理论称为赫克歇尔-俄林（HO）模型，研究的是国际贸易的模式和决定因素，由瑞典的经济学家赫克歇尔和俄林共同创立。模型的基础在赫克歇尔 1919 年发表的一篇论文中设定。不过，这篇论文是用瑞典文写成的，几乎 30 年后才被翻译成英文。① 因此，自创立以后，此模型一直默默无闻。赫克歇尔的学生俄林在其 1924 年的博士论文（也是用瑞典文写的）中研究了这些理论，其著作的英文版后来由哈佛大学在 1933 年出版发行。②

赫克歇尔-俄林的理论立足于国家和产品的两个基本特点。国家的差别源于其生产要素的差异。产品存在差别皆因其生产过程使用的要素不同。赫克歇尔和俄林认为，这些条件一旦给定，一个国家就有能力以较低的成本（因此拥有比较优势）生产那些需要大量的、本国禀赋相对丰裕的生产要素（亦即**要素禀赋**（factor endowments），如劳动、土地、资本和自然资源）的产品。例如，如果某些国家的土地相对其他要素丰裕（如澳大利亚），则这些国家在生产那些需要较大面积土地的产品（如小麦）上拥有比较优势。

随着俄林著作的出版，赫克歇尔-俄林的思想很快受到各国经济学家的推崇。该模型的吸引力在于其简洁、完美的逻辑结构，而且，在理解国际贸易的因果关系方面容易调整。经济学家在研究时发现，在解释诸如国际贸易对薪酬和其他要素的作用、经济增长对国际贸易模式的影响方面，这个模型的视角独特。此模型甚至还可以解释某个经济体中不同利益集团的政治动因。

本章的其余部分我们将考察这个模型。我们首先探索模型背后的假设因素，然后研究扩展后的模型。自始至终，我们都会对古典模型和赫克歇尔-俄林模型的结构和预测结果进行对比。

4.1 HO 模型：基本假设

至此，你应该基本摸清了经济学家创立理论的套路。首先，通过提出一系列假设设立框架。其次，在假设基础上解释模型并予以测试。这也是我们即将采取的步骤。为了说明赫克歇尔-俄林模型的功能，我们会保留第 2 章和第 3 章中探讨的前 10 个假设。我们将放弃假设 11 和假设 12。后面两个假设只跟古典模型有关。另外，我们将加上 5 个新的假设。

4.1.1 假设 13

> *存在两种生产要素：劳动（L）和资本（K）。资本所有者获得租金（R），劳动者获得薪酬（W）。*

此假设放宽了古典模型的一个严格假设。上一章我们曾经假设与生产要素相关的唯一要素是劳动。在任何一个产品的生产过程中，如果劳动力所采用的设备

① 该论文的英文题目为“The Effect of Foreign Trade on the Distribution of Income,”收录在由 Howard S. Ellis 和 Lloyd A. Metzler 主编的著作 *Readings in International Trade*（Philadelphia: The Blakiston Co., 1949）中。

② 俄林著作的标题为 *Interregional and International Trade*（Boston: Harvard University Press, 1933）。

数量相同（固定不变），这个假设就是成立的。但是，在 HO 模型中，工人使用的设备成为决定贸易模式的关键因素，可能会随着相对要素价格的变化而改变。

4.1.2　假设 14

每个国家拥有的技术组合相同。

这是 HO 模型中最关键的假设之一。这个假设认为，对于任何产品的生产，每个国家的生产者随时可以获取相同的生产技术组合。也就是说，多数产品的生产有多种方式；一般而言，这些生产方式是不同的资本和劳动的组合形式。实际组合依赖于各国的要素价格。也就是说，与 B 国比较，如果 A 国的劳动价格低于资本，则 A 国的纺织品生产会采用劳动密集型技术。但是，如果两国的要素价格一样，则两国两个行业的生产流程会完全相同。这个假设的作用就是排除国际贸易的古典模型的假设。因此，HO 模型明显有别于古典理论。

4.1.3　假设 15

在纺织品（T）生产中，两个国家每一台设备需要投入的劳动永远高于黄豆（S）生产。两国两种产品的生产服从规模收益不变定律。

本假设的第一部分简要说明，T 产品比 S 产品生产更倾向于**劳动密集型**（labor intensive），或者说，S 产品比 T 产品生产更倾向于**资本密集型**（capital intensive）。所以，对于任何一国或任何产出水平，每台设备投入的劳动，T 行业都高于 S 行业。下列关系总是成立：

$$L_T/K_T > L_S/K_S$$

或者

$$K_T/L_T > K_S/L_S$$

式中，L_j 为 j 行业中劳动的数量（$j=S$ 或 T）；K_j 为 j 行业中资本的数量。

考虑这个假设时，读者需要记住两件事。首先，将 T 视为相对劳动密集型商品完全是随意的。其次，在定义劳动（资本）密集型时，我们强调的是相对劳动密集。这里的关键点是，在两种产品的生产中，一种产品生产设备投入的劳动一定比另一种多，而不仅仅指投入更多的劳动。所以，不能因为一个行业的规模比另一个行业大就称前者为劳动密集型行业，从而雇用更多劳动力。相对要素密集是由资本/劳动比率（K_j/L_j）的差异决定的。现实世界中显然存在这样的差别。全球视野 4－1 讨论了美国不同行业中具体的资本/劳动比率，从一方面确认了这个假设的普遍有效性。

假设 15 的第二部分认为，资本和劳动比率的改变会导致产出水平的变化。例如，要使现有纺织品产量翻番，可以通过将纺织业中的劳动和资本投入数量增加一倍实现。

全球视野 4-1

美国典型行业中的资本/劳动比率

HO理论的一个重要组成部分就是，不同产品的生产代表不同生产要素的密集程度。在这个专栏中，我们列举美国不同行业的要素密集程度。参考下列表格，通过分析其结果会发现几个有趣的现象。首先，行业间的资本/劳动比率存在巨大的差异。1960年，人均资本量在服装业仅为1 500美元，而石油和煤矿业高达93 800美元。2000年，这些行业中的资本/劳动比率依然极端，服装业为8 300美元，石油和煤矿业为266 700美元。

其次，在所有行业中，资本/劳动比率随时间的推移而上升。此结果表明，多年来美国的资本存量增长远高于劳动的增长。最后，40年来这项研究的行业排名基本上没有发生太大的变化。

资本/劳动比率：美国不同年份不同行业的表现
（1972年不变价格1 000美元）

行业	1960年	1980年	2000年
服装	1.5	3.2	8.3
化工	30.4	58.9	85.9
电气设备	6.4	13.0	35.3
金属制品	8.7	13.2	22.1
食品和同类产品	12.2	22.5	36.8
家具	4.6	7.6	10.4
仪器和相关产品	6.5	13.3	27.2
皮制品	2.3	4.3	14.6
其他制造产品	4.1	9.7	14.6
非电气类机械	9.0	14.6	25.9
纸制品	20.2	38.4	58.9
石油和煤矿	93.8	161.2	266.7
原生金属	26.5	37.1	71.0
印刷和出版	10.2	11.9	16.9
橡胶和塑料	10.3	18.8	24.7
石头、黏土和玻璃制品	16.2	26.7	35.6
纺织	8.4	14.3	27.3
烟草制造	9.0	31.9	100.1
运输设备	10.5	20.3	21.3
平均值	15.3	27.4	47.6

资料来源：“Energy Price Shocks and Productivity Growth：A Survey” by E. R. Berndt and D. O. Wood. Copyright © 1985 MIT. Reprinted by permission.

4.1.4　假设 16

> 不同国家的生产要素禀赋 L 和 K 存在差异。我们假设 A 国资本相对丰裕，B 国劳动相对丰裕。

一个国家**劳动（资本）丰裕**（labor（capital）abundant）是什么意思？此概念认为，如果一个国家总劳动存量与总资本存量的比大于其他国家，则这个国家劳动相对丰裕。[①] 用数学公式表述，如果下列等式成立，则 A 国属于资本相对丰裕国家：

$$K_A/L_A>K_B/L_B$$

式中，L_K 指 K 国（K＝A 国或 B 国）的总劳动存量，K_K 指 K 国的总设备存量。如同讨论两种产品生产中的要素密集程度问题一样，相对差异在这里显得很重要。[②] 所以，一个国家人口众多并不意味着这个国家就是劳动密集型，还要考虑这个国家的资本存量。简而言之，比率比绝对数量重要。此外，我们还假设劳动丰裕国家（即劳动存量大于资本存量）的薪酬水平低于租金，反过来，资本密集型国家也一样。[③]

综合假设 15 和假设 16 的内容，我们可以为 A 和 B 两国分别推导出其 PPF。首先，两国两种产品的要素密集程度存在差别，故其曲线出现机会成本递增规律。要理解这一点，可以考虑这个例子，B 国将全部劳动和资本投入 S 行业，用 B 国 PPF 上的一点表示，这个点位于 S 轴上（见图 4－1 中的 Z 点）。假如现在要求 S 行业减少一单位的产品生产，S 行业将出现要素剩余。这些剩余的生产要素可以用来生产一定数量的 T 产品。

S 行业如何压缩产量？因为 S 行业需要更多的资本，故而 S 行业会保留更多的资本。随着产出的下降，S 行业会释放出相对多的劳动，因为需求不多。所以，初始时，随着 S 行业产出的降低，至少 S 行业释放出的劳动多于资本，用于 T 行业的生产。不过，T 行业劳动的使用相对高于资本。结果是，S 行业释放的生产要素可以使 T 行业以最快速度扩张。在图 4－1 中，从 Z 点开始，尽管 S 行业的产量只下降一点，但是，T 行业的产量却大幅增加。

---

① 我们所使用要素丰裕度定义称为数量定义。还存在另一种（可能不一致）定义。相对要素丰裕度的价格定义表明，如果一个国家的工资/租金比低于其他国家，则此国为劳动相对丰裕国家。因此，根据假设 16 和价格定义，存在以下关系：

$$W_A/R_A>W_B/R_B$$

式中，W_K 为 K 国（K＝A 国或 B 国）的工资率，R_K 为 K 国的租金率。本文中，我们假设两个定义同时成立。不过，经济学中没有任何定律能保证这一点是正确的。

② 聪明的读者会注意到，在描述产品生产技术时，我们把 T 当作劳动密集型产品，B 为劳动丰裕国家。在论及一个国家的生产要素密集度以及要素丰裕程度时，这已经成为有关 HO 模型文献的惯例。这一术语将贯穿本书始终。

③ 这被称为萨缪尔森的强要素丰裕度假设。

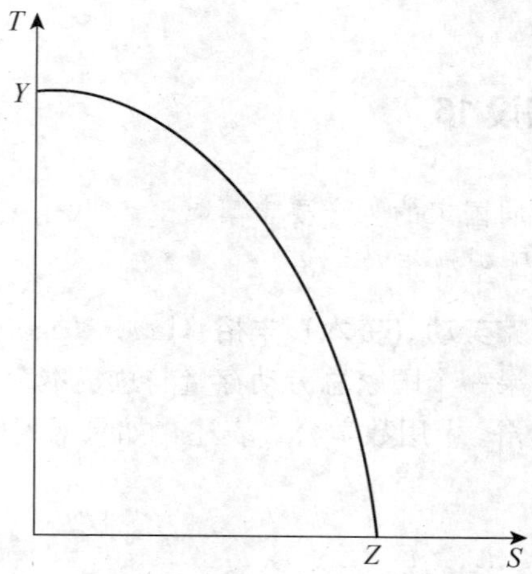

图 4-1　B 国的 PPF

为什么接近 Y 点时 B 国的 PPF 变得扁平？考虑一下两个行业扩张和收缩的过程。当接近 Y 点时，S 的产量几近为零。可知随着产出的下降，S 行业会尽量为自己的劳动力保留更多的资本。显然，随着产出接近零，行业中会有更多的资本闲置。T 行业吸收的资本较之劳动越来越多时，其扩张的能力就越来越小。这是我们对 T 产品生产所需要的技术的假设导致的。

因此，B 国的 PPF 显示出机会成本递增。因为两国技术水平相同，A 国的 PPF 也存在机会成本递增。尽管两国的 PPF 均为非线性，其形状却不一样。因为我们假设 B 国相对劳动丰裕，T 产品相对劳动密集，故而，B 国的 PPF 更靠近 T 轴（见图 4-1）。如果两种产品生产的技术和资源固定不变，B 国的 T 产品产量会高于 S 产品。基于同样的理由，A 国的 PPF 会靠近 S 轴。

至此，我们已经将两个国家的供给侧问题阐述清楚。下面讨论需求问题。

4.1.5　假设 17

两个国家的偏好一样。

这个假设简单说明两国的社会无差异曲线（CIC）相同。所以，一旦相对价格比率和 GDP 水平一样，两国将会消费同样数量的两种产品。正如我们将在下一节讨论的那样，本假设的目的是保证比较优势和贸易方向由供给方而不是需求方决定。

4.2　HO 定理

HO 模型认为，两国之间的贸易流向是由两国的生产要素禀赋以及产品的要素内容决定的。在两种产品的例子中，HO 模型是比较精确的表达。

4.2.1　HO 定理

> 在一个产品的生产上，如果一个国家采用的是本国相对丰裕的生产要素并出口该产品，则这个国家在这个产品的生产上具有比较优势。

简而言之，此定理认为，与他国比较，如果某国的资本较为丰裕，则这个国家在需要更多资本/劳动投入的产品上具有比较优势。根据假设可知，B 国（A 国）在纺织品（黄豆）生产上具有比较优势，因为我们假设 B 国（A 国）的劳动（资本）相对丰裕，纺织品（黄豆）生产相对劳动（资本）密集。

HO 模型可以用图形表述。① 如图 4－2 所示，在对此模型假设的讨论中，我们确定两国的 PPF 均出现机会成本递增且形状各异。这一点通过图 4－2（a）和（b）两部分表示，目的是找出自给自足状态（贸易前）下的价格比率，以确认比较优势的方向。为此，必须引入需求因素。假设两国的偏好相同，在图形中，两国的 CIC 的形状相似，并处于相同的位置。图上的 CIC 具有此特征，为了突出它们具有同样的偏好，我们用 CIC_0 表示。② 两国自给自足状态下的生产和消费均衡点 A 国为 I 点，B 国为 X 点。

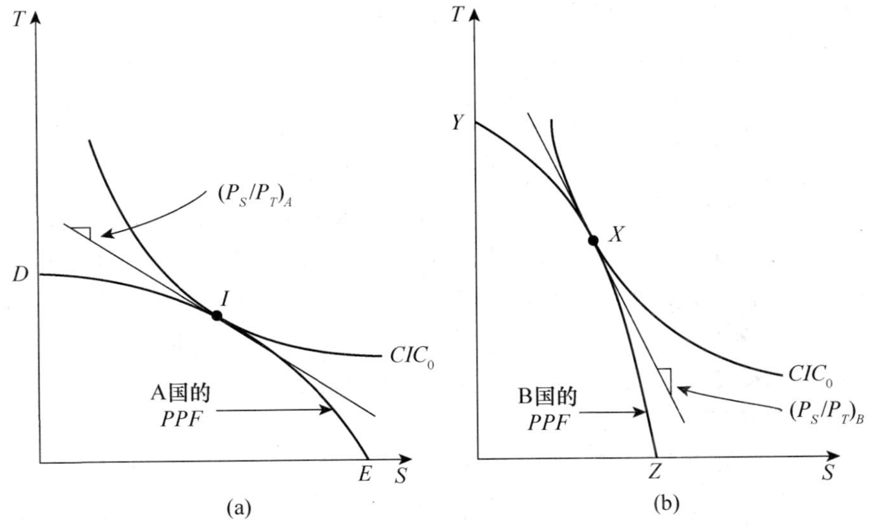

图 4－2　HO 定理的图示

第 2 章讨论过，生产点处 PPF 的斜率决定了这个国家的价格比率。因此，我们让价格线在生产点上与 PPF 相切，并分别标记为 $(P_S/P_T)_A$ 和

---

① 这一证明主要是基于要素丰裕度的数量定义。在附录 4－1 中，我们利用丰裕度的价格定义对此定理进行证明。

② 注意，虽然两条 CIC 具有相同的标注，但这并不意味着两国在自给自足条件下能够体验相同水平的满意度（或实际 GDP）。如果两国满意度不在同一水平上，我们还必须假设 CIC 得以充分表现，这样，一旦一个国家移动到更高或更低的社会满意度水平时，其形状不会从根本上改变。我们证明成立的充分条件是，随着实际 GDP 按照不变相对价格增长，消费者继续以同样的比例购买更多这两种商品。

$(P_S/P_T)_B$。据图可知，

$$(P_S/P_T)_A<(P_S/P_T)_B$$

这表示，A（B）国在 S（T）产品生产上具有比较优势。[①] 根据假设，S 为资本密集型产品，A 国为资本丰裕国家。这一点证明了理论的正确性。这个理论不但对 A 国成立，对其他国家一样成立。

至此，我们证明了 HO 模型中比较优势是如何决定的。我们怎么知道贸易是根据比较优势进行的？答案与第 3 章中讨论的结果相同。也就是说，在竞争环境中，贸易来源于经纪代理人的逐利行为。如果一国产品相对便宜，此国会竭力将产品出口到相对高价的国家。因此，A 国会出口 S 产品。同理，B 国的出口商会向 A 国出口 T 产品，因为 A 国的 T 产品价格相对昂贵。

4.3 HO 模型的均衡[②]

现在我们考虑国际贸易对一个国家生产和消费决策的影响。分析完毕以后，我们再回头研究 HO 模型中国际贸易的均衡。在前面的章节中，我们了解到一旦贸易在两国发生，相对价格的差别将不复存在。因此，S 产品在 A 国的价格会上升（开始时较低），在 B 国会下降（开始时较高）。现在，我们聚焦于 A 国。

由图 4-3 可知，一旦贸易开始，A 国的 S 产品价格将会上升。这一点通过贸易条件线 $(P_S/P_T)_0$，$(P_S/P_T)_1$ 和 $(P_S/P_T)_2$ 表示。最平的价格线 $(P_S/P_T)_0$ 在 A 国的 PPF 上与自给自足点 X_0（$=C_0$）相切。当贸易条件提高到 $(P_S/P_T)_1$ 时，T 产出下降，生产要素被释放到 S 行业，使 A 国的生产点移动到 X_1。在这一点上，S 的供给超过当地需求，其中一部分被出口到 B 国，以换取 T 产品。这就使消费点离开 A 国的 PPF 移动到 C_1。价格为 $(P_S/P_T)_1$ 时，贸易量是多少？图中，答案为三角形 $V_1C_1X_1$。三角形 $V_1C_1X_1$ 是 A 国在价格为 $(P_S/P_T)_1$ 时的贸易三角形。三角形的底边 V_1X_1 代表出口，邻边 V_1C_1 代表 A 国的期望进口量。

如果贸易条件持续上升，如上升到 $(P_S/P_T)_2$，则生产点将会沿着 A 国的 PPF 下移，这次会移到 X_2。在这一点上，A 国几乎是专业化生产黄豆。A 国的消费点从 C_1 移动到 C_2。因此，A 国的纺织品消费越来越依赖 B 国的进口。如图所示，A 国的贸易三角形扩展到 $V_2C_2X_2$。

刚才讨论的图形容易引起误导。读者必须注意，在任何时间点上，只有一个价格主导市场。这个价格为多少？如何决定？答案与李嘉图模型一样。贸易开始时的贸易条件是由国际贸易的需求和供给力量即众所周知的相互需求原理所决定的。[③] 这些力量在努力达成这样一个价格，这个价格能够通行于两国，使两国的

① 回顾一下，如果某一商品在一国的价格较低（在自给自足条件下），此国在此产品上就具有比较优势。

② 这部分可以跳过，不影响内容的完整性。

③ 这个概念在第 3 章讨论过。

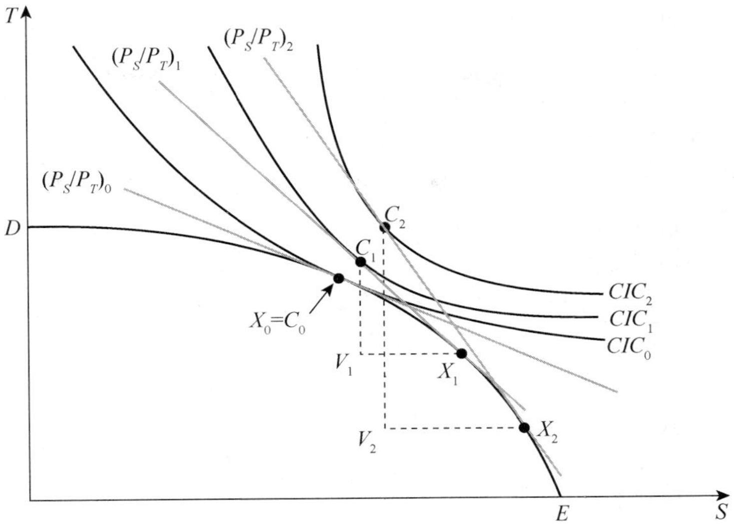

图 4-3　S 产品的世界价格上升对 A 国贸易的影响

期望贸易流动达到均衡。如果期望贸易流动出现失衡，那么根据定义，一个国家的期望贸易高于另一个国家，贸易条件将会随之改变。

用图表示，国际均衡的条件是两国的贸易三角形全等。这个条件与前面讨论的均衡条件是一样的。这些三角形的边分别表示在给定的国际价格条件下，一个国家的期望贸易量。反过来，这个价格可以用三角形斜边的斜率表示。

图 4-4 描述了国际贸易均衡的一个实例。(a) 部分给出 A 国的贸易三角形。贸易开始，均衡达成后，A 国的生产点在 X_A，消费点在 C_A。A 国的出口用 V_AX_A 的距离表示，进口用 V_AC_A 的距离表示。(b) 部分展示了 B 国的贸易均衡。B 国的生产点和消费点分别在 X_B 和 C_B。B 国的出口和进口分别用 X_BV_B 和 V_BC_B 表示。

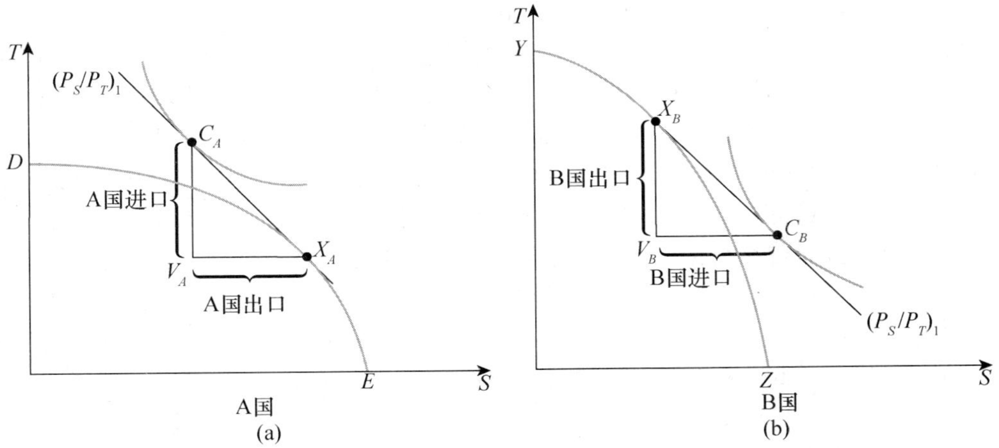

图 4-4　HO 模型的贸易均衡

我们如何知道此图描述的是国际贸易均衡？答案是，两国的贸易三角形全等。也就是说，在国际价格为（P_S/P_T）$_1$ 时，A国的期望出口量为 V_AX_A，与B国的期望进口量 V_BC_B 相等。通过简单几何分析可知，两个三角形的底边距离相等。如果国际市场上S产品处于均衡状态，则T产品亦获得均衡。由此可知，两个三角形的边长也相等。

这个均衡有什么其他特点？与我们所分析的古典模型相比如何？首先，我们必须了解，没有一个国家可以完全专业化生产自己拥有比较优势的产品。生产中的**非完全专业化**（incomplete specialization）是由于机会成本递增直接导致的。由于国际贸易，一个国家的出口产品相对价格上升，故存在扩大生产此产品的动机。产出会因此而扩大，直到生产的相对成本低于或刚好等于相对价格。但是，在这个模型中，随着产出增加，相对成本也随之上升。除非产品价格持续上扬，否则这一点就变成生产进一步扩张的瓶颈。

HO模型中是否存在完全专业化生产？不会，但是也不能排除这一点。和我们前面所讨论的一样，生产点以出口相对价格为基础。会存在这样一种可能性，即价格如此之高，以至于所有的国家都集中全部资源生产其出口产品。此外，如果两种产品的生产采用的是相似的生产要素，则完全专业化生产会出现。两种产品生产采用的技术越相似，要素转移到某种产品生产中所导致的另一种产品产量的下降幅度越小。换言之，产品生产过程越趋同，PPF的外凸程度越低，并趋向一条直线。这就是古典模型中的固定成本PPF，此时，完全专业化生产得以进行。

古典模型和HO模型的第二个差别，也是相关性较大的差别，是相互需求流程导致贸易条件均衡产生的方式。古典模型认为，一旦贸易开始，生产点就定位在完全专业化生产那一点上。这意味着，进出口贸易的均衡水平完全取决于两国需求的变化情况。在HO模型里，相互需求通过改变需求和供给条件促使均衡价格产生。图4-5阐释了这一点。

图的上半部分显示的是根据古典模型假设得出的一个国家的需求和供给曲线。图的下半部分是根据HO模型假设描绘的一个国家的需求和供给曲线。这些图的主要区别在于国家供给曲线的形状。古典模型的国家供给曲线在某一点之前为横线，反映了机会成本恒定的假设。随后，这些供给曲线变成垂线，意味着无论价格多高，只要实现完全专业化生产，任何国家都无法生产更多的产品。HO模型的供给曲线在完全专业化生产点上也是垂直的。不过在此点之前，这些供给曲线均向上倾斜，反映了机会成本递增规律。

现在讨论一下两个模型中的相互需求流程的差异。为方便起见，我们用希腊字母 ρ（rho）表示相对价格 P_S/P_T。先考虑古典模型的情况，图4-5（a）和（b）分别表示两国中S产品的自给自足价格是如何决定的。价格分别为 ρ_A 和 ρ_B。在这些价格条件下，自给自足产出水平分别为 Q_{AA} 和 Q_{BA}。

因为 ρ_A 低于 ρ_B，A国在S产品生产上具备比较优势，A国会向B国出口S产品。贸易一旦开始，将只剩下一个世界价格。假设此价格为 ρ_0，A国的S产品产量将会上升到 Q_M 单位，S产品的消费量将会下降到 Q_0 单位。这两者间的差额即A国对B国的期望出口量。

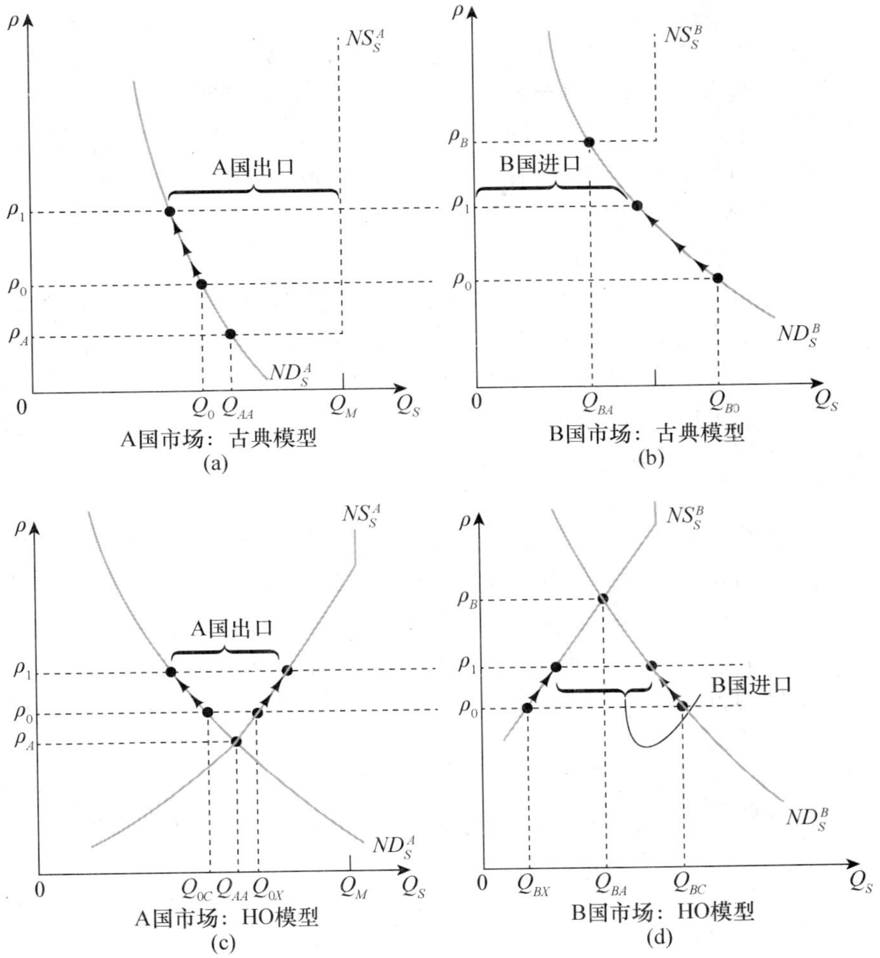

图 4－5　古典模型和 HO 模型的相互需求

如果价格从 ρ_B 下降到 ρ_0，B 国的本地产出将下降为 0，消费量则上升至 Q_{B0}。这两者间的差额就是 B 国从 A 国的期望进口量。观察此图可发现，在价格为 ρ_0 时，B 国的期望进口量超过 A 国的期望出口量。也就是说，贸易产品市场出现需求过剩现象。要弥合这个不均衡，价格必须高于 ρ_0。随着价格的上升，过剩的需求开始下降，不过，过程特殊。由图可知，世界供给是恒定的，为 Q_M 单位，全部在 A 国生产。另外，随着价格的上升，两国对 S 产品的消费量均下降（注意图中箭头的形状）。最后，随着 ρ 的上升，世界总体消费量下降，均衡点出现。图中这一点为 ρ_1 点。

图 4－5 的下半部分表示采用 HO 模型假设时相互需求的机制。如前所述，两国的自给自足价格和产出分别为 ρ_A，ρ_B，Q_{AA}，Q_{BA}。我们继续假设 A 国 S 产品的自给自足价格较低，对此产品拥有比较优势。贸易一旦开始，S 产品在 A 国的价格会上升，在 B 国会下降，促使 S 产品从 A 国流向 B 国。如果价格最初定在 ρ_0，则 A 国的期望出口量就是这个价格条件下产出量和消费量的差额，即

$Q_{0X}-Q_{0C}$。B 国在价格为 ρ_0 时的期望进口量就是 $Q_{BC}-Q_{BX}$。通过观察，读者会发现存在初始的需求过剩。这个过剩需求如何消除呢？价格必须提高。请注意这个模型中的差异。随着 ρ 的上升，两国的消费量一起下降（与上述例子相同），但是，两国的供给量同时增加。也就是说，出口国的世界价格越高，国家期望出口的数量越大，理由有二：其一，本国居民需求量下降；其二，生产者愿意增加产量。对进口国而言，世界价格越高，进口量越低。同理：消费者购买更少，国内生产商的产出更多。

古典模型与 HO 模型的第三个主要差别与需求假设的重要性相关。古典模型对两国消费者偏好的假设没有任何限制，除了认为两国消费者国际化程度较高，贸易前后均有机会消费两种产品。对需求不太关注的原因是，此模型中的自给自足价格完全由供给条件决定（参见图 4－5 的上半部分）。与此相对，HO 模型假设所有国家的偏好相同。为什么如此假设？

图 4－6 再度给出了图 4－5 下半部分的需求和供给曲线。考虑下面的思维实验：如果需求和供给曲线并非如图中所绘，我们改变一下模型的假设条件，令两国的偏好差异很大。假设 A 国居民强烈偏好 S 产品而 B 国居民厌恶 S 产品。在所有条件下，供给曲线不变，需求曲线会从原来的位置分别移动到 $ND_S^{A'}$ 和 $ND_S^{B'}$。自给自足价格用 ρ_A' 和 ρ_B' 表示，因为 ρ_B' 低于 ρ_A'，所以比较优势的方向发生改变，即 B 国在 S 产品上拥有比较优势。值得注意的是，哪怕在任何产出水平上，A 国的供给曲线均处于低位，表明 A 国在较低生产成本方面具有天然比较优势，这一点也一样成立。在此，我们领略到了假设的重要性。通过排除各国的偏好差别，我们防止了偏好对 HO 模型预测结果的颠覆。

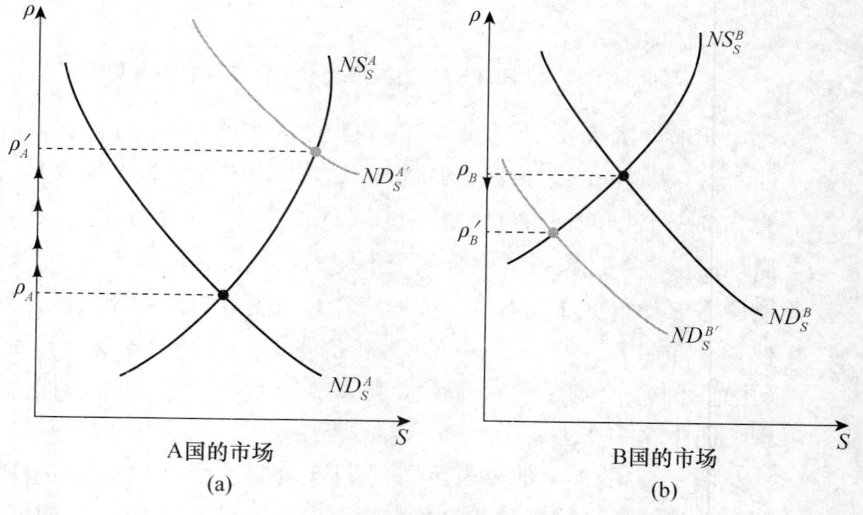

图 4－6　偏好相同假设的重要性

4.4 部分新 HO 定理

除了预测比较优势的方向，HO 模型还为参与国际贸易经济体的经济行为提供了其他几个重要定理。这些定理与诸如经济增长对贸易的影响、贸易对某一社会的收入分配的影响等问题相关。其中第一个原理就是著名的罗伯津斯基定理（Rybczynski theorem）①。

4.4.1 罗伯津斯基定理

> 在世界价格恒定的条件下，如果某一国家某一要素的供给增加，该国将会加大此要素密集型产品的生产，减少其他产品的生产。

相应地，在其他条件不变时，如果 A 国计划在其原始要素禀赋基础上增加资本存量，A 国将会加大 S 的产出，减少 T 的产出。本例在图 4－7 中给出。A 国资本存量的增加使其 PPF 外移。此外移大部分沿着 S 轴发生，因为 S 行业属于资本密集型行业。新的生产点（增长发生以后）用 X_1 表示，此点位于新的 PPF 上，其斜率与（固定的）世界价格 ρ 相等。

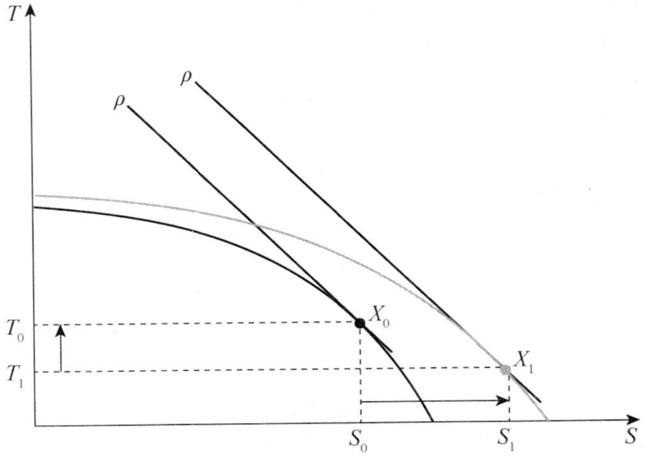

图 4－7　A 国资本存量增加的影响

因为 S 为 A 国的出口产品，A 国资本存量规模的增加将激励 A 国的生产者努力扩大出口。相反，如果 A 国劳动力增加，在包括世界价格和 A 国的资本存量规模等其他条件不变时，相对于 S 产品，A 国将会生产更多的 T 产品，减少 T 的贸易。

附录 4－1 将对罗伯津斯基定理进行证明。然而，这个原理背后的道理却非

① 这个原理由罗伯津斯基在其论文“Factor Endowments and Relative Commodity Prices,” *Economica*（1955）中提出。

常明显。其基本含义是，一个国家的增长方式会对其生产和贸易组合产生影响。低储蓄国家对设备和厂房的投资不足，倾向于生产和贸易劳动密集型产品。高储蓄和高投资率国家倾向于生产和贸易更多的资本密集型产品。（参见第10章对经济增长和国家贸易之间关系的进一步讨论。）

或许HO模型最具争议的定理与国际贸易对要素价格的影响相关。此原理称为**要素价格均等化**（factor price equalization，FPE）定理。[①]

4.4.2 要素价格均等化定理

> 假定HO模型所有的假设成立，自由国际贸易会促进个体要素价格国际均等化。

换言之，贸易前如果某国薪酬较高，则贸易会导致其薪酬下降。贸易会提升低薪酬国家的薪酬水平。根据HO模型的严格假设，这些趋势会持续直至薪酬均等。资本租金率亦适用此原理。

为了更好地理解这个原理，让我们来证明它是成立的。回顾前面的假设，A国资本丰裕，劳动匮乏。这意味着开始时，A国薪酬较高，租金较低。B国由于资本稀缺，劳动丰裕，开始时的状况恰好相反。贸易发生后，A国会加大S的产量，压缩T的产出。S行业人均资本量相对高于T行业。结果是，S行业要素需求的增长，与T行业产量缩小而为S行业释放出来的实际要素之间出现失衡。与S行业开始时的要求相比，T行业释放的劳动更多，资本更少。因此，在要素市场上，在初始工资率水平上，出现劳动供给过剩现象；在当前的租金水平上，出现资本需求过剩现象。要返回均衡点，A国的薪酬水平将下降，租金上升。

在B国，贸易刺激了T产品产出的扩张。维系此扩张的资源必须来自S行业。与T行业相比，S行业人均资本量较高；故而，随着产量缩减，S行业向T行业释放的资本多于现有要素价格上T行业的需求。回归均衡需要什么条件？租金必须下降，薪酬必须提高。

由此可知，如果初始薪酬（租金）水平较高，则其倾向于下降，反之亦然。我们怎么知道它们会均等？答案很简单。国际贸易将会导致一般（产品）世界价格的产生。我们已经假设世界市场处于完全竞争状态，技术相同。因为每个国家都在持续增加两种产品的产量，这些产品的生产成本和技术完全一样，所以直接的结论就是要素价格会均等。

要素价格均等化产生的条件非常严格，值得关注。尤其是HO模型所有的假设必须完全成立。其中两个最重要的假设包括不存在任何贸易壁垒，生产者具备获取相同技术的渠道。如果各地工人生产率相同，自由贸易将保证他们能够赚取一样的薪酬。但是，如果贸易能力受到约束，则某国工人的薪酬水平将会高于生产能力相同的外国工人。由于现实世界无法完全满足任何假设，所以，人们无

① 参见Dan Ben-David，“Equalizing Exchange：A Study of the Effects of Trade Liberalization，” *Quarterly Journal of Economics*（1993）。

法期望要素价格完全均等。

不过，此定理的主要预测结果存在一定的证据支持。丹·本-戴维（Dan Ben-David）的研究表明，降低国家间的贸易壁垒对不同国家的收入水平会产生影响。其研究聚焦于欧盟成立后，降低贸易壁垒对西欧国家的影响。他在研究中证明，自由贸易能够有效缩小国家间的收入差距。因为研究中的每个国家所拥有的技术相当类似，所以，研究的结论与模型相符。

要素价格均等化定理认为，贸易后，部分要素的支付水平会上升，其他会下降。下面对 HO 定理的讨论将涉及贸易中输赢双方的具体情形。

4.4.3 斯托尔珀-萨缪尔森定理

自由贸易有利于丰裕要素，不利于稀缺要素。①

要理解本定理的意义，可以回到对 FPE 定理的论证过程。假设劳动稀缺的 A 国工资下降，劳动丰裕的 B 国工资上升。同时，资本丰裕的 A 国租金上升，资本稀缺的 B 国租金下降。这实际上就是对这个定理的证明。②

由于要加大产出，丰裕要素的收入增加，稀缺要素的收入下降。其背后的原理很直接。初始时 A 国因为劳动相对稀缺，所以工资较高，可以在要素市场上利用其稀缺性获益。国际贸易的产生意味着，采用稀缺劳动资源的 A 国制造商现在必须与拥有丰裕劳动资源的 B 国制造商竞争。国际竞争的压力将会压低 A 国的薪酬水平。因此，哪怕两国之间的劳动力缺乏流动机制，由于生产过程中对劳动服务的竞标，其价格会均等。

斯托尔珀-萨缪尔森定理的意义何在？首先，我们找到了社会中某些团体反对国际贸易的一个理由。在古典模型中，每个人都在国际贸易中获益。因为工人必须从进口竞争行业流向产出得以扩张的出口行业，根本不需要对个人薪酬进行调整便可保证充分就业水平的实现，所以，这个结论是成立的。在 HO 模型中，稀缺要素必须降价以便得到利用（在任何一个行业中）。全球视野 4－2 对包括斯托尔珀-萨缪尔森定理在内的美国几个有关 HO 模型各种意义的研究项目进行了讨论。

斯托尔珀-萨缪尔森定理为政府对贸易设置壁垒提供了部分理由。显然，认为贸易将导致自己薪酬下降的工人会反对贸易行为。资本稀缺国家的资本家亦是如此。结果是，人们可以预期稀缺资源所有者会游说政府部门采取措施，限制国际贸易额度。另一方面，丰裕要素所有者倾向于游说政府制定自由贸易政策。③

---

① 此定理首先由 Wolfgang Stolper 和 Paul Samuelson 在其著作“Protection and Real Wages,” *Review of Economic Studies*（1941）中提出。

② 附录 4－1 有更详尽的证明。

③ 在一篇有趣且可读性很强的论文中，Stephen Magee 检验了这个命题。他发现 20 个案例中有 19 个案例发生过这种情况，即行业和劳工组织在保护主义政策上具有相同的立场。对这些发现的一个解释是，在短期内，资本在部门之间是不流动的。更详尽的内容请参见附录 4－2。参考资料为 Stephen Magee，“Three Simple Tests of the Stolper-Samuelson Theorem,” in *Current Issues in World Trade and Payments*，ed. P. Oppenheimer（London：Routledge & Kegan Paul，1980），138－153。

最后，需要记住的一点是，尽管国际贸易导致部分社会成员受损，但是与自给自足状态相比，国际贸易使国家整体获益。要说服自己，可以再研究一下图4-4。显而易见，贸易以后，每个国家都能够消费自给自足状态下无法获取的产品组合。这意味着每个国家的生活水平总体上得到了提高。简而言之，贸易中，获益者的获益高于损失者的损失。① 这是一个具有潜在政策意义的有趣结果。由此可以制定出相应的税收和转移支付体系，以便对损失者进行补偿，让获益者获取比自给自足状态下更大的利益。这种体系从来没有得以实施，但是，美国和某些经济体曾试图设立类似的系统（尽管相当不完善）。第8章将对第二次世界大战以后美国所实施的贸易调整援助计划进行讨论。

全球视野 4-2

美国的贸易、薪酬和工作

过去30年，美国不同领域的收入分配发生了很大的变化。蓝领工人的实际薪酬增加幅度很小。[1] 大部分时间内，大学毕业生的实际薪酬提高幅度较大，使这两类工人的薪酬差异大幅拉开。同时，美国最富裕人士的实际收益上升幅度打破了历史纪录。2006年，公司利润在国民总收入中的占比创下60年来的新高。美国的经济性质随着收入和收入比例的改变而发生变化。制造业的就业率大幅下降，低技能领域如纺织业和制鞋业尤其如此，服务业的就业率获得极大的提高。许多政治家、工会领袖和评论家对这些变化指责有加，经常将此后果归咎于国际贸易。他们认为，与低薪酬国家贸易摧毁了美国的制造业基础。HO模型所预测的要素价格均等化流程，促使低技能薪酬朝发展中国家的薪酬水平方向降低。

过去几十年尤其是20世纪90年代早期以来，美国的国际贸易的特点之一是，从亚洲和拉美国家进口的制造产品变得日益重要。其中最重要的国家包括中国、韩国、新加坡、巴西、马来西亚、墨西哥和泰国等。[2] 不同的经济学家研究这些数据，判断不断增长的国际贸易是否加大了美国的收入差距。90年代中期的一系列研究表明，快速的技术变革促使厂商降低对低技能工人的需求，从而导致薪酬和就业率双双下降，而国际贸易对扩大收入差距的作用并不是很大。[3]

随着收入差距的不断扩大，几个经济学家重新研究了这个问题，并站到反对立场上。罗伯特·劳伦斯（Robert Lawrence）认为，这不应该归咎于国际贸易，从中国的进口扩大导致收入差距在缩小。他论述道，美国再也不用制造能够通过进口获得的低技能、劳动密集型产品。即使美国也在生产从发展中国家进口的产品，其生产流程比海外制造更趋于资本密集型。因此，他认为直接来自发展中国家的行业竞争程度非常低，没有理由抱怨是国际贸易导致收入差距的扩大。[4]

在最近的一篇文章中，保罗·克鲁格曼（Paul Krugman）也在重新研究这个问题。他认为，贸易在不断推动收入差距产生。这是国际纵向专业化生产不断发展所导致的。高科技产品中的低技术部件生产于发展中国家，在这个流程中，美国对原来完成这部分

① 对本观点的一个简洁的证明参见 Avinash Dixit and Victor Norman, *Theory of International Trade* (Cambridge, England: Cambridge University Press, 1980)。

产品生产的低技能工人的需求下降，其薪酬也随之降低。除了贸易快速增长会对薪酬不平等产生巨大影响的结论以外，克鲁格曼也承认，支持自己论点的数据比较碎片化。[5]

因此，当前贸易对美国技工和非技工薪酬和收入差距的影响尚无定论。但可以确认的是，国际贸易并不是对此产生影响的唯一潜在因素。技术变革、工会力量的削减以及很多其他因素都有可能对收入差距产生影响。此外，差距本身也有可能被误测，因为工人所获得的非薪酬福利一般不会计入工人总收益。

[1] 蓝领工人包括手工艺人和修理工人、设备操作人员、运输工人和一般劳工。

[2] 这9个国家占1980—2004年间美国与发展中国家贸易增加额的80%。

[3] 参见 Paul Krugman and Robert Z. Lawrence, "Trade, Jobs and Wages," *Scientific American* (1994); and Gary Burtless, "International Trade and the Rise of Earnings Inequality," *Journal of Economic Literature* (1995)。

[4] 参见 Robert Z. Lawrence, "Blue-Collar Blues: Is Trade to Blame for Rising U. S. Income Inequality?" Peterson Institute for International Economics, Washington, D. C., 2008。

[5] 参见 Paul Krugman, "Trade and Wages: Reconsidered," *Brookings Papers on Economic Activity* (Spring 2008)。

4.5 最后的述评

本章试图分析简化的HO模型中国际贸易的商品组成问题。自1933年至1953年，这个模型几乎是所有经济学理论中最具影响力的一般均衡理论。经济学家惊叹于其严密的逻辑关系、其对现实世界中许多贸易模式的解释，以及通过调整，其对诸如贸易对收入分配的影响等问题进行研究的功能。基于这些原因，今天大部分贸易经济学家还在使用这个模型。

下一章我们会发现，这个模型也带来不少问题。这些问题与古典模型面临的问题类似，就是经济学家努力将模型预测结果与现实匹配所面临的困难。这促使部分经济学家打算扩展模型，最普遍的做法是在分析中加入更多的要素和产品。这种分析方法需要引入数学工具如线性代数来表述，几何方法不太适用。因此，本章不对这种方法展开讨论。不过，有足够的理由证明，在更一般的假设条件下，简化HO模型的一些更有趣、更明确的预测如要素价格均等化等，并不是非常确定。①

由于HO模型明显的缺陷，其他经济学家正在努力为国际贸易模式创立新

① 对包含许多产品和要素的HO模型的简明扼要的介绍，参见 Edward Leamer, *Sources of Comparative Advantage: Theory and Evidence* (Boston: MIT Press, 1984)。特别要关注第1章，里面包括一个有趣的讨论，即在违反HO模型的一些假设时，模型的预测效果如何。其他相关著作包括：Alan Deardorff, "Weak Links in the Law of Comparative Advantage," *Journal of International Economics* (1979); Wilfred Ethier, "Some of the Theorems of International Trade with Many Goods and Factors," *Journal of International Economics* (1974); Ronald Jones and José Scheinkman, "The Relevance of the Two-Sector Production Model in Trade Theory," *Journal of Political Economy* (1977); Jaroslav Vanek, "The Factor Proportions Theory: The *N*-Factor Case," *Kyklos* (1968); James Williams, "The Factor Proportions Theorem: The Case of *M* Commodities and *N* Factors," *Canadian Journal of Economics* (1977)。关于这一领域的重要文献，参见 Wilfred Ethier, "Higher Dimensional Issues in Trade Theory," in *Handbook of International Economics*, vol. 1, ed. Ronald Jones and Peter Kenen (Amsterdam: North-Holland, 1984)。

的理论。下一章将会讨论其中的几种理论。但是，与HO模型相比，这些理论没有一个结构是完整的。所以，尽管缺陷不少，但在相当长的一段时间内，HO模型在国际贸易理论中还会占据相当重要的地位。

本章小结

1. 赫克歇尔-俄林（HO）比较优势模型是参与国际贸易国家行为的完整模型。该模型认为，比较优势由一个国家相对于其他国家的要素禀赋决定。

2. HO定理认为，如果一个国家的生产以禀赋相对丰裕的资源为核心，则此国在这一产品的生产上具有比较优势。

3. 与古典模型不同，HO模型预测，在均衡点上，每个国家会继续生产两种产品。

4. 同样有别于古典模型，HO模型需要对每个国家的偏好作出严格假设。否则，理论预测会失效。

5. HO理论还包括其他几项定理：罗伯津斯基定理、要素价格均等化定理和斯托尔珀-萨缪尔森定理。

6. 罗伯津斯基定理认为，如果某一国家的要素禀赋增加（不变价格），该国就会加大此要素密集型产品的生产，减少其他产品的生产。

7. 要素价格均等化定理认为，如果HO模型所有的假设成立，自由国际贸易会促使个体要素支付价格国际均等化。

8. 斯托尔珀-萨缪尔森定理认为，自由贸易有利于丰裕要素而对稀缺要素不利。这个结果与古典模型相反，后者认为国际贸易令所有的个体受益。

9. 尽管斯托尔珀-萨缪尔森定理认为自由贸易有利于丰裕要素而不利于稀缺要素，但实际上贸易可以使两国受益，因为获益者多于损失者。

练　习

1. 利用HO模型（如图4-4中的任何一部分）中对贸易一般均衡的描述方法，证明在一般情况下，与非完全专业化生产比较，完全专业化生产出口产品会导致一个国家的生活水平下降。

2. 有些人曾经论证，要素价格均等化定理意味着美国的薪酬水平必须降到世界上最不发达国家的水平。评析这个结论的正确性。

3. 考虑下表中A国和B国的要素禀赋数据：

要素禀赋	国家	
	A国	B国
劳动力（百万人）	45	20
资本存量（1 000台设备）	15	10

a. 哪个国家的资本相对丰裕？

b. 哪个国家的劳动相对丰裕？

c. 假设与T产品比较，S为资本密集型产品。哪个国家在S产品生产上具有比较优势？解释之。

4. 比较古典模型和HO模型关于贸易商品组成的内容。就其假设、贸易后的生产点和贸易对收入分配的影响等内容展开讨论。

5. 澳大利亚土地丰裕，印度劳动丰裕。与纺织品比较，小麦生产为土地密集型。画图表示两国贸易前和贸易后的均衡点。找出并标明每个国家的贸易三角形。如果两国开始贸易，哪种要素会获益？哪种要素会损失？解释之。

6. 过去30年世界经济的显著变化之一就是对太平洋地区国家（尤其是韩国和日本）资本投资的急速上升。这种投资对两国的商品贸易模式，如与美国的贸易有什么意义？解释之（提示：考虑罗伯津斯基定理）。

7. 详细解释为什么世界技术相同的假设会使国际贸易古典模型的基础丧失。

8. 用罗伯津斯基定理证明，贸易开始后，国家间的要素禀赋相似度越高，进行完全专业化生产的可能性就越大。

9. 利用下表C国和D国的要素禀赋数据回答练习3的问题：

要素禀赋	国家	
	A 国	B 国
劳动力（百万人）	12	30
资本存量（1 000 台设备）	48	60

10. 假设 A 国资本丰裕，有能力生产 X 和 Y 两种产品。较之 X，Y 为劳动密集型产品。绘制 A 国的 PPF 曲线，确定用 Y 表示的 X 贸易前相对价格。假设 Y 行业的技术创新使其劳动生产率提高，但 X 行业不是这样。用另外一个图形表示 A 国的 PPF 会发生什么变化并解释之。同时，阐述这对 A 国 X 产品的贸易前相对价格有什么影响，对 A 国的贸易模式会产生怎样的影响，并解释之。

11. HO 模型关于两国技术相同的假设表明，如果两国的要素价格也一样，则所有国家的任何一种产品的生产流程将完全一样。这个结论是对还是错？解释之。

附录 4－1 对部分 HO 定理的其他论证

这个附录将对 HO 定理及其部分基本结论进行严密的论证。我们采用的核心几何工具是等产量曲线。等产量曲线描述了某种产品既定产量生产所需投入的各种资本和劳动的不同组合。例如，S 的生产需要投入劳动（L）和资本（K）。图 A4－1 描述了行业潜在的等产量曲线图。纵横轴分别用来衡量要素单位的投入，K 和 L。每一条曲线上 S 的产量恒等，分别用产量水平 S_0，S_1 和 S_2 表示。请注意，曲线离原点越远，产量越高。这也说明投入越多，产量越高。

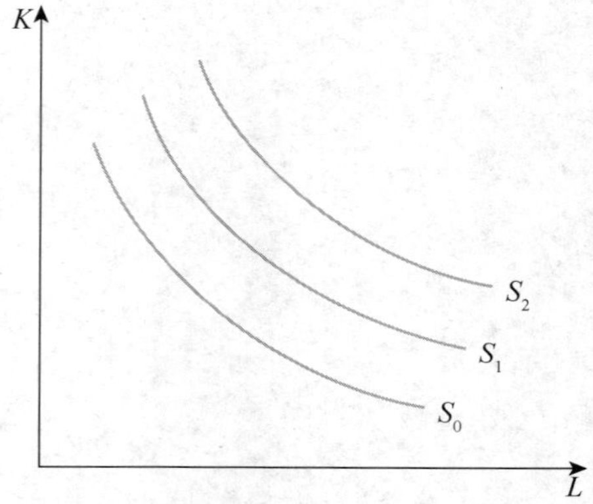

图 A4－1 S 行业的等产量曲线图

曲线的曲率表示产量恒等条件下，劳动替代资本的难易程度。尽管这是经常用来表示等产量曲线的图形，但是，经济学理论并未对其形状强加任何约束。比如，图形可能会以直角的形状出现。倘若如此，要素之间完全无法互相替代。它们总是以同样的比率使用，只增加某种要素根本无法提高产量。另一个极端是，等产量曲线可以是一条直线（斜率为负值），表示要素之间可以完全替代。下面讨论一下如何运用等产量曲线知识来论证各种定理。

HO 定理（价格定义）

HO 定理表明，一个国家如果某一要素相对丰裕，这个国家将会在相对丰裕要素产品的生产上具有比较优势。我们应该如何将这个有关要素禀赋及其密集度的定理通过图形表示出来？

在本章主体部分的例子中，我们通过假设 A（B）国要素 K（L）相对丰裕，S（T）产品相对密集来表示这个定理。因此，在 S（T）产品的生产上，A（B）国具有比较优势。

考虑图 A4－2。我们从产品 S 和 T 的等产量曲线中抽出一条放到一个图中。每一条等量曲线代表一单位相关产品生产所需的各种技术。

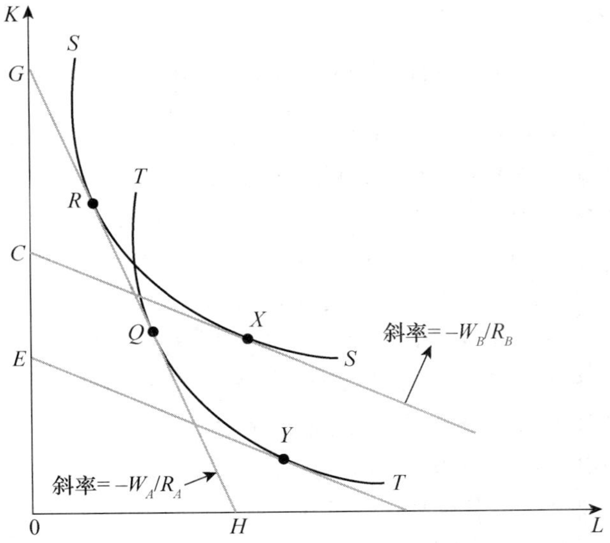

图 A4-2 HO 定理（价格定义）的证明

在进行论证之前，我们先讨论一下此图的几个特点。第一，S 的等产量曲线更接近（与 T 的等产量曲线比较）*K* 轴。这反映了我们的假设，即 S 产品比 T 产品更加资本密集。第二，每种产品只用一条曲线表示。每个行业规模收益不变的假设表示，等产量曲线随着产量增加有规律地增长，形状不变。因此，如果某一定理对某一产出水平成立，则对其他产出水平也成立，因为要提高或降低产量，只需要按照固定比例提高或降低要素投入即可。规模收益不变（没有固定成本）假设意味着，平均成本和边际成本是恒定的，并且在所有的产出水平上均等。

第三，两个国家技术水平相同的假设意味着，这些等产量曲线完全符合 A 国和 B 国的生产条件。所以，完全可以通过一个图形对国家之间的成本进行比较。第四，一个厂商以最小的成本选择要素组合来生产所需要的产品。图中，这个组合出现在等成本曲线（如 *GH*）与等产量曲线的切点处，如 S 行业的 *R* 点，T 行业的 *Q* 点。

我们现在开始论证比较优势原理。我们需要证明什么内容呢？我们尤其需要证明，如果 A 国的自给自足工资/租金比率高于 B 国，则 A（B）国 T（S）产品的自给自足价格将会高于 B（A）国。假设 A 国 S 产品的自给自足价格 P_S/P_T 等于 1，即用货币计算，S 和 T 的价格相等。这样，线段 *GH* 就代表贸易前 A 国厂商面临的成本约束。为什么？因为这条线与 S 和 T 的等产量曲线相切，所以每单位产品的生产成本必须一样。这与 *GH* 是一条等成本线是相符的。也就是说，这条直线代表在现有工资和租金比率基础上，给定资金可以购买的 K 和 L 的所有组合。依据下列条件：(1) 生产 1 单位产品的成本也是生产该单位产品的边际成本；(2) 完全竞争状态下价格由边际成本（*MC*）决定，*G* 点可以用下式表示：

$$(MC_{SA}=P_{SA}=MC_{TA}=P_{TA})/R_A$$

同理，H 点可以用下式表示：

$$(MC_{SA}=P_{SA}=MC_{TA}=P_{TA})/W_A$$

当然，这意味着将 G 点和 H 点连接起来的那条直线的斜率绝对值等于 W_A/R_A，即A国自给自足状态下的工资/租金比率。

现在开始研究B国。假设B国的劳动比A国更加丰裕，其工资/租金比率一定低于A国。因此，GH 不适用于B国。B国每种产品1单位产量的最佳要素组合应该用两条分离但是平行的等成本曲线表示。这个组合用图A4-2中的 X 点和 Y 点表示。注意，因为B国1单位S产品生产的等成本曲线高于T产品，故而B国1单位S产品的边际成本必然高于T产品，即 $MC_{SB}>MC_{TB}$。但是，因为价格等于边际成本，上述条件意味着 $P_{SB}>P_{TB}$。这正是我们需要证明的结果。因为S产品在A国的相对价格等于1，但在B国大于1，所以我们证明A国在S产品上具有比较优势，B国在T产品上具有比较优势。

罗伯津斯基定理

罗伯津斯基定理认为，如果一个国家任何一种要素禀赋（如劳动）增加，则在其他条件不变（包括要素和产品价格）的情况下，以密集型要素生产的产品价格将会上升，其他产品的产量会下降。我们继续用等产量曲线来证明这个定理。

参考图A4-3。图上分别给出了S产品和T产品的等产量曲线。曲线根据每种产品价值1美元描绘。设S的相对价格等于1。根据以上讨论，一定存在一条与两条等产量曲线相切的等成本曲线，如图所示。此外，这条等成本曲线的纵横截距分别等于 $1/R$ 和 $1/W$。切点 F 和 D 决定了生产1美元S产品和1美元T产品的最佳要素组合。此外，如果工资/租金比率保持不变，规模收益不变的假设保证了，自原点出发通过 F 点和 D 点的射线的斜率决定两个行业的最佳资本/劳动比率。

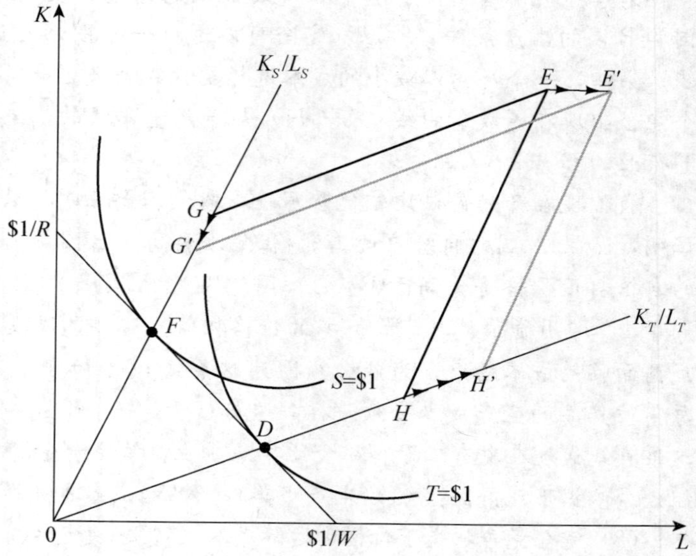

图 A4-3　罗伯津斯基定理的证明

一个经济体应该如何分配两种产品的产量？答案取决于适合生产的全部要素的供给条件。假设经济体的初始要素禀赋组合在 E 点上。要找出 S 和 T 的最佳产量，需要完成 E 点与从原点出发的两条射线组成的平行四边形。这就决定了两条线上的 G 点和 H 点。按照当前产品的市场价格，它们分别表示 S 和 T 的最佳产出水平。为什么？第一，产出必须出现在射线上。第二，资源必须全部利用。假如把 $0G$ 线代表的要素组合加到 H 点上，则可获得总体要素禀赋水平 E 点。同理，如果把 $0H$ 加到 G 点上，也可以得到 E 点。

现在我们可以证明这个定理了。假设国家的劳动资源禀赋增加，资本和价格保持不变，这就将这个国家的要素禀赋从 E 点拉到 E' 点。完成以 E' 点和原点为顶点的平行四边形，我们会发现 S 和 T 的最佳产出水平与原先的水平产生差异。具体说来，S 下降（到 G' 点），T 上升（到 H' 点）。定理因此得以证明。

斯托尔珀-萨缪尔森定理

斯托尔珀-萨缪尔森定理认为，用于相对价格上升的产品生产的密集度高的要素，会由于此产品价格上升而获益，其他要素则会受损。在 HO 模型范畴内，这个定理可以转化为简单的结论，即丰裕要素可以从贸易中获益，稀缺要素则受损。参考图 A4－4，可知这个结论是成立的。

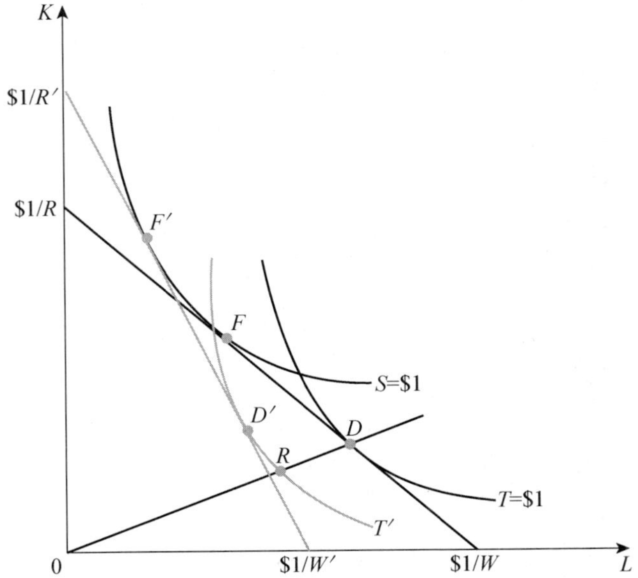

图 A4－4　斯托尔珀-萨缪尔森定理的证明

如前所论，我们用两条等产量曲线表示 1 美元的 S 产品和 T 产品的产出水平。让经济体生产两种产品。按照初始价格以及 W 和 R 的赋值，每种产品 1 美元产出的最佳要素组合用 F 点和 D 点表示。现在，假设由于国际贸易，T 的价格上升。在更高的价格上，价值 1 美元的 T 产品位于较低的等产量曲线上（记住，等产量曲线代表实际单位）。

故而，T 等于 1 美元的等产量曲线变成等产量曲线 T'。如果继续生产两种产品，1 美元的等成本线必须旋转，以保持与两条等产量曲线 S 和 T' 相切。这是如何达成的？工资和租金必须改变。新的等成本线存在两个截距 $\$1/R'$ 和 $1/W'$。因为分数的分子与前面相同，我们可以从 $1/R$ 与 $1/R'$ 以及 $1/W$ 和 $1/W'$ 的比较中推断工资和租金发生了什么变化。第一种情形中，分数上升。这只有在 R' 大于 R 时才会发生，即租金下降。另外，比较横截距可知 W 上升了。

W 和 R 的变化属于名义上的改变。资本家和工人的购买力发生怎样的变化？答案很直接。我们假设 S 的价格不变，T 的价格上升。A 国的 R 下降意味着资本家对两种产品购买力的丧失。如果与资本密集型产品 S 比较，劳动密集型产品 T 的价格上升，则资本家的境况变得更差。

工人的情况如何呢？因为假设 S 的价格不变，所以，W 的上升意味着工人有能力购买更多该产品。不过，T 的价格也上升了，工人到底可以购买更多还是更少这种产品呢？答案是更多。为什么？由图可知，工资的上升可以通过比较 $(1/W)/(1/W')$ 知晓。工资的提高幅度大于 T 价格的上升幅度，这一点可以通过计算线段 $0D/0R$ 的比例判断出来。上述是对此定理的证明。

附录 4－2 特定要素模型

HO 模型通过长期的视角研究世界。该模型表明，要把某一均衡点与另一均衡点比较，时间必须足够长，以便资本能够从某一行业流动到另一个行业。在现实世界中，机械设备的用途非常特殊，这让资本在行业间流动非常费时。实践证明，假若要素无法在行业部门间迅速流动，国际贸易的短期影响将会有别于长期影响。本附录将简要探讨特定要素（李嘉图-维纳）模型。这个模型有助于人们了解国际贸易对一个经济体的短期影响。

特定要素（李嘉图-维纳）模型涵盖 HO 模型的所有假设和结构，只有一个特例：在这个模型里，有一个要素不可以在行业间流动。我们假设这个要素为资本，则 S 行业的机械设备与 T 行业存在显著的差别。此外，在生产过程中，这两种设备不能互相替代。因为两种设备完全不同，故而，设备主获得的租金就会存在差异。另外，假设劳动可以完全流动，以保证两个行业间工资水平的一致性。

图 A4－5 表示 A 国劳动力市场贸易前的均衡状态。因为这个图形与前面的图形不同，所以需要加以说明。横轴的距离表示 A 国的劳动总量，S 行业的劳动量从 O_S 点向右测量，T 行业的劳动量从 O_T 点向左测量。两条纵轴分别表示 A 国的工资率。曲线 VMP_S 表示 S 行业的劳动需求。需求曲线的高等于劳动的边际产出值，$P_S \times MP_{LS}$。其值为 S 行业的厂商将最后一名工人的产出销售后所获得的收益。显然，厂商的雇佣以最后一名工人的雇佣成本不超过其边际成本为原则。也就是说，S 行业会持续雇用更多的工人，直到 $W = P_S \times MP_{LS}$。

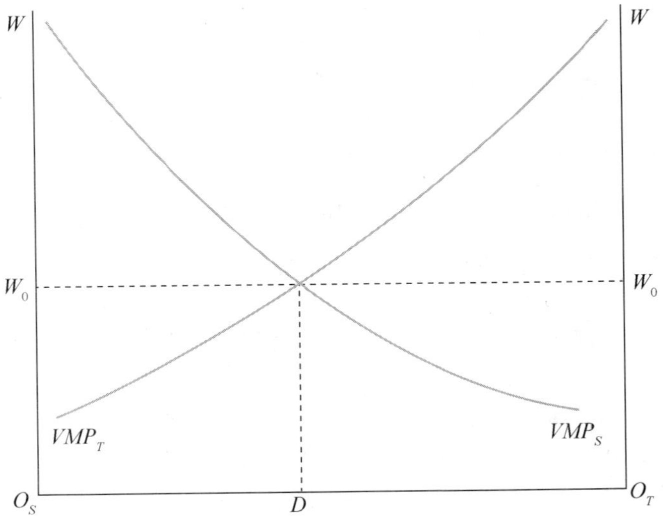

图 A4－5 特定要素模型的均衡

VMP_T 为 T 行业的劳动需求曲线。它与 VMP_S 方向相反是因为我们从 O_T

点开始衡量T行业工人，向左移动时其数量上升。与S行业一样，T行业会持续雇用更多的工人，直到$W=P_T\times MP_{LT}$。

两条曲线的交点即劳动力市场的均衡点。交点的高度为工人的薪酬，无论他们在哪里工作。图中只有在这一点上才会有$W=P_S\times MP_{LS}$和$W=P_T\times MP_{LT}$。在均衡点上，S行业雇用的工人为O_SD，T行业为DO_T。两个行业的工人工资为W_0。

让我们用特定要素模型来研究A国参与国际贸易后，工资和租金所受到的影响。我们已经论证了A国在S产品上具有比较优势，贸易一旦开始，A国的P_S/P_T将会上升。如果假设相对价格上升是由于P_S上升导致的，且P_T保持不变，则A国劳动力市场的变化很容易表述。根据这个假设，S行业的劳动需求将会上升，其幅度与P_S的上升幅度一样，但是，T行业的劳动需求维系不变。图A4-6显示了这一点。

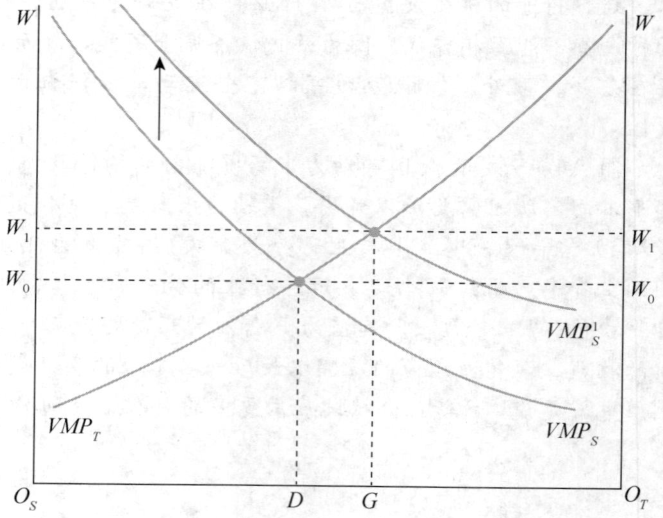

图 A4-6　P_S 增加的影响

新的均衡点发生了什么变化？S行业的就业量上升了，人数从O_SD上升到O_SG，T行业的就业量以同样的幅度下降。如图所示，国际贸易让工作得到重新配置。在这个例子中，工人的工资从W_0上升到W_1。工人的情况是不是更好？不一定。因为S产品的价格也随之上升了，幅度高于工资的上升幅度。如果工人消费更多S产品、更少T产品，他们的情况会变得更差。

资本所有者的情况如何？按实际价格计算，S行业的资本所有者的情况更好。同样数量的设备能够带来更高的产出，因为工人更多，产品售价更高。所以，租金会更高。比较而言，T行业的资本所有者的情况更差。他们的设备生产的产品更少，因为雇佣水平下降，T产品的价格不变。结果是，T行业的租金下降。基于此，很容易想象，为什么特定行业中的资本和劳动可能不会支持国际贸易的扩张。

第 5 章 贸易模型的检验：里昂惕夫悖论及其发展

本章主题

古典模型的检验
HO 模型的检验
对里昂惕夫发现的调和
对 HO 模型的其他检验
对 HO 模型的最近检验
比较优势的其他替代理论
产业内贸易
收益递增与不完全竞争
结论

鉴于至此我们已经对比较优势模型进行了一定程度的研究，在本章，我们将继续就专家学者对比较优势模型效度进行检验的工作进行讨论。经济学家是如何对理论进行检验的呢？答案是，他们找出与其想检验的理论相关的经济数据，并通过检验这些数据来验证事实是否符合模型的预测。50 多年来，经济学家基本遵循这些程序，对古典模型和赫克歇尔-俄林（HO）模型进行检验。我们会发现，这些检验结果一直充满不确定性，而且争议不断。

大抵是由于我们即将描述的检验无法解决古典模型或 HO 模型中的一般有效性问题，部分经济学家开始对国际贸易新的决定性因素进行探索。这些新模型与我们研究过的模型的差别在于，新模型通常只关注有限数量的产品类别的贸易，并且往往只存在局部均衡。尽管存在这些缺陷，这些新模型还是俘获了众多拥趸。最近的实证分析发现，这些模型的预测结果获得了强有力的支持。因此，在本章中，我们将对这些新的国际贸易理论展开详细的讨论。

5.1 古典模型的检验

我们从对古典模型进行的一个著名的检验开始讨论。该检验由经济学家麦克杜加尔（G. D. A. MacDougall）实施，其成果发表于1951年。[①] 麦克杜加尔的研究基于1937年美国和英国对世界其他国家的出口（按行业）数据[②]，同时，他也拥有每个国家这些产品的总产出以及总劳动投入数据。研究涉及25个不同行业。

麦克杜加尔设计的检验简单而直接。古典模型预测，在某产品生产上，如果一个国家的劳动效率高于另一个国家，则这个国家在这个产品的生产上具有比较优势。麦克杜加尔建议的做法是，根据行业的不同，对两个国家的劳动生产率和出口成果进行比较。他假设，在美国的劳动生产率高于英国的那些行业（工资差异调整后），美国的出口量应该超出英国。

麦克杜加尔是怎样进行检验的？首先，通过用行业产出除以行业劳动投入，麦克杜加尔计算出各国各行业的劳动生产率（劳动的平均产出，APL）。然后，把美国的APL与英国的APL对比，计算出各个行业的相对劳动生产率数据。例如，如果Z行业的结果等于3.5，那么，平均而言，Z行业美国工人的生产率就是其英国同行的3.5倍。

在其研究阶段，美国的工资大约是英国的两倍。因此，根据古典模型，在美国工人生产率是英国两倍多的行业，美国无疑拥有比较优势；换句话说，就是那些根据麦克杜加尔的方法计算的生产率超过2的行业。麦克杜加尔选择美国某一特定的出口行业与英国同一出口行业的比率，作为相对比较优势的衡量指标。

表5-1节选自麦克杜加尔的论文，展示了其实验的部分结果。如表所示，结果似乎与古典模型的预测吻合。在选取的25种产品中，有20种符合一般的假设条件，即如果美国的生产率是英国的两倍以上，则美国的出口将会高于英国；反之，如果美国的工人生产率没有达到英国的两倍，英国的出口将会超过美国。

表5-1　　麦克杜加尔对古典模型的检验结果

行业[a]	美国人均产出/英国人均产出	美国出口/英国出口
收音机	高于2	8
生铁	高于2	5

① 参见G. D. A. MacDougall, "British and American Exports: A Study Suggested by the Theory of Comparative Costs," *Economic Journal* 61 (1951)。

② 1937年两国之间的贸易由于壁垒太高可以忽视，尤其是美国。

续前表

行业[a]	美国人均产出/英国人均产出	美国出口/英国出口
汽车	高于2	4
玻璃容器	高于2	3.5
易拉罐	高于2	3
机械	高于2	1.5
纸张	高于2	1
香烟	1.4～2	0.5
油毡	1.4～2	0.33
针织品	1.4～2	0.33
皮鞋	1.4～2	0.33
焦炭	1.4～2	0.2
人造丝织物	1.4～2	0.2
棉制品	1.4～2	0.11
人造丝制品	1.4～2	0.09
啤酒	1.4～2	0.06
水泥	低于1.4	0.09
男士羊毛制品	低于1.4	0.04
人造黄油	低于1.4	0.03
羊毛制品和精纺毛织物	低于1.4	0.004

a. 例外（美国工人人均产出超过英国的两倍，但美国出口低于英国出口）：电灯、橡胶轮胎、肥皂、饼干、火柴。

资料来源：MacDougall，“British and American Exports，” Table I.

从这个检验结果我们可以得出什么结论?① 首先，我们应该接受这是出口业绩与劳动生产率关系的一个证据。不过，这不一定能证明古典模型的一般有效性，原因有三。第一，古典模型试图解释的是两国之间的贸易，而非这两个国家对第三国的贸易（麦克杜加尔研究的贸易类型）。② 乔纳森·伊顿（Jonathon Eaton）和塞缪尔·科特姆（Samuel Kortem）的一项重要研究展示了如何通过扩展的古典模型来解释许多国家之间的贸易行为。模型的扩展方式包括嵌入国家之间的地理距离，以计算贸易的运输成本。依据19个国家1990年制造业贸易总额数据，他们发现，通过操控市场之间的距离，生产率差异可以用来完美解释双边

① 麦克杜加尔对英美两国的研究结果已为其他几项研究所证明。可以参考 G. D. A. MacDougall, Monica Dowley, Pauline Fox, and Senta Pugh,. “British and American Productivity, Prices, and Exports: An Addendum”; Robert Stern, “British and American Productivity and Comparative Costs in International Trade,” both in *Oxford Economic Papers* (1962)。另一项与麦克杜加尔的结果一致的最近研究可以参考 Stephen S. Golub and Chang-Tai Hsieh, “Classical Ricardian Theory of Comparative Advantage Revisited,” *Review of International Economics* (2000)。相反证据的文章参考 Mordechai Kreinin, “The Theory of Comparative Cost—Further Empirical Evidence,” *Economic Internazionale* (1969); James McGilvray and David Simpson, “The Commodity Structure of Anglo-Irish Trade,” *Review of Economics and Statistics* (1973)。

② 参见 Jonathon Eaton and Samuel Kortem, “Technology, Geography, and Trade,” *Econometrica* (2002)。

的出口量问题。①

第二，麦克杜加尔的研究结果并不完全排斥其他模型。例如，在某些常规条件下，HO 模型也可以预测麦克杜加尔观察到的贸易模式。② 第三，麦克杜加尔的方法只允许人们对相对出口水平和相对劳动生产率水平进行比较，它无法控制其他因素的影响，如运输成本、产品差异和歧视性贸易壁垒等，这些都有可能用来解释麦克杜加尔观察到的贸易模式。

5.2 HO 模型的检验

也许，经济学史上最著名的一次理论检验就是里昂惕夫（Wassily Leontief）在 20 世纪 50 年代初对 HO 理论的检验了。③ 里昂惕夫是哈佛大学的一名教员，当时已经以对一般均衡系统的实证研究模型享誉全球。他所采用的分析工具主要是投入产出表。此表格如此重要，甚至使他获得了 1973 年的诺贝尔经济学奖。

投入产出表（input-output table）描述了一个经济体中各部门之间产品和服务的循环情况。一个经济体中，任何行业的大部分原材料和中间产品都依赖其他行业提供。例如，计算机生产需要钢材、塑料、半导体和纸制品（包装），甚至计算机服务（设计等）。同样，几乎每个行业的生产都需要使用计算机。因此，计算机行业既购买来自其他行业的产品，也向这些行业销售自己的产品。经济体中各个部门都存在类似的行业关系。投入产出表详细记录的就是生产过程中发生的这些行业间的交易关系。

理解投入产出表的最佳方法是将之视为由行和列组成的一个电子数据表。经济体中每个行业都分别在行和列条目中记录一次。列条目指的是某一特定行业在某一年内，从经济体中其他行业采购的总额。因此，自上而下阅读计算机列，可以找到当年生产计算机所需要的钢材、半导体、纸张和塑料等物品的总价值。行条目代表一个特定行业对经济体中其他行业的销售额。对行进行研读可以了解关于哪些行业购买了某特定行业的产品的信息。

投入产出表的最大优点是，它以图表的方式表明行业之间的关系。例如，更多的汽车生产需要投入更多的钢铁、玻璃以及油漆等材料。因此，如果发生诸如汽车行业需要扩张这样的事件，那么向汽车行业投入的行业也必然得以扩张。这些行业的扩张还会导致更多其他行业扩张。当然，如果缺乏额外的劳动和资本，

---

① 另一项最近的研究扩展了乔纳森和塞缪尔的模型，以解释个别行业之间的双边贸易。参见 Arnaud Costinot and Ivana Komunjer, "What Goods Do Countries Trade? A Quantitative Exploration of Ricardo's Ideas," *NBER Working Paper* ＃16262 (2010)。

② 此结论的证明超出此书范畴。相关内容可参见 J. Ford, "On the Equivalence of the Classical and Factor Models in Explaining International Trade Patterns," *The Manchester School* (1967)；Rodney Falvey, "Comparative Advantage in a Multi-factor World," *International Economic Review* (1981)。

③ 本检验结果发表在以下论文中："Domestic Production and Foreign Trade: The American Capital Position Reconsidered," read before the American Philosophical Society in 1953。后被选入 Richard Caves and Harry Johnson, eds., *Readings in International Economics* (Homewood, Ill.: Richard D. Irwin, Inc., 1968): 44-50。

那么行业扩张无法想象。因此，还必须获得与投入产出表相匹配的其他信息，以详细界定某特定行业中，特定产出量所需要的劳动和资本投入。

虽然从纯粹科学的角度来了解经济部门之间的关系很有意思，但在某些情况下，投入产出表已经或正在用于经济规划和政策的制定。战时投入产出表中的信息尤其重要。例如，如果政府决定制造更多的战斗机，则经济体中所有部门需要投入的额外资源必定会在投入产出表中得到体现。

里昂惕夫的投入产出表使用的数据来源于美国 200 个行业。除了表中所描述的细节，模型还详细记录了这 200 个行业的劳动和资本投入需求。第二次世界大战期间，里昂惕夫担任美国政府顾问，该模型广泛用于生产计划决策。然而，战后政府不用再制定经济计划，因此，里昂惕夫把兴趣转移到其他新用途上。其中一个新用途就是对 HO 模型一般效度的检验。

开始时，人们似乎还不了解如何使用投入产出表来检验 HO 模型。其实，程序比较简单直接。里昂惕夫首先收集美国 1947 年的进出口数据，然后开始下面的实验：假设美国出口按比例下降 100 万美元，进口按比例增加 100 万美元。那么，资本和劳动应该作出怎样的改变，方可与产出的这种变化相适应？

在透露检验结果之前，我们先考虑一下里昂惕夫会获得怎样的发现。显然，1947 年的美国拥有世界经济霸权。二战并没有对美国的资本存量产生影响，反而促进了美国的经济振兴，使其走出战前的大萧条。所有这一切意味着，至少在这一时期，美国可能是世界上资本最丰富的国家。[①] 如果是这样，根据 HO 模型，美国将出口资本密集型商品并进口劳动密集型商品。在这种情况下，里昂惕夫的实验应该表明，假设的美国出口下降所闲置的人均资本量，应该超过假设的美国进口竞争产品扩张所需要的人均资本量。但里昂惕夫的发现却完全相反！

基于投入产出表 1947 年的数据，里昂惕夫发现，通过扩大美国国内生产来取代 100 万美元的进口额，每个工人需要额外投入 170 年劳动及 310 万美元资本。[②] 美国出口降低 100 万美元，可以提供 182.3 年劳动及 260 万美元资本。因此，根据实验，美国出口与美国进口比较更倾向于劳动密集型。因为这个发现是如此出人意料，故被称为**里昂惕夫悖论**（Leontief paradox）。

里昂惕夫悖论是一个最令经济学家困惑的实证结果。从一开始，大多数经济学家就把 HO 模型视为解释比较优势理论的“不二”模型。该模型逻辑完美，吻合随意观察到的贸易流动结果，容易操控用以研究经济体其他贸易的影响（如要素支付）等，这些特点使该模型在经济学家圈内享有盛名。突然之间，甚至在条件似乎很明朗的情况下，该模型却无法对美国的贸易模式作出解释。

---

① 必须注意的是，里昂惕夫进行检验时，还没有办法直接测试此结论。当时国家并没有资本存量数据。即使在今天，我们的资本存量数据也相当粗略。这很符合实际，因为资本品种类繁多。与其他资本品一样，螺丝刀、电脑和推土机等都属于资本品。如何把这些资本品加总？唯一的解决方案是在某一时点上，将所有这些资本品价值加总。但应该明确的是，价值 100 000 美元的螺丝刀与价值 100 000 美元的计算机，对一个国家生产可能性的影响是不一样的。

② 里昂惕夫的研究剔除了非美国生产的进口产品，如咖啡和香蕉。

5.3 对里昂惕夫发现的调和

毫不奇怪，许多经济学家的直接反应就是试图根据模型界定的范畴，通过解释里昂惕夫悖论以复兴此模型。里昂惕夫是第一个尝试者。他认为，研究结果之所以如此，是因为模型假设美国工人的生产率与外国同行一致，这是错误的。他写道：

> 让我们……放弃简单而脆弱的相对技术平等假设，并作出另一个更为合理的假设，在给定资本量的任何组合下，美国工人一人的年劳动与外国人三人的年劳动相当（强调）。因此，将美国拥有的资本和劳动的相对数量与世界其他地区比较时……美国工人总数必须乘以3。①

正如此引文所示，里昂惕夫所建议的调和就是为了论证与世界其他地区的工人比较，美国工人的生产率更高，必须把美国视为劳动相对丰裕的国家。在前提改变的条件下，里昂惕夫的发现变得与HO理论一致了。

里昂惕夫的调和如何与事实相符？根据上述引文，里昂惕夫显然在对美国劳动力的相对优势进行猜测。他的结论基于这样一个假设，即由于重视创业精神、组织和普通教育体系，高生产导向的美国社会将培养出生产率较高的工人队伍。里昂惕夫的观点发表后，有相当多的证据表明，他所宣称的美国劳动力存在优势的观点是错误的，或至少是夸大其词。②

在里昂惕夫之后，另一个调和者加罗斯拉夫·凡涅克（Jaroslav Vanek）认为，基于简单两因素（资本和劳动）模型的检验，必然会产生里昂惕夫所发现的结果。这是事实，作为重要的第三个生产要素，自然资源没有被模型采用。凡涅克的论证过程如下：假设美国的自然资源相对稀缺，但劳动和资本相对丰富。在这种情况下，HO模型预测美国应该进口自然资源密集型产品。但里昂惕夫并没有在其数据中研究这个内容。此外，一些自然资源如矿物等，生产时往往会使用资本密集型技术（例如采矿和冶炼）。这样就可以解释悖论了。在两要素条件下，美国的进口倾向于资本密集型产品。在三要素条件下，事实上以自然资源相对密集型产品为主。最近一些对HO模型的检验试图考虑采取凡涅克的调和方式，即从数据中剔除自然资源密集型进出口产品。在某些情况下，这种方法可以消除

---

① 参见 Wassily Leontief, "Domestic Production and Foreign Trade," 523-524。

② 可以参见 Mordechai E. Kreinin, "Comparative Labor Effectiveness and the Leontief Scarce-Factor Paradox," *American Economic Review* (1955)。在此论文中，作者向美国跨国公司管理者发出调查问卷，这些管理者认为，20世纪50年代，美国劳动力只稍微优于外国。然而，在最近一项HO模型检验中，丹尼尔·特雷夫勒发现，如果要素禀赋测量方法针对国际生产率差异作出校正，就会有很强的证据支持HO模型的预测。他总结，在必须对生产率进行调整方可对模型进行正确检验的争议中，里昂惕夫的思路是正确的，但是数据可能出现偏差。参见 Daniel Trefler, "International Factor Price Differences: Leontief Was Right!" *Journal of Political Economy* (1993)。

悖论。[1]

特拉维斯（W. P. Travis）在其20世纪60年代早期的论文中指出，美国当时的关税结构可以用来解释里昂惕夫悖论。[2] 具体而言，美国劳动密集型产品的关税往往高企，超过25%。资本密集型产品的关税则较低。特拉维斯声称，这种关税结构可能会导致美国贸易模式的扭曲，偏离自然比较优势，转向资本密集型产品的进口。尽管特拉维斯的观点没有错，但是却很难对其命题的结论进行检验，因为这种检验必然涉及美国零关税进口的状况。

另一个调和建议是，假设17——两个国家的偏好一样——不成立。回顾第4章，HO模型假设各国的偏好是一致的。正如我们所论述的那样，如果情况并非如此，国际贸易就不会朝HO模型所预测的方向流动。对偏好相同假设的检验方法之一，就是对各国的消费模式进行考察。虽然统计数据有限，但现有的数据似乎表明，尤其在高收入和低收入国家之间，支出方式大相径庭。世界观察研究所2004年的一项研究表明，尽管只占世界人口总数的11%，但美国、加拿大和西欧的产品和服务的消费总和却占全世界的60%。相比之下，非洲和南亚人口占全世界人口的37%，但消费支出只占全世界的6%。[3] 最近一项有关高收入国家消费的研究表明，国家间消费模式很不一样。[4] 表5－2列举了此项研究涉及的国家的平均消费份额数据。如表所示，国家间消费份额差异极大，在食品、饮料和烟草以及医疗保健方面尤甚，虽然有论文表明，支出份额的差异随着时间的推移而缩小。

关税、运输成本以及许多政府政策的改变，使得一国到另一个国的相对价格水平也随之变化，故存在一些差异是可以预计的，因此，假设17几乎不会成立。各国偏好的差异是否会大到令HO模型预测失效的地步？这点至今没有人能够证明。

最后，我们讨论另一种对里昂惕夫悖论的解释。在检验中，里昂惕夫利用美国投入产出表来计算美国出口和进口竞争产品的要素需求。他当时的假设是，外国人的生产技术与美国进口竞争产品的生产技术相同。虽然这个假设与HO模型的技术一致性假设吻合（回顾假设14），但是，HO模型只有在国家要素价格相等或者要素价格变化，不同国家行业间生产流程中的劳动和资本不可互相替代的条件下才会成立。如果这些条件不成立（事实如此），如果美国劳动力比世界各国更加昂贵（这可能是他研究当时的实际情况），那么根据里昂惕夫的预测，美国进口产品应属资本密集型产品而不是技术密集型产品。这是符合事实的，因为由于劳动力成本相对低廉，与劳动力成本昂贵的美国比较，外国生产商会更加依赖劳动密集型生产方式。

---

① 凡涅克的观点首次出现在其著作 *The Natural Resource Content of United States Foreign Trade*（Boston：MIT Press，1963）中。要对包括以及去除自然资源密集型产品的几个检验结果进行比较，可以参考 Table 4.1（p. 484）in Alan Deardorff，"Testing Trade Theories and Predicting Trade Flows，" in Ronald Jones and Peter Kenen，ed.，*Handbook of International Economics*，vol. 1（Amsterdam：North-Holland Publishers，1984）。

② 参见 W. P. Travis，*The Theory of Trade and Production*（Boston：Harvard University Press，1964）。

③ 参见 World Watch Institute，"State of the World 2004：Consumption by the Numbers." Press release，http://www.joe-ks.com/archives_jun2004/World_Consumption.htm。

④ 参见 István Kónya and Hiorshi Ohashi，"International Consumption Patterns among High Income Countries：Evidence from the OECD Data，" *Review of International Economics*（2007）。

表 5-2　　1985—1999 年经济合作与发展组织（OECD）国家不同产品类型的消费份额平均值[a]

	奥地利	澳大利亚	比利时	加拿大	丹麦	芬兰	法国	德国	希腊	爱尔兰	意大利	日本	卢森堡	新西兰	挪威	葡萄牙	西班牙	瑞典	荷兰	土耳其	英国	美国
食品、饮料和烟草	18	17	17	15	19	21	18	15	31	26	20	18	19	16	18	23	30	21	19	35	17	12
服装和鞋类	5	8	7	6	5	5	6	7	9	6	9	6	7	6	5	7	9	8	6	11	6	6
租金、燃料和电力	21	23	18	23	25	21	20	20	15	13	16	20	18	19	21	19	10	13	28	21	19	18
家庭设备和操作	7	7	9	7	6	6	7	7	7	6	9	5	10	7	7	7	8	6	6	11	6	5
医疗保健	8	5	11	6	3	5	12	14	5	5	7	11	7	12	7	6	5	5	4	3	3	16
交通运输	14	15	13	15	15	16	15	15	12	13	12	10	17	12	17	14	16	15	16	8	16	14
教育、娱乐和文化	13	9	9	13	12	11	9	10	6	12	10	10	8	11	11	11	8	9	11	5	12	11
其他产品和服务	15	16	15	16	14	15	13	12	15	19	17	20	14	17	14	13	15	23	11	7	21	17

a. 因为取整，总数不一定为 100。

资料来源：Based on data from "International Consumption Patterns among High-Income Countries: Evidence from the OECD Data," by István Kónya and Hiroshi Ohashi, *Review of International Economics*, September 2007.

5.4　对 HO 模型的其他检验

对 HO 模型的检验并没有因里昂惕夫的原创性研究而终止。里昂惕夫使用 1951 年的数据重复自己的实验，发现悖论仍旧存在。罗伯特·鲍德温（Robert Baldwin）通过检验 1962 年的美国数据，也发现悖论依旧存在。罗伯特·斯特恩（Robert Stern）和基思·马斯库斯（Keith Maskus）对美国 1972 年的贸易数据进行了研究。那一年，美国出口部门的资本/劳动比率超过了进口部门。悖论从那时起似乎消失了（假设人们仍然认为美国的资本相对丰裕）。①

人们也在使用来自其他国家的数据进行类似里昂惕夫的检验。日本的贸易数据也存在悖论。20 世纪 50 年代日本的贸易数据显示，劳动丰裕的日本，其出口却是资本密集型产品，进口为劳动密集型产品。对这个悖论的解释是，与贸易伙伴相比，当时日本的工业化程度高低不一。因此，根据 HO 定理，日本应该向工业化程度低于自己的贸易伙伴出口资本密集型产品，向发达的贸易伙伴出口劳动密集型产品。如果只研究美国和日本的贸易关系，结果确实如此。②

还有很多例子可以证明这个悖论。如加拿大的贸易数据中，出口（主要是对美国）产品为资本密集型；与美国向印度出口的产品相比，印度对美国出口的产品其资本密集度较高。后一项研究也显示，总体而言，印度出口产品的劳动密集度高于其进口产品，这似乎与 HO 模型的预测吻合。此外，最近对发展中国家贸易决定性因素的一项检验的结果也非常符合 HO 模型的预测。③

5.5　对 HO 模型的最近检验

自 20 世纪 80 年代开始，人们又重拾检验 HO 模型的热情。这种兴趣至少来源于两个因素。首先，经济学家已经达成共识，里昂惕夫等人完成的那些检验是不完整的，因为在研究贸易要素的密集度时，这些检验没有把被检验国家的要素禀赋与贸易流向相联系。④ 未能对 HO 模型进行完全检验的部分原因在于，国家

① 参见 Wassily Leontief, “Factor Proportions and the Structure of American Trade: Further Theoretical and Empirical Analysis,” *Review of Economics and Statistics* (1956); Robert Baldwin, “Determinants of the Commodity Structure of U. S. Trade,” *American Economic Review* (1971); Robert Stern and Keith Maskus, “Determinants of the Structure of U. S. Foreign Trade, 1958-76,” *Journal of International Economics* (1981)。

② 参见 Masahiro Tatemoto and Shinici Ichimura, “Factor Proportions and Foreign Trade: The Case of Japan,” *Review of Economics and Statistics* (1959)。

③ 参见 Donald Wahl, “Capital and Labour Requirements for Canada's Foreign Trade,” *Canadian Journal of Economics and Political Science* (1961); Ranganath Bharadwaj, “Factor Proportions and the Structure of Indo-U. S. Trade,” *Indian Economic Journal* (1962); Oli Havrylyshyn, “The Direction of Developing Country Trade: Empirical Evidence of Differences between South-South and South-North Trade,” *Journal of Development Economics* (1985)。

④ 回顾一下，里昂惕夫结果之所以出现悖论，只是因为经济学家们相信美国的资本比世界其他国家丰裕。里昂惕夫对其发现的调整实际上是因为美国属于劳动丰裕国家。尚无人试图收集数据来解答此问题。

要素禀赋数据严重不足。不过，到了20世纪70年代后期，数据已经比较完备。这些数据让经济学家有机会对迄今未经检验的HO理论的含义进行检验。

第二个因素来自爱德华·利默尔（Edward Leamer）依据多要素（超过两个要素）HO模型获得的理论洞察。前面我们探讨过，凡涅克认为美国进口的是第三类要素——自然资源密集型产品，这可能意味着美国出口产品的劳动和资本要素相对密集。对数据重新检验，证明此判断是正确的。在这种情况下，既然美国的出口产品蕴含大量的劳动和资本要素，那么，怎样才可以推断出美国到底是资本丰裕还是劳动丰裕？利默尔认为，如果美国出口产品中的资本/劳动投入比超过美国消费品生产中消耗的资本/劳动投入比，美国就是资本相对丰裕。当对里昂惕夫的数据进行重新检验时，这个结果成立。[①]

因此，基于多要素HO模型，利默尔似乎解开了里昂惕夫悖论。接下来，利默尔做了一系列重要的实验来检验这个模型。他在1984年出版的著作《比较优势的来源》中公布了其中一次实验结果。[②] 在实验里，利默尔对58个国家间的贸易流动数据进行了仔细的研究。他的做法是，测量每个国家的11种要素禀赋（资本、熟练劳动力、识字的非专业劳动力、不识字的劳动力、四种类型土地、煤炭、矿产和石油），然后，把这些禀赋与这些国家的贸易产品比照。为了使研究可控，他通过一种统计学方法将各种产品组合为贸易总量。利默尔把任何两种商品归到同一个类别的标准是，如果国家计划出口其中一种商品，则另一种商品也会被出口。从62种不同产品的信息开始，他根据它们的贸易特色相似度将之归入十个类别，例如，水果、糖、咖啡、饮料和天然橡胶被归入热带产品类别。然后，对各类产品贸易的生产要素禀赋进行比较。他认为，对任何给定的生产要素相对存量的了解，是解释一个国家应该出口何种产品的关键。例如，热带耕地相对充足的国家往往成为热带产品的净出口国。

正如迄今为止我们讨论的所有其他模型做的检验一样，刚才描述的检验也并非完美无缺。这是因为利默尔的产品分类基于贸易模式的相似性而非要素密集度的相似性。也就是说，他证明了贸易模式和要素禀赋是相互关联的。里昂惕夫和其他人已经证明贸易模式和要素密集度彼此相关，虽然有时会出现悖论。除非国际贸易要素禀赋和要素密集度之间的理论联系能够得以确立或被完全摒弃，否则，HO模型将无法获得充分的检验。该领域已经有两项研究独立实施，分别由基思·马斯库斯和哈里·鲍文（Harry Bowen），以及爱德华·利默尔和利奥·斯维克斯卡斯（Leo Sveikauskas）主导。[③]

马斯库斯研究的是美国的要素禀赋数据。他还使用投入产出表计算美国贸易

---

① 参见 Edward Leamer，"The Leontief Paradox，Reconsidered，" *Journal of Political Economy*（1980）。

② 参见 Edward Leamer，*Sources of Comparative Advantage*：*Theory and Evidence*（Cambridge，Mass.：MIT Press，1984）。本书大部分内容通俗易懂，哪怕是大学本科生亦不觉得困难。书中附录D的柱状图对贸易流量和要素禀赋进行了比较，对此项研究的发现结果作出易于解读的总结。

③ 参见 Keith Maskus，"A Test of the Heckscher-Ohlin-Vanek Theorem：The Leontief Commonplace，" *Journal of International Economics*（1985）；Harry Bowen，Edward Leamer，and Leo Sveikauskas，"Multicountry，Multifactor Tests of the Factor Abundance Theory，" *American Economic Review*（1987）。

商品的要素密集度。他的检验结果与最严格的 HO 模型的预测结果大相径庭。例如，根据 1958 年的要素数据，美国的有形资本最丰裕，其次是熟练劳动力，非熟练劳动力是最稀缺的要素。然而，要素密集度数据却显示，出口产品以非熟练劳动密集型为主，熟练劳动密集型次之，最少的是有形资本密集型产品。对 1972 年数据的分析结果也一样。

鲍文等人的研究结论类似，但国家样本更大。他们继续寻求答案，为什么这些检验都无法验证 HO 模型。他们考虑了不同国家的消费模式和/或技术水平可能存在差别的现实。他们还怀疑所使用的数据可能包含大量的测量误差。最后得出结论，对 HO 模型的检验结果如此不堪，可能是由于数据的问题，同时，所依赖的假设也明显不切实际，即美国的投入产出表竟然用来描述世界其他国家的生产技术。

20 世纪 90 年代初以来，实证检验将重点转移到对 HO 模型修正版的研究上，以探讨更符合现实世界的经验。丹尼尔·特雷夫勒（Daniel Trefler）认为，如果允许各国之间存在技术差别，并重新衡量其禀赋水平，将获得许多符合价格均等化理论的证据。在此项研究一个重要的扩展项目中，基思·马斯库斯和 Shuichiro Nishioka 证明，要素生产率和要素禀赋之间存在极强的相关性。这意味着，使用 HO 模型解释发达国家和发展中国家之间的贸易问题，必须把要素禀赋和要素生产率差异考虑在内。[①]

在第二篇论文中[②]，特雷夫勒认为，把技术差异与每个国家的偏好假设结合会让人偏袒国内产品，这个认知有助于解决现实世界贸易流量和 HO 模型预测结果之间的许多差异问题。[③] 同样，詹姆斯·哈里根（James Harrigan）发现，把技术差异和要素禀赋差异结合的模型，可以很好地解释不同国家的专业化生产。[④] 最近，彼得·肖特（Peter Schott）建议，应该允许要素禀赋存在极大差异的国家专门生产独特的细类商品。他在与 HO 模型预测结果吻合的数据中找到了专业化的生产模式。[⑤] 这些论文传递的信息是，把 HO 模型严格的假设松动一下，这些模型将获得数据支持。[⑥]

尽管新结果不断出现，但是在实证方面，HO 模型的性能令人失望，因此，部分经济学家不再承认这个理论在解释国际贸易理论方面至高无上的地位。他们转向其他理论的构建，用以解释比较优势理论。下面我们对这些替代理论进行简要讨论。

---

① 参见 Daniel Trefler, “International Factor Price Differences: Leontief Was Right!” *Journal of Political Economy* (1993)。

② 参见 Keith Maskus and Shuichiro Nishioka, “Development-related Biases in Factor Productivities and the HOV Model of Trade,” *Canadian Journal of Economics* (2009)。

③ 参见 Daniel Trefler, “The Case of the Missing Trade and Other Mysteries,” *American Economic Review* (1995)。

④ 参见 James Harrigan, “Technology, Factor Supplies and International Specialization: Testing the Neoclassical Model,” *American Economic Review* (1997)。

⑤ 参见 Peter K. Schott, “One Size Fits All? Heckscher-Ohlin Specialization in Global Production,” *American Economic Review* (June 2003)。

⑥ 在 HO 模型的一些假设条件不甚严谨的情况下，其他研究发现了支持 HO 模型的证据，如 Donald R. Davis and David E. Weinstein, “An Account of Global Factor Trade,” *American Economic Review* (2001); John Romalis, “Factor Proportions and the Structure of Commodity Trade,” *American Economic Review* (2004)。

5.6 比较优势的其他替代理论

里昂惕夫的理论发布以来，已经出现的替代理论分为两大类。部分理论由于一个或多个HO模型的约束性假设放宽得以构建。另外的情形是HO模型的框架全部被摒弃。正如下面讨论所揭示的，出现的新理论比HO模型缺少普适性，目标通常只放在对某一狭隘产品分类的贸易解释上。

5.6.1 人工技能理论

较著名的替代理论由唐纳德·基辛（Donald Keesing）构建。[①] 在所有的替代模型中，基辛的思想与HO模型最接近。两者的主要区别是，基辛认为应该强调熟练劳动力和非熟练劳动力在禀赋和密集度上的差异，而不应该强调不同国家和产品的资本和劳动力差异。具体来说，有些国家的劳动力技能比其他国家高。一些产品比其他产品更需要高密集度、高技能劳动的投入（如计算机与纺织品）。在技术密集型产品的生产上，具有高密集度、高技能劳动禀赋的国家拥有比较优势。

基辛的模型以最直接的方式解释了里昂惕夫悖论。与他国比较，美国劳动力获得的培训和教育较好，故而，美国的出口产品往往以熟练劳动密集型为主。[②] 这个理论已经被欧文·克拉维斯（Irving Kravis）进行的实证研究所证明。他认为，美国高薪酬行业对美国出口的贡献最大，美国进口的产品集中于低薪酬美国制造业制造的那些产品。[③]

5.6.2 产品生命周期理论

雷蒙德·弗农（Raymond Vernon）认为，对于许多制成品，比较优势可能会随着时间的推移而改变，从一个国家转移到另一个国家。[④] 这是因为这些产品都要经历一个**产品生命周期**（product life cycle）。此周期包括产品从被发明出来到在市场上检验的阶段。这期间，产品在生产的同时也经历大量的检验。

---

① 为获得对其理论更全面的讨论以及对其预测的检验，参见Donald Keesing，"Labor Skills and International Trade: Evaluating Many Trade Flows with a Single Measuring Device," *Review of Economics and Statistics*（August 1965）；"Labor Skills and Comparative Advantage," *American Economic Review*（May 1966）。

② 里昂惕夫没有试图区分熟练劳动力和非熟练劳动力之间投入的差别。此外，注意这里对悖论的解释和里昂惕夫自己的调和之间的区别。里昂惕夫认为，所有美国工人的工作效率都高于外国同行，因此，美国实际上是劳动丰裕的国家。基辛认为，美国劳动力中，熟练劳动力与非熟练劳动力的比例高于他国，所以美国的熟练劳动力比较丰裕。

③ 此结果今天一样成立。要进一步了解内容，参见Kravis，"Wages and Foreign Trade," *Review of Economics and Statistics*（1956）。

④ 参见Raymond Vernon，"International Investment and International Trade in the Product Cycle," *Quarterly Journal of Economics*（1966）。

产品获得成功并在市场上立足后，标准化过程随之产生。在此期间，来自不同制造商的竞争产品外观普遍一致，产品的制造流程也日渐趋同。此时，产品达到成熟阶段。这个阶段，产品可能持续销售多年，也可能随着时间的推移而被新产品所取代。

产品生命周期与比较优势存在怎样的关系？答案很简单。在产品生命周期之初，产品发明国具有比较优势。随着这个国家向世界其他国家出口该产品，产品日益标准化，如果他国的竞争厂商在大规模制造业方面拥有成本优势，这些厂商将会获得市场份额。如此，比较优势将从发明国向制造业成本较低的国家转移。

此模型可以用来调和里昂惕夫悖论。假设美国是一个创新国家，生产许多新产品。在最近发明的产品上，美国拥有比较优势。因为这些产品尚未标准化，其生产往往为劳动密集型。直到产品功能符合公共需求并实现自动化生产，人们才会开始对其生产的固定资本进行投资。因此，美国出口的将是劳动密集型产品。要实现标准化，必须投入更多的资本密集型生产技术，倘若日后美国失去其比较优势并开始进口此产品，该产品将会变成不折不扣的资本密集型产品。①

产品生命周期模型的适用性有限。它试图对某些在发明、设计和开发过程中需要一定程度成熟技术的产品的贸易进行解释。在某些情况下，该理论似乎符合实际。例如，彩电是美国发明的，美国在早期生产和出口彩电。随着时间的推移，彩电生产几乎全部转移到日本、中国台湾、韩国以及其他国家和地区。

对于其他尖端产品，如计算机和飞机等，该模型似乎不太适合。美国在这些产品的开发上处于领先地位，尽管这两个产品都相对成熟，但美国还保持着比较优势。这些例子说明了产品生命周期模型的基本缺陷——无法对比较优势的地点随时间变化进行概括总结。②

5.6.3 偏好相似理论

迄今为止，我们讨论过的所有理论都有一个共同的主题：比较优势来源于供给方。也就是说，一个国家将出口其自给自足生产成本最低的产品。我们研究过的理论之间的区别在于，到底是哪个生产要素令一个国家的生产成本低于另一个国家。斯蒂芬·林德（Stefan Linder）认为，差异化制成品的贸易方向只能通过

---

① 在一篇有趣的文章中，Richard Brecher 和 Eshan Choudhri 证明了如何通过新产品来解释里昂惕夫悖论。他们认为，哪怕美国资本丰裕，如果生产过程中新发明的产品为劳动密集型，美国的贸易模式也将具有里昂惕夫发现的特征。参见“New Products and the Factor Content of International Trade，” *Journal of Political Economy*（1984）。

② Joseph Gagnon 和 Andrew Rose 的一项研究对产品生命周期理论在解释贸易流动中的重要性表示怀疑。他们对1962—1988年美日之间的贸易数据进行研究，发现大多数美国1962年的净出口（进口）产品也是1988年美国的净出口（进口）产品。日本的情况类似。这个结果与产品生命周期模型陈述的比较优势的地点会随着时间推移而迁移的结论不符。参见“Dynamic Persistence of Industry Trade Balances：How Pervasive Is the Product Cycle?” *Oxford Economic Papers*（1995）。对分类贸易流动的最新两项研究获得对产品生命周期模型部分预测的支持。Robert C. Feenstra 和 Andrew Rose 通过证据表明，那些在产品生命周期早期出口产品的国家往往具有较高的生产率和更快的增长率；参见“Putting Things in Order：Trade Dynamics and Product Cycles，” *Review of Economics and Statistics*（2000）。Susan Zhu 认为，把某些产品的生产转移到较不发达的国家有助于解释这些国家中，为什么对熟练工人支付的工资高于非熟练工人；参见“Can Product Cycles Explain Skill Upgrading?” *Journal of International Economics*（2005）。

需求方面而不是供给方解释。[1] 随之，对制成品的贸易问题，他放弃我们所考虑的所有其他解释方法，给出一套全新的诠释。

林德的假设描述如下：在每一个国家，产品均为了满足本国消费者的偏好而设计。然而，消费者的偏好差异极大。有些人喜欢特色略为不同的其他替代产品。国际贸易为这些产品的获取提供了一个途径。因此，国际贸易的好处是，消费者可以从产品多样性中获益。

林德的假设进一步解释了哪些国家最有可能彼此开展贸易。生活水平（人均GDP）相近的国家倾向于消费同类产品。生活水平在一定程度上由国家的要素禀赋决定。人均资本量较高的国家往往比人均资本量较低的国家富裕。因此，特点相似国家之间照理应该进行大量贸易。富国倾向于与其他富国贸易，穷国倾向于与其他穷国贸易。林德的假设与HO模型的预测形成了鲜明的对比，后者认为，要素禀赋存在差异的国家之间存在最强烈的贸易动机，因为这样可以最大限度地将贸易前相对价格的差距拉开。这是我们在第1章中讨论过的贸易模式之一。

我们还需要注意另外几个问题。首先，林德的理论只适用于差异化生产的产品。他倾向于通过HO模型解释原材料或农产品贸易。其次，由于放弃了HO模型对制成品贸易的解释，故而，对他而言，里昂惕夫悖论不存在任何悖论。相反，里昂惕夫的发现可能只是反映了美国消费者对资本密集型产品的需求这一现象。

再次，林德的模型为国际贸易中的一个重要现象即**产业内贸易**（intraindustry trade）提供了答案。如果一个国家同时进口并出口同一类产品，则发生了产业内贸易。比较优势的简单模型似乎将这种贸易行为排除在外。不过，如果真像林德所指出的那样，贸易是为了满足消费者的不同需求，那么荷兰出口喜力啤酒而进口卢云堡（Löwenbräu）啤酒就不足为奇了。最后，我们注意到，尽管林德的假设有吸引力，但早期对此理论的研究很少获得实证支持。不过，最近的一些研究给林德的理论提供了证据支持。[2] 此外，由于产业内贸易日益重要，刺激了经济供给侧其他理论的构建，这些理论已经足以对这种现象进行解释。现在我们开始讨论这些问题。

5.7　产业内贸易

现实世界中产业内贸易的例子屡见不鲜。戴尔制造的计算机出口到世界各

---

① 林德在以下著作中提出他的假设：An Essay on Trade and Transformation（New York：John Wiley and Sons，1961）。

② 参见Jerry and Marie Thursby，"Bilateral Trade Flows，the Linder Hypothesis，and Exchange Risk，" *Review of Economics and Statistics*（1987）；Jeffrey Bergstrand，"The Heckscher-Ohlin-Samuelson Model，the Linder Hypothesis，and the Determinants of Bilateral Intra-Industry Trade，" *Economic Journal*（1990）；Carsten Fink，Beata Smarzynska Javorcik，and Mariana Spatareanu，"Income-Related Biases in International Trade：What Do Trademark Registration Data Tell Us？" *Review of World Economics*（2005）；Juan Hallak，"A Product-Quality View of the Linder Hypothesis，" *Review of Economics and Statistics*（2010）。

国，同时，美国也进口由日立、NEC 和其他外国企业制造的计算机。同样，波音公司出口商用飞机，一些美国航空公司也在购买由欧洲制造商空客制造的飞机。尽管实例不少，但产业内贸易发生的程度尚属于一个开放性的实证问题。

一些研究认为，产业内贸易是普遍现象。参考表 5－3，我们对 60 个经济体 2006 年产业内贸易程度进行了估算。此表对产业内贸易的测量方式（IIT）通过式（5.1）给出的格鲁伯-劳艾德指标（Grubel-Lloyd index）计算：

$$IIT = 100 \times \left(1 - \frac{\sum_{j=1}^{n} | X_j - IM_j |}{\sum_{j=1}^{n} | X_j + IM_j |}\right) \tag{5.1}$$

式中，X_j 表示出口的产业 j 的产品；IM_j 表示进口的产业 j 的产品；存在 N 个不同的行业。[①] 从理论上讲，IIT 值可高达 100。在这种情况下，一个国家/地区的贸易全部是产业内贸易，并且每类产品贸易都达到完全平衡（例如，汽车出口额等于汽车进口额，计算机出口额等于计算机进口额）。倘若一个国家/地区的贸易均不是产业内贸易但总体贸易是平衡的，则 IIT 值为 0。

表 5－3　　2006 年部分国家和地区的产业内贸易[a]

捷克共和国	62.2	马来西亚	46.6	保加利亚	28.7
奥地利	60.6	泰国	44.9	乌克兰	27.4
法国	60.0	新加坡	44.2	爱尔兰	25.0
加拿大	59.9	以色列	43.0	土耳其	21.7
德国	57.0	菲律宾	42.8	哥斯达黎加	21.2
瑞士	56.1	韩国	41.2	希腊	21.0
匈牙利	54.3	卢森堡	40.7	澳大利亚	19.8
比利时	53.6	芬兰	40.3	中国香港	19.1
英国	52.5	日本	39.8	委内瑞拉	17.5
斯洛文尼亚	52.3	中国台湾	39.3	摩洛哥	15.0
荷兰	51.6	巴西	37.3	俄罗斯	14.6
瑞典	51.1	挪威	34.2	哥伦比亚	14.5
丹麦	51.1	罗马尼亚	33.0	伊朗	10.6
美国	50.3	印度	31.8	智利	9.5
西班牙	50.3	阿根廷	31.3	巴基斯坦	8.7
意大利	49.7	克罗地亚	30.6	哈萨克斯坦	8.1
斯洛伐克	48.7	中国大陆	30.5	越南	7.7
葡萄牙	48.5	新西兰	29.6	沙特阿拉伯	7.0
墨西哥	47.8	南非	29.4	阿联酋	6.0
波兰	47.2	印度尼西亚	29.1	孟加拉国	1.6

a. 格鲁伯-劳艾德指标的计算采用总贸易的 3 位数字产品分类办法。表中列举的是 2006 年 60 个最大的贸易国家/地区。

资料来源：Marius Brulhart，“An Account of Global Intraindustry Trade：1962－2006，” background paper，World Bank Development Report 2009，http：//wdronline. worldbank. org/worldbank/a/nonwdrdetail/122.

① 参见 Herbert G. Grubel and Peter J. Lloyd，*Intra-Industry Trade*（London：Macmillan，1975）。

表中的数据清楚表明，世界各个国家/地区的产业内贸易差别巨大。一般来说，一些工业化国家/地区，特别是西欧国家/地区，产业内贸易程度最高。发展中国家/地区以及原料（如石油或农产品和其他食品）生产国/地区，产业内贸易比重较小。

表5-3中的数据来源于马里厄斯·布鲁尔哈特（Marius Brulhart）为世界银行准备的一份2009年的研究报告。① 本报告研究了1962—2006年间产业内贸易的增长情况。除了其他发现，布鲁尔哈特的研究表明，几乎每个国家/地区的产业内贸易都在增长。在高收入国家/地区，这类贸易增长量尤其突出，而对非洲国家/地区而言，产业内贸易无足轻重。布鲁尔哈特认为，产业内贸易增长的一个重要原因是，许多产品的多国生产链在扩展。②

产业内贸易似乎与我们迄今为止研究的比较优势模型相矛盾。毕竟，如果一个国家在某种产品上具有比较优势，为什么还要进口这种产品呢？这个问题的答案与HO模型等的预测结果是一致的。例如，考虑运输成本的作用。在北美东海岸，木材从美国出口到加拿大。在西海岸，木材的贸易方向刚好相反。其原因是，将木材从加拿大的不列颠哥伦比亚省南部运输到美国，比从东部运输到安大略省更便宜。因此，尽管（西部）加拿大的木材质地较好，安大略省却更愿意从美国进口木材。

与比较优势模型的结论一致的产业内贸易的第二种解释，与经济学家衡量产业内贸易所使用的数据有关。显然，可以用于贸易的产品汗牛充栋（考虑不同种类的服装）。政府如何追踪这些产品的贸易情况？

在某些情况下，政府会根据最终产品的特点汇总数据。所有的桌子的功能都一样，制造材料却各有特色，如可以用木头或金属制成。拥有大量金属矿石和金属冶炼设施的国家在金属桌的生产上应该具有比较优势。而木材资源禀赋高的国家，其比较优势来源于木头桌的制造。因此，即使在一个完全符合HO模型的世界里，只要出口和进口产品使用不同的要素制造，只要消费者认为这些产品之间无法完全替代，一个国家就会在进口桌子的同时出口桌子。

除了用途相似的产品可以通过不同方式制造以外，还有第二个问题需要考虑：世界上存在这么多产品，数据存储和显示受到限制，需要进一步整合数据才可以将非同类产品的贸易囊括在内。例如，将棉服与羊毛衫归类，得到毛衣类别。然后，把毛衣与其他类型的衣服如衬衫、套装和连衣裙合并，形成一个服装类别。其他行业数据分组中也以同样的手段整合数据。因此，不难想象，

---

① 参见Marius Brulhart，"An Account of Global Intraindustry Trade：1962-2006，" background paper，World Bank Development Report 2009，http://wdronline.worldbank.org/worldbank/a/nonwdrdetail/。

② 其他相关研究参见Don P. Clark，"Recent Evidence on Determinants of Intra-Industry Trade，" *Weltwirtschaftliches Archiv*（1993）；David Greenaway，Robert Hine，and Chris Milner，"Vertical and Horizontal Intra-Industry Trade：A Cross Industry Analysis for the United Kingdom，" *The Economic Journal*（1995）；Roy J. Ruffin，"The Nature and Significance of Intra-Industry Trade，" *Economic & Financial Review*（Federal Reserve Bank of Dallas，1999）；Patricia Rice，Martin Stewart，and Anthony Venebles，"The Geography of Intra-Industry Trade：Empirics，" *Topics in Economic Analysis & Policy*（2003）。

某些产业内贸易不过是一个纯粹的统计现象，即如果经济学家有机会获得非常详细的贸易数据（如棉服与羊毛衫的贸易数据），则不必对这类产业内贸易太过关注。遗憾的是，即使可供经济学家采用的分解最精细的数据也包括不同产品的组合，这些产品潜在的双向贸易可以用生产要素需求来解释。

5.8 收益递增与不完全竞争

尽管有上述例子，但是，人们有充分的理由相信，有相当比例的产业内贸易无法通过数据汇总和分类进行解释。因此，必须找到别的途径解释产业内贸易问题。其中一个方法日益获得经济学家的关注，此方法与生产流程中的**规模收益递增**（increasing returns to scale）原则有关。我们将在本节定义规模收益递增原则，并描述此原则对国内产业结构的影响。然后讨论规模收益递增和国际贸易之间的关系。

当生产要素的成比例增加带来产出以更大的比例增加时，规模收益递增就出现了。以汽车制造厂为例，当汽车工厂的规模和汽车工人数量增加一倍时，汽车的产量增长超过一倍，此时，汽车生产实现规模收益递增。规模收益递增的概念可以应用到某个公司或某个行业。无论哪种情况，公司（或行业）的长期平均成本曲线都随着产量的增加而下降。

在某行业中，规模收益递增来自某一企业的外部或内部。在第一种情况下，随着越来越多的资源投入到产品生产中，行业内所有厂商的成本曲线一起下移。这几乎就是 19 世纪美国农业生产的写照。随着人们到中西部和大平原定居，农场越来越多，建造铁路将谷物运送到市场以及制造农具变得有利可图。交通运输基础设施和生产要素供应的增加，促使全体农场主的生产成本下降。

一个经济体中，如果一个或多个行业实现规模收益递增，此国的 PPF 的形状将会受到影响。要了解这一点，假设大豆（S）和纺织品（T）行业获得外部经济效应，这两个行业所使用的资本和劳动比例相同。图 5-1 显示了该国的 PPF。E（F）点表示该国在完全专业化生产 S（T）产品时，最高的产出数量。这些点确定了 PPF 的两个端点。现在，假设从 E 点开始，S 的生产要素被分出一半，这一半要素刚好在 T 行业使用。我们知道，S 产出的下降幅度将超过原始水平的一半以上。这意味着新的生产点将出现在 H 点。而 T 现在有一半的资源可用，其产量将上升。然而，因为存在规模收益递增效应，T 的产量一定不会超过在全部要素可用条件下产出的一半。也就是说，其生产点可能位于 G 点。因此，我们的结论是，规模收益递增效应一般会导致 PPF 凸向原点。[①]

① 结果不一定如此。不过，凹向原点的 PPF 发生规模收益递增的条件超出了本书的知识范围。

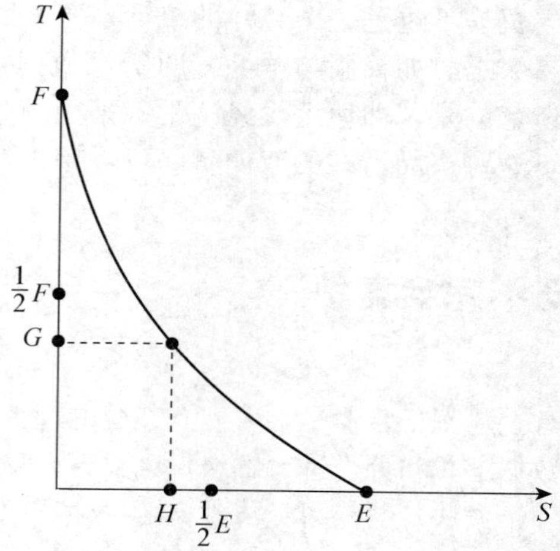

图 5-1　一国行业规模收益递增时的 PPF

图 5-2 展示了一个国家的 S 和 T 两个行业都实现规模收益递增的状况。这个国家的自给自足均衡点为 M 点，这点为 PPF 与最高可以达到的社会无差异曲线（CIC_0）的切点。自给自足状态下的相对价格由 PPF 在此切点的斜率决定。注意，自给自足并不是这个国家最想获得的均衡。按照现有价格，此国最好是专业化生产其中一个产品（例如，T 产品），以最大限度地提高规模收益，并在世界市场上用其剩余产品交易另一种产品。这一点用图上的国际贸易均衡点 N 表示。图 5-2 的推导基于国际贸易条件与自给自足相对价格一样的假设。不过，这并不是必要条件，而且在现实世界中也不可能发生。然而，与我们以前研究过的模型不同，此图明确表明，贸易利益的来源，不是世界市场上的贸易价格高于自给自足价格而产生的贸易机会，而是由于国际贸易可以促使一个国家在某行业进行专业化生产，以此获得利用额外资源的机会，使行业平均成本下降（生产率因此上升）。因此，我们发现了解释国际贸易的一个全新的理由，即贸易让国家获得机会扩大生产，从规模收益递增中获益。

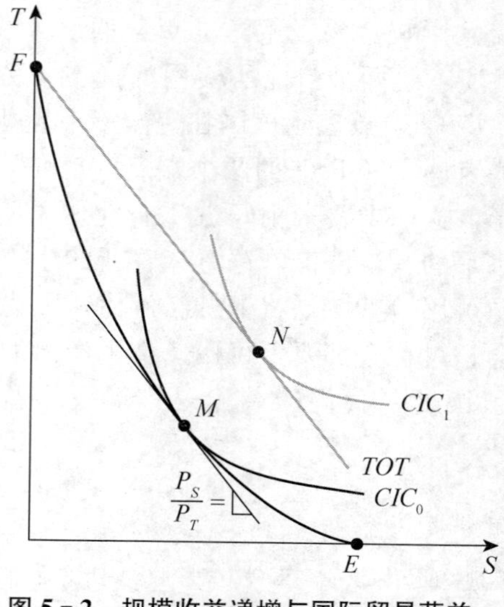

图 5-2　规模收益递增与国际贸易获益

假设我们刚刚讨论过的国家专业化生产S产品，并从贸易中获益。如图所示，如果这样做，按不变价格，此国的CIC将会处于 CIC_0 和 CIC_1 之间（图中未显示）。因此，贸易获益多少在一定程度上由专业化生产方向决定。那又是什么因素决定专业化生产的方向呢？这个问题没有简单的答案。也有可能是历史偶然因素造成的。例如，可能由于海外客户的商品订单导致一个行业的生产扩张。行业的增长会带来成本的下降，这将促进行业进一步扩张。[①]

规模收益递增也可能出现在企业内部。在这种情况下，通常假定生产所需的资本投资是“固定的”，这意味着这些投入不会轻易改变，以适应不同的生产水平。例如，通常情况下，大型机器设备的购买和安装成本按比例要小于小机器的成本。因此，为了获得计划收入，产出水平较低的小公司的资本投入不得不超出其获利能力可以负担的水平。另一方面，对产量相对高的公司而言，大量的资本投入更加合理，因为其产出的单位成本更低。此外，由于成本会随着产出规模的上升而下降，首先扩大规模的企业，其优势将超过维持原规模的企业，甚至将后者驱逐出市场。

因为一个公司的做法会影响另一个公司的健康运营，所以不应该假设这个行业是完全竞争的。相反，市场可能已经变为某种形式的不完全竞争，如垄断竞争、寡头垄断或完全垄断。到底真正属于哪一种市场结构，在一定程度上取决于市场的规模，取决于企业在达到规模经济前可以扩张的程度，取决于所生产的产品是否可以通过设计和功能上的细微改变实现差异化（通过品牌）。

厂商获得规模收益递增对国际贸易的模式或国际贸易的影响有何意义？许多在研项目都试图回答这个问题。其中有几个结果显得特别重要。第一，很容易用规模收益递增和不完全竞争现象解释产业内贸易。可以考虑以下例子。

假设有两个国家，原本都处于自给自足状态。每个国家都生产两个产品：食品和汽车。完全竞争厂商的食品生产处于成本不变状态。汽车生产则受规模收益递增规律的约束，开始时，每个国家都拥有多家汽车厂商，每个厂商都生产存在细微差异的产品（例如轿车、迷你型车、越野车和混合动力汽车等）。每个国家的消费者都有不同的偏好。一些人喜欢轿车，一些人痴迷混合动力车，如此等等。

现在，两国开始贸易。结果会怎样？会发生几件事情。首先，根据HO模型的假设，一个国家将倾向于出口食品以交换汽车。这属于产业内贸易。如果食品为劳动密集型产品，汽车为资本密集型产品，我们预计劳动相对丰裕的国家将出口食品。

尽管如此，我们亦可预期劳动丰裕的国家也会出口部分汽车以换取其他类型的汽车。换句话说，产业内贸易将会产生。因为贸易壁垒已经消除，不同种类的汽车市场会得到扩张。两国厂商将扩大生产。如果生产混合动力汽车的外国厂商

---

① 经济活动地点可能是历史偶然因素造成的，这是一系列与贸易和地理有关的研究的主题之一。这些文献强调的是由于地理生产集中而带来收益递增和成本递减的重要性。美国地理集中生产的例子包括加利福尼亚的硅谷专门生产半导体及相关产品；底特律制造汽车；佐治亚的多尔顿生产地毯等。在其著作 *Geography and Trade*（Cambridge，Mass.：MIT Press，1991），中，保罗·克鲁格曼（Paul Krugman）认为，工业专业化生产在蔓延，这一点在美国贸易壁垒很低的那些州表现得尤其突出。

抓住先机扩大生产，则国内竞争者——当地混合动力汽车生产商将被逐出市场。因为存在规模收益递增的假设，所以这种情况可能会发生。无论哪家厂商首先扩大生产降低成本，其产品都会降价。因此，某类汽车如混合动力汽车的生产商在某个国家的扩张将以牺牲他国同类厂商为代价。也许 SUV 的生产会扩展到其他国家。一般来说，这种专业化生产的模式和地点无法预测。最后，我们将发现，一个国家会出口几种类型的汽车，以换取食品和其他类型的汽车。

这个例子说明，某些产业内贸易的发生源于要素禀赋的差异。由 HO 模型的分析可知，两国的要素禀赋越相似，它们之间的贸易动机就越弱。因此，以下结论适用于至少有部分产品根据规模收益递增原则生产的情形：两个国家的要素禀赋越相似，它们之间越是倾向于产业内贸易。这一结果有助于解释表 5-3 中西方工业化国家之间普遍的产业内贸易现象。

最近对规模收益递增和不完全竞争的研究所取得的第二个重要成果，与自由国际贸易对福利的影响相关。至此，我们已经证明，国际贸易能够促进两国生活水平的提高。如果一些产品按规模收益递增原则生产，情况就不一样了。尤其是，如果自由贸易导致按照规模收益递增原则生产的产品全面收缩，则贸易将是有害无利的行为。这种情况似乎不太可能发生。相反，更可能产生的结果是，两国都从国际贸易中获益。①

5.9 结论

在这一章中，我们对比较优势决定理论的几种检验结果进行了讨论。对“贸易流向可以通过劳动生产率差异进行解释”这一古典命题的检验，倾向于支持这一观点，不过尚存异议。对 HO 命题的检验做得就差一些，其结果似乎经常产生矛盾。我们可以从这些讨论中获得什么结论？

首先，世界极端纷繁复杂，这是我们一直都明白的现实。建立模型的主要目的是简化现实世界，让我们认识特定现象中到底哪些力量起的作用最大。例如，HO 模型抛开技术和偏好、关税、规模经济的差别，试图通过国际要素禀赋差异来解释贸易模式。迄今为止，这一理论检验所取得的大多数结果往往与理论预测相矛盾。不过，这些检验结果并不足以完全否定 HO 模型。也就是说，检验结果可能会受到检验流程不完善、数据可获得性差以及测量问题等的影响；或者归咎于现实世界对 HO 模型假设的系统性背离——背离如此明显，以至于贸易模式与 HO 模型的预测完全相悖。至今，没有人能够确定，这两种选择到底哪一种是正确的。

本章透露的第二条信息是，经济学家很难对比较优势模型进行直接检验。再

① 在过去 30 年里，有关规模收益递增和国际贸易的相关文献大量发表，参见 Gene M. Grossman, ed., *Imperfect Competition and International Trade* (Cambridge, Mass.: MIT Press, 1992)。一部关于这一主题的优秀教材是：Elhanan Helpman and Paul R. Krugman, *Market Structure and Foreign Trade* (Cambridge, Mass.: MIT Press, 1985)。

一次考虑我们讨论过的 HO 模型检验。人们需要了解国家生产要素禀赋的信息。在某些情况下，这些信息可以通过比较容易和简单的手段获得（例如，耕地、林地数量）。其他情况就不一样了。例如，一个美国的非熟练工人可能比许多发展中国家的非熟练工人的熟练程度要高，因为美国工人获得了更多的基础教育。在某些情形下，要素衡量根本就不具备可比性。有形资本尤其如此，因为不同行业的机械设备大相径庭，但是，这些设备都是一起加总后，以货币价值为基础进行测量。

HO 模型检验的问题不会因为对资源禀赋测量的困难而终结。人们还要了解生产要素密集度方面的知识。里昂惕夫以及后来的鲍文、利默尔和斯维克斯卡斯认为，美国技术（在美国投入产出表里反映）经常可以代表全世界的技术水平。然而，简单观察即可发现，这不一定是真的。劳动力相对便宜的其他国家的劳动密集型经济活动，在美国却变成资本密集型（如农业）。

最后，似乎这些问题还不够多，政府对贸易流量数据的收集方式可能会导致对这个理论不必要的放弃。也就是说，如果政府对商品贸易的加总统计是根据最终产品而不是根据生产要素密集度进行的，理论将无法得到明确的检验。记住我们上面讨论过的桌子的测量问题，这些桌子可能是用木头制造的，也可能是用金属制造的。

本章给我们的第三个重要启示是，国际经济学是一门进化的科学。某些经济学家已经对传统模型的实证检验结果作出反应，他们努力收集证据，以证明这些模型的预测。与此同时，另一些经济学家着手构建和探索新的贸易理论。至今，虽然没有哪一种理论可以取代 HO 模型作为比较优势的主导范式，但是，从这些研究当中人们获益良多。

本章小结

1. 经济学家通过将自己理论的预测结果与现实世界的真实事件进行比较来检验经济理论。

2. 对国际贸易的古典模型和 HO 模型的检验的努力一直没有结果。

3. 麦克杜加尔经典模型检验的结果与经典模型基本一致。相反，各种经典模型的预测如完全专业化和非产业内贸易等，没有得到数据的支持。

4. 对 HO 模型进行检验时，里昂惕夫进行了经济史上最著名的实证实验。其实验结果证明了一个看似矛盾的结果，即美国的出口产品为劳动密集型，进口产品为资本密集型。

5. 对 HO 模型最近检验的结果也与模型的预测结果不一致。

6. 里昂惕夫悖论导致一些经济学家放弃 HO 模型，进而构建其他国际贸易的替代理论。这些模型的共同特征是比 HO 模型更具体。这些理论试图解释国际贸易的某一部门，通常以加工贸易产品为研究对象。

7. 某些新理论试图解释的一个现象是产业内贸易。同时进口、出口同一个产品的产业内贸易似乎很普遍，欧洲发达经济体之间的贸易模式更是如此。

练　习

1. 为什么里昂惕夫的发现被认为是一种悖论？请解释之。

2. 假设下列信息代表每个国家的全部贸易数据。使用这些数据以及式（5.1）计算每个国家的 IIT。

	出口（美元）	进口（美元）
A国		
X产品	10 000	5 000
Y产品	8 000	1 000
Z产品	0	12 000
B国		
R产品	5 000	0
S产品	400	6 000
T产品	1 600	1 000
C国		
M产品	2 000	1 800
N产品	1 000	1 500
O产品	1 500	1 200

3. 讨论一个国家从事产业内贸易的各种原因。

4. 解释里昂惕夫如何检验HO模型。为什么说这是一个尚未完成的模型检验？

5. 讨论对里昂惕夫的发现进行调和的其他理论的贡献。为什么人们要付出这样的努力试图调和里昂惕夫的发现和HO模型的关系？

6. 还可能存在何种HO模型的检验方式？（提示：要素价格均等化）。如果利用现实世界的数据来检验这个命题，你希望获得何种发现？这样的结果是否一定违背HO模型？

7. 试解释比较优势的替代模型如何解释里昂惕夫悖论？

8. 林德的假设是否可以给小麦的贸易模式提供令人信服的解释？煤炭贸易模式呢？解释原因。

参考文献

Harrigan, James. "Specialization and the Volume of Trade: Do the Data Obey the Laws?" In *The Handbook of International Trade*, edited by K. Choi and J. Harrigan. London: Basil Blackwell, 2002.

Leamer, Edward E. *Sources of International Comparative Advantage: Theory and Evidence*. Cambridge, Mass.: MIT Press, 1984.

第6章 关 税

本章主题

自由贸易的收益
关税导论
关税的经济学分析
自由贸易收益的再一次论证
关税的福利成本
关于关税的进一步讨论

到目前为止，在这本教材中，我们集中讨论了国际贸易的原因和后果。我们已经看到，国际贸易在经济中导致了生产再分配的问题，而且对生产要素的收益产生影响。出于这两方面的原因，每个社会中都会有一部分人支持那些旨在影响国际贸易数量和构成的政府政策。在本章和接下来的三章中，我们将注意力转向政府在国际贸易领域中的作用。

政府为影响贸易流量（进出国家）的数量和构成而采取的行动称为**商业政策**（commercial policy）。政府在商业政策方面有多种选择。这些选择包括**关税**（tariff），即进口或出口税；**配额**（quota），即政府对进口或出口产品的价值或数量施加限制；**补贴**（subsidy），即政府为了鼓励出口或阻止进口给行业的补偿；**非关税壁垒**（nontariff barriers），其中包括影响贸易流动的各种政府政策或法规，如卫生和安全标准，或政府采购政策。

本书接下来的四章将对各种形式的商业政策进行深入探讨。本章的重点是关税的理论分析。在第7章中，我们将注意力转向其他形式的贸易政策。接下来，在第8章中，我们将对美国和其他国家的商业政策实践，以及各个国家和国际组织制定商业政策规则的举措进行讨论。最后，在第9章中，我们将描述欧盟和北美自由贸易区等各种区域性贸易集团的演变过程，并分析这些协议对成员国和非成员国的影响。

在开始分析商业政策之前，我们可以回头看看国际贸易的一般均衡模型，以便回顾自由贸易政策带来的收益。通过对这些收益进行研究，我们可以设立一个基础，对使用商业政策来改变贸易流向的国家的利益进行比较。

6.1 自由贸易的收益

当一个国家开放其市场以实现自由国际贸易时，它将在几个方面受益。首先，它享有**贸易静态利得**（static gains from trade），如图6-1所示。在图中我们描绘了一个处于自由贸易均衡的国家。图中 A 点是自给自足状态下的均衡点。令 ρ_F 为自由贸易的国际价格，则贸易将令此国的国内消费和生产活动发生改变。尤其是，当生产移动到 X 点时，消费将随之移动到 C 点。我们的观点是，在这种情况下是有利可图的，因为在缺乏贸易的情况下，由 C 点表示的产品组合永远不会被购买和享受。

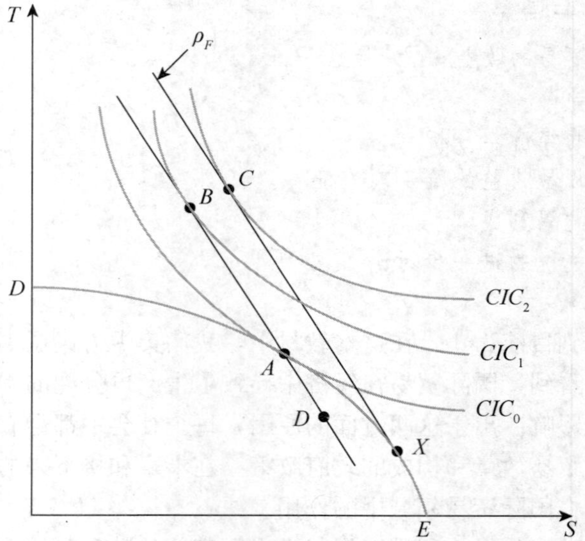

图6-1 自由贸易的收益

经济体的利得可以分为两个部分：消费利得和生产利得。再次从自给自足的 A 点开始，假设经济体对自由贸易开放。假设经济体允许以自由贸易价格 ρ_F 进行交易，但生产不允许变动。那么，这个国家会更加富裕吗？答案是肯定的。在图中，我们通过 A 点绘制了斜率为 ρ_F 的价格曲线，以显示这种情况。即使生产固定不变，以世界价格交易的机会也会令消费点偏离至 B 点。[①] 用CIC作为社会福利指标，移动到更高的CIC表示静态消费利得的获取，即从自给自足转向以

① 我们如何知道，一旦价格发生变化，消费就会从价格曲线上的 A 点上移到 B 点，而不是下移到某一点，如 D 点？答案很简单：如果 D 点优于 A 点，那么在缺乏贸易的情况下，经济体将会选择 D 点，因为 D 点位于 PPT 的里面。而经济体在自给自足状态下也不会选择 D 点的事实表明，如果有机会参与贸易，它更不会移动到那里。

世界价格交易的一次性收益。

一旦允许资源偏离 A 点，经济体就会获得更多的经济收益。这些收益反映在消费点上是从 B 点移动到 C 点，反映在社区福利方面则是从 CIC_1 到 CIC_2。这些收益是由于生产资源进入经济体拥有比较优势的行业而产生的；资源的重新配置使得总产出（GNP）上升。因此，这种福利的二次增长称为贸易静态生产利得。

自由贸易也会带来**贸易动态利得**（dynamic gains from trade）。这种利得指贸易与经济增长之间的关系。一个经济体随着时间的推移而获得增长，要么是因为它经历了生产要素存量的增加，要么是因为技术创新使国家现有的生产要素得到更有效的利用。在我们的模型中，经济增长是指一个国家的 PPF 向外移动的状态。国际贸易与经济增长之间存在下列几种关系。①

第一，贸易不仅限于最终消费品的贸易。事实上，如表 1－3 的数据所示，广义的国际贸易还包括原材料和中间产品的贸易，同时也涉及大量的资本品贸易。实际上，当一个国家进口资本品以换取消费品时，其生产能力会得到提高；一旦资本到位，这个国家就能生产更多的产品。如果资本品进口带来的整体资本存量高于自给自足状态，贸易就对经济体的整体增长率产生了促进作用。②

第二，国际贸易可以促进技术进步在国际上的推广。在一个国家产生的用于提高生产活动效率的想法可以（并且经常）授权给其他国家的公司。在这个过程中，技术就从一个国家转移到另一个国家。在缺乏国际贸易时，这种技术转移不会发生，经济增长也将放缓。

第三，国际贸易可以促进竞争。也就是说，一旦一个国家开放贸易，地方垄断者就会失去对当地市场的垄断权。这就创造了动态利得，原因有二。由于消除了价格与边际成本之间的差异，更激烈的竞争将会促进更高效的生产。此外，由于竞争会减少行业的租金，资源浪费的寻租行为也会随之减少。

第四，如果生产获得规模经济效应，那么，由于贸易使市场规模扩大，国际贸易的动态利得随之增加。随着市场的扩张，行业能够进一步降低其平均成本曲线，从而压低价格。此外，扩大市场规模可以鼓励行业加大对研发的投入，这样就可以将投资成本分摊到更高的产出水平上。这些投资反过来又可以促进国家整体技术水平的提高。

第五，国际贸易可以扩大用于支持投资采购的储蓄池。这可以通过几种方式实现。我们已经证明，贸易使一个国家的实际收入高于自给自足状态下的水平。有相当多的证据支持这一假设，即国民收入水平越高，其储蓄水平就越高。因此，相对于自给自足状态下的国民储蓄，贸易可以增加国民储蓄量，而储蓄水平越高，用于投资支出的资金也就越充裕。

---

① 关于对动态利得的文献的调查，参见 U. S. International Trade Commission，*The Dynamic Effects of Trade Liberalization：A Survey*（Washington，D. C.：Government Printing Office，February 1993）。

② Richard Baldwin 提供了一种测量该效应大小的技术。他发现，1992 年欧洲的动态利得几乎与静态利得相等。参见 Richard Baldwin，"Measurable Dynamic Gains from Trade，" *Journal of Political Economy*（1992）。

另外，国际贸易允许一个国家向其他国家借款。考虑这样一种情况，当一个国家进口的产品多于出口时，由于出口收入低于进口支出，该国正在从其他地区获得资金。这些资金可以用于支持资本品的进口。

总而言之，从事国际贸易的国家可以直接提高居民的生活水平，也可以促进经济增长。居民生活水平超过竞争性经济体在自给自足状态下的水平。贸易除了能够带来经济收益，参与贸易的国家还可以享有**贸易政治收益**（political gains from trade）。这是因为随着各国经济相互依赖性的增强，它们不太可能对彼此采取敌对行动。

尽管好处明显，但各国还是采取各种措施，意图将其贸易额从自由贸易水平上拉低。也许用于扭曲贸易的最常用的方法就是关税。这是政府对贸易流动所征收的税。为什么国家会忽视自由贸易政策那些显而易见的好处呢？关税如何影响一个国家的贸易和经济福利水平？本章的其余部分将回答这些问题。

6.2 关税导论

关税是政府对进口或出口征收的税。这种税在全世界极为普遍，并且历史悠久。世界上几乎每个国家都对某些产品征收关税。美国对各种进口产品都征收关税，但不对其出口产品征收关税。宪法的最初条款对这种做法予以禁止。（美国关税政策的历史参见第8章。）同时，也有很多国家对其出口产品征税，比如阿根廷对大豆的出口征税。

正如我们将要论证的那样，实行关税会对经济体产生若干影响。例如，关税具有**收入效应**（revenue effect）。也就是说，这是提高政府收入的一个机制。关税同时具有**保护效应**（protective effect）。例如进口关税，由于关税仅适用于进口产品，所以外国生产商需承担一些国内竞争者不需要承担的成本。在某种程度上，外国生产商会以更高的价格出售商品，从而将这些高成本转嫁给当地消费者，这样国内同类产品生产商就更容易与外国对手竞争。由于关税通常会提供这种保护作用，所以，支持关税以及其他形式贸易壁垒的国家常称为贸易保护主义者。

一般来说，关税的收入效应和保护效应会同时起作用。然而，也有只存在一种效应的特殊情况。例如，当国内没有同类产品的生产商时，对进口产品征收的关税是纯收入关税。禁止性关税是指关税足够高以至于没有产品进口，这是一个纯保护性关税的例子。在这种情况下，政府没有收入。

发达经济体的政府很少将关税作为政府收入的主要来源。[①] 因此，很难列举美国或其他主要工业化国家征收纯收入关税的例子。另一方面，发展中国家政府在很大程度上将贸易税收作为其收入来源。因此，在发展中国家中，纯收入关税

① 例如，美国的关税收入在联邦政府收入中的占比不到2%。其他的工业化国家也有类似的比例。而在发展中国家，这一比例往往高得多。

的例子比比皆是。而发达经济体的关税主要由于其保护作用而存在。

为更好地了解关税是什么，参见表 6-1。我们从 2012 年美国关税表中截取一页作为展示。此表中有很多信息需要注意。

表 6-1　　美国协调关税表的样本页（2012 年）

标题/副标题	商品描述	数量单位	关税税率		
			1		2
			一般	特殊	
2008（续）	果实、坚果以及植物可食用的其他部分，以其他方式加工或保鲜，无论是否添加糖分或其他甜味剂或酒精，不在别处包含或特殊说明（续）：				
2008.40.00	梨		15.3%	免税（A，CA，D，E，IL，J，JO，MX，P，PE，SG） 4.5%（BH） 9.1%（OM）	35%
	在其他每包少于 1.4 千克的包装中	千克			
	其他	千克			
2008.50	杏：				
2008.50.20	果肉	千克	10%	免税（A，BH，CA，CL，E，IL，J，JO，MA，MX，OM，P，PE，SG） 5.5%（AU）	35%
2008.50.40	其他	千克	29.8%	免税（A，CA，E，IL，J，JO，MX，P，PE） 2.9%（SG） 8.9%（BH） 17.8%（OM）	35%
2008.60.00	樱桃		6.9 ¢/kg+4.5%	免税（A，BH，CA，CL，D，E，IL，J，JO，MA，MX，OM，P，PE，SG） 1.3 ¢/kg + 0.9%（AU）	21 ¢/kg + 40%

续前表

标题/副标题	商品描述	数量单位	关税税率		
			1		2
			一般	特殊	
	樱桃酒	千克			
	其他：				
	甜品种	千克			
	酸品种	千克			
2008.70	桃子，包括油桃：				
2008.70.10	油桃		16%	免税（A，CA，D，E，IL，J，JO，MX，P，PE，SG） 4.8%（BH） 8.8%（AU） 8%（CL） 9.6%（OM）	35%
	在其他每包少于1.4千克的包装中	千克			
	其他	千克			
2008.70.20	其他桃子		17%	免税（A，CA，E，IL，J，JO，MX，P，PE，SG） 5.1%（BH） 8.5%（CL） 10.2%（OM）	35%
	在其他每包少于1.4千克的包装中	千克			
	其他	千克			
2008.80.00	草莓	千克	11.9%	免税（A，BH，CA，CL，D，E，IL，J，JO，MA，MX，P，PE，SG） 2.3%（AU） 2.3%（OM）	35%
2008.91.00	棕榈仁	千克	0.9%	免税（A，AU，BH，CA，CL，E，IL，J，JO，MA，MX，OM，P，PE，SG）	35%

续前表

标题/副标题	商品描述	数量单位	关税税率		
			1		2
			一般	特殊	
2008.92	混合物：				
2008.92.10	密封包装且不含杏、柑橘类水果、桃子或梨		5.6%	免税（A，BH，CA，D，E，IL，J，JO，MA，MX，OM，P，PE，SG） 0.5%（CL） 1.1%（AU）	35%
	加工谷物制品	千克			
	其他	千克			
2008.92.90	其他		14.9%	免税（A，BH，CA，E，IL，J，JO，MX，P，PE，SG） 8.9%（OM）	35%

首先，这个表格非常具体。它所描述的物品是指已加工或储存的水果，包括樱桃、桃子和草莓。作为一个整体，关税表列出了几乎所有可以想到的制成品的关税，包括烟花爆竹、自行车速度计、空白盒式磁带、电脑芯片、光盘、T 恤等。关税表总计超过 3 000 页。①

接下来，请注意，每个产品可能面临三种关税税率。第一项就是一般关税税率，它是海关官员最常使用的关税类别。这一类关税适用于美国给予**最惠国待遇**（most favored nation（MFN）status）的国家的产品。如果美国（或任何其他国家）给予另一国最惠国待遇，则同意对该国的产品征收不超过任何其他国家产品的关税。②

现在，让我们来看一下这一栏中的数字。这些比率说明了计算关税的方法。例如，关税可以是**从价关税**（ad valorem tariff），这意味着税收是按产品价值的百分比收取的。美国的大部分税则号用从价关税表示。例如，美国对进口桃子征收的最惠国税率是 17%，但进口加工的棕榈仁的最惠国税率只有 0.9%。这说明了我们之前提出的观点。进口的桃类产品与国内众多产品竞争，因此这些产品的关税相对较高。美国几乎没有一家食品加工厂生产罐头棕榈仁，所以这些产品的关税几乎为零。

关税也可以是**从量关税**（specific tariff）。也就是说，对每单位交易产品征

① 美国关税表可在网站 http://www.usitc.gov/publications/docs/tata/hts/bychapter/1200htsa.pdf 上获得。

② 美国政府现在使用永久性正常贸易关系（PNTR）来表示最惠国待遇。

收的关税是固定的，而不管每单位产品的价值大小。最后，关税还可以是**复合关税**（compound tariff）。这种税收既包括从量关税，也包括从价关税。在表 6-1 中，加工的樱桃制品受到 6.9 美分/千克（从量关税）和产品价格的 4.5%（从价关税）的复合关税的保护。

未获得最惠国待遇的国家按照第 2 列的税率征收关税。正如表中的数字所示，这些税率远远高于最惠国的税率（有时候高出 200%或 300%）。① 例如，加工草莓产品的非最惠国税率为 35%，几乎是最惠国税率的 3 倍。

第三种税率是特殊税率，适用于许多发展中国家的某些产品，甚至会低于最惠国税率，也适用于与美国签署特别贸易协定的国家的产品。第一个例子是美国在 20 世纪 70 年代初建立的**普惠制**（generalized system of preferences，GSP）。其他工业化国家，包括加拿大、欧盟各国和日本都有自己的普惠制方案，很多国家与美国同一时间或在其之前设立了普惠制。② 普惠制背后的理念是，通过对来自发展中国家的产品征收较低的关税，促使诸如美国这样的普惠制授予国的进口商扩大从普惠制接受国的进口。反过来，扩大出口也可以提高这些国家的生活水平（并提高美国等工业化国家的进口需求）。在表中，括号中的字母 A 表示的是普惠制税率。另一项美国贸易援助计划是 20 世纪 80 年代开始的《加勒比海盆地倡议》（CBI）。该方案对来自加勒比海盆地多数国家的某些产品实行低关税。在表中，CBI 税率用括号中的字母 E 表示。例如，符合 CBI 标准的国家的加工桃类产品可以免税进入美国。第三个贸易援助计划是 1991 年开始的《安第斯贸易优惠法案》（ATPA）。该法案使玻利维亚、哥伦比亚、厄瓜多尔和秘鲁的许多商品可以免税进入美国市场。该计划的目的是为药物作物生产提供经济替代品。ATPA 税率用括号中的字母 J 表示。最新的援助计划是 2000 年签署的《非洲增长与机遇法案》（AGOA）。该法案为非洲国家提供贸易激励机制，鼓励其继续开放经济，建立自由市场。AGOA 税率用字母 D 表示。

除了适用于发展中国家商品的特殊关税，美国还给予与其签订优惠贸易协定的国家关税减让。2008 年年中，美国与加拿大和墨西哥、澳大利亚、巴林、智利、以色列、约旦、摩洛哥、阿曼、秘鲁、新加坡和中美洲五个国家（哥斯达黎加、多米尼加共和国、萨尔瓦多、洪都拉斯和尼加拉瓜）达成协议。这些协议规定了签约国之间的自由贸易，只有经过一段相当长的时间，一些关税才会归零。表 6-1 中列出了适用于这些国家的关税税率，其中 AU 代表澳大利亚，BH 代表巴林，CL 代表智利，IL 代表以色列，JO 代表约旦，MA 代表摩洛哥，OM 代表阿曼，PE 代表秘鲁，SG 代表新加坡，CA 代表加拿大，MX 代表墨西哥，P 代表中美洲。

在继续讨论之前，大家需要注意一件事。根据美国的标准，表 6-1 中所

---

① 实际上，第 2 列的税率往往相当于 1930 年《斯姆特-霍利关税法》设定的关税税率。2012 年，没有获得美国最惠国待遇的国家是古巴和朝鲜。更多有关《斯姆特-霍利关税法》的信息，参见全球视野 6-3 和第 8 章中的讨论。

② 由于这些关税减让旨在促进经济发展，相关国家都认为这种关税减让不违反最惠国待遇。

列出的关税税率相对较高。对于很多制成品，例如大多数的半导体和电脑，美国的最惠国税率都为零。正如我们下面将要讨论的那样，美国的平均关税税率低于5%。

6.3 关税的经济学分析

为了分析包括关税在内的商业政策对经济的影响，开发一些新的分析工具很有必要。特别地，我们将撇开一般均衡框架，专注于某一特定产品的市场。为了避免与前面的标注发生混淆，让我们分析一下A国的葡萄市场（G）。在图6－2中，我们画出了葡萄的需求曲线（记为D_G）。该曲线是A国所有居民个人需求曲线的总和。它告诉我们，A国的居民愿意为给定数量的葡萄（商品G）支付的最大金额。例如，如果一个垄断者控制了A国的葡萄供应，并且每次都可以将一单位产品卖给最高出价者，他就可以以P_1出售第一个单位的产品，以P_2出售第二个单位的产品，依此类推。不过，很少有产品以这种方式出售。相反，在市场上存在一个价格使得所有人都支付相同的金额，即使有些人愿意支付更多。

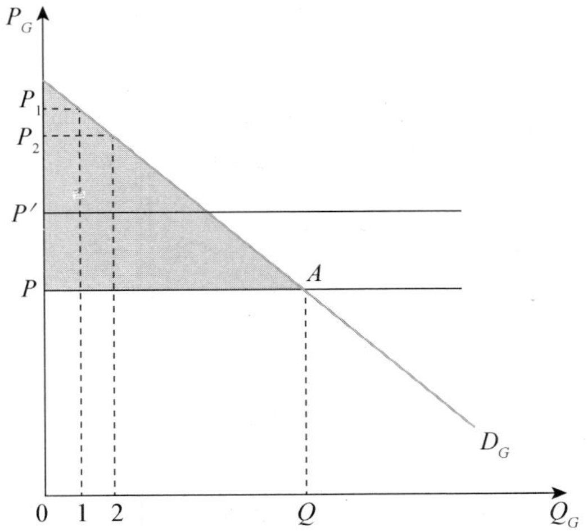

图6－2　消费者剩余

再次分析一下图6－2。假设P是市场价格，Q是在市场上购买的数量。总费用（价格×数量）可以用矩形$0PAQ$表示。另一方面，如果一个垄断者以市场可以承受的价格出售每个单位的产品，那么花在葡萄上的总费用就是需求曲线以下数量到Q单位的整个面积。个人愿意支付的金额与实际支付的金额之间的差额称为**消费者剩余**（consumer surplus）。在图中，它是以市场价格作为底线的那个阴影三角形。

消费者剩余存在一种重要且有用的解释。它代表人们购买某一特定产品时愿意花费但不必花费的金额。因此，它为我们提供了一个简便的方法来测量消费者在市场上交易所获得的收益。请注意，消费者剩余与价格成反比。也就是说，如果葡萄的市场价格上涨到 P'，消费者剩余就会下降。较低的市场价格催高了消费者剩余。

让我们把注意力转向市场的另一面——生产者。在图 6－3 中，我们举例说明了国内生产商的市场供给曲线（记为 S_G）。这条曲线表明对于市场上一定量的葡萄，生产商可以接受的最低金额。例如，出售一单位产品的市场价格必须至少为 P_0。再一次将市场价格设为 P。当市场上供应的数量达到 Q 时，行业收到的价格超过生产和销售这些单位所需的最低价格。行业收到的金额和最低金额之间的差额称为**生产者剩余**（producer surplus）（在图中以阴影部分表示）。生产者剩余也可以认为是利润加上弥补生产的固定成本的收入。这是因为供给曲线上任何产出水平的高度都表示生产者生产该单位产品的额外成本（或者边际成本）。因此，这是该单位产品的变动成本。在图中，供给曲线以下直到 Q 点的面积代表总变动成本，该面积加上阴影面积代表总收入。因此，阴影区域代表总收入与总变动成本之间的差额，或者是总固定成本加上短期利润。

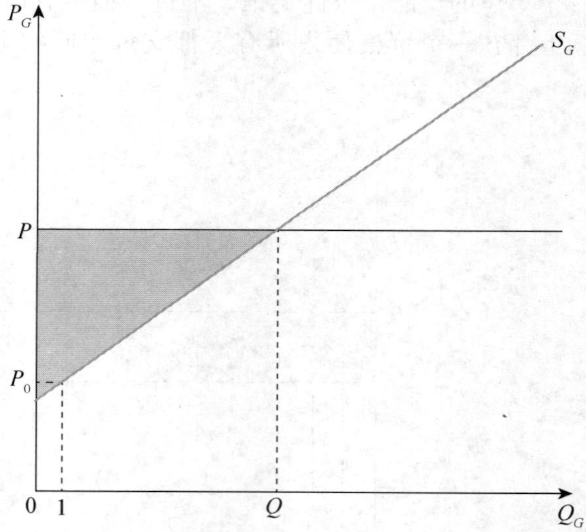

图 6－3 生产者剩余

6.4 自由贸易收益的再一次论证

消费者剩余和生产者剩余是用来分析经济政策的工具。为了说明这个事实，让我们回到自由贸易静态利得的讨论中。继续以葡萄市场为例进行分析。图6－4展示了某个国家（A 国）的这个市场，在自给自足的均衡中，葡萄的价格将是 P_A，而生产的数量将是 Q_A。

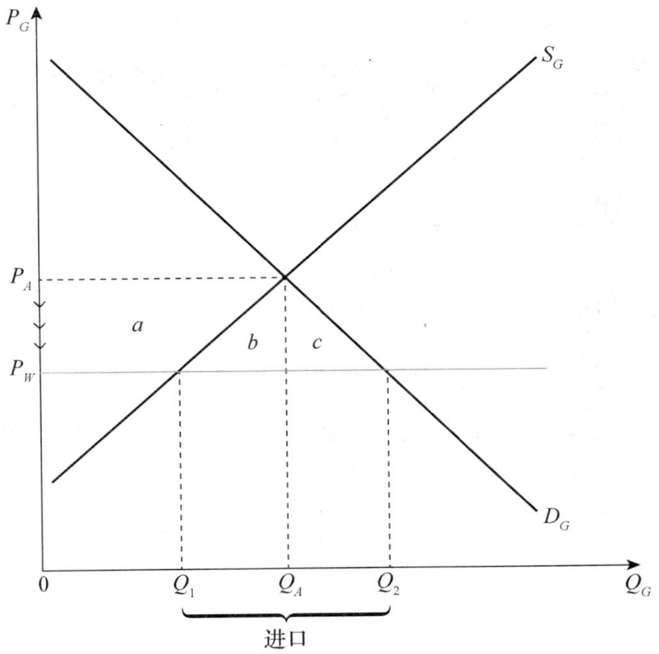

图 6-4 自由贸易（进口方）的收益

现在我们把国际贸易引入这个模型。进一步假设 A 国的经济规模很小。这就意味着，一旦国际贸易开始，A 国的消费者（作为一个整体）就可以在世界市场上购买他们想要的所有葡萄而不会影响世界价格。换句话说，我们把 A 国视为世界市场的一个价格接受者，就像杂货店里的顾客一样。也就是说，无论 A 国的消费者购买多少，他们的决定都不会影响世界价格。最后，我们假设葡萄的世界价格为 P_W，低于 P_A。

一旦 A 国参与贸易，A 国葡萄的价格就会下降到 P_W。这将导致葡萄的消费扩大到 Q_2，而国内生产下降到 Q_1。国内消费和国内生产的差额就构成了进口。

葡萄市场的这些变化对于 A 国的经济影响是什么？显然，这有利于消费者。他们能够以比自给自足条件下的价格更低的价格购买这种产品，并且会购买更多产品。这就不利于国内生产者。较低的价格导致一些供应商减少供应量，甚至有些供应商会退出市场。

鉴于经济体中某些群体的状况好于从前，有些则变得更糟糕，我们应该如何评价自由贸易？答案就是通过生产者剩余和消费者剩余来评价。生产者剩余的变化告诉我们，按美元计算的供应商财富是如何变化的。消费者剩余的变化告诉我们，按美元计算的话，消费者有多少收益或损失。为了分析这个或者其他影响经济的政策，要基于同等货币对两种剩余进行比较。也就是说，假定 1 美元的消费者剩余与 1 美元的生产者剩余的福利权重相等。

让我们用图 6-4 所示的情况做这样一个练习。从自给自足均衡点开始，向自由贸易的转变扩大了字母 a，b 和 c 代表的面积总和（即消费者剩余）。此经济体的生产者剩余下降到由字母 a 所表示的区域面积。在这种情况下，自由贸易的净效应是福利上涨了$+(b+c)$美元。这些结果全部在表 6－2 中进行了总结。

表 6－2　　自由贸易对进口市场的福利影响的总结　　单位：美元

消费者剩余变化	a	+b	+c
生产者剩余变化	−a		
净福利变化		b	c

上述例子说明了自由贸易对进口市场的影响。现在让我们描述一下这种分析是如何用于进口市场的。分析一下图 6－5，假设这个图代表蜂蜜市场（H）。在自给自足的情况下，蜂蜜的价格完全由内部的供给和需求决定，因此等于P_A'。假设蜂蜜的世界价格等于P_W'。引入国际贸易之后，国内供应商将采取行动，扩大产量以回应当前更高的价格。与此同时，蜂蜜的国内需求量下降。新的供给量会变成Q_4，而新的需求量将变成Q_3。这两者的差额代表蜂蜜向世界其他地区的出口额。

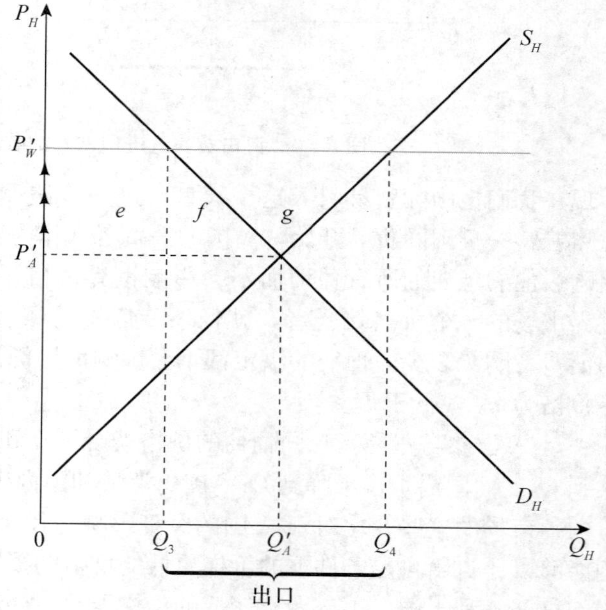

图 6－5　自由贸易（出口方）的收益

让我们分析一下这种情况的福利影响。价格上涨使得消费者剩余下降。消费者剩余的总体变化为$-(e+f)$美元。然而，更高的价格提高了生产者剩余。生产者剩余的增加量为$+(e+f+g)$美元。市场上的净影响是国家福利涨了$+g$美元。这些结果都在表 6－3 中进行了总结。

表 6－3　　自由贸易对出口市场的福利影响的总结　　单位：美元

消费者剩余变化	−e	−f	
生产者剩余变化	+e	+f	+g
净福利变化			g

国际贸易在进口市场和出口市场上都能产生国家福利，这是很重要的结论。这表明，对于A国而言，自由贸易优于自给自足。两个市场收益的总和，即图6-4中的+(*b*+*c*) 美元加上图6-5中的*g*美元，与图6-1中自由国际贸易带来的CIC曲线的提高等同。至此，我们已经表明，对于A国来说，进口葡萄和出口蜂蜜比维系自给自足状态要好。显然，B国的交易正好与A国相反，故而，B国进行交易比保持自给自足的经济状态更好。

6.5 关税的福利成本

现在使用我们刚刚开发的工具来分析关税的影响。考虑对进口产品征收t美元的从量关税。通过图6-6，我们再次说明国内的葡萄市场。假设A国政府对进口葡萄征收t美元的关税。因为假定A国为一个小国，所以它没有办法影响葡萄的世界价格。因此，A国的消费者必须承受由全额关税引起的葡萄价格的上涨，即价格从P_W上涨到P_W+t。图6-6中显示了这两个价格。

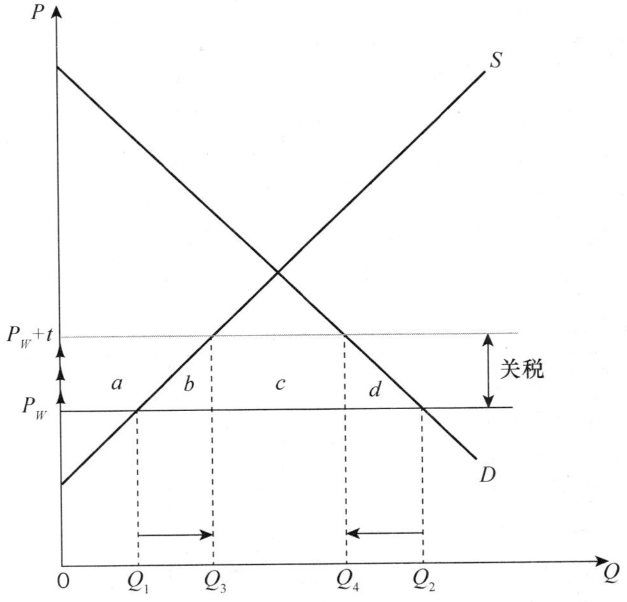

图6-6 进口关税的影响

我们来看看关税对生产和消费产生的影响。在自由贸易条件下，国内产出为Q_1单位，消费量为Q_2单位。进口是这两个数量之间的差额。征收关税之后，产量从Q_1单位增加到Q_3单位（注意箭头）。这是为什么呢？再一次考虑一下关税对价格的影响。一旦征收了关税，它就会以更高价格外国产品的形式转移到经济体中。由于国内生产商销售的是相同的产品，它们发现提高价格有利于自己增加收益；而较高的价格也使那些以前觉得无利可图的国内生产商开始进入市场。

葡萄的总消费量下降。这是因为消费者必须为其产品支付更高的价格。随着市场价格的上涨，部分消费者转向其他产品。因此，需求量从 Q_2 下降到 Q_4（注意箭头）。

正如上面的讨论解释的那样，如图中箭头所示，关税导致进口减少的原因有两个：第一是国内产量扩大；第二是国内消费下降。前者影响的大小取决于国内供给曲线的斜率（或弹性）。后者影响的大小取决于国内需求曲线的斜率（或弹性）。由于不同的产品具有不同的需求和供给特性，给定的关税税率对不同类型商品的进口将产生不同的影响。

现在让我们谈谈关税的福利成本。再一次分析图 6－6，由于征收关税，消费者必须为他们消费的葡萄支付更高的价格。这就意味着消费者剩余的损失。那么损失了多少呢？消费者剩余损失的是两条价格线之间需求曲线以下的区域。换句话说，消费者损失了（$a+b+c+d$）美元。国内生产商通过关税获得了收益。它们的利润上涨了 a 美元。

还有谁从中获益或受损呢？显然，由于国内政府找到新的收入来源，所以它获益了。它获益了多少？答案是 c 美元。为什么？再来看一下图 6－6，政府对每单位进口产品收取 t 美元关税。区域 c 的底边等于征收关税时的进口水平。区域 c 的边长等于关税。因此，区域 c 就等于关税的收益。如果我们假设 A 国政府将其征收的关税在经济体中重新分配，那么关税收入就代表收入的内部转移，不会发生经济损失。因此，在对福利的分析中，我们认为政府收入的增加与消费者或生产者剩余的增加具有相同的福利权重。关税的最终结果是消费者损失（$a+b+c+d$）美元；国内生产者获利 a 美元；国内政府获利 c 美元。弄清这些变化，我们可以看到整个经济损失了（$b+d$）美元。表 6－4 总结了这个结果。一个经济体损失了（$b+d$）美元意味着什么？这种损失应该如何解释？

表 6－4　　小型国家征收关税的福利成本　　单位：美元

消费者剩余变化	$-a$	$-b$	$-c$	$-d$
生产者剩余变化	a			
政府收入变化			c	
净福利变化		$-b$		$-d$

（$b+d$ 美元）称为**关税的无谓成本**（deadweight cost of the tariff）。实际上，这是征收关税带来的社会成本。或许出人意料，没有人获得此收益。这是一种经济浪费。要理解这个陈述的意思，请分析一下图 6－7。在图中，我们重现了图 6－6 给出的信息，并添加了一些额外的标注。区域 b（或等价于 b 美元）称为产品关税的无谓成本。这个数额代表将国内产出从 Q_1 增加到 Q_3 所需的资源的价值，此价值超过在世界市场上购买等量产品的价值。为什么？仔细观察一下图。我们已经确定，由于关税的原因，国内产业的利润将上涨 a 美元。在图 6－7 中，这个数额被分解成两部分。区域 a_1 表示在自由贸易下，该行业出售产品增加的利润。也就是说，在自由贸易中，国内销售量为 Q_1，每个单位的售价都是 P_W。随着关税的征收，现在每单位产品都以 P_W+t 的价格出售。

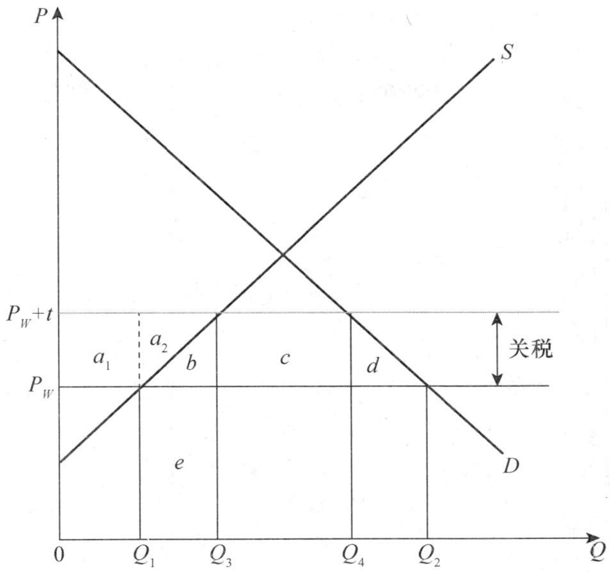

图 6-7 关税的无谓成本

正如我们已经指出的那样，关税的保护作用使得国内行业能够将生产扩大到自由贸易水平之上。这代表国内行业利润扩大的第二个来源。销售收入增加的数额等于增加的产量（Q_1Q_3单位）乘以每单位产品的价格（P_W+t 美元），或者如图中所示，等于（a_2+b+c）美元。正如我们已经说明的那样，a_2美元是扩大产出带来的消费者剩余。生产该产出所需资源的成本由区域 $b+e$ 表示。如果没有关税，这些产品可以在世界市场上以 e 美元购买。因此，b 美元代表的是用于扩大国内成本较高行业的产量的资源成本，而不是由低成本的外国生产商提供这些产品的成本。

区域 d 是关税的消费无谓成本。这一数额代表较高的价格使得消费者把消费转移到较不理想的替代品上所带来的消费满意度损失的价值。也就是说，在征税前，消费者购买 Q_2单位的产品。征税后，消费降至 Q_4单位。消费者损失（$a+b+c$）美元，因为现在的购买成本更高。消费者损失了额外的 d 美元，因为这个产品的消费下降，消费者转而购买其他产品。我们如何知道因为后者的影响而导致消费者的境况更糟糕？答案是，如果 Q_4是征税之前消费者偏好的消费量，消费者就可以购买很多产品。实际上，他们会选择购买更多。因此，税收带来的消费行为的变化是关税无谓成本的第二个组成部分。

在分析关税的经济成本时，我们关注的是一个完全竞争的市场，在这个市场中，可以以不变的价格进口无限数量的产品。在这样的市场中，很容易进行如图所示的福利计算。看一下区域 b，由几何知识我们知道三角形的面积可以通过公式（1/2×底×高）进行计算。三角形的高等于关税的大小，三角形的底等于关税引起的国内生产的扩张。同样，三角形 d 的面积可以由公式（1/2×关税（高）×关税引起的国内消费的变化（底））计算出来。由于进口的减少量是由国内生产的变化和消费的变化共同决定的，所以关税总的无谓成本可以简化为

1/2×关税×进口的减少量。①

计算关税的福利影响或者其影响的消除成为贸易经济学家常见的活动。刚才所描述的公式是政府内外的经济学家用来计算关税的经济成本的几个方法之一。全球视野 6－1 估计了关税保护对美国某些行业的福利影响。②

全球视野 6－1

关税的福利成本：对美国部分行业的估计

虽然目前美国的平均关税水平较低，但某些产品的关税仍然高企。1994 年，彼得森国际经济研究所（PIIE）的加里·胡夫鲍尔（Gary Hufbauer）和金伯利·艾略特（Kimberly Ann Elliott）发表了关于美国关税特别高的行业的关税保护福利成本的分析。[1]下表列出了他们的一些研究结果。表中的信息包括消费者成本，关税导致的消费者剩余的损失（即在我们的分析中的（$a+b+c+d$）美元）；生产者收益，由于关税而增加的利润（即 a 美元）；关税的无谓成本（即（$b+d$）美元）。表中还包括对每项工作由于关税的存在而“节省”的消费者成本的测量。

行业	关税（百分比）	消费者成本（百万美元）	生产者收益（百万美元）	每项工作的消费者成本（百万美元）	无谓成本（百万美元）
胶鞋	20.0	321.8	85.1	189.2	18.6
女鞋	10.0	581.7	108.3	157.2	17.0
瓷砖	19.1	215.0	69.6	619.8	3.1
行李箱	16.3	326.4	24.8	1 444.3	40.2
冷冻浓缩橙汁	30.0	434.7	156.3	713.8	54.1
玻璃和玻璃器皿	11.0	411.5	250.6	278.6	13.9
瓷器	11.0	157.8	27.8	377.5	3.1
女式钱包	13.5	229.0	24.8	296.3	20.1
人造珠宝	9.0	159.3	71.2	149.3	7.7

资料来源：Hufbauer and Elliott. 使用美国 GDP 平减指数，将该表中的数值转换为 2005 年美元。表格由作者编制。

该表表明，在美国经济的总消费篮子中，即使是较小的项目，其消费者的保护成本也可能很大。比总成本更令人咋舌的是政府为了保持进口竞争行业就业水平而给消费者强加的非一般的高成本。这说明，把关税当作创造就业措施的做法比较低效。

---

① 请注意，这个公式只有在需求曲线和供给曲线是线性的条件下才适用。

② 对一些额外福利的估计，参见 Robert Baldwin，Jack Mutti，and David Richardson，“Welfare Effects on the United States of a Significant Multilateral Tariff Reduction，” *Journal of International Economics*（1980）；Stephen Magee，“The Welfare Effects of Restrictions on U. S. Trade，” *Brookings Papers on Economic Activity*（1972）；David Tarr and Morris Morkre，*Aggregate Costs to the United States of Tariffs and Quotas on Imports：General Tariff Cuts and Removal of Quotas on Automobiles，Steel，Sugar，and Textiles*（Washington，D. C.：U. S. Federal Trade Commission，1984），United States International Trade Commission，*Economic Effects of Significant U. S. Import Restraints：Seventh Update*（Washington，D. C.：USITC，2011）http://www.usitc.gov/publications/332/pub4253.pdf。

PIIE的研究采用了美国19世纪90年代末的工业和关税数据。此后，美国制造业的结构发生了重大变化，美国签署了在乌拉圭回合谈判中达成的关税削减协议。美国国际贸易委员会（USITC）已经着手并修订了目前关于剩余关税和其他贸易壁垒的福利成本的研究。[2]事实证明，PIIE研究中确定的行业继续受益于重要的关税保护，USITC对美国维持这一保护的成本进行了最新的分析。USITC的研究采用了整个美国经济的计算机模型；然后分析和预测，如果这些剩余关税在2005年取消，那么到2015年美国经济将发生什么变化。该研究的结果在一定程度上与PIIE研究中发现的数据类型有所不同。下表提供了部分结果的总结。

2015年的变化预测

	美国关税（%）	2009年就业水平	产出（%）	就业（%）	2005年福利收益（百万美元）
滚珠轴承	5.5	210 047*	−3.7	−3.7	5
人造珠宝	5.8	817	−2.3	−2.3	12.0
鞋类及皮革制品	9.8	24 622	−1.6	−1.7	215
瓷砖	5.9	4 123	−4.4	−4.4	3
手工具	4.1	1 226	−0.2	−0.2	3
玻璃器皿	3.8	3 715	−0.0	−0.0	−1
铅笔和机械用铅笔	4.7	99	−1.8	−1.7	8
陶瓷餐具	6.3	455	−4.0	−4.0	2

*数据疑有误。——译者

资料来源：美国国际贸易委员会。表格由作者制作。

在这个表格中需要注意几点。首先，即使对被确定为高关税保护的领域来说，平均关税也是很低的。这些关税税率都不超过9.8%。这是因为产品的关税以该产品进口价值的百分比进行计算。如表6－1所示，由于目前存在各种贸易协定，许多具有较高名义关税的商品实际上是免税进入美国的。对于上表中的各个领域来说，这一点是正确的，许多商品的法定关税仍然为20%或超过20%。

其次，接受高关税保护的行业实际上雇用的工人较少。截至2011年底，约有1 180万美国人在制造业工作。在第二个表格所示的行业中，没有哪个行业的就业水平达到这个总数的1%。此外，虽然USITC的研究项目预测，由于技术的进步，这些行业或者许多其他行业的工作量将随着时间的推移而持续下降，但是，由于此预测基于消除了所有的关税，所以就业和产量的变化都将是微不足道的。

最后，虽然持续征收关税使这些行业的福利成本下降，但其中每份工作的保护成本仍然很高。再次强调，关税是一种非常低效的保护工作的手段。[3]

[1] Gary Clyde Hufbauer and Kimberly Ann Elliot, Measuring the Cost of Protection in the United States (Washington, D.C.: Institute for International Economics, 1994).

[2] U.S. International Trade Commission, The Economic Effects of Significant U.S. Import Restraints (Washington, D.C.: USITC, February 2011). Online at http://www.usitc.gov/publications/332/pub4253.pdf.

[3] 表格中没有报告这些成本的价值。

6.6 关于关税的进一步讨论

迄今为止的分析都依赖于对受到保护的产品类型和征收关税国家的规模有相当严格的假设。在本节中，我们将探讨放宽这些假设时出现的一些问题。

6.6.1 出口关税

正如本章的导读部分所述，一些国家对其部分出口产品征收关税。假设 A 国对其出口玉米征收每蒲式耳 z 美元的关税。要了解这种出口关税可能产生的影响，请参见图 6－8。因为我们继续假设 A 国是一个小国，所以它不能对玉米的世界价格 P_W 产生任何影响。但是，如果 A 国的农民继续出口玉米，产品价格就会下降 z 美元，而 P_W-z 就会成为国内价格。图 6－8 显示了这两个价格。

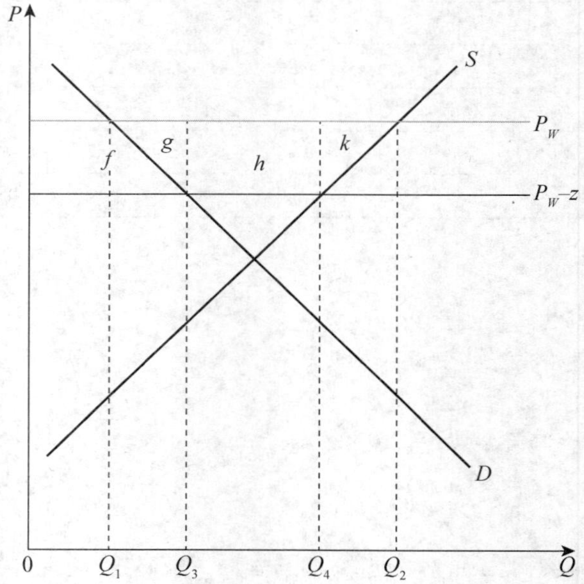

图 6－8 出口关税的影响

首先考虑自由贸易下的情况。在 P_W 价格下，国内生产量为 Q_2，国内消费量为 Q_1。两者之间的差额代表 A 国对世界其他地区的玉米出口水平。现在来分析一下关税的影响。再次分析图 6－8，出口关税使得生产者产品的价格较低，其利润必然会下降。在图中，生产者剩余（即利润）下降了（$f+g+h+k$）美元。国内价格较低意味着对消费者更有利，消费者剩余增加了 f 美元。那么政府因为关税获得了多少收入呢？答案是 h 美元，这是由每单位产品 z 美元的关税乘以该关税下的出口水平得出来的。如果我们继续假设政府将其关税收入在经济体中重新分配，那么关税代表的就是一种内部转移。关税的无谓成本就可以用

$(g+k)$美元来表示。表 6－5 中总结了这个结果。

表 6－5 小型国家征收出口关税的福利成本 单位：美元

消费者剩余变化	f			
生产者剩余变化	$-f$	$-g$	$-h$	$-k$
政府收入变化			h	
净福利变化		$-g$		$-k$

对出口关税导致的无谓成本的解释与对进口关税的无谓成本的解释是相似的。区域 g 代表的是关税的消费无谓成本。这是因为出口关税导致国内价格下滑，消费超出了自由贸易水平。这种消费扩大所带来的经济成本是 g 美元，这个数额来自这个行业的税前利润水平。区域 k 代表的是关税的生产无谓成本。这反映了出口行业的产量从 Q_4 下降到 Q_2 所造成的利润损失。这两个金额都代表利润的损失，所以在大多数情况下，出口关税受到商业利益集团的强烈反对也就不足为奇了。尽管如此，一些国家仍然继续使用出口关税。全球视野6－2 讨论了最近使用出口关税的例子。

全球视野 6－2

阿根廷的出口关税

出口关税在世界上并没有进口关税那么普遍。国家有时候将出口关税作为应对世界市场上的事件的临时措施。例如，2007 年和 2008 年，一些农产品的世界价格大幅上涨。这些价格上涨是由多种因素引起的，比如，一些国家如中国由于经济快速增长而使世界需求增加，石油价格的上扬使将产品分销到个别市场的成本上升，用玉米和其他谷物生产乙醇，以及几个主要粮食生产国的干旱等。为了应对高物价，一些国家采取措施为国内消费者降低国内价格或试图通过对出口商的高利润征税来提高政府收入。

作为全球第二大稻米出口国，印度对其香米征收出口关税，并禁止出口其他大米。越南、印度尼西亚、巴西和柬埔寨都宣布临时禁止大米出口。俄罗斯宣布延长对小麦和大麦征收极高的出口关税。马拉维禁止向津巴布韦以外的所有国家出口玉米。所有这些政策的目标都是在各自国家内保持这些产品的供应量，以限制其价格上涨。这些政策是否有效，答案莫衷一是，其中大部分政策被反转了。

由于这里所描述的大多数政策都涉及出口禁令而不是税收，所以政府收入似乎是次要的考虑因素。不过，阿根廷的情况却并非如此。在过去十年的大部分时间里，阿根廷广泛依赖出口关税来创造政府收入。2002 年，阿根廷政府几乎对所有出口产品都征收出口关税，其中大部分关税沿用至今。2009 年，出口关税收入约等于阿根廷出口总值的 16%。受出口关税影响的产品大部分是原材料和农产品。基本商品的关税往往比加工产品还要高。例如，大豆的出口关税为 35%，而豆粕和大豆油的出口关税为 32%。葵花籽出口也按 32%的税率征税，而葵花籽粕和葵花籽油出口商必须支付的税率为 30%。小麦的出口关税为 23%，玉米为 20%。与此同时，依赖大豆的生物柴油的出口净关税为18.5%。原材料出口关税较高而加工产品关税较低的模式，是对阿根廷国内加工业的一种鼓励。阿根廷政府还表示，国家将使用关税收入来支持城市贫困人口计划，并维系粮食低价。

毫不奇怪，阿根廷农民被这些政策激怒。[1]2008年，当政府宣布将出口关税提至更高水平时，他们在全国范围内发起了一系列罢工，关闭高速公路以阻止卡车将出口商品运向港口，并造成当地的粮食短缺。随着抗议活动的继续，基什内尔总统宣布，她将把增税的问题提交给阿根廷国会。起初人们认为国会将支持这项措施，但在国会准备投票的时候，有25万国民表示支持农民。2008年7月，阿根廷参议院勉强通过投票否决了此项税收，关税上涨被取消。

[1] 例如，参见J. Webber，"Argentine wheat farmers curse government intervention，" *Financial Times*，August 10，2010。

6.6.2 最优关税①

假设征收关税的是一个大国，该国为有关产品的重要进口国（或出口国）。这样，相对于自由贸易，实行关税可能导致国家福利的改善。从本质上讲，由于国家拥有市场力量，通过征收关税，国家能够持续以较低的世界价格购买产品。通过迫使世界价格下降，关税征收国实际上将关税的部分负担转嫁给出口国。

假设A国是一个经济大国。也就是说，A国是某个产品的重要进口国，例如，木材（L产品）。B国将L产品出口到A国。分析一下图6－9，在左图中，我们展示了A国的L产品市场。在右图中，我们展示了B国的L产品市场。在没有贸易的情况下，L产品的价格在A国是P_A，在B国是P_B。简单分析图形可以发现，如果允许贸易，那么B国对于L产品将具有比较优势，会将L产品出口到A国。显然，只要价格低于P_A，A国就会进口L产品；只要价格高于P_B，B国就会出口L产品。

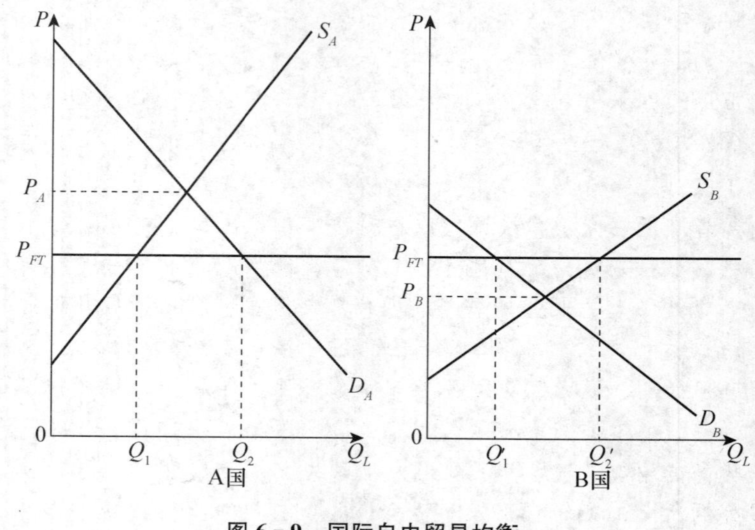

图6－9 国际自由贸易均衡

① 跳过此部分不会影响整章内容的连续性。

世界均衡价格被定义为，A国消费者想要进口的产品数量与B国生产者想要出口的产品数量相等时的产品价格。在图中，这个价格用 P_{FT} 表示。按照这个价格，A国期望的进口量为 Q_1Q_2，这恰好与B国所期望的出口量相匹配（右图所示的 $Q'_1Q'_2$）。请注意，P_{FT} 是均衡自由贸易价格唯一的候选价格。当价格高于 P_{FT} 时，A国进口的需求量将下降，B国出口的供给量将上升。换句话说，当自由贸易价格高于 P_{FT} 时，世界市场上L产品的供给会过剩；供给过剩往往迫使价格下跌。同理，很容易看出，当自由贸易价格低于 P_{FT} 时，L产品将出现国际需求过剩，这会导致L产品的市场价格上涨。

A国和B国的市场以刚刚所描述的方式进行交易从而确定世界价格这一事实，是A国国际市场力量的来源。特别地，A国对L产品进口需求的变化将直接影响其世界价格。需求增加将带动世界价格上涨；需求减少将导致世界价格下滑。要了解这是如何作用的，请分析以下情况。

假设A国对L产品的进口征收关税，则会导致进口降至 Q_3Q_4。图6-10的左图中价格从 P_{FT} 上涨到 P'' 说明了这种情况。请注意，现在A国的关税对B国产生了影响。由于A国是B国产品的重要消费者，当A国使用关税来减少其需求时，就会导致该产品在B国的价格下降。如图所示，价格将下跌至世界贸易均衡时的水平。当该产品在B国的价格为 P' 时，该情况就会发生，其中B国的出口量为 $Q'_3Q'_4$，这与A国征收关税后其对木材的需求量 Q_3Q_4 完全相符。

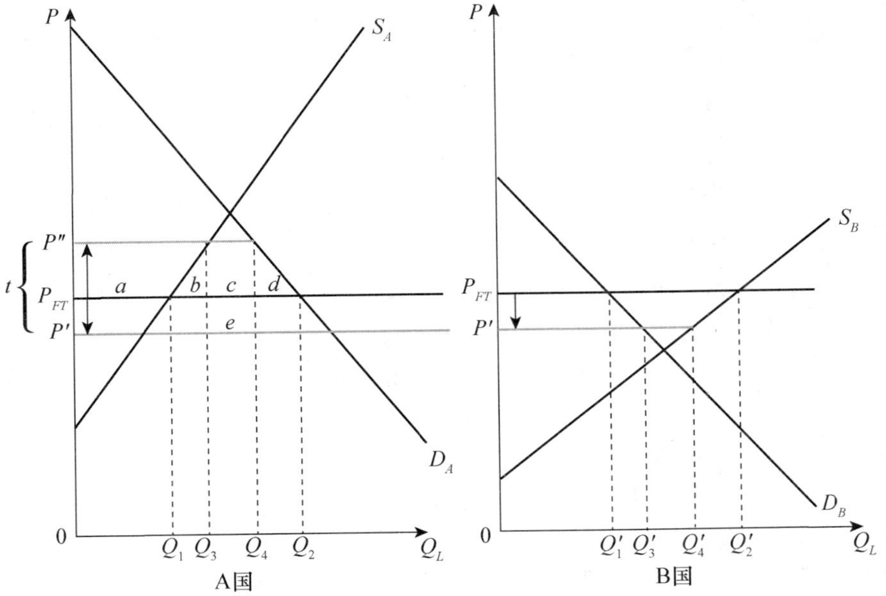

图6-10　一个大国的关税说明

随着价格的上涨，A国的消费者剩余损失了（$a+b+c+d$）美元。生产者剩余上涨了 a 美元。政府收入又如何呢？上涨了多少？答案是上涨了（$c+e$）美元。要注意的是，根据定义，关税的大小等于A国消费者为产品支付的价格（P''）与B国生产者接受的价格（P'）之间的差额。也就是说，每单位 t 美元的关税等于

$P''-P'$。在这种情况下，A国的价格已经上涨，但上涨的金额低于全额关税。例如，如果关税是每单位10美元，那么对A国消费者而言，实际价格上涨将低于10美元。实际情况是，A国是B国产品的一个重要客户，以至于B国的生产者试图通过吸收部分关税，以削减L产品出口价格的形式来维持其销售。在新的均衡中，B国生产者接受的价格从P_{FT}下降到P'。

这意味着A国现在进口的木材以较低的价格进入该国。一旦征收关税，木材在A国的价格就会变成$P''(=P'+t)$。这就使得对（$c+e$）美元有了一个简明的解释。c美元代表A国消费者向A国政府支付（实际上）的关税收益。我们知道这一点是因为矩形c的高等于A国消费者价格的上涨，底等于进口水平。e美元代表B国生产者支付（实际上）的关税金额。也就是说，矩形e的高代表B国生产者削减价格的金额，矩形的底等于A国的进口（B国的出口）水平。

关税对A国的整体福利有什么影响？为了回答这个问题，我们简单地分析了各种剩余。这在表6-6中有说明。征收关税导致的A国的福利变化等于$(e-(b+d))$美元。这个数值可以是正数或负数，取决于两个项目的相对大小。如前所述，e美元代表外国人因其出口产品的世界价格下降而支付的关税。当其他条件都保持不变时，区域e的面积越大，A国的福利由于征收关税而增加的可能性就越大。$(b+d)$美元代表关税常见的无谓成本。这个数值越小，A国福利增加的可能性就越大。

表6-6　大国征收关税的福利成本　单位：美元

消费者剩余变化	$-a$	$-b$	$-c$	$-d$	
生产者剩余变化	a				
政府收入变化			c		$+e$
净福利变化		$-b$		$-d$	$+e$

如图6-10所示，b美元、d美元和e美元都取决于各种需求和供给曲线的斜率以及A国征收关税的多少。因此，对于一组给定的需求和供给曲线，A国政府有可能实行可以最大限度提高A国福利的关税。也就是说，关税可以设定为能最大化$e-(b+d)$区域面积的水平。这样的关税称为A国的**最优关税**（optimal tariff）。

在什么条件下关税会提高一个国家的福利？首先，这个国家必须是世界市场的重要参与者。消费大量贸易商品的国家具有市场力量，可以通过征收进口关税来对世界价格施加影响。生产大量特定贸易品的国家可以通过征收出口关税来影响世界价格，就像垄断者一样。因此，市场力量是实行最优关税最重要的条件。

一个国家的市场力量取决于相对于市场整体规模消费（或生产）的数量，以及国内外市场的需求和供给曲线的斜率。特别地，国内（国外）市场的需求和供给条件越有弹性（非弹性），该国就越有能力实行最优关税。①

到目前为止，我们还没有考虑到的另一个因素就是实行最优关税将在世界其

① 在本章末尾的一个练习中要求证明这个观点。

他地区引发的反应。显然，随着A国的福利由于征收关税而增加，它以牺牲B国的利益作为代价。对于A国来说，这是一个非常不友好的政策，它会促使B国政府采取一套报复性的关税措施。当一个国家征收关税（或实施其他形式的保护）导致世界其他地区的保护增加时，就认为产生了**贸易（关税）战**（trade (tariff) war）。① 尽管贸易不可能完全消失，但是贸易战必然会导致世界贸易的减少。此外，虽然理论上，即使B国对A国进行报复，A国的福利也可能高于自由贸易状态，但是在报复之后，两国福利降低的可能性会更高。全球视野6-3分析了上一次大型贸易战的一些后果，以及在1930年出台《斯姆特-霍利关税法》后的关税升级。

鉴于存在报复的可能性，通常情况下，各国都不会尝试实行最优关税。例如，尽管拥有相应的市场力量，但是没有任何证据表明，美国利用此市场力量实施其贸易政策。

试图征收最优出口关税的例子更为普遍。20世纪70年代，石油输出国组织（欧佩克）的石油价格上涨，虽然在当时没有像现在这样表现出来，但这与通过强迫世界其他国家支付关税来提高（欧佩克）国家的内部福利在本质上毫无二致。

全球视野6-3

《斯姆特-霍利关税法》及其后果

美国宪法第一条赋予国会“对外规范贸易”和“征收关税”的唯一权力。在合众国建立的头150年时间里，国会利用这个权力来修改美国的税则号。最后一次是在1929年初应胡佛总统的要求进行修改。在1928年竞选胜出时，他曾向农民承诺对农产品征收关税，以提高农产品价格。[1] 国会开始协助胡佛总统履行其承诺。

起初，关税的修改仅限于农产品。然而，很快以制造业为主的州的代表开始要求对他们所在地区的产业增加关税。“猪肉桶”政治应运而生，代表们投票保护其他地区的产业，以换取票数来保护他们所在地区的产业。

扩大和增加美国关税壁垒的过程耗费了大量的时间和精力。在变更税则号的时候，众议院筹款委员会接手了11 000页的声明。直到1930年4月，法案批准了关税变更，美国参众两院通过了1930年关税法，并将其交给总统签署。这项法案也被称为《斯姆特-霍利关税法》（Smoot-Hawley Tariff），以国会主要的立法者命名。

在签署法案之前，胡佛总统收到来自38个外国政府的正式抗议，警告可能对美国采取报复行动。一些国家预料到这项法案的颁布，在其最终通过前不久就提高了关税。1 000多名美国经济学家写信敦促总统否决这项法案。1930年6月17日，《斯姆特-霍利关税法》得以签署并成为法律。其结果是美国历史上最高水平的一般关税结构。

① 贸易战相对不那么常见。最后一次出现是在1930年出台《斯姆特-霍利关税法》以后。有关的详细信息请参见全球视野6-3中的讨论。

平均关税水平上升至应税进口产品价格的近60%，超过12 000种产品的关税提高了。

各个国家快速对该法案作出反应。查尔斯·金德尔伯格（Charles Kindleberger）在其有关大萧条历史的著作中写道：

> 西班牙担心1930年关税法实施后葡萄、橙子、玉米和洋葱的关税，并在1930年7月22日通过了Wais关税；瑞士反对提高手表、刺绣品和鞋的关税，并开始抵制美国的出口产品；加拿大反对美国对很多食品、原木和木材征收关税，并在1930—1932年间三次提高了关税；意大利反对对帽子和秸秆、羊毛毡帽和橄榄油征收关税，并在1930年6月30日对美国的汽车进行报复。古巴、墨西哥、法国、澳大利亚和新西兰也制定了新的关税。[2]

最后，超过40个国家提高了关税，这些较高的贸易壁垒伴随收入水平的下降，使世界贸易的发展处于停滞状态。1933年，世界贸易水平只有1929年贸易水平的1/3。美国的出口萎缩了。这在金德尔伯格教授画的一张图中表现出来（见图6-11）。

伴随着大萧条，国际贸易在1933年触底反弹。渐渐地，出口开始上升。[3]部分原因是通过谈判，主要贸易伙伴降低了贸易壁垒。这些谈判由罗斯福总统主导，国会在《1934年互惠贸易协定法》中对其进行授权。这一立法开启了美国贸易政策的新时代，其间，国会不时地向总统授予改变贸易壁垒的权力。

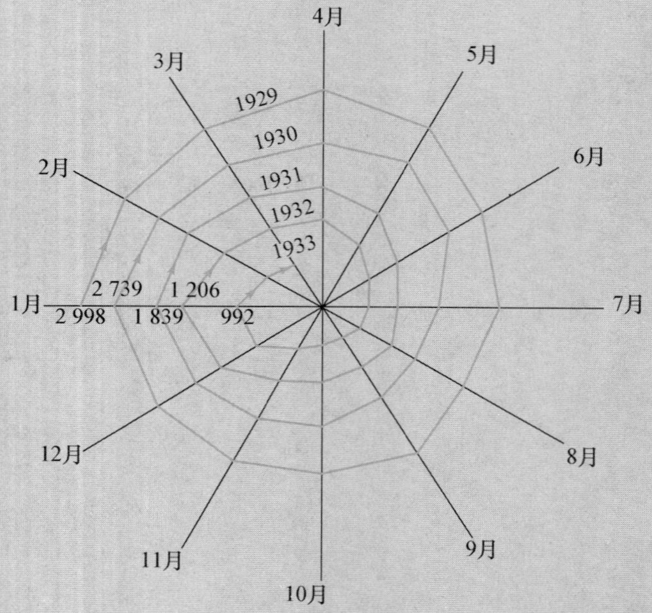

图6-11 1929年1月至1933年3月世界贸易的螺旋式萎缩

（以百万美元计算的75个国家的进口总额）

资料来源：The World in Depression，1929-1939 by Charles P. Kindleberger. Copyright © 1987 Charles P. Kindleberger.

[1] 奇怪的是，这些关税对于提高价格有多大的影响是难以预测的，因为他们最初申请的产品很少进口到美国。

[2] The World in Depression，1929-1939 by Charles P. Kindleberger. Copyright © 1987 Charles P. Kindleberger. Published by the University of California Press. Reprinted by permission of the publisher.

[3] 然而，直到1942年才恢复到1929年的贸易水平。

6.6.3 关税有多高?

到目前为止，我们假设只对一种产品征收关税。事实上，世界上的产品多种多样，各国往往对这些产品保持广泛的关税结构。表 6-7 列出了若干国家 2006 年最惠国平均关税税率。首先要注意的是，这些数据表示不同产品类别的所有产品的平均关税。由于一个特定的产品类别经常会涉及多种产品，因此，个别产品的关税可能会与表中所示的平均值存在很大差别。此外，由于包括美国在内的许多国家已经与其他国家达成各种贸易协定，并不是所有特定类别产品的进口都会受到这些税率的制约。例如，由于北美自由贸易协定的签订，大多数加拿大和墨西哥进口到美国的产品都没有关税。因此，对于许多国家来说，表中的关税平均值可能会夸大这些产品实际获得的保护水平。

第二，产品类别之间的关税差异很大。对许多国家来说，农产品的关税税率远远超过制成品的关税税率。乳制品的平均关税往往高得惊人，其税率在加拿大、日本、挪威、瑞士和土耳其超过 100%。① 利用高关税和其他形式来保护农产品有着悠久的历史，是世界贸易谈判中一直要应对的挑战。富裕和贫穷国家在这方面是一样的，各国政府似乎都不愿意开放农产品市场去参与国际竞争。相比之下，许多制成品的关税税率往往较低，澳大利亚、加拿大、欧盟、日本、新西兰、挪威、瑞士、土耳其和美国的税率平均不到 5%。

大多数国家的关税结构的另一个特征是，在制造业，制成品的关税税率往往高于半成品，但是这种现象没有在表中显示出来。这是因为大多数制成品的组成比较复杂。例如，钢铁是汽车的重要组成部分，如果对钢铁征收关税，那么当地的汽车制造商必须为此付出更高的代价，这有损其竞争地位。为了抵消这一影响并保证其竞争力不会受到侵蚀，汽车制造商可能会寻求关税保护，而且税率往往比零部件的税率还要高。这种模式称为加工阶段的**关税升级**（tariff escalation）。在表中可以看到一个例子，许多国家纺织品（服装的原料）的关税税率往往低于服装。

表 6-7 的最后一行提供了每个国家所有产品的平均关税。正如这一行所示，不同国家的关税税率差异很大。总的来说，澳大利亚、加拿大、欧盟、日本、瑞士和美国等高收入国家的关税税率较低（不到 10%）。这些较低的税率反映了第二次世界大战结束以来，主要工业化国家的关税水平普遍下降的趋势。如表所示，发展中国家的关税税率往往更高。这是一个奇怪的、尚未得到解答的现象，因征收关税遭受最多损失的发展中国家对关税的使用却很普遍。

① 这在一定程度上归因于近些年许多国家用农产品的进口关税代替配额限制。更多关于配额的内容参见第 7 章。

表 6-7　　2006 年根据产品组合选定的国家的最惠国平均关税税率

	澳大利亚	巴西	加拿大	埃及	欧盟	印度	印度尼西亚	日本	韩国	马来西亚	墨西哥	新西兰	挪威	斯里兰卡	瑞士	土耳其	美国	委内瑞拉
畜产品	0.4	8.9	29.6	18.1	25.4	33.0	4.2	15.5	22.1	0.5	16.8	1.7	207.1	26.2	141.6	127.1	2.5	17.2
乳制品	4.3	18.3	248.6	9.8	53.8	35.0	5.0	178.1	67.5	3.4	23.5	1.5	114.7	22.9	158.2	119.2	25.0	19.3
水果、蔬菜、植物	1.5	9.6	3.3	13.8	11.8	31.5	5.1	12.9	57.2	3.8	16.5	1.4	27.6	24.0	21.5	31.8	5.0	14.8
咖啡、茶	1.0	13.3	10.4	18.8	6.5	56.3	4.8	16.7	53.9	9.0	34.6	3.1	2.8	28.0	7.0	31.6	4.1	17.9
谷物和制成品	1.3	11.9	20.1	22.8	25.6	37.3	5.6	76.6	134.3	5.1	20.1	3.6	66.0	23.7	35.2	31.2	3.8	17.9
油籽、油脂和油	1.5	7.8	4.9	5.3	5.9	52.5	4.2	10.8	37.6	1.7	12.8	0.8	47.0	21.4	38.3	13.3	4.6	16.0
糖和糖果	1.9	16.5	5.7	14.9	32.9	48.4	8.3	27.3	19.0	2.8	70.5	1.7	40.6	18.2	39.4	86.2	20.5	17.4
饮料和烟草	2.4	16.7	7.2	826.8	20.2	68.9	56.0	15.5	31.7	148.1	31.8	3.5	27.6	58.2	43.6	35.9	15.9	18.6
棉花	0.0	6.9	0.5	4.0	0.0	17.0	4.0	0.0	1.0	0.0	9.3	0.0	0.0	0.0	0.0	0.0	5.2	10.0
其他农产品	0.2	7.7	6.9	4.1	5.3	27.1	4.3	6.3	15.9	0.6	9.8	0.7	32.4	13.2	9.7	10.5	1.1	9.2
鱼和鱼制品	0.0	10.1	1.0	8.5	10.3	30.0	4.9	5.7	16.1	2.2	16.6	0.6	2.2	15.0	0.4	33.5	1.1	19.1
矿物和金属	2.7	9.9	1.7	9.7	1.9	15.4	6.8	1.0	4.8	10.9	11.4	2.2	0.0	10.6	1.4	2.7	1.7	10.3
石油	0.0	0.3	2.7	5.2	2.7	14.0	2.2	0.7	5.1	1.1	8.7	0.3	0.0	8.4	0.0	3.0	2.1	9.8
化学制品	1.8	8.3	2.8	5.8	4.6	15.0	5.4	2.5	5.8	3.3	9.8	1.0	0.0	5.3	1.0	4.5	2.8	8.3
木材、纸张等	3.4	11.0	1.1	13.6	1.1	13.5	5.3	0.9	2.4	10.7	12.3	1.6	0.0	13.8	3.9	1.1	0.4	13.2
纺织品	6.8	16.8	6.9	19.1	6.6	20.2	9.2	5.5	9.2	10.5	16.1	3.0	0.5	3.9	5.9	6.6	7.9	18.3
服装	15.4	20.0	17.0	38.9	11.5	22.4	14.1	9.2	12.6	16.0	35.0	16.2	9.9	14.8	4.9	11.5	11.5	29.7
皮革、鞋类等	5.6	14.7	5.6	14.0	4.2	15.4	7.7	15.0	7.9	13.9	18.1	4.8	0.0	19.3	1.9	4.2	4.3	15.4
非电气机械	3.0	12.8	1.5	5.8	1.7	14.3	2.3	0.0	6.0	3.6	8.3	4.1	0.0	4.9	0.5	1.7	1.2	9.2
电气机械	3.0	14.1	2.4	9.5	2.5	12.3	6.1	0.2	6.0	6.5	11.3	3.4	0.0	12.0	0.8	2.5	1.7	11.4
运输设备	6.2	18.1	5.8	12.9	4.1	24.8	12.3	0.0	5.4	11.5	17.3	4.6	0.0	9.9	1.5	4.3	3.1	13.6
制造品[a]	1.4	15.8	2.8	14.2	2.4	13.9	7.2	1.1	6.4	4.9	12.7	2.3	0.0	14.0	1.1	2.5	2.1	11.3
农业	1.2	10.2	17.3	66.6	15.1	37.6	8.2	24.3	47.8	12.3	18.2	1.7	61.1	23.8	43.8	42.0	5.3	15.0
工业	3.9	12.6	3.7	12.2	3.9	16.4	6.8	2.8	6.6	7.9	13.3	3.2	0.6	9.2	2.1	4.7	3.3	12.7
合计	3.5	12.3	5.5	19.3	5.4	19.2	6.9	5.6	12.1	8.5	14.0	3.0	8.6	11.2	7.6	9.6	3.5	13.0

a. 不再另行说明。

资料来源：2006 Tariff Profiles，World Trade Organization，www. wto. org，country pages. 表格由作者制作。

本章小结

1. 关税是指国家对进口或出口商品所征收的税。这种形式的贸易政策可能是世界各国政府最常用来规范其贸易流动的工具。

2. 进口关税的作用是提高进口商品的价格，从而抑制其消费。与此同时，国内替代品生产商更容易提高其产品价格和利润。因此，关税是用于保护国内生产者的。

3. 一般来说，相对于自由贸易，关税降低了一个国家的生活水平，因为关税对消费者的损害大于对生产者的帮助。

4. 如果一个国家在世界市场上拥有市场力量，关税就可以提高这个国家的生活水平。但这一结果并不适用于大多数国家和大多数产品。即使存在必要条件，福利的改善在很大程度上也取决于外国不会通过实施关税进行报复。

练 习

1. 证明以下命题：自由贸易优于没有贸易。

2. 证明以下命题：部分贸易（含关税的贸易）优于没有贸易。

3. 假设一个国家征收纯收入关税。用示意图表示这个关税的福利影响。这些影响与本章所分析的常见的无谓成本有何不同？

4. 国内供给曲线弹性越小（即越陡），任何关税的生产无谓成本就越低。这是对还是错？请证明并解释之。

5. 国内需求曲线弹性越大（即越平坦），任何关税的消费无谓成本就越低。这是对还是错？请证明并解释之。

6. 使用全球视野 6－1 中第一个表格中的数据计算美国在人造珠宝、玻璃和玻璃器皿及胶鞋上的关税收入。

7. 根据以下给出的信息，计算消费者的成本、生产者的收益、政府收入的变化，以及对个人计算机征收 20%的关税的无谓成本。

单位：美元

计算机价格（自由贸易）	2 000
国内生产（自由贸易）	100 000
国内生产（征收关税后）	120 000
国内消费（自由贸易）	150 000
国内消费（征收关税后）	140 000

8. 一个小国的最优关税为 0。用几何知识证明这个观点并解释你的结果。

9. 请证明：世界市场上一个规模较大的国家其需求和供给条件越有弹性，该国实行最优关税的能力越强。

10. 请证明：一个外国的需求和供给条件越没有弹性，世界市场上一个规模较大的国家实行最优关税的能力就越强。使用这个结果来解释为什么 20 世纪 70 年代欧佩克的价格上涨对西方经济产生了破坏性的影响。

11. 假设一个国家对某产品按每吨征收特定的出口关税。用图形对这种情况进行描述，并计算这项政策的福利成本。

12. 使用表 6－7 中的数据对美国和日本的贸易保护主义政策进行比较。哪些领域的保护水平相当？哪些领域有区别？请尝试解释这些模式。

13. 假设一个小型开放经济体对鞋类的需求和供给情况如下：

$$P=100-2Q\ (\text{需求})$$
$$P=4+Q\ (\text{供给})$$

式中，P 代表价格；Q 代表数量。

a. 在自给自足的情况下，鞋子的价格和产量是多少？

b. 如果世界价格是 10 美元，那么国内生产、消费和进口的水平是多少？

c. 如果这个国家征收 3 美元的关税，那么 b 的答案将如何变化？

14. 考虑练习 13 中的需求和供给曲线。假设世界价格是 50 美元。

a. 自由贸易下生产和消费水平是怎样的？

b. 如果世界价格是 50 美元，那么这个国家是出口国还是进口国？它会以多少钱进行贸易？

c. 假设当地政府对该产品征收每单位 5 美元的税。该产品的生产、消费和贸易水平会发生什么变化？

d. 这项政策的福利成本是多少？

参考文献

Hufbauer, Gary Clyde, and Kimberly Ann Elliott. *Measuring the Costs of Protection in the United States*. Washington, D. C.: Institute for International Economics, 1994.

Kindleberger, Charles. *The World in Depression, 1929 - 1939*. Berkeley and Los Angeles: University of California Press, 1973.

第7章 非关税壁垒与贸易保护的争论

本章主题

配额
配额的福利效应
关税和配额的异同
其他非关税壁垒
贸易保护观点

上一章我们讨论了将关税作为国际贸易壁垒的情况。虽然关税至今仍然是最普遍的贸易壁垒形式，但并不是政府采用的贸易政策的唯一选择。事实上，大多数政府也将各种形式的非关税壁垒（NTB）当作贸易政策的手段。因为非关税壁垒而中断的贸易量很大，所以非关税壁垒已经成为旨在减少贸易壁垒的国际谈判所关注的焦点。

在本章中，我们将探讨国际贸易各种非关税壁垒的性质。[①] 我们将着重讨论配额，这是政府强加给特定产品贸易数量或金额的限制。研究范围还包括其他的非关税措施，如补贴、健康和安全标准，以及政府采购政策等。所有这些措施都

---

① 非关税壁垒的经典分析是：Robert Baldwin，*Nontariff Distortions of International Trade*（Washington，D. C.：Brookings Institute，1970）。另见 Julio Nogues，Andrzej Olechowski，and L. Alan Winters，“The Extent of Nontariff Barriers to Imports of Industrial Countries，” *World Bank Staff Working Papers* ＃789（1986）；Sam Laird and Alexander Yeats，*Quantitative Methods for Trade-Barrier Analysis*（New York：New York University Press，1990）；Alan Deardorff and Robert Stern，*Measurement of Nontariff Barriers*（Ann Arbor：University of Michigan Press，1998）。关于这个主题的一个非常好的非技术性介绍，请参见 Cletus Coughlin and Geoffrey Wood，“An Introduction to Non-tariff Barriers to Trade，” *Review*（Federal Reserve Bank of St. Louis，1989）。

是为了对国际贸易水平施加影响。本章的部分内容将关注这些政策与关税的异同。

分析了非关税壁垒以后，我们将把注意力转向设置贸易壁垒的动机，重点关注贸易保护的合法理由（如果有的话）。也就是说，政府有各种理由维持贸易壁垒。这些理由包括保护就业、产业结构调整、国防安全和政府收入。本节一个有趣的结果是，大多数常用的理由的合法性弱，有的根本就缺乏合法性，即并没有达到它应该达到的结果。另一方面，即使存在贸易保护的合法理由，哪怕这些理由是适用的，贸易保护措施也未必是实现既定目标的最佳途径。

7.1 配额

配额（quotas）是政府对国家间贸易产品数量或金额的限制。例如，在特定年份里，政府可能会选择将产品（如糖）的进口限制在112万吨[①]，或者可能会允许不超过2 500万美元的另一种产品（例如，棉质衬衫）进入该国。[②] 因为配额限制了市场上外国竞争的数量，所以往往具有与关税类似的效果。也就是说，配额实施之后，进口会下降，国内价格将上涨。

完全消除某种产品贸易的配额称为**禁运**（embargo）。禁运有时被视为对另一国家的政策或做法的经济制裁形式。例如，美国自1960年以来一直禁止对古巴出口，并自1962年起对从古巴进口的大部分产品实施禁运。目前美国也对从伊朗、缅甸、朝鲜和苏丹某些地区的大部分进口实施禁运。有时，一国会因为国防原因而实行禁运。例如，北约盟国曾签署一项协议，限制某些"高科技"产品出口到被认为是不友好的国家。虽然现实中不乏这样的例子，但禁运还是较少发生。[③] 配额通常设置在大于零的水平之上，以便在受到限制的条件下，能够让一些贸易继续进行。

鉴于我们即将探讨的各种原因，配额被视为比关税更具有限制性。也许是因为这种观点，长期以来大多数制成品的配额被世界贸易组织管理的国际贸易法所禁止。

尽管存在这种禁令，各国仍然继续使用配额来保护其农业、纺织业和服装业。20世纪70年代初期，美国、加拿大和欧盟就全球范围内的配额制度进行谈判，这一制度称为限制纺织和服装国际贸易的多重安排。该协议对许多生产和尝试出口纺织品和服装的国家的具体市场份额做了规定。作为1994年乌拉圭回合协定的一个组成部分，签约国在很大程度上用关税或**关税配额**（tariff rate quo-

---

① 事实上，这是美国2010年10月至2011年9月糖进口配额的水平。

② 实际上，通常以市场份额为基础的数量配额比价值配额更常见，因此，我们将会讨论数量配额。

③ 关于利用贸易政策作为影响外交政策的工具的广泛历史和分析，参见Gary Hufbauer，Jeffrey Schott，Kimberly Elliott，and Barbara Oegg，*Economic Sanctions Reconsidered*（Washington，D. C.：Peterson Institute for International Economics，2008）。有关美国制裁的详情，请参见U. S. International Trade Commission，*Overview & Analysis of Current U. S. Unilateral Economic Sanctions*（Washington，D. C.：USITC，November 2006）。

tas，TRQs）取代了农产品、纺织品和服装的配额。[①] 关税配额是允许在低（通常为零）关税税率下将一定数量的货物运往一个国家，但是对超过配额的数量实施更高关税（通常是高很多）的配额政策。国家尽管会用其他形式的保护措施来替代关税配额，但是配额依然被使用。

多种纤维协定的效力于 2005 年 1 月 1 日结束。但是，国际贸易法允许各国对当地低迷行业采取临时保护措施或在出现国际收支问题时实行配额。2005 年夏天，面对中国纺织服装进口的急剧上升，欧盟与中国通过谈判签订了为期三年的协议，以限制中国这些产品的出口增长。2005 年 11 月，美国与中国签订类似的协议。不过，这些协议目前已经失效。

除了以上针对具体国家的配额，美国还对牛奶、奶油、奶酪、黄油、人造黄油、花生、糖、各种含糖产品（包括巧克力）、棉花和废棉实行关税配额。此外，美国还通过了《1920 年琼斯法案》，该法案要求美国港口之间的所有航运船只全部使用美国制造、美国人所有的船只。像这样的例子比比皆是。例如，加拿大对乳制品、鸡蛋和家禽实行关税配额。印度尼西亚禁止出口原木和藤条。泰国禁止进口香烟，而芬兰则禁止进口软木产品。

除了正式的限制，各国有时也会通过与出口国达成“自愿”限制出口协定，间接实施配额。在 WTO 的帮助下，这些协议逐渐被淘汰。

从政府官员的角度来看，配额是贸易政策中一个非常灵活的工具。配额可以针对所有国家，也可以只针对少数国家。配额的内部和外部影响，部分取决于政策的管理方式。有时各国会公布未分配的全球配额。在这种情况下，当来自不同外国供应商的进口产品到达码头时，所在国指示海关官员对进口产品（数量或金额）进行计数。一旦达到配额，就不再允许该产品进入该国。因此，那些先到达国内市场的外国供应商能够出售自己的产品，迟到者则被拒绝进入。

由于种种原因，未分配的全球配额相对少见，工业化国家之间尤其如此。第一，因为这个体系有利于那些实施配额期间提早进入的厂商，所以，在一年内，该国的港口往往某些时候很拥挤，其他时间却较为空闲。这导致货物处理设施使用的低效。另外，在这种配额计划下，通常是到达码头的进口产品超过配额允许的水平。第二，由于这种配额没有对各种潜在的供应来源进行区分，一些外国生产者可能会因此失去其一直拥有的市场，由此导致国家之间较大的贸易摩擦。第三，因为未分配的全球配额可能会给那些能够将产品进口到该国的幸运儿带来丰厚的利润，所以，政府官员可能希望确保某些群体（或许包括自己）成为这些政策的受益者。因此，按照许可证分配配额更为常见。

配额许可证为持证人提供在特定时期内将特定数量产品进口到某个国家的权利。根据配额计划的有效期，许可证可能被出售或放弃。持证人可以是本土商人，也可以是外国人。我们将看到，配额制度的福利效应部分取决于谁获得了许可证以及为许可证支付了多少费用。

---

① 关于世界贸易组织（WTO）和乌拉圭回合的全面讨论见第 8 章。

要更好地了解配额的经济效应，参见图 7－1。在该图中，我们展示了 M 产品，如摩托车的情况。记为 S_M的曲线是国内生产商的供给曲线，记为 D_M的曲线是国内需求曲线。世界价格假定为 1 000 美元。在自由贸易条件下，这个国家的居民将消费 50 000 万辆摩托车，其中 10 000 辆在当地生产，40 000 辆进口。

假设政府实施配额政策，将进口限制在 20 000 单位。由于进口减少，摩托车价格开始上涨，这将鼓励当地生产者扩大产量。这些市场力量将给市场带来新的均衡。均衡点会在哪里？根据图 7－1，价格必须持续上涨，直到所需进口量下降到 20 000 辆的配额水平。就图而言，价格必须上涨，直到国内需求和供应之间的差距等于 20 000 单位。如图 7－1 所示，这个价格是 1 500 美元。在此价格上，购买量为 44 000 辆。其中进口 20 000 辆，其余的 24 000 辆在当地生产。因此，与关税一样，配额用于限制贸易和提高价格。实际上，如图 7－1 所示，20 000 单位的配额似乎与 500 美元关税的效果是一样的。这个比较合理吗？下面我们就探讨这个问题。

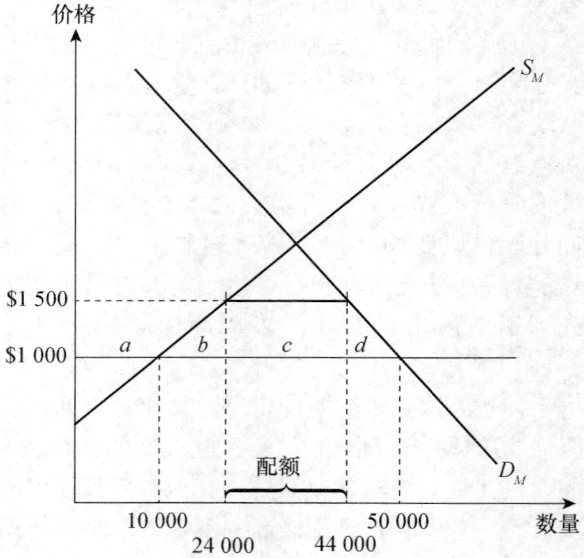

图 7－1　配额的福利效应

7.2　配额的福利效应

在研究关税时，我们关心的一个问题是这些政策的福利效应。那么配额的福利效应是什么？回顾图 7－1 可知，实行配额可以提高国内价格，从而降低消费者剩余。消费者损失金额为（$a+b+c+d$）美元。在这种损失的消费者剩余中，a 美元代表国内企业获得的利润（生产者剩余）。这是因为进口壁垒降低了国内企业面临的外国竞争的数量（就像关税一样）。所以，国内企业能够将其价格提高到自由贸易的价格之上，而不用担心会将客户驱赶到外国供应商那里。三角形（$b+d$ 美元）代表配额的无谓成本，并且恰好对应于等效关税（即 500 美元的关税）的无谓成本。考虑区域 c，这个区域代表什么？

区域 c 是**配额租金**（quota rents）的价值。配额租金是指有权将产品进口到某个国家并在受保护市场上出售这些产品所获得的利润。要更清楚地看到这一点，请观察区域 c 的矩形。该矩形的底边代表允许进入该国的进口量（即 20 000 单位）。矩形的高度是世界价格（1 000 美元）与国内价格（1 500 美元）之间的差额。这两个价格之间的差异反映了有权出售进口产品的企业所获得的单位（额外）利润。

这将我们拉回到谁应该获得许可证以及获得许可证的费用这些问题上。我们要分清楚下面几种情况。假设许可证是由政府拍卖的。如果对所有许可证进行竞标，我们预计政府能够获得区域 c 中几乎所有的利益。在这种情况下，区域 c 可以认为是政府的收入。把 c 当作政府收入的增加（假设政府将这笔收入返还给经济体），直接计算配额的经济成本。特别地，配额将导致从消费者到国内生产者（a 美元）和政府（c 美元）的收入再分配。剩下的消费者剩余的损失代表经济体承受的净无谓成本（$b+d$ 美元）。表 7－1 总结了这些信息。

表 7－1　政府拍卖许可证时配额的福利效应　单位：美元

消费者剩余的变化	$-a$	$-b$	$-c$	$-d$
生产者剩余的变化	a			
政府收入的变化			c	
净福利成本		$-b$		$-d$

因此，如果我们继续假设 1 美元的政府收入与 1 美元生产者或消费者剩余拥有同等的福利，那么当政府拍卖配额许可证时，经济福利的成本与引起相同价格上涨幅度的进口关税的成本相同。虽然在这种情况下关税和配额似乎相同，但我们有必要研究其他情况。令人惊讶的是，很少出现政府拍卖进口许可证这样的情况。一个例外是俄罗斯，该国为商品（比如糖）拍卖许可证。

区域 c 有多大？这个答案依据实行配额的国家、保护的产品以及保护程度的大小而不同。20 世纪 80 年代中期，两项独立的研究认为，假如适当地拍卖配额权，美国的收入可能会有一定程度的增加。这些研究得出的结论是，由于美国政府不进行配额权的拍卖，每年放弃了 37 亿～68 亿美元的潜在收入。这些收入大部分涉及钢铁、纺织品和服装的配额许可证。[①]

当政府放弃配额权时，配额保护的福利效应在很大程度上取决于谁获得了

① 参见 Fred Bergsten，Kimberly Elliott，Jeffrey Schott，and Wendy Takacs，*Auction Quotas and United States Trade Policy*（Washington，D.C.：Institute for International Economics，1987），Congressional Budget Office，"Revenue Estimates for Auctioning Existing Import Quotas"（memorandum，February 1987）。这些研究都没有更新，所以并不清楚今天拍卖收入将会损失多少。另外，美国改变了几个贸易限制；研究中分析的许多配额已经不复存在。

许可证。例如，当政府向国内生产者或进口商提供许可证时，其效果与拍卖相同。它与拍卖的唯一区别就是，在这种情况下，区域 c 成为国内生产者剩余的一部分。也就是说，国内企业的利润上涨了（$a+c$）美元，而政府的收入保持不变。

20 世纪 60 年代，美国发生了将配额租赁给当地生产者的情况。政府对进口石油实行配额。配额的目的是推动国内油价上涨，以提高美国油田的竞争力。配额权被授予美国石油行业。配额是如此的严格，以至于国内企业能够以每桶 1.85 美元的价格（从波斯湾运往美国）在世界市场上购买石油，并以 3.10 美元的价格在美国境内销售，其中有 67%的加价。1966 年，石油进口商的配额租金达 6.2 亿美元（2010 年约为 54 亿美元）。

现在，让我们考虑政府向外国人提供配额许可证的情况。这种政策的典型例子是自愿出口限制。**自愿出口限制**（voluntary export restraint，VER）是进出口国之间达成的协议，出口商同意限制其出口数量。通过与外国供应商签订协议，外国政府将限制本国行业对进口国的出口。作为回报，这些外国行业能够提高价格，从而获得超出正常利润的配额租金。VER 的福利成本是多少？消费者再次失去（$a+b+c+d$）美元。其中 a 美元转移给国内生产者，（$b+d$）美元是经济的无谓成本，而 c 美元是从国内居民到外国出口商的收入转移。所以这也是经济体需要承受的一项成本。总之，使用 VER 后，经济体承受的损失是（$b+c+d$）美元。表 7 - 2 总结了这些信息。

表 7 - 2　　自愿出口限制的福利效应　　单位：美元

消费者剩余的变化	$-a$	$-b$	$-c$	$-d$
生产者剩余的变化	a			
政府收入的变化			0	
净福利成本		$-b$	$-c$	$-d$

因此，我们看到，如果某国政府与外国政府就 VER 进行谈判，福利成本就会高于关税成本，也超过拍卖配额制度或向国内居民提供配额权制度的成本。这就是我们一定要了解如何对配额进行管理的原因。

7.3 关税和配额的异同

到目前为止，我们已经证明，关税和配额对价格、产出和进口的影响是相似的。我们也证明，这两个政策间至少存在一个主要区别——对 c 区域的解释和谁得到这些利益。事实上，c 区域的分布只是配额和关税的差异之一。在本节中，我们将讨论这些差异。了解了这些差异，人们就可以更好地理解政府为什么选择一种政策而不是另一种。[①]

关税和配额之间的一个主要区别与这些替代政策对受保护行业行为所产生的影响有关。例如，假设国内行业处于垄断地位。征收关税以后，国内垄断者可以收取的价格不会超过世界价格加上关税。因为垄断者面临来自其他国家供应商的潜在竞争，所以无法行使其国内垄断权。

配额保护措施就不是这样。在配额措施下，垄断者知道其竞争只限于特定数量的进口。因而，垄断者只是从整体市场需求中扣除配额限制进口的数量，然后自由地在国内市场的其余部分行使其市场力量。我们现在可以对一般结果进行总结：如果在自己的市场上具备市场力量，那么国内企业会收取更高的价格，并且在配额保护环境中，产出少于关税保护下的水平。

如果市场力量随时间而变化，那么关税和配额保护也会有所不同。假设国内需求增加，在关税保护下，内部价格仍然等于世界价格加上关税。市场需求的增加部分将通过进口来满足。但是，在配额保护下，新的进口被禁止。市场可以达到均衡的唯一方法是调整价格。随着国内价格走高，无谓成本也会越来越高。

两种保护形式之间的第三个区别与管理问题有关。我们已经表明，配额的福利效应部分取决于哪一个利益相关方获得配额权以及该权利是否由政府出售。这个决定是怎么做的？为什么很少有政府会拍卖配额权？答案是模糊的。一些经济学家认为，这是因为政界不希望消费者了解个人愿意为配额权支付的金额。这些信息将让消费者知道配额的成本。另一些人则认为，在保护目标为暂时避免外国竞争的情况下，由于会产生收入损失，政府不会愿意放弃配额。不那么愤世嫉俗的评论家指出，在许多情况下，配额租金的价值可能较低，特别是与举行拍卖的官僚成本相比。[②]

因此，在大多数情况下，这个问题归结为如何处置配额权的问题。经常选择的解决方案是根据传统市场份额让渡配额权。[③] 这种方法的问题是，它根据历史

---

① 存在大量关于不同形式贸易政策的异同的研究文献。例如，参见 Hirofumi Shibata，"Note on the Equivalence of Tariffs and Quotas，" *American Economic Review*（1968）；Jagdish Bhagwati，"More on the Equivalence of Tariffs and Quotas，" *American Economic Review*（1968）；Carlos Rodriguez，"The Non-equivalence of Tariffs and Quotas under Retaliation，" *Journal of International Economics*（1974）；Wendy Takacs，"The Non-equivalence of Tariffs，Import Quotas，and Voluntary Export Restraints，" *Journal of International Economics*（1978）；Jose Lizondo，"A Note on the Non-equivalence of Import Barriers and Voluntary Export Restraints，" *Journal of International Economics*（1984）；John Karikari，"Tariffs versus Quotas in a Differentiated Products Market：A Conjectural Variations in Prices Approach，" *International Economic Journal*（1996）；Jerzy Konieczny and Robert Waschik，"The Non-equivalence of Tariffs and Quotas in a Dynamic Trade Model，" *Journal of International Economics*（1999）；Harvey Lapan and Bruno Larue，"Smuggling and Bhagwati's Non-equivalence Between Tariffs and Quotas，" *Review of International Economics*（2002）；Bruno Larue，Jean-Philippe Gervais，and Sebastian Pouliot，"Price Equivalent Tariffs and Quotas under a Domestic Monopoly，" *Journal of International Trade and Economic Development*（2008）；Hong Hwang，Kuo-Feng Kao，and Cheng-Hau Peng，"Tariff and Quota Equivalence in Vertically Related Markets，" *Review of Development Economics*（2011）。关于配额的一篇研究概要参见 James E. Anderson，*The Relative Inefficiency of Quotas*（Cambridge，Mass.：MIT Press，1988）。

② 配额许可证的拍卖可能存在相当大的官僚主义阻力。美国联邦官员曾经引用过一个反对意见，没有哪个国家想成为第一个被告知前几年的配额租金正在拍卖给最高投标者的国家。显而易见，只要这样的论据被援引和持有，配额许可证就永远不会被出售。

③ 这是国内进口商或外国生产者获得权利的情况。

关系对市场进行冻结。这样的划分方法不允许消费者由于偏好的改变或效率原因改变其消费选择。例如，一个国家生产效率较高，可以获得更大的市场份额，但是，并不存在任何法律机制来确保这一点。相比之下，在关税条件下，进口商可以自由地在世界市场上寻找最好的产品。市场份额的变化可以反映效率的相对变化。

最后的问题是，与关税相比，配额保护会滋生更多贿赂和腐败现象。由于配额权的处理具有随意性，因此，当事者存在动机去贿赂政府当局以做出相关决定。此外，即使知道政府当局会抵制贿赂，潜在的受益者也会投入大笔资金用于游说等行为，如竞选捐款、与游说者的晚宴或周末度假等。对这些有价值的配额的寻租行为会导致某种资源支出。这种资源支出不会催生以消费为目的而生产的新产品，因此许多人认为这种支出实际上是一种经济上的浪费。①

7.4 其他非关税壁垒

正如我们在本章导读中所指出的那样，贸易的非关税壁垒有很多种类。在本节中，我们将讨论几个例子。

7.4.1 海关估价

世界各地的大部分关税以从价税为基础，所征收的税额取决于进口商品的价格。海关官员的估价如何影响整体贸易量？寻求为当地行业提供高水平保护和/或想增加关税收入以资助政府活动的国家，经常指示海关官员使用可以提高进口价值的方法。例如，官员可以将固定百分比（例如10%）添加到进口产品价格清单中，以覆盖运费和保险费用。这个百分比通常会大大超过实际的装运成本。或者，官员将处理文书工作的费用或其他"服务"作为进口价格的一部分，对进口商征收更高的关税。这些做法往往会导致腐败，因为进口商将设法削减交易以确保较低的估价，支付较低的关税。另外或作为一个替代方法，出口商将发布低于市场价格的商品估价虚假文件，以减少歧视性海关估价对贸易的负面影响。

WTO协议第七条规定了成员在海关评估实践中应遵循的具体政策。本规定的目的是确保所有成员采用和遵循公平统一的进口货物估价制度。各成员所规定的制度应"符合商业现实，禁止使用任意的或虚构的海关估价"。在大多数情况下，海关代理人必须以产品的实际交易为基础进行估价。这意味着产品附带的发票成为确定价格的基础。但是，如果发票显得可疑，则允许海关代理人在估价之

① 现有大量关于政府政策潜在受益人寻租行为的经济影响的文献。参见 Jagdish Bhagwati and T. N. Srinivasan, "Revenue Seeking: A Generalization of the Theory of Tariffs," *Journal of Political Economy* (1980); William Brock and Stephen Magee, "The Economics of Special Interest Politics: The Case of the Tariff," *American Economic Review* (1978); Anne Krueger, "The Political Economy of the Rent Seeking Society," *American Economic Review* (1974); Gordon Tullock, "The Welfare Cost of Tariffs, Monopolies, and Theft," *Western Economic Journal* (1967).

前要求进口商（或出口商）提供进一步的文件。[①] 作为 WTO 的成员，美国以交易成本为基础给进口产品估价。美国贸易法禁止将运输和保险费、进口后产生的装配费以及进口后国家和地方对产品的税收等费用当作进口商产品成本的一部分，由进口商承担。

7.4.2 政府采购政策

政府（联邦、州和地方）购买商品和服务时，往往会受到立法的制约，要求从国内生产商处购买。例如，在美国，各级政府受到**"购买美国货"法案**（"Buy American" acts）的制约。[②]

联邦"购买美国货"法案于 1933 年首次通过。该法案要求美国政府机构（国防部除外）购买国内生产的商品和服务，除非国内价格比国外价格高出 12%以上。[③] 根据法律，除了从北约国家采购某些军事用品外，国防部的采购实施 50%规则。"购买美国货"法案的显著意义是，国内企业可以提高向政府收取的价格，就好像对进口竞争商品征收高达 50%的关税一样。这种政策的效果是提高政府提供公共服务的成本，将纳税人的收入转移给国内生产者。

其他国家也存在相似的政策。例如，英国多年来一直奉行"购买英国货"政策。直到最近，日本政府拒绝考虑购买美国的超级计算机，而是选择租赁日本生产商生产的产品。另外，日本政府通过将新机场等建设项目授予日本生产商的方式，对参与这些项目的外国厂商进行限制。法国政府曾保证，其购买的电子产品有一定的比例来自本土。

1979 年，国际贸易规则再度修改，纳入对政府采购代理人当地偏好的限制。签署特别守则的国家可以平等地相互获得政府合同。1994 年，作为乌拉圭回合协议的一部分，政府采购编号扩大到政府对产品和服务的采购，范围覆盖中央政府、下级政府和政府所有的企业，并追踪采购程序的改进。本协议称为"WTO 政府采购协议"，签约成员包括美国、加拿大、欧盟、中国香港、冰岛、以色列、韩国、列支敦士登、日本、挪威、新加坡和瑞士。每个成员都为了将某些采购排除在守则规定的义务之外而进行谈判。在协议之外的美国机构包括交通部、能源部、田纳西流域管理局、国防部工程兵团、填海局和总务管理局的数据和电信服务部。

该项守则未涵盖的其他联邦实体包括美国邮政局、通信卫星公司、全国铁路客运公司和联合铁路公司。此外，该守则不能替代那些保留某些对小型或少数族裔企业产品或盲人制品的购买的特殊程序，或国防部拨款法案对某些产品（即纺织品、服装、鞋子、食品、不锈钢餐具、某些特种金属、公共汽车、手工工具、船舶和主要船舶部件）只能从国内购买的要求。

---

① 关于这一政策在实践中如何运作的案例研究，参见 Ramon L. Clarete，"Philippines: Adopting the Transaction Basis for Customs Valuation，" WTO Web site，http://www.wto.org/english/res_e/booksp_e/casestudies_e/case37_e.htm。

② 有关"购买美国货"计划的历史，参见 Dana Frank，*Buy American*（Boston，Mass.：Beacon Press，1999）。

③ 在某些情况下，最大的差异只有 6%。

虽然美国是WTO政府采购协议的签署国，但是美国国会仍然通过了许多包含“购买美国货”条款的拨款法案。例如，2009年通过的由奥巴马总统签署的《美国复兴和再投资法案》。这项法案旨在刺激经济，以削弱大衰退的影响。根据这项法案，2009—2010年间，授权使用的资金大约有2 750亿美元。该法案规定，除非所使用的钢铁及制成品在美国生产，否则，此法案拨款的任何资金都不可以用于任何公共建筑物或公共工程的建设、改建、维护或者修理工作。[①] 根据该法案签署的合同中，有一部分受WTO协议的约束，不过，为数不多。这是因为这些资金首先分配给州政府，然后由州政府确定资助何种项目。因为州政府不签署国际协议，所以它们可能会（并且在这种情况下需要）忽略对“购买美国货”政策的限制。

7.4.3 技术贸易壁垒

政府通常要求产品符合某些技术规定或标准，以便在特定国家出售。实行这些标准可能是为了获取信息、保护环境、确保消费者安全、加强国家安全和保证产品质量等目的。虽然对于一个国家而言这些都是适当的政策目标，但是，如果标准太繁杂，可能会给生产者和出口商带来不便，并导致各种冲突。世界各地的任意标准都可能对贸易构成实质性障碍。这样的标准比比皆是。20世纪80年代中期，日本政府宣布，由于外国滑雪板安全性差，所以禁止进入日本。制定这个规定的理由是，日本的雪与欧洲或美国的雪存在差异。后来，由于部分外国政府抗议，该项禁令被取消。

2008年中期，墨西哥向WTO投诉，巴西政府改变了可以在本国销售的以龙舌兰为标识的酒的定义。巴西不仅允许将用龙舌兰仙人掌制作的产品（只产自墨西哥）标识为龙舌兰酒，同时，还允许由其他植物制成的酒类命名为龙舌兰酒并出售。墨西哥认为，通过放松产品标准，其生产商将无法与巴西的生产商竞争。

也是在2008年，美国国土安全部（DHS）将硝酸盐（用于制造化肥、火药和烟花）列入重点关注化学物质清单。按照规定，购买该清单上一定数量产品的采购员必须向DHS表明身份，并接受安全检查。智利和以色列政府向WTO投诉，担心本国这种产品的出口将受到不利影响。美国反击说，其他国家也为了安全目的而监管硝酸盐产品。在撰写本文时，这三项投诉和其他许多投诉尚未得到解决。

为了处理类似问题，管理部门将《技术性贸易壁垒协议》纳入WTO协议，其目的是确保法规、标准、分类和测试程序等不会导致不必要的贸易壁垒的产生。协议要求各成员以非歧视性方法实施规定，并尽可能采用国际标准。成员必

---

① 有以下三个例外：国内的产品不可用；当地产品只能以不合理的成本购买；购买国内产品被视为与公众的利益不一致。如果有上述任何一种情况出现，都可以取消“购买美国货”条款。

须公布其规定，并在改变政策时通知 WTO。[1]

7.4.4　健康与安全标准

与技术标准问题密切相关的目标是保证食物和药物对人类安全。政府通常试图对产品的质量进行规范，不过，这些规范往往会变为限制贸易的规则。另一个 WTO 协议《卫生和植物检疫协定》（SPA）力图制定一套基本规则，用于处理食品安全和动植物卫生标准问题。

《卫生和植物检疫协定》允许成员制定自己的规则，但必须以科学为基础。规定只适用于对人类、动物或植物的生命或健康的必要保护。规定可能因国而异，但如果出口国可以证明其规定与进口国一致，则进口国有望接受出口国的标准。与技术标准一样，如果发布了新的卫生和植物检疫法规或者对有关规定进行变更，政府必须提前通告，并建立国家查询点以提供相关信息。

有关健康和安全标准的争议很常见，这一点也不奇怪。美国和欧盟之间经常发生因彼此标准不同而产生矛盾的事件。例如，美国牛肉生产者使用生长激素就是一个长期以来悬而未决的争议。1989 年，欧盟对含有生长激素的牛肉进口实行禁运。因为美国的大多数牛都使用这种（经美国农业部批准的）激素，所以这项禁令对美国的牛肉出口产生了相当大的影响。美国政府认为这项禁令是一项非法贸易措施，因为没有确凿的证据证明生长激素对人类健康存在任何负面影响。1996 年，美国与欧盟正式启动 WTO 争端解决程序。1997 年，一个独立的 WTO 小组赞成美国立场，认为欧盟的此项禁令违反了其义务，因为该禁令并非以科学风险评估为基础。1998 年，WTO 上诉小组重申了先前的决定。1999 年，WTO 授权美国对 1.17 亿美元的欧洲农产品出口征收报复性的禁止性关税。2009 年 5 月，美国和欧盟达成一项临时协议，2009—2013 年间，允许更多的不含有生长激素的美国出口牛肉进入欧盟市场，并在 2013 年前废除美国的报复性关税。为了永久地解决此项争端，双方还需进一步谈判。

另一项极具争议的健康标准是 1996 年欧盟出台的动物和动物产品新的进口管制政策，这项禁令对美国向欧盟的出口产生了巨大的负面影响。其核心是希望欧盟各国的兽医检查实践标准化。而这些标准化程序与美国的做法竟然不一样。1997 年初，双方就争端进行谈判，并于不久后达成框架协议，确认彼此的兽医检查系统是一致的。

实行健康和安全标准是政府行为的合法形式。这些标准旨在保证各种生命不会因为暴露在某些带有潜在负面影响的产品中而遭受过度的损害。然而，如前面的例子所示，这些守则为当地生产者提供了强烈的动机，坚持要求外国产品符合当地标准，或者即使在当地民众的健康或安全没有受到威胁的情况下，外国产品也被当地市场所限制。无论哪一种情况，结果都是价格上涨，当地生产商占有更大的市场份额。

---

① 有关 WTO 和技术标准问题的更多信息，请访问 http://www.wto.org/english/tratop_e/tbt_e/tbt_e.htm。

7.4.5　知识产权保护的失灵[①]

知识产权被定义为发明家、艺术家或作者的创新或创意。专利、版权和商标法存在的意义，是通过确保知识产权的所有者至少在一段时间内保持对这些想法的独家控制，为知识产权的创造提供激励。例如，专利允许发明人有机会收回其投资以及创造和营销的成本。版权使作者能够控制其作品的复制、传播和公开展示。商标向消费者保证产品的特性，如质量。

不同国家为知识产权提供的保护程度有所不同，这会对国际贸易产生重大影响。例如，美国制药公司认为，阿根廷对其药物专利权的宽松执法，导致阿根廷公司为国内和出口市场制造廉价替代品。

医药产品知识产权保护日益引起全球争议。发展中国家抱怨对各种药品严格的专利保护，使得这些药物的价格令人无法承受，导致普遍的公共卫生和经济发展速度放缓问题。这方面的一个例子是，人们批评美国公司对艾滋病流行国家封锁艾滋病药物。

制药公司认为，专利在激励公司从事基础药物的研发中发挥着重要作用。没有专利，人们就不会有动机研发新的、更好的药物来治疗各种疾病。此外，它们还指出，一些药物，包括用于治疗艾滋病的药物，并不受专利保护。但是由于生产成本高昂，这些药物的价格仍然高企。

显然，双方的论点都有道理。如果没有政府的行动，这个问题的长期解决方案将无法达成。例如，即使受到专利保护，只流行于发展中国家的疾病如疟疾的新药也不太可能被研发出来。因为这些国家很少有人能够负担这些药物。一个解决方案是，政府给研究机构直接拨款，以鼓励研发这些药物。同样，对于那些不论在富国还是穷国都存在的疾病如艾滋病等，让制药公司利润最大化的解决方案是，鼓励这些企业在不同的市场设定不同的价格。[②] 因此，需要政府限制低价国家的个人在高价国家销售药品。[③]

国际贸易中另一个日益严重的问题是假冒产品。这类产品通过欺诈性的（或假冒的）商标在国际市场上销售。因为假冒产品的肆虐，拥有有效商标的公司所蒙受的损失超过其销售额。欺诈性的仿冒品通常不符合标准而且性能不佳。合法制造商可能会因为仿冒品的表现不佳而受到责备，声誉会因此而丧失，有关产品也无法进一步销售。

因为对知识产权保护不足有可能带来问题，所以，在美国等国家的推动下，扩大知识产权保护终于被纳入乌拉圭回合贸易谈判中。有关这个问题的协议称为

---

① 关于与这个话题有关的许多问题的杰出讨论，参见 Keith Maskus，*Intellectual Property Rights in the Global Economy*（Washington，D. C.：Institute for International Economics，2000）。

② 这称为国际价格歧视。有关这种行为的更多信息，参见第 8 章中关于倾销的讨论。

③ 关于这个问题的更多内容，参见 "Striking a Balance：Patents and Access to Drugs and Health Care，" World Intellectual Property Organization Web page，www. wpo. org；Jagdish Bhagwati，"Patents and the Poor，" *Financial Times*（September 16，2002）。

《贸易相关知识产权协定》（TRIPs）。协定涵盖了专利、商标、版权和工业品设计等内容，并对执行该协定的WTO成员的最低限度保护标准做了规定。在某些方面如版权，该协定采用的是长期国际协议的原则。在其他领域如专利保护，该协定规定了比过去更高的标准。虽然此协定得以达成，但是有关知识产权保护的问题仍然层出不穷。

7.4.6　出口补贴[①]

出口补贴（export subsidy）是一个国家政府直接（或间接）支付给一个或多个出口行业的费用。这种支付通常与一个国家的出口水平有关，目的是让出口商的定价低于预期价格。通过低价，出口商能够在世界市场上扩大市场份额。正如配额一样，WTO禁止对制成品实行出口补贴。外贸出口补贴其实也违反了美国法律。[②] WTO允许对初级（即非制造的）产品实行出口补贴，而美国是至少对部分农产品实行出口补贴的众多国家中的一员。

出口补贴与进口关税对经济的影响是对称的。正如关税会导致进口竞争行业生产扩张一样，出口补贴也会刺激出口产出水平高于缺乏补贴时的水平。资源不断从进口竞争部门释放，由于通过增加产出来扩大出口销售的成本超过这些产品在国际市场上的销售收入，经济浪费由此产生。[③] 此外，由于出口补贴鼓励将销售从国内市场转移到世界市场，因此出口产品的国内价格上涨。消费者以另一种方式蒙受损失。具体说来，消费者因为出口补贴要缴纳更多的税。

在现实世界中，出口补贴有许多形式，包括退税、对外国买家的补贴贷款、保险担保、政府对研发的资金支持、损失担保以及直接补助或补贴贷款。正如刚才所说，国际法和国家法律两套法律都禁止补贴，如美国禁止出口补贴。根据这两套法律，处理出口补贴的法律手段是对补贴出口产品征收关税，这称为**反补贴税**（countervailing duty）。反补贴税用来抵消补贴，将产品价格提高到补贴前的水平。

关税保护是抵消外国补贴的手段这一事实，鼓励了国内行业对外国补助的指控。这种指控也常常针对那些可能与出口存在间接联系的做法。因此，政府往往需要确定外国政府的政策是否构成出口补贴。毫不奇怪，在这个问题上往往存在相当大的争议。例如，美国政府与波音等国内飞机制造商的国防合同是否包含出口补贴？一些欧洲国家指责这些支出是不公平的补贴，因为从为军方设计的飞机研究中获得的知识，也可以用来设计新的商用飞机。

---

① 有关补贴的详细研究，参见 Gary Hufbauer and Shelton Erb，*Subsidies in International Trade*（Washington，D. C.：Institute for International Economics，1984）。对美国等发达国家的具体补贴政策的分析，参见 Jack Mutti and Harry Grubert，"The Domestic International Sales Corporation and Its Effects，" Heywood Fleisig and Catharine Hill，"The Benefits and Costs of Official Export Credit Programs，" in *The Structure and Evolution of Recent U. S. Trade Policy*，eds. Robert Baldwin and Anne Krueger（Chicago：University of Chicago Press，1984）。

② 在下一章中，我们将更详细地讨论美国有关外国出口补贴的法律。

③ 如果情况不是这样，出口商将在没有补贴的情况下生产更多。

7.5 贸易保护观点

现在我们可以结束对各国各种贸易保护形式的讨论。这个讨论的明确含义是，在许多情况下，贸易保护对国家福利有害。如果是这样，政府为什么还要加强贸易保护？换一种问法，是否存在这样的情况，贸易保护是实现特定政策目标的有效手段？我们将在下一章节证明，最后一个问题的答案是肯定的。特别地，保护是一种获得一定经济和非经济成果的适当政策。但是，如前所述，保护从来不是实现政府目标的最经济有效的政策。

在下一节中，我们将对人们惯常提出的却缺乏任何逻辑的保护理由进行讨论。[①] 这个讨论很重要，尽管某些论点并不存在什么逻辑，但是在政府和公众之间，其拥趸并非少数。在概述理由之后，我们转而讨论那些更站得住脚的论点。在讨论后面的论点时，我们不仅阐述贸易保护在实现政府目标方面的作用，而且提出具有更低社会成本的替代政策。

7.5.1 无效论点[②]

爱国主义

有人说，为外国竞争设立壁垒属于爱国行为。关于这一点，一个很好的例子是保险杠贴纸上书写的“美国人买美国货”以及鼓励买家寻找贴有“美国制造”标签服装的电视广告。在市场上，这些行为均属于合法的规劝。然而，对爱国主义的呼吁却有些错位。尤其是在这样的情况下，因为贸易保护催高了外国进口商品的价格，国内消费者开始转向消费本地生产的商品。正如我们所看到的，在一个国家给予贸易保护的情况下，其国家福利会下降。因此，真正的爱国者似乎应该对降低国家福利的政策提出异议。

就业

最常引用的贸易保护论点之一是，贸易保护能够创造或至少保留了国内的工作岗位。这个说法很幼稚，因为它认为若被保护部门的产量扩大，那么全国各地的就业水平肯定会提高。一般来说，这个论点是站不住脚的，因为它忽略了贸易保护对其他市场的影响（即忽略了一般均衡效应）。

贸易保护确实带来受保护行业的扩张。然而，这种扩张所需的资源来自何方？显然，代价是其他行业产出的萎缩。或者即使被保护部门拥有没有得到充分利用的资源，由此带来的进口下降也会导致出口行业就业水平的降低。凯恩斯曾经说过，“进口是收入，出口是支付”。我们如何期望一个国家通过减少收

---

① 在其著作 *The Theory of International Trade*（New York：Augustus M. Kelly Publishers，1968）中，Gottfried Haberler 辨析了有效和无效的保护论点，将后者作为不值得认真讨论的论点。有关更多细节，参见 Haberler 书中的第 17 章。

② 下面的例子没有包括全部的无效的保护论点。它们代表了一些目前较为流行但无效的保护理由。

入来实现自我改善？关税可以帮助达成的目标，有哪一个地震不可以做得更好?[①] 换句话说，贸易保护更有可能仅用于工作的重新分配，而不是新工作岗位的创造。

合成谬误

有时候，贸易保护被认为是合理的，主要是基于"因为贸易保护对被保护行业有益，所以其他行业也会受益"这样的推论。弗雷德里克·巴斯夏（Frederic Bastiat）于 1854 年创作的杰出的讽刺作品《蜡烛制造工人的请愿书》就很好地说明了这一点：

> 我们承受着外来竞争者一手造成的让人无法容忍的竞争，其无与伦比的照明设施令它可以风靡整个法国市场，它甫一出现，就以如此低廉的价格夺走了我们的全部客户，法国工业的一个重要行业顷刻间萎缩到停滞状态。这个竞争对手就是太阳。
>
> 我们要求国家制定一个法律，以封闭所有的窗户、屋顶、天窗、开口、洞、裂缝，因为阳光可以肆意穿透这些东西。我们的产业为社会提供如此有价值的制造品，国家不能如此无情地将我们抛弃，让我们在没有任何保护的条件下参与如此不平等的竞争。
>
> 请倾听我们的理由陈述，别将我们的请愿视为讽刺的代名词。您对人工照明用具的保护将有利于法国所有的其他行业。如果您允许我们对照明实施垄断，我们将购买大量的动物脂肪、煤、石油、树脂、蜡、酒精、银、铁、铜和水晶。更多的动物脂肪消费将对牛羊养殖产生激励。农业财富的基础，如肉类、羊毛、皮革以及所有肥料会变得更加丰富。简而言之，同意我们的请愿将令农业部门得以大力发展。航运业也会因此而获利，因为人们即将雇用数以千计的船只开展捕鲸活动。当我们和其他供应商变得富有，社会上大量的消费将促进每个行业工人的发展……所有的法国人，从富裕的股东到最贫穷的媒人，有谁会对我们请愿的成功不感兴趣。[②]

国内行业的公平竞争

国内企业经常断言外国生产者没有与它们进行公平竞争。外国工人的工资有时比较低，外国公司可能不受污染控制、工人安全等相关法律的约束，如此等等，不一而足。不管区别何在，国内行业呼吁的是"一个公平的竞争环境"。此论点貌似吸人眼球，但本质上与刚才的论点一样，完全无效。商业（国内或国际）不是游戏，商业就是商业，毫无情感可言。每家公司的目标都是超越其竞争对手。实现这一目标的万全之策就是以更低的价格生产更好的产品。国际贸易强化了这一竞争过程，从而有利于消费者。以"公平"需要限制竞争为由提出贸易保护要求，这一行为本身就是不公平的。贸易保护就是对国内消费者在市场上获得尽可能多产品选择权的否决。

---

① 该引文来自 Haberler，246。

② 该引文来自 Leland Yeager and David Tuerck，*Foreign Trade and U. S. Policy*（New York：Praeger Publishers，1976），142–143。

保护国内市场

有时会有人说从国内购买商品比从外国购买更好，因为我们既留住了商品，又留下了金钱。与此相反，当从国外进口时，我们得到了商品，资金却流向国外。[①] 这要是真的就好了！想象这样一个世界，我们可以从世界各国购买所有的商品，每个国家都只想把纸币作为回报。如果是这样的话，我们就不需要工作了—— 除了偶尔在印钞机上忙乎几分钟。事实上，这不是世界的运作方式。产品最终必须通过产品支付。流出一国的金钱会以支付国内出口产品的形式流回到国内，所以我们必须通过工作生产这些产品。

7.5.2 有效论点[②]

政府收入

各国政府都需要税收收入来发挥其功能。关税给政府创造收入。此外，对一些政府来说，至少有两个原因使关税成为特别有吸引力的税源。第一，有可能实际纳税人是外国人而不是国内居民。在这种情况下，国家福利会上升。但是，正如我们在第 6 章中看到的那样，只有拥有世界市场力量的大国才可以实现这一目标。关税是政府收入的普遍来源的第二个原因是，政府很容易征收关税。因为一个国家的进出港口是有限的。为收取关税，政府只要在这些入境口岸设立海关就可以了。

表 7－3 详细列出了贸易税或关税占政府收入的比例。正如你所看到的，在大多数工业化国家，关税只占政府收入很小的比例。另外的典型税收是所得税或增值税（或两者兼有）。发展中国家的情况有很大的不同。关税可能占据政府大部分的收入，有时接近 50%。这种模式可能反映了发展中国家政府所感知到的，制定和收取所得税或增值税的困难。[③]

虽然在一些条件下关税很容易征收，但为此目的而使用贸易政策既浪费又低效。更好的政策是一般所得税。由于关税扭曲了商品的相对价格，因此产生了无谓成本，让生产更多地集中在相对低效的经济部门。所得税就不会产生那么大的资源重新配置效应。此外，如果政府的征税目标是富人高于穷人，则可以设计累进所得税来实现此目标。最后，如果政府要高效收税，则必须了解每个交易产品的需求和供给曲线。毕竟，关税收入（区域 c）取决于这些曲线的斜率。[④] 要想最大限度地提高关税收入所需的信息量是巨大的，世界上哪个国家也无法完全获取，包括美国。

---

① 这个论点被错误地归咎于亚伯拉罕·林肯。

② 再次，如上一节所述，以下论点只是有效保护论点中的一部分。从这个讨论中排除的一个论点是最优关税。详细信息请参见第 6 章。

③ 对这一问题的统计分析，参见 Raymond Riezman and Joel Slemrod，“Tariffs and Collection Costs，” *Weltwirtschaftliches Archiv* (1987)。

④ 通过绘制不同斜率曲线的供需图来说服自己相信这个事实。

表 7－3　关税和贸易税占政府收入的百分比

国家	年份	百分比	国家	年份	百分比
工业化国家					
美国	2006	1.04	冰岛	2006	1.10
加拿大	2006	1.27	爱尔兰[a]	2006	0.00
澳大利亚	2006	1.86	意大利[a]	2006	0.00
日本	2005	0.59	卢森堡[a]	2006	0.00
新西兰	2006	1.69	荷兰[a]	2006	0.00
奥地利[a]	2006	0.00	挪威	2006	0.16
比利时[a]	2006	0.00	葡萄牙[a]	2006	0.00
丹麦[a]	2006	0.00	圣马力诺	2002	1.00
芬兰[a]	2006	0.00	西班牙[a]	2006	0.00
法国[a]	2006	0.00	瑞典[a]	2006	0.00
德国[a]	2006	0.00	瑞士	2005	1.11
希腊[a]	2006	0.00	英国[a]	2006	0.00
发展中国家					
非洲					
刚果（金）	2002	n. a.	毛里求斯	2006	16.85
刚果（布）	2003	6.65	塞舌尔	2005	15.65
科特迪瓦	2006	n. a.	南非	2006	4.24
埃塞俄比亚	2002	n. a.	斯威士兰	2003	47.66
莱索托	2005	49.46	突尼斯	2006	n. a.
马达加斯加	2006	n. a.			
亚洲					
孟加拉国	2004	n. a.	蒙古国	2003	5.67
不丹	2000	0.89	缅甸	2004	n. a.
印度	2006	n. a.	尼泊尔	2004	n. a.
印度尼西亚	2004	n. a.	巴基斯坦	2006	n. a.
韩国	2005	n. a.	新加坡	2005	0.05
马来西亚	2003	n. a.	泰国	2006	6.18
马尔代夫	2006	23.58			
欧洲（不包含工业化国家）					
亚美尼亚	2006	3.30	吉尔吉斯斯坦共和国	2006	13.20
白俄罗斯	2006	7.25	拉脱维亚[a]	2006	0.61
波黑	2005	n. a.	立陶宛[a]	2006	0.00
保加利亚	2006	2.44	马耳他[a]	2006	0.00
克罗地亚	2006	1.57	摩尔多瓦	2005	5.51
塞浦路斯[a]	2006	0.72	波兰[a]	2006	0.00
捷克共和国[a]	2006	0.00	罗马尼亚[a]	2005	0.00
爱沙尼亚[a]	2006	0.00	俄罗斯	2006	29.17
格鲁吉亚	2006	4.02	斯洛伐克共和国[a]	2006	0.00
匈牙利[a]	2006	0.00	斯洛文尼亚[a]	2006	0.00
哈萨克斯坦	2006	6.00	乌克兰	2006	4.25

续前表

国家	年份	百分比	国家	年份	百分比
中东					
巴林	2005	n. a.	以色列	2006	0.71
伊朗	2004	8.17	科威特	2006	1.29
西半球					
阿根廷	2004	15.82	墨西哥	2000	4.07
巴巴多斯	2004	7.96	巴拿马	2001	8.58
玻利维亚	2006	2.10	巴拉圭	2006	8.23
智利	2006	1.58	秘鲁	2005	5.70
哥斯达黎加	2006	4.94	圣基茨和尼维斯	2003	31.28
多米尼加共和国	2005	22.95	特立尼达和多巴哥	2005	4.77
萨尔瓦多	2006	5.97	乌拉圭	2006	5.12
牙买加	2005	10.11	委内瑞拉	2004	4.68

a. 欧盟成员。从非欧盟成员国进入该国的产品要收取欧盟关税。所得不归国家政府。

资料来源：数据来自 Tables W3 and W4，Government Finance Statistics Yearbook，International Monetary Fund，2007。

收入再分配

贸易政策可用于将社会某个部门的收入重新分配给另一个部门。也就是说，它可以用来使社会上的一些群体变得更糟，而使其他群体变得更好。我们注意到，收入再分配最常见的例子是从消费者到生产者，即消费者剩余下降，国内企业利润上升。部分决策者希望提高国内某些行业的利润，这一点给大多数工业化国家的保护模式，以及我们在发展中国家观察到的现象提供了一个可能的解释。

有时候，正如我们所看到的，收入是在其他部门之间转移的。回想一下 HO 模型的预测。HO 模型认为，贸易保护对丰裕的生产要素有利，对稀缺的生产要素不利。因此，稀缺要素所有者可能会申请政府保护，以避免收入损失。HO 模型还预测，劳动和资本在贸易政策上的立场是相反的。斯蒂芬·马吉（Stephen Magee）研究了各行业和劳动力群体在国会证词中的立场。① 他认为，在很多情况下，劳动和资本在贸易政策问题上的立场是相同的。例如，国内钢铁生产商和联合钢铁工会都支持钢铁贸易壁垒。这种共同利益表明，如果不设置贸易壁垒，至少在短期内，两个集团的收入都会下降。如果资本和/或劳动在不同部门之间缺乏流动，就会出现这种情况。

在某些国家，贸易政策的目标之一就是对富人征税，以帮助穷人。这可以通过对奢侈品征收高关税、对必需品征收出口税来实现。其理念是，通过对奢侈品征收高额进口关税，富人会向政府缴纳高税额。同样，必需品的出口关税将使必

① 参见 Stephen Magee，"Three Simple Tests of the Stolper-Samuelson Theorem，" in *Issues in International Economics*，ed. Peter Oppenheimer（London：Oriel Press，1978）。

需品留在国内，因此会降低必需品的国内价格。在这种情况下采用贸易政策的问题是，通过给奢侈品强加进口壁垒，奢侈品价格上涨，从而鼓励国内居民生产奢侈品。此外，由于必需品现在更便宜，当地生产者对必需品生产的积极性下降。这样，贸易保护的长效机制是，高价奢侈品生产增多，低价必需品生产下降。这似乎违背了政府的预定目标。

所有形式的税收都涉及收入转移。纳税人看到的是自己的收入下降，而政府福利受益人看到的是自己收入的增长。贸易政策似乎是一个进行收入再分配的特别有吸引力的机制。这是因为任何特定贸易政策对受损人的直接影响可能并不明显。例如，当政府实施配额政策时，价格上涨。然而，人们可能不会知道配额的存在或其在市场上的影响。同样，关税也会导致价格上涨，这些都是直接落在消费者身上的税收形式。但是，与营业税不同，关税很少会在零售点征收，所以产品购买价格并没有关税的明显痕迹。因此，通过贸易政策，政府能够利用公众基本上看不见但实质上很繁重的税收手段，为某些特殊利益集团创造利益。

与政府收入一样，所得税是一个将收入在不同群体间重新分配的更好的税收制度。这种方法可以将无谓成本降低。而且，政府不必为此处理一些难题，如在法律上界定奢侈品的概念。

非经济目标

有时政府为了非经济原因实施贸易保护政策。也就是说，政府的目标是取得与经济福利没有直接关系的成果。一个很好的例子是国防。人们经常提出这样的观点，对国防至关重要的当地产业的产出应该在国际竞争中得到保护。这将保证战争时期或国家出现紧急状况时能够获得关键产品。这是最古老的贸易保护的理由之一。自由贸易倡导者亚当·斯密在《国富论》中指出这个论点是合法的。①

的确，国防论点确实为保护某些国内市场提供了有效的依据。经济学家不能对这样一个事实——由于国防原因，当地生产某些物品可能是必要的——提出异议。但贸易保护并不是实现加强国防这个目标的最佳政策。

国防论点的第一个问题是，它很容易被过度使用。在其关于贸易政策的著作中，休兰·耶格尔（Leland Yeager）和大卫·图尔克（David Tuerck）对一些行业进行了描述。这些行业已经向国会证明自己的产品对国防事业的重要性：

> 手套、笔、陶器、花生、伞架、纸、蜡烛和图钉等行业都在强调自己的战略重要性，这些只不过是众多行业中少数几个而已。普通木制铅笔制造商坚持认为，其产品对和平和战争时期的所有活动都至关重要。蕾丝制造商曾经寻求更多的保护，理由是在热带地区发生战争时，可以用其机器生产蚊帐。亚麻线制造商曾经强调，其工厂生产的渔网对于国家战时粮食的供应十

---

① 关于国防论的最新考察，参见 T. N. Srinivasan，"The National Defense Argument for Government Intervention in Foreign Trade，" in *U. S. Trade Policies in a Changing World Economy*，ed. Robert Stern (Cambridge，Mass：MIT Press，1986)。参见 Michael Intrilligator 在同一卷中对这篇文章的评论以及 Elhanan Helpman 和 Srinivasan 的后记。关于这个问题的早期讨论可参见 Wolfgang Mayer，"The National Defense Tariff Argument Reconsidered，" *Journal of International Economics* (1977)，Earl Thompson，"An Economic Basis for the 'National Defense Argument' for Aiding Certain Industries，" *Journal of Political Economy* (1979)。

> 分重要，渔网也可以用于隐避。渔民称他们的船为海军辅助船只。还有很多这样的行业生产者强调其在战争时期的重要性。刺绣品生产者说他们如何通过给士兵制作肩章来提高士气。[1]

显然，正如这段引文所示，几乎每个行业都可以向决策者提供关于其产品战略意义的说明。在某些情况下，决策者可能很难反对这些说法。

国防论点的第二个问题是，在某些情况下，通过扩大进口而不是承包，国防需求会更好地得到满足。也就是说，在国家发生紧急情况时，国内必须能够获得某些产品，这是满足国防相关需求的基础。确保满足这些需求的最便宜的方式，可能是政府在和平时期的世界市场上大量购买这些产品，然后储存起来，以备国家出现紧急情况时使用。这种计划的替代方案是有助于该产品在国内生产的贸易壁垒。这个方案的代价是，无论时段好坏都会产生无谓成本。因此，只有当国内生产是为国防目的而进行时国防论点才会成立。

美国是设立特殊法律以限制国防相关产品进口的众多国家之一。[2]《1962年贸易扩张法》第232款和第233款规定的这项权利，仅在少数情况下用来限制进口，比如从伊朗等特定国家进口石油，以及最近关于机械工具的自愿出口限制的谈判中。这一条款不经常使用的原因之一，可能是美国在许多国防相关产品生产上具有比较优势。事实上，与禁止国防产品进口相比，美国更有可能防止其国防产品出口。

比贸易保护更能保证国内国防相关产品的产出达到一定水平的政策是，对行业直接补贴并参与自由贸易。要更好地了解这一点，请参见图7－2。在图7－2

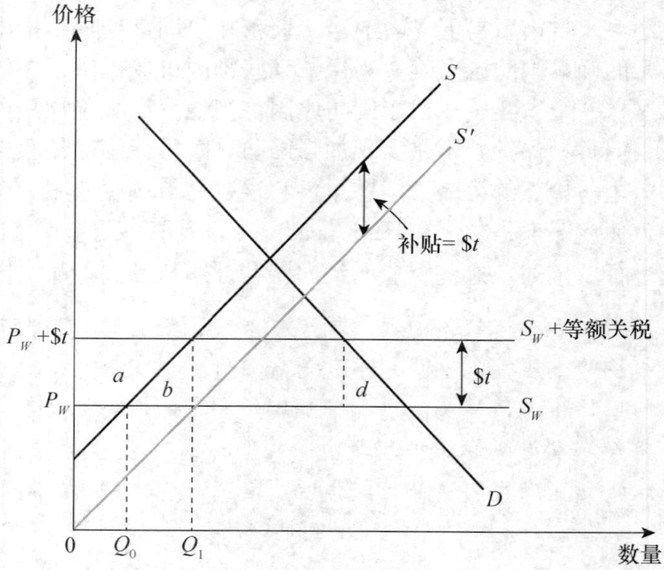

图7－2　国内生产补贴的福利效应

---

① Leland Yeager and David Tuerck, *Foreign Trade and U. S. Policy*, 145.

② 更多关于美国贸易法的内容参见第8章。

中，我们对一个持续生产对国防至关重要的国内产品的市场进行了考察。如图所示，如果国家遵循自由贸易政策，国内生产总量就等于 Q_0 单位。假设出于国防原因，决策者决定该产品的国内生产总量应增加到 Q_1 单位。显然，实现这一目标的一个方法是征收 t 美元的关税。

考虑一下政府支付给国内厂商的单位生产补贴 t 美元，外加自由贸易。补贴对生产者的影响是，国内生产商每单位的生产成本降低 t 美元（因为政府为它们提供这笔款项）。因此，国内供给曲线的下移幅度与补贴金额的大小相当，可以通过标为 S' 的供给曲线表示。由于获得补贴，国内生产者将扩大产出，直到获得补贴后的供给曲线超越世界价格线。也就是说，它们会选择生产 Q_1 单位。补贴方案的经济成本是多少？第一，补贴金额本身。从图中可以看出，生产者获得 a 美元 $+b$ 美元。也就是说，国内生产的每个单位（Q_1 单位）产品乘以 t 美元（区域 a 一侧的长度）。政府的补助资金何来？答案是纳税人，以消费行业的纳税人为主。

生产者在补贴中获得了什么？答案是国内利润提高了 a 美元。剩余的资金用来支付产量从 Q_0 扩大到 Q_1 的额外的资源成本。因此，就像关税一样，我们可以把 b 美元当作政府政策的一项无谓成本以及在这种情况下的补贴计划成本。把它们放在一起，消费者以较高税收的形式损失了 a 美元 $+b$ 美元，而生产者则获得了 a 美元的利润。社会成本是区域 b，它是补贴的生产无谓成本。这与征收 t 美元关税导致的（$b+d$）美元无谓成本的幅度相当。也就是说，关税和补贴之间的区别是，关税导致生产无谓成本以及消费无谓成本的产生。在补贴和自由贸易条件下，产品以世界价格出售，故而不存在消费无谓成本。

最后，需要重点关注的是，补贴在某一方面优于贸易保护：补贴更加透明。如果政府定期对国内行业实施补贴，它将成为公共记录的一部分。与贸易壁垒不同，对任何行业实施补贴后，人们非常容易了解其社会成本。因此，人们可以预见，与获得进口保护比较，那些与国防存在间接联系的行业更难获得补贴。

幼稚产业保护

贸易保护最古老的理由之一是**幼稚产业观点**（infant industry argument）。[①] 这个贸易保护观点的基础是，某些行业需要临时保护以便在与外国企业竞争中成长壮大。这可能是因为初始的生产成本往往很高，但是，只要获得进入受保护市场的时间和机会，企业将扩大生产并学习降低成本和获得国际竞争力所必需的技术。事实上，经过一段时间，贸易保护就可以取消。如果政府对保护对象作出正确选择，这个行业将会蓬勃发展。

---

① 关于这个主题的一个高阶理论，参见 Marc Melitz，“When and How Should Infant Industries Be Protected?” *Journal of International Economics* (2005)。对这个论点的批评，参见 Robert Baldwin，“The Case Against Infant-Industry Tariff Protection,” *Journal of Political Economy* (1969)。关于美国历史上可能的例子，参见 Douglas Irwin，“Did Late Nineteenth Century U. S. Tariffs Promote Infant Industries? Evidence from the Tin Plate Industry,” *Journal of Economic History* (2000)。

幼稚产业观点的逻辑存在不少问题。第一，它假定受保护的公司获得成功以后注定要面对激烈的外国竞争，它们仍需努力工作以降低成本。更为可能的结果是，对幼稚产业的保护为幼稚产业提供了一种永远不想成长的动机。

第二，即使行业以提高生产率作为回应，但是这个论点似乎暗示，政府比私有市场更能选择赢家。毕竟刚开始时行业出现亏损并不罕见。私有经济体金融部门的职能之一是为公司提供资金，促进它们生产直到获利。此外，当启动资金来自私人资源时，本土居民就不会受到政府采取保护措施而导致的更高价格的限制。

在政府处于优势地位以支持某些行业发展的条件下，幼稚产业观点才会显得更加有效。幼稚产业的增长将促进经济基础设施的扩张，这种情况在发展中国家并不少见。也就是说，有时公司在开始生产之前，必须建设道路、扩大机场、扩展公用事业服务、对员工进行培训等。做出这些改进时，社会受益，但行业不会因为在这个过程中发生了费用而得到补偿。贸易保护是确保行业为经济体提供服务以后获得补偿的手段之一。

前面我们对某些观点进行了讨论，幼稚产业保护并不是鼓励某些行业在经济体内发展壮大的最有效方式。显然，像国防保护一样，如果目标是扩大生产，那么自由贸易下的生产补贴比保护更有效率。如果政府希望扩大基础设施（例如，改善道路、港口、机场或训练有素的工人），那么几乎在所有的情况下，政府直接提供这些产品而不是加强保护会更有效率，这样，这些产品可以由私营部门提供。

国内扭曲

一个有名的经济学定理表明，完全竞争是帕累托最优。也就是说，如果达到完全竞争状态，那么，若不损害他人，经济体中没有任何一个人可以变得更好。事实上，完全竞争在现实世界中是不存在的。根据次优理论，如果在经济中存在扭曲，不能实现完全竞争，那么，政府最好制定一些政策来增加更多的扭曲。例如，政府政策的出发点可能是帮助某些群体，结果可能是需要采取保护政策，以保证计划的目标不会受到侵害，或者计划的成本不会变得太高。

例如，考虑美国的农业政策。政府决定通过价格支持体系帮助国内农民。该政策的效果如图 7－3 所示。在自给自足、没有政府补助方案的条件下，该产品的售价为 P_0。价格支持方案的效果是保证农产品 P_1的价格，这刺激产出量上升到 Q_1，消费量下降到 Q_0。因此，政府需要购买这两个结果之间的差额，Q_0Q_1单位。现在，美国参与国际贸易。假设世界价格是 P_W，因为政府已经保证以 P_1 的价格购买农产品，显然政府无法实施自由贸易政策。如果允许贸易，进口商将以低廉的世界价格购买农产品，再以更高的支持价出售。农业补贴计划的费用将变得巨大。因此，由于存在扭曲的政策——价格支持方案，第二个扭曲的政策——贸易保护——就变得很有必要。

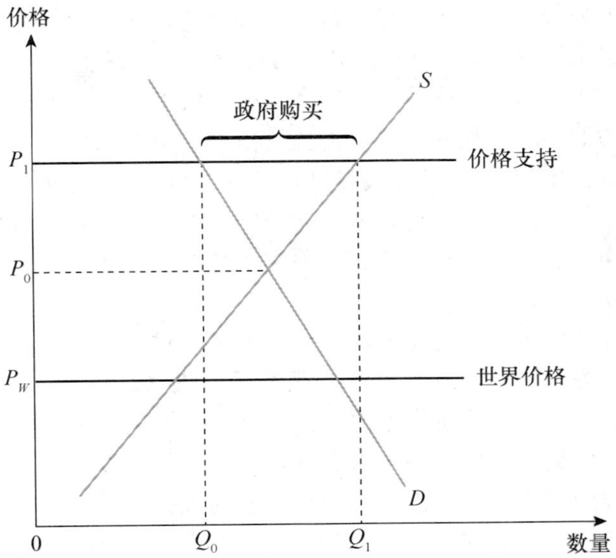

图 7 - 3　价格支持和关税

美国和其他国家之所以实施这么多的贸易保护主义政策，大抵是出于次优原因的考虑。但关税并不是最佳政策。相反，更好的政策将有助于打击催生保护需求的扭曲现象（例如，取消政府项目）。

保护环境

某些类型商品的生产可能会产生负外部性。这是某一项活动导致其他活动成本上升所带来的多余的副产品。例如，钢铁生产往往会污染空气，使附近企业如餐馆或医院很难再保持其干净的环境。外部性是市场失灵的一个例子，是钢铁生产的社会成本（其中包括当地其他企业承担的额外费用）超过钢铁企业实际生产成本的一种现象。

在监管缺位的条件下，钢铁制造商在决定产出水平时不会考虑这些额外成本。因此，市场力量往往会激发企业生产出比社会最优水平更多的钢铁。市场失灵意味着需要政府发挥作用。在刚才提到的钢铁生产的例子中，政府可以对钢铁厂征收污染税以阻止其生产。

国际贸易给试图制定政策以应对外部性等市场失灵的决策者带来新的困惑。如果生产发生在一个国家，并且产生的污染跨越其国界，那么受到污染国家的贸易政策（例如关税或配额）对阻止污染行业可能会发挥作用。但贸易政策绝不是解决这个问题的最好办法。只有在政策实施国是污染生成国的主要客户时，贸易政策才能取得好的效果。否则，这个政策对外国影响不大。在任何一种情况下，如果没有当地污染税，那么贸易壁垒的增加意味着对本土扩大生产和污染的纵容。①

① 有关贸易和环境问题的其他讨论，参见 Kym Anderson and Richard Blackhurst, eds., *The Greening of World Trade Issues*（Ann Arbor: University of Michigan Press, 1992）；Alison Butler, "Environmental Protection and Free Trade: Are They Mutually Exclusive?" *Review*（Federal Reserve Bank of St. Louis, 1992）。第 8 章有 WTO 在环境保护方面的作用的贸易政策案例研究。

另外，对环境变糟的恐惧已经被当作保留贸易壁垒的一个证据。有关建立北美自由贸易协定（NAFTA）的辩论为此提供了一个例证。某些美国环保人士反对 NAFTA，理由是它会提高全球污染水平。其论据大概如下：多年来为了满足条约的要求，面对更复杂的监管流程和更高的税收，美国企业减少污染排放的压力日益增加。NAFTA 通过后，美国公司将得到许可迁往墨西哥，那里的环境标准较低，执行力度也较差。此举的最终结果是，墨西哥的污染扩大，美国政府对污染的控制能力日益减弱。因此，环保人士认为，贸易保护和投资限制必须保持不变。①

环境标准较为宽松的发展中国家，对企图逃避本国环境监管的外国厂商富有吸引力，这一论点称为**污染避难所假说**（pollution havens hypothesis）。这一假说已然变成降低贸易壁垒的主要反对意见。虽然这种推理可能具有一定的经济意义，但是却忽略了很多重要内容。首先，它假定污染控制成本的国际差异是产业选址的首要决定因素。美国制造业的数据显示，污染减排成本平均只占总附加值的 1.38%。即使在污染成本高企的部门，也很少超过附加值的 5%。所以，在其他条件不变的情况下，通过搬迁到没有污染排放标准的国家（不像墨西哥），在竞争力方面，美国企业似乎不会获得太大的上升空间。此外，即使美国公司搬迁到新地点，它们也很可能在自己的工厂安装新的资本设备。这种设备一般会比旧有技术更加清洁。有关进口有助于美国制造业减少污染的最近研究表明，这种逻辑似乎很靠谱。有关详细信息请参见全球视野 7-1。

其次，由第 3 章和第 4 章的分析可知，降低贸易壁垒可以激发贸易自由化沿着比较优势线发生。现有的全部研究表明，大多数环境法比较宽松的发展中国家，其农业和劳动密集型制造业均具有比较优势，其资源密集型环保产品具有比较劣势。因此，美国和其他富裕国家更加自由的贸易政策，尤其是针对发展中国家而言，有助于促进相对“清洁”的行业在发展中国家专业化生产的形成。

最后，更自由的贸易政策将刺激经济增长，提高发展中国家的生活水平。最近的研究表明，环境质量随着人们生活水平的提高而提升。也就是说，环境改善是一件奢侈品。人们越富裕，就越愿意在环境改善上花费更多。②

根据 WTO 规则，成员可以实施旨在保护环境的贸易政策。但是，各国一定要注意，这些规则既没有歧视性，也不可以任意强加，更不能变成变相的保护主义。在过去几年里，WTO 争端解决委员会已经同意成员禁止进口石棉，以保护其建筑工人和居民。委员会也支持那些防止海龟被商业捕捞行为伤害的措施，并鼓励成员采取减少大气污染的贸易措施。

---

① 更多关于 NAFTA 的内容请参见第 9 章。

② 这些论点对应于 Gene M. Grossman 和 Alan B. Kreuger 在下面的文献中提出的一系列观点："Environmental Impacts of a North American Free Trade Agreement," in ed. Peter M. Garber, *The Mexico-U. S. Free Trade Agreement* (Cambridge, Mass.: The MIT Press, 1993)。

全球视野 7-1

贸易、技术和美国的环境污染

20世纪70年代以来，美国工业造成的大气污染总量大幅下降。氮氧化物排放量下降了30%，二氧化硫排放量下降了近70%。与此同时，美国制造业产出的价值上涨了70%以上。这些变化可能归因于两个因素：制造业的技术进步；美国制造产品类型的多样化。在过去的几十年里，美国的环保法律鼓励企业采用低污染技术，而不影响生产或消费的产品组合。如本章所述，国际贸易的批评人士指出，许多发展中国家几乎没有制定过或根本就没有环境保护法。这就纵容制造商尤其是那些主要环境污染者迁移到这些国家建厂生产。更重要的是，人们必须了解环保法律在何种程度上已经达成既定目标，或者制造商是否在利用污染避难所将生产转移出去。

在最近的一项研究中，美国乔治敦大学经济学教授阿里克·莱文森（Arik Levinson）对这个问题进行了研究。[1]他利用美国1972—2001年间的数据，对环境治理有多少来自技术进步，多少来自产业结构的变化进行了估算。他认为，对于“典型的大气污染物，技术进步至少与产业结构的变化功劳一样，有时甚至是后者的两倍多”。之后他继续验证，由于行业产出结构变化导致的污染下降，是否可以通过进口增加加以解释。其分析包括，生产各种最终产品所需的中间产品带来的污染成本。莱文森认为，美国进口的构成已经转向清洁用品，甚至包括中间产品。国际贸易的增长可以解释，“至多只有一半的污染减少来自美国制造业的变化”。[2]他因此得出结论，污染避难所发挥的作用相对较小，技术进步是污染水平下降的主要原因。

因此，自由贸易的反对者似乎夸大了环境问题。在不必限制国际贸易的情况下，对世界各地的制造业而言，污染减少的目标完全可以实现。

[1] 参见 Arik Levinson, “Technology, International Trade, and Pollution from U.S. Manufacturing,” *American Economic Review* (2009)。

[2] 这些发现反映并阐述了与 Matthew A. Cole 报道的类似的结果，“U.S. Environmental Load Displacement: Examining Consumption, Regulations and the Role of NAFTA,” *Ecological Economics* (2004); Josh Ederington, Arik Levinson, and Jenny Minier, “Trade Liberalization and Pollution Havens,” *Advances in Economic Policy and Analysis* (2004); Shanti Gamper-Rabindran, “NAFTA and the Environment: What Can the Data Tell Us?” *Economic Development and Cultural Change* (2006)。

战略贸易政策

我们在第5章指出，国际贸易理论的最新研究探讨了规模收益递增对国际贸易流量的作用。当规模收益递增时，国内市场不再具有完全竞争的特点。相反，任何给定行业中企业数量会越来越少，一个企业的行为会对另一个企业的行为产生影响。一旦允许国际贸易在这些行业中开展，一国企业采取的行为将会对其他国家企业的行为造成影响。① 在这种情形下，诸如进口关税或出口补贴等政策可能成为提高国家福利的一种方式。如果出于这些原因实施贸易政策，政府就被视

① 为更好地了解这一点，考虑以下两种情况的差异：如果中国台湾的纺织厂决定增产10%，则对南卡罗来纳纺织厂的生产计划没有影响。另一方面，如果丰田宣布增加10%的产量，可能会影响福特或通用汽车的生产计划。

为在执行战略贸易政策。

战略贸易政策可以通过以下两个例子加以说明。第一，假设巴西从 IBM 进口计算机，并且 IBM 是世界上唯一的计算机生产商。也就是说，巴西从垄断企业进口计算机。这种情况如图 7－4 所示。在图中，D_B 表示巴西计算机的需求曲线。MR_B 表示对应于该需求曲线的边际收益曲线。水平线 C 表示 IBM 的边际成本曲线。在自由贸易条件下，IBM 通过使边际成本与边际收入相等实现利润最大化，以每台 P^* 的价格向巴西出口 Q^* 单位的计算机。IBM 获得的利润是图中的阴影区域。

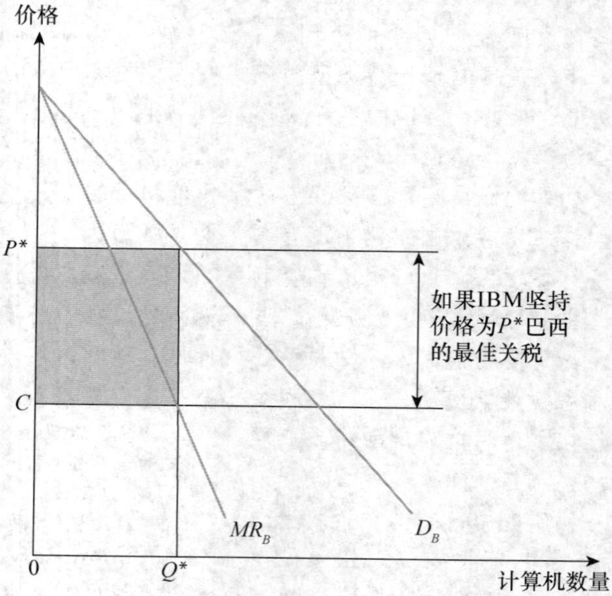

图 7－4　贸易政策和外国垄断

假设巴西也有计算机制造商，在价格高于 P^* 时有利可图。也就是说，只要 IBM 不把价格提高到 P^* 以上，巴西制造商将会拥有全部市场份额。在这种（极端）情况下，巴西应该对计算机征收关税。这个关税会带来怎样的结果？只要 IBM 想保持自己的市场份额，它就不会提高价格。由于其价格没有变化，对巴西的销售额也不会发生改变，所以消费者不会受到损害。实施关税的唯一结果是，IBM 的部分垄断利润以政府收入的形式被截留在巴西。在这些条件下，巴西的关税应该多高？显然，只要 IBM 将价格保持在 P^* 的水平上以限制竞争，巴西政府就可以提高关税，直到将 IBM 全部的垄断利润收入囊中。注意，这是一个非常特殊的情况。因为价格和贸易水平都不会改变，所以巴西征收的关税不会给任何国家带来无谓成本。巴西不过是将以前由本国居民支付给外国生产者（IBM）的超常规利润收回而已。

战略贸易政策的第二个例子是保罗·克鲁格曼在分析自由贸易观点合法性时所提出的观点。[①] 假设欧洲和美国都有能力制造新型客机，各方都有一家公司可

① 这个例子的更多细节参见 Paul Krugman，"Is Free Trade Passé?" *Journal of Economic Perspectives*（Fall 1987）。在这篇重要且具有可读性的文章中，克鲁格曼得出结论，尽管经济学家发现了实施保护政策的重要理由，但自由贸易仍然是政府追求的正确政策。

以参与生产，分别是空中客车和波音。假设每家公司都面临是否进入这个市场的选择，当只有一家公司进入该市场时，它才可以赚取利润。最后，假设任何一家公司制造的飞机全部销售到第三国，生产者剩余和国家福利相等。

表 7-4 提供了每家公司的战略博弈的细节。考虑第一个矩阵，波音（空中客车）选择是否生产，用沿着矩阵一侧（顶部）的字母 P 和 N（p 和 n）表示。矩阵的每个单元格给出的是每家公司决策后所获得的利润以及竞争对手的利润。

表 7-4　　虚拟战略贸易政策的效果

支付矩阵（无补贴）					
		空中客车			
		p		n	
波音	P	−5	−5	100	0
	N	0	100	0	0
支付矩阵（欧洲补贴 10 单位）					
		空中客车			
		p		n	
波音	P	−5	5	100	0
	N	0	110	0	0

如果两家公司同时抉择，则博弈不会存在唯一解。但是，如果允许波音先开始，那么它将决定生产飞机，而空中客车的最佳策略是远离市场。在这种情况下，如果没有任何政府干预，波音将进入市场，赚取 100 单位利润，并阻止空中客车进入该市场。

面对这种情况，欧洲是否可以采取行动来阻止？答案是肯定的。假设不管波音是否生产，欧洲保证给予空中客车出口补贴，比如补贴 10 单位。这个结果在表 7-4 的第二个矩阵中表示。在这种情况下，无论波音是否进入市场，空中客车都将获得利润。因此，空中客车将生产飞机，波音的最佳策略是不进入该市场。因此，博弈的解就会从该矩阵右上方的单元格移动到左下方的单元格。补贴 10 单位使得空中客车的利润提高 110 单位，其中的 100 单位表示利润的转移和从美国转移到欧洲的经济福利。

经济学家对其他可以采用战略贸易政策的情形进行了探讨。在一些市场条件下，适当的政府政策是进口配额。在其他的市场条件下，正确的政策是鼓励国内研发的补贴。[1]

基于刚刚讨论的例子，关税和配额似乎成为实施战略贸易政策的关键且合理

---

① 优秀的战略贸易政策的调查，参见 Neil Vousden, *The Economics of Trade Protection* (Cambridge, England: Cambridge University Press, 1990)。有关这些问题更进一步的讨论，参见 Elhanan Helpman and Paul Krugman, *Trade Policy and Market Structure* (Cambridge, Mass.: MIT Press, 1989)。战略贸易政策的现实经验似乎有限。Douglas Irwin 在一篇优秀的论文中提到，16 世纪东印度贸易中，荷兰和英国之间的对抗是战略贸易政策的典型案例。参见 Douglas Irwin, "Mercantilism as Strategic Trade Policy: The Anglo-Dutch Rivalry for the East India Trade," *Journal of Political Economy* (1991)。

的依据，但是，实际情况可能并非如此。首先，适用战略政策的条件非常特殊，并极大依赖于对企业行为的假设。例如，如果两家公司通过改变生产水平在国际市场上相互竞争，那么，最优战略政策可能是出口补贴，上述的飞机实例可以说明这一点。如果这两家公司通过改变价格来相互竞争，那么最优政策就变成出口关税。

其次，即使我们了解企业是如何相互竞争的，其他必须成立的假设也往往与现实世界相违背。例如，波音与空中客车竞争的例子表明，欧洲有动机对航空公司的生产进行补贴。但是，模型却忽略了美国飞机的部分零部件由欧洲公司制造这一客观事实。而空中客车飞机的大部分零部件是由美国公司制造的。因此，任何针对波音公司的欧洲政策，最后可能以损害欧洲零部件生产商、帮助美国零部件生产商而告终。此外，如果消除了来自波音的竞争，欧洲航空公司可能不得不为并不是很需要的飞机支付更多的费用。此轮博弈的结果是扑朔迷离的。出口补贴是正确的政策这一结论也变得模棱两可。

实施战略贸易政策的另一个问题是，这些政策的收益取决于外国政府的反应。正如贸易保护的最优关税论点一样，如果遭到外国政府的报复，那么任何最初的收益都可能会丢失，至少会减少。

最后，在某些情况下，即使有证据表明国家战略性实施关税、配额或补贴均是改善福利的好政策，经济学家也需要论证这些政策是不是政府需要实施的最佳政策。这是经济学家需要认真研究的一个重要领域。

本章小结

1. 虽然关税是当今世界上使用最普遍的贸易保护措施，但是非关税壁垒如配额、补贴和有关采购或健康与安全标准的政府政策，对国际贸易的影响也很大。

2. 配额是对国际贸易数量或价值的限制。因为配额限制了商品交易的数量，所以会催生更高的价格，从而提高国内利润和社会的无谓成本。

3. 配额对经济的影响部分取决于其管理方式。如果配额许可证被政府竞价拍卖，则配额的效果与关税相似。如果配额许可证以自愿出口限制的方式给予外国人，那么配额就会产生大量的无谓成本。

4. 即使配额被拍卖，由于配额限制数量而不是价格，所以随着时间的推移，它们往往比关税更有限制性。此外，确定配额水平和配额份额的方式与潜在的比较优势无关。

5. 其他非关税壁垒给有兴趣放开国际贸易的决策者带来了一道难题。因为这些壁垒往往与具体的产品和国家相关。即使有可能，也很难制定相应的国际行为准则来有效防止非关税壁垒的产生。

6. 大多数常见的并因此显得重要的贸易保护观点完全无效。也就是说，在这些情况下，贸易保护并不能自圆其说。

7. 存在有效的保护论点，如政府收入和国防。但是出于这些原因而采取的保护措施从来不是最有效的。

练　习

1. 关税和配额在哪些方面效果相似？在哪些方面效果不同？

2. 假设一家进口公司聘请游说者帮助它获得进口产品到某一个国家的配额许可证。作为一个团体的进口商愿意给游说者支付多少费用？解释之。假设游说者收了这项费用，这会对国家福利产生什么影响？

3. 假设一个国家需要对所有进口食品进行特别检查，但却免除了对国内产品的类似检查。这对进口、国内生产、价格和消费量有什么影响？说明原因。

4. 用图说明，如果进口水平一样，与实施关税保护措施比较，在配额保护条件下，垄断者的定价更高，产出更低。

5. 美国利用配额来保护国内的糖产业。这些配额对糖的国际价格（相对于自由贸易下的价格）可能产生怎样的影响？说明原因。

6. 最优关税论是不是贸易保护的有效观点？（提示：见第 6 章）它是实现这个目标的最佳政策吗？说明原因。

7. 考虑文中描述的飞机制造和战略贸易政策的例子。假设美国实行跟欧洲一样的出口补贴政策，给波音补贴 10 单位，这个政策将如何影响博弈的解决方案？这项政策会对美国和欧洲的福利产生什么影响？

8. 美国汽车制造商已经宣布了制造和销售电动汽车的计划。美国是否应该对这种产品给予临时保护，以保证美国的商业成功？为什么？

9. 在一个小的开放国家里，假设国内需求函数为 $Q=100-P$，国内供给函数为 $Q=50+2P$，Q 代表数量，P 代表价格。

a. 如果世界价格是 10，那么自由贸易的进口水平是多少？

b. 假设这个国家设定 4 单位的配额，国内价格会上升多少？

c. 11 单位的配额对这个国家的福利效应是什么？

d. 假设这个国家与其主要的外国供应商同意 11 单位的自愿出口限制，这项政策的福利效应是什么？

10. 根据本章的分析，自愿出口限制是比关税或配额等其他类型代价更高的保护形式。国家为什么要使用这种形式来对某些行业给予保护？

11. 假设 Guatland 用配额保护其摩托车行业，这使国内价格每单位上涨了 100 美元。如果 Guatland 政府要对每辆摩托车征收 90 美元的关税，那么 Guatland 的摩托车进口会怎样？这个关税对 Guatland 的福利效应是什么？

12. 贸易政策在什么情况下是解决世界环境问题的有效工具？在什么情况下不会很有效？一般来说，哪一种情况在现实世界中更有可能存在？

参考文献

Baldwin, Robert. *Nontariff Distortions of International Trade*. Washington, D. C.: Brookings Institute, 1970.

Haberler, Gottfried von. *The Theory of International Trade*. New York: Augustus M. Kelly Publishers, 1968.

Krugman, Paul. "Is Free Trade Passé?" *Journal of Economic Perspectives* (Fall 1987): 131-144.

U. S. House of Representatives, Committee on Ways and Means. *Overview and Compilation of U. S. Trade Statutes*. Washington, D. C.: Government Printing Office, June 2003.

Yeager, Leland B., and David Tuerck. *Foreign Trade and U. S. Policy*. New York: Praeger Publishers, 1976.

第 8 章 商业政策：历史与实践

本章主题

美国商业政策史
乌拉圭回合与 WTO 的创建
多哈回合
美国商业政策的实施

至此，我们已经对商业政策的各种工具，以及贸易政策的拥趸对实施这些工具的某些观点进行了研究。在本章，我们将聚焦于美国、欧盟和日本最近的贸易政策举措，并对此问题展开讨论。同时，我们还将对国际组织（如世界贸易组织（WTO））和协议在制定商业政策规则时发挥的作用展开详尽的探讨。

第二次世界大战结束以来，西方工业化经济体出现总体贸易壁垒明显下降的趋势。这一趋势在相当程度上是由美国促成的，世界各国在战后达成一个共同的愿望，即不再重复战争前几年的贸易战以及缓慢的发展模式。结果是，国际贸易迅速扩张，漫长的经济衰退得以避免。

然而，随着贸易的扩张，商业纠纷也如影随形。这些争端通常以特定产品的贸易为中心，在某些情形中，这些争端甚至刺激人们设置新壁垒以取代那些已经被取消的旧壁垒。反过来，贸易争端也促使不同国家的立法者修改其贸易法或这些法律的管理规则，以适应环境的变化。因此，本章特别关注对美国贸易法的性质和演变过程的讨论，同时，将通过实例说明，如何采用这些法律来处理特定的贸易问题。

8.1 美国商业政策史

美国宪法授予国会“规范与外国的商务往来”的权力，包括征收进口关税的权力，但剥夺国会制定出口关税的权力。[①] 在美国历史上，国会已在此领域履行义务，通过了一系列关税法案。其中某些法案为特定行业提供了特殊的保护措施。其他法案的目标则是对国家整体的保护措施进行上下调整。

在美国历史的头150年中，关税法案比较罕见，且其制定方式很不规律。最后一个出台的也许是最有名的法案是1930年关税法，即《斯姆特-霍利关税法》(参见第6章)。此法案通过后，随着国际贸易的崩溃，国会的关注重点从一般保护措施的制定转向其他政策的制定，以确保特定行业能够规避来自国外的某些类型的竞争。因此，自1930年以来，与商业政策相关的大部分法案（自1930年以来的贸易法案）将关税设定权授予总统，授权国家行政长官通过谈判获取较低的外国关税水平，以换取美国关税水平的削减。此外，这些法案一直在寻求解决方案，以回应美国政府对美国和海外市场“不公平的外贸实践”的问题。

图8－1说明了建国以来美国关税的周期性变动情况。建国初期，关税相对较低，旨在为联邦政府提供收入。[②] 1789年通过的第一个关税法案规定对大多数商品征收5%的进口关税。奢侈品的关税更高，税率最高为四轮马车，高达15%。1791—1807年间，贸易增长迅速，名义增长率超过400%。

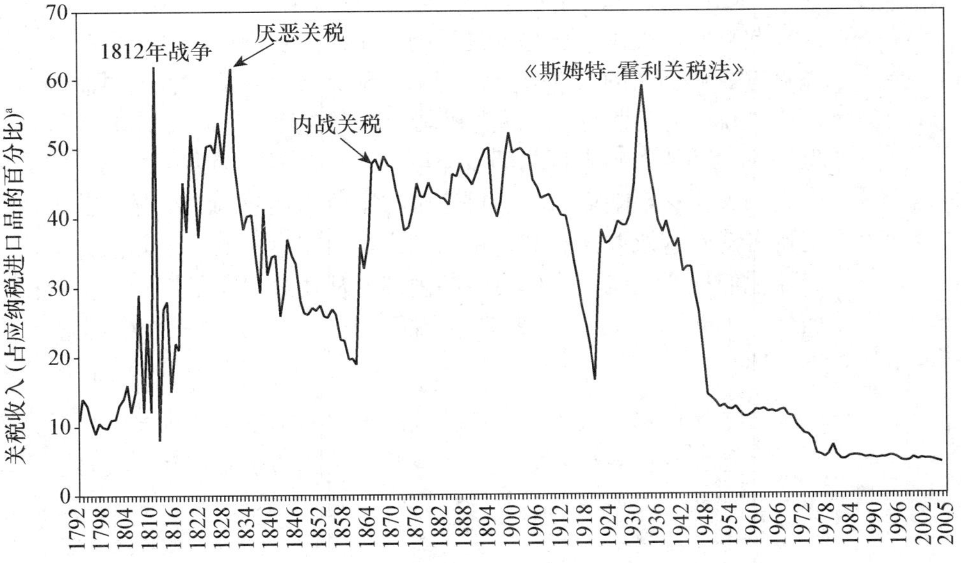

图8－1　1792—2005年的美国关税

a. 1821年以前的数据。关税收入为总进口额的一个百分比。

资料来源：U. S. Bureau of the Census，*Historical Statistics of the United States：Colonial Times to 1970*，and U. S. International Trade Commission Web site，http://www.ustic.gov/.

---

① 在南方代表的坚持下，禁止出口关税被纳入宪法，他们担心如果没有这个约束，联邦政府会将棉花出口税收作为政府收入的主要来源。

② 直到1913年宪法第十六修正案获批，美国才制定所得税。

英法战争有助于促进贸易增长，因为美国向这两个国家出口农产品和其他原材料。1808年，这一趋势被逆转。英国和法国试图通过在彼此港口进行军事封锁来限制两国之间的贸易。中立国（如美国）的货轮被封锁，货物被摧毁，水手被俘。美国政府的回应是实施禁令，禁止与英国贸易。这场争端最终演化成1812年的战争。为资助战争，美国政府加倍提高关税。也是由于战争，美国贸易暴跌至1790年以来的最低水平。尽管关税税率较高，但总体关税收入却在下降。1814年战争结束，1816年关税又提高到平均20%的水平，重新将目标定为收入保障，以偿还政府在战争期间的债务。

1812年的战争对美国的关税政策影响深远。因为战争，美国暂停了与欧洲的贸易，美国工业品制造商开始扩大生产。这些制造商主要分布在美国北部和中部地区。战争结束时，来自这些地区的国会议员开始施压，要求继续提高对工业品的关税，以保护地区的"幼稚产业"。结果是，战后出现全球性的经济萧条。此萧条导致农产品价格下跌，削弱了美国（南部和中西部）传统出口部门的地位。随着农产品价格的回落，中西部农业州的国会议员开始面临提高关税以保护本土市场的额外压力。只有来自南方的国会议员担心对外国市场的棉花出口会蒙受损失，因此对高关税持反对态度。国会分别在1824年和1828年制定了新的关税法。1828年的关税法是《厌恶关税法》，将平均关税水平提高近60%。

《厌恶关税法》如何通过是国际贸易政治史上最有趣的故事之一。《厌恶关税法》起草时，美国时任总统是约翰·昆西·亚当斯，其主要政治对手为安德鲁·杰克逊。亚当斯的大部分支持者来自新英格兰，那里普遍对制成品而不是原材料征收关税。[①] 杰克逊的追随者控制着国会。其中一些成员来自南方，他们希望降低关税。其他人则来自北部，那里关税很普遍。国会中杰克逊的支持者设计了一个新的关税法，他们认为通过这个法案可以达成两个目标。首先，让亚当斯及其支持者感到尴尬并削弱其地位。其次，给杰克逊的北方和南方支持者提供某些可以让他们投票支持（或反对）的内容，从而最大化他们的政治支持。弗兰克·陶西格（Frank Taussig）在其杰出的著作《美国关税史》中对这个计划进行了如下描述：

> 众议院将颁布一项高关税法案。此项法案不仅包含一系列高关税，同时也包含对新英格兰的原材料征收高关税的规定，而新英格兰人却希望降低这些关税［例如羊毛厂使用的进口羊毛］。这是为了满足西部和中部各州的保护要求而制定的关税，同时却令新英格兰人感到厌恶。所有的杰克逊支持者，无论来自北方还是南方的自由贸易保护主义者，团结起来，反对任何修正案；他们要投票的是这项法案，而非其他。当最后的投票时刻来临时，南方人却反过来投票反对他们自己的法案。新英格兰人以及亚当斯的支持者无法接受这个结果，于是也投了反对票。总的来说，所有人都在努力阻止此法案的通过，即使来自北方的杰克逊支持者投赞成票。人们预期的结果是，会

① 回顾第6章讨论的关税升级的概念。

议期间没有通过任何关税法案，这就是南方反对派的目标。[①]

尽管这个计划有高明之处，但当国会最终投票时，来自新英格兰的赞成票足够多，使法案得以通过。所以，本不应通过的关税法案最终成为法律。

几乎与此同时，呼吁删减本法案中较过分内容的压力产生了。几项关税如那些与美国生产不构成竞争的产品（例如，茶、咖啡和可可）的关税降低了。1833 年，国会通过了《妥协关税法案》。该法案的目标是逐年降低关税税率，到 1842 年以前，将所有产品的关税统一到 20%。20%的统一关税于 1842 年 7 月 1 日生效。但是，此法案的寿命只有两个月，后来国会要求实施更大力度的进口保护政策，通过投票将一系列产品的关税提高了。

1842—1861 年间，国会通过了两个关税法案。这两项法案都制定了削减关税计划，主要目的是降低联邦预算中的巨额盈余。1861 年、1862 年以及 1864 年，国会增加了关税，表面上是为了提高政府收入，以资助北方战争。然而，与 1812 年战后一样，内战后的关税依然高企。直到 1913 年，在南方民主党的支持下，威尔逊政府才开始大幅降低关税。关税终于达到 60 年来的新低。

与原先战争期间的情况不同，第一次世界大战期间关税一直很低。[②] 不过，战后不久，美国经济就陷入衰退，共和党入主白宫，关税再度提高。提高这些关税的法律称为《1922 年福德尼-麦坎伯关税法》。该法案将关税恢复到战前水平，通过对外国生产商关闭美国市场的手段，使饱受战争蹂躏的欧洲国家在经济重建时雪上加霜。

国会最后一次制定关税法是在 1930 年。这就是著名的《斯姆特-霍利关税法》。在第 6 章，我们描述了《斯姆特-霍利关税法》的某些特点，以及美国主要贸易伙伴对关税的反应。值得关注的是法案是如何制定的。开始时，它只是作为一项措施用来对有限的农产品征收关税。为了使该法案得以通过，其支持者一直寻求国会议员的支持。获得这种支持的代价是，通过法律规定对这些新支持者所在国会选区的产品征收更高的关税。对某个建议投赞成票，以换取对另一个建议投赞成票的过程称为**互投赞成票**（logrolling）。《斯姆特-霍利关税法》就是一个典型的互投赞成票的例子。越来越多的国会议员表明自己支持这项法案，要求对在自己所处地区生产的产品征收高关税作为回报。结果产生了自《厌恶关税法》以来最高的关税组合。[③] 不久，海外报复性关税随之而来，结果是国际贸易量的下降。

1828 年和 1930 年的关税有助于说明由政府立法部门制定关税政策的固有弊端。1933 年，罗斯福当选总统，国务卿科德尔·赫尔说服国会，把与贸易伙伴

---

① 这段文字节选自 Frank Taussig，*The Tariff History of the United States*（New York：G. P. Putnam's Sons，1888），88-89。这是一本引人入胜且通俗易懂的关于 19 世纪美国经济学和保护主义政治的书。陶西格长寿且多产，他之后出版的书分析了《斯姆特-霍利关税法》。

② 到 1913 年底，美国实施了所得税。因此，它不需要像战争期间那样，依靠关税为战争提供经费。

③ 要进一步了解互投赞成票在《斯姆特-霍利关税法》形成中的作用，参见 Douglas Irwin and Randall Kroszner，"Logrolling and Economic Interests in the Passage of the Smoot-Hawley Tariff，" *Carnegie-Rochester Series on Public Policy*（December 1996）。

谈判并达成相互降低关税水平的协议的权力让渡给总统。允许总统参与这些谈判的机制就是《1934 互惠贸易协定法》。这一法案赋予总统这样的权力，在不诉诸国会的前提下，可以通过协商将美国关税最大幅度降低 50%。国会授予总统的关税谈判权只有三年时间。1937—1943 年间，政府在其后订立的另外三个贸易条例中将此权力恢复。至 1945 年，美国已经与 27 个国家达成 32 项协议，关税税率平均降低了 44%。

美国进行双边关税谈判的基本原则是**无条件最惠国待遇**（unconditional most favored nation status）。根据本规则，任何美国在双边谈判中（例如，与加拿大）同意削减的特别关税，将适用于美国政府指定享有最惠国待遇（MFN）的所有其他贸易伙伴的产品。①

第二次世界大战结束后，几个新的国际组织和协定产生了。其中之一就是《关税及贸易总协定》（GATT）。GATT 在国际社会中有两大宗旨。其一，它设置国际商务的行为规则，并为听证提供场所，以解决国际商务纠纷。GATT 有四项重要原则：（1）总体贸易壁垒必须降低，配额尤其应该取消；（2）贸易壁垒应该以非歧视（最惠国）原则为基础；（3）优惠关税一旦制定，如果没有对受到影响的贸易伙伴进行补偿，则不可取消，也不允许设立新的壁垒取代已降低的关税；（4）贸易争端应通过协商解决。GATT 的贸易规则是现行国际贸易规则的基础。全球视野 8-1 将进一步详细描述。

全球视野 8-1

《关税及贸易总协定》

《关税及贸易总协定》的序言中建议通过减少贸易壁垒，尤其是消除歧视性贸易惯例来提高人民的生活水平。协定第一部分设定了非歧视性的基本原则，并通过法律手段约束会员国遵守其关税优惠政策。第二部分要求成员国根据几个条件打破非关税壁垒。第三部分内容为程序规则，最重要的是鼓励建立自由贸易区。第四部分是 1965 年新增的，强调发展中国家的特殊需要。

第一部分

最惠国待遇（MFN）

第一条规定，所有成员国的进口产品关税应当一样。这种非歧视性主张称为最惠国（MFN）待遇。

约束关税表

第二条通过法律规定将成员国与关税优惠绑定。申明关税不应高于每个国家关税表中的税率。

第二部分

国民待遇

第三条禁止成员国通过实施非关税政策规避关税优惠，以抵消削减关税的影响。国民待遇要求内部税收同时适用于国内和进口产品，对进口产品的规定“不逊色”于国内同类产品。

海关规定

第五条、第七条到第十条对限制进口的海关手续进行了约束。这些活动包括过境规

① 参见第 6 章关于最惠国待遇的讨论。

定（第五条）、海关估价（第七条）、海关费用及手续（第八条）和原产地标志（第九条）。

第十条规定，有关贸易的一切法律和法规的制定和实施应当透明，贸易法需要公开披露，并得到统一公正的管理。

反倾销和反补贴税

第六条对倾销进行定义，规定倾销和损害国内生产者的行为必须得到证实，才可以获得反倾销税补偿。此条款同时规定，反倾销税不应超过倾销利润边际。此外，此条款还制定了类似的反补贴关税规则，以抵消外国政府的补贴行为。

数量限制

第十一条要求根据若干条件，全面取消贸易的数量限制（QR）。最重要的是，QR可以用来维持国际收支平衡（第十二条），并规定临时免责条款以补偿国内产业（第十九条）。发展中国家还可以利用QR进一步实现发展目标（第十八条和第四部分）。第十三条规定，除了第十四条所列举的例外情况，必须在非歧视基础上实施QR。第十五条对使用货币管制手段规避QR约束的行为作出规定，在国际收支平衡出现突发情况时，协调好关贸总协定和国际货币基金组织的利益。

补贴

第十六条不鼓励在一般情况下采用补贴手段，尤其要对非初级产品取消出口补贴。初级产品出口补贴使一个国家获得的利益不应该超过该产品在世界出口贸易中应得的份额。

国有企业

第十七条规定，国有企业应根据正常的商业规则选择潜在的买家和卖家，在价格、质量和采购方面尤其如此。

发展中国家的政府援助

第十八条规定，如果符合那些严格的标准，发展中国家可以获得总协定大多数要求的豁免权。由于标准严格，这些豁免权很少被采用。相反，实践证明，发展中国家已经将这类政策当成非关税壁垒和出口补贴手段，以规避国际收支问题的产生。

免责条款和其他特例

第十九条至第二十一条是对总规则的免责补充条款。第十九条免责条款允许一个国家通过撤回特许权或其他措施，对遭受进口损失的国内生产者进行保护。第二十条和第二十一条对其他基本的非经济贸易限制的原因进行了确认，如国家安全保护等。

协商与争端解决

第二十二条和第二十三条为关贸总协定规定了争端解决流程。这些条款着重强调国家之间的磋商，不过，在不具约束力的基础上也可以要求专家小组审查案件。

第三部分

程序问题

第二十四条至第三十五条对程序和其他行政事项做了规定。最值得注意的是，第二十四条强调自由贸易区的建设问题；第二十八条制定了修改关税表的规则，包括定期关税谈判的召集；第三十三条制定了新成员的评估标准。

第四部分

贸易与发展——发展中国家的待遇

第三十六条确认了发展中国家面对的特殊问题，指出发达国家不应指望从发展中国家获得互惠互利的结果。第三十七条包含一条发达国家的意向声明，即通过单边降低贸易壁垒的方式鼓励发展中国家出口。第三十八条鼓励稳定和提高初级产品的市场条件。

资料来源：U. S. Congress, Congressional Budget Office, *The GATT Negotiations and U. S. Trade Policy* (Washington, D. C.: Government Printing Office, June 1987), 18-19.

GATT 的第二个宗旨是：为一系列旨在降低全球保护水平的多边对话提供论坛。1947—1993 年间，相关谈判完成了八轮，每一轮谈判都使世界关税水平得以降低。被称为“多哈回合”的第九轮谈判始于 2001 年，并定于 2005 年底结束，但是至今仍在继续。乌拉圭回合谈判的成果之一是世界贸易组织（WTO）的创立，以取代关税及贸易总协定。表 8-1 总结了各回合谈判结果的详细信息。

表 8-1　　GATT 和 WTO 下的美国关税削减

	主题	涉及国家数	全部关税平均削减	剩余关税占 1930 年关税的百分比
第一回合，日内瓦，1947 年	关税	23	21.1	52.7
第二回合，安纳西，1949 年	关税	13	1.9	51.7
第三回合，托基，1950—1951 年	关税	38	3	50.1
第四回合，日内瓦，1955—1956 年	关税	26	3.5	48.9
狄龙回合，日内瓦，1961—1962 年	关税	26	2.4	47.7
肯尼迪回合，日内瓦，1964—1967 年	关税和反倾销	62	36	30.5
东京回合，日内瓦，1974—1979 年	关税和非关税壁垒	102	29.6	21.2
乌拉圭回合，日内瓦，1986—1993 年	关税、非关税壁垒、服务、知识产权、争端解决、农业、WTO 等	123	33	n. a.
多哈回合，日内瓦，2001 年至今	经济发展、WTO 规则、关税、非关税壁垒、服务、农业等	153	n. a.	n. a.

资料来源：WTO，http://www.wto.org/English/thewto_e/whatis_e/tif_e/fact4_e.htm and Real Phillipe Lavergne，*The Political Economy of U.S. Tariffs*（Toronto：Academic Press Canada，1983），Table A2.1.

对世界贸易壁垒产生实质性影响的前两组谈判分别为 1964—1967 年间举行的肯尼迪回合会谈，以及 1974—1979 年间的东京回合谈判。这两组谈判导致工业化国家的关税水平大幅降低。第二轮谈判还就一定程度降低非关税贸易壁垒的问题达成初步协议。在两组谈判之前，美国均已通过立法，授权美国总统派代表与特定的权威部门谈判，以降低贸易壁垒。[①] 允许美国参加肯尼迪回合谈判的立法就是《1962 年贸易扩张法》。《1974 年贸易改革法》授权美国参与

① 从技术上讲，作为实施外交政策的负责人，总统可以随时就降低关税或其他形式的保护进行谈判。无论这些谈判是否达成一致，都必须获得国会的批准。因此，没有国会授权，总统很少会发起（或外国将参与）谈判。

东京回合谈判。[①] 允许美国代表参加乌拉圭回合谈判的授权始于1979年，《1988年综合贸易法案》给予续期，国会在1991年将之延期至1993年。由于在劳工和环境问题上政治争端激烈，多哈回合贸易谈判的授权被国会推迟，直到回合开始时才授权。最终由2002年8月通过的《2002年贸易条例草案》给予授权。本法案规定的谈判权延至2007年。虽然会谈按照不规则的时间表进行，但由于至今授权没有过时，美国一直参与此轮谈判。

为什么国会最初愿意将部分贸易政策权让渡给总统？显然，正如我们在对《斯姆特-霍利关税法》的讨论中指出的那样，贸易政策的制定程序已经崩溃。在国会大厦中关于关税法变革的任何讨论，都会引发一大批游说者寻求额外的关税变动。关税不断升级，美国贸易伙伴对美国产品征收的报复性关税纷至沓来。

值得庆幸的是，国会意识到问题的解决办法是把自己的一部分权力让渡给政府行政部门。国会的行为完全是出于对自身利益的考虑。也就是说，通过将关税设定权给予总统，国会成员就可以获得"自我保护的优先权：不必因生产商直接的单方面压力而制定不良贸易法"[②]。在这个过程中，美国出口商的利益得到更多的关注，因为美国贸易政策的焦点是开辟国外市场，而非封闭国内市场。

不过，对于向总统授权这个决策，国会并不甘心。《1934年互惠贸易协定法》之后，在每个贸易法案的制定中，总统的权力均受到额外的限制。一些特色内容不断被添加到法案之中，例如，允许国内企业寻求废除关税削减，对外国贸易伙伴的优惠政策因此被废除。在某些情形下，对外国政府的让步既涉及与贸易相关的让步，也涉及与贸易无关的政治行为，如在禁毒或人权保护方面的执法合作等。总而言之，随着多边贸易自由化谈判的成功，贸易得以扩张，国会又通过对行政机关的行为强加程序和约束的方式制定出新的保护措施（通常是针对特定产品）。正如罗伯特·鲍德温（Robert Baldwin）所言，

> 多年来，国会给总统授权的范围不断扩大，大抵可以通过下列文件的页码粗略估算：《1934贸易协定法》2页，1958年增补部分8页，《1962年贸易扩张法》32页，《1974年贸易法》99页，《1979年贸易协定法》173页，《1984年贸易与关税法》102页。[③]

---

① 如表8-1所示，直到1961年的狄龙回合，关贸总协定会议才得以命名。道格拉斯·狄龙（Douglas Dillon）是本回合谈判时的美国财政部长，也是美国代表团的领导人。下一轮谈判是以肯尼迪总统的名字命名的，因为贸易扩展法通过时他是美国总统，故以此纪念。当尼克松总统让《1974贸易改革法案》通过时，他也希望有一个回合以他的名字命名，然而，由于水门事件，这一美梦最终泡汤。此回合称为东京回合而不是日内瓦回合，是因为贸易部长1974年在东京会晤时，同意开展这么一轮新的谈判。由于贸易部长1986年在埃斯特角城（乌拉圭）会谈，故而乌拉圭回合得以命名。多哈（卡塔尔）回合因贸易部长2001年在此地开会而得以命名。

② 参见 I. M. Destler，*American Trade Politics*：*System Under Stress*（Washington，D. C.：Institute for International Economics，1986），12。

③ Robert Baldwin，*The Political Economy of U. S. Import Policy*（Cambridge，Mass.：MIT Press，1985），38.

8.2 乌拉圭回合与 WTO 的创建

1986 年 10 月，乌拉圭回合始于在乌拉圭埃斯特角城举行的贸易部长会议。[①] 正式谈判过程涉及 100 多个国家的代表，谈判于 1986 年底开始，预计持续四年或五年。会谈很快就在一些棘手的问题上陷入僵局；这些问题悬而未决，一直拖到 1993 年 12 月，在美国设定的最后期限前数小时才达成协议。什么原因令乌拉圭回合如此争议不断？原因是，与从前只聚焦于降低关税的其他回合不同，乌拉圭回合谈判集中在降低非关税壁垒、扩大知识产权保护、服务业和农业实现贸易自由化以及改善关贸总协定体系的运作等方面的问题上。这些目标的大多数被以前各回合所忽略，因为谈判方担心，在这些问题上产生分歧可能会破坏谈判，这几乎就是乌拉圭回合的实情。

在回合谈判的最后三年，农产品贸易自由化成为达成协议的最大绊脚石。关贸总协定的规则一直适用于农产品贸易。然而，包括美国、日本、韩国和欧盟在内的成员却可以获得这些规则的豁免权。结果是，许多国家继续对农产品实施高关税或配额，即使在大多数制成品保护水平下降的环境下也不考虑调整。

总的来说，欧盟的保护主义政策最严厉。为保护当地农民，欧盟对各种农产品实行一套目标价格体系，并将之与进口壁垒和出口补贴相结合。此体系称为共同农业政策（CAP）。对剩余农产品实施出口补贴与进口壁垒相结合，欧盟的这一举措对世界价格产生了重大影响。[②] 在谈判过程中，CAP 饱受美国和一组被称为凯恩斯集团的农产品出口国的诟病。美国寻求大幅减少美国农产品的出口补贴，并将美国农产品大力推向欧盟市场。然而，由法国主导的欧盟在这一问题上拒绝作出任何重大让步。最后，1993 年 12 月，欧盟和美国就农业问题达成协议，终于让乌拉圭回合谈判收官。在这些谈判中，其他国家也宣布本国农业政策的自由化措施。韩国和日本两国宣布终止对进口大米的长期禁令。

乌拉圭回合在服务国际贸易自由化方面也取得了一定的成就。过去几十年，包括银行、建筑、保险、数据处理和视听娱乐等领域在内的服务生产和贸易均获得长足发展。根据 WTO 的估算，2010 年的跨境服务贸易总额达 3.6 万亿美元，约为 1980 年的 10 倍，约占世界商品贸易规模的 1/3。关贸总协定从未就这一领域的贸易行为制定过任何正式规则。许多国家继续对各种服务贸易类型施加约束，发展中国家尤其如此。1992 年 3 月，在包括电信和金融服务的几个服务行业的贸易规则上，协议几近达成。然而，在乌拉圭回合协议的最后草案中，只是对关贸总协定涉及此类或其他服务部门的规则稍做扩充。该协议要求各国制定规则和许可程序，确保来自其他国家公司的服务能够享受到与本国公司一样的待

---

① 对乌拉圭回合主要成就的出色讨论，参见 Will Martin and L. Alan Winters, *The Uruguay Round: Widening and Deepening the World Trading System* (Washington, D.C.: World Bank, 1995)。

② 乌拉圭回合结束近 20 年后，CAP 一直没有改变。2010 年，欧盟约一半的预算用于支持此项计划。

遇。然而，成员仅仅简单承诺改变其规则，以反映这些原则。此外，美国和欧盟之间的其他问题，如欧洲对美国电视和电影的限制和课税等，完全没有得到解决。

尽管贸易自由化进程因为各种各样的妥协而放缓，乌拉圭回合协议还在对不断变化的国际贸易环境产生了重大影响。1995 年 1 月 1 日，随着签字成员一系列降税措施的实施，该协议生效；从那时起关税水平又下降了 33%。到 2005 年初，尽管美国和欧盟还在对来自中国的纺织品和服装实施限制，其他工业化国家已经逐步取消了纺织品和服装的配额。这些协议如今已经失效。

也许乌拉圭回合最实质性的进展是建立了一个新的国际机构——世界贸易组织（WTO)。WTO 取代关贸总协定，成为负责执行现有国际贸易协定并担任新贸易自由化谈判东道主的国际组织。截至 2012 年初，WTO 成员已达 157 个，这些成员占世界贸易总量的 98%以上。另外还有 26 个国家/地区正在申请加入 WTO。WTO 的基本规则包括关贸总协定规定的原则以及在乌拉圭回合中确立的规则。所有国家/地区必须接受乌拉圭回合的全部结果方可成为 WTO 的成员，无一例外。WTO 负责制定产品和服务贸易、国际投资以及知识产权保护的新规则，并实施一套更有力的争端解决程序。

因为缺乏执行机制，旧的关贸总协定经常受到抨击。一旦国家之间发生争端，各国将会被敦促协商解决。一旦协商失败，可以让由第三国代表组成的小组来审理相关案件，并发布裁决结果。然而，专家组的裁决对当事方却不具有约束力。如果在关贸总协定的裁决中获胜，一国可以要求关贸总协定允许自己对冒犯国进行报复。不过，冒犯国可以对报复进行否决。

WTO 争端解决程序，倾向于自动采纳贸易争端解决小组以及某一专门听取小组申诉意见的特定上诉机构的结论。此程序还提供了交叉报复机会（即因某部门违反规则而取消另一部门的福利)。更强大的争端解决机制的一个目标是，通过确认成员不能自行裁定违规，限制单方面裁定贸易违规。

WTO 的争端解决机制一直非常活跃并且功绩显著。1995 年 1 月到 2011 年 9 月，进入争端解决程序的案件已达 427 起，涉及 200 多个问题。此案件总数几乎是关贸总协定成立 50 年以来全部案件总数的 4 倍。这个事实说明，WTO 系统的有效性高于关贸总协定。不过，委员会已达成的决定有时充满争议，因此被标记为危险决定。WTO 委员会的决定被批评家描绘成一个超级政府机构的决定，它迫使民主国家推翻自己的法律，以满足跨国公司的意愿。然而，事实并非如此。委员会所做的一切，无非是确保各国政府不能通过任何有悖于国际商业协定的法律，这些协定已被各国政府认同。在贸易和投资方面，WTO 不能强迫成员在它们已经选择的范畴之外开放贸易和投资。无论如何，一个有效的争端解决机制意味着对协议的严格遵从。这使 WTO 比它所取代的关贸总协定显得更加完备。

一些人认为，WTO 过于强大可能对世界环境不利。某些成员的环境政策由于违背 WTO 规则而受到质疑。事实上，环境和贸易政策之间的关系越来越为 WTO 官员所关注。目前，WTO 规则对各国政府实施有关国内生产或消费活动的规定的能力并未施加任何约束，哪怕这些规定可能对环境产生不利影响。

如果环境问题是由于另一个国家的生产或消费活动所引发的，WTO规则会对国内的监管行为进行约束，因为WTO规则禁止依据出口国国内政策或做法的变化来确定市场进入行为。否则，将会催生更多新的贸易限制，因为这些国家要么试图将本国的环境标准强加于别国头上，要么以此为借口，减少来自外国产品进口的竞争。

不过，WTO规则对单方面将贸易措施当作环境政策的限制，并不意味着主权国家对此无能为力。主权国家可以通过谈判达成多边协议，采取共同行动。例如，1987年，很多国家在《蒙特利尔议定书》上签字，要求禁止破坏臭氧层的产品的贸易。该议定书于1989年生效。此后，协议被修订了几次，扩大了禁止产品的数量，并向签署协定的发展中国家提供进一步的经济技术援助。目前，已经有191个国家在议定书上签字。人们相信，如果各国能够遵守协议，臭氧层将在2050年以前完全恢复。

另一项旨在保护环境的国际协议是制定于1992年并于2005年生效的《京都议定书》。本议定书的签署国同意采取措施，将本国的温室气体排放量减少到低于1990年的水平。协议的一个组成部分是，各国采取的行动必须与WTO规则一致。也就是说，任何国家都不能通过贸易措施，随意或以不合理的方式歧视他国。迄今为止，已有183个国家签署了该协议。美国也是签字国，但尚没有（截至2012年初）通过立法强制执行该协议。

如果多边协定失效，相关国家可以从WTO规则中寻求豁免规定以实施本国政策。在这两种情况下，这些选择为环境问题提供了解决方法，不必过度诉诸单方面行动。

贸易政策案例研究1

美国为保护海豚而设定金枪鱼配额

海豚经常在东太平洋黄鳍金枪鱼群附近出没；渔民搜寻黄鳍鱼群常见的方式是寻找海豚的群聚地，因为海豚经常在金枪鱼上方游动。在围捕金枪鱼的过程中，部分海豚会被困在网中窒息而死。因为没有人购买海豚肉，所以死海豚一般会被丢弃。

虽然偶尔捕捉到海豚是一个孤立的问题，一般只会发生在太平洋东部，但是，这个问题一直被动物保护组织所关注，它们曾向国会投诉这个问题。1972年通过的《海洋哺乳动物保护法案》（MMPA）对危及海豚生命的金枪鱼捕捞进行了限制。该法案呼吁，如果金枪鱼的捕捞行为导致海豚的捕捞量超过20 500只（年配额），政府必须将东太平洋的捕鱼区关闭。此配额于1986年10月首次达成，在该年余下的时间里，该地区对美国的金枪鱼船队全面封闭。MMPA同时对那些捕鱼行为危害海洋哺乳动物的国家实施进口限制，只允许从按照美国标准操作的国家进口。但1984年、1988年和1990年的修正案使其他国家越来越难以满足美国黄鳍金枪鱼的捕捞标准。1990年4月，加利福尼亚州北部的美国地方法院根据MMPA的规定，对墨西哥金枪鱼进口实施禁运。禁运在1991年2月的上诉中得到支持。墨西哥立即根据关贸总协定对禁运发起挑战。

墨西哥认为，美国通过配额的手段禁止黄鳍金枪鱼进口，而配额在 GATT 第十一条中已被明文禁止。美国回应称，对墨西哥金枪鱼的进口禁运并非配额，而是美国的本土规定，适用于所有的金枪鱼，无论是从外国进口还是美国人自己捕获。1991 年 9 月，关贸总协定委员会对墨西哥表示支持。其理由是，美国政策并没有平等对待墨西哥和美国金枪鱼渔民。根据美国标准，墨西哥渔民在捕捞金枪鱼的过程中杀死海豚的数量以美国渔民杀死海豚的数量为基础，而美国这个数量在捕捞完毕后才会披露。因此，墨西哥官员任何时候都无从知晓他们是否按照美国标准操作。委员会认为，对保护海豚而言，这种不可预测性不是必要的，而且也不应该将之视为 GATT 规则的特例。1991 年 10 月，两国要求先搁置委员会报告，待双边就相关问题进行谈判后再行处理。

不久，包括美国和墨西哥在内的在太平洋东部捕捞黄鳍金枪鱼的 10 个国家，自愿签订了一个名为“拉荷亚协议”（La Jolla Agreement）的国际海豚保护协议。这是世界上第一个对海豚死亡率提出限制的协议，此协议设置了一个目标，到 2000 年以前，将海豚的死亡数减少到 5 000 只以下。该协议包括安排观察员监督，并就海豚释放技术、海豚生物学和海豚捕捉技术的数据收集等内容对船长和船员进行培训。此协议成就非凡，海豚死亡数从 1989 年年均 100 000 只下降到 1996 年 2 700 只以下。

1995 年，包括美国和墨西哥在内的 11 个国家共同签署了《巴拿马宣言》。该协议要求美国解除对签署协议国家在东太平洋捕捞的金枪鱼的禁运，并变更海豚安全的定义，将没有导致海豚死亡的网捕金枪鱼包含在内。当时，海豚安全的定义是，禁止在太平洋东部通过围网方式捕捞金枪鱼。渔民通过其他手段或在世界其他地域捕捞金枪鱼引致的海豚死亡仍然可以使用海豚安全标签。

1997 年，国会通过《国际海豚保护计划法案》，明确了《巴拿马宣言》中定义的法律约束力。政府正式取消了对网捕金枪鱼进口的禁运，并要求每一条金枪鱼捕捞船配备一名来自国际监督小组的观察员进行监督。2002 年初，商务部宣布放宽使用海豚安全标签的规定。此举在美国法院受到环境保护团体的挑战，并在 2004 年被推翻。联邦政府支持这项裁决，但在 2007 年，美国某个联邦上诉法院再次裁定，认为解除对网捕金枪鱼进口的禁运与国会的意图一致。2008 年，墨西哥就这一政策向 WTO 提出申诉。2011 年 9 月，一个世贸争端解决小组对墨西哥表示支持，因为它们发现，美国没有理由对墨西哥金枪鱼的“海豚安全”进行约束，因为墨西哥的捕鱼手段完全符合国际海豚安全指南的要求。美国已宣布将对该裁决提出上诉。

8.3　多哈回合

多哈回合贸易谈判始于 2001 年 11 月在卡塔尔召开的多哈贸易部长会议。这次会谈的目标宏伟，意图解决许多争端，参与谈判的国家和地区超过 100 个。部长声明中提出的会谈重点目标，是经济增长与贸易自由化之间的联系。谈判持续 10 年多，却进展有限，谈判最终于 2008 年 7 月破裂。从那时起，人们多次尝试重启谈判。然而，截至2012年初没有取得任何实质性进展。

最初确定为谈判主题的问题有21个。其中包括：

> 实施。在实施乌拉圭回合达成的协议方面，发展中国家面临问题。在某些情况下，这些国家甚至希望被排除在这些协议之外。其他国家则希望延缓采用新贸易规则的时间。
>
> 农业。此处的目标是通过降低贸易壁垒、取消出口补贴和减少内部生产支持计划，使世界农产品贸易更加符合比较优势原则。
>
> 服务。目标是使商业服务自由化。
>
> 市场准入。多哈回合要求就全部非农业产品的关税削减进行谈判。其目的是“降低或适当消除关税，包括降低或消除关税峰值、高关税、关税升级以及非关税壁垒，特别是针对那些对发展中国家有利的出口产品”。此类谈判应充分考虑发展中国家和最不发达国家的特殊需要和国家利益，并承认这些国家并不需要匹配或回报其他成员作出的关税减让承诺。
>
> 知识产权。这些会谈的重点是修订现有的《贸易相关知识产权协定》(TRIPs)，以改善发展中国家的公共卫生状况。为此，协议将促进以更好的方式获得现有药物，并鼓励药品创新。
>
> 环境。谈判的重点是现有WTO规则与多边环境协定中规定的具体贸易义务之间的关系。谈判将讨论如何将WTO规则应用到缔结环境协议的WTO成员身上。
>
> 最不发达国家。许多发达国家已经取消或降低从世界上最不发达国家进口产品的关税。多哈回合希望实现来自这些国家产品无关税、无配额的市场准入目标。

会谈的最后期限设为2005年1月1日。会谈开始不久，贸易部长之间就出现了重大分歧，原来规定的最后期限显然无法满足各方要求。2005年12月，WTO成员的贸易部长在中国香港开会，企图重启会谈。然而，除了将2006年12月31日设定为新的截止日期以结束本回合，本次会议再无别的建树。谈判的关键问题是，在如何处理农业贸易问题上，各方存在重大分歧。如内部政治原因，包括美国、欧盟各国和日本等主要工业化国家在内的国家继续实施生产补贴，对农产品提高进口壁垒。这些政策对贸易的扭曲程度比其他任何国际贸易领域的扭曲程度都高。反过来，在发达国家改变其农业政策之前，发展中国家不愿意降低本国的工业品和服务的进口壁垒。

2006年的截止日期并不是一致通过的。此后，总干事帕斯卡尔·拉米(Pascal Lamy)又召开了几次部长级会议，试图达成共识，但一切只是徒然。最近一轮于2011年12月结束的会谈，宣称在达成协议方面毫无进展。前面所描述的各种重大分歧继续限制任何共识的达成。同时，美国总统的谈判权已经过期，在2012年大选前，很可能不会有新的授权。鉴于这一切，多哈回合谈判似乎无法圆满结束。

8.4　美国商业政策的实施

美国贸易法具有一定的两面性。一方面，自 1934 年以来通过的主要贸易法规中，国会已经授权系统性地消除美国贸易壁垒，以换取外国贸易壁垒的降低。另一方面，国会为美国企业提供替代机制，以减少来自外国竞争的冲击。这些法规以更高层次的保护形式帮助美国企业抵御外国公平或不公平的竞争，并对合法商业活动的规则进行定义。我们将在本节详细讨论其中的一些措施。

8.4.1　倾销

倾销（dumping）被定义为某一厂商以低于国内售价或制造成本价的价格在外国销售某一产品的行为。此类销售被美国法律定义为“低于公平价值”（less than fair value，LTFV）。

在讨论处理倾销的法律程序之前，我们先探讨关于倾销的经济学理论。参见图 8－2。假设此图用来表示美国羊毛衫市场。P_W代表世界市场和出口国（如韩国）国内的羊毛衫价格。在自由贸易条件下，美国的羊毛衫价格也将是 P_W，进口数量为 MN 单位。其他条件不变，如果韩国人将其羊毛衫价格降到 P_1，则被视为在美国市场倾销其产品。

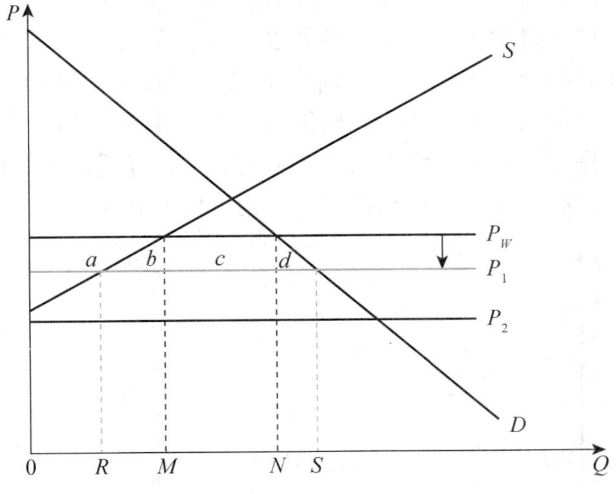

图 8－2　倾销

假设韩国人确实以价格 P_1 倾销羊毛衫。美国将受到怎样的影响？显然，消费者将受益，而国内羊毛衫生产商将受损。不过，消费者的收益将超过国内生产者的损失，导致美国福利得以提高。这个分析带来一个明显的问题：如果外国倾销对美国有好处，为什么国会会立法反对？答案是，在这种情况下，国会更关心的是对国内生产商利润的保护，而不是美国福利水平的提高。此外，还存在一种担忧，即外国倾销可能是**掠夺性倾销**（predatory dumping）。

考虑一下，如果韩国人收取的价格为 P_2 而非 P_1，结果会怎样？显然，美国厂商将被逐出市场。这是因为 P_2 低于国内任何厂商生产所需的最低价格（也就是说，此价格低于国内供给曲线的截距）。人们有时认为，如果缺乏来自国内厂商的竞争，外国厂商将会停止以此低价出售产品，并开始成为垄断者。如此，倾销是有害的。这听起来情节生动，但并不存在相关的文献证据表明掠夺性倾销曾经发生或者可能会发生。如果外国厂商开始以垄断方式定价，这肯定会对新厂商进入市场或老厂商重返市场产生莫大的吸引力。因此，如果外国厂商企图将整个美国市场据为己有，它们必须保持低价，以阻止美国厂商进入。

倾销会在何种条件下产生？条件之一是，某个外国行业在国内和国外都拥有一定的市场力量。得益于这种市场力量，该厂商可以自行定价，并通过这种方式在国内外两个市场销售产品，实现利润最大化。现在，假设厂商在两个市场面临的是两条不同的需求曲线，如果厂商不能在两个市场之间转售产品，该厂商必定会在两个市场收取不同的价格。换句话说，厂商会采取**国际价格歧视**（international price discrimination）政策。如果该厂商的国内市场对其产品的需求更缺乏弹性，它在国内的定价很可能会高于海外定价。

参见图 8-3。在图中，我们展示了一家日本半导体厂商所面临的两个市场。图的左侧表示该厂商的产品在国内（日本）市场的需求曲线。图的右侧表示此产品在外国（美国）市场的情况。产品的国内需求曲线形状陡峭（缺乏弹性），反映国内市场或许对此产品更熟悉。美国的需求曲线形状平坦，反映了本地替代品存在的可能性。现在假设无论在何处销售产品，生产边际成本相同（且不变）。这可以通过两图中高度相等的水平的边际成本（*MC*）线表示。为了实现利润最大化，在两个市场上，厂商将按照边际收益（*MR*）等于边际成本（*MC*）的原则确定产出水平。然后，根据两个市场给定的产出水平，为每个市场设置一个价格，保证产品完全销售出去。这与我们已经得出的结论无异，该厂商在国内收取的价格高于美国。换句话说，倾销可以由利润最大化行为引发。

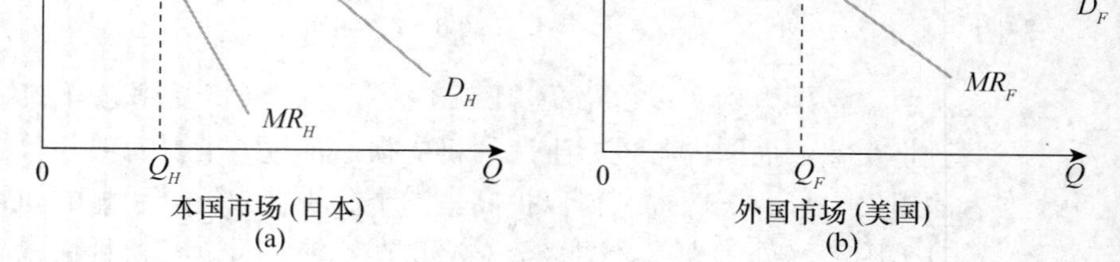

图 8-3　国际价格歧视

国际价格歧视是倾销的一种解释。如果外国公司接受政府的生产或出口补贴，这种结果也有可能发生。此类补贴将有助于厂商支付生产成本，从而允许厂商收取低于边际成本的价格。如果厂商按照这个条件在世界市场倾销产品，结果是，该厂商本国的纳税人相当于为产品销售所在国的消费付了一笔账。正如许多经济学家开的玩笑那样，在类似情形下，倾销所在国的居民应该给外国纳税人寄一封感谢信。

8.4.2　反倾销法

现有的反倾销法规定，在一定条件下，必须对在美国销售的价格低于公平价值的外国产品征收特别关税（正常关税以外）。特别关税应等于实际（较低）销售价格与（较高）公平市场价值之间的差额（称为**倾销幅度**（dumping margin））。如果要对某一产品征收特殊关税，则必须要证明此产品的倾销对国内产业产生重大损害或损害威胁。证明损害或威胁的要求称为**损害测试**（injury test）。

反倾销案件始于商务部（DOC）和美国国际贸易委员会（ITC）同时提出的申诉，这两个部门均位于华盛顿哥伦比亚特区。申诉可能来自包括商务部部长在内的任何主体。不过，申诉一般是由与涉嫌倾销产品的竞争产品生产密切相关的团体如公司、工会或行业协会提出的。申诉应包括倾销可能发生的证据，以及旨在说明产业受到损害或遭受威胁的数据。

ITC 是一个独立的准司法机构，由总统任命的五位专员管理，成员包括经济学家和律师。ITC 专门调查各种与贸易相关的问题，并根据其调查结果向美国政府行政部门提出建议。其与反倾销案件相关的工作是对损害问题的调查。ITC 专门收集国内产业各方面的数据以及进口产品的价格和数量。它专门寻找进口产品与某些行业特征之间的关联的证据，以证明倾销产品的进口对这些行业的地位造成威胁。这些行业的特征包括以下几方面的损失：销售量、市场份额、利润、生产率、投资回报率以及产能利用率。ITC 也会考虑倾销对就业、存货、工资和筹集新资本的能力的影响。数据收集和分析结束后，五名委员将通过投票方式对损害问题进行评估。在某一倾销案例中，从一份申诉书开始到确认是否存在实质性损害的“合理迹象”，ITC 一共花了 45 天时间。

一旦 ITC 确认存在初步损害，商务部就开始着手调查倾销是否已经发生。与此同时，ITC 会展开更深入的调查，以确认对行业的损害程度。从首次质疑到确认倾销幅度的大小，商务部对问题的初步评估时间为 140 天。如果商务部发现有证据表明倾销可能存在，则会立即对相关进口产品提高关税，其幅度与估算的倾销幅度相当。接下来，商务部会进一步调查倾销是否已经产生，并在调查完成后作出最后裁决。如果在进一步的调查中，商务部发现倾销并没有发生，以前所征收的特殊关税将会全部退回。否则，此流程会持续下去，直到 ITC 对损害程度作出最后裁决。

如果 ITC 的最终报告判定没有损害出现，倾销案即告结束，所征收的特殊关税退回。如果商务部和 ITC 的裁决与申诉书一致，则此进口产品将被征收永久性关税，税额与商务部在其最终调查中计算的倾销幅度相等。

要让商务部计算出倾销幅度，必须先确定某一产品的公平市场价值。为此，美国法律提供了三个备选方案。首选方案是，如果价格高于生产成本，则以出口国本土市场上销售的同质产品价格为准。如果缺乏相关数据，则可采用第三国市场上的价格（同上，如果价格高于生产成本）。如果这些数据都不存在，或商务部认为将花费太多时间获得相关的价格信息，那么，商务部将自己设定一个价值，在生产成本的基础上，加上至少 10%的一般费用以及至少 8%的利润。

在过去的几项贸易法案中，国会试图对已经被立案裁决的反倾销案件采取提高税率的方式。1980 年，追究倾销幅度大小的责任从财政部（自 1921 年以来就负责处理这些案件）转移到商务部。人们认为，作为美国商业主要拥趸的美国政府，在打击外国倾销行为上，商务部理当比财政部态度更积极。此外，在最近几项法案中，国会指示在计算公平市场价值时，应大力采用商务部设定的价值而非国外价格。显然，使用设定价值更能激励商务部发现倾销行为。通过将刚性费用和利润加成纳入设定价值的计算中，在市场条件变糟时，对一些降价行为和接受低利润等标准商业手段，法律可以给之打上“有失公允”的烙印，从而予以禁止。

反倾销法是五花八门的非关税壁垒形式中的一种，第 7 章对之进行了详细的描述。考虑一下反倾销法是如何对当地厂商发挥作用的。如果这些厂商能说服商务部和 ITC，让后者相信倾销有可能发生，它们会立刻获得保护。如果国内和外国公司竞争激烈，那么，很有可能双方的价格和利润都被削减。反倾销法让外国企业注意到，这种竞争必须得到约束，否则它们至少要承担一种费用，即聘请律师在反倾销听证会上为自己辩护。法律确实为外国企业提供了一个备选方案。在这一过程中，外国人可以与商务部达成协议，要么提高价格，要么停止在美国市场销售自己的产品，以此规避税收。因此，反倾销法相当于为外国产品界定了一个最低价，并限制了来自外国的竞争。最后值得注意的是，反倾销法没有为政府官员提供任何自由裁量权。如果商务部发现了倾销行为，ITC 认定出现了损害，相关产品将被征税。对美国企业而言，哪怕这种做法弊大于利，也会对相关产品征税。

美国企业充分利用了反倾销法。1980—2008 年间，反倾销案件近 1 200 例。表 8 - 2 对这些案件的特点进行了总结。“正号”代表 ITC 发现了损害。结案可能意味着外国企业同意提高价格。此表显示，过去 29 年间，只有 37%的反倾销案件没有通过征收关税或者让外国产品提价的方式得到处理。

表 8 - 2　　美国反倾销案（1980—2008 年）

年份	结案	负	正	总数
1980	10	15	9	34
1981	6	5	4	15
1982	28	25	12	65
1983	8	14	12	34
1984	29	13	16	58

续前表

年份	结案	负	正	总数
1985	36	20	26	82
1986	12	14	37	63
1987	4	15	17	36
1988	3	14	21	38
1989	3	9	17	29
1990	2	4	15	21
1991	6	40	19	65
1992	4	47	38	89
1993	16	9	11	36
1994	4	26	29	59
1995	3	6	9	18
1996	2	2	9	13
1997	2	7	14	23
1998	0	11	22	33
1999	6	24	20	50
2000	2	15	18	35
2001	9	43	40	92
2002	2	21	12	35
2003	10	11	14	35
2004	6	8	20	34
2005	0	4	6	10
2006	3	3	2	8
2007	1	11	25	37
2008	2	1	23	26
合计	219	437	517	1 173

资料来源：U. S. International Trade Commission，*Import Injury Investigations Case Statistics*，February 2010.

尽管 WTO 规定，对所有现行的倾销案实行 5 年后期复审（sunset review），但自 1980 年以来，大多数的反倾销税仍处于待付状态。这些案件涉及的产品种类繁多，包括来自许多国家的钢铁产品；阿根廷的蜂蜜；中国的铅笔、回形针和大蒜；韩国的半导体以及挪威的鲑鱼等。美国钢铁生产商是充分利用美国反倾销法的产业代表。1970 年以来，大约一半的反倾销关税来自进口钢材，这些关税一旦征收，商务部通常不再考虑这些行为给产业下游带来的潜在影响。例如，由于征收关税，钢铁价格上升，因此也导致使用钢材进行生产的其他行业产品价格的高企，如制造业和运输业的设备等。格里高利·曼昆（N. Gregory Mankiw）和菲利普·斯瓦格尔（Phillip L. Swagel）申明：“最近的一项研究发现，钢铁关税拯救的每一个工作岗位，是以采用钢铁进行生产的行业三个工作岗位的牺牲为代价的。"①

1980—2008年间处理的1 173起案件中，有141起针对中国大陆，111起针对日本，72起针对韩国，65起针对德国，62起针对中国台湾。平均而言，反倾销税是最惠国关税的10～20倍。如此高的关税是减少外国竞争的一种非常有效的机制。在2001年的一项研究中，托马斯·普卢萨（Thomas Prusa）认为，美国的反倾销税导致美国的进口下降了30％～50％。

8.4.3 反补贴税法

如上所述，倾销的一个可能原因是外国政府对其国内厂商或行业的生产或出口给予补贴。无论倾销是否发生，美国国会都认为这种补贴是一种不公平的贸易行为。美国贸易法为此设置了**反补贴税**（countervailing duty），以抵消最终进口到美国的那些产品的生产或出口补贴所带来的影响。

反补贴税（CVD）案件的处理方式与反倾销案件类似，但是，存在两大主要区别。首先，获得补贴的外国企业不需要对国内企业实行国际价格歧视，以获得保护。其次，在某些情况下，没有必要进行损害测试，只要能够证明补贴实际发生，即使国内产业没有受到损害或威胁，也可以征收关税。

申诉书需提交给商务部，如果需要进行损害测试，还要呈送给ITC。商务部负责调查是否存在补贴行为，如果存在，则要对其规模大小进行估算。根据法律规定，补贴指的是对产品生产或出口的直接和/或间接补助。其形式多种多样，包括直接的现金支付、税收抵免或低利率贷款。目前的法律也适用于**上游补贴**（upstream subsidy）。上游补贴指的是，外国制造商能够以低价购买投入品，因为其母国政府对该要素的使用进行补贴。

除了美国的法律禁止补贴，WTO也在实行乌拉圭回合谈判达成的一项补贴协议。② 协议对三类补贴做了规定：禁止性补贴、可申诉补贴、不可申诉补贴。一般而言，禁止性补贴针对的是那些为满足出口业绩要求或为鼓励本国产品而非进口产品使用而生产的产品。禁止性补贴根据WTO争端解决程序来决定，此程序在WTO争端解决机构的一张快速行动时间表中予以规定。如果发现补贴确实在禁止之列，必须立即废除。如果在指定的时间内无法确认这一点，则可以授权起诉成员采取反措施。对于可申诉补贴，出发点是WTO的任何成员都不允许通过采用补贴，对其他成员的利益造成负面影响。受可申诉补贴影响的成员可以将案件提交给争端解决机构。如果负面影响得以确认，采用补贴的成员必须撤销补贴或消除其负面影响。不可申诉补贴可以是非特定性补贴或特定性补贴，此类补贴涉及对产业研究和竞争前开发活动的支持、对落后地区的援助，或根据法律

① N. Gregory Mankiw and Phillip L. Swagel, "Antidumping: The Third Rail of Trade Policy," *Foreign Affairs* (2005), p. 114.

② 此协议为《WTO补贴与反补贴协议》。

和/或规定，使现有设施适应新环境要求的一些特定的补助类型。如果另一个成员认为不可申诉补贴对国内产业造成了严重的不利影响，该成员可能会要求对此问题进行确认并寻求解决方案。

协议还对反补贴措施的实施做了规定。它为反补贴案件的启动和国家机关的调查制定了原则，同时还规定了关于证据的原则，以确保所有利益方能够提供信息、表述观点。

作为对国内产业损害进行确认的基础，协议对补贴金额计算的原则进行了概述。在评估行业现状时，协议要求将相关的经济因素考虑在内，进口补贴与涉嫌损害行业之间的因果关系也必须建立起来。除非有关当局通过复审确认取消反补贴税可能会导致补贴和损害继续发生，否则，在征收后五年之内，所有的反补贴税必须取消。

8.4.4　外国不公平的行为：301 条款

至此，我们的讨论均集中于处理美国市场上不公平外贸实务的美国贸易法的规定。其实，美国贸易法也为应对外国市场上不公平的行为提供了一系列手段。如《1974 年贸易法》的 **301 条款**（Section 301），就授权美国总统行使国际协议规定的美国权利，并对外国市场上某些不公平的贸易行为进行回应。也就是说，这些案件强调的是外国政府在本国市场对美国公司采取的措施。如果发生外国政府对美国商务活动进行施压、限制或歧视的行为，在无法达成协议取消这类行为的情况下，美国可能对该国产品采取进口限制措施。

涉及 301 条款的案例由美国贸易代表办公室（USTR）处理。美国贸易代表办公室是美国行政部门的一个机构，负责向总统提供有关贸易政策问题的建议，并协调美国政府参与贸易谈判。领导由一位内阁级官员出任，其头衔是美国贸易代表。

与 301 条款相关案件的申诉书需要提交给美国贸易代表办公室。申诉书可以由任何人发起，包括美国政府。美国贸易代表办公室有很短的一段时间（通常为 6 个星期）决定是否受理案件。如果案件被受理，谈判就在美国政府和被投诉国政府之间展开。如果争端涉及另一个 WTO 成员针对 WTO 协议中涉及的产品和行为的行动，则作为 WTO 争端解决过程的一部分，谈判和协商将在 WTO 协议的框架内进行。其他情况下则不涉及 WTO。在后一种情形中，如果谈判没有达成协议，法规要求美国贸易代表办公室在案件申诉开始后一年内必须采取行动。行动可能包括会谈重启，如果案件没有价值则放弃，或者对外国出口商关闭美国市场作为报复，以此说服有关国家终止其不公平的贸易行为。

1975 年至 2002 年 8 月，美国政府处理的涉及 301 条款的案件达 121 起。给美国相关出口产品带来重大扩张机会的案件不足一半。大约有一半案件得到圆满解决，违规的外国行为要么取消，要么通过某种方式修正。其中 13 个案件导致美国对外国产品进行报复，对相关外国产品征收更高关税或实行更严格的配额。许多案件拖延数年，或者是由于关贸总协定的流程缓慢，或者是因为争端当事人

（私人）满足于现状。由于调查结果显示外国行为并没有对美国商务产生任何负面影响，因此有几个案件得以结案。

自WTO成立以来，美国贸易代表办公室利用其争端解决机制成功解决了与301条款相关的争端问题。贸易政策案例研究2就是其中一个案例。这一政策变化为WTO的成功提供了更多证据，即不诉诸单方报复性贸易措施，WTO也可以帮助成员解决争端。

贸易政策案例研究2

国际香蕉案

香蕉种植于热带气候国家。中美洲和南美洲为香蕉盛产地。过去几十年里，香蕉产量增长迅速，过去20年的产量几乎翻了一倍。尽管产量增长巨大，但欧盟国家的香蕉价格依然很高；其零售价通常是美国零售店的两倍。原因是欧盟为了控制香蕉进口在1993年制定了一个复杂的香蕉进口关税和配额系统。此政策的目的明确，即对位于非洲、加勒比海和太平洋地区（以下简称ACP地区）的前欧洲殖民地的香蕉生产提供支持，为这些国家提供大份额的配额许可证。欧盟认为，如果没有这项政策，ACP地区的香蕉生产将会消失殆尽，因为与中美洲和南美洲国家比较，这些前欧洲殖民地国家的香蕉生产一直非常落后。

1996年，美国贸易代表办公室根据301条款对欧盟的香蕉进口政策提起申诉。这是因为都乐食品有限公司、金吉达（Chiquita）品牌国际公司和德尔蒙（Del Monte）食品公司这三大香蕉公司的总部都在美国，由于配额政策失去了欧盟很大的市场份额。根据301条款调查的结果，案件被提交给WTO处理。支持美国申诉的国家有厄瓜多尔，这是一个主要的香蕉生产国和出口国。1997年，WTO裁定支持美国和厄瓜多尔的申诉，后半年，一个WTO上诉小组对欧盟的做法进行了否决。为避免重大的贸易争端，双方将此案提交仲裁。然而，1999年初WTO仲裁委员会的裁定依然支持美国和厄瓜多尔。在欧盟宣布不会改变其香蕉政策时，美国得到WTO的许可，对来自欧盟的进口香蕉征收100%的关税。这些关税在1999年3月开始征收。在WTO的支持下，厄瓜多尔也提起了类似的关税诉讼。

谈判依然在继续。2001年，欧盟宣布与美国和厄瓜多尔已经达成共识。该协议呼吁欧盟在2006年以前，在最惠国待遇基础上对进口香蕉实施单一关税制。在过渡期间，欧盟将结合关税配额制和进口许可要求，实施改良的进口关税制度。

2005年，欧盟就香蕉关税提出两条新的建议，并递交给WTO仲裁员。仲裁员发现，两条建议都不能给所有的最惠国供应商提供完全的市场准入待遇。2006年1月1日，欧盟对非ACP国家的进口香蕉每吨征收176欧元的关税，从ACP国家进口的实施零关税的香蕉达775 000吨，而欧盟与这些国家保持着互惠的贸易关系。厄瓜多尔立即对新政策提出质疑。2006年11月，由于争端无法通过谈判解决，厄瓜多尔把案件转交给WTO。2007年6月，美国亦要求WTO的一个专家小组来处理此案件。2008年4月，WTO专家组裁决支持厄瓜多尔。2008年5月，WTO裁决支持美国。在两项裁决中，专家均发现，欧盟对ACP国家实施的优惠关税配额政策违反了关贸总协定的规定。欧盟再次提起申诉。与此同时，谈判继续进行。2009年底，针对这一长期争端的国际协议得以签订。欧盟同意对所有进口香蕉生产者实施关税下调政策，关税从2009年每吨148欧元降至2017年每吨114欧元。

自2002年以来，301条款的使用率大幅降低。事实上，2002—2010年间，并无涉及301条款的新案件产生。相反，企业采取直接向WTO投诉的方式。2010年10月，美国贸易代表办公室的罗恩·柯克（Ron Kirk）宣布，他已经受理了美国钢铁工人联合会（USW）对中国政府的不公平贸易行为提起的申诉，至此，这种模式发生了改变。申诉的核心是中国政府为了鼓励和扩大环保产业而实施的各种政策。USW在其申诉书中申明，中国向本土行业发放各种津贴和补助，对稀土和环保产品生产所需的其他产品的出口关税实施补贴等政策，其目的是阻止美国制造商在中国市场销售其绿色产品。2010年12月下旬，为了尝试解决争端，美国要求通过WTO与中国正式磋商。2011年初，欧盟和日本均涉及争端并要求通过正式磋商方式解决。美国政府之所以将此争端当作301条款案件处理，其目的是对中国产业政策引发的国际贸易余波表示重视。如果WTO支持美国的申诉，显然会给其他国家类似的行为带来寒蝉效应。直到2012年初，WTO争端解决小组尚未对此案作出裁决。

8.4.5　免责条款：201条款

到目前为止，我们已经对为应对外国不公平贸易行为而制定的美国贸易法规定进行了研究。同时，美国法律也为本土企业与外国企业公平贸易提供了一个获取保护的机制。这种机制称为**免责条款**（escape clause）。20世纪40年代以来，作为美国贸易法的一个组成部分，免责条款以各种形式出现。这部分贸易法规定，总统可以撤销或修改对外国企业作出的贸易让步。任何进口产品如果对生产同类产品或直接竞争产品的本土行业造成严重损害或威胁，总统可以对之实施进口限制。

当前的免责条款强调，国内产业保护升级属于暂时行为。贸易限制升级不会超过五年，五年过后，限制将会逐步减少。使用临时保护措施的原因有二。首先，此举有助于缓解国内行业紧缩状态，从而为资源顺利转移到其他经济部门创造机会。其次，国内利润的上升可能会刺激国内企业对国内行业的投资行为，进而更好地与外国厂商竞争。①

要获得免责条款的保护，须由某行业的代表（即厂商、劳工或行业贸易协会）向ITC提出申诉。申诉书必须申明寻求贸易保护的目的，如促进行业资源的转移或对行业进行调整以更好地应对外国竞争。收到申诉书后，ITC即着手进行损害调查。根据现有法律，ITC必须探查清楚，进口是否对国内行业造成损害或威胁。为便于调查，ITC可以将生产类似产品的部分厂商定义为国内

---

① 对免责条款保护及其是否成功的最佳分析，参见U.S. Congress Congressional Budget Office，*Has Trade Protection Revitalized Domestic Industries*?（Washington，D.C.：Government Printing Office，1986）。

行业。

ITC完成调查的时间为6个月。如果调查发现损害已经产生或可能会发生，ITC会向总统建议为补救损失或预防损害需要保护的进口产品数量和特征。总统必须决定是否提供此项保护。一般情况下，除非总统确认此举有悖于国家利益，否则，保护会得到支持。

过去几年中，免责条款很少使用。1975年以来，ITC处理了73项申诉。其中，41个案例存在损害行为，而总统仅对其中的17个案例实施限制。最近的进口保护案例涉及钢铁产品的进口。此案例始于2002年初，ITC发现来自外国的进口竞争对美国钢铁行业的发展产生了严重的损害。布什总统要求对进口钢铁征收临时关税并实施关税配额。此项保护在2005年初被取消。

作为高度保护的一种替代，ITC可以规定工人或厂商接受**贸易调整援助**（trade adjustment assistance，TAA）。援助的目的是帮助那些因为进口产品竞争而长期失业的工人。TAA提供资金，支持工人参加员工培训计划，在工人寻找新的就业机会或搬迁时补充其收入。对厂商的TAA包括建立全行业新产品开发计划、流程开发或出口发展的技术支持。

20世纪70年代，贸易调整援助被广泛用来替代保护政策。许多汽车产业和钢铁工人获得TAA以补充其失业补偿金。由于此计划的预算成本巨大，国会后来将重点从收入补贴转向工人再培训计划。由于这些变化，最近几年TAA的使用大幅减少。

8.4.6 其他措施

当前美国的贸易法包含其他措施，为应对公平或不公平竞争提供保护。有一条规定（337条款）对不公平竞争方式施加限制，如侵犯专利或版权等。337条款被美国厂商广泛使用，主要用于应对外国人的专利侵权。如果国内厂商胜诉，外国产品将被禁止进入美国市场。在一个案例中，一种椰菜娃娃玩具被限制进口，因为与美国同行比较，这些玩具缺乏收养证书——一种在美国市场出售娃娃的版权象征。

还有一种措施（406条款），目的是避免非市场经济体进口产品造成的市场混乱。除了损害测试较薄弱以外，406条款案例与免责条款案例很类似。不过，在苏联瓦解以及东欧国家向市场经济过渡以后，这种案例很罕见。事实上，包括俄罗斯在内，这些国家大多数已经成为WTO成员，皆同意遵循WTO规则，故而这一措施不再有用武之地。

2001年，中国获准加入WTO；当时，WTO成员宣布，到2016年，中国将被当作非市场经济国家。这意味着在各种贸易纠纷案件尤其是涉及反倾销的案件中，在计算公平市场价值时，当事国可以拒绝中国有关生产成本的要求，而使用第三国数据进行比较。由于预期中国最终会加入WTO，因此，美国在1999年就与中国开始谈判，并获得中方同意——如果进口激增，美国可以实施针对中国的免责条款保护。这一规定被纳入《2000年美国贸易法》，称为421条款。[①] 根据此条款，如果出现来自中国进口的威胁，美国的相关行业可能会获得暂时性保护。为了获得被保护的资格，相关行业必须向ITC提交申诉书。接下来，ITC会就此展开调查，确认此行业是否由于中国制造的类似产品进口的增加而受到损害或面临损害威胁。如果发现损害已经产生，ITC将向总统提出有关补救措施的建议。建议通常以征收临时关税为主，实施与否由总统最后拍板决定。截至2012年初，ITC已经对7个涉及421条款的案例进行了调查。其中5个已经产生损害或威胁，因此建议采取保护措施。前总统布什拒绝对前面4个案例采取保护措施。贸易政策案例研究3对唯一涉及421条款并获得保护的案例进行了详细的描述。

贸易政策案例研究3

从中国进口轮胎

2009年4月20日，美国钢铁、造纸和林业、橡胶、制造、能源、联合工业和服务业工人国际工会向ITC提交了一份申诉书，寻求保护以规避来自中国进口产品的竞争，这些产品是用在某些轿车和轻型卡车上的中国制造的轮胎。ITC开始了为期四天的调查，6月发出通告，称中国轮胎进口扰乱了美国市场。随后，委员会建议对中国进口轮胎按从价税征收关税，第一年55%，第二年45%，第三年35%。

ITC的决定基于对美国轮胎市场2004—2008年情况的分析。分析发现，在此期间，进口轮胎在数量和价值上双双激增，而且在期末达到峰值。这四年间，进口中国轮胎的数量增长215.5%，价值上升294.5%。无疑，轮胎进口已经对美国本土市场份额产生影响；进口额与本土市场产出的比例在此期间上升了22%。ITC认为，基于下列事实，国内产业几乎在所有方面都受到实质性损害：

2008年，美国生产商的产能、生产、运输、美国的产出数量和相关工作人员及工作时间、生产率和财务指标齐齐触底。美国生产商的产能利用率在2006年触底，与2008年水平相当。在调查期间，有四家厂商倒闭。根据目前的情况，2009年将有另外三家厂商宣布倒闭。在此期间，只有两个指标即研发费用和资本支出似乎有所增加，几乎所有的行业指标处于下降趋势。[②]

2009年9月，奥巴马总统宣布，根据ITC的调查及建议，将对部分进口的中国轮胎征收额外关税。2009年底，开始对进口中国轮胎征收三年的从价税。不过，实际税率低于ITC建议的税率。开始时按35%征收，2010年降到30%，2011年9月以25%收官。

中国反对这一行动，并将案件提交给WTO争端解决小组。中方认为，根据关贸

① 此条款称为“中国保护条款”，属于中美两国协议的一部分，于2013年失效。

② U.S. International Trade Commission, *Certain Passenger Vehicle and Light Truck Tires From China*. Investigation No. TA-421-7, p.18, July 2009, online at http://www.usitc.gov/trade_remedy/731_ad_701_cvd/investigations/2009/421_tires/ PDF/Tires%20-%20Publication%204085.pdf.

总协定的规定，美国不能只歧视中国制造的产品。争端解决小组对中国的申诉予以否决，指出中国应该遵守之前与美国达成的协议。

奥巴马总统的决定受到许多经济学家和媒体的批评。[①] 关税征收两年后，进口的中国轮胎业已下降，低端轮胎的价格急剧上升。显然，这对美国生产的影响并不大，因为美国市场上中国制造的轮胎已经被包括墨西哥、印度尼西亚和泰国在内的其他国家的进口轮胎所取代。[②]

8.4.7 与其他国家政策比较

上面描述的政策大多能在不少国家尤其是工业化国家找到翻版。反倾销法规在国外被大肆使用。对受公平贸易外国产品影响的行业进行保护的例子并不少见。后面的这一类保护与美国法律的免责条款类似，称为**安全保护**（safeguards protection）。诸如反倾销法规、反补贴税、安全保护等行为，构成当今世界非关税壁垒最主要的内容。

从 1995 年到 2011 年 6 月，全世界的申诉案件达 3 922 起，超过半数被征收更高的关税。除了 1995 年、2007 年和 2010 年，此期间各国申诉的新案件超过 200 起。表 8－3 总结了上述案件涉及的国家/地区的数据。如表所示，许多国家/地区大量使用反倾销法，以澳大利亚、加拿大、欧盟和美国为最。许多发展中国家/地区如印度、阿根廷、巴西、中国大陆、印度尼西亚、墨西哥、南非和土耳其等也大量使用反倾销法，其中以印度为最。事实上，使用反倾销法的这些国家/地区至少有一部分案件与美国有关。在过去的 20 年里，美国政府向各个国家/地区派出专家小组，就此类贸易法的设置与管理对当地官员进行培训。在此期间，反倾销诉讼的目标国家/地区既包括发达国家/地区也包括发展中国家/地区。其中中国大陆位居第一，欧盟其次，韩国第三，最后是美国和中国台湾。

表 8－3　　1995 年 1 月到 2011 年 6 月全球申诉的反倾销案件

国家/地区	反倾销案数量	
	申诉	被申诉
阿根廷	288	35
澳大利亚	219	24
巴西	227	112
加拿大	153	38

① 参见 Timothy Aeppel, "Tariff on Tires to Cost Consumers," *The Wall Street Journal*, September 15, 2009, online at http://online.wsj.com/article/SB125288420566007227.html。

② 有关最近美国轮胎市场的情况，参见 John Busse, "Get Tough on Chinese-Tire Policy Falls Flat," *The Wall Street Journal*, January 20, 2012, online at http://online.wsj.com/article/SB125288420566007227.html。

续前表

国家/地区	反倾销案数量	
	申诉	被申诉
中国大陆	186	825
中国台湾	24	207
埃及	69	12
欧盟[a]	431	770
印度	647	153
印度尼西亚	89	161
日本	6	162
韩国	111	278
墨西哥	102	55
新西兰	55	11
秘鲁	69	4
南非	213	59
土耳其	147	51
美国	452	228
其他	434	737
合计	3 922	3 922

a. 反倾销由欧盟而非单个国家实施。反欧盟的行为经常针对的是欧盟成员国的出口商。
资料来源：根据 WTO 反倾销网页 http://www.wto.org/english/tratop_e/adp_e/adp_e.htm 整理。

反补贴税的使用范围小得多。据 WTO 统计，18 个国家和欧盟已经制定法律反对外国的补贴产品。从 1995 年 1 月至 2011 年 6 月，这些国家一共申诉 262 起反补贴税案件。其中以美国为最，立案 109 起，其次是欧盟 60 起、加拿大 25 起、南非 13 起。这些案件针对印度的有 50 起，中国第二，46 起，其次是韩国 18 起、意大利 13 起。针对印度尼西亚和美国的各有 12 起。

在任何进口产品增加可能对本土产业造成严重损害的情形下，WTO 成员都可以采取措施对国内特定的产业实施保护。这些措施在关贸总协定中都有规定，但是却极少使用；某些政府如美国和欧盟，更愿意通过自愿出口限制（VER）和其他诸如汽车、钢铁、录像机、电视机等产品领域中的市场共享设备保护国内产业。

在对自愿出口限制设禁和为所有的保护行为设置日落条款（sunset clause）方面，WTO 协议取得了新的突破。协议规定，不允许任何成员对进口方或出口方采取寻求、实施或维持任何自愿出口限制，有序销售安排或任何其他类似的措施。

原则上，保护措施的实施必须与进口源无关。然而，协议对配额的分配决策方式作出规定，包括从某些 WTO 成员的进口不成比例快速增加的特殊情形。保护措施的期限不超过四年，但是，如果经国家权威部门认定措施是必要的，而且有证据表明产业正在调整，那么期限可以延长到八年。措施实施一年以上必须逐步放宽限制。

本章小结

1. 商业政策是一个国家用于影响其国际贸易的一系列壁垒和/或补贴措施的集合。

2. 美国宪法赋予国会制定商业政策的权力。美国自建国以来的200年的大部分时间里，国会以通过广泛的关税法案的方式行使了这种权力。其中最后一个法案是1930年通过的《斯姆特-霍利关税法》。

3. 自1930年以来，在一系列贸易法案中，国会曾在一个有限的时间段里授权总统，让总统与外国贸易伙伴达成协议，在共同的基础上降低贸易壁垒。

4. 开始时，总统以个人出面的方式与外国人谈判。然而，第二次世界大战结束以来，在关贸总协定的支持下，多边贸易自由化谈判多次举行。其中最著名、最成功的会谈包括20世纪60年代的肯尼迪回合、70年代的东京回合以及80年代和90年代初的乌拉圭回合。始于2001年的另一组谈判——多哈回合以失败告终。

5. 贸易法案有多种规定，让产业本身获得持续或延伸的保护。这些规定包括针对外国不公平贸易实践采取的措施（例如，反倾销规定、反补贴税法和301条款）以及为保护公平贸易进口产品而制定的规定（例如，免责条款）。

6. WTO于乌拉圭回合贸易谈判期间成立。总部在瑞士日内瓦的WTO为国际商务制定了基本规则，并为旨在降低贸易壁垒的新谈判提供了一个论坛。WTO处理成员之间的贸易争端，并对成员之间的贸易政策实施监控。截至2012年初，WTO已经有157个成员。

练　习

1. 认真观察图8-1。在哪个时期美国关税高企？什么时候偏低？你如何解释这些结果？

2. 什么是WTO？WTO提供何种服务？详细解释之。

3. 什么叫倾销？倾销的福利成本是什么？为什么企业一定要倾销产品？详细解释之。

4. 就美国政府处理反倾销和反补贴税案件的手段进行比较。

5. 美国贸易法的301条款是什么？说明此条款是如何运作的。你认为此条款是否非常有效？评论之。

6. 1988年，南卡罗来纳州的参议员欧内斯特·霍林斯（Ernest Hollings）说："只有傻瓜才按照201条款办事。"他似乎是要说明，美国企业可以通过别的补救措施来获得针对外国竞争的保护。根据你对美国贸易法201条款和其他管理方式的了解，你是否同意这位参议员的说法？为什么？

7. ITC前委员阿尔弗里德·埃克斯（Alfred Eckes）写道："在反倾销行动中，贸易管理者不仅为维持一个开放的全球贸易体系谋取政治上的支持，同时也给消费者和生产者带来利益。我清楚地记得，美国对韩国电视机制造商征收反倾销税后，促使它们降低国内市场价格，以避免向美国支付反倾销税。"对埃克斯的观点进行评论。你是同意还是反对？通过美国政策的实施以及世界近来的政策证明你的观点。

8. 已故的米尔顿·弗里德曼经常写道，与其对获得补贴的外国产品征收反补贴税，不如给外国纳税人写封感谢信。你同意这个观点吗？为什么？通过一个简明图形说明你的观点。

9. 美国反倾销法的收益和代价是什么？

10. 倾销为什么可能成为掠夺性倾销？讨论之。

参考文献

Destler, I. M. *American Trade Politics: System Under Stress*. 4th ed. Washington, D. C.: Institute for International Economics, 2005.

Taussig, Frank. *The Tariff History of the United States*. New York: G. P. Putnam's Sons, 1888.

U. S. House of Representatives, Committee on Ways and Means. *Overview and Compilation of U. S. Trade Statutes*. Washington, D. C.: Government Printing Office, June 2003. Online at http://www.world-tradelaw.net/ustradeoverview.pdf.

第 9 章 特惠贸易协定

本章主题

特惠贸易协定：经济分析
北美自由贸易协定
其他美国自由贸易区协定
欧盟
地区主义与多边主义

第二次世界大战结束以来，贸易壁垒削减，国际贸易快速增长。部分贸易壁垒的减少得益于 GATT 发起的多边贸易对话。除了这个朝向贸易自由化的运动，许多国家同意进一步降低国与国之间的贸易壁垒。这些协定称为特惠（差别性）贸易协定，由于这些协定大多签署于邻国之间，故也称为区域贸易自由化。今天，WTO 的 157 个成员至少已经参与由 WTO 官方认可的 390 多个特惠协定中的一个。[①]

两种最主要的特惠贸易协定分别为**自由贸易区**（free-trade areas，FTA）和**关税同盟**（customs unions，CU）。[②] 这两种协定的主要区别在于成员对待非成员的方式。具体来说，CU 是国家组成的同盟，它同意取消成员间的贸易壁垒，并对非成员设立共同的壁垒。组成 FTA 的国家也同意取消成员间的贸易壁垒，但是却保持各自对非成员的壁垒。

---

① 有关 2006 年前后区域性贸易协定的趋势和特点的讨论，参见 R. Fiorentino，L. Verdeja，and C. Toqueboeu，“The Changing Landscape of Regional Trade Agreements：2006 Update，” *WTO Secretariate Discussion Paper ＃12*，available online at http://www. wto. org/english/res_e/booksp_e/discussion_papers12a_e. pdf。有关最新的特惠协定的名单，参见 the *Regional Trade Agreements* 网页，网址为 www. wto. org。

② 部分作者将第三种特惠贸易协定称为共同市场（CM）。CM 指的是一种关税同盟，允许所有的生产要素在成员国界定的领域间自由流动。在本章后半部分，我们对 CM 和 CU 不再区分。

其中最著名的 CU 当属**欧盟**（European Union，EU）。① 欧盟成立于 1957 年，起初为 6 个国家之间的关税同盟协定，这些国家包括法国、原联邦德国、意大利和比荷卢经济联盟（比利时、荷兰、卢森堡）。此后，又有 19 个新成员国加盟：1973 年英国、爱尔兰和丹麦；1981 年希腊；1986 年西班牙和葡萄牙；1995 年奥地利、芬兰和瑞典；2004 年塞浦路斯、捷克共和国、爱沙尼亚、匈牙利、拉脱维亚、立陶宛、马耳他、波兰、斯洛伐克和斯洛文尼亚。2007 年，保加利亚和罗马尼亚成为欧盟的新成员国。其他几个国家如克罗地亚、马其顿和土耳其正处于加入欧盟的不同阶段谈判中。欧盟的人口总数已经超过 4.5 亿，作为一个整体，欧盟成员国成为世界上最大的进出口国。

理论上，欧盟有点像欧洲的合众国：成员国通过共同的商务政策和内部自由贸易联结在一起，与美国加州、堪萨斯州和纽约州之间的自由贸易性质差不多。但是实践上却并非如此。尽管协定已经取消了成员国之间的大部分壁垒，却留下大量的非关税壁垒。1986 年初，成员国同意采取一个措施，试图在 1992 年末以前将这些非关税壁垒全部取消。随着欧盟的扩张，此流程变得更加错综复杂，改革实施的步伐放缓了；其中涉及 1 600 种方法，基本上都跟 27 个成员国的法律规定有关。促进一个更加一体化市场的初始目标目前已经达成，但是遗留问题繁多，尤其是在服务业领域。2011 年，成员国领导人宣布实施一项新的行动计划，以深化金融服务、知识产权保护和 IT 服务领域的一体化过程。

1993 年，美国、加拿大和墨西哥同意签订世界上最大的自由贸易协定。这就是著名的**北美自由贸易协定**（North American Free Trade Agreement，NAFTA），于 1994 年 1 月 1 日生效。在一定程度上，NAFTA 是原先美加之间的自由贸易区加上墨西哥扩展而成。三国间所有的贸易壁垒几乎降为零；服务贸易充分自由化，投资流动的约束也得以解除。目前，NAFTA 设立了一个专门的三方国际委员会机构，用以评估三国制定的任何针对其他 NAFTA 国家的反倾销和反补贴税的决定，并处理与协定实施有关的任何争端。

在几个重要领域，NAFTA 超越了原先的协定内容。最明显的是，NAFTA 包括有关环境保护法和劳动法实施，以及为劳动力再培训和环境清洁提供资金支持的双边协定。NAFTA 也要求所有的成员国尤其是墨西哥采取措施，实施知识产权保护。

在当今的世界贸易体系中，为什么特惠贸易协定显得如此重要？这些协定带来怎样的经济效益？这些安排如何与 WTO 原则保持一致？本章将会一一解答这些问题。我们首先建立一个简单的特惠贸易协定模型，讨论其优劣势。然后，对现有的其他协定进行详尽的解释。

9.1　特惠贸易协定：经济分析

无论是 FTA 还是 CU，特惠贸易协定的经济意义基本上是一样的。要理解

① EU 在运作期间名称繁多。首先称为欧洲共同市场，然后更名为欧洲经济共同体（EEC）。不久，又被命名为欧洲共同体（EC）。1993 年 11 月，EC 变成 EU，是为了实现扩大成员国独立主权政府之间的合作的目标。

这些意义，假设世界上只存在A，B和C三个国家。比如，A国生产啤酒的成本在三个国家中最高，因此，对他国的生产者征收100%的关税。假设在自给自足状态下，A国啤酒的生产成本为5美元一瓶，B国愿意以每瓶2美元的价格向A国出口啤酒，作为世界上生产成本最低的C国，愿意以每瓶1.50美元的价格出口。

图9-1展示了A国的啤酒市场。S_B和S_C分别用来代表B国和C国向A国市场出口啤酒的供给曲线。在自由贸易条件下，A国将以1.50美元的价格从C国进口IJ瓶啤酒。因为A国可以1.50美元的价格从C国购买啤酒，所以缺乏从B国进口啤酒的需求，因为后者的价格为每瓶2美元。

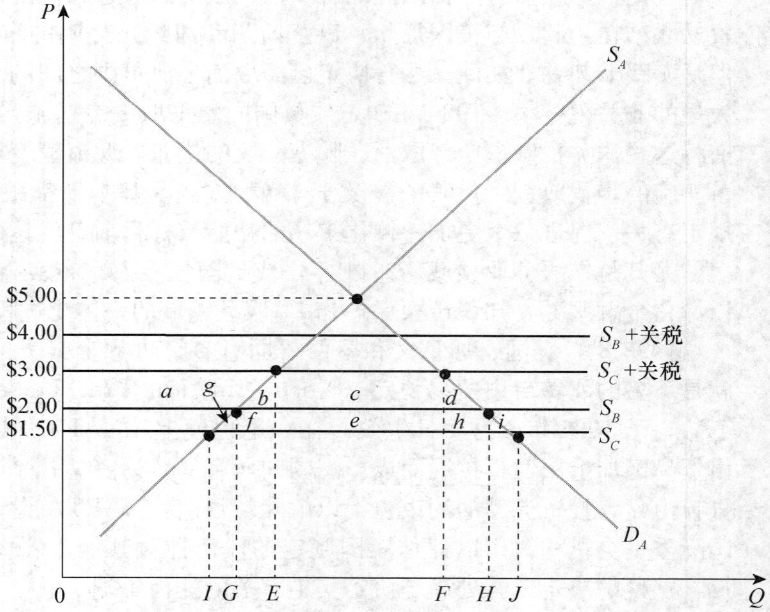

图9-1 区域贸易自由化

现在假定A国的关税为100%。重关税使得进口啤酒的价格翻了一番。因此，从C国进口的啤酒价格上升到每瓶3美元。这个价格低于从B国进口的4美元（2美元加上2美元关税）。因此，A国会持续从C国进口啤酒，价格3美元一瓶，总量为EF瓶。

假设A国与B国签署了自由贸易协定。根据这个协定，B国进口到A国的产品不会被征收关税，关税只对C国进口产品有效。如果B国进口啤酒的关税下降，结果会如何？显然，A国的消费者会以2美元的价格从B国进口啤酒。如果从C国进口，则价格为每瓶3美元。因此，产生的一个自然趋势就是，A国的啤酒进口从C国转向B国。这个过程会令进口量从EF瓶扩大到GH瓶。但是，这些产品均来自B国而非C国。

此例表明，FTA或CU的设立可以给国际贸易带来两种影响。第一，贸易从世界上成本最低的C国转向FTA成员国中成本最低的B国。这种转向就是**贸易转向**（trade diversion）。一般而言，贸易转向被视为世界福利的削减。对这个结论的本能反应是，A 国再也不会从一个拥有绝对优势的国家（此例中为 C 国）进口产品；相反，会给予 FTA 成员国 B 国差别对待。在这个过程中，生产资源将从世界生产成本最低的 C 国转移到生产成本更高的 B 国。

第二个影响是，A 国的贸易得以扩张。进口产品从 *EF* 瓶上升到 *GH* 瓶。这是因为消费者能够以更低的价格进口产品（尽管本例中不是最低的价格）。由 FTA（或 CU）建立所引发的贸易扩张称为**贸易创造**（trade creation）。从世界福利的角度看，贸易创造是一件好事。因为成本最高的生产者（此例中为 A 国）可以从国际贸易中获取更大的利益。

FTA 的创立是否给成员国带来利益取决于（从静态角度）贸易创造和贸易转向力量的相对强度。参见图 9－1，计算一下 A 国和 B 国建立 FTA 对 A 国的福利影响。如果 A 国与 B 国建立 FTA，A 国的消费者将受益。其购买价格从 3 美元下降至 2 美元。消费者剩余提高（$a+b+c+d$ ）美元。生产者剩余下降 a 美元，关税收益下降（$c+e$）美元。将这些变化抵消后就是对 A 国的福利影响，即（($b+d$）$-e$）美元（见表 9－1）。

表 9－1　　A 国与 B 国建立 FTA 对 A 国的福利影响　　单位：美元

消费者剩余变化	$+a$	$+b$	$+c$	$+d$	
生产者剩余变化	$-a$				
政府收入变化			$-c$		$-e$
福利变化（A 国）		b		$+d$	$-e$

因为贸易转向，A 国不再与 C 国贸易。其结果是关税收益下降。降低的关税收益 c 美元，一部分以产品低价的形式转移给本国居民，剩余部分 e 美元代表 A 国所蒙受的损失。这个损失发生的原因是，A 和 B 两国之间的自由贸易协定意味着 A 国的消费者必须以高于 C 国的价格向 B 国的生产者购买同样的产品。区域 e 的高表示价格的上升（此例为 50 美分），底边表示从 C 国转移出来的贸易总量。因此，e 表示与自由贸易协定之前比较，B 国生产者相对于 C 国生产者所获收益的增加数额。这也是贸易转向带给 A 国的成本。

然而，贸易的扩张会抵消一部分收益。A 国消费者的购买价格降低，从而带来更大的贸易扩张。国际贸易的好处与我们熟悉（希望如此）的贸易三角形中的（$b+d$）美元相等。如果根据此例的背景解释这些面积，需注意这些三角形的高代表由于 FTA 设立而导致的进口产品零售价格下降的总额（此例为 1 美元）。两个三角形的底边之和等于 FTA 的设立带来的贸易上升的总额（即贸易创造的总额）。因此，这两个三角形代表 A 国从贸易创造中获得的收益。总的来说，如果贸易创造带来的收益超出贸易转向导致的成本，A 国将会变得更好，但是，图中没有信息保证这个结果一定会产生。

其他国家的情况如何？显然，这样的安排会使 B 国从出口中获益。B 国从 A 国获得以前无法渗透的出口市场。另一方面，如果 A 国的制造成本高于 C 国，一旦降低从 A 国进口产品的关税，B 国也会面临福利不确定的前景。同时，C 国将蒙受损失，因为其生产商失去了市场。显而易见，由于对 A 国和 B 国的影响不明确，C国受损，故而，FTA或其他特惠贸易关系在世界范围内的影响无法确定。[①] 世界可能获益，也可能受损。是什么导致不同的结果？

一般而言，令贸易创造最大化（或贸易转向最小化）的特惠贸易安排会对世界福利产生最大的积极影响。参见图9-1及A国和B国的FTA。在此例中，A国会对C国取消关税。啤酒价格会下降到1.50美元，进口（从C国）将扩展至IJ。进口的增加代表贸易创造的净额。也就是说，在此例中，因为A国与C国在协定前后均有贸易往来，故贸易转向为零。对A国而言，相对于收取关税，FTA的设立（与C国）带来的福利收益等于（$b+f+g+d+h+i$）美元。C国也因为出口上升而获益。此例中，B国既无获益，亦无亏损，因为其贸易没有受到任何影响。

这里存在一个明显的问题，既然与B国建立FTA比与C国建立FTA更能提高自己的福利，A国为什么只愿意同C国建立FTA？这个问题的答案良多却无一完备。其中一个观点是，要解释特惠贸易关系，一个国家不能仅仅计算静态收益（即贸易创造和贸易转向），更要对动态收益进行衡量。在生产不同产品、拥有规模经济的情况下更是如此。其结果是，如果A国与B国设立FTA，对于生产商而言，市场范围扩大了，他们就能够扩大生产规模，降低价格。因此，让FTA扩展到C国，从而产生普遍自由贸易的条件就是，这个小FTA内的规模经济能够得到充分利用。

第二个观点是，特惠贸易协定是由于政治原因（非经济原因）而设定的。例如，欧盟的成立可以视为欧洲政治领导人实现欧洲经济完全一体化的一种尝试，这样就可以让欧洲不卷入战争，而事实上欧洲在20世纪两次参战。另外，不同的发达和发展中国家创立普惠制（全称为普遍优惠制度（generalized system of preference，GSP））具有强烈的政治动机。这些计划为发展中国家的产品生产提供有限的（经常以产品的数量和价值为基础）特别贸易优惠政策（经常是零关税）。其中很多计划由发达国家于20世纪70年代早期实施，原因是发展中国家在其经济发展过程中需要帮助。[②]

9.2 北美自由贸易协定

1994年1月1日，北美自由贸易协定（NAFTA）在加拿大、墨西哥和美国之间正式生效。1994年到2004年，尽管部分敏感产品如农产品等还在征收关

---

① 从技术上来说，这不够准确，为简便起见，我们假设A国为一小国，其面对的全部潜在出口商的供给曲线均为平行线。在这种条件下，收取关税只会给A国造成损失，取消关税也只是对A国有益。如果A国（或者A，B两国联合）拥有任何的世界市场力量，则C国绝对受损。结果是，当A国放弃跟C国贸易时，C国产品的价格下降。

② 有关特惠贸易安排的文献很多。可以参考如下文献：Richard Pomfret，“Discrimination in International Trade：Extent，Motivation，and Implications，” *Economia Internazionale*（1985），Richard Pomfreted，“Preferential Trading Arrangements，” *Weltwirtschaftliches Archiv*（1986）；Jagdish Bhagwati and Arvind Panagariya，eds.，*The Economics of Preferential Trade Agreements*（Washington，D.C.：The AEI Press，1996）；Richard Pomfret，ed.，*Economic Analysis of Regional Trading Arrangements*（Cheltenham，UK：Edward Elgar，2003）。

税，但三国之间大部分原产地产品的关税得以取消。2008年初，北美自由贸易协定的成员国之间实现了几乎所有商品和服务的自由贸易。三国之间的贸易额使北美自由贸易协定位列全球特惠贸易协定第二，仅次于欧盟。有关北美自由贸易协定建立的更多细节，参见全球视野9-1。

在美国，北美自由贸易协定仍然备受争议。虽然过去和现在的国家领导人和大多数报纸都支持该协定通过，但是，来自两党的部分政治家和专家对协定持反对态度。工会和某些环保团体也反对北美自由贸易协定。[①] 直到最终投票的前几天，协定是否能通过尚不确定，众议院尤其存疑。最后，克林顿政府成功从众议院民主党那里获得足够的票数，批准了该协定。[②]

为什么北美自由贸易协定存在争议？主要答案与三个国家之间生活水平存在差异有关。反对者认为，增加与低工资国家如墨西哥的贸易会对美国的制造业工人就业造成威胁。由于工资较低，墨西哥公司比其美国同行更具有比较优势，这会鼓励美国公司去墨西哥建厂，以保持竞争力。美国工厂的关闭意味着美国就业机会的消失。美国制造业的就业人数从1993年1 680万人下降到2012年1 190万人，虽然这类失业的大部分与北美自由贸易协定成立后美国同墨西哥的贸易扩张无关。[③] 反对北美自由贸易协定经济政策研究所最近的一项研究认为，如果北美自由贸易协定成员国之间的贸易取得平衡，则可以为美国带来100万个额外的制造业岗位。[④] 不过，这个结论将协定的目标（自由贸易）与协定的假定结果（平衡贸易）混为一谈。[⑤]

全球视野9-1

NAFTA的详细情况

NAFTA于1994年1月1日生效。作为一个自由贸易区，每个国家仍然保持自己对其他非成员国的关税和其他贸易壁垒。此外，NAFTA不包括关于制定共同的外交政策、稳定汇率、协调福利或移民政策的协议。NAFTA只为成员国之间生产并贸易的大多数产品和服务提供优惠待遇。

该协定要求美国对在加拿大或墨西哥生产的产品给予特别考虑的事实表明，为确认某个产品的产地，三国之间必须达成一致。也就是说，比如一个产品应该有多少成分在加拿大生产才可以认为是加拿大制造？提供这个问题的答案的法律成为任何一种特惠贸易协定不可或缺的部分，这些法律称为原产地规则。这些规则因协定的不同而存在差异，往往成为激烈谈判的主题。

---

① 环保主义者反对NAFTA的内容参见第7章。

② 最终票数是234票同意，200票反对；102位民主党人士和132位共和党人士支持这一协定。

③ 自1979年开始，美国制造业的就业率下降，这早于NAFTA创立的时间，2001年以后下降的幅度加大。

④ 参见R. Scott, C. Salas, and B. Campbell, "Revisiting NAFTA: Still Not Working for North America's Workers," *Economic Policy Institute Briefing Paper #171*, September 2006。

⑤ 即使这个数字是正确的，也比1992年的总统候选人以及北美自由贸易协定的主要反对者Ross Perot所预言的600万个职位要小得多。参见H. Ross Perot and Pat Choate, *Save Your Job, Save Our Country: Why NAFTA Must Be Stopped—Now!* (New York: Hyperion, 1993)。

例如，根据NAFTA，一些商品如电视机、纺织品、服装、汽车等，不仅必须在成员国装配，还必须利用部分或全部由北美制造的部件制造，才可以获得优惠待遇。例如，只要是在北美制造并采用NAFTA成员国的纱线或纤维的纺织品和服装，就可以免税。工厂所有者的国籍无关紧要，只要62.5%以上的部件来自NAFTA成员国，位于美国的日资汽车厂也有资格获得贸易优惠。

基本协议

关税

该协议规定逐步取消三个国家之间产品贸易的关税。许多关税在协议开始时就被取消了。其他将依据产品的差别，在5年、10年或15年内取消。产品贸易中，当前无关税的产品有计算机、医疗设备、农业设备、内燃机和电话交换设备，这些产品以前在墨西哥市场均面临10%以上的关税。只要是与健康和安全保护目的关系不大的产品贸易，NAFTA将取消配额和进口许可证。

安全保护

如果这三个国家中的任何一国发现进口激增对本地产业造成危害，该国可能会暂时提高该产品的关税，使其回归原来的水平。这个国家必须随后迅速降低其他关税，以对出口国进行补偿。

投资

如果没有足够的补偿，任何一个国家都不能罚没来自NAFTA成员国的任何个人或公司的金融投资。投资者有权将其利润转化为另一种货币并将之汇回国。墨西哥被允许维持其对石油和天然气储备的外国所有权的禁令，但美国公司被允许进行石油勘探并分享所有石油开发获得的利润。

健康和安全标准

对进口食品和其他产品的检验方式将一如既往。美国农药残留标准和其他危害标准将保持不变，但是，如果其他成员国认为这些标准将导致进口歧视，这些标准可能会受到其他成员国的挑战，并被视为不公平的贸易壁垒。要胜诉，挑战者必须证明这些标准缺乏科学依据。

服务

墨西哥已取消对美国银行在墨西哥境内经营的禁令。2004年，允许美国银行控制25%的墨西哥市场，剩余的限制在2007年取消。2004年，允许美国证券公司控制高达30%的墨西哥经纪服务市场，与银行业一样，剩余的限制在2007年取消。

知识产权保护

几乎所有类型的发明（包括制药和农用化学品）均为NAFTA规定的保护范围。这些规定指明，成员国公司所开发的产品（包括其开发流程）必须授予专利。协议亦对计算机程序和数据库版权以及计算机程序和录音的出租权进行保护。保护的范围还涉及服务商标和商业秘密，以及直接应用或作为其他产品组件的集成电路掩模。

附加协议

北美环境合作协议

本协议的目的是保证每个国家享有保护其环境的权利。NAFTA保持所有现存的美国健康、安全和环境标准，并允许地方政府制定更为严格的标准。附加协议建立了一个新的北美环境合作委员会，其理事会由三个国家的高级环境官员组成。其执法机制“分层”进行，以确保每个国家都能够遵守自己的环境法律规定。该机制从“阳光”规定开始，保证公众了解相关信息，并参与监督当地法律的执行。如果其他途径不足以解决争端，可以实施贸易制裁。该委员会将花80亿美元的资金，用于清理美国-墨西哥边境的空气和水污染，以及有毒的废弃物堆放场，并将创建北美开发银行以提供额外资金用于两国边境的环境治理以及开发项目。

北美劳动合作协议

本协议旨在对NAFTA协议导致的劳动力市场潜在变化进行管理。涉及的问题包括对童工、健康和安全标准以及最低工资的限制。附加劳动协议以下面三个基本原则为中心：(1)加强三个国家之间的协作、合作和信息交流；(2)努力使每个国家劳动法规的执行做到明确、高度透明；(3)提高对促进国家劳动法有效实施的机制的利用。该协议设立了执法的程序机制。如果解决方案无法达成，该协议还为处罚提供有约束力的仲裁和评估手段。墨西哥已承诺在生产率提高时，相应提高工人的最低工资。

表9-2提供了NAFTA国家经济方面的一些对比数据。此表说明，墨西哥的生活水平大大低于其他两个国家。为保证各国之间的可比性，我们使用购买力平价（PPP）汇率计算，发现墨西哥的经济规模与加拿大相当，但其人口却是加拿大的三倍。目前，墨西哥制造业工资仅为美国和加拿大的10%左右。但是，正如我们在第3章中所学到的，哪怕劳动是唯一的生产要素，比较优势也不仅仅是由工资水平所决定的。再考虑表9-2中的数据。尽管墨西哥的工资水平低于加拿大，但美国从加拿大进口的商品比从墨西哥进口的多出50%。

表9-2　NAFTA国家的经济特征（2011年数据）

国家	人口（百万）	GDP（10亿PPP美元）	对美国出口（10亿美元）	从美国进口（10亿美元）	工资[a]（美元/小时）
加拿大	34	1 389	333（75%）[b]	232（50%）	35.67
墨西哥	114	1 657	247（74%）	207（61%）	6.23
美国	313	15 040	—	—	34.74

a. 制造业工人平均每小时报酬包括法定福利（2010年数据）。
b. 括号中的数字表示该国贸易流量总额的百分比。
资料来源：作者根据劳工统计局的《国际制造业每小时薪酬成本比较：2010年》表1（参考网址 http://www.bls.gov/news.release/pdf/ichcc.pdf）以及中央情报局的《世界概观》（参考网址 http://www.cia.gov/cia/publications/factbook/index.pdf）资料整理编制。

回顾我们所研究的古典模型，即使存在自由贸易环境，只要劳动生产率存在差别，国家间的工资率就会不同。证据就是，墨西哥劳动力的生产率明显低于美国或加拿大同行。这可以通过国家间人均GDP的比较来证明。根据上表，2011年墨西哥的人均GDP约为14 500美元，约为加拿大人均GDP水平的1/3，略高于美国的1/4。① 根据世界银行的计算，墨西哥的劳动生产率约为美国的1/4。

墨西哥的生产率为何低下？首先，墨西哥工人大多未受过训练，人均资本数量有限。另一个因素是，典型的墨西哥公司规模较小。也就是说，多年来墨西哥公司只为当地市场生产，销售量有限。市场规模尚未达到大多数公司扩大生产并获得规模经济效益的程度。相比之下，典型的美国公司规模较大，因此可以通过规模化生产实现内部经济。墨西哥的生产率较低的其他原因包括：破烂不堪的基础设施和合格管理人员的普遍短缺；公路条件恶劣或根本不存在，虽然新的收费

① 要计算表9-2中的人均国内生产总值，将第2列的数字乘以1 000，然后除以第1列的数字。

公路正在建设中；资本品供给不足，法律制度不可靠。

虽然某些美国资本被吸引到墨西哥生产率相对更高的某些部门，但上述因素否定了美国资本总体向墨西哥转移的说法。事实上，1994—2010年间，按照历史成本估算法，美国的投资规模从170亿美元上升至904亿美元。这些投资大部分来自1998年，大约一半进入金融业（包括花旗银行购买的一家墨西哥大银行），其他则进入制造业。美国对墨西哥资本的控股的增长，比美国企业的总海外资本的增长高出7%。然而，2010年，美国在墨西哥的控股总额只占全部海外资本投资的5%。

经过近20年的发展，北美自由贸易协定对美国经济产生了什么影响？到目前为止，答案似乎是“不太多”。美国同加拿大、墨西哥的贸易大幅增长，但美国与其他国家的贸易也大幅提高。美国对墨西哥的出口从1993年470亿美元上升到2011年2 070亿美元。同期美国从墨西哥的进口从450亿美元增加到2 470亿美元。

正如本章前面所讨论的，特惠贸易安排的福利影响，取决于协议带来的新贸易量（贸易创造）与国际贸易格局变化量（贸易转向）之间的差异。一些研究对这两种现象的规模进行了估算。[①] 芝加哥大学的约翰·罗马里斯（John Romalis）最近的一项研究发现，有证据表明，虽然NAFTA促进贸易大幅增长，但对福利影响却很小。[②] 他指出，美国从墨西哥进口的、美国关税优惠提高了10个百分点或更高的产品类别增加了200%。美国从加拿大进口的、美国关税优惠提高了10个百分点或更高的产品类别增加了100%。对关税优惠变化不大的商品而言，贸易几乎没有改变。罗马里斯继续说明自己对三个国家福利影响的估算。他认为，就GDP贡献而言，NAFTA对美国或加拿大的福利没有影响。他发现墨西哥的福利可能略有下降。他警告说，墨西哥的损失可能被夸大了，因为墨西哥的关税收入损失很难测量。简而言之，三个国家由协定带来的贸易额，基本上被关税收入的损失以及较低成本生产商的进口冲抵了。

9.3 其他美国自由贸易区协定

除了NAFTA，美国还和其他一些国家签署了自由贸易协定。参与这些协定的许多国家都不是美国的主要贸易伙伴。一些协定似乎是出于全球战略考虑，而不是为了扩大国际贸易。这些协定的影响均无法匹敌NAFTA，也没有哪个像NAFTA那样备受争议。

---

① 参见K. Fukao，T. Okubo，and R. Stern，“An Econometric Analysis of Trade Diversion under NAFTA，” *Research Seminar in International Economics Working Paper* #491，University of Michigan，October 2002；A. Krueger，“NAFTA's Effects：A Preliminary Assessment，” *The World Economy*（2000）；D. Karemara and K. Ojah，“An Industrial Analysis of Trade Creation and Diversion Effects of NAFTA，” *Journal of Economic Integration*（1998）。这些研究没有取得完全一致的结果。在某种程度上，这是由于要将NAFTA的影响与同期其他两个因素（20世纪80年代中期墨西哥实行的贸易自由化政策以及1994年墨西哥比索贬值）的影响区分开有一定的困难。

② 参见J. Romalis，“NAFTA's and CUSFTA's Impact on International Trade，” *The Review of Economics and Statistics*（2007）。

历史最悠久的当属美国-以色列自由贸易协定。本协议于1985年生效。1995年，两国之间的贸易壁垒全部取消。该协议允许各个国家通过进口禁令、配额及收费等非关税壁垒手段，保护本国敏感的农业部门。

约旦自由贸易协定（FTA）于2000年10月签署。这是美国的第三个自由贸易协定，也是美国与阿拉伯国家签署的第一份自由贸易协定。虽然双边贸易额一直较小，但是，在广泛的贸易问题上，约旦自由贸易区获得了重大而深入的自由化成果。自2010年以来，双边贸易中几乎所有工业品和农产品的关税和非关税壁垒全部取消。

小布什政府在自由贸易协定谈判方面兴趣盎然。部分协定正在实施过程中。其一为美国-智利自由贸易协定。此协定于2004年1月签署，协定一旦生效，两国间85%的消费品和工业品即刻享受自由贸易的待遇。剩余物品的关税将在四年内逐步取消。美国国际贸易委员会（USITC）的研究表明，美国各种制成品出口，包括农业和建筑设备、汽车和汽车零部件、计算机和其他信息技术产品、医疗设备、纸制品等将会从优惠政策中受益。美国银行和保险业的服务出口也会受益。该协议还制定了完善的知识产权保护体系，以保护各种美国产品。

美国-新加坡自由贸易协定的设立与美国和智利达成协议的时间大致相同。新加坡目前已成为美国的第十二大出口市场，自由贸易区旨在加强这种关系。协议签署后，新加坡立即对全部美国商品实行零关税。除了敏感性不强的产品立即获得免税待遇外，美国开始分阶段对从新加坡进口的产品免税。到2014年，剩余产品的关税将全部取消。在服务方面，新加坡-美国自由贸易区实现了最广泛的贸易自由化；新加坡将以对待本国供应商的方式对待美国服务供应商。

美国-澳大利亚自由贸易协定于2005年1月正式生效，美国出口到澳大利亚超过99%的产品立即免税。这项协议还呼吁扩大服务贸易，加强知识产权保护法的实施，并为两国政府采购合同提供渠道。美国-摩洛哥自由贸易协定于2006年1月签署。该协议一经签署，双边贸易的95%的产品立刻免税。剩余产品的关税到2015年逐步取消。这一协定以及与以色列和约旦、与巴林2006年签署的自由贸易协定等，均为布什政府倡议的一部分，该倡议期望在2013年建立中东自由贸易区。作为此倡议的一部分，美国与阿曼签订了自由贸易协定，并于2009年生效。

除了上述双边自由贸易协定，美国也参与了中美洲、多米尼加共和国自由贸易区（CAFTA-DR）。协议于2006生效，除了美国和多米尼加共和国，还包括哥斯达黎加、萨尔瓦多、洪都拉斯和尼加拉瓜等国家。CAFTA-DR是仅次于墨西哥的美国第二大出口市场。不过，2006年美国对该地区的出口额仅为墨西哥的1/10。

2011年10月，美国参议院批准了三个额外的涉及哥伦比亚、巴拿马和韩国的双边自由贸易协定。这些自由贸易协定的谈判从布什第二任期开始，到奥巴马执政时完成。截至2012年初，还没有发现这些协定产生的任何影响。

最后，2011年11月，奥巴马政府与其他八国领导宣布达成协议，建立跨太平洋伙伴关系（TPP）。这一努力的目标是加强合作伙伴之间的贸易和投资流动。

其他 TPP 的成员国包括澳大利亚、文莱、智利、马来西亚、新西兰、秘鲁、新加坡和越南。发表声明时，奥巴马总统宣布协议将在 2012 年底达成。自 2011 年底以来，其他几个国家如加拿大和墨西哥等表示出参与谈判的兴趣。2012 年初，美国和日本开始就接纳日本作为 TPP 成员国的问题进行谈判。

9.4 欧盟

拥有 27 个成员国，人口约为 5 亿，欧盟（EU）是世界上最大的共同体，其他国家很想加入。当前，欧盟与克罗地亚、冰岛、马其顿、黑山共和国和土耳其等密切联系，为这些国家的加入做准备。目前，这些候选国家已经获得欧盟准成员国的地位，并享受一定的贸易优惠。另外两个国家挪威和瑞士尽管在 20 世纪 90 年代就被批准入盟，但是却由于在全国投票中反对票数过多尚未加入。

如上所述，欧盟是世界上最大的优惠贸易区。作为一个整体，欧盟成员国 2010 年的出口总额达到 5.2 万亿美元，为美国同期出口额的 4 倍以上。欧盟贸易相当大的比例在成员国之间进行。2010 年，欧盟成员国间的出口总额为 3.4 万亿美元。1998—2010 年间，世界和欧盟的出口总额增加一倍以上。此贸易规模表明，在欧盟经济创造奇迹的过程中，是贸易创造而不是贸易转向发挥了主导作用。①

欧盟不仅仅是一个简单的共同体。成员国的最终目标是实现完全一体化，进而将欧盟称为“欧洲合众国”。早些年，欧盟已经成立一个政府来制定和实施法律，并实施共同的农业和商业政策。20 世纪 80 年代中期，欧盟制定了**《单一欧洲法案》**（Single European Act）。这一政策的目标是制定一个统一的产品标准体系，以消除影响欧盟国家之间商品和服务自由流动的物理、技术和财政上的壁垒。欧盟已实施一系列的改革，促进劳动力和资本在成员国内部流动。欧盟里程碑式的成就是 1999 年 1 月 1 日欧元的推出。欧元成为欧盟 27 个国家中 17 个国家使用的共同货币。

9.4.1 欧盟政府

欧盟政府的总部设在比利时的布鲁塞尔，包括四个主要机构：欧盟委员会、欧盟理事会（前身为部长理事会）、欧洲法院和欧洲议会。该委员会和理事会是欧盟的行政管理机构。其他两个机构是隶属欧盟政府的司法和立法分支机构。

① 令人惊讶的是，似乎很少有论文对欧盟的贸易创造和贸易转向进行估计。一个例外是 Theo Eichner，Christian Henn，and Chris Papageorgio，“Trade Creation and Trade Diversion Revisited：Accounting for Model Uncertainty and Natural Trading Partners，” *Journal of Applied Econometrics*（2010）。这些作者认为，在他们研究的十个（包括 NAFTA）自由贸易区中，只有欧盟是“真正的贸易创造而不是贸易转向”。更多关于欧盟这些现象的研究，参见 Nigel Grimwade，“Measuring the Impact of Economic Integration，” in Ali M. El-Agraa，ed.，*The European Union：Economics and Policies*（Cambridge：Cambridge University Press，2007）。

欧盟委员会（European Commission）是欧盟协定的首席守护者。主要任务是确保欧盟法律在各成员国和欧盟机构实施。同时，它也制定相关政策和措施，并通过欧洲议会提出立法提案。它亦充当欧盟在国际贸易谈判如 WTO 回合谈判中的代表，并在诸如农业等领域或减少内部贸易壁垒等行动中制定共同政策。

该委员会由 27 个成员组成，分别来自各成员国。在到欧盟服务前，这些委员往往需要具有在国家政府工作的经验。新委员会每五年任命一次。成员国政府同意来自某一成员国的人担任委员会主席，并且这个人必须得到议会的批准。主席与每个成员国协商，以确定委员会的候选人。候选人一旦确认，要由议会面试，然后投票批准。委员会成立后，委员会的决议由多数票决定。

欧盟理事会（Council of the EU）是欧盟政府负责执行欧盟政策的另一机构。每个国家在理事会都有一个代表席位。一般而言，此代表往往由成员国的外交部部长担任。此外，还有一个范围广泛的专业化理事会会议，由农业、运输、经济、金融等部长组成。特别重要的或有争议的政策问题由每年举行两次会议的欧盟理事会处理。欧盟理事会由各国元首或成员国政府，以及各国外交部部长和欧盟委员会主席组成。根据欧盟理事会的日程安排，欧洲议会主席每 6 个月轮换一次。

重要的法律条例一般由理事会签发，并由欧盟委员会审批。商业政策问题通常由有效的多数票决定（大约占总票数的 70%）。旨在协调国家法律的指令必须全票通过。欧盟协定中没有明确提出的新政策也依此方法审批。在与任何第三国进行贸易政策谈判的过程中，理事会将设立一个特别委员会，以协助欧盟委员会的工作。

欧洲法院（European Court of Justice）根据欧盟协定，定夺理事会或欧盟委员会行为（即条例、指令或决定）的合法性，同时也会审查由欧盟委员会提交的关于成员国违反欧盟协定的案件。欧洲法院的地位相当于成员国上诉的最高法院。案件可以由成员国、欧盟某一机构或受到某决定或规则影响的个体提交。

欧洲议会（European Parliament）是欧盟的立法机构，是欧盟政策制定过程中人民群众的最高代表。议会由 754 个成员组成，任期五年。特定国家的议会代表人数由这个国家的人口规模和经济规模决定。德国的代表最多，达 99 名，其次是法国（74）、意大利（73）、英国（72）、西班牙（54）和波兰（51）。剩余国家的代表均没有超过 33 人。议会的总部设在卢森堡，但现在全体会议都是在法国的斯特拉斯堡举行。

与国家议会相比，欧洲议会的权力有限。议会可以仔细研究法律法规但无权制定法律。欧盟委员会起草提案后，需向欧洲议会征求意见和建议。议会还可以修正欧盟预算的某些支出内容，并设置议程，辩论自认为重要的问题。最近，议会获得了否决或修改理事会关于《单一欧洲法案》的决策的权力。议会还拥有对潜在进入者申请加入欧盟的否决权。

9.4.2　单一市场倡议

自成立以来，欧盟的目标一直是促进成员国之间商品、服务、资本和劳动力的自由贸易。然而，现实和理想却相去甚远。每个成员国都有自己的规定和标准，几乎涵盖了商业活动的各个方面。这些标准范围广泛，从看似琐碎的问题如意大利面的小麦含量、树莓果酱的最低含糖量以及割草机的最大噪声等，到某些更重要的问题如汽车排放标准等，它们已然成为成员国之间自由贸易的障碍。此外，欧盟国家还一直保留其他类型的非关税壁垒，包括配额、边境税和增值税、个人补贴和采购计划等。

自 1986 年开始，欧盟开始着手取消这些非关税壁垒。通过《单一欧洲法案》，欧盟呼吁各成员国制定法律或执行相关指令，用以拆除欧盟内部的边境检查站，取消内部配额，协调技术标准和税收标准，取消对各种经济活动尤其是交通运输和金融服务的管制。欧盟的目标是在 1992 年底实施这些变革，或至少在该日期后逐步启动这些变革流程。

放宽管制和增加竞争给成员国带来极大的利益。据欧盟委员会估计，自该法案推出后，已经创造出数百万新的就业机会和 8 000 亿欧元（1 万亿美元）的新财富。欧盟内部国家边界的取消意味着企业获得进入近 5 亿人市场的机会；这个市场足以使企业获得规模经济效益。结果是，消费者可以购买的产品种类繁多，许多商品和服务的价格急剧下降。

目前，虽然大部分自由化已经实现，标准尤其是产品贸易的标准得以统一，但是，在 1992 年底实现单一市场的目标仍然显得过于雄心勃勃。例如，服务业比产品市场的开放速度要慢得多，尽管 2006 年实施了一部关键的新法律，让企业以本国为基地，向周边国家提供一系列跨境服务项目。在存在分割市场的国家里，各种滞后对金融服务和运输造成影响。大多数金融服务在 2005 年前开放。2007 年 3 月，欧盟各国部长同意统一各国的支付制度。因此，消费者更易于在国外使用信用卡或借记卡，并可以将货币汇转到另一个欧盟国家。跨境支付的银行手续费已经降低。

随着 2008 年和 2009 年金融危机的爆发，成员国开始扭转或放缓自由化进程的实施。2010 年，意大利经济学家和政治家马里奥·蒙蒂（Mario Monti）起草了一份报告，指出单一市场努力的某些缺点。2011 年，欧盟委员会通过《单一市场法》，旨在进一步深化欧盟经济一体化的进程，促进欧盟的经济增长。金融危机爆发以来，由于许多欧盟国家持续出现经济问题，实施这一计划的努力在放缓。

与市场一体化进程同步，各成员国还采取其他行动，以进一步加强国家之间的联系。1991 年 12 月，在荷兰马斯特里赫特召开的会议上，欧盟国家同意到 20 世纪 90 年代末成立一个采用单一货币的经济和货币联盟（EMU）。该计划的一个要素是欧洲中央银行的建立，这是一家对所有欧盟成员国实行货币政策的新机构。尽管对单一货币的投机压力使协议的实施面临一定程度的威胁，但 EMU 还是于 1999 年 1 月成功启动。截至 2012 年初，27 个成员国中只有 17 个参加了 EMU。丹麦、波兰、瑞典和英国等一些欧盟成员国尚未加入。

欧元自推出以来，在大部分时间里是非常成功的。然而，随着 2008 年和 2009 年金融危机的爆发，以及由此导致的产出和税收收入的下降，整个欧洲政府均面临巨大的预算压力。部分欧元区国家的问题尤其严峻，因为这些国家再也没有能力通过印钞填补其财政赤字或降低汇率以刺激出口。截至本书写作之时，某些国家，特别是希腊、意大利、葡萄牙和西班牙，正承受巨大的压力，只能通过大幅削减政府支出来降低财政赤字。这些国家出现了上述措施的反对者，这可能会导致一个或多个成员国舍弃欧元区的结果。[①]

在马斯特里赫特签署的第二个条约旨在加强成员国之间的政治关系。此条约制定了一项新的社会宪章，呼吁成员国之间在共同外交和国防政策上结成更紧密的政治联盟。这项协议允许成员国居民在欧盟成员国的任何地方自由生活。条约还制定了一系列有关工人权利的共同标准，并强化国际网络，共同打击犯罪。

9.5　地区主义与多边主义

欧盟和 NAFTA 是当今世界上众多特惠贸易协定中的两个样板。全球视野 9－2 描述了其他几个类似协定。最重要的是，区域贸易自由化与多边自由化的过程差异极大，后者乃是 WTO 的基石。在区域贸易协议中，成员国只对一小部分的合作伙伴国家降低贸易壁垒，对世界其他国家和地区仍采取歧视性政策。在 WTO 中，任何一个成员必须无条件地将最惠国待遇扩展到所有其他成员；在这里，不存在歧视问题。这两种类型的贸易自由化是并肩前行，还是互相排斥？这个问题目前仍无答案，是贸易政策界所关注的焦点。

全球视野 9－2

其他特惠贸易协定

世界上许多国家加入了一个或多个特惠贸易协定。在这里，我们具体介绍 2009 年初尚在发挥作用的部分贸易协定。相关信息按照不同的地理区域组织。这些协定有许多已经存在了几十年，但商业上可行的却为数不多。发展中国家之间的特惠协定尤其如此。由于在收益和损失的分配上无法达成协议，且要求获益国对穷国或损失国进行过量补偿，谈判最终不欢而散。

非洲

1. 中部非洲国家经济共同体（CEMAC）成立于 1964 年，为喀麦隆、中非共和国、乍得、刚果、赤道几内亚和加蓬之间的共同联盟。1990 年，六个成员国中的四个（喀麦隆、刚果、中非共和国和加蓬）推出一个共同的外部关税。这些国家采用一种货币，即 CFA 法郎。这种货币保持对欧元的固定汇率。

2. 西非国家经济共同体（ECOWAS）是 1975 年成立的关税同盟，包括 15 个国家，有贝宁、布基纳法索、科特迪瓦、加纳、几内亚、几内亚比绍共和国、利比里亚、

① 欧元区危机的更多内容请参见第 18 章。

马里、毛里塔尼亚、尼日尔、尼日利亚、塞内加尔、塞拉利昂、冈比亚和多哥。1977 年，佛得角加入该同盟。这个同盟的经济目标是建立一个共同市场，采用单一货币。其政治目标则是成立西非议会、经济和社会理事会以及西非国家经济共同体法院，以取代现有的法庭并执行共同体的决定。目前，这些目标无一落地。

3. 中部非洲国家经济共同体（CEEAC）是一个关税同盟，允许成员国之间劳动力和资本的自由流动。联盟成立于 1981 年，其成员包括安哥拉、布隆迪、喀麦隆、中非共和国、乍得、刚果、赤道几内亚、加蓬、卢旺达以及圣多美和普林西比。

4. 阿拉伯马格里布联盟（AMU）有五个成员国：阿尔及利亚、利比亚、毛里塔尼亚、摩洛哥和突尼斯。1989 年成立的 AMU 是一个允许劳动力和资本自由流动的共同联盟。

亚洲

1. 东南亚国家联盟（东盟，ASEAN）是泰国、印度尼西亚、马来西亚、菲律宾、新加坡和文莱等国家之间的自由贸易区，成立于 1967 年。尽管成立时间较长，成员国之间削减贸易壁垒的进展却很缓慢。这是因为谈判是在单个产品而非跨境的基础上进行的。1991 年，东盟国家同意在 2008 年以前建立一个自由贸易区，但这一目标至今尚未实现。尽管各国的贸易保护水平已大幅降低，但许多关税仍在实施。东盟设定了一个新目标，在 2020 年前实现商品、服务和资本的完全自由贸易。

2. 澳新紧密经济关系和贸易协定（ANZCERT）是澳大利亚和新西兰两国于 1983 年建立的一个自由贸易区。该协议涵盖了所有的商品贸易，1990 年两国间的关税和配额全部取消。1988 年，该协议的覆盖范围扩展到服务领域。1992 年，两国互相将对方的产品从反倾销活动中剔除。

欧洲

欧洲自由贸易联盟（EFTA）是在冰岛、列支敦士登、挪威和瑞士几国间成立的一个自由贸易区。该联盟成立于 1960 年。其原来的许多成员国，包括奥地利、丹麦、葡萄牙和英国，后来离开 EFTA 并加入欧盟。EFTA 四个成员国中的三个包括列支敦士登、冰岛和挪威，签署了欧洲经济区（EEA）协议。这是一个在世界最大和最全面的多边贸易区将 EFTA 与欧盟连接在一起的协定。欧洲经济区超越了标准的自由贸易区，除了商品和大多数服务的自由贸易，还促进单一劳动市场的建立。属于欧洲经济区协议的欧洲自由贸易联盟成员国，除了维持独立的农业制度以及有关渔业、能源和运输业的特别规定，总体上已经全面实施欧盟的各类法律法规。欧洲自由贸易联盟国家同以色列和土耳其等国签署了自由贸易协定。

拉丁美洲

1. 中美洲共同市场（CACM）也是一个关税同盟，其成员国有哥斯达黎加、萨尔瓦多、危地马拉、洪都拉斯、尼加拉瓜和巴拿马。该联盟成立于 1960 年，在 1969 年洪都拉斯和萨尔瓦多之间爆发战争时崩溃。五个成员国 1991 年同意恢复协议，联盟于 1993 年恢复。

2. 安第斯共同体包括玻利维亚、哥伦比亚、厄瓜多尔和委内瑞拉等国。它是这些国家与秘鲁早期签署的某个协议的延续，此协议称为安第斯共同市场，成立于 1969 年却从未生效。新协议于 1991 年达成，由秘鲁牵头。1992 年，秘鲁“暂时”离开这一协议。1994 年，包括秘鲁在内的成员国同意对外实施四档共同关税，分别为 5%，10%，15%和 20%。

3. 南锥体共同市场（MERCOSUR）是阿根廷、巴西、巴拉圭和乌拉圭之间的关税同盟，于 1991 年成立。同盟于 1995 年实施共同外部关税政策。委内瑞拉于2005年底加入，玻利维亚在被邀请之列。目前，智利、哥伦比亚、厄瓜多尔和秘鲁拥有成员资格。

第二次世界大战结束时，美国是世界领先的多边贸易自由化倡导者。它反对一项关贸总协定的修正案——允许成员国间采取歧视性政策；后来，美国支持了一项妥协的修正案，即ⅩⅩⅣ条款——允许实施自由贸易协定和关税同盟，不过，只有成员之间的内部贸易壁垒方可以降低100%。[①] 之后，美国支持成立欧盟，因为欧盟被视为一直困扰西欧的政治和经济稳定性问题的一个长期解决方案。

20世纪80年代中期，美国开始改变其多边主义立场，并决定支持区域协定的利益。在北美自由贸易协定之前，美国已经与以色列和加拿大就自由贸易协定进行谈判，并从那时起同其他几个国家签署了协议。美国改变立场的原因一直讳莫如深。贾格迪什·巴格瓦蒂（Jagdish Bhagwati）将之称为“巨人缩小综合征”策略。他认为，东亚的崛起（尤其是中国和日本）开始动摇美国在世界经济中的主导地位。国际地位的下降及持续的贸易失衡激发了美国的贸易保护主义情绪，并导致结束多边主义原则的诉求。[②] 巴格瓦蒂认为，过分强调区域协定将会产生破坏WTO原则的危险。而且，地区主义鼓励贸易转向，所以被视为有害之举。美国的官方立场刚好与之相反，认为区域协定是对WTO倡议的多边自由化进程的补充形式。由于当前全球整体贸易壁垒相当低，区域协议不会导致大量的贸易转向。因此，区域贸易并非与WTO原则相违背，区域贸易富有成效可能有助于促进多边谈判。实际上，经过七年多焦躁不安的谈判，在众议院通过北美自由贸易协定一个月后，乌拉圭回合即告达成。

到底哪个观点正确？保罗·克鲁格曼认为两者均有道理。双方都含有真理的成分。他预计，北美自由贸易区的形成和单一市场倡议最终将催生世界三大贸易区域：欧洲、北美洲和东亚贸易圈。这个过程转移了人们对多边贸易自由化的关注。然而，克鲁格曼认为，自由贸易协定产生的贸易转向预计不会太多，因为贸易集团属于正宗的“天然”贸易区域。得益于地域临近以及相似的文化背景和生活水平，这些地区间往往发生大额区域内贸易。因此，区域协定不过是贸易的促进方式而已，即使没有任何协议，类似的贸易仍会产生。故而，实践中生成的自由贸易区甚至比理论上讲的更好。[③]

---

① 正如我们所看到的，现有的协定如北美自由贸易协定和欧盟等，并没有实现百分之百的自由化；尽管如此，这些协定已经很接近WTO的要求了。ⅩⅩⅣ条款还规定，对非成员国的贸易壁垒不应该比以前所实施的壁垒更高或更严格，自由贸易协定或关税同盟的临时安排只适用于某一合理的时间段。

② 对此观点的充分讨论，参见Jagdish Bhagwati，“U. S. Trade Policy at Crossroads，” *World Economy*（1989）。

③ 克鲁格曼的分析参见Paul Krugman，“The Move toward Free Trade Zones，” in *Policy Implications of Trade and Currency Zones*（Kansas City：Federal Reserve Bank of Kansas City，1991）。异议参见C. Fred Bergsten，“Comment on the Move toward Free Trade Zones”。

本章小结

1. 特惠贸易协定指的是数量有限的国家之间的贸易安排，成员国相互提供特殊的贸易利益。

2. 两种主要的特惠贸易协定类型分别是自由贸易区和关税同盟。欧盟（EU）是关税同盟的一个例子。1994年，美国、加拿大和墨西哥之间形成的北美自由贸易协定（NAFTA）是自由贸易区的一个范例。

3. 过去几十年，特惠贸易协定日益变得重要。今天，几乎所有的WTO成员至少都参与了WTO认可的某一协定。WTO认可的协定总数超过380个。

4. 特惠贸易协定对世界福利不一定都产生正面效应。不过，协定签署后，如果世界贸易得以增长（如贸易创造），正面效应则会加大，但是，还会存在贸易转向现象（例如，世界贸易模式改变不明显）。

5. NAFTA是发达国家和发展中国家签署的第一份自由贸易协定。美国对此协定的意见莫衷一是。不过，NAFTA带来的经济影响大部分在墨西哥呈现。由于贸易壁垒的降低，墨西哥资源得以大幅重新配置。

6. 欧盟成员国达27个，为世界上最大、最富裕的关税同盟。不过，欧盟的意义远大于简单的关税同盟，其终极目标是成员国之间完全整合，即变成一个“欧洲合众国”。

练　习

1. 关税同盟和自由贸易区的区别何在？请举例说明。

2. 评估下列现象：成功的关税同盟的签署意味着同盟结成后世界贸易得以扩张。

3. 讨论无条件最惠国待遇原则下多边贸易自由化与签订区域贸易协议的利弊。

4. 为什么NAFTA的形成导致美国争议不断而在加拿大却相对缓和？

5. 为什么NAFTA的形成导致美国争议不断，而美国人却对美加自由贸易区漠不关心？

6. 哪些条件可能导致贸易转向关税同盟的产生？哪些条件导致贸易创造关税同盟的产生？

7. 最常见的特惠贸易协定有哪两种？这类协定是否总是有益于世界福利？

8. 以下数据为Guatland与Mexland建立自由贸易区前后的情况：

成立FTA前

从Eurland进口	1亿单位
从Mexland进口	0单位

成立FTA后

从Eurland进口	0单位
从Mexland进口	2.7亿单位

这项协议导致的贸易转向额为多少？贸易创造额是多少？假设Eurland对产品的收费为5美元，Mexland的收费为6美元。假设Guatland原关税为每单位2美元。计算自由贸易区建立后，Guatland的福利收益或损失。

参考文献

Bhagwati, Jagdish, and Arvind Panagariya, eds. *The Economics of Preferential Trade Agreements*. Washington, D.C.: AEI Press, 1996.

European Union. *Europa: Gateway to the European Union*, http://europa.eu/index_en.htm.

World Trade Organization. *Regional Trade Agreements*, Web page, http://www.wto.org/english/tratop_e/region_e.htm.

第 10 章 国际贸易与经济增长

本章主题

贸易与发展
贸易与增长
贸易与增长：其他述评
国际要素流动

一般而言，当一个经济体的国内生产总值（GDP）上升时，其经济获得增长。经济增长对所有的经济体都举足轻重。在第 2 章我们讨论了人均 GDP 是衡量一个国家生活水平的有用指标。由于几乎所有国家的人口都随着时间的推移而增长，因此，只有 GDP 也随之增长才能够维持目前的生活水平。事实上，要使人们的生活水平与时俱进，获得提高，则 GDP 的增幅必须高于人口的增幅。同时，经济增长也是**经济发展**（economic development）的关键因素。经济发展指的是一个国家普通公民的平均生活水平，能够与一个现代化经济体如美国的普通公民所享有的生活水平相匹敌。经济发展的特点是消费水平高、广泛的基础教育、充足的住房以及高品质的健康保障。只有经过长期高水平的经济增长，上述目标方可实现。

国际贸易会影响一个经济体的经济增长水平。如果资源尚未充分利用，那么出口销售的增加将促使生产扩张，伴随而来的是失业率的下降。国际贸易使购买国外资本品变成现实，让经济体能够获得全球最先进的技术力量。反过来，经济增长也会影响一个国家的商品贸易种类。例如，一个国家的进口竞争部门的技术进步会导致该国贸易总额的减少。因此，国际贸易和经济增长密切相关。

在本章中，我们将会探讨贸易和增长之间的各种关系。首先，我们将简单讨论贸易与经济发展的关系。其次，探讨经济增长如何影响国际贸易的格局。最后，我们将研究贸易和增长与生产要素的国际流动之间的另一种联系。即每年劳动力和资本从一个国家转移到另一个国家的情况。我们将讨论这些国际生产要素流动带来的经济后果。其中国际劳工移民的影响是我们关注的焦点。此外，我们将以跨国公司为例，讨论国际有形资本流动的现象。

10.1 贸易与发展①

大约有 75%的世界人口生活在中等或低收入发展中国家。② 典型的发展中国家的特点是，人均 GDP 低、高文盲率、高出生率、住房不足以及卫生条件差。与工业化国家相比，这些国家大多依赖农业生产并受到有形资本短缺的困扰。其出口行业往往集中于有限的几种类型，通常是初级产品如农产品、石油和矿物，或者纺织品、鞋类等基础产品。

为了改善经济环境，许多发展中国家实施大规模的发展计划。这些计划几乎均涉及大规模的政府经济干预行为。例如，为了促进工业发展，政府会对农民大幅征税，以此来补贴工业。这些税收也用于鼓励农民离开农业地区，到工作机会不断增多的城区工作。这些发展计划的另一个共同特点是广泛贸易政策的使用。其战略不外乎接下来我们将要探讨的几种类型。

10.1.1 初级出口导向型发展政策

许多发展中国家都拥有丰富的自然资源或大量土地，适合生产和出口自然资源或土地密集型产品。**初级出口导向型发展战略**（primary-export-led development strategy）是一种政府计划，旨在利用本国的自然比较优势，增加一些与本国资源基础关系紧密的产品，将之出口以换取他国的制成品。人们希望，根据比较优势进行专业化生产（即贸易的静态收益）能促进生活水平的提高。

除了一般的静态贸易收益，初级出口导向型增长还可以带来其他好处。首先，在贸易缺乏的情形下，某些资源很可能利用不足甚至根本没有得以利用。例如，在缺乏国际贸易时，拥有大量肥沃土地的国家不可能将全部土地都开发耕种。这就意味着在自给自足情况下，一个国家将在其生产可能性边界（PPF）内部生产。对贸易开放意味着鼓励对现有生产要素的集约化经营。③

其次，这种发展战略有助于吸引外资流入。外国公司可以进入国内，帮助扩大其出口部门的生产。随着时间的推移，如果发展顺利，其他外国投资可能进入其他相关部门，从而促进其他行业的发展。无论哪种情况，外资的流入都会促使发展中国家的 PPF 外移。

---

① 本节只是对贸易和发展这一主题做一个简短的介绍。更完整的探讨参见 Michael Todaro and Stephen Smith, *Economic Development*, 11th ed. (Boston, Mass.: Addison-Wesley, 2012)。

② 有关更多国家及其特点的数据，参见第 1 章表 1-1。

③ 这个观点表明贸易是生产剩余的一个出口，相关深入研究参见 Hla Myint, "The 'Classical Theory' of International Trade and the Underdeveloped Countries," *Economic Journal* (1959)。

最后，这种类型的增长可能带来**联动效应**（linkage effects）。联动效应指的是，一个行业扩张以后，会给经济体中其他行业或部门带来利益。例如，一个大型矿业部门的增长可能会刺激当地矿山设备工业的发展。这种效应称为后向关联（backward linkage）。当某一出口部门得到扩张，使得诸如公路、铁路、港口、电信和电力等行业也跟着受益时，第二种联动效应产生。这些基础设施的发展将降低在国内经营的其他行业的成本，进一步促进国家经济的总体发展。

初级出口导向型增长战略的好处来自贸易的静态和动态收益，后者成为推动经济增长和发展的主要力量。事实证明，澳大利亚、加拿大和美国的经济发展均依赖这种方式。最近，实施初级出口导向型增长战略并至少获得一定成功的国家包括哥伦比亚（咖啡）、墨西哥和尼日利亚（石油）以及马来西亚（橡胶）。

尽管有这些例子为证，一些经济学家和许多政府领导人却一直对初级出口导向型增长战略持批判态度。他们的观点如下：首先，有人认为，初级产品的世界市场增长速度不够快，难以支持经济发展。也就是说，初级产品最大的市场在工业化国家。由于经济增长，这些国家对初级产品的需求也在上升，但增长率不一样。随着时间的推移，人们可以预见，初级产品在工业化国家进口中的份额会下降。

与初级出口导向型增长战略相关的第二个问题是，初级产品出口商认为其贸易条件面临长期恶化的可能性。[①] 有人认为，随着时间的推移，与进口制成品价格比较，初级产品的出口价格趋于下降。下降的原因有两个：其一，如果工业化国家对初级产品的需求放缓，初级产品价格的增长将面临向下的压力。其二，如果发展中国家政府青睐出口扩张政策，这些产品在世界市场上的供给将会上升，价格会因此被再次压低。无论原因是什么，结果都是贸易条件恶化。这表明，随着贸易的持续进行，发展中国家从贸易中获得的收益份额可能会降低。最后的结果是否如此，不仅取决于出口产品的价格，也取决于出口的数量。比如，假设巴西咖啡的出口增加，这将导致世界咖啡的价格降低。如果世界需求的弹性足够大，则巴西的出口收益将上升。一旦出口收益高于进口价格，那么巴西就有能力购买比以前更多的进口产品，其福利水平亦将得到提升。

初级产品出口商的贸易条件是否会随着时间的推移而恶化，这个问题尚未得到完全的解答。发表于1980年的一项研究总结了1900—1970年间的数据，并未发现恶化的证据。[②] 然而，对1950年以来的数据的分析，却似乎支持了贸易条件恶化这一假设。更近期的一项研究通过采用现代统计方法，总结了从1900年到1983年的数据，也没有发现表明贸易条件有长期恶化的趋势的证据。[③] 侧重

① 对此观点的贡献，参见 Hans Singer,"The Distribution of Trade between Investing and Borrowing Countries," *American Economic Review*（1950）；Raul Prebish，primary author of United Nations，*The Economic Development of Latin America and Its Principal Problems*（1950）。

② 参见 John Spraos，"The Statistical Debate on the Net Barter Terms of Trade between Primary Commodities and Manufactures," *Economic Journal*（1980）。

③ 参见 John Cuddington and Carlos Urzua，"Trends and Cycles in the Net Barter Terms of Trade：A New Approach," *Economic Journal*（1989）。

于发展中国家农业和食品出口的最近一项研究表明，与其他产品比较，有证据表明这些产品价格出现下降的趋势，在 20 世纪下半叶尤其如此。①

图 10－1 给出 1964—1994 年间，发展中国家的石油输出国和非石油输出国贸易条件变化的情况。如图所示，此时期这两类国家的贸易条件截然不同。石油输出国的贸易条件出现三次大幅增长，分别为 1974 年、1979 年和 1990 年。前两次增长正好与石油输出国组织（欧佩克）成立后，石油价格大幅上升的阶段吻合。第三次石油价格大幅上涨，是对伊拉克入侵科威特事件的反映。20 世纪 80 年代，在 1979 年和 1990 年两次涨价之间，石油价格大幅下跌，石油输出国的贸易条件也同样下降。自 1991 年海湾战争结束以来，这一局面重复出现。非石油输出国贸易条件的波动幅度则要小得多，其间出现两次重大衰退，恰好与欧佩克石油价格上涨期间吻合。其他时间段的贸易条件似乎表现得相当稳定，只是随着时间的推移略呈下降趋势。②

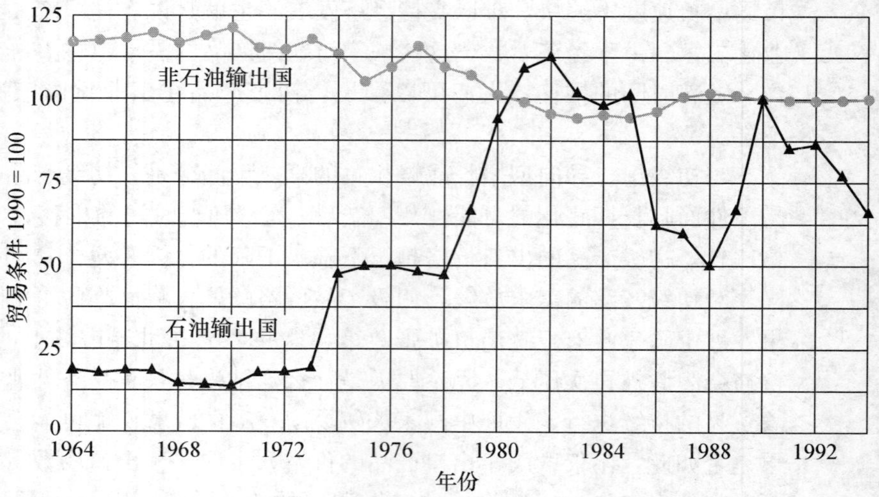

图 10－1　发展中国家的贸易条件

资料来源：*International Financial Statistics Yearbook* (1995). Copyright © 1995 International Monetary Fund. Reprinted by permission.

图 10－1 所展示的结果为有关贸易条件的争议提供了另外的观点。首先，在世界市场上，如果一组国家对某一产品拥有显著的市场力量，那么这些国家可以通过限制供给改善其贸易条件。这对出口方来说具有与最佳进口关税相同的效果。③ 如图所示，一个国家提高贸易条件的能力不一定持久。也就是说，随着时间的推移，哪怕高价将别的厂商纳入生产者行列，对价格相对昂贵的产品而言，消费者也会削减其消费数量。随着消费的下降以及新产品的增加，高价产品的价

① 参见 Raul Serrano and Vicente Pinella, "The Terms of Trade for Agriculture and Food Products, 1951－2000," *Revista de Historia Economica* (2011)。

② 这些数据的统计分析表明，1964—1994 年间，非石油出口发展中国家的贸易条件平均每年下降 0.77%。

③ 参见第 6 章最优进口关税的内容。

格将下跌。其次，过去几十年非石油输出国贸易条件的几轮短期恶化，更可能源自其他发展中国家（即欧佩克成员国）政策的影响，而非发达国家市场条件的改变。

10.1.2 进口替代发展政策

由于种种原因，许多发展中国家会忽视初级出口导向型增长战略，却对**进口替代发展战略**（import-substitution development strategies）青睐有加。这些政策旨在寻求途径，促进工业化快速发展，因此，这些政策会提高贸易壁垒以阻止外国产品进口，从而刺激本土产品的生产。在理想条件下，此类发展手段符合对发展中国家一个或多个幼稚产业进行保护的观点。也就是说，政府确定最适合本地工业化的部门，提高这些部门生产的产品的贸易壁垒，鼓励本土投资。随着工业化进程的深入，逐步降低壁垒。如果政府选择的是"正确"部门，哪怕壁垒降低，这些部门的产业也会处于持续繁荣的状态。

在实践中，壁垒其实很难降低。那些能够说服政治家把贸易保护当成第一要务的公司管理者，应该是最了解利润与保护之间存在密切联系的那一部分人。市场的任何波动都可能会导致利润下降，促使这些管理者向政府寻求额外的保护。最后，实施进口替代战略的国家往往具有高贸易壁垒，而且这些壁垒会与日俱增。

进口替代政策还存在其他问题。首先，它们约束了为所保护的产业提供投入品的那些产业的发展。也就是说，通常情况下，开始获得保护的往往是消费品生产行业。这些行业的管理者极力反对任何令其投入成本增加的政府政策。因此，他们一般会反对政府对其他行业实施保护政策，或者寻求对本行业产品的保护政策。

其次，因为追求进口替代战略的国家往往不对资本品征收高关税，故而进口资本品能够在当地生产中得到广泛应用。为了与其他地方政策（例如，最低工资政策，它往往会提高劳动力成本）配套，本地管理者会采用资本相对密集的生产技术。这意味着新兴工业化部门就业水平的增长速度不会高于其他条件下的增长速度。

最后，因为发展战略取决于政府官员的选择，所以相当多的资源被投入到说服政府官员相信各类项目的优点的活动中。或者说资源被用于贿赂官员。无论何种情形，这些资源本可以投资于生产性企业，而今却变成额外的经济浪费。这些浪费甚至超过贸易保护引发的无谓成本。

10.1.3 外向型发展政策

一些发展中国家没有实施进口替代政策，而是采用**外向型发展战略**（outward-looking development strategies）。由政府部门来确定国家具有潜在比较优势的部门。因此，如果一个国家的资源禀赋为低技能劳动力，政府将会鼓励劳动密集型产业的发展，希望以此促进劳动密集型产品的出口。此类战略涉及的政府政策包括：保持市场处于相对开放的状态，使国内价格能够反映世界价格水平；维系低汇率，使出口价格在世界市场上保持竞争力；只对要素市场实施最低限度的干预，使工资和租金能够反映真实的稀缺性。此外，成功的出口商往往可以享受额外的福利，包括港口设施、通信网络、低息贷款及低税率等的特别优先使用权。

只有少数几个国家/地区能够长期追求外向型发展战略，但是，能够实施这种政策的国家/地区均已成就非凡。这些国家/地区包括20世纪80年代以来的中国大陆，第二次世界大战后重建的日本以及亚洲的新兴工业化国家和地区（NIC）：中国香港、韩国、新加坡和中国台湾。鉴于这些国家的成功经验以及进口替代政策的高经济成本，许多其他国家最近开始实施更加外向的发展政策。

10.2 贸易与增长①

不管政府采取何种政策，总会出现经济增长的趋势。人口的增加意味着劳动力的增长。企业对新厂房及设备的投资意味着资本存量的扩张，技术进步大幅促进了生产率的提高。不过，尽管增长是世界的普遍趋势，在各国之间，要素增长与技术创新的实际格局仍存在较大的差异（请回顾表1-1中的数据）。而且，随着时间的推移，一个国家的增长路径将对其贸易模式产生影响。我们现在来讨论这些问题。

由于经济增长可以通过多种途径实现，我们具体情况具体分析。② 针对每一种情形，假设所讨论的国家只生产两种产品，S（大豆）和T（纺织品），并且只采用两种生产要素L（劳动）和K（资本）。从长期来看，假设这两种生产要素总是能够得到充分利用，因此，经济体的生产点总是位于国家的生产可能性边界（PPF）上。经济增长被描述为PPF的向外移动。假设大豆（纺织品）生产相对资本（劳动）密集，经济体的劳动力相对丰富，至少开始时如此。根据赫克歇尔-俄林（HO）模型的观点，该国最初在纺织品生产上具有比较优势，并将纺织品出口到世界其他地区以换取大豆。最后，假设这是一个小国，完全接受世界市场价格，而且实施自由贸易政策。

经济增长可以用一个国家的PPF外移表示。PPF是如何外移的？正如我们在第4章讨论的罗伯津斯基定理所示，如果只有一种生产要素增长，则PPF在很大程度上朝增长要素相对密集的产品的方向扩张。③ 如果两种要素同时增加，则PPF在各个方向上的扩张会更加均匀，两种要素带来的增长率也更加接近。

---

① 接下来的两节可以忽略但不会影响整体连贯性。

② 对经济增长的各种方式以及这种增长对国际贸易的影响进行的分类研究，参见 Harry Johnson, "Economic Development and International Trade," in Richard Caves and Harry Johnson, ed., *Readings in International Economics* (Homewood, Ill.: Richard D. Irwin, 1968)。

③ 根据罗伯津斯基定理，按不变价格计算，如果一个国家某个生产要素增加，则采用此要素生产的产品将会扩张，其他产品相应减少。参见图4-7中只有一种生产要素供给增加时的经济增长状态。

如果这两种要素以完全相同的速度增长，则在任何时候，经济体中的总体资本/劳动比率将保持不变。在这种条件下，PPF 将会扩大，但是形状跟原来一样。

国际贸易是一个国家生产与消费之间的差额。如上所述，增长必然影响生产，也会影响消费。这很符合实际，因为与 PPF 相切的价格线也将随着 PPF 一起外移，这反映了一个事实：生产资源禀赋增长的国家，其消费能力也在增强。由于经济增长影响生产和消费，它往往也会对国际贸易产生影响。

图 10－2 描绘了这个国家经济增长之前的状态。[①] 这个国家的生产点为 A_0，消费点为 C_0。S 产品的国际价格由价格线 PP 的斜率给出。根据这个价格，该国出口 A_0B_0 单位 T 产品，以交换 B_0C_0 单位 S 产品。考虑从原点（0 点）导出并通过 A_0 点的射线（用 PR 表示）。PR 线的斜率表示初始时，经济体中两种产品的生产比率。CR 线的斜率表示国家经济增长前，两种产品的消费比率。一个国家的经济增长类型可以根据下列标准划分，即经济获得增长后，在 PR 和 CR 线上，新的生产点和消费点位于何处。

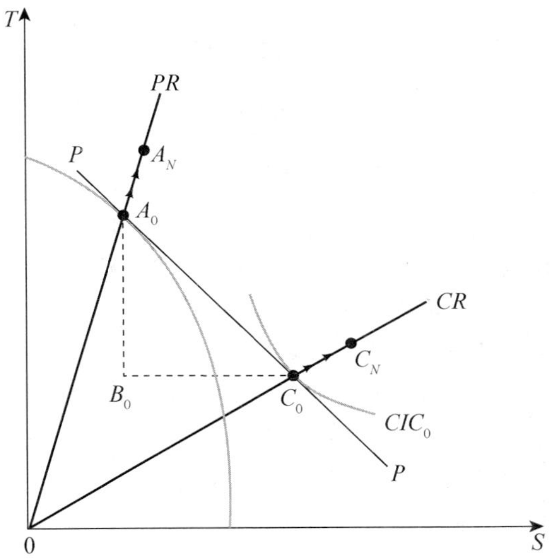

图 10－2　中性增长状态下的生产和消费模式

中性经济增长（neutral economic growth）是这样一种情形，在经济获得增长后，新的生产点和消费点在 PR 线和 CR 线的延长线上。换句话说，在经济取得增长之后，经济体继续按照增长前相同的比例生产和消费两种产品。这种情况可以通过图 10－2 说明，即如果生产点向外移动到点 A_N，消费点也相应移动到点 C_N。事实证明，在这种情况下，出口和进口都将成比例上升。[②]

中性经济增长需要的基本经济环境是怎样的？首先，新 PPF 的形状必须与

① 在随后展开的讨论中，我们的模型将生产要素供应量的增加作为经济增长的动力。同样有趣的论题是，技术变革也能提高现有生产要素的生产率。只要技术变革不是针对特定行业的，这两种促进经济增长的原因完全按照相同的方式讨论。稍后，我们将简要讨论特定行业的技术变革。

② 要证明最后一句话的正确性，找出生产点 A_N 和消费点 C_N 形成的新的贸易三角形。然后，比较这个三角形与旧贸易三角形的大小。

原来的一样，但比原来的大。只有这样，新生产点才能与旧生产点位于同一条 *PR* 线上。这个结论需要进一步讨论。我们已经假设世界价格固定不变。如果产出价格保持不变，则投入价格也不会改变。反过来，不变的投入价格意味着在经济增长之后，每个行业的生产将会采用与经济增长前一样的资本和劳动组合。因此，要使两个行业的产量同比增长，要素供给的增长必须以与经济增长前相同的比例分配到两个行业之中。所以，如果新资本/劳动比率与经济增长前的总资本/劳动比率相等，这两种产品的产量将成比例扩张。

中性增长的第二个条件是两种产品的消费沿着 *CR* 线上升。只有在两种产品的消费同比例增长的条件下，才会产生这样的结果。消费变化的原因何在？答案显然是因为经济增长，经济体的收入（GDP）水平更高。[①] 在“经济学原理”课程中，你可能已经了解了需求变化与收入变化之间的关系。这种测量方式称为需求的收入弹性。下面，我们用两个公式表示 S 和 T 的需求的收入弹性：

$$\eta_S=\frac{\text{S 产品消费变化的百分比}}{\text{收入(GDP)变化的百分比}}$$

$$\eta_T=\frac{\text{T 产品消费变化的百分比}}{\text{收入(GDP)变化的百分比}}$$

要使每一种产品的消费等比例提高，即保持在 *CR* 线上，两个收入弹性就必须相等。也就是说，$\eta_S=\eta_T$。此外，由于没有其他产品可以购买，这两种产品的消费变化百分比必须与收入变化百分比相同。也就是说，弹性必须等于 1。[②] 这是中性经济增长的第二个条件。

表 10－1 给出了中性经济增长的一个实例。假设开始时，经济体生产1 000 吨 T 产品，消费量为 600 吨。其中 400 吨的差额被出口到世界其他地区。假设 T 相对于 S 的世界价格为 2，则当这个国家出口 400 单位 T 产品时，将会获得 800 单位 S 产品作为回报。将这进口的 800 单位加上原来生产的 800 单位（假设的），这个国家 S 产品的消费量将达到 1 600 单位。这个国家的 GDP 计算方法是把 T 的产出量（以 S 的单位衡量）与 S 的产出量加总。因此，其初始 GDP 等于 2 800 (2×1 000＋800)。

表 10－1　　中性经济增长的实例

	增长前	增长后	变化%
T 产品生产	1 000	1 600	60
T 产品消费	600	960	60
T 产品出口	400	640	60
S 产品生产	800	1 280	60

---

① 记住我们假设价格固定不变。

② 回顾一下“经济学原理”课程中的知识：需求的收入弹性可能是正值或负值。如果为负值，则产品为劣等品。如果是正值，则产品为正常品。弹性很高（正值且大于 1）的产品有时被定义为奢侈品，因为收入的增加会刺激对这些产品的大幅消费。收入弹性小于 1 的产品有时被描述为必需品。

续前表

	增长前	增长后	变化%
S 产品消费	1 600	2 560	60
S 产品出口	800	1 280	60
PR 线的斜率	5/4[a]	5/4[b]	0
CR 线的斜率	3/8[c]	3/8[d]	0
贸易条件	2	2	0
GDP[e]	2 800	4 480	60

a. 通过 T 产出/S 产出＝1 000/800 计算而来。

b. 通过 T 产出/S 产出＝1 600/1 280 计算而来。

c. 通过 T 消费/S 消费＝600/1 600 计算而来。

d. 通过 T 消费/S 消费＝960/2 560 计算而来。

e. 按照 S 的单位计算。

假设资本和劳动供给的增长使 S 和 T 两种产品的产出改变了 60%，那么，每种产品的消费也必须上升 60%。倘若某种产品的生产和消费均增长了 60%，则其贸易量也会以同样的幅度上升。这一点用表 10－1 中的第 2 列数字表示。这个例子对为什么此类增长称为中性增长提供了令人信服的证据，因为经济体所有领域的经济活动全部以相同的比例扩张。

以中性经济增长为参考点，我们现在可以研究其他类型的经济增长方式。为减少实例数量，假设经济增长后，消费点仍在 *CR* 线上。换句话说，我们假设 $\eta_S=\eta_T=1$。①

假设劳动供给增长的比例高于资本。② 两种产品的产出会发生怎样的变化？由于 T 属于劳动密集型产业，而且我们假设经济增长使国家劳动力资源相对丰富，PPF 按比例沿 *T* 轴上升的幅度将会大于沿 *S* 轴上升的幅度。假定价格保持不变，新的生产点将会位于原 PPF 的上方，新的 *PR* 线会旋转到原 *PR* 线的左侧。图 10－3 的区域 1 和 2 就是用来表示这种情形。如果新生产点位于区域 1，则 T 和 S 的产出一起上升，但 T 的升幅较大。如果新生产点出现在区域 2，则经济增长后，T 的产出上升，S 的产出下降。最后，如果新生产点出现在这两个区域之间的边界线（用 A_0A_E 表示）上，则 T 的产出上升，S 的产出保持不变。生产点最终会位于何处？答案取决于劳动和资本的相对增长幅度。

我们已经假设 T 行业的劳动密集度高于 S 行业。现在我们假设经济体获得新的劳动和资本，但它们将降低经济体整体的资本/劳动比率。S 和 T 的产出水平将由新资本/劳动比率决定。如果行业 T 的新资本/劳动比率与原来的资本/劳动比率相等，那么，新生产点将位于 A_0 上方的垂线上。也就是说，T 的产出会在经济增长后上升，而 S 的产出将保持不变。这个结果背后的原理比较简单。经济体获得新的生产要素，刚好用于生产 T 产品。因此，这些要素可以在 T 行业

① 情况若非如此，我们专门留一个练习来研究其对国际贸易的影响。

② 这类案例属于罗伯津斯基定理的案例，即经济体中只有劳动供给增加。

得到有效配置而对S行业的生产不产生影响。[①]

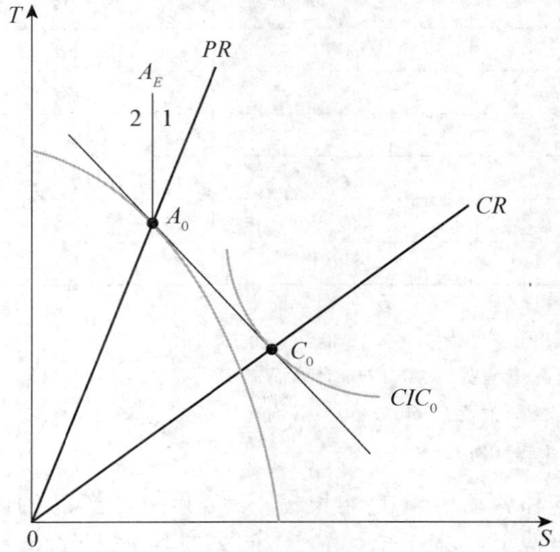

图10-3 遵循顺贸易偏向型增长政策的生产点位置

现在考虑一下新生产要素的比率与T产业原来采用的比率存在差异的情形。也就是说，假设新资本/劳动比率超过（低于）T行业原来的资本/劳动比率，那么，新的生产点将位于区域1（2）。[②] 同样，这里的逻辑相对简单。如果新资本/劳动比率低于原先T行业的比率，为了让T行业能够利用这些新要素，需要增加额外的资本要素。而这些资本只能来自S行业。所以，S的产出必须削减，用图表示，就是生产点出现在区域2内。反之，如果新资本/劳动比率超过T行业原来的比率，T行业将扩张，但不会采用原来的要素比率。结果是，现有的新资本不会全部利用。然而，如果S行业扩张，这些要素将会被利用。在这种情况下，经济体的生产点会落在区域1中。

无论新生产点是在区域1还是区域2，或两者之间的任何区域，在经济获得增长后，经济体将会出现一种趋势，即与增长前比较，T的产出增加，S的产出减少。如果经济体仍以从前的比率消费这两种产品，那么，进口和出口都将大幅扩张。考虑区域2的情况。T的产量增加而S的产量下降，但GDP却获得增长。这两种产品的需求因此得以提高。显而易见，由于S的产出下降，而对它的需求上升，所以S的进口必须增加（大幅增加）。假设进口的国际价格保持不变，经济体要提高S产品进口，唯一途径是扩大T产品的出口。我们现在可以得出以下结论：如果一个国家的经济增长来源于大量用于出口产品生产的要素供给的相对扩张，将会出现出口产品产出相对进口产品产出上升的趋势，同时，国际贸易增长的百分比将超出GDP增长的百分比。这种经济增长类型定义为**顺贸易偏向**

---

① 回顾一下，根据假设，价格是固定不变的。这意味着新的生产要素供应对要素价格不会产生影响。因此，每个行业将以原来的比例采用新的生产要素。

② 根据罗伯津斯基定理，这是成立的，因为只有劳动增加。因此，新资本/劳动比率是零。在T行业，这个比率肯定小于原来的资本/劳动比率，因此，根据定理，T的产出将会上升，而S的产出会下降。

型增长（protrade biased growth）。

请注意顺贸易偏向型增长对一个经济体的意义。如果一个国家的贸易额正以超过本国 GDP 增长率的速度扩张，那么，贸易对此经济体的相对重要性（如通过出口额与 GDP 的比率计算）也会提高。从图上看，*PR* 线会越来越偏离 *CR* 线，使生产点越来越远离消费点。正如我们在第 1 章所讨论的，第二次世界大战以来，大多数国家的贸易增长速度都高于 GDP。这表明顺贸易偏向型增长已然成为一个世界总趋势。

表 10－2 给出了顺贸易偏向型增长的一个实例。在这个例子中，我们假设资本和劳动以这样一种方式增长，即 T 的产出增加，S 的产出下降。也就是说，在图 10－3 中，我们通过向区域 2 的移动来说明这一点。我们同时假设，S 和 T 的名义价格相同，因此，S 的相对价格为 1。这样，我们就可以对实际经济增长进行简单的计算。尤其是在此例中，T 上升了 300，但 S 却下降了 100。因为这两种产品的价格相同，我们可以把这些实际变化考虑在内，求出 GDP 的整体变化（以 S 的单位计算）。由于 GDP 增长了 20%，根据 $\eta_S=\eta_T=1$ 的假设，S 和 T 两种产品的消费将提高 20%。两种产品生产和消费变化的结果相加，就是对出口和进口增长的影响。

表 10－2　**顺贸易偏向型增长的实例**

	增长前	增长后	变化百分比
T 产品生产	800	1 100	37.5
T 产品消费	500	600	20.0
T 产品出口	300	500	66.7
S 产品生产	200	100	−50.0
S 产品消费	500	600	20.0
S 产品进口	300	500	66.7
PR 线的斜率	4	11	175.0
CR 线的斜率	1	1	0.0
贸易条件	1	1	0.0
GDP	1 000	1 200	20.0

也有可能出现这样的情形，一个国家获得经济增长，使其原来禀赋相对稀缺的要素得以增加。例如，在我们的例子中，资本稀缺的国家可能会经历总体资本/劳动比率相对扩张的过程。如前所论，如果事实如此，则 S 的产出将会出现相对 T 产出扩张的现象。事实上，如果新资本/劳动比率高于 S 行业原来的比率，T 的产量甚至会下降。如果我们假设消费与经济整体同比例增长，那么，由于可进口的 S 产品的生产增长速度高于整体经济的增长速度，因此，这个国家的贸易量将会降低。如果一个经济体的经济增长来源于进口产品生产要素的相对扩张，将会出现进口产品产出相对出口产品产出上升的趋势，从而使国家的贸易量减少。这种类型的增长称为**逆贸易偏向型增长**（antitrade biased growth）。

逆贸易偏向型增长的一个含义是，随着时间的推移，经济体的产出组合会越来越接近这个经济体希望消费的产品组合。也就是说，*PR* 线向 *CR* 线靠近。这样一来，国际贸易对这个经济体的重要性趋于下降。换句话说，会出现自给自足的总倾向。

表 10－3 给出一个经历逆贸易偏向型增长的国家的实例。此例中，我们假设资本和劳动供给的增加使 S 的产出增长的百分比高于 T（即 20%与 5%）。总体而言，经济增长为 12.5%。因为我们一直假设两种产品的需求弹性均为 1，故而，S 和 T 的消费也上升 12.5%。注意这类增长对国际贸易的影响。首先考虑 T 行业，其产出增长低于消费增长。因此，T 产品用于出口的数量一定会下降。就 S 行业而言，其产出增长超过消费增长。这意味着 S 产品进口需求的下降。因此，经济增长后，这个国家的贸易量低于从前。

表 10－3　　逆贸易偏向型增长的实例

	增长前	增长后	变化百分比
T 产品生产	2 000.0	2 100.0	5.0
T 产品消费	1 500.0	1 687.5	12.5
T 产品出口	500.0	412.5	−17.5
S 产品生产	1 000.0	1 200.0	20.0
S 产品消费	1 250.0	1 406.25	12.5
S 产品进口	250.0	206.25	−17.5
PR 线的斜率	2.0	1.75	−12.5
CR 线的斜率	1.2	1.2	0.0
贸易条件	0.5	0.5	0.0
GDP	2 000.0	2 250.0	12.5

注意其他与逆贸易偏向型增长相关的问题。在这种条件下，随着时间的推移，经济体倾向于生产相对少的传统出口产品，而生产相对多的传统进口产品。增长是否会导致其贸易模式转变？答案是肯定的。例如，在刚才讨论的国家中，如果资本的供给增长高于劳动，最后这个国家将会停止出口（进口）T 产品（S 产品），并开始进口（出口）之。

10.3　贸易与增长：其他述评

到目前为止，我们在分析中对经济增长的来源做了不少相当严格的假设，如国家的规模及其遵循的贸易政策等。在本节中，我们将简要说明，一旦我们的部分假设出现松动，结果会出现怎样的变化。

10.3.1　技术革新

以更少的要素投入可以获得同样数量的产出，或者以同样数量的投入可以获得更高的产出时，我们称为技术革新。技术革新可以以多种方式发生。**中性技术**

革新（neutral technical change）被定义为给定产出水平所需的要素数量按比例减少的创新。在要素价格不变的条件下，如果某项发明导致劳动（资本）耗费量减少，则**劳动节约型（资本节约型）技术革新**（labor-saving（capital-saving）technical change）产生。

技术革新可以肇始于特定行业，也可以在整个经济体中产生。因此，创新地点和创新途径所带来的资源节省，会对国家的 PPF 后期增长的形状产生影响。如果经济体中所有行业的中性技术革新程度一样，那么这个国家的 PPF 外移后的形状将保持不变。然而，更可能的结果是，创新因为行业和要素的不同而产生差异。

对全部行业技术革新的可能性进行完整的研究超出了本书的范围。不过，下面讨论的一般性结论在世界价格保持不变的特例中是成立的。①

如果中性技术进步发生在某个行业，该行业产量的提高将以其他行业的产量减少为代价。如果创新导致一个行业相对密集使用的要素的单位投入量降低，这种情形将更加显著。例如，如果某种劳动节约型创新被引入 T 行业，则可预计 T 行业产量将大幅上升。为什么会这样？因为创新的效果就是，哪怕减少劳动投入，一样可以维系原来的产出水平。在最初的产出水平上，这与经济体获得劳动禀赋增加毫无二致。回顾一下罗伯津斯基定理，当一个经济体中某一生产要素的数量增加时，相对密集使用该要素的行业的产出将上升，其他行业的产出将下降。

如果技术进步令某一行业所使用的密集度低的生产要素得以节省，则任何事情都有可能发生。创新行业的产出要么上升，要么下降。这就是现实，因为实践中会有两种相反的效果起作用。创新的效果是使创新行业的成本降低。这往往会导致该行业产量的扩大。罗伯津斯基效应却与此相反：其他行业的产出必须上升以便吸收创新"节省"的生产要素。

10.3.2　增长、价格水平和福利

假设一个国家在世界市场上是大国而不是小国，那么这个国家的经济增长方式将对世界价格水平产生重大影响。例如，假设 A 国是一个资本相对丰裕的大国。正如我们所看到的，如果这个国家获得中性经济增长，随着时间的推移，它将会出口更多的 S 产品，并进口更多的 T 产品。因为 A 国是一个大国，世界市场上 S 产品供给的增加和 T 产品需求的增长，会使 S 产品的世界价格相对于 T 产品的价格下降。换句话说，一个获得中性经济增长的大国，其贸易条件（与进口相对的出口价格）将会随着经济的增长而下降。

偏向型经济增长也会对一个大国的贸易条件产生影响。顺贸易偏向型增长导致的贸易条件恶化程度甚至超过中性增长。之所以出现这种情况，是因为经济增

---

①　参见 Ronald Findlay and Harry Grubert, "Factor Intensity, Technological Progress, and the Terms of Trade," *Oxford Economic Papers*（1959），以了解技术革新对生产和国际贸易的影响。

长导致对世界市场的出口供给超出世界市场的进口需求。另一方面，逆贸易增长将令增长国的贸易条件得到改善。

一国贸易条件的变化对该国的福利水平也会产生影响。按照不变价格计算的经济增长会促使一个国家的价格线向外移动，从而扩大其消费可能性组合，提高生活水平。对于一个大国而言，如果增长导致贸易条件恶化，则这种影响会在一定程度上被削弱。

对一个大国而言，经济增长对其福利既存在正面影响也存在潜在的负面影响。这意味着经济增长可能会使一个国家的情况变得更糟。在其经典论文中，巴格瓦蒂讨论了**贫困化增长**（immizerizing growth）或增长令一个国家情况变糟的条件。① 图 10－4 说明了贫困化增长的情况。开始时，经济体处于自由贸易平衡状态，生产点为 X_1 点，消费点为 C_1 点。其福利水平用社会无差异曲线 CIC_1 表示，世界价格水平用价格线 TOT_1 表示。假设这个国家经历强势的顺贸易偏向型增长，则其 PPF 将会沿着 S 轴外移，所需的出口产品的生产将会大幅扩张。如果进一步假设其他国家对这种产品的需求相对缺乏弹性，则该产品的世界价格一定会大幅下跌。这一点可以用价格从 TOT_1 降到 TOT_2 表示。在这种情况下，消费点移动到 C_2 点，国家的福利水平下降到 CIC_2。获得经济增长国家的贸易条件恶化程度如此之大，导致国家的整体福利水平低于增长前的水平。

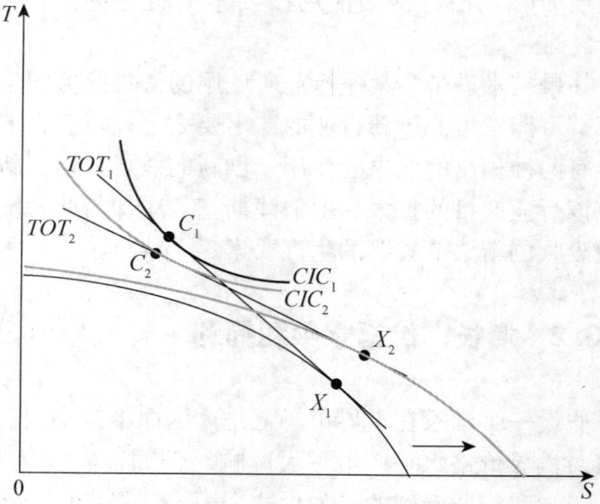

图 10－4　贫困化增长

贫困化增长是不是一个普遍现象？不一定。原因有二。其一，要产生贫困化增长，经济增长的性质和世界需求必须非常精确。其二，正如我们从第 6 章讨论的最优关税中了解到的知识一样，如果一个国家有能力通过关税政策影响世界价格，这个国家就必然有能力改善其福利。这里显然是对这种情形的表达。尤其是，如果经济增长国家的出口产品的世界价格下降，该国政府就可以采取行动，

① 参见 Jagdish Bhagwati，"Immizerizing Growth：A Geometrical Note，" *Review of Economic Studies*（1958）。

通过征收出口关税阻止其发生。因此，政府政策可以用来减少增长带来的任何潜在负面后果。与贫困化增长这一现象有点类似的情形也许更为普遍。这就是所谓的荷兰病。全球视野 10-1 对荷兰病的历史和意义进行了较详尽的描述。

全球视野 10-1

荷兰病

20 世纪 60 年代，荷兰发现了大量的天然气。无论是生产还是出口，天然气很快成为荷兰的领先行业。由于天然气供应充足，荷兰的其他行业全部采用能源密集型生产技术。70 年代，世界经历了两次石油价格的冲击，这些冲击对荷兰的影响深远。

高油价导致包括天然气在内的能源替代品价格高企。随着天然气价格的上升，该行业的薪酬也随之提高。这刺激工人们离开其他工作岗位而到天然气行业就业。其他制造业被迫提高薪酬，以留住员工。高薪酬加上高能源成本，迫使某些厂商退出。无独有偶，荷兰相对独立的能源地位，刺激外汇交易员哄抬荷兰货币的价格。这使荷兰制造商更难以在世界市场上展开竞争，因此，更高的能源价格导致很大一部分荷兰制造业部门消失。因为工资下调具有刚性，荷兰的失业率上升。

除了荷兰以外，其他国家也经历过类似的资源部门蓬勃发展的阶段。一个国家经济中某部分的繁荣可能会使整个经济陷入困境，这个现象称为荷兰病。这个概念通常与市场中某一特定产品的繁荣有关，与此繁荣现象对一个拥有大量这种产品资源的经济体的影响有关。

经济学家对荷兰病现象的各种后果非常感兴趣。他们尤其感兴趣的是，如果出现资源繁荣，其他部门是否会变得更糟（换句话说，其他部门是否也会染上此种“疾病”）。他们业已证明，一旦资源繁荣产生，其他部门将会受到影响。在资源稀缺的条件下，这是人们可以预期的结果。

不过，结果并非一定如此。比如在荷兰，资源繁荣就促使非工业化产生。农业等出口行业可通过为扩张部门提供资源的方式吸收繁荣所带来的负担。此外，专门提供非国际贸易产品（例如，政府及许多服务业）的部门会一直从资源繁荣中获益，因为这些行业可以提高价格而不必担心国际竞争。[1]

[1] 关于荷兰病的更多研究，参见 Max Corden and Peter Neary, “Booming Sector and De-industrialization in a Small Open Economy,” *Economic Journal* (1982); James Cassing and Peter Warr, “The Distributional Impact of a Resource Boom,” *Journal of International Economics* (1985); and the papers in Peter Neary and Sweder van Wijnbergen eds., *Natural Resources and the Macroeconomy* (Cambridge, Mass.: MIT Press, 1986)。最新的讨论参见 Nikola Spatafora and Irina Tytell, “Commodity Terms of Trade: The History of Booms and Busts,” *VoxEU*, March 24, 2010, 网址为 http://www.voxeu.org/index.php?q=node/4796。

10.4 国际要素流动

10.4.1 劳动力

到目前为止，我们已经为来源于经济增长国的经济增长建模。当然，国家也可以因为获得来自其他国家的要素投入而实现经济增长。以美国为例，据估计，1820—2009 年间，有近 7 500 万人移民到美国。表 10－4 给出近 200 年来美国的移民数据。按照移民与总人口的比例测量，移民在总人口中占比最高的时期为 20 世纪第一个十年。不过，19 世纪 40 年代、50 年代和 80 年代，移民与总人口的比例也很高。

表 10－4　　1820—2005 年的美国移民[a]

年份	总计		年份	总计	
	数量	比例[b]		数量	比例[b]
1820—1990	57 090	3.5	1931—1940	528	0.4
1820—1830[c]	152	1.2	1941—1950	1 035	0.7
1831—1840[d]	599	3.9	1951—1960	2 515	1.5
1841—1850[e]	1 713	8.4	1961—1970	3 322	1.7
1851—1860[e]	2 598	9.3	1971—1980[g]	4 493	2.1
1861—1870[f]	2 315	6.4	1981—1990	7 338	3.0
1871—1880	2 812	6.2	1991—2000	9 095	3.4
1881—1890	5 247	9.2	2001—2005	4 898	3.4
1891—1900	3 688	5.3	2006	1 006	3.4
1901—1910	8 795	10.4	2007	866	2.9
1911—1920	5 736	5.7	2008	863	2.8
1921—1930	4 107	3.5	2009	855	2.8

a. 除了比例，数量单位均为 1 000。直到 1976 年，统计截止日为 6 月 30 日；从 1977 年开始，截止日为 9 月 30 日。关于移民的定义：1820—1867 年，抵达的外国旅客；1868—1891 年和 1895—1897 年，抵达的移民；1892—1894 年和 1898 年至今，接收的移民。比例从 1929 年开始，以人口普查局每年 7 月 1 日估计的常住人口为主，其后为估计的总人口（不包括阿拉斯加和 1959 年以前的夏威夷）。参见 *Historical Statistics*, *Colonial Times to 1970*, series C89。

b. 按照每 1 000 个美国人计算的年度比例，10 年比例用年移民总数之和除以同一个 10 年里的美国人口总数。

c. 1819 年 10 月 1 日至 1830 年 9 月 30 日。

d. 1830 年 10 月 1 日至 1840 年 12 月 31 日。

e. 日历年度。

f. 1861 年 1 月 1 日至 1870 年 6 月 30 日。

g. 包括过渡季 1976 年 7 月 1 日至 9 月 30 日。

资料来源：Jagdish Bhagwati, "Global Interdependence and International Migration," in James Cassing and Steven Husted, eds., *Capital, Technology, and Labor in the New Global Economy* (Washington, D. C.: American Enterprise Institute, 1988), Table 1, reprinted by permission; and *Statistical Abstract of the United States*, *2012* (Washington, D. C.: U. S. Government Printing Office 2012), Table 5.

在其他生产要素如土地（通过购买、侵占和征用）和资本（通过国内外投资）增长的同时，新人口的涌入促进了美国劳动要素的扩张。因此，19 世纪末美国经济领先全球，其中移民发挥了巨大的作用。

经历大量移民流入的国家并非只有美国。例如，1960—1980 年间，加拿大、澳大利亚和新西兰一共接纳了 570 万移民，占此期间全世界永久性移民的 1/3。此外，由于这些国家的原住人口很少，因而，移民在总人口中的占比高于美国。

除了永久性移民，也有相当数量的临时性移民产生。这些临时性移民往往是被东道国政府的特定政策所吸引。根据这些计划，外国工人被邀请到东道国，在各行各业进行短期工作。从 20 世纪 60 年代开始，至少到 1975 年，西欧富国就邀请了邻近穷国的**外籍劳工**（或外籍工人）（guest workers）到本国工作，这些贫穷国家包括意大利、西班牙、土耳其、希腊和南斯拉夫等。总而言之，大约有 630 万名工人被邀请移居西欧，他们在当地劳动力中的占比很高。曾经有一个时期，瑞士劳动力中有 18%是外籍劳工。参与这项计划的劳工数量使来源国的劳动力数量剧减。例如，葡萄牙的劳工出口就超过其劳动力总量的 10%。除了西欧外籍劳工计划，中东的欧佩克国家也从埃及、约旦、巴基斯坦、印度甚至韩国等国家和地区吸收大量的工人。无独有偶，多年来，每逢农产品收获季节，来自墨西哥的农民都会越过美墨边境，进入美国工作。

移民产生的原因多种多样，途径亦五花八门。大多数国际移民的产生归因于下列三个因素：追求更好的经济环境，远离暴政或政治迫害，或者为了与家庭成员团聚。大部分流动人口如外籍劳工是从穷国向富国流动。其动因很大程度上是工人对更高工资待遇、更好工作保障的期望。穷国与穷国之间、富国与富国之间的流动也很普遍。但是，富国向穷国的流动则比较罕见。

移民的技能各有千秋。多数富国向富国流动的移民以熟练劳动力为主。① 穷国向富国流动的大量移民也是熟练劳动力。熟练工人离开家乡移居国外称为**人才外流**（brain drain）。人才外流概念一度成为 20 世纪 60 年代的学术研究重点。接下来发生的就是欧洲最熟练的工人，包括最出色的科学家、医生和工程师，都离开欧洲到美国、加拿大和其他地方就业。当前，这类流动已经减少，在某些情况下，可能出现逆向流动。最近，人们越来越担心发达工业化国家可能会从发展中国家挖走熟练工人，在发展中国家，这些熟练工人对经济发展的边际贡献可能很高。②

由于富国的工资水平和一般生活水平高于穷国，因此穷国非熟练工人向富国流动成为一种普遍趋势。这类移民模式很好地描述了 20 世纪初南欧和东欧国家劳工向美国流动的情况，也可以用来解释当今墨西哥劳工往美国迁移的现象。非熟练工人的外流有时称为劳工外流。

10.4.2　资本

劳动力并不是跨越国界流动的唯一要素。资本也在以金融以及实物形式跨国流动。事实上，资本的国际流动已经成为国际经济生活中的日常事件，而且，由于规模庞大，资本流动对经济增长率和经济活动地点的影响可能超过劳动力流动

---

① 部分是因为许多东道国都有移民法，限制了人口的流入。这些法律的一个特征是，拥有特殊技能的人往往更容易移民。

② 人才外流是不是一个问题超出了本书的研究范围。关于人才外流问题的出色研究，参见 Jagdish Bhagwati, "Global Interdependence and International Migration," in James Cassing and Steven Husted, eds., *Capital, Technology, and Labor in the New Global Economy* (Washington, D.C.: AEI, 1988)，及这篇文章所参考的资料。

的影响。

再考虑美国的情形。整个19世纪，美国都是一个资本输入国。[①] 其他国家尤其是英国，将相当大比例的财政资金借给美国，以促进其铁路、工厂和通信系统的建设，从而将美国经济推上工业巨人的地位。进口的欧洲制造的资本品（以换取美国农产品），对促进美国工业基地的发展也发挥了举足轻重的作用。

在20世纪的大部分时间里，美国变成资本输出国。也就是说，美国将金融资本借给世界各国，以至于到1980年，美国变成世界上最大的债权国。但是，20世纪80年代以来，这种趋势已经发生扭转。美国企业、公民，尤其是美国政府向外国人的借款屡破纪录。在这个过程中，美国从世界上最大的净债权国变成世界上最大的净债务国。[②]

尽管美国的资本输入大于资本输出，但美国政府近来依然向其他国家提供大量的资本。在一种特殊的国际资本转让模式上，美国企业一直处于领先地位，这就是所谓的外国直接投资资本。一旦国内（例如，美国）企业取得外国附属公司业务的所有权或控制权，外国直接投资就发生了。根据美国的定义，如果一个（母）公司直接或间接占有外国企业（外国附属公司）10%或更高的所有权，前者就视为进行了外国投资。通过在外国设立（或购买之前存在的）生产线和销售设施，或成为外国竞争公司的少数股东等方式，美国企业参与外国直接投资。在一个或多个其他国家拥有并经营资本的企业称为**跨国公司**（multinational corporation，MNC）。

几乎所有美国最知名的公司如福特、通用汽车、IBM、麦当劳和可口可乐等都属于跨国公司。许多鲜为人知的美国公司也是跨国公司。2009年，美国跨国公司的全球销售额总计超过14万亿美元，美国跨国公司的全球雇员人数达到3 390万。美国（母公司）所占的销售额为9.2万亿美元，雇员人数达2 310万。表10-5说明了按照跨国公司行业分类的雇佣详情，以美国本土和国外的雇员数据为主。显然，无论是在美国本土还是海外市场，占跨国公司雇员人数最大份额的是制造业。在这一分类中，海外有相当一部分雇员出现在运输设备部门，主要由美国汽车制造商在国外装配厂的员工构成。

表10-5　2009年美国非银行业跨国公司的雇佣情况（世界各地，包括母公司和分公司）

	雇员人数（单位：千）			
	世界各地	母公司	分公司	分公司占总人数的百分比（%）
全部行业	33 922.1	23 120.7	10 801.4	31.8
矿业	381.2	179.8	201.4	52.8
公用事业	189.6	157.9	31.7	16.7

① 在现实世界中，一个国家往往产生资本流入和流出。也就是说，一些实体（公民、公司或政府）在国际市场上借款，其他实体则贷款。资本输入（输出）国是指其公民在国际金融市场上借（贷）的资金高于其贷（借）的资金。

② 参见第11章，以更完整地了解这些事件及其对美国的影响。

续前表

	雇员人数（单位：千）			
	世界各地	母公司	分公司	分公司占总人数的百分比（%）
制造业	11 485.6	6 898.7	4 586.9	39.9
批发贸易	1 922.0	1 134.1	787.9	41.0
信息业	2 143.5	1 748.6	394.9	18.4
金融和保险业（银行除外）	3 156.2	2 512.6	643.6	20.4
专业服务	2 026.7	1 222.3	804.4	39.7
其他	12 614.4	9 266.7	3 347.7	26.5

资料来源：Kevin E. Barefoot and Raymond J. Mataloni, Jr.,"U.S. Multinational Companies in 2009," *Survey of Current Business* (U.S. Department of Commerce, November 2011).

表 10－6 提供了美国跨国公司外国分支机构的部分信息，同样按雇佣水平衡量。根据这张表，几乎 60%的美国跨国公司的海外雇员位于发达国家，其中西欧的份额最大。美国跨国公司在发展中国家雇员人数最多的地区是拉丁美洲。

表 10－6　2009 年美国跨国公司外国分支机构的雇佣情况（按区域计算）

	雇员人数（单位：千）
全部国家	10 801.4
发达国家：	6 165.4
加拿大	1 077.5
欧洲	4 173.9
法国	539.3
德国	628.2
英国	1 194.6
日本	322.7
澳大利亚、新西兰和南非	390.4
发展中国家：	4 636.0
拉丁美洲	2 106.8
墨西哥	965.0
非洲	107.8
中东	100.0
亚太地区	2 522.0
中国	943.8
印度	490.7
韩国	119.9

资料来源：Kevin E. Barefoot and Raymond J. Mataloni, Jr.,"U.S. Multinational Companies: Operations in 2009," *Survey of Current Business* (U.S. Department of Commerce, November 2011).

其他国家同样拥有跨国公司，这些跨国公司大多数在美国经营。2009 年，在美国的外国跨国公司分支机构的产品和服务销售额达 2.9 万亿美元，雇员约 530 万。其中欧洲公司占雇员人数的最大份额（65%）。英国和德国跨国公司是美国工人最大的雇主，分别占17%和11%。加拿大公司占9%。①

为什么有些公司愿意成为跨国公司？这是一个有趣且悬而未决的经济学问题。显然，与东道国本地竞争者相比，在国外经营的公司会处于弱势。也就是说，这些跨国公司会面临额外的成本，包括协调活动的成本，而这些成本本土竞争对手根本不用承担。经济理论表明，跨国公司必须获得特殊优势，否则将会停止运营。这些特殊优势包含哪些内容？其一，跨国公司可能拥有获得特殊技术的渠道。对这项技术的控制将使跨国公司在竞争中完胜本土企业。其二，在多地经营可以促使公司的规模经济收益递增。②

正如我们在讨论北美自由贸易协定时所指出的那样，某些学者认为，富国和穷国之间的贸易自由化，将促使高薪酬国家将其制造业转移到低薪酬国家。在这个过程中，高薪酬国家的就业率会下降，生产将被从低薪酬国家进口的产品所替代。这种做法就是著名的**外包**（outsourcing）。表10－5和表10－6中的数字表明，到目前为止，美国跨国公司尚未广泛使用这种做法。全球视野10－2将对外包进行更详细的讨论。

全球视野10－2

美国外包

将生产转移到本国以外附属公司的行为称为外包或离岸外包。虽然这是许多跨国公司长期的实践活动，但是外包最近变得极富争议。当奥巴马还是美国总统的候选人时，就经常批评外包业务。他曾在多种场合承诺“终止对那些把工作转移到海外的公司减免税收”，尽管他并不十分清楚自己会采取何种措施来实施这个计划。当选总统后，他也无法实现这一目标。随着时间的推移，他的这一立场已经弱化，变成呼吁给把工作迁回美国的公司减税。包括福克斯新闻的卢·多布斯（Lou Dobbs）等在内的其他人对外包行为提出更加尖锐的批评。[1]

外包可以采取下列任何形式。跨国公司可以在海外建立附属公司，生产相同产品并在海外销售以实现横向扩张，而不必在本国生产后再将之出口到海外市场。美国银行在外国市场开办分行就是一个例子。另一个极端的例子是，跨国公司可能通过在海外设立一个附属公司实现纵向扩张，生产某一产品或服务，然后将之进口到国内市场。这些产品可以是用来生产的中间投入品，也可以是用于消费的最终产品。例如，美国公司在印度设立呼叫中心，为其产品提供客户支持或技术支持；另一个例子是，母公司从墨西哥附属制造商那里购买零件。虽然任何类型跨国公司的扩张都有可能导致国内失业，但是，这一结果并非不可避免。外包可能使企业扩大其销售额，从而在所有经营地增加就业机会。在最坏的情况下，外包也可能获得

① 关于外国跨国公司在美国的活动的更多信息，参见Thomas Anderson，“U. S. Affiliates of Foreign Companies: Operations in 2009,” *Survey of Current Business*（U. S. Department of Commerce，August 2011）。

② 有关跨国公司经济学的更完整的讨论，参见John Dunning，“The Determinants of International Production,” *Oxford Economic Papers*（1973）；James Markusen，*Multinational Firms and the Theory of International Trade*（Cambridge，Mass.：MIT Press，2002）。

足够的成本节约，帮助企业生存下去。

外包备受争议的原因是，这种做法对国内就业市场和就业机会构成威胁。政治家和专家们一看见有人失业（就业损失在制造业中最为突出），便下结论说这是公司向海外转移导致的结果。事实上，世界各地的制造业工作岗位每天都在消失。联合资产管理公司（Alliance Capital Management）最近的一项研究表明，1995—2002 年间，美国制造业就业率下降了 11%，中国下降了 15%，巴西下降了 20%。[2]这些工作岗位的削减是在全球制造业获得 30%增长的背景下发生的。显然，制造业失业率的上升可能源于生产率的大幅提高，而非外包行为。

一个就业可能受到威胁的领域是服务业，不过，证据还不是很明显，因为美国企业外包的数据不完整。某些行业出版物对经济体中特定行业可能的工作变化总量进行了估算：例如 2004 年，弗雷斯特研究公司（Forrester Research）预测，到 2015 年，美国总共 340 万 IT 行业工作岗位将会转移到海外。[3]如表 10-5 和表 10-6 的数据所示，商务部提供了美国跨国公司的国内外雇佣数据，但利用这些数据无法确定到底有多少工作岗位从美国工人转移到外国工人那里。此外，这些数据没有将外国跨国公司中受雇的美国工人计算在内。

1994 年以来，商务部每年都对美国的一组跨国公司在国内外的经营情况进行调研，使用这些数据的数量有限的几项研究成果陆续发表。由玛丽亚·博加（Maria Borga）撰写的一份报告侧重于纵向生产整合的企业行为，这些企业允许国外的附属公司为其最终产品生产提供中间投入品。她阐述，1994—2002 年间，本国企业采用进口中间投入品的比例从 6.9%上升到 7.8%，由此得出结论："绝大多数美国公司的总部从国内供应商处购买。"接下来，博加将这段时间内增加雇用国内劳动力的国内跨国公司（大约 2/3 的公司）的行为，与减少雇用国内劳动力的公司进行比较。她认为，后者更加依赖从国外分支机构和其他外国公司进口投入品。同期，前者使用的进口投入品较少，其比例基本上维系不变。总之，博加发现，在依赖外国投入品进口和国内雇佣水平变化之间并不存在密切的联系。相反，她指出国内雇佣水平变化的幅度与国外附属公司的雇佣水平密切相关；这些变化主要是产品需求和劳动生产率的改变所致。最后，她总结说，海外运营之所以产生，其原因在于对这些市场的渗透行为，而不是对低成本投入品的利用。[4]

博加的研究结果是对其他经济学家研究成果的反映。[5]这些研究的基本结论大体一致。首先，目前的外包范围相对有限，对美国整体劳动力市场的影响较小。其次，随着技术的不断发展以及贸易壁垒的降低，外包将会增加，这可能加剧政治紧张。最后，在总体经济中，随着跨国公司在国内外扩大就业，外包一直与美国就业水平的增长同步。

[1] 参见 Lou Dobbs, *Exporting America: Why Corporate Greed Is Shipping American Jobs Overseas* (New York: Warner Business Books, 2004)。

[2] 更多详情参见 http://axaonline. com/rs/axa/public_ articles/10202003Manufacturing_ Payrolls_ Declining. html。

[3] 这个数字可能看起来非常大，应该将之与劳工统计局预测的 2015 年 1.6 亿个工作岗位比较。

[4] 参见 Maria Borga, *Trends in Employment at U.S. Multinational Companies: Evidence from Firm-Level Data* (U.S. Bureau of Economic Analysis, Department of Commerce, September 2005)。

[5] 关于外包的其他研究成果，参见 N. Gregory Mankiw and Phillip Swagel, "The Politics and Economics of Offshore Outsourcing," *American Enterprise Institute Working Paper # 122* (December 2005); Martin Baily and Robert Lawrence, "What Happened to the Great U.S. Job Machine? The Role of Trade and Electronic Offshoring," *Brookings Papers on Economic Activity* (2004); and eds., Susan Collins and Lael Brainard, *Brookings Trade Forum 2005: Offshoring White-Collar Work* (Washington, D.C.: Brookings Institute, 2005)。

10.4.3 经济分析

在这一部分，我们通过构建并分析一个简单的模型来帮助读者理解要素流动的某些经济学意义，以结束对生产要素国际流动内容的讨论。此模型非常有普遍性，可以用于劳动力或资本国际流动的研究。不过，具体而言，我们的讨论以劳工移民为主。我们将安排一项练习，通过运用这个模型来研究国际资本流动。

以美国为例，假设美国通过既定的劳动和资本组合生产一个产品 Y（或 GDP）。这里需要做的第一个假设是在这个条件下美国的劳动力需求水平。我们将美国的**劳动边际产出**（marginal product of labor，MP_L）定义为，在生产流程中每增加一名工人所获得的额外产出量（实际单位）。劳动边际产出（MP_L）的性质如何？回顾一下，我们曾经假设美国的资本存量是固定的。如果资本存量固定，若生产流程中的工人越来越多，MP_L 将会出现**劳动收益递减**（diminishing returns to labor）的情况。也就是说，劳动力增加带来的产量上升的幅度会越来越小。这是因为固定数量的机器会被越来越多的劳动力共同使用。

假设 Y 在竞争性市场上的售价为每单位 P 美元。我们这样定义**劳动边际产出价值**（value marginal product of labor，VMP_L），即最后雇用的那名工人所生产的产品出售后获得的金额。可以用下面的公式表示，

$$VMP_L = P \times MP_L \tag{10.1}$$

式中，VMP_L 代表雇用最后一名工人时，生产者所获得的边际收益。

现在，我们考虑生产者确定劳动投入时的利润最大化决策。假设当前工人的工资率为 W；W 可以视为最后一名工人的边际成本。如此，利润最大化原则就变得简单了。生产者应该继续雇用工人，直到最后一名工人的边际成本等于其边际收益。也就是说，企业必须让边际收益与边际成本相等。

如果不同雇佣水平下的 P 值和 MP_L 值是给定的，则可以推导出 VMP_L 的图形。如图 10－5 所示，这条曲线向下倾斜，反映劳动边际产出递减现象。可以把

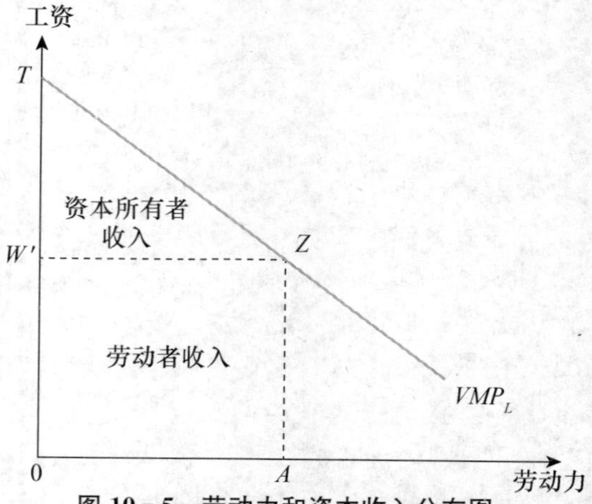

图 10－5　劳动力和资本收入分布图

VMP_L 曲线视为劳动力需求曲线，图中 $0A$ 线就是经济体中工人的固定供给量。劳动力市场中需求与供给曲线的交点决定了工资率 W'。经济体中全部劳动者的收入用矩形 $0W'ZA$ 表示。因为工人数量为 $0A$，每人的收入为 $0W'$。VMP_L 下方的三角形 $W'TZ$ 代表对另一个生产要素——资本的支付。为什么？因为在任何一点上，VMP_L 的高度代表雇用那名工人时，生产者获得的边际收益。对此工人的支付为 $0W'$美元。其余部分就是对资本所有者的支付，这部分资本在生产过程中也会用到。两部分结合起来代表劳动者和资本所有者的全部收入，换句话说，就是 GDP 的价值。

我们现在可以考虑移民问题了。假设美国允许外国劳动力流入，而且这些工人与其美国同行一样熟练。这一政策带来的明显效果就是劳动力供给的增加。这一点在图 10－6 中用线段 AB 表示。外国劳工移民具有几个经济上的意义。

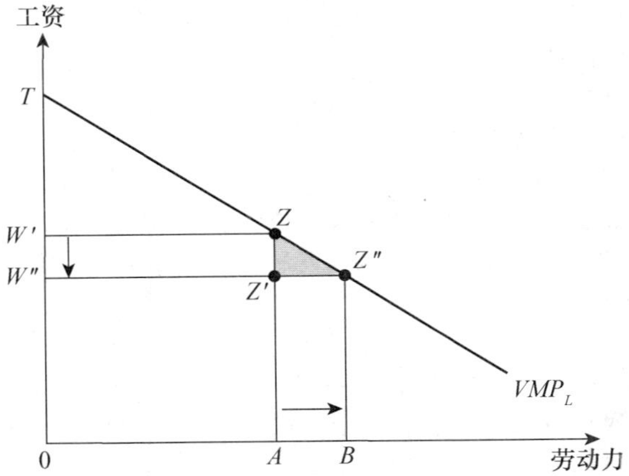

图 10－6　劳工移民的经济效应

首先，如图所示，将会出现工资效应。由于劳动力供应的扩张（假设其他包括资本存量在内的一切保持不变），工资降到 W'。同时还会产生产出效应。劳动力扩张意味着可以生产更多的产品。扩大的产出价值用梯形 $AZZ''B$ 表示。三角形 $ZZ'Z''$表示对资本的支付，矩形 $ABZ''Z'$代表支付给外国工人的工资。

最后，会出现收入再分配效应。国内劳动力工资率从 $0W'$下降到 $0W''$，国内劳动力总收入从 $0W'ZA$ 下降到 $0W''Z'A$。这两个矩形面积之间的差代表国内劳动力的收入损失。不过，经济体并不会因此产生损失，因为这部分收入损失回到资本所有者（假定为国内居民）手中。产出的扩张促进了资本的密集使用，租金率上升，资本所有者因此得益于外国劳工移民。

因此，即使外国劳工移民带来更高的国内产出，也不是所有的社会群体都受益。国内劳动力受损，国内资本所有者得益。劳动力来源国的结果正好相反。图中外流劳工为 AB 线段刚好反映了这种结果。在这种情形中，劳动力在一定程度上处于稀缺状态。工资上升，总产出下降。由于劳工输出的原因，输出国的资本所有者的境况变得更糟。

从这个分析中我们可以得出几个结论。首先，如果我们就许多产品和生产要素对此模型的结果进行概括，可以得到以下结论：国际要素的流动倾向于降低东道国最容易被直接替代的生产要素的收入，同时倾向于提高其他生产要素的收入。这意味着东道国的部分劳动力可能受益于外国劳工移民。例如，外国非熟练劳工涌入美国，可能会导致熟练工人（国内）的收入提高。其次，由于要素流动会对东道国和资源国的收入分配产生影响，这些国家经常实施某种政策以限制要素流动，包括移民限制和资本外流限制。前者盛行于富国，后者在穷国中更为普遍。

本章小结

1. 国际贸易与经济增长在许多方面彼此相关。出口扩张会促使国内生产总值增长。一个国家的增长方式会对其贸易模式产生影响。

2. 经济发展是指某一经济体中的居民普遍获得较高的生活水平。经济增长对经济发展至关重要。

3. 由于贸易与增长之间的关系，部分发展中国家追求外向型或初级出口导向型发展战略，以鼓励出口产品的生产。过去几十年中，其中一些国家成功实现了经济发展。

4. 其他发展中国家则推行进口替代发展政策以促进经济发展。这些政策涉及高关税或配额，以保护本土工业。在实践中，这些政策并非特别有效。

5. 当一个国家处于充分就业状态时，由于生产要素的扩张或技术革新的出现，经济增长产生。

6. 一个国家的经济增长方式会影响其国际贸易模式。一个国家可以经历中性增长，其出口和进口增长与国内生产总值的增长同速；顺贸易偏向型增长，贸易增长高于 GDP；逆贸易偏向型增长，国际贸易可能会下降。

7. 一个国家也可能因为获取来自其他国家的生产要素而获得增长。例如，20 世纪美国的经济增长在很大程度上依赖于大量的外国劳工移民以及外国资本流入。

8. 整体而言，外国生产要素的流入倾向于提高东道国福利，削弱资源国福利。

练　习

1. 比较政府采取的进口替代政策和外向型增长战略。

2. 许多拉美国家一直在实施进口替代政策。这些国家同时也承受了长期的高通胀。请解释进口替代政策与高通胀之间的联系。

3. 许多发展中国家由于采取更加外向型战略，开始用关税替代配额。讨论这些改变的动机。

4. 描述进口替代政策如何通过加工的不同阶段催高关税。

5. 详细解释国际贸易如何影响一个经济体的经济增长。

6. 假设A国S产品的收入需求弹性小于1，T产品的收入需求弹性大于1。假设A国出口S产品，进口T产品，S是资本密集型产品，A国的资本相对丰裕。如果出现下列情况，A国的贸易模式会怎样？

a. A国的资本和劳动同比例下降。

b. A国的资本相对于劳动上升。

c. A国的劳动相对于资本上升。

7. 将一家跨国公司的国外经营成本与东道国企业的经营成本进行比较。解释跨国公司如何在这种条件下进行竞争。

8. 假设A国是一个小型开放经济体，按照给定的世界价格运作。A国如果经历外资流入，其工资和租金会受到怎样的影响？使用图形解释你的答案。哪个集团赞成资金流入？哪个集团反对？解释之。

9. 什么是贫困化增长？你认为它有可能在现实世界中发生吗？解释之。

参考文献

Bhagwati, Jagdish. "Global Interdependence and International Migration," in James Cassing and Steven Husted, eds., *Capital, Technology, and Labor in the New Global Economy* (Washington, D. C.: American Enterprise Institute, 1988).

Todaro, Michael P., and Stephen C. Smith. *Economic Development*, 10th ed. (Boston, Mass.: Addison-Wesley Publishing Co., 2009).

第 11 章 国际收支平衡表

本章主题

国际收支平衡账户导论
国际收支平衡表的测度
交易分类
国际收支均衡与调整

至此，我们所关注的基本上是商品和服务的贸易问题。对于本书前 10 章所研究的国际贸易模型，我们均假设贸易处于平衡状态。这个假设属于长期均衡条件，意味着出口完全等于进口。但是，短期内贸易很难达到平衡。如果出现贸易失衡，则需要金融资产流入以进行补偿。金融资产的国际贸易也在以下情形中发生，包括投资者重新协调其投资组合，跨国公司将资产从一家子公司转移到另一家子公司，政府为了改变汇率而购买或销售货币或其他诸如此类的行为。国际金融就是对这些问题的研究，本书的其余部分将重点研究此领域的各方面内容。

国际金融研究以**国际收支平衡表**（balance of payments）为出发点。这个平衡表是对一国居民与其他国家各种交易的总结记录，主要涉及一国货币与另一国货币的交易。货币的交易价格即所谓的汇率。汇率由国际外汇市场决定。此市场是世界范畴的；是目前为止世界上最大规模的一种市场。对研究国际金融的经济学家而言，首先要了解对长期和短期汇率行为产生影响的部分因素。

国际金融领域另一个有趣的范畴是国际宏观经济学。对一个开放经济体而言，商品和服务的出口在一个国家的经济活动中占比很大。反过来，商品和服务的进口可以用来取代国内竞争性商品以及相对不足的经济活动。此外，按照国外利率水平从国际金融市场借款或贷款的能力，可能会对一国实施独立货币政策的能力产生约束。基于这些原因，与国际经济相结合的宏观经济学模型可以为人们提供一个更好的视角，以了解各种冲击如何对一国的经济行为产生影响。

国际货币体系指的是一系列行为惯例和规则，用于处理汇率如何决定、国际收支失衡以及一个国家是否可以获取短期贷款以应对经济困境等问题。过去 150 年间，这个体系变化巨大。美国和其他国家的政治家继续强调对当前体系进行改革。有关哪些有效哪些无效的知识，使人们能够对这些建议的优点有明确的了解。

在后面的章节中，我们会突出这些问题并对许多其他问题进行探讨。和前面几章一样，我们将提供一系列简单的模型，帮助读者了解国际经济关系的方方面面。本章以对国际收支平衡账户的研究开始。

11.1　国际收支平衡账户导论

国际收支平衡账户（BOP）是一段时间内，一个国家所有国际交易的总结表。表 11 - 1 是 BOP 的一个实例。此例总结了 2008—2010 年间美国的 BOP 信息。初看此表，感觉非常繁杂。实际上，一旦知道其中的规则和名词定义，此表就容易理解了。

表 11 - 1　　**2008—2010 年美国国际交易记录**　　单位：十亿美元

	2008 年	2009 年	2010 年
资本账户项目			
1. 商品出口	1 307.5	1 069.5	1 288.7
2. 商品进口	−2 137.6	−1 575.4	−1 934.5
3. 贸易余额	**−830.1**	**−505.9**	**−645.8**
4. 服务出口	535.2	505.5	548.9
5. 　旅游	110.4	94.2	103.5
6. 　游客费用	31	26.1	30.9
7. 　其他服务出口	393.8	385.2	414.5
8. 服务进口	−403.4	−380.9	−403
9. 　旅游	−80.5	−74.1	−75.5
10. 　游客费用	−31.8	−25.1	−27.3
11. 　其他服务进口	−291.1	−281.7	−300.2
12. 商品和服务余额	**−698.3**	**−381.3**	**−499.9**
13. 收入	813.9	599.5	663.2
14. 　美国国外资产收入	808.7	594.3	658
15. 　员工薪酬	5.2	5.2	5.2
16. 支出	−666.8	−471.5	−498
17. 　外资持有美国资产的支出	−650.9	−457.3	−483.5
18. 　员工薪酬	−15.9	−14.2	−14.5
19. 商品、服务和收入余额	**−551.2**	**−253.3**	**−334.7**

续前表

	2008 年	2009 年	2010 年
20. 净单边转移支付	−125.9	−123.3	−136.1
21. 经常项目余额	**−677.1**	**−376.6**	**−470.8**
资本项目			
22. 资本项目余额	**6**	**−0.1**	**−0.2**
非官方储备金融项目			
23. 国外直接投资	−329.1	−303.6	−351.4
24. 外国直接投资	310.1	158.6	236.2
25. 其他私有部门资产购买	1 195.7	−324.8	−659.6
26. 外国债券	197.3	−226.8	−151.9
27. 非银行美国公司索偿	456.2	144.9	7.4
28. 美国银行索偿	542.1	−242.9	−515
29. 其他外国私有部门购买美国资产	−433.3	−303	659.8
30. 美国对非银行外国公司的负债	−31.5	12.4	77.5
31. 美国对外国银行的负债	−428.3	−317.1	177.1
32. 其他美国负债	26.5	1.7	405.2
33. 金融衍生品，净额	−32.9	49.5	13.7
34. 非储备美国政府资产	−529.6	541.3	7.5
35. 非储备金融账户余额	**180.9**	**−182**	**−93.8**
36. 统计误差	−59.4	130.8	216.8
官方储备项目			
37. 官方结算余额	**−549.8**	**−427.9**	**−348**
38. 美国官方储备资产	−4.8	−52.3	−1.8
39. 外国官方资产	554.6	480.2	349.8

资料来源：U. S. Department of Commerce，*Survey of Current Business*，July 2011.

首先，考虑一国居民（包括公司和政府部门）与非本国居民进行的所有国际交易的类型，一般分为四类。本国居民可以跟（向）非本国居民购买（销售）商品、服务或金融资产。同时，也可以向（从）非本国居民寄送（获取）捐赠物。表格所展示的是这四类交易中每一类交易的具体信息。例如，第 1 行列举了每年美国的商品出口价值。第 2 行列举了美国的进口数据。注意，这一行的美元金额为负值［−］。这是什么意思？要回答这个问题，我们需要复习一下复式簿记的表述方式。

BOP 账户是按照复式簿记记录维护的。每一种经济活动均在两边记录。例如，由于购买一份报纸，你放弃金钱（交易的一方）并获得报纸（交易的另一方）。原理上，复式簿记试图将交易的每一方都记录到表格上。在分类账中，一边作为贷方，另一边作为借方。如果一栏显示的是某一阶段的数据，则按照惯常做法，要给借方加上一个负号，贷方加上一个正号或者不加任何符号。这就是此表的表述方式。

如何确定一个项目属于借方还是贷方？在美国的 BOP 中，**贷方**（credit）指的是外国居民对美国居民进行货币支付的任何交易行为。**借方**（debit）指的是导致美国居民对外国居民进行货币支付的任何交易行为。根据定义，应该容易理解为什么美国的 BOP 第一行的数字为正值（贷方），第 2 行为负值（借方）。第一个例子中外国人购买美国商品；第二个例子中美国人购买外国商品。需要注意一点：不要将表格中的正值和负值看成好或坏，这与好坏的概念无关。

例如，美国公司收购一家外国公司，如何分类？显然，外国人购买了某一东西。所以，在美国的 BOP 中，这项交易当作借方计入第 23 行（国外直接投资），用负值表示。假设一家美国公司通过将债券出售给外国人的方式借款，这里，货币流入美国而这家美国公司发现其对外国人的负债增加了（即其债务流出），在美国的 BOP 中作为贷方计入第 30 行（美国对非银行外国公司的负债）。

11.1.1　经常项目分录

第 4 行表示向外国人出售各种服务获得的总收益。包括美国的外国游客的收入（第 5 行），外国游客支付的费用（第 6 行），其他如银行、咨询、教育、保险、医疗和运输等行业给外国人提供服务的收入。第 8 行表示本国居民对外国人提供的同类服务的支出。第 13 行（收入）表示利息、分红、版税等美国国外资产收入（第 14 行）以及当年外国雇主给美国海外雇员支付的薪酬（第 15 行）。尽管这些内容在此表中被单列出来，但可以认为这些内容是特定服务出口获得的支付：美国位于海外的生产要素的服务。第 16 行表示美国居民对外国人的支付，包括薪酬、利息、分红和版税等。同理，可以将其当作服务进口的一种形式。

由于收入在所有的国家（包括美国）有进有出，这使得一国的总体经济行为很难界定。对封闭经济体而言，一年的产品和服务的总产出与总收入等同。对开放经济体而言，这就难以成立了。GDP 是一个国家领土内一年的产品和服务的总产出水平，无论是谁制造这些产品和服务。GNP 等于美国公民的全部收入，无论相关经济活动发生在何处。因此，GNP 等于 GDP 加上净要素支付（第 7 行加上第 8 行）。由表可知，三年中每年的收入贷方大约要超过借方 1 000 亿美元。实际上，多年来，美国的收入贷方大大超过收入借方。这意味着当前美国的 GNP 稍高于 GDP。

表中经常项目部分最后记录的大宗交易目录与国际捐赠物的流动相关，表中记为净单边转移支付（第 20 行）。这个项目表示美国和其他国家之间没有交换条件的净货币流动，包括美国政府给予他国政府的援助以及美国公民对他国机构的各类慈善捐款等。外国人对美国慈善机构的捐赠可视为转移支付流入的例子。

11.1.2　金融账户分录

第四类主要交易类型为金融资产的国际购买和销售，称为国际资本流动。BOP 给出的是各类资产和负债净流动（规定时间内）的信息。也就是说，这部分的每个项目表示的是会计期间此类项目的购买总量与销售总量之差。资本流动分为两大类，记在第22～39行：资本项目活动和金融项目活动。资本项目活动（第22行）包括一国与外国居民在非商品、非金融资产（如专利、版权和许可证）以及特定资本转移（如国际债务豁免）上的交易。与其他类型的国际交易比较，几乎所有国家的资本项目活动的规模都比较小。①

金融项目活动反映了一国与他国在金融资产和债务交换方面的各种交易行为。简而言之，一项资产代表财富的一部分。资产大抵分为两类，有形资产和金融资产。有形资产指的是随着时间流逝其价值不变的物品，如钻石和黄金等。有形资产的国际贸易包含在商品贸易中。金融资产包含货币、债券和自有资本（如股票）。负债指的是欠别人的债务或者是负金融资产。金融资产也包括对诸如工厂、设备或其他商品生产的资本存量等有形资产的所有权证明。金融资产可以在国际上交易。在这个过程中，货币可以跨国界借进或贷出。第18～37行*记录了这类交易（也称资本流动）。记住决定贷方和借方的规则。如果美国公民从非美国公民那里购买资产或向非美国公民偿还贷款（减少其负债），则美元会流出，美国的BOP中直接记为借方。这类交易也称为美国的金融资本出口。如果美国公民从外国人手里借款或者将资产出售给外国人，则记为贷方。这类交易被视为美国的金融资本进口。

表中的资本流动部分有很多特征。首先是官方（或政府）和私人交易的概念。官方当然指的是政府部门，所谓官方交易是指政府获取（或销售）资产或者产生（或削减）相关债务。私人交易指私有部门的美国公民购买一项外国资产或者对某一外国人发生债务。金融项目详细描述了几类不同的交易。直接投资是指对足够量股本（普通股）的购置，以确立对外国有形资本的所有权或直接控制权（如美国企业收购外国工厂）。②

如果对股本的购买不足以对外国有形资本（如美国公民购买100股丰田股票）产生所有权或控制权，将记入外国债券购买部分（第26行）**。其他债券购买的例子包括国内私有部门对外国发行的债券、提单、存款单、银行承兑汇票和本票等的购买。在表中，非银行公司包括进口商、出口商和非银行金融机构（如资产管理公司、按揭公司和风险资本公司）等。这些实体通过商务活动方式，从外国人手中获得索偿权或对之产生债务。美国银行对外国人的索偿（如向外国人贷款）和债务（如美国银行的外国人存款）的变化信息在表上通过另外的栏目记录。

要了解如何将这些活动记入BOP，请参见表11-1。第23行记录了这三年每一年美国厂商在海外的直接投资。由于这些资产需要用美元支付，此行的数据为（总是）负值。③ 因此，2010年，美国厂商为了获得对不同外国厂商的控制

① 资本和金融项目交易的区别相对较新；它是由国际货币基金组织作为其国际收支数据统计表修订的一部分在1999年创建的。选择这个标签的理由不甚清楚，但是，此标签可能会造成一些混乱。在许多教材（但不是本书）、报纸和学术文章中，资本项目这个术语用于描述所有金融资本流动活动（即第22～39行的全部内容）。

* 行数疑有误，原文如此。——译者

② 持有一家公司流通股10%的股权称为获得足够的控制权，这已经成为大多数BOP数据的标准做法。

** 原文为第25行，疑有误。——译者

③ 这一行的条目不一定是负值。如果在某年，美国公司以4 000亿美元卖掉其拥有的外国公司，同时以2 500亿美元收购其他外国公司，则当年的分录是贷方1 500亿美元，以反映这笔资金的净流入。

权，其净支出达 3 510 亿美元。第 24 行记录了 2008—2010 年外国人购买美国公司控制权所支付的总额。这里记录的数字波动很大。2008 年，对美国厂商的外国净支出总额为 3 100 亿美元，2009 年此值几乎下降一半，2010 年略有反弹。这种波动在一定程度上归因于始于 2008 年并对整个世界经济产生冲击的经济衰退。

第 25 行记录的是美国个人、非银行公司以及银行在私有部门投资资产上的净支出总额。[①] 三年间，数量变化极大，只有一个分录记为贷方，另两个为借方。这是什么意思？2008 年的大额贷方分录表示，当年外国资产交易活动的货币流入美国。这意味着，2008 年美国公民（包括个人和公司）销售的外国资产额高于购买额。当年的回流资金达约 1.2 万亿美元。考虑到 2008 年冲击世界各地经济的金融市场恐慌，这个结果不足为奇。2009—2010 年，美国人开始扩大外国债券的持有量，支出额 2009 年为 2 270 亿美元，2010 年 1 520 亿美元。美国银行也开始积累对外国人的索偿，2009 年的总支出达 2 430 亿美元，2010 年则翻了一番。不过，自 2009 年到 2010 年，美国非银行公司继续减少对外国资产的持有量。

第 29 行记录了外国私有部门购买美国资产的净变化额，或者说美国对外国私有部门负债的变化情况。至于美国资产购买，此分录这一行的数据在 2008 年和 2010 年之间符号相反。2008 年，外国人对美国资产减持约 4 300 亿美元。2009 年他们对这些资产的销售额达到约 3 000 亿美元。第 31 行分录显示这两年这些美国资产的出售几乎全部由外国银行负责。2010 年，外国投资者再次进入市场，购买大约 6 600 亿美元的美国金融资产。

第 38 行记录了美国政府**国际储备**（international reserves）（储备资产）的变化。国际储备属于由政府持有的短期、高流动性资产。这些资产可以用以实现几个目的，包括对外汇市场的干预以及对国际收支失衡问题的处理。外汇市场干预指政府通过在外汇市场上购买或销售货币来对汇率施加影响。国际储备的例子有货币黄金（黄金经常储存在银行金库中）、外币（经常以短期外国政府债券的形式持有）以及由国际货币基金组织发行的资产。

国际储备经常被视为资产组合的组成部分，由一个国家的货币当局或央行持有。当一国获得国际储备时，其央行资产提高。基本上，这与央行购买本国债券性质一样，在美国称为公开市场业务。由于一国的货币供给与央行持有的资产成比例，类似的购买行为将促进国家货币供给的扩张。同样，国际储备的损失意味着央行资产的削减，在其他条件不变时，这个国家的货币供给会收缩。所以说，BOP 中的数字与一个国家的其他核心经济参数（如货币，可能还有利率和收入）存在关联性。最后，回顾一下 BOP 的规则。国际储备项目分录前面的负号表示对那类资产持有量的增加。例如，2009 年，美国政府对储备资产的持有增加了 523 亿美元。

第 39 行记录的是外国政府或货币当局对外国官方资产的购买（如果是正

---

① 各个项目的总额在第 26～28 行记录。

值）。这些资产对美国政府而言属于负债；这些资产的大部分是短期美国政府债券，包括美国短期国库券（treasury bills）、中期国债（treasury notes）。这些债券代表外国政府的国际储备。此行的分录正值反映的是每一年美国政府从外国政府手中借款的金额；这些资金属于美国政府借款的一部分，用于资助每年的逆差。

至此，我们已经研究了表中的每一个类别，并讨论了大部分项目。还剩下一个项目，即第36行的统计误差。这是什么东西？记住复式簿记的意图在于记录每一项交易的两边。这在实践中是不可能的。实际上，表格中的大部分（不是全部）项目来自政府统计人员根据现有统计信息得出的估算值。从海关获取数据以及对厂商业务进行调查不能保证了解全部贸易活动。其中一些经济活动可能属于非法或地下活动，但是，在一个动态的当代经济体中，哪怕不存在非法活动，统计数据也会存在很大的测量误差。统计误差就是对这些不精确计算的衡量。如何计算统计误差？根据平衡表的结构，贷方总额必须等于借方总额。统计误差就是一个平衡分录，以保证这一点能够成立。如果借方大于（小于）贷方，统计误差就必须是一个足够大的贷方（借方），以平衡这两个总额。

11.2　国际收支平衡表的测度

现在我们可以讨论BOP的运作了。不过，这里还有一个问题。怎样测量BOP？看起来是，先把所有的贷方加总，然后与借方总额比较。如果这样做，结果基本上等于零，因为贷方总额必须等于借方总额。反过来，我们关注几个分录的细目。长久以来，人们为研究BOP制定了很多方法。每一种方法都可以在平衡表中某一处插入一行，然后将这一行上方所有项目的借方额从贷方额中扣除。

贸易平衡（balance of trade）通过从贷方部分（第1行）扣除借方部分（第2行），对商品出口和进口进行比较。如果结果为正（负），则这个国家产生贸易顺差（逆差）。[①] 详细的计算在表中第3行列举。如表所示，2008年美国的贸易逆差为8 301亿美元。2009年下降到5 059亿美元，2010年上升到6 458亿美元。另一种测量方法是商品、服务和收入余额。这种方法将服务出口净值和收入加到原来的余额上。参见第19行。例如，2009年美国的贸易逆差为5 059亿美元，但是，商品、服务和收入的逆差为2 533亿美元。这就意味着，当年美国的服务贸易顺差（包括收入流动）稍高于2 500亿美元。这也说明了一个重要内容，即BOP不同的测度方法，其结果可能差别巨大，甚至出现符号相反的结果。

历史上，贸易余额曾经是BOP测度中被引用最多的数据，今天亦是如此。不过，根据经济学家的观点，贸易余额省略了太多内容（表中仅留两行），以至于无法提供有效信息。而且，贸易余额强调商品贸易，如果一个国家产生贸易逆

① 请注意，国际收支平衡表中的贸易逆差（顺差）或任何其他赤字（顺差）不是同一件事，甚至与一国财政赤字（盈余）的概念（即政府支出与税收的区别）没有任何联系。

差，这可能导致贸易保护的政治压力。几个世纪以来，重商主义者错误地认为，通过采取措施让本国获取更大的贸易顺差可以促进国民生活水平的提高。

11.2.1　经常项目余额

更有意义的数字是一个国家的**经常项目余额**（current account balance）。它测度的是商品、服务和收入余额加上净转移支付。也就是说，它衡量的是一个国家与其他国家之间商品、服务和捐赠物的净流入。这个数据为何如此有意思？考虑一下计算中唯一被忽略的项目——国际金融资本流动。[①] 表格中，贷方总额等于借方总额。这意味着任何没有出现在经常项目余额（CAB）中的项目一定从 CAB 总量中扣除了。所以，如果一个国家的经常项目出现 1 250 亿美元顺差，则资本流动部分剩下的其他分录必须加总等于－1 250 亿美元。也就是说，资产贸易的净借方额为－1 250 亿美元，或者说这个国家以净额 1 250 亿美元收购外国资产。

反过来，如果一个国家某一年的经常项目逆差为 400 亿美元，则当年这个国家必须在资产贸易中产生 400 亿美元净顺差。也就是说，当年这个国家向外国人销售了价值 400 亿美元的资产，故而其国际财富状况恶化了。所以，CAB 直接反映了当年这个国家国际财富状况的变化。定义 CAB 那行下方的项目信息，对经常项目如何融资进行了描述。CAB 在表中的第 21 行（即第 19 行和第 20 行的加总）记录。

理解经常项目逆差的含义的另一种方法是利用国民收入账户的概念。GNP 指的是一国公民在一段给定的时间内所生产的商品和服务总额，无论这个公民位于何方。GNP 也等于这个国家公民的国民收入。GNP 可以通过几类总支出的加总来计算：

$$Y = C+I+G+(X-IM)+NFP \tag{11.1}$$

式中，Y=GNP；C=消费（居民对商品和服务的总支出）；I=投资（厂商对资本品和存货的支出）；G=政府支出。$(X-IM)$ 表示净出口额，包括商品和服务（差不多等于表 11-1 中的第 12 行）。NFP 表示薪酬和其他形式的要素的净流动（NFP 差不多与表 11-1 中第 13 行和第 16 行加总的国际净收入流动一样）。根据定义和实际情况，$(X-IM)$ 和 NFP 的总额与 CAB 差别不大。也就是说，几乎可以这样表述：

$$Y=C+I+G+CAB \tag{11.2}$$

或者

$$CAB=Y-(C+I+G) \tag{11.3}$$

式（11.3）中的 $(C+I+G)$ 表示一年内一个国家的居民、厂商和政府对最

① 这里也排除了统计误差。然而，由于难以获得准确的资本流动的数据，在金融资本中无法计量。

终商品和服务（包括进口商品）的支出总额。根据式（11.3），在任何年份，如果一个国家的支出超过国民收入，则会出现经常项目逆差。也就是说，一个国家的支出如果超过其收入水平，则必须从他国借款。

表11-1中每一年美国都产生经常项目逆差。如前所述，这意味着每一年美国都面临国际资产恶化的情况。实际上，自1982年以来，除了1991年，美国每年都发生经常项目逆差。多年来，美国必须从国际金融市场借贷或向外国人出售资产才可以对此逆差进行融资。如此巨大的逆差，历史上无出其右者。多年累积的逆差是美国国际资产恶化情况的反映。曾几何时，美国已然成为世界上最大的债务国。到2010年底，其净国际资产达－2.47万亿美元。①

一般而言，国家发生经常项目逆差属于常态。逆差简言之就是一个国家从外国借款或者向外国人出售金融资产（或者两者都实施）。多年来，所有国家都在做同样的事情。此外，人们有理由相信某些国家必须面对持续的逆差问题。这些国家本身金融体系欠成熟，经济发展前景却相对乐观。② 由于预期这些国家的经济会繁荣，经济回报率高，很多金融家都愿意投资。随着经济转向成熟，这些外国投资者开始获益，经常项目因此出现顺差。

然而，在实践中，面临持续性经常项目逆差的发展中国家，经常要承受经济被破坏的结果，因为外国资本总是过早地撤出这些国家。一个例子就是20世纪90年代中期，对很多亚洲经济体产生灾难性影响的亚洲金融危机。80年代末期到90年代，不少亚洲国家包括印度尼西亚、韩国、马来西亚、泰国和菲律宾等，曾经吸引了大规模的外国投资。这些资本流入是与经常项目逆差对应的。外国金融投资促进了这些经济体的繁荣发展。大约在1996年，出于对经济增速放缓的担忧，这些外国投资者开始从这些经济体中撤出资金。随着外资的撤离，很多当地厂商破产，失业率高企。历经数年，这些经济体才逐渐恢复元气。

如前所述，美国其实也享受过连续多年的外国金融投资流入。全球视野11-1将对美国经常项目逆差是否会持续的问题进行探讨。

全球视野 11-1

美国经常项目逆差是否会持续？

图11-1描绘了过去30年，美国经常项目逆差在国家GNP中所占的百分比。如图所示，自1982年以来，除了1991年，美国一直经历经常项目逆差。结果是美国变成世界上最大的债务国，2010年的外债高达2.5万亿美元，几乎占美国GDP的17%。每年美国的债务都在递增，相应的利息和股息等也在上升。

这种状态可以维持多久？这对美国经济意味着什么？通过何种经济调整方式才可以消除类似的经济失衡或削减债务？这些问题都不容易回答。最坏的结局是，国际投资者可能突然确认美国的逆差处于不可持续发展状态，然后出售手上的美国国债，将资源撤

① 国际净资产状况的资料参见经济分析局网页：http://www.bea.gov/international/index.htm#bop。

② 其他富裕的国家（如澳大利亚）也经历了持续多年的经常项目逆差。

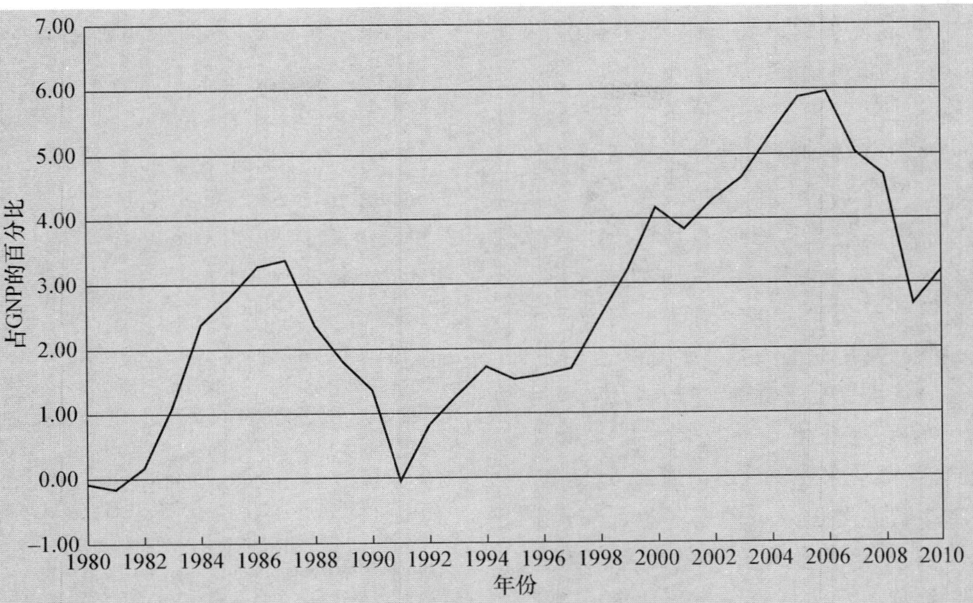

图 11－1　1980—2010 年美国经常项目逆差占国民生产总值的比重

出美国。这会刺激美国利率大幅上扬，美元贬值。这些行为虽然可能无法排除，但是，直到作者写作本书，看起来发生的概率并不高。

美国经常项目逆差持续存在的原因何在？最关键的因素首先是，美国在世界经济中的地位独特。美国是世界上最大的独立经济体（到目前为止），其金融市场规模超常、发展健康并处于开放状态。考虑到其经济规模，世界各国的厂商都意图进入美国市场以分一杯羹。它们根据美国消费者的品位设计产品，尽可能让其价格较之美国对手具备竞争力。由于金融市场如此开发，金融投资机会遍地开花，为了购买各类美国金融资产，大量外国资本涌入美国市场。简言之，在美国，大量产品以及外国金融资本的进口易如反掌。

其次，外国金融资本流入意味着美国股权出让给外国人或者美国对外国人的金融负债增加。其中任何一种情形都与其他国家如泰国不一样，因为所有的交易都受本国货币控制。也就是说，几乎所有的美国对外国人的负债都是以美元计价。如果汇率突然改变，如 20 世纪 90 年代末东南亚国家面临的情形，美国厂商的资产负债表不会受到任何影响。比如，一个美国厂商向一家英国银行借 1 000 万美元，无论美元在外汇市场上价值如何变化，其债务还是 1 000 万美元。与此相反，如果美元对英镑贬值，英国银行的贷款价值（用英镑计价）将会缩水。所以，由于英国的国际债务（几乎全部）以美元计价，潜在的资产负债表负面效应将从美国传递到世界各国。实际上，最近有几项研究表明，汇率和其他金融价格稍微改变一下，美国净资产呈负值的情况都有可能发生逆转。[1]

最后，令美国厂商国际借贷持续上升的因素不仅包括货币面值，还包括美国金融市场的规模和广度。纵观整个世界，金融投资者四处出击，寻求投资市场。美国存在大额货币流入的多重可能性，尚无其他良好的单一市场可以取而代之。这种状况或许在未来得到改变，尤其是欧元通用以后，欧盟国家金融市场一体化程度能够得到提高。除非替代市场出现，否则，国际投资者将别无选择，只能依赖美国市场，继续投资。

除了上述因素可能会使美国在未来一段时间内产生大额的持续性经常项目逆差，过去数年，美国的另一个因素发生了变化，使部分经济学家对美国经常项目逆差的持续性更加关注。[2]这些经济学家关注的核心是，大部分逆差逐步得到美国政府债务（而不是私有部门债务或向外国人销售的资产）的资助。美国政府债务是由外国政府购买的，其中购买最多的是阿拉伯半岛国家、日本和中国（这些购买记录在表 11-1 的底部第 39 行）。

如果这些外国政府的购买量下降，则会促使美国政府债券跌价，刺激美国利率上升，导致美国经济（进一步）衰退。对类似事件发生的可能性，许多分析家轻描淡写。

如图 11-1 所示，2009 年美国 CAB 逆差在 GNP 中的占比急剧下降，如今只是其峰值的一半左右。原因何在？显然答案跟 2009 年初世界经济衰退到达顶峰有关。由于美国产出下降，失业率上升，对全部商品和服务的支出包括进口急剧减少。进口的大幅减少使经常项目逆差降低了近 50%。

[1] 事实上，Pierre-Oliver Gourinchas 和 Hélène Rey 最近的一项研究认为，如果美元贬值 10%，大约 31% 的美国经常项目逆差将因美国资产负债表正面效应而消失。参见 "International Financial Adjustment," *Journal of Political Economy*（2007）。John Kitchen 还发现，（金融资产）估值变化可能帮助美国维持其经常项目逆差一段时间。参见 "Sharecroppers or Shrewd Capitalists," *Review of International Economics*（2007）。

[2] 参见 Brad Setser and Nouriel Roubini, Our Money, Our Debt, Our Problem in *Foreign Affairs*（2005）。

11.2.2 官方结算余额

至此，我们关注的核心内容为经常项目余额。另一个更宏观的 BOP 测度方式叫作**官方结算余额**（official settlements balance）。这个方法包括全部的 BOP 记录，官方储备资产交易和外国政府持有的本国短期债务的变化除外。对多数国家（不是美国）而言，最后一个项目很少，多数国家的官方结算余额只对国家的国际储备额进行记录。① 表中美国的官方结算余额记录在第 37 行，第 38～39 行记录了这个余额是如何通过融资抵销的。

一般情形下，一国的国际储备只有在政府决定购买或销售部分这类资产时才会发生变化。如果购买发生，国家会用本币支付；如果销售发生，国家得到的支付亦是本币。一个国家经常通过这种方式对本币在外汇市场上的价值施加影响。如果要令本币升值（贬值），这个国家就会在外汇市场利用国际储备购买（销售）本币。这种行为就是所谓的干预。上两个世纪，多数国家实施了固定汇率体系。这意味着个别货币价格不会发生变化。在这个体系中，国家政府几乎每一天都对市场进行干预，以防币值上下波动。也就是说，一般政府都会大量使用外汇储备，因此，任何一年内，其官方结算余额的逆差或顺差都会很大（逆差还是顺差主要看政府以销售还是购买储备为主）。

近年来，或许是为了避免重蹈亚洲货币危机的覆辙，不少发展中国家的国际

① 因此，如果一个国家的官方结算余额有盈余，则其储备上升（由第 38 行的借方所示）的幅度与盈余的数额相等，反之亦然。

储备持有量急速扩张，仅过去 10 年就增加了 5 万亿美元。尽管部分经济学家认为，一国外汇储备的持有量应该以足够这个国家购买 6 个月的进口商品或偿付所有的短期外债为基准，但目前尚不存在一个最优外汇储备量的公认标准。根据上述两个基准衡量，当前很多国家的外汇持有量大大超过所谓的最优水平。虽然这些外汇储备可能有助于防止经济衰退意外发生，但是，这些储备当前的回报率非常低。拥有超额外汇储备的国家，最好将之投资于基础设施建设等项目，以期获得更高的长期回报率。

外国政府所收购的美国政府债务明确地记录在表 11－1 中的美国官方结算余额一栏。三年中的每一年，这些余额与同期的美国经常项目失衡大抵相等（至少在数量方面）。比较一下第 38 行和第 39 行的数量，显然，每年所有的逆差用外国政府购买的美国政府债务来资助。

11.3　交易分类

至此，我们已经对国际收支平衡重要的测度方式进行了界定，并明确了一国国际交易包括的不同种类。对首次接触这类问题的读者而言，交易的分类极易混淆。为了从原理上说明 BOP 账户采用的复式簿记，我们将对六种交易进行分析，并记录到一个简化的 BOP 表中。

贷方栏记录外国资金流入的项目。这类项目与外汇市场上对本币更大的需求或更多的外汇供给有关。借方栏记录支付流出的项目。这类项目与外汇市场上更多的本币供给或更大的外汇需求有关。注意，在下列每一种交易中，我们将按照贷方和借方进行记录。

考虑下面虚拟的六个交易及虚拟美国 BOP 简表中相应的栏目（见表 11－2）：

表 11－2　BOP 实例　　单位：美元

	贷方	借方	余额
商品出口	1 000 000（2）		
	100 000（5）		
旅游服务		15 000（4）	
收入	10 000（3）		
单边转移支付		100 000（5）	
资本项目余额			**995 000**
其他私有部门资产购买		10 000（3）	
美国银行索偿		1 000 000（1）	
美国银行负债	1 000 000（1）	1 000 000（2）	
统计误差	15 000（4）		
官方结算余额			**0**
美国储备资产	5 000 000（6）		
外国官方资产		5 000 000（6）	

注：括号里的数字与本章讨论的假设交易项目对应。

1. 一家美国银行给罗马尼亚一家食品加工公司提供一笔100万美元的贷款。贷款通过给这家罗马尼亚公司在美国银行的账户存入一笔100万美元的款项提供。

（注：贷款表示美国银行对外国人的索偿能力提高，记为贷方。新存款记为银行对外国人的负债增加，记为借方。）

2. 一家美国公司向这家罗马尼亚公司销售了100万美元的小麦。小麦用在第一个交易中开设的银行账户支付。

（注：小麦出口代表商品出口100万美元，因此，我们在贷方栏记录商品出口100万美元。支付通过银行存款进行，即美国银行的负债减少100万美元，记为借方。）

3. 一个美国公民从持有的德国债券中获得利息1万美元。这1万美元存到一家德国银行。

（注：国际投资收益记录在"美国国外资产收入"一栏，记为贷方。美国人持有的外国银行存款的增加记录在"其他私有部门资产购买"一栏，记为借方。）

4. 一个美国游客到欧洲旅游花费15 000美元。没有信息表明这些资金的来源。

（注：旅游支出记录在服务账户。美国游客在国外的支出以借方15 000美元记录在"服务进口"一栏下的旅游项目。由于没有其他信息，对应的贷方是统计误差的一部分。）

5. 美国政府向尼加拉瓜捐赠价值10万美元的粮食。

（注：出口粮食以贷方10万美元记录在商品账户。因为粮食是捐赠，分录为单边转移，借方出现10万美元的单边转移支付。）

6. 日本财务省出售500万美元美国政府债券，并用其收入从美国政府黄金储备处购买500万美元黄金。

（注：外国政府购买美国政府债券记为官方金融流入，所以，外国官方资产记为借方500万美元。美国黄金持有量为美国官方储备的组成部分，故这一行中贷方为500万美元。）

CAB即商品、服务、收入和单边转移支付的总额。假设在表11-2中单边转移支付项目下画一道线，则线上方的贷方总额为111万美元，借方总额11.5万美元，所以差额为正值，或者贷方余额为99.5万美元。此线以下，表中金融资产部分出现净借方余额99.5万美元。所以，无论通过何种方式计算，本例中美国的经常项目顺差为99.5万美元。

如表所示，官方结算余额为0。可以通过两种途径来验证。首先，将此线移到统计误差以下。线上贷方和借方的总额为212.5万美元。冲抵后，总额为0美元。如果线上贷方等于借方，那么线下剩余的贷方和借方也必然相等。还是以CAB为例，线下的项目说明官方结算余额是如何得到资助的。此例中，美国储备资产的一部分即美国政府债券转换成了另一种资产——黄金，所以，不存在储备资产的净流入或流出问题。

11.4　国际收支均衡与调整

至此，我们一直把焦点放在对国际收支平衡表的记账步骤和定义的讨论上。现在，我们转向对国际收支平衡经济意义的研究。例如，由于商品出口可以赚取外汇，而进口导致外汇流出，人们经常听到关于拥护贸易最大化政策即提高经常项目顺差的争议。这是否很有必要？首先，必须意识到，一国之进口是另一国之出口，在世界范围内，根本无法令所有国家同时获得顺差。由于出口总额须等于进口总额，故会出现全球贸易平衡。[①] 不可能出现所有国家同时产生贸易顺差的结果。

因为某些国家必须产生贸易逆差，某些国家才会产生贸易顺差，是否可以说顺差是好事，逆差是坏事，这样一个国家的利益就能以另一个国家的损失为代价？在某种意义上，进口似乎优于出口。根据当前的消费情况，商品出口表示这些商品无法提供给国内消费者，而是供进口者消费。就如我们从国际贸易理论中所学到的一样，国家间自由贸易的益处是生产效率更高、消费能力更强。如果两国间的贸易出于自愿，则很难下结论说，贸易令顺差国获益，逆差国受损。

一般而言，顺差国优于逆差国这一现象并不明显。以一个只有 A 国和 B 国的双边贸易失衡为例。假设 A 国富有，向穷国 B 国发放贷款。要偿付 A 国贷款，B 国必须对 A 国产生贸易顺差，以获取还款收入。那么，你愿意居住在发生贸易逆差的 A 国还是发生贸易顺差的 B 国？尽管这个例子非常简单，但在现实世界中，确实存在富裕的贷款国发生贸易逆差，贫困的借款国发生顺差的现象。这里的关键是，我们不能脱离其他经济因素来独立分析国际收支平衡问题。逆差不一定是坏事，顺差亦非必然是好事。

国际收支均衡（balance-of-payments equilibrium）是在对 BOP 中特定内容如 CAB 或者官方结算余额进行测量时，总贷方额等于总借方额的状态。一般情形下，国际收支平衡模型假设，至少就长期而言，当地或世界经济中的因素倾向于将这些国家推向均衡状态。这个过程称为国际收支均衡调整。

在某些情形下，国际收支均衡调整以经济对现有条件的自然反应这一方式发生。例如，如果一个国家持续发生 CAB 逆差，则其国际财富状况会恶化，偿还债务能力将出现问题。本章开始时，我们研究过一个国家的经常项目是如何等于其收入减去国内支出的，即 $CAB=Y-(C+I+G)$。发生经常项目逆差（CAB 为负值）的国家，其支出高于国民收入。随着国际债务的增加，国内支出放缓，令逆差缩小。此外，由于这个国家对外汇的需求超出供给，其对外汇的支付价格会上升。在这个过程中，进口价格提高，国内出口商品价格更便宜，导致逆差缩小。

在其他情形中，调整过程可能需要政府介入。例如，20 世纪 90 年代末期，

---

① 实际上，由于各种原因，世界贸易总额总会出现进口略高于出口的情况。例如，WTO 列举的 2009 年世界出口总额为 12.5 万亿美元，进口总额为 12.7 万亿美元。

阿根廷政府将其货币比索按1∶1与美元挂钩。结果是，外国商品被人为贬值，国家出现巨大的经常项目逆差。2002年，阿根廷政府宣布比索汇率浮动，随后迅速贬值2/3。汇率变动不足一年，经常项目就出现了顺差。

国际收支失衡的调整机制是国际经济学领域中最重要的问题之一。本章只是一个导论，第15章将进一步研究这个问题。

本章小结

1. 国际收支平衡表是一个国家与他国在一段时间内全部国际交易的结算表。交易内容包括商品、服务、金融资产的国际贸易以及收入和捐赠物的国际流动。

2. 国际收支平衡表采用复式簿记技术记录。产生外国货币流入的所有交易记录在贷方。引起本币流出的所有交易记录在借方。表中的贷方总额总是与借方总额相等。

3. 衡量国际收支行为的方法是将重点放在分录的一个子目录上，然后，将表中该部分的借方从贷方扣除。几个测度方法中的项目称为线上条目。被排除的项目放在线下，提供这些项目如何得到资助的信息。

4. 对国际收支平衡的最简单测度是贸易余额，贸易余额只测量商品贸易。贸易余额就是商品出口（贷方）与商品进口（借方）之间的差额。如果贷方超过（低于）借方，则出现贸易顺差（逆差）。

5. 经常项目余额是对商品、服务的国际贸易以及收入和捐赠物的国际流动的净贷方（或借方）的测度。如果一国的经常项目出现顺差（逆差），则此国的国际财富水平提高（下降）。

6. 官方结算余额包括除了外国持有本国证券和本国政府持有外国储备的变化的所有的收支余额。无论是获得（失去）国际储备还是外国人持有更少（更多）的本国债务或两者兼而有之，都会使得该国的国际储备地位上升（下降），并出现官方结算余额盈余（赤字）。

7. 国际收支均衡是在对BOP中特定内容如CAB或者官方结算余额进行测量时，贷方总额等于借方总额的状态。将经济推向均衡状态的过程称为国际收支均衡调整。

练　习

1. 辨析弗里多尼亚国的BOP中下列项目属于贷方还是借方，并予以分类。

a. 弗里多尼亚国出口价值2.5亿美元的商品。

b. 弗里多尼亚国居民购买价值5 000万美元的美国飞机票。

c. 一家弗里多尼亚国企业以3 000万美元在墨西哥购买一家鞋厂。

d. 弗里多尼亚国从美国获得价值500万美元的援助。

e. 弗里多尼亚国居民在纽约的花旗银行的存款为1 500万美元。

f. 弗里多尼亚国进口价值2.2亿美元的商品。

g. 弗里多尼亚国厂商在美国发行债券借款4 500万美元。

h. 美国厂商在弗里多尼亚国赚取（并汇回本国）500万美元的利润。

i. 弗里多尼亚国央行购买价值1 000万美元的美国国库券。

2. 假设上题中所有项目均出现在弗里多尼亚国的BOP中，计算错误和遗漏值。

3. 考虑下列事件。辨析哪个事件应该记录在美国的BOP表中；与哪个分录有关，应该记为贷方还是借方；计算美国BOP的统计误差。

a. 福特公司从其多伦多工厂进口价值2亿美元的发动机。

b. 波音公司向瑞士航空公司出口10架价值5亿美元的波音767飞机。

c. 美国获得英国政府债券价值1 500万美元的

利息收入。

d. 微软公司给日本的股东分红 500 万美元。

e. 美国政府提供价值 5 000 万美元的外国援助。

f. 通用公司购买日本丰田公司价值 10 亿美元的商品。

g. 英国石油公司购买埃克森公司价值 7.5 亿美元的商品。

h. 在法国旅游时，一位美国匹兹堡居民将工资直接存到她在匹兹堡银行的账户上。

i. 宾夕法尼亚州政府向伦敦劳埃德公司出售价值 1 亿美元的州政府债券。

j. 美国政府向日本政府出售价值 5 000 万美元的美国国库券。

k. 美国政府向沙特阿拉伯政府购买价值 1 000 万美元的黄金。

4. 利用练习 1 中的数据，计算弗里多尼亚国的 CAB 及其官方结算余额。

5. 利用练习 3 中的数据，计算弗里多尼亚国的 CAB 及其官方结算余额。

6. 假设外国人认为在美国的金融投资不划算。他们应该怎么办？这些行为对美元的价值和美国的利率会产生什么影响？

7. 过去 20 年的大部分时间里，日本产生大量经常项目顺差，但是，没有人询问这样的顺差是否可持续。为什么人们对顺差的看法有别于逆差？

8. 利用下表中瑞士的国际贸易信息回答下列问题（单位：百万美元）：

交易项目	金额
商品进口	92 871
商品出口	93 859
服务进口	15 406
服务出口	26 683
投资收入	43 720
投资支出	27 702
单边转移支付	−3 736

a. 瑞士的贸易余额是多少？
b. 瑞士的经常项目余额是多少？
c. 这一年瑞士是不是国际净债权大国？

参考文献

Federal Reserve Bank of New York, "Balance of Payments," www.newyorkfed.org/aboutthefed/fedpoint/fed40.html.

Ghosh, Atish, and Uma Ramakrishnan. "Do Current Account Deficits Matter?" *Finance & Development*, December 2006.

Labonte, Marc, "Is the U.S. Current Account Deficit Sustainable?" Congressional Research Service, April 2, 2010, http://assets.opencrs.com/rpts/RL33186_20100402.pdf.

U.S. Department of Commerce, Bureau of Economic Analysis, *The Balance of Payments of the United States: Concepts, Data Sources, and Estimating Procedures*, May 1990, http://www.bea.gov/scb/pdf/internat/bpa/meth/bopmp.pdf.

第12章 外汇市场

本章主题

即期汇率
远期汇率
套汇交易
期货市场
外汇市场和国际收支平衡

外汇市场指的是可以用本币换取外币的市场，故而，此市场成为很多货币定价的场所。外国货币的价格称为**汇率**（exchange rate），用字母 E 表示。与纽约证券交易所不同，外汇市场并无固定场所。可以认为，这个市场是由商业银行通过复杂的通信技术形成的全球网络。无疑，这是世界上最大的市场；目前在此市场上日交易额的估算值达 4 万亿美元。[①] 此市场也被视为效率最高的市场之一。其特点为壁垒低，产品同质（货币），买卖双方人数众多，无人拥有决定性的市场力量，信息几乎是完善的。故而，这个市场具有完全竞争市场的全部特征。由于其国际特征，没有任何一个国家或国际组织能够对之实施任何干预活动。

在此市场交易的特定货币是以外币计价的银行存款或银行存款转账。当前，真正的纸币如美元等的地位不再那么重要，因为这些钞票无法跨境流通。货币交易只在有限的几种货币间进行，包括美元（84.9%）、欧元（39.1%）、日元（19.0%）、英镑（12.9%）、澳大利亚元（7.6%）、瑞士法郎（6.4%）、加拿大元（5.3%）、港元（2.4%）和瑞典克朗（2.2%）。[②] 其中以美元交易为最。这

---

① *Triennial Central Bank Survey: Report on global foreign exchange market activity in 2010* (Basel: Bank for International Settlements, December 2010). Available at http://www.bis.org/publ/rpfxf10t.pdf. 参见内容概要以获取更多细节信息。

② 括号中的数字表示 2010 年 4 月日均营业额所占的百分比。因为每次交易总涉及两种货币，故这些数字总计超过 100。

是因为市场经常把美元当作交易媒介。世界上以美元表示汇率及其他货币的价格，两种非美元货币之间的交易往往是通过以某种货币购买美元，然后将美元兑换为另一种货币的方式完成的。

主要的外汇交易中心位于伦敦、纽约和东京，其中伦敦的交易活动占近1/3。市场最繁忙的时段为伦敦的清晨——欧洲和亚洲市场开张，以及纽约的清晨——纽约和伦敦银行同时开张。其他重要的贸易中心包括苏黎世、新加坡和中国香港。经纪人通过电话交易，越来越多的交易通过电子经纪系统达成。或许某次交易涉及的金额高达几百万美元，但是，这些交易却能够瞬间完成，很少或基本上不涉及纸币。

12.1 即期汇率

外汇市场是大多数汇率设定的场所。表 12 - 1 列举了 2011 年 10 月 7 日的部分汇率信息。与国家/地区货币名称相对应的数字表示**即期汇率**（spot exchange rates）。这个价格指的是在两个交易日内所交易的货币的价格。在大多数情形下，实际交易是通过资金的虚拟即时电子交易完成的。第 3 列列举的是按美元的计价。第 4 列用相同价格的本币表示。这些数字之间存在简单的数学关系。第 4 列的数字是第 3 列的倒数。货币报价取的是买入价（交易员购买货币时的价格）与卖出价（或要价，即出售货币的价格）的平均值。卖出价与买入价之间的差额就是所谓的**价差**（spread）。大多数货币之间的价差非常小。例如，2011 年 10 月 7 日，美元与欧元之间的价差为 0.000 4¢。① 价差即交易员货币交易的盈利来源。经营此项业务的银行间竞争非常激烈，这就保证了各类货币间的价差幅度非常小。对于不经常参与交易的货币而言，价差幅度较大；当交易员觉得在近期内某种货币可能存在大幅贬值的风险时，价差幅度会变大。

表 12 - 1 的信息有几点值得注意。首先，报价是银行同业拆放市场 100 万或 100 万美元以上交易的价格。也就是说，这些价格基本上是规模批发货币的价格，个人购买外币所支付的汇率相对较高。其次，这些价格代表的是当日下午 4 时，纽约证券交易所的主导价格。由于对交易决策产生影响的事件时有发生，很多（非全部）汇率全天都在发生变化。最后，我们至今所讨论的焦点是双边汇率。日复一日，汇率升降不一。因此，很难明确每天某种货币对其他货币会产生怎样的影响。全球视野 12 - 1 探讨了应对这个问题的一种手段。

表 12 - 1 **汇率值**[a]

（2011 年 10 月 7 日，周五）

	币种	以美元计价	以外币计价
美洲			
阿根廷	比索	0.235 3	4.250 6

① 表中未显示此价差。价差大小的信息取自当日《金融时报》网页报告的数据。

续前表

	币种	以美元计价	以外币计价
巴西	瑞亚尔	0.552 6	1.809 8
加拿大	加拿大元	0.962 1	1.039 4
智利	智利比索	0.001 9	526.400 0
哥伦比亚	哥伦比亚比索	0.000 5	1 960.250 0
墨西哥	墨西哥比索	0.074 3	13.459 8
秘鲁	新索尔	0.363 7	2.749 5
乌拉圭	乌拉圭新比索	0.049 2	20.320 0
亚太地区			
澳大利亚	澳元	0.977 0	1.023 5
1个月远期		0.972 8	1.030 0
3个月远期		0.966 4	1.030 0
6个月远期		0.957 8	1.040 0
中国内地	人民币元	0.156 8	6.379 0
中国香港	港元	0.128 5	7.781 9
印度	印度卢比	0.020 4	49.065 0
印度尼西亚	印度尼西亚卢比	0.000 1	8 895.000 0
日本	日元	0.013 0	76.770 0
1个月远期		0.013 0	76.740 0
3个月远期		0.013 0	76.660 0
6个月远期		0.013 1	76.510 0
马来西亚	林吉特	0.313 5	3.189 4
新西兰	新西兰元	0.770 0	1.298 8
巴基斯坦	巴基斯坦卢比	0.011 5	87.345 0
菲律宾	菲律宾比索	0.022 9	43.700 0
新加坡	新加坡元	0.770 5	1.297 8
韩国	圆	0.000 8	1 182.400 0
泰国	泰铢	0.032 0	31.212 0
欧洲			
捷克共和国	克朗	0.053 7	18.608 0
丹麦	丹麦克朗	0.179 7	5.564 1
欧元区	欧元	1.337 7	0.747 5
匈牙利	福林	0.004 5	221.900 0
挪威	挪威克朗	0.171 5	5.829 3
波兰	兹罗提	0.305 6	3.272 5
俄罗斯	卢布	0.031 1	32.118 0
瑞典	瑞典克朗	0.147 0	6.805 0
瑞士	瑞士法郎	1.078 5	0.927 2
1个月远期		1.079 1	0.926 7
3个月远期		1.080 6	0.925 4
6个月远期		1.083 3	0.923 1
土耳其	土耳其里拉	0.541 8	1.845 6

续前表

	币种	以美元计价	以外币计价
英国	英镑	1.556 2	0.642 6
1个月远期		1.555 7	0.642 8
3个月远期		1.554 9	0.643 1
6个月远期		1.554 0	0.643 5

a. 纽约外汇中间价适用于银行间金额达100万美元以上的交易，一般由路透社和其他消息来源在东部时间下午4点报价。

资料来源：作者根据网页 http://cnline. wsj. com 上的资料整理。

全球视野 12-1

汇率指数

在外汇市场上，经常出现某种货币对一种外币升值却对另一种外币贬值的现象。汇率指数就是用来表示一种货币相对于几种货币的平均价值。这种有时被人们称为有效汇率的测量手段，建立在某种货币相对于其他几种货币的平均加权价值基础之上，其权重由每种货币在国际贸易中的重要性决定。汇率指数与经济体中用来追踪物价变化的消费者价格指数相当。我们可以研究一双鞋或者一片面包的价格，但是，这类单一产品价格并不能反映总体经济的通胀状态，因为物品的价格总是涨落不一。单个汇率的变化与此无异。

假设要为美国编制一个汇率指数，我们可以将美国重要贸易伙伴的各个币种囊括其中，其权重反映美国与每个国家贸易的重要程度。

举一个例子。假设美国与加拿大和墨西哥的贸易各占半壁江山，根据贸易决定权重的美元汇率指数的百分比变化，可以通过加拿大元/美元和墨西哥比索/美元汇率变化的百分比乘以1/2统计出结果。比如，加拿大元贴水4%，墨西哥比索升水2%，则美元指数下降1%(−4%×0.5+2%×0.5=−1%)。在实际操作中，很多国家的贸易伙伴众多，因此，一国汇率指数的计算一般会涉及两种以上的货币。

经济学家经常用来评估美元国际价格的一种流行指数，由联邦储备委员会制定。美联储的“广义汇率指数”指的是美元相对于美国26个最大贸易伙伴货币的价值。这些国家包括加拿大、中国、欧元区国家（作为一个群体）、墨西哥、日本和英国。此指数中单个货币的权重由每个国家与美国贸易的额度决定。除了联邦指数，衡量美元与其他货币价值的类似指数还包括国际货币基金组织、国际清算银行和JP摩根银行制定的指数。

投资者用来衡量美元价值的一种流行指数为DXY指数，在美国州际交易所（Intercontinental Exchange，ICE）交易。DXY的权重多年不变，通过美元与下列货币的比值计算（权重放在括号里）：欧元（57%）、日元（14%）、英镑（12%）、加拿大元（9%）、瑞典克朗（4%）和瑞士法郎（3%）。个人交易DXY指数的目的是对美元相对于这一篮子货币的平均价值的变化进行投机。

12.2 远期汇率

参见表12-1。某些国家/地区的其他汇率在即期汇率下方给出。这些汇率就是所谓的**远期汇率**（forward exchange rate）。远期汇率指的是按照某一指定的时间点，为在某一未来日期购买或出售外汇的交易而设定的汇率。例如，表中的2011年10月7日，澳元的即期汇率是97.7美分，但是，如果交易员愿意，可以在当天签订合约，按照95.78美分的价格在2012年4月（半年以后）购买（或出售）澳元。与此相对，当日的瑞士法郎的即期汇率为1.078 5美元，而交易员愿意签订瑞士法郎合约，6个月后以1.083 3美元的价格交割。

远期汇率风行世界已经超过一个世纪。远期汇率一开始是为了促进国际贸易的发展。在国际贸易中，出口商获得订单与货物最终转运到另一个国家之间的时间间隔往往非常长。贸易价格在订单签署时确定下来，然而之后汇率可能会发生大幅变化。例如，美国的一个进口商2011年10月7日向某一英国厂商下单购买价值100万英镑的货物，但是，货物6个月以后才可以起运。订货时，即期汇率为每英镑1.556 2美元，假如进口商要在即期市场上购买此项交易所需的英镑，则其成本为1 556 200美元。常规的贸易在货物起运后才付款。因此，进口商会等待在即期市场上购买所需的英镑。不过，进口商没有办法在10月就预先知晓第二年4月货物起运时英镑的即期价格是多少。为了对此不确定性进行**套期保值**（hedge），进口商可以利用远期汇率市场。

远期汇率市场的优点在于，在需要实际货币之前，可以预先将美元与其他货币的汇率锁定。也就是说，进口商签订一份合约，按照1英镑兑换1.554美元的价格在10月购买英镑，而不是按照第二年4月的价格购买。现在购买英镑并将之投资6个月是一个不错的选择，因为，当前既不需要舍弃任何资金，也不需要掌握英镑投资机会方面的知识（不过，出售远期合约的银行可能要求进口商持有6个月的“补偿性存款”，即在银行账户留有资金，允许银行在远期合约到期前使用）。

由表12-1可知瑞士法郎的远期汇率高于即期汇率。此例中，这种货币称为按照**远期溢价/升水**（forward premium）出售。如果远期汇率低于即期汇率，某种货币就是按照**远期贴水**（forward discount）出售。表中的远期价格表示，在当天，澳元和英镑均按照对美元的贴水价出售。如果即期和远期汇率相等，这种货币称为持平。本章的后半部将讨论银行如何决定一种货币是按照溢价还是贴水价出售。

12.3 套汇交易

表12-1只是列举了美元与各种货币之间的汇率数据。假设你最近去过伦敦，并带回一些尚未花掉的英镑。假设你现在必须到法国出差，并且要用英镑兑换欧元。是否可以根据表中的数据计算你应该按什么汇率用英镑（用£表示）购买欧元（用€表示）？答案是肯定的。这涉及**交叉汇率**（cross rate）的计算。交叉汇率表示的是一种非美元货币对另一种非美元货币的汇率。最好将之设想为以美元为中介（媒介）的计算。在这个例子中，先用英镑兑换美元，然后用美元购

买欧元。[①] 用于此项交易的美元汇率已在表中给出。在这个过程中，人们将英镑兑换为欧元，用于购买1欧元所需要的英镑可以通过乘以刚才提到的美元的两种汇率获得。下面是上述讨论问题的计算公式：

$$£/€=£/\$\times\$/€$$

公式左边为1欧元对英镑的比价（即1欧元可兑换的英镑），等于1美元兑换的英镑乘以1欧元兑换的美元。将表中的数字代入，可得

$$0.8596=0.6426\times1.3377$$

如此例所示，一旦确立双边汇率，就可以用此数据通过交叉汇率计算任何潜在的汇率。

远期汇率如何决定？为什么在同一日子，某些货币按照远期溢价销售，另一些货币却根据远期贴水价出售？事实证明，这些汇率由参与外汇市场活动的主要金融机构设定，而且是完全根据简单的定价公式设定的。这个公式就是所谓的**抛补利率平价**（covered interest parity）。下面的例子描述了这个公式是如何确定的。

令 $i_\$$ 为美国的利率，$i_¥$ 为日本的利率，E 为即期汇率（1日元可兑换的美元），F 为远期汇率（1日元可兑换的美元）。[②] 同时也要注意，利率的时间范围与远期利率相同（比如，3个月的远期汇率和3个月的利率）。最后，假设在美国和日本投资的风险类似，流动性一样。考虑一位美国投资者要确定的两种投资战略。其一是将资金投到美国，收益率高于当期的美元利率 $i_\$$。其二是将资金投到日本。这个市场的投资收益率应该是多少？显然，其盈利为 $i_¥$%。但是，为了获得这个收益，投资者首先必须根据汇率 E 将自己手中的美元兑换为日元。之后该投资者将获得日元，但是无法知晓这些日元价值几何。这显然风险极大。规避此风险的方法是，投资者在决策前同意，投资到期后按 F 美元汇率出售日元。如果 F 大于（小于）E，则投资者兑换为日元的每一美元将会盈利（亏损）$F-E$ 美元。利用远期市场所获得的收益百分比为 $(F-E)/E$。因此，投资者在日本投资的收益百分比等于 $i_¥+(F-E)/E$。基于此，投资者（或任何一个参与此行为者）很容易对两种收益率进行比较。考虑下列条件：

如果 $i_\$$ 大于 $i_¥+(F-E)/E$，投资者将会在美国投资。

为什么？因为在这个案例中，美国的投资收益率超过对日元无风险的投资收益率。

如果 $i_\$$ 小于 $i_¥+(F-E)/E$，投资者将会在日本投资。

为什么？在这个案例中，考虑货币兑换因素后，在日本的投资收益率高于美国。如果市场价格可以自由转换，则这个情形缺乏可持续性。世界各国的人们会向日本转移资金，压低 $i_¥$ 和 F，使 E 上升。结果是公式右边的值降低，带来均

---

① 注意要把英镑兑换成欧元，人们不一定要使用美元作为中介货币。我们这里要讨论的是，你为欧元支付的英镑价格符合交叉汇率。在下面的讨论中，我们会证明其理由。

② 这里以及以下的公式中，百分比和利率全部用小数形式计算。假设美国利率为5%，可写为 $i=0.05$。

衡。也就是说，世界范围内对资金的竞争将保证上述公式（基本上）处于完全均衡状态。在均衡点，人们可以预期

$$i_{\$}=i_{¥}+(F-E)/E$$

这就是所谓的抛补利率平价条件。此式可以改写为

$$i_{\$}=i_{¥}+F/E-1$$

或者

$$F=E\times(i_{\$}-i_{¥}+1)$$

在即期汇率和两种利率给定的条件下，最后一个公式提供了远期汇率价值的计算公式。这是商业银行设定市场中远期汇率时通常采用的计价公式。注意，当美国的利率高于（低于）外国利率时，F 将会高于（低于）E。如果两种利率相等，则 F 等于 E。①

在讨论交叉汇率和远期汇率时，我们说过这些汇率由特定的公式决定。我们是怎么知道的？答案是，如果不按照这个方式决定，市场力量将会把汇率推向此公式描述的水平。这种力量就是**套汇**（arbitrage）。套汇指的是对无风险利润机会的追寻和利用，因为外汇市场如此有效，类似的机会一旦出现，套利行为将立即发生。

在对抛补利率平价的讨论中，我们已经探讨了如果存在抛补利率差异，情况会怎样。套利机会引发的市场力量会促使资金从一个金融中心流向另一个金融中心，导致各处收益率均等。这个流程有助于确保远期汇率根据抛补利率平价公式设定。那么，交叉汇率又是怎样设定的？考虑下面的例子。

假设纽约的瑞士法郎的卖价为 0.63 美元，伦敦的报价为 0.64 美元。追逐利润的套利商会在相对低价的地方（纽约）购买法郎，然后在相对高价的地方（伦敦）销售，从交易的每个法郎中赚取 1 美分的利润。其净利润由该行为产生的交易成本决定。② 如果交易成本超过 1 美分，则不会有任何套利行为。另外，套利商会采取行动以保持汇率在所有市场上的均衡。在上例中，纽约对法郎需求的上升会催高纽约的法郎美元价格，同时，由于伦敦的法郎供给增加，伦敦本地的法郎美元价格会下跌。因此，套利行为促使所有国家的美元-法郎汇率基本保持一致。

---

① 因为存在多种多样的利率，银行应该采用哪一个来设定远期汇率？它们用的是欧元汇率。这些利率指的是银行（一般如此）对外汇存款设定的短期存款利率。离岸美元存款就是欧洲美元，因此，这就是欧洲美元给定存款期的主导利率。

② 存在几种估算外汇市场交易成本的研究；例如，Mohsen Bahmani-Oskooee and Satya P. Das，"Transaction Costs and the Interest Parity Theorem，" *Journal of Political Economy*（1985）；Kevin Clinton，"Transaction Costs and Covered Interest Arbitrage：Theory and Evidence，" *Journal of Political Economy*（1988）。Clinton 估算交易成本大约为交易总额的 0.06%。最近的研究认为 0.05%较为现实。这些研究包括 Richard Levich and Lee Thomas，"The Significance of Technical Trading-Rule Profits in the Foreign Exchange Market：A Bootstrap Approach，" *Journal of International Money and Finance*（1993）：451－474；Christopher J. Neely，"Technical Analysis in the Foreign Exchange Market：A Layman's Guide，" *Federal Reserve Bank of St. Louis Review*（1997）。

我们已经定义了外汇市场上的两类交易，即期交易和远期交易。表 12－2 根据市场的日常交易类型提供了相关的交易量信息。数据表明，2010 年，即期交易占日常交易的 40%，远期交易占 13%。但是，大部分交易属于第三种类型，即**掉期**（swap）。掉期是指在出售一种外币时，必须同时同意在未来某一日期予以回购，或者在购买某一外币时，同时同意在未来某一日期将之出售。因此，掉期是即期市场和远期市场行为的结合体。

掉期交易是银行用以规避外汇市场风险的有力工具。例如，花旗银行同意在三个月后向其商业客户出售英镑，花旗银行有义务在未来提供英镑，哪怕它今日一点英镑也没有。通过寻找当前需要美元的一家伙伴银行，这家银行同时愿意在未来将英镑出售给花旗银行以满足合约要求，具有风险的负债得以转移。所以，利用掉期交易市场，花旗银行将外汇负债与某一外汇资产捆绑在一起。在这个过程中，花旗银行得以规避汇率风险。

表 12－2　　2010 年外汇市场日平均交易量

	10 亿美元	百分比（%）
即期	1 490	40
掉期	1 765	47
远期	475	13
合计	3 730	

资料来源：数据来自 *Triennial Central Bank Survey*：*Report on global foreign exchange market activity in 2010*（Basel：Bank for International Settlements，December 2010）。

12.4 期货市场

外汇**期货市场**（futures market）是可以在未来某一天购买或销售外汇的另一种市场形式。期货市场与远期市场的区别在于，前者只涉及几种货币交易，并按标准合约操作，这些合约只存在于数量极少的特定市场中，如芝加哥商品交易所的国际货币市场（IMM），这是最大的货币期货市场。

国际货币市场上期货的交易货币包括英镑、澳元、加拿大元、日元、瑞士法郎、墨西哥比索和欧元。合约中注明具体的交易到期日以及货币总额。合约中的金额完全固定：£62 500，A＄100 000，Can＄100 000，￥12 500 000，SF125 000，Ps500 000，以及€125 000。到期日分别为 3 月、9 月和 12 月的第 3 个星期三。相反，在远期市场，合约期限一般为 30 日、90 日或者 180 日，一年中每一天都可以支付。远期市场合约的金额由双方约定。

期货市场为参与国际贸易的厂商提供了一个套利工具及**投机**（speculation）机会。如果能够准确预测某一货币的期货价格与当前的合约价格存在巨大的差异（超过交易成本），投机者将获利。例如，如果一个投机者预测 12 月英镑的售价为 1.50 美元，而 12 月的期货合约的当前定价为 1.57 美元，这个投机者会售出这份 12 月的合约。也就是说，投机者承诺在合约期满时，按照每英镑 1.57 美元的价格出售 62 500 英镑，获得 98 125 美元。如果英镑的实际价格跌到 1.57 美元以下，投机者可以赚取一笔利润（减去交易成本）。假设 12 月的即期价格为 1.50 美元。为了履行合约，投机者必须在当时的即期市场上购买 62 500 英镑以换取 93 750 美元。其间的差额＄98 125－＄93 750＝＄4 375，再扣除交易成本，余额即投机者的利润。

12.4.1　外汇期权

除了远期和期货合约，还存在另一个可以用来对冲期货外币资产和负债的市场，这就是期权市场。外汇期权是一种合约，为交易员提供在合约到期日或到期日前按照一个固定汇率购买或出售既定货币量的权利（如“美洲”期权；“欧洲”期权可能只允许在到期日交易）。**看涨期权**（call option）给予购买货币的权利，**看空期权**（put option）给予出售货币的权利。货币购买或出售的价格称为**履约价**（strike price）（或执行价）。

1982 年 12 月费城证券交易所设立市场时，外汇期权开始交易。费城证券交易所为六种货币提供合约，包括澳元（A＄）、英镑（£）、加拿大元（Can＄）、日元（￥）、欧元（€）和瑞士法郎（SF）。合约按照下列金额签署：A＄50 000，£31 250，Can＄50 000，￥6 250 000，€62 500 和 SF62 500。

如果履约价低于当前看涨期权的即期价格或者高于当前看空期权的即期价格，则此期权称为“实值期权或价内期权”（in the money）。考虑下面的例子，一个美国进口商进口了价值 100 万瑞士法郎的手表，并在三个月后付款。假设目前的即期汇率为每法郎 0.838 3 美元，按照这个价格，100 万法郎等于 838 300 美元。为了规避无法预期的汇率变化风险，进口商可以购买一份看涨期权。假设进口商期望的履约价为 0.85 美元，则进口货物的最高价值为 850 000 美元。如果履约价为 0.85 美元的看涨期权以 0.011 8 美元出售（每法郎 1.18 美分），则每一份价值 62 500 瑞士法郎的合约的成本为 737.50 美元。为覆盖 100 万瑞士法郎，进口商必须购进 16 份合约（16×62 500＝100 万），成本为 11 800 美元。如果每一法郎的价格上升超过 0.85 美元，期权将被执行。如果手表支付时的即期汇率为 0.88 美元，利用即期市场就意味着进口成本为 880 000 美元。履行期权合约保证了 850 000 美元的价格，因此，与不进行套期保值比较，期权使厂商节约的成本为 30 000 美元减去 11 800 美元的合约成本。如果法郎未升值到履约价的水平，可以允许期权失效。比如，如果即期价格为 0.83 美元，则利用即期市场带来的进口成本就是 830 000 美元。这个成本比采用期权合约的成本低 20 000 美元。此例中，厂商损失了为期权合约支付的 11 800 美元的成本。

如果一个人可以完全把握未来的汇率水平，则期权、期货或远期合约将毫无用武之地。在充满变数的世界里，不愿意承担风险的交易员宁愿付出代价，以规避由于汇率反向运动导致的潜在风险。与期货或远期合约比较，期权的优势在于其更大的灵活性。期货或远期合约要求当事人承担按照设定的汇率购买或销售外汇的义务。期权则给当事人授权，在未来愿意时进行外汇买卖，而不是一种义务。

12.5　外汇市场和国际收支平衡

我们在第 11 章对 BOP 表的讨论表明，表中的数字与外汇市场和一国的汇率存在某种联系。要更深刻地理解这种联系，考虑一个只存在两个国家的世界——美国和英国，只存在两种货币——美元和英镑。美国 BOP 中的贷方项目代表美国向英国出售的货物，结果是英镑流入。也就是说，贷方交易为外汇市场提供英镑，以满足出售需要。图 12－1 中，我们用一条向上倾斜的曲线表示货币供给这个概念。

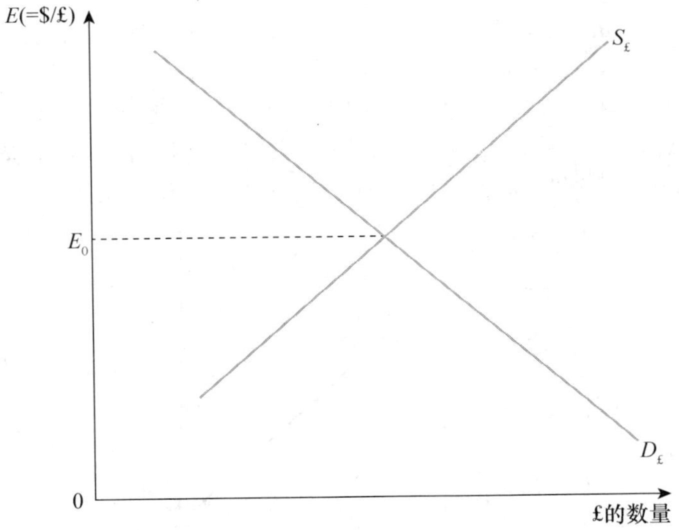

图 12－1　货币供给

外币供给曲线为何向上倾斜？随着 E 变得越来越大，意味着用来支付当地货币的英镑价格不断下降。为了明确这一点，考虑下面的例子。假设初始时美元和英镑的汇率为每英镑 1.60 美元，一台戴尔电脑的价格为 1 000 美元。要计算这台电脑的英镑价格，只需将美元价格除以汇率：

$$\text{一台戴尔电脑的美元价格} = \$1\,000/E = \$1\,000/1.60 = £625$$

假设现在 E 上升到 2 美元。这就改变了电脑的英镑标价，哪怕其美元价格维系不变。新价格为 500 英镑（即 1 000 美元/2.00）。显然，汇率的上升（英镑的价格）会促使戴尔在英国销售更多的电脑，因为对英国消费者而言，这些产品的成本下降了。这一点对美国的其他产品、服务和金融资产同样成立，人们可以预期这类产品的销售会增加，在合理的条件下，总收入也会随之上升。记住这些收入记在美国 BOP 的贷方，代表外国货币的流入。

BOP 中的借方代表对外国产品的购买，结果是美元流出。这些美元用来兑换外币（此例为英镑）以购买这些产品。因此，借方是外汇需求的组成要素。图12－2中向下倾斜的曲线表示这个需求。需求曲线为何向下倾斜？显然，随着 E 上升，外国产品的成本也增加。

考虑下面的例子。假设英国制造的羊毛背心的成本为50英镑，如果 E 等于1.60美元，则一件背心的美元价格可以通过下式计算：

$$背心的美元价格=E\times 背心的英镑价格=\$1.60\times 50=\$80$$

如果 E 上升到2.00美元，背心价格也会提高到100美元（即2.00美元×50）。就像美元贬值导致价格上升，其他产品、服务和金融资产的价格会有相同的表现。结果是，随着 E 的上升，人们预期对这些产品的需求会下降。因此，外汇的需求曲线就会向下倾斜。如图所示，即期汇率由需求和供给的互动决定。在这个案例中，均衡汇率落在 E_0 点上。

在**浮动汇率**（flexible exchange rates）制下，作为外币价格的汇率会不断得到调整，以在需求和供给之间获得均衡。图12－2用来表示这一调整过程。假设市场初始均衡点为 E_0，突然发生外币需求增加的现象。需求曲线外移到 D'，汇率随之上升到 E_1。外币价格的上升就是所谓的外币**升值**（appreciation）（此例为英镑）。由于本国人必须为1单位外币支付更多的本币，所以，本币**贬值**（depreciation）（此例为美元）。

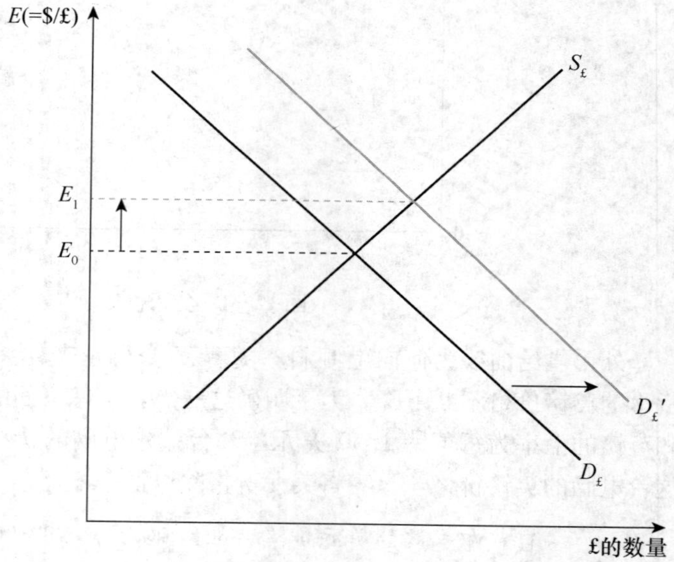

图12－2　浮动汇率

某些国家采取**固定汇率**（fixed exchange rates）制。汇率由政府（或央行）决定，不需要获得供给与需求之间的均衡。如果缺乏均衡，一个国家就会出现BOP失衡现象，需要通过国际储备的增加（如果BOP出现顺差）或减少（如果BOP出现逆差）来消除失衡。图12－3描述了一个固定汇率制运作的实例。此图假设美联储设定美元与英镑的汇率为 E_F。通过这一方式，美联储承诺在市场上采取适当的行动以维系此固定汇率。

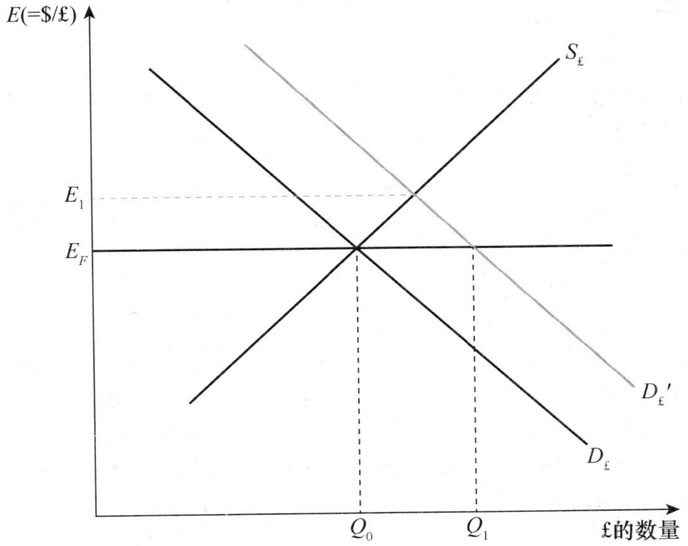

图 12-3 固定汇率

如果供给和需求在均衡价格处相交，美联储则不需要采取任何行动。但是，如果对外币的需求增加，可能会由于英国股价的上升而促使美国投资者将资金转移到伦敦，进而对 E 的价值上扬施加压力。如图所示，在浮动汇率制下，E 将会上升到 E_1。而在固定汇率制下，这种调整不会发生。相反，由于美联储已经制定政策维持汇率不变，在初始汇率 E_F 处会出现对英镑的超额需求。

为保持汇率价格不变，美联储必须向市场提供更多的英镑，可以通过出售部分国际储备来达成。也就是说，国家持有的外汇储备将会下降，这意味着国家的官方结算余额出现赤字。根据此图，逆差为 Q_1-Q_0 单位外汇。因为与市场愿意达到的均衡汇率（E_1）比较，政府设定的汇率（E_F）较低，从而损失（Q_1-Q_0）的外汇储备，美国因此产生官方结算 BOP 赤字。

相反（没有在图中表示），如果经济体始于原来的均衡点，则外汇供给大幅增加，在浮动汇率制下，汇率会降到 E_F 以下。这就是汇率的贬值（此例为英镑）或者本币的升值（此例为美元）。在固定汇率制下，美国会发现自己为外汇设定的价格相对于市场形成的价格要高得多，要维系 E_F 点的汇率，美联储将不得不购进额外的外币，提高供给，进而提高国际储备。此例中，美国产生官方结算余额盈余。

如果一个国家通过启用国际储备对汇率施加影响，这个国家就被认为是对外汇市场进行**干预**（intervene）。当今世界中，很多国家采用不同的手段干预货币。某些国家要维持对一个或多个贸易伙伴的固定汇率，所以，大幅干预不可或缺。某些国家允许本币对所有其他外汇浮动，在这种情形下，干预行为变成画蛇添足。部分国家则采取中间政策，允许汇率变化，但是，不允许其变化幅度超过在自由市场中的变化幅度。这也涉及货币干预。下一章中，我们将对此类操作进行更详尽的讨论。

本章小结

1. 外汇市场属于国际市场，是国家间交易货币的场所，日均交易量达4万亿美元，是世界上最大的市场。

2. 由于市场壁垒较低，产品同质（货币），买卖双方数量巨大，没有任何一方拥有控制市场的力量，信息完善，故而外汇市场是完全竞争市场的一个范例。

3. 外汇市场的大部分汇率按日而定。即期汇率指的是两日内进行交易的外国货币的价格。远期汇率指的是在未来某一日期交易的外币的价格。

4. 外汇市场套利指的是用来规避无法预测的汇率变化的交易。远期市场、期货市场和货币期权同时存在，部分原因是让机构规避外汇风险。

5. 作为在外汇市场上寻求无风险利润的套期保值，保证了在不涉及美元交易的情况下，可以利用美元作为中介来计算双边汇率，远期汇率可以通过抛补利率平价公式计算。

6. 一国BOP的贷方记录外汇市场的外币供给，借方反映对外汇的需求。市场确定的汇率是由外汇供给和需求曲线的交点决定的。

7. 一些国家维系固定汇率制。要做到这一点，这些国家必须随时利用其外汇储备进行干预，在市场上购买或销售外汇，以应对出现外汇超额需求或供给的情况。

练　习

1. 假设某年1月1日1欧元的成本为80美分，3月1日为75美分。这期间美元的价值（与欧元比较）发生了怎样的变化？

2. 利用练习1中的信息，想象你是一家国内企业的采购代理，正试图从一家欧洲企业购买产品。假设产品的总价值为50万英镑。如果你在1月购买，总支出是多少？等到3月，总支出又是多少？假设1月你就确认自己一定会购买这些产品，但是需要等到3月才付款。1月你应该采取何种行动？

3. 利用表12-1的数据，计算2011年10月7日星期五，1澳元的日元价格。

4. 根据表12-1，2011年10月7日星期五的月利率是美国高还是加拿大高？

5. 假设欧元的即期汇率为1美元，欧元一年期的远期汇率为1.05美元，欧元区年存款利率为10%。美国的利率应该处于何种水平，方可使你在此处或彼处的投资回报无差异？

6. 如果一国对外币的需求下降，汇率（浮动汇率制下）以及国家的官方结算余额将会发生怎样的变化？发生什么事才会导致这种外币需求下降？

7. 按照外币供给上升而不是外币需求下降的假设重复练习6。外币供给的上升是由哪些因素导致的？

8. 考虑下列信息（所有数值以美元计）：

澳大利亚	0.50
30天远期	0.49
瑞士	0.25
30天远期	0.26

a. 用E代表即期汇率，F代表1个月的远期汇率。推导出一个外汇市场中F如何确定的公式，其价值与E存在什么关系？现实世界中，在什么条件下这个公式最容易成立？

b. 依据前面的信息，哪个国家（美国、澳大利亚或瑞士）的月利率最高？哪个国家最低？原因是什么？

c. 根据给定的信息，1瑞士法郎兑换多少澳元？

d. 1澳元可以兑换多少瑞士法郎？

9. 假设纽约£1＝ $2.411 0，巴黎$1＝€1.050，伦敦£1＝€2.50。

a. 如果你持有1英镑，你如何从这些汇率中获利？

b. 忽略交易成本，你初始时交易的1英镑套期保值的利润是多少？

10. 可以通过供求曲线来分析汇率变化。设想一个$/£之间的汇率实例，美元对于英镑升值。小心标记图形，并将初始汇率设定为1.60。什么原因会使需求或/和供给曲线按照图示的方式移动（汇率变动的潜在原因是什么）？然后，说明央行必须采用何种干预方式来防止汇率偏移原来的均衡点？

11. 美国一辆自行车的制造成本为 100 美元。根据表 12-1 中的汇率，在下列国家/地区中自行车的成本分别为多少？

a. 阿根廷
b. 巴西
c. 加拿大
d. 中国香港
e. 印度
f. 墨西哥
g. 菲律宾

参考文献

Federal Reserve Bank of New York. *All About … The Foreign Exchange Market in the United States*. Available at http://www.newyorkfed.org/education/addpub/usfxm.

Philadelphia Stock Exchange. *PHLX World Currency Options Frequently Asked Questions*. Available at http://www.phlx.com/products/worldcurrencyoptionsfaq.aspx.

Triennial Central Bank Survey: *Report on global foreign exchange market activity in 2010* (Basel: Bank for International Settlements, December 2010). Available at http://www.bis.org/publ/rpfxf10t.pdf.

第13章 国际货币体系

本章主题

金本位制：1880—1914 年
两次世界大战期间：1918—1939 年
布雷顿森林体系：1944—1973 年
当代国际货币体系：1973 年至今
汇率体系的选择

国际货币体系（IMS）是国际金融交易运作与国际收支平衡得以实现的机构框架和规则。当今体系的核心机构包括世界各地金融中心的主要商业银行、作为财政权威机构的各国中央银行和国际货币基金组织（IMF）。与 IMS 这个概念一样，这些机构中的大部分历史都较短。实际上，很多历史学家确认，1880 年是大多数（非全部）国家加入第一个著名的所谓金本位制的 IMS 的年份。货币体系最显著的特点之一，就是成员国之间盛行的汇率行为。例如，在金本位制时代，参与国之间的汇率是固定的。此后，IMS 设置了不同的形式，供固定和浮动汇率的不同期间采用。本章将对 IMS 的演变历史进行详细探讨，并描述 IMS 不同形式的作用及效果。

13.1 金本位制：1880—1914 年[①]

第一个 IMS 称为**金本位制**（gold standard）。金本位制于 1880—1914 年间盛

① 有关金本位制的优秀论文集可以参见 Barry Eichengreen, ed., *The Gold Standard in Theory and History* (New York: Methuen Publishers, 1985)；Robert Triffin, "The Myth and Realities of the So-Called Gold Standard," in Richard N. Cooper, ed., *International Finance* (Baltimore: Penguin, 1969)；Michael David Bordo, "The Classical Gold Standard: Lessons from the Past," Michael B. Connolly, ed., *The International Monetary System: Choices for the Future* (New York: Praeger, 1982)。

行，后来又在 20 世纪 20 年代末期流行（但是没那么成功）。因为越来越多的国家将本国货币与黄金价格挂钩，金本位制在 19 世纪变成世界流行的货币体系。第一个实施此体系的是英国，于 1820 年正式采用金本位制。其他国家如美国和法国均实行复本位制，接受黄金和白银同时流通。随着白银和黄金在全世界范围内不断得到开采，这些国家无法将一种金属的定价与另一种金属挂钩（两种硬币同时流通的必要条件）。渐渐地，各国开始转换到单一金属货币体系，尤其偏重黄金。德国于 1871 年接受黄金。其他欧洲国家如荷兰、丹麦、挪威、瑞典、法国、比利时、瑞士、意大利和希腊随后跟进。1879 年，美国、俄国和日本也接受黄金。至 1880 年，世界上的富裕国家基本都采用金本位制。因为这些国家的货币全部与黄金挂钩，它们相互间的汇率是固定的。

值得注意的是，国际金本位制并不是国家间的正式协议，之所以流行是因为这是世界各国央行所遵循的一般行为。实施规则如下①：

1. 央行宣布给定黄金量的固定价格（以本国货币标价）。此价格就是所谓的铸币平价（mint parity）。

2. 央行以本国货币按照铸币平价向所有人无限额购买或出售黄金，以维持铸币平价。

3. 每个国家的铸币平价永远不会改变，人们也不会期望它改变。

如果两国能够遵循这些规则，两国间的汇率将固定下来。下面的例子可以证明这一点：

假设英格兰银行按照英镑设定铸币平价为每盎司黄金＝10 英镑，美国财政部设定铸币平价为 1 盎司黄金＝ 40 美元。②③ 如果铸币平价不变，则黄金市场的套利将保证

$$\$40=£10$$

或者

$$\$4=£1$$

铸币平价之间的关系与外汇市场上的活动存在什么联系？回顾一下，外汇市场上的主要参与者是商业银行；这些银行买卖外国货币的额度与在金本位制时期是一样的。假设某一美国厂商计划从英国进口羊毛。为了对羊毛进行支付，厂商需要英镑，所以会向本地银行购买英镑（用美元）。假设外汇交易员告诉这个厂商本周的英镑需求很大，尽管铸币平价为 4 美元，银行还是想收取 1 英镑 4.5 美元的价格。厂商会按照这个价格支付吗？答案因具体条件而定。其选择如下。

① 这些做法已经成为“游戏规则”。不过，现在已经不再拘泥于这些规则。然而，这些做法得到极大的贯彻，以至于金本位制可以稳定盛行超过 40 年。

② 中央银行家在这个时代所选择的铸币平价也许与当时市场上盛行的金价相符。上面例子中的数字是为了说明系统如何运作。

③ 美联储直到 1913 年才成立。在此之前，美国财政部按照铸币平价购买和销售黄金。铸币平价在 1834 年设定为每盎司 20.67 美元。此价格一直维系到 1933 年，尽管这一期间黄金数次被停止销售。

例 1

（无运输成本）：如果两国间的黄金运输免费，则厂商会拒绝银行的报价。相反，厂商会直接把美元带到美国财政部，以 1 盎司 40 美元的价格购买黄金。然后将黄金运到英国，再把黄金出售给英格兰银行以购买英镑（价格为 1 盎司 10 英镑）。这样做可以保证其汇率为 4 美元＝1 英镑，这个价格比银行的报价优惠得多。此例中，厂商的支付永远不会超过（或低于）1 英镑 4 美元。

例 2

（有运输成本）：但是，现实世界中黄金运输不会免费。假设黄金在两国间的运输费用为每盎司 90 美分。厂商用美元购买黄金并将之运输到英国兑换英镑的成本现在变为：

$$\$40\text{（黄金成本）}+\$0.90\text{（运输成本）}=£10$$

也就是说，40.90 美元可以兑换 10 英镑或者 4.09 美元＝1 英镑。

所以，在这个案例中，如果厂商购买黄金并将之运输到英国，最佳的做法是按照 4.09 美元＝1 英镑的价格获得英镑。如果银行按照 4.05 美元＝1 英镑的价格出售英镑，厂商应该接受。但是，本例中，厂商不应该接受任何高于 4.09 美元的市场汇率。

所以，运输成本给汇率设定了一个最高限价（例子中的最高限价是 4.09 美元）。根据同样的逻辑，运输成本也给汇率设定了一个最低限价（例子中的最低限价是 3.91 美元）。① 任何一家本地银行的实际汇率会在 3.91～4.09 美元之间浮动。图 13－1 对此进行了更详细的表述。图中给出外汇市场的三种情形。

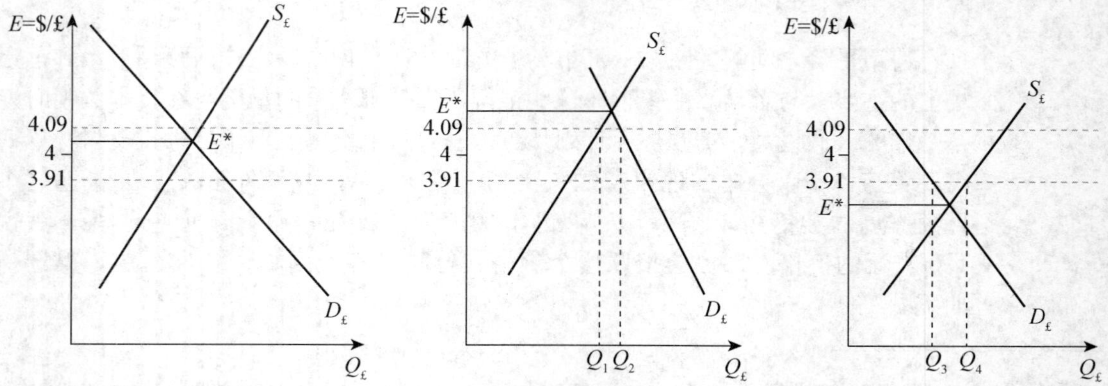

图 13－1　外汇市场的三种情形

① 要理解为什么会这样，考虑一下美国出口商的例子，尽管它们赚了很多英镑，却很难找到任何当地银行购买这些英镑。美国出口商可以把英镑卖给英格兰银行，购进黄金运回美国，然后在美国财政部把黄金兑换成美元。

情形 A 描绘了处于最低和最高限价之间的汇率 E^*。在这种情形下，私有市场需求等于私有市场供给，对于个人或厂商而言，没有任何动机促使他们为了外汇交易跟央行进行黄金买卖。不过，供给或需求的轻微波动会令汇率产生变动，但央行的黄金储备保持不变。这与完全浮动汇率制下确定汇率的情形一样。

情形 B 描述了私有市场需求和供给在最高限价上方相交的情形。此例中，私有市场的要价超出 4.09 美元，这个价格就是市场上当前的最高汇率。这样，均衡汇率 E^* 就不会等于实际汇率 E（此处为 4.09 美元）。如上所述，汇率达到 4.09 美元时，个体会产生动机购买黄金并将之运输到海外。因此，当汇率为 4.09 美元时，美国开始损失黄金。到底黄金的流出量有多少？这由过剩需求的规模所决定。如图所示，美国的黄金损失等于 Q_1 和 Q_2 之间的差额（以英镑计价）。这个黄金损失就是国际外汇储备的损失，与美国的国际收支平衡表（BOP）中的官方结算余额赤字相对应，等于 Q_1 和 Q_2 之间的差额。总的来说，金本位制下的汇率如果达到最高限价，这个国家就开始遭受黄金损失。所以，此最高限价有时称为**黄金输出点**（gold export point）。黄金输出点也代表在这个体系中当前美元（英镑）的最低（最高）价值。

情形 C 描述了一种与情形 B 基本上相反的状态。这里，均衡汇率 E^* 处于最低汇率 E（等于 3.91 美元）的下方，此汇率即当前的汇率。也就是说，外汇市场出现供给过剩。持有英镑的美国厂商和个人可以通过从英格兰银行购买黄金，再将黄金运输到美国，然后把黄金出售给美国财政部的办法，将英镑兑换为美元。这样，财政部获得外汇储备；美国的 BOP 出现盈余。根据前面所述，最低限价有时称为**黄金输入点**（gold import point）。此汇率代表潜在的美元（英镑）的最高（最低）价值。

显然，图 13－1 中描述的三种情形不可能同时发生。美国只会在某一时间面临其中一种情形。对美国而言，有无最佳或最差情形？情形 A 没有展现任何问题，因为不需要财政部采取任何行动来维持此体系。情形 C 有潜在问题。此情形中财政部需要黄金（如国际储备）。如果财政部这样做，美国货币供给将会上升，因为要购买黄金，需用新创造的美元支付，结果是通货膨胀产生。

显而易见，只要财政部想维系现状，则对一个国家而言，情形 B 产生的问题最多，因为国家会遭受黄金损失。问题在于国家不会拥有无限多的黄金储备以供给市场。最后必须采取行动，否则国家将无法维持当前的黄金价值水平。① 可能发生的变化是，随着黄金流出，美国必须降低货币供给。这是由假定的游戏规则第 4 条所决定的：国内货币供给必须有黄金的支持。也就是说，参与此体系的国家，其货币供给必须与这个国家的黄金存量成正比。

假设体系中所有国家全部按照此规则行动。BOP 盈余国将从 BOP 赤字国获得黄金。盈余国的货币供给（水平与黄金储备挂钩）和国内价格水平将会上升，

---

① 注意这并不意味着情形 B 对美国经济或生活水平不利。固定汇率对所有国家是否都是好政策，这是我们稍后将要讨论的问题。

赤字国的货币供给和国内价格水平将会下降。如果这些变化发生，人们可以预期，随着价格上升（下降），盈余（赤字）国的制造商将会损失（获取）竞争力。来自盈余国的出口将下降，向这些国家的出口将上升。赤字国的情形恰好相反。这些调整就是所谓的**价格-铸币流动机制**（price-specie flow mechanism）。[①] 这个国际收支均衡理论一直被视为金本位制的核心组成部分。历史学家认真研究了央行对第4条规则的遵守程度。他们发现，在很多情形下，这条规则经常被忽视。[②] 因此，人们怀疑，在第一个金本位制期间，长期汇率稳定是否真的是价格-铸币流动机制发挥作用的结果。

相反，金本位制期间，各国的货币供给、价格和产出水平出现极大的波动。很多国家出现高通胀（经常是开采新金矿时）和大幅经济衰退。尽管如此，整个金本位制期间，汇率还是非常稳定的。尽管有几个因素可能发挥了作用，但是人们还没有完全了解到底是什么原因促使这种稳定性形成。第一个因素是，央行把稳定铸币平价当成自己最核心的功能，无论本国经济发生什么变化。也就是说，央行完全关注外部情况，而不是通过货币政策来处理国内的经济问题。此体系（和固定汇率制）的批评者认为这就是主要问题。第二个因素是，这个体系允许外汇交易员进行稳定性投机。下面我们将详细研究这个问题。

13.2 两次世界大战期间：1918—1939年[③]

1914年夏末的第一次世界大战促使原来的金本位制走向末路。战争期间，黄金兑换（即游戏的第2条规则）被摒弃，因为很多国家努力储备黄金以便支持战事。另外，大多数参战国认为，必须多印钞票以资助额外的购买行为。很多国家因此面临通胀压力，维系黄金的战前价格变得日益困难。加上货币贸易的局限性，汇率倾向于由市场确定。

战后，所有参战国的价格水平和经济状况都与战前大相径庭。世界范围内价格水平高涨。1920年，世界的价格水平比1914年翻了一番。20世纪20年代初期，部分国家如德国和匈牙利受到通胀和恶性通胀的侵蚀。欧洲其他国家饱尝工业和农业产能损失的恶果，交通体系与人力资源也面临巨大损失。甚至从亚洲到南非的很多非参战国也面临需求下降的压力，因为这些国家一直在为参战各国提供战争物资。由于这些变故，加上参战国大规模借贷导致的巨大债务，要让金本位制回归，不得不花费更多的时间。另一方面，战后大部分国家继续依赖市场决定本国币值，并允许其币值浮动。由于参战时间相对较晚，经济受损轻微，只有美国继续将美元与黄金挂钩。

20年代初期，欧洲国家趋向稳定并开始重建，世界各国回归金本位制的意

① 铸币是商品货币的另一个名称，这里指黄金。

② 参见 Arthur I. Bloomfield, *Monetary Policy Under the International Gold Standard*: 1880-1914 (Federal Reserve Bank of New York, October 1959)。

③ 此期间的经典研究参见 Ragnar Nurkse, *International Currency Experience* (Geneva: League of Nations, 1944)。

愿日益高涨。为此目的，1922 年在热那亚召开了一个国际会议。会议主要关注世界范围内黄金的短缺。

由于世界各国物价上扬，生产和贸易的国际模式大幅变化，潜在大规模的国际收支失衡需要黄金流的资助。可是，战争开始后，很多国家继续持有黄金（而不是允许用黄金兑换本国货币），新黄金却很少产出，因此，现有的黄金供给很难提供足够的资源让金本位制完全回归 1914 年前的状态。相反，参会国建议采用的**金汇兑本位制**（gold-exchange standard），允许使用黄金以及由英美两国发行的高质量短期流动性政府债券组成国际储备。国家可以采用这些资产而不仅仅是黄金来处理国际收支失衡问题，并维持其货币的固定黄金平价。

1925 年，英国恢复了金本位制，英镑的价值按战前的平价设定。[①] 这给英国经济带来了难题。由于战争期间和之后的通胀，英国制造商很难在国际市场上竞争，英国经济因此陷入严重的衰退。由于英镑被高估，英国面临实现国际收支平衡的困难，黄金开始流出英国。为继续吸引外国资金，防止黄金外流，英格兰银行不得不设置高出他国如美国的利率，这无疑进一步抑制了经济活动。当时，不少经济学家和政治家对维持战前平价的决策公开提出批评。[②]

20 世纪 20 年代中早期，许多欧洲和拉美国家也回归到金本位制。到 1926 年，已经有 90 多个国家按照金汇兑本位制运作，固定汇率再度成为世界准则。不过，这种情形维持的时间很短。在许多国家尤其是诸如英国等币值高估的国家，央行一直担心黄金储备短缺。这就刺激这些央行采取紧缩政策，提高利率以便吸引黄金从海外回流。同时，美国和法国的国际收支出现大幅盈余，黄金储备剧增并且持有的外国政府债券越来越多。这些活动均给体系造成巨大的压力。

1928 年，法国政府宣布，除了黄金，法国不再使用任何其他手段来处理国际收支盈余问题。1929 年，阿根廷和乌拉圭停止黄金汇兑，加拿大贬值货币。不久之后，巴西、智利、巴拉圭、秘鲁、委内瑞拉、澳大利亚和新西兰允许本币贬值。到 1931 年，随着黄金不断流向美国和法国，投机盛行，极大地威胁到黄金汇兑标准的稳定性。在法国，持有英国政府债券的银行和个人试图将这些资产出售。而法国法律规定，禁止法国银行回购这些资产。其他国家的银行则拒绝购买这些资产，而是倾向于持有黄金。因而，英国政府面临着用黄金购回这些债券的巨大压力，其黄金储备迅速下降。1931 年 9 月，英国终止与黄金挂钩。不久，投机者开始出售美国资产，将黄金转出美国。1933 年，美国允许美元浮动。自此，黄金汇兑标准实际上已经名存实亡，代之以一段时间的浮动汇率加上各国政府对外汇市场的大规模干预，以对本国币值施加影响。

与此同时，金汇兑本位制开始土崩瓦解，美国和大部分国家开始进入大萧条时期。产出下降、失业率上升双双打破历史纪录。到底是各国为了维持固定汇率

---

① 注意，利用战前汇率，这意味着英镑被高估。黄金的英镑价格太低（相对于所有其他价格），或者说，英镑的黄金价格太高。

② 最著名的批评来自 John Maynard Keynes 的文章：*The Economic Consequences of Mr. Churchill*（1925）。本文的主角丘吉尔当时是财政大臣，负责按照旧铸币平价回归金本位制。在文章中，凯恩斯正确地预测了平价决策的经济成本，并通过提高官方黄金价格的形式促使英镑贬值。

而采取的货币政策加剧了大萧条，还是大萧条直接加速了金汇兑本位制的灭亡？答案一直模糊不清。[①] 无论如何，整个 30 年代，多数国家一直被一系列经济问题所困扰，直到第二次世界大战开始。其间，多数国家采取的是浮动汇率制。

13.3　布雷顿森林体系：1944—1973 年

1944 年，第二次世界大战结束在即，同盟国和非参战国财长在新罕布什尔州的布雷顿森林度假村召开会议，其目的是为战后设计一个国际货币体系。通过长时间的谈判，设立两个机构即世界银行和国际货币基金组织（IMF）的计划得以实施。一直以来，每个机构都获得成长，其关注点不断转换。世界银行的目的是为成员提供贷款，以便修复战争造成的损毁。目前，世界银行主要是为发展中国家/地区的经济发展项目和提高生活水平的项目提供贷款。

IMF 的初始目的是为新的世界固定汇率运作机制提供监管和帮助。这个后来称为布雷顿森林体系的汇率制度自 1945 年到 1973 年 2 月（除了 1971 年 8—12 月）盛行于世界。这个体系的机制与金本位制略有不同。

要参与布雷顿森林体系，一个国家必须成为 IMF 成员。加入 IMF 后，这个国家要宣布其货币以美元计价的**面值**（par value）。比如，墨西哥可能宣布其比索的面值为 5 比索=1 美元。[②] 随后，作为成为成员的条件之一，墨西哥必须采取措施，维持其币值在此面值上下 1%的区间内浮动。在这个例子中，墨西哥需要将其汇率保持在 4.95～5.05 比索之间。

墨西哥如何将其币值维持在这个区间内？如图 13-2 所示。如果是情形 A，墨西哥大可袖手旁观，这时私有需求和供给在均衡汇率 E^* 处相等。这是 IMF 允许的汇率波动范围。

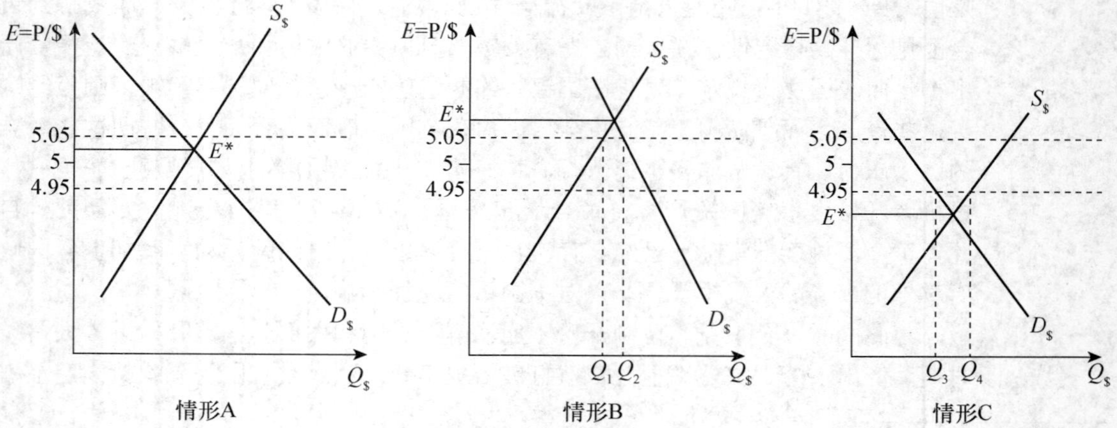

图 13-2　三种可能的外汇市场情形

① 进一步的讨论参见 Ben Bernanke，"Money，Gold，and the Great Depression"（Federal Reserve Board，March 2，2004），http://www.federalreserve.gov/boarddocs/speeches/2004/200403022/default.htm。

② 在本节中，汇率将以美元标价。这是因为美元是这个体系的中心货币。

如果是情形 B，墨西哥银行必须采取行动。此时，相对于供给状况，美元的需求如此强劲，以至于私有市场的汇率移向 E^* 点，超出允许的最高价格。为防止价格上升至 E^* 点，银行必须按 5.05 比索的价格向市场出售额外的美元。在此价格上，市场上的美元需求过剩。如图所示，为了覆盖此过剩需求，银行将会支付总额为 $Q_6 - Q_5$ 的美元，这个额度就变成墨西哥的官方结算余额赤字。

墨西哥银行将从国际储备那里获得这些美元。部分国际储备可能以美元资产如美国国库券的形式持有。如果美元不足，墨西哥可以向美国出售黄金以换取美元，价格为每盎司 35 美元。

除了向美国出售黄金，墨西哥还可以从 IMF 获得短期融资。① 所有的成员都可以利用这些资金处理国际收支平衡问题。因为加入 IMF 时成员已经支付了一笔称为配额的费用，所以，IMF 有条件提供这些资金。一个国家的配额取决于其总体经济规模及在国际贸易中的重要程度。大国支付高配额②，故而在 IMF 决策中票数也高。对 IMF 配额的支付有两种形式。1/4 的配额以美元或黄金支付，其余部分以本国货币支付。随着时间的推移，IMF 开始接受用其他主要世界货币替代美元支付，黄金在该体系中的作用开始弱化。通过签署本币占比较大的货币购买协议，并在两个五年期内反向实施此项协议，成员可以从 IMF 的资金库中获得融资。其间，这个国家需要给 IMF 支付利息和服务费。

IMF 的规则约束了成员贷款的额度。一个国家对本国的配额规模与 IMF 持有的该国货币之间的差额有**自动借贷权利**（automatic borrowing rights）。这个数额被当作一个国家的“储备头寸”出现在 IMF 的统计资料中。IMF 鼓励成员将这部分储备头寸当作国际储备纳入官方统计中。③ 此外，一个国家的贷款额可以高达该国货币配额的 200%。④ 购买通常按照配额的 25%的增量进行。这些增量称为“份额”。储备寸头叫作黄金（或者储备）份额；其余称为信贷份额。

在当前国际货币体系中 IMF 最具争议性的功能之一是其在融资过程中的作用。随着从基金贷款额的上升，基金要求借贷国实施基金制定的经济政策，以便应对引发更多借贷的经济问题。这些政策即 **IMF 贷款条件**（IMF conditionality）。一般而言，这些政策要求国家降低政府支出，提高税额，对当地采取不是很得人心的行动。为了获得 IMF 的资金而强制国家政府实施的这些严格的政策经常为人们所诟病。⑤

情形 C 代表市场将美元价格设定在低于体系允许的最低价格的 E^* 的水平

---

① 请注意，即使布雷顿森林体系不复存在，IMF 仍然能够为成员提供资金。

② 对于 IMF 配额的进一步讨论，参见 http://www.imf.org/external/np/exr/facts/quotas.htm。成员一直投票要求增加配额规模，以扩大 IMF 提供资金的能力。当前成员的配额规模参见 http://www.imf.org/external/np/sec/memdir/members.htm。

③ 注意，一个国家的储备地位取决于它向 IMF 借款的规模（因为它用本币取代外汇资金）以及其他国家对本币的借款规模。

④ 在某些情况和条件下，IMF 可以为一个国家提供超过其配额 200%的特殊融资。

⑤ 有关 IMF 贷款条件的更多内容，请参考第 18 章的讨论。IMF 贷款条件表参见 http://www.imf.org/external/np/exr/facts/conditio.htm。对 IMF 政策的批评，参见 http://www.infowars.com/imf-as-grim-reaper-of-austerity。

上。在此，为防止汇率进一步走低，墨西哥银行有义务以 4.95 比索的价格购买全部过剩的美元供给。这样，墨西哥可能会获得盈余为 $Q_8 - Q_7$ 美元的官方结算余额。它应该怎么办？它可以继续以流动性强、带息的方式持有美元，即购买美国政府债券或将美元存到由美联储设立并管理的特别账户中。如果不愿意持有这些美元，它可以用这些美元按每盎司 35 美元的价格从美国购买黄金。为什么墨西哥会选择持有美元而不是黄金？答案与政府官员对美国政策的信心有关。如今，墨西哥（或体系中的其他国家）相信美国的通胀水平会持续走低，美元与黄金的比价不会存在上升压力，因此，它愿意持有美元而不是黄金。美元资产可以获得利息而黄金不会。如果世界上的黄金价格维持在 1 盎司 35 美元，持有黄金的收益将为零。但是，如果政府怀疑美国缺乏能力维持 1 盎司 35 美元的价格，在美元与黄金的比价上升之前，它们会将美元资产转换为黄金。

值得注意的是，根据原来的设计，美国在体系中应该发挥一种特殊的作用。美国除了维持体系的稳定，还需要向体系提供额外的国际储备。如果墨西哥（或者其他国家）政府认为自己的国际储备持有量太低，它可以采用与美国相反的手段，实施政策使经济进入 BOP 盈余状态（情形 C）。在此过程中，这些国家将增持额外的美元资产，国际储备供给因而增加。但是，如果美国采取措施使 BOP 出现赤字导致其他国家的美元储备超出实际需要水平，这些国家会把美元兑换为黄金。因为美国的黄金供给有限，一旦美国 BOP 出现大量赤字，会导致大量黄金损失，这种威胁将左右美国经济政策的制定。

对比图 13－1 和图 13－2 可知，金本位制和布雷顿森林体系之间存在许多共性。在这两种体系中，汇率均围绕一个中心面值有限浮动。两者的一个重要差别是面值是否可以改变。在金本位制下，面值由铸币平价决定，央行的首要任务是遵循为维持黄金价格恒定从而保持铸币平价的货币政策。因此，在金本位制下，市场参与者将面值视为恒定不变，实际上，在 40 多年的古典金本位制时代，核心汇率从未改变。

布雷顿森林体系的情况却不一样。面值被设置为进入 IMF 的一个条件。很多国家不再把货币供给与黄金挂钩，而且体系对汇率灵活性的要求更高。结果是，IMF 规则允许，即使没有 IMF 的许可，成员也可以变更其货币面值达 10%，如果接受 IMF 的建议，变更比例可以更高。如果一个国家发现自己持续面临情形 B，其政策之一就是提高美元的面值。在此过程中，货币变更幅度会加大，可能使这个国家面临情形 A（或者情形 C）。美元面值的上升就是当地货币的**贬值**（devaluation）。或者，如果一个国家发现自己一直面临情形 C，则可以降低美元面值，这就是所谓的**升值**（revaluation），意味着本国货币总体对美元升值。

1946—1973 年间，很多国家实际上都在使本币贬值（升值），尽管这些改变经常发生在长期储备损失（增加）以后。1967 年，英国贬值英镑。1969 年，瑞士贬值瑞士法郎。1961 年和 1969 年，德国两次升值德国马克。

改变货币面值的能力意味着市场参与者获得新机会，通过在外汇市场进行投机来盈利。例如，墨西哥面临情形 B 已经有一段时间，投机者开始怀疑国家将制定货币贬值计划，如将墨西哥比索从 5 比索＝1 美元降到 6 比索＝1 美元。这将吸引投机者进入市场，用比索购买美元。为什么？按照当前的价格，他们可以用 5.05 比索购买 1 美元。货币贬值后，他们可以按照 1 美元等于 6 比索的价格买回比索，原来购买的 1 美元可以盈利近 1 比索。

值得注意的是，投机行为给央行的贬值计划带来额外的压力。也就是说，对本币投机行为的扩张使美元的需求外移。这会令 BOP 赤字扩大，储备外流更多。由于外汇储备水平降低，央行被迫采取行动。市场参与者明白这一点，因此，一旦嗅到投机的味道，他们就会不遗余力地加入此潮流，产生从众效应。这是对货币的**非稳定性投机**（destabilizing speculation）的一个实例。在布雷顿森林体系期间，几乎每个主要国家的货币都遭受过类似手段的攻击。

除了这些货币投机产生干扰的时间段，在整个布雷顿森林体系期间，世界上大部分的经济绩效尚属健康。国家从二战的废墟中重建，经济增长强劲，国际贸易繁荣。随着时间的推移，很多国家开始降低贸易壁垒，放松从前对国际金融资本流动的各种控制政策。随着国际资本和贸易的扩张，货币市场承受的压力更大。对外国货币需求的大幅增加（下降），使市场价格向货币浮动范围的高点（低点）靠近，官方结算失衡的规模急剧上升。这使央行维持币值在 1%区间里浮动变得越来越困难。给货币市场施加最大压力的国家是美国。

整个 20 世纪 60 年代，美国的官方结算余额一直是赤字。赤字一直扩大有几个原因。其一，联邦政府通过（当时）巨大的财政赤字来资助越战和其他增加支出的主要社会项目。美国经济获得繁荣发展，甚至在出口萎缩的情形下，对各种进口产品的支出也在上升。几十年来，美国的经常项目首次下降，出现赤字。此外，美国企业和个人投资者开始利用管制放松的最后机会购买外国资产。随着美元流向海外购买产品、服务和资产，大额美元被外国政府截留，因为这些政府需要通过美元稳定本币的价值。按照体系的规则，这些国家面临两种选择。它们可以继续持有美元，一般将之存到在美联储开设的账户中，或者持有美国政府短期债券，以赚取利息。另一种选择是用美元从美国购买黄金。不少国家由于害怕美国通过提高金价贬值美元而选择出售美元，因此，美国黄金存量开始急剧下降。

图 13－3 描述了美国 1950—1980 年持有黄金的状况。如图所示，仅在 60 年代，美国的黄金存量就下降了大约 50%。由于美国黄金储备的下降和 BOP 的持续提高，美国面临实施纠正政策的压力。1971 年 8 月，尼克松总统宣布，美国财政部不再以黄金兑换美元。

一些国家如所有的西欧国家、加拿大和日本等认为，美国的这些行为违背了体系的规则，所以，这些国家允许自己的货币在外汇市场上浮动，这些货币很快对美元升值。

1971 年晚秋，美国与其他 10 个发达国家召开会议，试图恢复固定汇率制。此会议的成果是 1971 年 12 月签订的**《史密森协议》**（Smithsonian Agreement）。此协议要求按 38 美元兑换 1 盎司黄金的价格贬值美元，并回归固定汇率制，允许币值在上下 2.25%的范围内波动。人们的感觉是，这些变化将会促使布雷顿森林体系回归并满血复活。但是，原有危机带来的诸多问题依然没有得到解决。

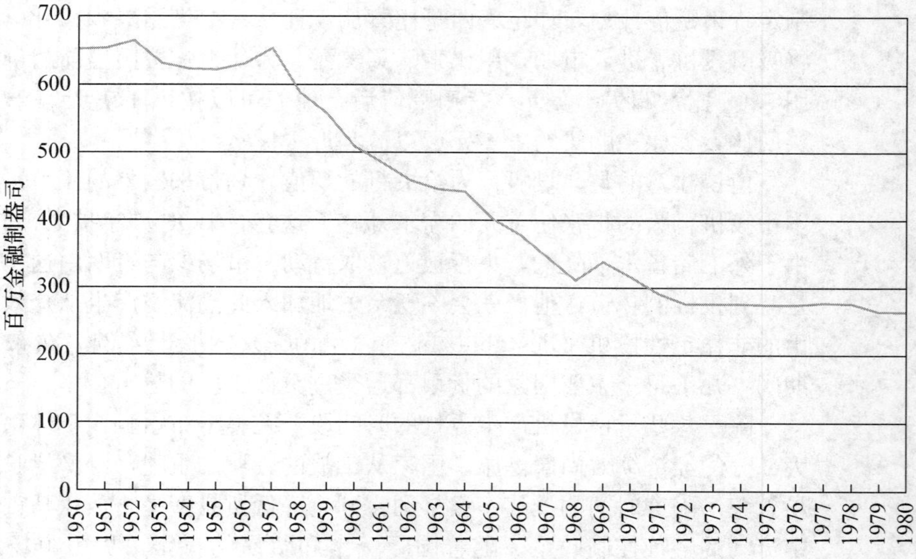

图 13－3 美国官方 1950—1980 年持有黄金的状况

在宣布另一个美元贬值计划的那年年初，美国将官方金价提高到 42.20 美元。1973 年 2 月，许多国家选择了浮动汇率制，布雷顿森林体系就此崩溃。①

13.4 当代国际货币体系：1973 年至今

布雷顿森林体系的崩溃标志着当代国际货币体系的诞生。尽管部分国家继续将本币与一个或多个贸易伙伴的货币挂钩，但一个全球性的固定汇率体系再也无法对很多国家产生约束力。相反，提供了一个非系统的体系，允许不同的国家根据自己的需求选择不同的汇率制度。自 20 世纪 70 年代早期以来，很多国家采用不同的手段处理汇率问题。比如，美国采用了浮动汇率制，其他国家如沙特阿拉伯继续采用固定汇率制（与美元挂钩）。另一些国家如阿根廷和巴西则根据自身条件，骑墙于固定和浮动汇率制之间。IMF 对成员的汇率制度进行跟踪，每几年就会发布有关成员实际政策的表格。最新记录列在表 13－1 中。

此表根据不同国家/地区的实际操作方式分为几个部分。范围从最固定汇率制到最浮动汇率制，包括

硬挂钩

- 没有独立法定货币：别国/地区的货币作为唯一的法定货币。
- 货币局安排：本国/地区货币的发行由政府按固定比率持有的某一种外币的特定数量支持。

软挂钩

- 传统的固定钉住汇率制：货币在规定的范围内波动，不超过面值的±1%。

① 根据美国政府黄金持有量计算，当时黄金的官方价格还是 42.20 美元。

- 横向波动：货币在规定的范围内波动，超过面值的±1%。
- 爬行钉住汇率制：货币在±1%的范围内波动，面值按期调整。
- 爬行波动：货币在超过±1%的范围内波动，面值按期调整。

浮动安排

- 管理浮动汇率：汇率不遵循任何预先设定的路径，货币当局没有任何路径和目标干预市场以调整汇率。
- 独立浮动汇率（自由浮动）：汇率由市场决定，官方干预有限。

表 13-1　汇率安排表（2007 年 7 月 31 日）

硬挂钩（23） ***没有独立法定货币的汇率安排（10）*** **用另一种货币作为法定货币**			
厄瓜多尔	帕劳		
萨尔瓦多	巴拿马[a]		
基里巴斯	圣马力诺[b]		
马绍尔群岛	东帝汶		
密克罗尼西亚联邦			
货币局安排（13）			
波黑	东加勒比货币联盟[c]		
文莱	安提瓜		
保加利亚	多米尼加		
中国香港	格林纳达		
吉布提	圣基茨和尼维斯		
爱沙尼亚[g]	圣卢西亚		
立陶宛	圣文森特		
软挂钩（82） ***钉住单一货币（63）***			
安哥拉	洪都拉斯	巴基斯坦	津巴布韦
阿根廷	约旦	卡塔尔	CFA 法郎区
阿鲁巴岛	科威特	卢旺达	贝宁
巴哈马	拉脱维亚	沙特阿拉伯	布基纳法索
巴林	黎巴嫩	所罗门群岛	喀麦隆
巴巴多斯	莱索托	苏里南	中非共和国
白俄罗斯	马其顿	斯威士兰	乍得
伯利兹	马尔代夫	叙利亚	刚果共和国
不丹	马耳他[e]	特立尼达和多巴哥	科特迪瓦
玻利维亚	毛里塔尼亚	土库曼斯坦	赤道几内亚
佛得角	蒙古国	乌克兰	加蓬
科摩罗	纳米比亚	阿联酋	几内亚比绍
埃及	尼泊尔	乌兹别克斯坦	马里
厄立特里亚	荷属安的列斯群岛	委内瑞拉	尼日尔
埃塞俄比亚	尼日利亚	越南	塞内加尔

圭亚那	阿曼	也门	多哥
钉住一篮子货币（7）			
斐济			
伊朗			
利比亚			
摩洛哥			
萨摩亚			
塞舌尔			
瓦努阿图			
钉住汇率制（汇率在一定范围内浮动）[d]（5）			
塞浦路斯[e]			
丹麦			
匈牙利			
斯洛伐克[f]			
汤加			
爬行钉住汇率制（7）			
阿塞拜疆			
博茨瓦纳			
中国内地			
哥斯达黎加			
伊朗			
尼加拉瓜			
塞拉利昂			
浮动汇率安排（83） ***管理浮动汇率（48）***			
阿富汗	加纳	马达加斯加	圣多美和普林西比
阿尔及利亚	危地马拉	马拉维	塞尔维亚
亚美尼亚	几内亚	马来西亚	新加坡
孟加拉国	海地	毛里求斯	斯里兰卡
布隆迪	印度	摩尔多瓦	苏丹
柬埔寨	印度尼西亚	莫桑比克	塔吉克斯坦
哥伦比亚	牙买加	缅甸	坦桑尼亚
克罗地亚	哈萨克斯坦	巴布亚新几内亚	泰国
捷克共和国	肯尼亚	巴拉圭	突尼斯
多米尼加共和国	吉尔吉斯斯坦	秘鲁	乌干达
冈比亚	老挝	罗马尼亚	乌拉圭
格鲁吉亚	利比里亚	俄罗斯	赞比亚
独立浮动汇率（35）			
阿尔巴尼亚	冰岛	挪威	瑞士
澳大利亚	以色列	菲律宾	土耳其
巴西	日本	波兰	美国
加拿大	韩国	索马里	英国

智利	墨西哥	南非	欧元区
刚果民主共和国	新西兰	瑞典	奥地利
比利时	德国	意大利	葡萄牙
芬兰	希腊	卢森堡	斯洛文尼亚
法国	爱尔兰	荷兰	西班牙

a. 巴拿马的货币和记账单位是巴波亚，其发行仅限于硬币。巴波亚固定钉住美元，后者自由流通。

b. 圣马力诺与意大利签订了一项货币协定，允许圣马力诺使用欧元作为官方货币，并允许其有限度发行硬币。

c. 东加勒比货币联盟（ECCU）。

d. 波动幅度如下：塞浦路斯±15%，丹麦±2.25%，匈牙利±15%，斯洛伐克±15%，汤加±5%。

e. 2008 年 1 月 1 日加入欧元区。

f. 2009 年 1 月 1 日加入欧元区。

g. 2011 年 1 月 1 日加入欧元区。

资料来源：根据 IMF 数据整理。参见网页 http://www.imf.org/external/np/pp/2007enp/112707.pdf。

如表 13－1 所示，半数以上的 IMF 成员采取某些固定汇率制政策；这些国家/地区的央行必须积极干预外汇市场以维持其币值的稳定。此外，大多数实行浮动汇率制的国家/地区必须对浮动汇率进行管理。也就是说，这些国家/地区也对外汇市场进行干预以管理汇率的变化幅度。实际上，只有 23 个成员允许由市场决定汇率。① 这些成员大部分属于发达国家/地区。

2001 年以来，在一定程度上遵循固定汇率制的国家/地区比例基本上维持不变。2001 年以前，各国/地区存在放弃软挂钩转向硬挂钩或浮动汇率制的倾向。这个趋势目前已经消失，尽管每一年都有不少国家/地区从一种制度转换到另一种制度。

如上所述，若干发展中国家/地区以及不少石油出口国将本币与一个或多个主要贸易伙伴的货币挂钩。与单一货币挂钩的国家/地区，大约半数与美元挂钩，或许是因为美元是世界结算货币而且美国的市场规模巨大。这些国家/地区包括大部分加勒比国家和拉美国家、沙特阿拉伯和阿联酋。最近，中国也加入这个行列。2005 年，中国政府宣布将用一篮子货币替代单一的美元钉住体系。

尽管布雷顿森林体系不复存在，但 IMF 尚在运作。IMF 目前拥有 187 个成员。IMF 雇用专门的经济学家团队，研究世界各地的不同经济体。团队的目标是跟踪成员的经济健康状态，并对经济危机提出警告。IMF 继续为面临经济困难的国家提供短期资金、技术帮助和培训，以提高其经济管理能力。

尽管当今的汇率实践与 20 世纪 30 年代金本位制崩溃后设立的体系非常类似，但是，体系作用的时长以及各个国家因此获得的经济绩效差异巨大。体系启动时的 70 年代，大多数国家痛苦不堪。国际石油卡特尔——欧佩克（OPEC）的横空出世，使世界石油价格翻了两番，直接刺激物价上涨并妨碍了经济增长，许多国家发生了所谓的滞胀。由于短期内物价提升，很多国家无法降低对石油进口的依赖，结果是经常项目失衡严重。

跨越整个 20 世纪 80 年代、90 年代直到 21 世纪，世界经济出现良好的发展势头。亚洲及南美不少国家和地区经济增长强劲。到 2008 年底，大部分时间内

① 欧元区被视为一个国家，因为这里只有一种货币、一个央行。

许多浮动汇率呈现出稳定的趋势，币值逐年逐月的变化也很适度。全球范围内，很多国家把应对通胀当作政策目标，故而通胀率急剧下降。世界贸易继续扩张。因为经济下挫缓和、通胀率低，世界进入一个被称为大缓和（Great Moderation）的经济发展时代。然而，随着2008年初席卷世界的金融危机的爆发，这个时代被戏剧般地扼杀了。由于投机者将资金转移到“安全区”，许多国家的货币对美元、日元以及欧元贬值。主要经济体如美国、英国、日本和大部分西欧国家开始陷入经济大衰退。这些国家大规模的经济行动显然在发挥作用，延缓了衰退的步伐。这可能归功于许多国家当前对汇率制度选择的灵活性。因此，在可以预见的未来，当前流行的汇率体系不可能随时轻易让位给其他体系。

13.4.1 欧洲货币体系和欧元[①]

实际上，布雷顿森林体系崩溃后，欧盟不少国家一直在努力通过成员间的固定汇率体系和货币同盟建立密切的经济关系。整个70年代这个体系被称为“蛇”。在这个体系中，成员同意将本币价值维持在体系内最强和最弱货币之间±2.25%的范围内。不过，1979年，这个体系被欧洲货币体系（EMS）所取代。EMS成员努力维持本币价值在一种被称为ECU[②]的虚拟货币币值的±2.25%幅度内波动。ECU被视为欧洲国家的一篮子货币，其价值按天计算。尽管体系中最稳定的货币是德国马克，但是，ECU值仍被视为EMS的核心汇率，地位相对较弱的货币如意大利里拉等经常需要对ECU贬值。

EMS曾经在几次大劫难中死里逃生，包括1992年9月瑞典和英国摒弃体系的行动。当年末，欧盟国家的领导人签署了**《马斯特里赫特条约》**（Maastricht Treaty）。条约为共同货币的创立制定了规则。1999年1月1日，一种名为欧元的货币横空出世，使用这种货币的国家达11个。[③] 除了货币本身，条约还创立了欧盟央行（下称ECB），其总部位于德国的法兰克福。ECB对欧元国的经济政策进行监管。自创立以来，欧元区持续增长，至今已经有17个国家使用欧元。[④]

《马斯特里赫特条约》制定了一系列融合标准，只有达到这些标准，潜在成

---

① 与欧元相关的文献汗牛充栋。可以参见 Jay H. Levin, *A Guide to the Euro* (Boston, MA: Houghton Mifflin, 2002); Philipp Hartmann, Michele Manna, and Andres Manzanares, "The Microstructure of the Euro Money Market," *Journal of International Money and Finance* (2001); Harald Hau, William P. Killeen, and Michael Moore, "The Euro as an International Currency: Explaining Puzzling First Evidence from the Foreign Exchange Markets," *Journal of International Money and Finance* (2002); Klaus Regling, Servaas Deroose, Reinhard Felke, and Paul Kutos, "The Euro after Its First Decade: Weathering the Financial Storm and Enlarging the Euro Area," *Public Policy Review* (2010); Jose Manuel Campa and Angel Gavilan, "Current Accounts in the Euro Area: An Intertemporal Approach," *Journal of International Money and Finance* (2011)。

② ECU称为欧洲货币单位。

③ 开始时，欧元只是一种虚拟货币，用于非现金支付和记账。本币与欧元的汇率是按照原来的汇率固定下来的，没有变更的空间，而成员国本币允许再流通三年。自流通之日起，产品和服务价格开始用本币和欧元标价。2002年1月1日，欧元纸币和硬币进入流通，成员国本币退出。

④ 成为欧盟的成员国不一定采用欧元，至少目前欧盟几个较大的经济体选择不使用欧元。这些国家包括捷克共和国、丹麦、匈牙利、波兰、瑞典和英国。

员国方可加入欧元区。对计划加入欧元区的国家而言，这些标准至今仍然有效。标准包括一个国家的通胀率不能高于通胀率最低三个成员国通胀率的 1.5%；政府长期债券利息不能高于通胀率最低三个国家长期债券利息的 2%；政府赤字不能超过 GDP 的 3%；政府应偿债务不能超过 GDP 的 60%。

20 世纪 90 年代末，随着欧元启动日期的临近，不少潜在成员国显然无法满足所有的融合标准。最大的问题在于对政府赤字和债务的约束。最后，只好通过各种会计手段保证让所有感兴趣的国家加入欧元区。两年后，希腊也加入欧元区，显然，希腊没有达到这些标准。

如上所述，在欧元区，各国本币退出，由欧元按严格的固定汇率取代。表 13-2 给出目前欧元区成员国及其本币和欧元的兑换率。注意，这些汇率基本上算到小数点以后 4 到 5 位数。如此精确是为了说服本地居民，在以旧币兑换欧元时，他们不会上当受骗。对 11 个原始成员国而言，此汇率是欧元启动前夜的汇率。对于新成员国而言，兑换率一般在货币转换前 1～2 个月选定；一旦选定，不可变更。

表 13-2　欧元兑换汇率

国家	货币	兑换率	生效日期
奥地利	奥地利先令	13.760 3	1999 年 12 月 31 日
比利时	比利时法郎	40.339 9	1999 年 12 月 31 日
荷兰	荷兰盾	2.203 71	1999 年 12 月 31 日
芬兰	芬兰马克	5.945 73	1999 年 12 月 31 日
法国	法国法郎	6.559 57	1999 年 12 月 31 日
德国	德国马克	1.955 83	1999 年 12 月 31 日
爱尔兰	爱尔兰镑	0.787 564	1999 年 12 月 31 日
意大利	意大利里拉	1 936.27	1999 年 12 月 31 日
卢森堡	卢森堡法郎	40.339 9	1999 年 12 月 31 日
葡萄牙	埃斯库多	200.482	1999 年 12 月 31 日
西班牙	比塞塔	166.386	1999 年 12 月 31 日
希腊	希腊德拉克马	340.75	2000 年 6 月 19 日
斯洛文尼亚	特拉	239.64	2006 年 7 月 11 日
塞浦路斯	塞浦路斯镑	0.585 274	2007 年 7 月 10 日
马耳他	马耳他里拉	0.429 3	2007 年 7 月 10 日
斯洛伐克	克朗	30.126	2008 年 7 月 8 日
爱沙尼亚	克朗	15.646 6	2010 年 7 月 13 日

最初八年，欧洲货币联盟运作相对健康。成员国之间贸易扩张（欧元的努力目标之一），成员国的价格水平和通胀率开始趋同（另一个目标）。不过，近来不少欧元区国家面临严峻的经济问题。这些问题恶化到一定的程度会对当前欧元区的经济结构产生威胁。

13.5　汇率体系的选择

本章的研究表明，当今世界上每个国家都有选择本国汇率体系的自由，且范围广泛。部分国家选择固定汇率制，其他则偏好浮动汇率制。许多国家接受混合方式，在汇率变化上，允许部分而不是完全浮动（或灵活）的汇率制度。此外，自布雷顿森林体系崩溃以来，不少国家多次变更汇率制度。显然，一种汇率制度的确立必须把跟一个国家经济相关的很多因素考虑在内。

毫不奇怪，针对现实世界中汇率制度的多样化选择，很多经济研究表明，一个国家的总体宏观经济运行效果与固定或者浮动汇率制的选择无关。例如，汇率制度的选择显然不会对一个国家经济增长的快慢或通胀率的高低产生任何影响。一般而言，选择固定汇率制（浮动汇率制）的国家，并非其经济增长率或通胀率就低于选择浮动汇率制（固定汇率制）的国家。不过，在很多情形下，一种汇率体系的选择显然依赖于国家的经济特征。①

特征之一是一国的经济规模（按照经济活动或GDP衡量）。大国倾向于更加独立，不太愿意为了维持与任何外币的固定汇率而放弃本国的政策目标。因为国际贸易只占大国总体GDP的一小部分，与小国相比，大国不太热衷调整其汇率。

经济的开放度是另一个重要因素。开放意味着一国对国际贸易的依赖程度。GDP中贸易（即国际贸易）产品所占的比重越高，整个国家就越开放。贸易额少或者缺乏国际贸易的国家称为封闭经济体。如前所述，开放度与规模有关。经济越开放，可贸易产品价格在国家总体价格水平中所占的地位就越重要，汇率变化对国家总体价格水平的影响就越大。为了减少与外国相关的冲击对国内价格的影响，开放度高的国家往往选择使用钉住汇率制度。

通胀是影响汇率制度选择的另一个因素。允许通胀率高于贸易伙伴的国家，很难维持与这些伙伴的固定汇率。由于通胀国的价格水平上涨速度较快，这些国家必须贬值本币才能获得优于贸易伙伴的价格竞争力。高通胀国会选择浮动汇率制或爬行钉住汇率制，令汇率可以短期调整，以弥补通胀水平的差异。

如果一个国家的出口比较依赖贸易伙伴或出口类型，则这些国家倾向于坚持固定汇率制。例如，很多加勒比国家如阿鲁巴、巴哈马、特立尼达和多巴哥共和国就采用固定钉住美元的汇率制度，非洲金融共同体（CFA）法郎区则钉住欧元。② 此外，许多石油出口国如尼日利亚、沙特阿拉伯和阿联酋使用与美元挂钩的固定汇率制。上述例子中，选择固定汇率制的原因与国际贸易密切相关。加勒比地区的经济依赖旅游贸易，而此贸易资源来自美国。故而，与美元挂钩意味着，对美国游客收取美元不会引起美元价值的波动。同理，独立后，CFA国家亦保留与法国密切的经济联系，其中，汇率稳定无疑是贸易稳定的保障。

石油出口国的汇率与美元挂钩基于同样的逻辑。依惯例，世界石油价格以美元定价。因为石油在石油出口国贸易中占比很高，为了稳定其出口盈利的价值，这些国家也选择与美元挂钩。石油出口国的一个极端例子是厄瓜多尔，这个国家完全放弃本币，采用美元。也就是说，美元是法定货币，厄瓜多尔本国

---

① 参见 Hali Edison and Michael Melvin, "The Determinants and Implications of the Choice of an Exchange Rate System," in W. Haraf and T. Willett, ed., *Monetary Policy for a Volatile Global Economy* (Washington, D.C.: American Enterprise Institute, 1990)。

② 多年来，这些国家将其货币与法国法郎挂钩。法郎现已被欧元取代。

货币不再流通。贸易模式多元化的国家不会钟情于钉住汇率，因为只有与汇率钉住国家的贸易才可以保持价格稳定，与其他重要贸易伙伴的贸易则会出现价格波动。

表 13－3 对固定汇率制和浮动汇率制国家的系统性差异进行了归纳。必须注意其中的特例，因为无论是固定汇率制国家还是浮动汇率制国家，其特征都存在差别。一般来说，国家越大，越有可能选择浮动汇率制，经济越封闭，选择浮动汇率制的概率就越高，依此类推。关键点是，除了政治操纵，经济状况会最终影响外汇机制的实施。

表 13－3　　　　选择固定或浮动汇率制的国家特征

固定汇率制	浮动汇率制
经济规模小	经济规模大
开放经济	封闭经济
通胀率一致	通胀率背离
单一贸易	多元化贸易

还存在另一个对汇率机制选择产生影响的因素，即所选择的汇率机制如何对一国整体经济的稳定发挥作用。① 如果目的在于减少国内价格水平的非预期波动，国内决策者将会选择最能规避这种波动的汇率机制。例如，一个经济体由于消费支出下降而面临经济衰退，在这种情形下它会期望利息下降。如果国家采用的是浮动汇率制，其本币将会贬值。在此过程中，出口被刺激以缩小经济的下滑幅度。

或许大多数主要经济体允许其汇率浮动的唯一重要原因是，这个决策可以让这些国家实施独立的货币政策。因为在固定汇率制下，价格水平必须维持在某一点上，不能对汇率施加压力令其改变。例如巴巴多斯，其汇率与美元挂钩是因为本国经济极大依赖与美国的旅游贸易。如果央行货币政策宽松，产品和服务如旅馆房价和食品等的本币价格就会上扬。结果是，越来越多的游客会选择到他国旅游，出口下降，经常项目出现赤字。这会给巴巴多斯的货币贬值带来压力。所以，固定汇率制下巴巴多斯最佳的货币政策是，将本国通胀率与美国通胀率绑定当成目标。除了维持汇率钉住，整个国家别无选择。

如图 13－1 所示，世界上大部分主要经济体如今都允许本国汇率浮动。实际上，所有这些国家都设有独立的中央银行，每一个央行都具备权威制定并实施货币政策以维持本国经济的稳定。独立货币政策的改变不需要法律批准，因而可以快速实施，以应对经济冲击。对贸易在产出中占比较低或贸易伙伴范围较广的国

① 此主题的原创论文参见 William Poole，"Optimal Choice of Monetary Policy Instruments in a Simple Stochastic Macro Model，" *Quarterly Journal of Economics*（May 1970）。亦可参见 Harvey E. Lapan and Walter Enders，"Random Disturbances and the Choice of Exchange Regimes in an Intergenerational Model，" *Journal of International Economics*（May 1980）；Michael Melvin，"The Choice of an Exchange Rate System and Macroeconomic Stability，" *Journal of Money，Credit，and Banking*（November 1985）；Andreas Savvides，"Real Exchange Rate Variability and the Choice of Exchange Rate Regime by Developing Countries，" *Journal of International Money and Finance*（December 1990）；Sebastian Edwards and Yeyati Levy，"Flexible Exchange Rates as Shock Absorbers，" *European Economic Review*（November 2005）。

家而言，独立的货币政策尤其得到青睐。无论何种情况，将本币与某贸易国挂钩没有任何意义，在需要牺牲国内政策选择时尤其如此。

比较而言，多数发展中国家不允许本币自由浮动。如上所述，这可能是由于国家较小，生产高度集中于少数商品，贸易伙伴数量有限。在这种条件下，将汇率固定下来意义非凡。经济多元化国家也经常选择有限浮动的汇率制度，或者宣布本国汇率浮动，但是却继续维持汇率钉住制度。① 新近的研究把这种做法称为"惧怕浮动"，并发现这并非个别现象，发展中国家包括许多亚洲经济体均在此列。②

本章小结

1. 国际货币体系（IMS）是国际金融交易运作与国际收支平衡得以实现的机制框架和规则。其最显著的特点之一是盛行的汇率行为。过去一个半世纪，IMS以多种方式出现，在固定和浮动汇率制之间转换。

2. 国际货币体系的第一个运营模式为金本位制，盛行于1880—1994年间。国家可以独立宣布本币以黄金计价的面值。在这个过程中，参与国的汇率面值是固定的，哪怕实际汇率在波动。浮动范围由黄金的国际运输成本确定。

3. 第一次世界大战肇始，金本位制崩溃。20世纪20年代人们曾努力恢复之，但是由于30年代早期的大萧条而放弃。取而代之的是一系列特殊的汇率体系，很多国家允许汇率浮动。

4. 第一次世界大战末期，被称为布雷顿森林体系的新固定汇率体系得以创立。作为此体系的组成部分，成员须加入国际货币基金组织（IMF）。IMF为此体系制定规则，并为发生BOP问题的成员提供（并继续提供）短期资金支持。

5. 美元是布雷顿森林体系的核心货币。各国宣布本币与美元汇兑的面值，让本币钉住此面值，并允许本币在此面值±1%的范围内波动。美国则将美元价值钉住黄金，保持1盎司黄金35美元这一水平。

6. 1973年初，随着美元对黄金两次贬值，以及美国撤销美元自由兑换黄金的承诺，布雷顿森林体系崩溃。

7. 今天的国际货币体系允许国家自由选择其汇率政策；超过半数国家实施类似固定汇率的政策。欧元区被当作单一经济体，实际上，只有23个国家允许其汇率由市场决定。

8. 汇率制的选择基本上与宏观经济运行绩效无关。固定汇率制国家的经济增长未必低于浮动汇率制国家，不同汇率制国家的通胀率也并非存在差异。

9. 浮动汇率制国家间存在系统性差异。这些国家经济规模大且呈多元化状态，较少依赖国际贸易。其央行采取独立的货币政策。固定汇率制国家的情况恰好相反。

练　习

1. 过去两个世纪，世界上出现两个固定汇率体系，金本位制和布雷顿森林体系。根据下列要求比较这两个体系：

a. 两种体系下允许的汇率变动幅度和类别，以及限制汇率变化幅度的决定性因素。

b. 投机者在稳定或破坏体系中的作用。

---

① 中国目前的政策就是这样。

② 参见 Guillermo Calvo and Carmen Reinhart, "Fear of Floating," *NBER Working Papers* No. 7993 (November 2000)。

c. 体系中国际机构的作用。

d. 体系中国家央行的义务。

2. 假设现在正处于布雷顿森林体系早期，法国政府宣布法国法郎的面值为 6 法国法郎等于 1 美元。浮动幅度为±1%。美元对法国法郎的最高限价是多少？最低限价是多少？如果法国随后贬值法郎，设定新面值为 8 法国法郎等于 1 美元。新的最高限价和最低限价又是多少？

3. 假设瑞士采用金本位制，并严格维持其金库中黄金与流通中货币（瑞士法郎）的比率。假设国家产生国际收支赤字。其总体货币供给将会发生什么变化？这对瑞士经济会产生什么影响？对其国际收支平衡有利还是有害？讨论之。

4. 为什么小国倾向于采取固定汇率制，大国青睐浮动汇率制？

5. 列举出影响国家汇率机制选择的三个因素。以美国为例，解释这些因素如何影响美国对浮动汇率制的选择。

6. 布雷顿森林体系中 IMF 的作用是什么？IMF 在当代国际货币体系中的作用是什么？

参考文献

Bordo, Michael David. "The Classical Gold Standard: Lessons from the Past." In Michael B. Connolly, ed., *The International Monetary System: Choices for the Future*. New York: Praeger, 1982.

Edison, Hali J., and Michael Melvin. "The Determinants and Implications of the Choice of an Exchange Rate System." In William S. Haraf and Thomas D. Willett, eds. *Monetary Policy for a Volatile Global Economy*. Washington, D.C.: AEI Press, 1990. Europa. Official web site of the European Union web site. *The euro*. http://ec.europa.eu/economy_finance/euro/index_en.htm.

Levin, Jay H. *A Guide to the Euro*. Boston: Houghton Mifflin, 2002.

Reinhart, Carmen, and Kenneth Rogoff. "The Modern History of Exchange Rate Arrangements: A Reinterpretation." *Quarterly Journal of Economics* 119 (February 2004), pp. 1-48.

第14章 短期汇率

本章主题

汇率行为
无抛补利率平价
预期汇率与利率期限结构
无抛补利率平价的检验

1973年，随着布雷顿森林体系寿终正寝，许多国家的汇率开始自由浮动。很快，这些国家的汇率就表现出相当大的波动性。[①] 这种波动性与其他金融市场（如股票市场）表现出来的波动性相似，经济学家开始使用与现有资产价格模型类似的方式构建汇率行为模型，以便更好地了解造成汇率波动的原因。这些汇率的资产市场模型是分析短期汇率变动的主要理论工具。这里的短期是指一个时间跨度，例如从这个月到下个月或者从这个季度到下个季度。**资产市场模型**（asset market model）主要用于分析金融市场因素的变化情况，例如，短期汇率变化和对资产价格未来价值的预期的变化，以解释汇率上升和下降的原因。

随着时间的推移，汇率呈现出另一种行为模式，也就是说，在很多情况下，即使汇率在短期内有上升和下降的变化，但从长期来看，它们的具体数值是在一定幅度内波动的。很多经济学家对长期汇率变动（例如近几十年来的汇率变动）

---

① 有众多关于汇率行为的文献，例如，Michael Mussa，"Empirical Regularities in the Behavior of Exchange Rates and Theories of the Foreign Exchange Market，" *Carnegie-Rochester Conference Series*（1979）；Carol L. Osler，"Short-Term Speculators and the Puzzling Behavior of Exchange Rates，" *Journal of International Economics*（1998）；Jon Faust and John H. Rogers，"Monetary Policy's Role in Exchange Rate Behavior，" *Journal of Monetary Economics*（2003）；Luis A. Gil-Alana，"Stochastic Behavior of Nominal Exchange Rates，" *Atlantic Economic Journal*（2003）；Luciana Juvenal，"Sources of Exchange Rate Fluctuations：Are They Real or Nominal?" *Journal of International Money and Finance*（2011）。

进行了广泛的研究，认为长期汇率变动与国家物价水平的变动之间存在密切的关系。

为更好地了解短期和长期汇率行为之间的区别，参见图 14－1 至图 14－3。这三个图分别展示了 1974—2011 年间，三种汇率每年第一个季度末的数值。图 14－1 显示了以美元计量时，1 单位加元的价格变化。如图所示，在此期间加元的汇率出现相当大的季度波动。这种波动在 2008 年和 2009 年表现得特别明显，加元的价格在一个季度（三个月）内下降了约 20 分（价值下跌了约 20%），而在接下来的几个季度里，加元的价格恢复并超过了初始值。根据图 14－2 和图 14－3，日元和英镑的汇率似乎表现出更大的季度波动。①

图 14－1 加元汇率

相比之下，在这些图表所示的近 40 年间，长期汇率的行为模式似乎总是遵循两个趋势。例如，如图 14－2 所示，日元的价格总体呈上升趋势。1974 年，每 100 日元的价值略高于 36 美分，而截至 2011 年 9 月，每 100 日元的价值上涨到约 1.30 美元。与此形成鲜明对比的是，加元和英镑的价格在整个 70 年代都呈下降趋势。对加元来说，汇率的下降趋势持续到约 2004 年，触底时 1 加元的价值略高于 60 美分，然后开始逆转呈上升趋势。另一方面，英镑汇率持续下跌至 80 年代中期，在这之后，1 英镑的价值稳定在 1.50～2.00 美元之间。

在本章中，我们主要关注短期汇率，对有助于理解汇率确定和汇率波动的模型进行研究和讨论。我们在本章所构建的模型并不是一个完整的汇率行为模型，因为它忽略了外汇价格长期的变化趋势。在下一章中，我们将把注意力转向长期

① 日元的汇率是用 100 日元的美元价格来表示的。这是因为日元是一个很小的记账单位，例如，1974 年，1 日元的价值约等于 1/3 美分。

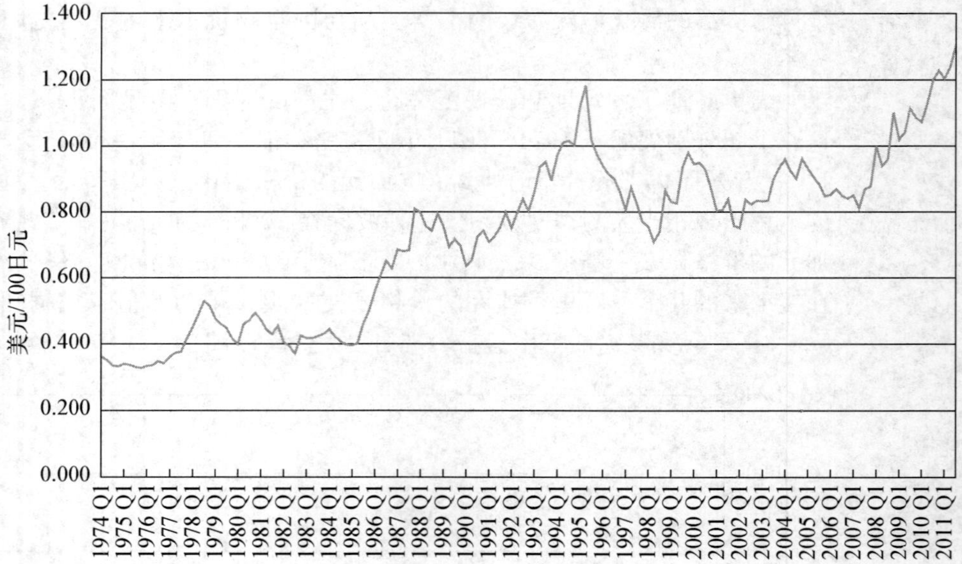

图 14-2　日元汇率

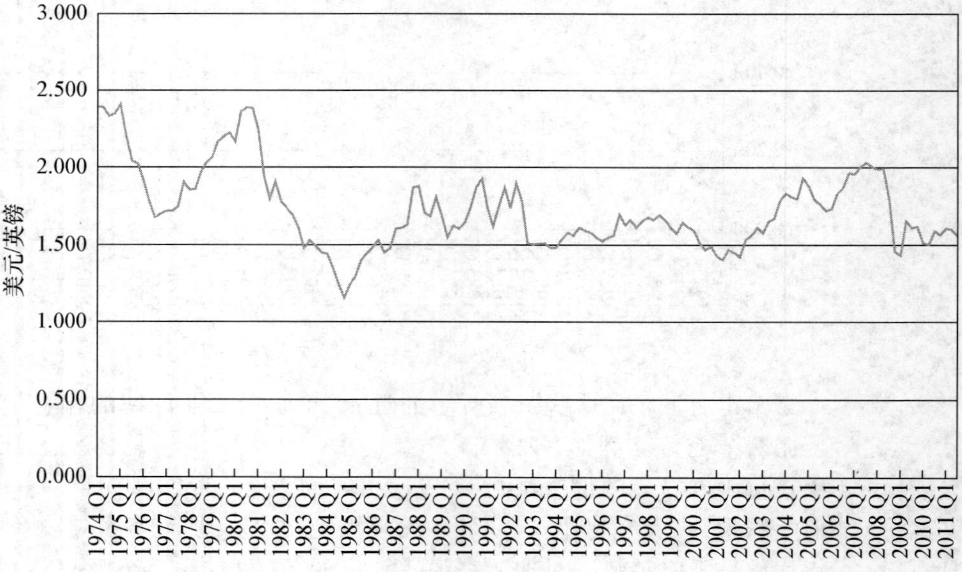

图 14-3　英镑汇率

汇率，并构建一个长期汇率的走势模型。

14.1 汇率行为

表 14-1 列出了图 14-1 至图 14-3 中所示的汇率季度变化的统计数据，同时还包括标准普尔 500 指数的季度变化的统计数据。标准普尔 500 指数是测量美国 500 家上市公司股票价值的一个指数。如表所示，我们可以看到汇率收益和股

票收益都遵循一个非常相似的模式。汇率收益和股票收益在短期内都有上下两位数百分比变化的可能性。此外，每个系列通过标准差测量得到的波动性也非常相似。

表 14 - 1　　季度变化特征（1974—2011 年）（%）

	均值	标准差	最大值	最小值
加元	0.00	3.14	8.80	－13.45
日元	1.04	6.09	18.50	－13.93
英镑	－0.15	5.24	15.48	－19.00
标准普尔 500 指数	2.07	6.69	19.93	－26.32

为更好地了解表中的信息，请仔细观察图 14 - 4 和图 14 - 5。这两个图分别展示了英镑价格的季度变化以及标准普尔 500 指数的季度变化情况。如图 14 - 4 所示，在整个 20 世纪 80 年代，英镑价格的季度变化幅度都很大，基本都是±10%。这种汇率波动幅度在 1993 年前后开始缩小，汇率在接下来的十年里趋于稳定（见图 14 - 3）。2008 年，世界经济进入大衰退时期，英镑价值下跌了近 20%。而在接下来的一个季度里，英镑价值增长了超过 15%。

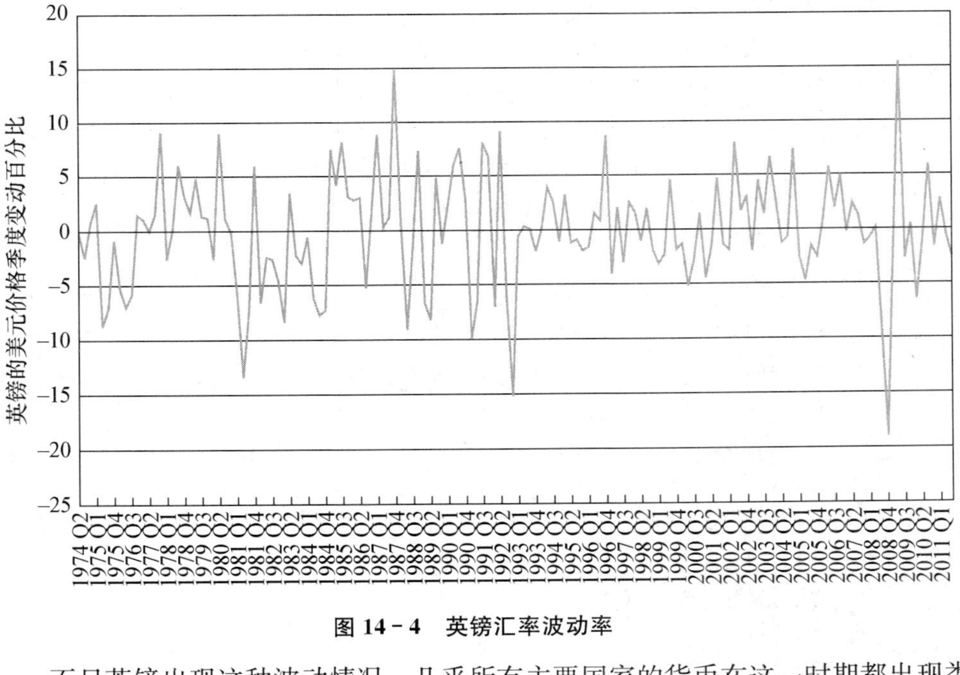

图 14 - 4　英镑汇率波动率

不只英镑出现这种波动情况，几乎所有主要国家的货币在这一时期都出现类似的随机波动。如图 14 - 5 所示，这种波动性在股票价格上也很常见。同时，这种波动也会出现在很多其他金融资产领域，例如公司或者政府债券的价格。由于这种相似性的存在，大多数经济学家都采用资产市场模型来解释短期汇率行为。

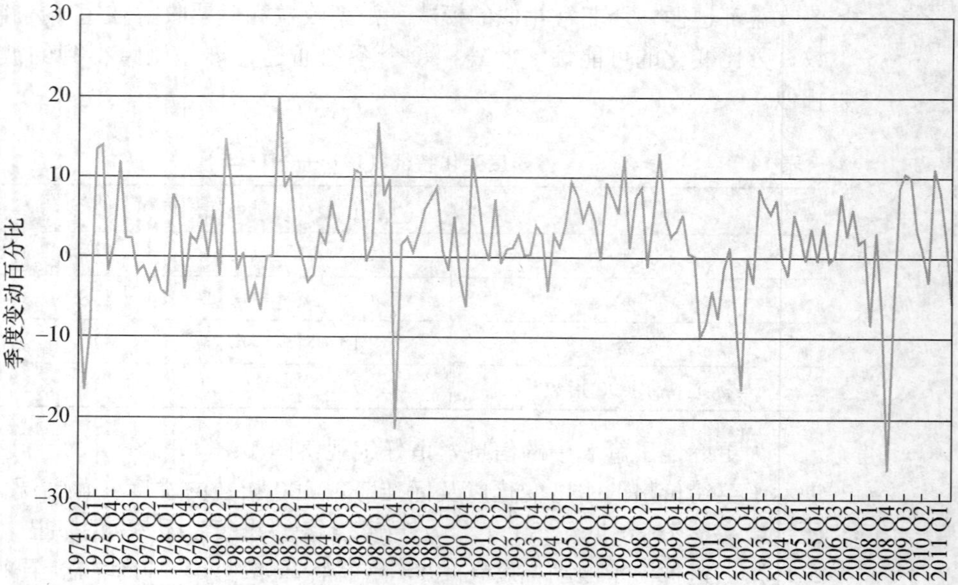

图 14-5　标准普尔500指数波动率

资产市场模型的主要特点是强调前瞻性行为。再强调一次，资产是财富的一种形式，随着时间的推移，是可以保值或者有希望增值的事物。在现实世界中，资产的例子比比皆是，如金钱、股票、债券、绘画、房屋等。那么是什么决定了这些资产的价格？以房屋为例，你愿意为房子支付的金额取决于很多因素，包括其大小、修葺状态以及地理位置。反过来，所有这些东西的价值又取决于你对它们未来价值的预测。假如你认为这个社区将来会非常受欢迎，即使现在并不是那么受欢迎，你也愿意为这个房子支付更多金钱，因为你认为这个房子未来会更值钱。

这种逻辑同样适用于外汇汇率。如果你认为在加拿大的投资可能会升值，那么现在你可能愿意进行这样的投资，以期获得利润。在这个过程中，你需要购买加元，从而推高其价值。或者，如果你认为加元将来会升值（可能是因为加元利率预期上升），那么现在你应该购买加元。这给加元的价值带来上行压力。我们应该如何把这些想法整合为汇率行为模型呢？让我们转入该理论的构建。

14.2　无抛补利率平价

我们要构建的模型包括两个基本组成部分，即汇率和对未来汇率的预期这两个金融市场条件。我们从抛补利率平价定价公式开始，如式（14.1）所示：

$$F=E\times[i-i^F+1] \tag{14.1}$$

式中，F 是以当地货币（例如美元）计算的远期汇率；E 是以当地货币（美元）

计算的即期汇率；i 是国内利率；i^F 是国外利率。远期汇率和利率的到期日一样（例如三个月）。此外，利率代表在这两个国家发行的可比资产的回报率，以十进制计算（例如，公式中的 5%为 0.05）。

回想一下我们在第 12 章中的讨论。抛补利率平价是由以确保在两个不同国家发行的相同资产的无风险收益率相等为目的的套利活动产生的。运用简单的代数知识，式（14.1）可以改写为：

$$i=i^F+\frac{F-E}{E} \tag{14.2}$$

式（14.2）的左边是投资国内市场的回报率，右边有两个组成部分：国外利率和以价格 E 购买外汇现货并以价格 F 出售所获得的百分比收益（假如 $F>E$）或百分比损失（假如 $F<E$）。我们在第 12 章中指出，抛补利率平价是由外汇市场的套利行为产生的。让我们通过下面的例子来看看这是为什么。

例 1

假设这个例子中的外国是英国，忽略买卖价差，我们观察到以下利率：

i＝每年 7%

i^F＝每年 5%

把英镑的美元价格作为即期汇率，目前等于 2 美元。根据上述信息，你预计 12 个月的远期汇率是多少？

使用式（14.2），我们可以代入已知的利率和即期汇率，然后求解远期汇率：

$$0.07=0.05+\frac{F-2}{2}$$

$$0.02=\frac{F-2}{2}$$

$$0.04=F-2$$

$$F=2.04$$

假设实际 12 个月的远期汇率不是 2.04 美元，而是 2.06 美元，在这种情况下，以 2 美元的价格购买英镑现货并以 2.06 美元的价格卖出，将获得 3%（即 0.03）的收益。那么追求利润的套利者会怎么做？他们会购买英镑现货，然后投资英国资产，从而得到 5%的收益。同时，他们会把英镑卖出换回美元，在远期市场上赚取 3%的收益。英国市场上的投资组合的收益率为 8%，超过了美国市场上的投资收益率。此外，由于投资者以美元开始投资并以美元结束投资，所以他们不会面临任何风险。鉴于这些交易向任何人开放，所以很可能会出现以赚取无风险高收益为目的的大量套利活动。套利活动往往会提高英镑现货（需求的货币）的价格并降低远期汇率（当英镑卖出时），从而使远期升水回到与利息差额一致的水平。汇率也可能发生变动，因为资金流入英镑投资往往会压低英镑汇

率，而美元投资的转移往往会提高美元汇率。

刚才所描述的活动代表外汇市场交易的一个可能动机。然而，这些非正常的（无风险）投资收益机会往往寿命不长。所以，实际上这种套利交易比较少见，相反，市场中的大部分交易活动都是由投机所驱动的。投机者是指在预期获利时愿意承担风险的市场参与者。例如，如果投机者预期加元会在未来几周内升值，他们现在就会购买加元。但是，这有风险吗？当然有，因为并不能保证加元一定会升值。相反，如果加元贬值了，投机者就会被迫抛售加元，蒙受损失。

投机者在外汇市场上还有其他的赚钱办法。在时间 t（例如，今天）已知的情况下，令 $\exp(E_{t+1})$ 等于投机者对 $t+1$ 时期（例如，从现在开始一个月后）汇率的期望值。[①] 也就是说，这是投机者对未来汇率的期望值。有了这个预期之后，投机者怎么在外汇交易中赚钱？让我们回顾一下远期市场。在远期市场中，今天针对未来即将发生的交易设置远期汇率为 F。投机者基于 F 的值（已知）以及对未来即期汇率的期望值 $\exp(E_{t+1})$，在远期外汇市场中持仓。

例如，如果 $F<\exp(E_{t+1})$，投机者今天就应该签订合约买入远期外汇（单位价格为 F），并且期望在合约到期时，以 $\exp(E_{t+1})$ 的价格在现货市场上卖出远期外汇。另一方面，如果 $F>\exp(E_{t+1})$，那么投机者今天就应该签订合约卖出远期外汇（汇率为 F），并且期望以 $\exp(E_{t+1})$ 的价格买回她必须卖出的远期外汇。具体策略如下：

盈利投机规则

如果 $F<\exp(E_{t+1})$，买入期货（即做多外汇）。

如果 $F>\exp(E_{t+1})$，卖出期货（即做空外汇）。

例 2

忽略买卖价差，假设投机者认为在一个月的时间内加元的即期汇率为 1.05 美元，而 30 天的远期汇率为 1.02 美元。在这种情况下，投机者应该拿出远期合约以 1.02 美元买入加元。同时，她期望能够以 1.05 美元的价格卖出她刚刚在现货市场上购买的加元。显然，这是有风险的，但如果她对未来即期汇率的猜测是正确的，她就能赚取巨额利润。

如果预测在市场上得到广泛的认同，那么作为一个群体的投机者倾向于采取相同的行动（即，如果一个人买入（卖出），那所有人都会买入（卖出））。如果

① 市场专业人士依靠哪些信息做出预测？有两种常用的方法：基本分析法和技术分析法。基本分析法利用经济和金融模型，根据与模型相关的所有可用信息进行预测。技术分析法主要根据过去资产价格的表现进行预测。关于外汇市场的技术分析有一个很好但也许有点过时的研究，详细请参见 Christopher J. Neely，"Technical Analysis in the Foreign Exchange Market：A Layman's Guide，" *Federal Reserve Bank of St. Louis Review*（1997）。大多数经济学家都认为技术分析法不如基本分析法，然而，鉴于资产价格预测一般比较困难，所以没有强有力的证据表明基本分析法比技术分析法好。

大多数投机者都试图买入期货，那么增加的需求往往会推动 F（远期外汇价格）上升并促使 $\exp(E_{t+1})$ 下降，因为随着投机者抛售其期货合约，市场观测者预测将有大量的国外期货销售产生。同样，作为一个群体的投机者如果卖出期货合约，这些销售往往会促使 F 下降并推动 $\exp(E_{t+1})$ 上升。

在任何一种情况下，如果投机者作为一个群体共享这种预期并统一行动，则会促使 F 和 $\exp(E_{t+1})$ 趋向均衡。当这种情况发生时，外汇市场就会呈现**无抛补利率平价**（uncovered interest rate parity，UIRP）。无抛补利率平价是资产市场汇率模型的共同特征。至此可知，如果投机者具有很强的共同信念，则会出现这样一种趋势：

$$\exp(E_{t+1})=F \tag{14.3}$$

结合式（14.1）和式（14.3），把变量重新排列得到以下公式：

$$E=\frac{\exp(E_t+1)}{i-i^F+1} \tag{14.4}$$

这个公式为解释短期汇率行为提供了一个基本模型。[①] 它指出，当前的汇率取决于几个条件：国内和国外的金融状况（用利率条件表示），以及对汇率未来价值的预期。

首先考虑利率的作用，假设预期保持不变。如果国内的利率上升，那么根据上述模型，E 值就会出现下降趋势。这意味着什么？由于 E 代表的是外汇价格（以美元计价），随着 E 值下跌，外国货币将越来越便宜，美元则会越来越强势。由于 i 代表的是国内金融市场的收益率，i 值的上升将会刺激外国人将资金转移到美国市场。要做到这一点，他们必须取得更多的美元，从而增加美元的价值（即降低 E 值）。i^F 的上升在这个过程中形成一种相反的行为模式，提高了 E 值并降低了美元的价值。

预期会扮演怎样的角色？如前所述，任何资产的价值在一定程度上都取决于你对其未来价值的预期。在这个模型中，如果你预期未来的外汇汇率会上升（即，如果 $\exp(E_{t+1})$ 上升），那么 E 值也会上升。此外，$\exp(E_{t+1})$ 的任何变化都将导致 E 值即刻改变。是什么导致预期的变化？几乎任何东西都有可能导致预期变化。例如，2011 年春天海啸袭击日本海岸时，日元立即升值，因为外汇交易员预计日本在海外投资的金融资源将被调回日本，以协助重建工作的开展。由意料之外的选举结果导致的实际或预期的政府政策变化，也可能会促使预期发生改变。市场参与者不断地在这些新闻中搜索可能会对汇率产生影响的信息。因此，式（14.4）的结论是，汇率应该是非常不稳定的，因为不断有新的信息推向市场。当这个“新闻”被处理时，它会转化为买入或卖出订单，反过来引导汇率上下波动。

---

① 值得注意的是，无抛补利率平价并不是一个完整的资产市场模型，而是资产市场模型的一个标准组成部分。完整的资产市场模型超出了本书的范围。

14.3 预期汇率与利率期限结构

除了帮助我们理解当前汇率的行为，UIRP 还提供了对汇率未来预期的描述。注意，式（14.4）可以改写为：

$$\frac{\exp(E_t+1)-E}{E}=i-i^F \tag{14.5}$$

根据式（14.5），UIRP 意味着投机者期望利率较低国家的货币升值。在这段时间内，市场预期利率较高国家的货币会发生贬值。

通过式（14.5），可以得到在一段较长的时间内汇率走势的市场预期。这是因为不存在国家利率这种东西。不同的投资机会以及相似投资机会的不同到期期限都会使一个国家的利率产生差异。根据投资机会在不同时间点报出的利率值的集合称为**利率期限结构**（term structure of interest rates）。例如，在债券市场，我们可以注意到有三个月、六个月、一年、三年甚至更长期的债券。如果利率随着期限的延长而上升，我们就会观察到一个向上倾斜的期限结构。如果不管期限长短，利率都是相同的，那么这种期限结构就是水平的。我们用在不同时间点观察到的利率连线的斜率对利率期限结构进行描述。

通过考察不同货币期限结构中的不同点，我们可以确定汇率预期是如何随着时间而变化的。① 例如，在整个期限结构范围里，如果两条期限结构线平行，那么可以预期汇率的变化是恒定的（货币将以恒定的速度相对升值或贬值）。另一方面，如果两条期限结构线之间的距离越来越远，那么随着时间的推移，利率较高的货币预计将以递增速度贬值。对于逐渐靠拢的期限结构线，利率较高的货币预计将以递减速度贬值。

在图 14-6 中，我们给出了 2008 年 7 月 13 日四种不同欧洲货币存款利率的期限结构图。如图所示，欧元区和英国的期限结构线大致平行。因此，英镑在未来一年里预计将以相对恒定的速度相对于欧元贬值。美国线在欧元区线和英国线的下方，因此，预计美元相对于欧元和英镑升值。在对利率进行抽样的那一天，美元对欧元的一年期远期升水约为 1.8%，而美元对英镑的一年期远期升水约为 2.5%。

① 关于这个话题有相当多的文献，例如 David K. Backus, Silverio Foresi, and Chris I. Telmer, "Affine Term Structure Models and the Forward Premium Anomaly," *Journal of Finance* (2001); John Y. Campbell and Richard H. Clarida, "The Term Structure of Euromarket Interest Rates: An Empirical Investigation," *Journal of Monetary Economics* (1987); Richard H. Clarida, Lucio Sarno, Mark P. Taylor, and Giorgio Valente, "The Out-of-Sample Success of Term Structure Models as Exchange Rate Predictors: A Step Beyond," *Journal of International Economics* (2003); Geert Bekaert, Min Wei, and Yuhang Xing, "Uncovered Interest Rate Parity and the Term Structure," *Journal of International Money and Finance* (2007); James Lothian and Liuren Wu, "Uncovered Interest Rate Parity over the Past Two Centuries," *Journal of International Money and Finance* (2011)。

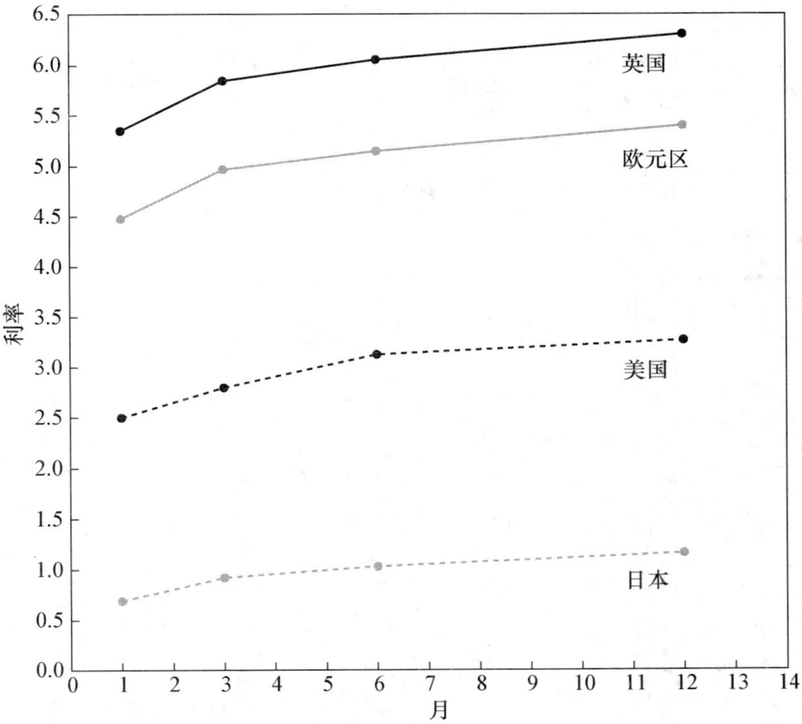

图 14-6　2008 年 7 月 13 日欧洲货币利率

14.4　无抛补利率平价的检验

UIRP 理论在现实世界中成立的可能性有多大？事实证明，这个问题很难回答，因为理论的一个重要组成部分——未来汇率的市场预期——是无法观察到的。针对这个问题有两种处理方法，反过来，这两种方法带来的结果又相互矛盾。

检验理论最常见的方法是假设交易者拥有**理性预期**（rational expectations）。也就是说，在预期形成时，交易者考虑到了所有可获得的信息。这种假设的结果是交易者不会犯系统性错误。相反，就平均水平而言，他们的预测大多是正确的。因此，这意味着在 $t+1$ 时间的实际汇率是市场参与者对汇率的期望值加上或减去误差项，即

$$\exp(E_{t+1})=E_{t+1}+u_{t+1} \tag{14.6}$$

式中，E_{t+1} 是 $t+1$ 时间的实际汇率；U_{t+1} 是误差项。把式（14.6）和式（14.5）整合可以得到以下公式：

$$\frac{E_{t+1}-E_t}{E_t}=i-i^F-w_{t+1} \tag{14.7}$$

式中，w_{t+1}是另一个误差项。这个公式表明，未来的汇率变化与当前的利率差异之间应该存在正相关关系。[①] 然而，事实证明，检验这个预测时，经济学家经常发现汇率变化与利率差异之间的协方差是负数。这个发现称为**远期升水异常**（forward premium anomaly）。全球视野 14－1 讨论了一个交易员尝试利用货币市场常见的负协方差的投资策略。

全球视野 14－1

套利交易

在货币市场上最受欢迎的投资策略也许就是套利交易。虽然不同的投资经理会选择不同的方式实施套利交易，但基本的想法都是在买入高利率的货币的同时，卖出低利率的货币。这称为“做多”高利率货币，以及“做空”低利率货币。回顾一下对利率平价的讨论，如果远期汇率准确地反映了未来的即期汇率，这样的策略就不会奏效。然而，经验表明，高（低）利率货币很少如利率平价所提示的那样贬值（升值）。这样就可以使投资者通过借入其他低利率货币的方式赚取某一货币的高利率。

例如，近年来，人们可以1%左右的利率借入日元（JPY），而新西兰元（NZD）贷款的利率约8%。所以，套利交易的投资者会“做空”日元并“做多”新西兰元，赌日元不会大幅升水，从而可以抵消其利率差。参与这一策略（买入新西兰元，卖出日元）的投资者既维持了新西兰元的价值，同时也压低了日元的价值，有助于套利交易获得成功。

需要注意的是，虽然套利交易在大部分时间里有效，但是也出现了一些戏剧性的套利交易“平仓”，即根据这种策略压注的投资者遭受大量损失。

对远期升水异常的一个解释是，市场参与者需要**风险溢价**（risk premium）才能在市场上进行投机。[②] 为了看看这是如何发生的，回想一下，式（14.5）来自 UIRP。UIRP 假设模型中的两种资产具有相同的风险特征。由于这两种资产除了结算货币的种类以外都是相同的，所以每个潜在投资者的预期回报也应该是

① 采用这种正相关关系的文献包括 Richard T. Baillie, Robert E. Lippens, and Patrick C. McMahon, “Testing Rational Expectations and Efficiency in the Foreign Exchange Market,” *Econometrica*（1983）; Heejoon Kang, “Forward Exchange Rates as Unbiased Predictors of Future Spot Rates: A Review and Re-Interpretation,” *Open Economies Review*（1993）; Bennett T. McCallum, “A Reconsideration of the Uncovered Interest Rate Parity Relationship,” *Journal of Monetary Economics*（1994）; Charles Engel, “The Forward Discount Anomaly and the Risk Premium: A Survey of Recent Evidence,” *Journal of Empirical Finance*（1996）; Richard T. Baillie and Tim Bollerslev, “The Forward Premium Anomaly Is Not as Bad as You Think,” *Journal of International Money and Finance*（August 2000）; Dimitris G. Kirikos, “A Reconsideration of Uncovered Interest Rate Parity under Switching Policy Regimes,” *Economia Internazionale*（2004）。

② 探讨风险溢价的存在与利率差异和即期汇率变化的负相关性保持一致的必要条件的第一篇论文是 Eugene F. Fama, “Forward and Spot Exchange Rates,” *Journal of Monetary Economics*（1984）。也可以参见 Ravi Bansal and Magnus Dahlquist, “The Forward Premium Puzzle: Different Tales from Developed and Emerging Economies,” *Journal of International Economics*（2000）; Craig Burnside, Martin Eichenbaum, and Sergio Rebelo, “Understanding the Forward Premium Puzzle: A Microstructure Approach,” *American Economic Journal: Macroeconomics*（2009）; Nikolay Gospodinov, “A New Look at the Forward Premium Puzzle,” *Journal of Financial Econometrics*（2009）。

相同的。然而，请注意，在现实世界中，不同国家发行的资产具有相同风险特征的情况很罕见。相反，市场更可能认为持有某一种或另一种资产更有风险。在这种情况下，市场参与者需要额外的回报才愿意持有该资产，这种回报称为风险溢价（rp）。式（14.8）显示了如何确定 rp。

$$rp=F-\exp(E_{t+1}) \tag{14.8}$$

这里，风险溢价被定义为远期汇率和预期未来即期汇率之间的差额。如果存在这种差异，则冒险将会获取盈利的机会。在这种情况下，那些犹豫不决的货币交易员也愿意进入市场。

如果存在风险溢价，那么 UIRP 将不再成立。汇率公式将变成

$$E=\frac{\exp(E_{t+1})}{i-i^F-rp+1} \tag{14.9}$$

遗憾的是，测试这个理论并不比测试 UIRP 容易。这是因为风险溢价的大小取决于对未来即期汇率价值的预期。由于未来即期汇率无法观察，故而风险溢价也无法观察。此外，风险溢价很可能波动剧烈。因此，一旦把现实世界对风险的担心放入模型中，该理论预测的汇率将比式（14.4）所表示的汇率波动性更大。

对于短期以及数量有限的货币，人们可以获得已经发布的货币交易员对汇率的预测数据。利用这些数据，一些研究人员发现了相对强大的证据以反驳 UIRP 理论。① 这些研究表明，货币交易员可能会产生非理性预期，相对于远期升水提供的预测，他们往往会高估汇率的实际变化幅度。此外，这些研究还表明，如果存在风险溢价，则汇率会相对固定。这些文献通常用调查数据中的中位数预测值来代替市场预测，也就是 $\exp(E_{t+1})$。鉴于预测无处不在，所以这可能并不是一个很好的市场预期近似值。此外，调查报告中的数据也可能与这些交易员在交易中实际使用的预期值不符。

总而言之，可能存在风险溢价的 UIRP 模型为短期汇率变化提供了一个基本的理论模型。模型本身在逻辑上是一致的，模型的基本预测与现实也往往一致。然而，统计检验表明，现实世界中影响汇率行为的因素可能比该模型考虑到的因素更多。未来经济研究所面临的挑战之一，就是对这个模型的拓展，或者是开发出一个全新模型，以更好地了解短期汇率波动的原因。

本章小结

1. 汇率表现出相当大的月度波动或季度波动，这种波动与股票价格的波动情况非常相似。由于这种相似性的存在，经济学家使用资产市场模型来解释短期汇率行为。

① 参见 Kathryn Dominguez，“Are Foreign Exchange Forecasts Rational? New Evidence from Survey Data,” *Economics Letters*（1986）；Jeffrey Frankel and Kenneth Froot，“Using Survey Data to Test Standard Propositions Regarding Exchange Rate Expectations,” *American Economic Review*（1987）；Menzie Chinn and Jeffrey Frankel，“Patterns in Exchange Rates for 25 Currencies,” *Journal of Money，Credit and Banking*（1994）。

2. 汇率的资产市场模型有两个主要组成部分：金融市场因素，如利率，以及对汇率未来价值的预期。

3. 无抛补利率平价理论（UIRP）为短期汇率行为提供了一个基本模型。这个理论认为，远期汇率代表市场对未来即期汇率的预期。

4. 如果UIRP理论成立的话，那么任何两个国家的利率期限结构的差异将反映预期的汇率变化情况。

5. 对UIRP理论的检验很难进行，因为经济学家缺乏关于市场对未来汇率的预期的数据。研究人员使用不同的市场预测代替物来对UIRP进行检验；这些检验的结果往往与该理论相悖。

6. 由于风险的存在，UIRP可能并不成立。为了继续交易，货币交易员需要一个与远期汇率和预期未来即期汇率之间的差额相等的风险溢价。

练 习

1. 根据式（14.4），当所有其他条件保持不变时，如果外国利率下降，那么短期内外国货币的价格会发生什么变化？

2. 根据式（14.4），当所有其他条件保持不变时，如果对未来汇率的预期突然下降，那么E值会发生什么变化？

3. 在式（14.9）中，如果rp为正值，那么与国内的相同资产相比，外国资产被认为更有风险。在这种情况下，根据式（14.9），如果风险溢价突然上升，那么汇率会发生什么变化？这是否合理？请给出解释。

4. 瑞士法郎的年利率为5%，美元的年利率为8%。

a. 如果当前美元/瑞士法郎的即期汇率为0.60美元，并且无抛补利率平价成立，那么你预计一年内的即期汇率是多少？

b. 假设美国政策发生变化，并导致预期未来即期汇率变为0.63美元。你认为现在的美元汇率是多少？（假设瑞士法郎的利率不变。）

5. 假设瑞士法郎与英镑的3个月利息差等于−0.05%，6个月利息差等于−0.03 %。英镑相对于瑞士法郎是溢价出售还是折价出售？英镑升值或贬值的预期利率随着时间会有怎样的变化？

6. 假设美国的利率期限结构正在上升，而日本的利率期限结构正在下降。如果这是你所知道的全部信息，你对日元/美元汇率的预期变化有什么看法？

7. 如果两个国家有相同的利率期限结构，那么你预计远期升水或者贴水随着时间会如何变化？

8. 假设1英镑目前的价格是1.59美元，英国和美国的3个月利率都等于3%。如果无抛补利率平价成立，那么你预计3个月后1英镑的价格会变为多少？

9. 假设澳大利亚的3个月利率为2%，而美国的3个月利率为4%。再进一步假设，澳元（A \$）的3个月远期汇率为1.01美元，即期汇率为1.00美元。在这种情况下，抛补利率平价是否成立？如果不成立，套利者会采取什么行动？

10. 假设欧元的3个月远期汇率为1.43美元，但你认为3个月后欧元的现货价格将达到1.39美元。只利用远期市场，你应该采取什么行动？你认为1欧元可以赚取多少利润？

第 15 章 长期汇率

本章主题

购买力平价导论
购买力平价的用途
购买力平价的检验
确定汇率的货币分析法

仅凭观察到的汇率短期波动状态，我们是否可以预测汇率的长期趋势？比如汇率几十年来的年平均变化幅度？或许出人意料，但答案是肯定的。尤其是，经济学家预测的汇率波动性都很大，由于资产市场条件不断变化，因此从长期看，我们预期通过产品市场的套利行为，汇率得以稳定。例如，在任何时间点，黄金的价格在世界各地都大致相同。如果一处黄金价格高于他处，套利者就会以低价买入黄金，然后在价格更高处出售，直到这两个地方的黄金价格相等（将交易成本考虑在内）。同样，我们可以预期，无论是拖拉机还是汽车或钢板，它们的价格均与其市场的地理分布有关。

相同产品在全球范围内以相同价格出售的特性，为价格与汇率之间提供了一种联系方式。要了解汇率为何总是随着时间的推移而发生变化，一个明确的答案是，随着价格的国际变化，汇率也必须随之改变，以使所有国家用同一货币衡量的价格全部相等。换句话说，调整汇率是为了抵消国家之间通货膨胀率的差异。产品与服务的价格和汇率之间的这种关系称为购买力平价（PPP）。购买力平价是一种关于汇率的长期均衡价值的理论。PPP 已成为国际金融领域被研究最多的概念之一。尽管如此，PPP 仍然充满争议，部分原因是很难确定 PPP 是否能够获得足够的数据支持。我们将在本章的其余部分对这些问题展开讨论。

15.1 购买力平价导论

在第 14 章中我们讨论了短期交易行为和长期交易行为之间的区别。汇率的短期变动是指汇率价值的月度或季度变动情况。长期变动指的是数十年来汇率走势的变化。图 15－1 是日本汇率在过去 40 年里的走势图。如图所示，自 1973 年布雷顿森林体系终结以来，日元的季度变动很大。从图中也可以看出，自 1974 年以来日元的价格呈现上涨的趋势，如图中的趋势线所示。汇率的长期行为理论试图解释自 20 世纪 70 年代初以来，日元价格持续上扬的模式。购买力平价理论为这种更长期的行为模式提供了解释。

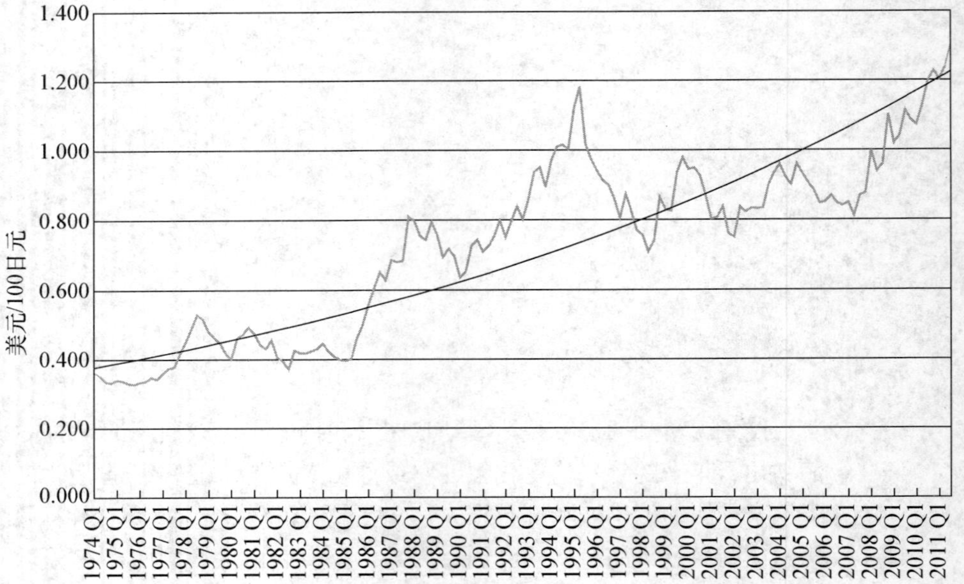

图 15－1 日元汇率

购买力平价理论智慧深邃，历史悠久。学者们在 16 世纪就开始讨论这个概念。其现代发展始于瑞典经济学家古斯塔夫·卡塞尔（Gustav Cassel）在第一次世界大战结束后不久发表的著作。从根本上说，购买力平价是指以同一货币衡量价格时，任何一地同一批产品的价格都应该相同。例如，假设 P 是美国一批产品的价格，P^F 代表日本一批相同产品的价格（当然是以日元计价）。如果两批产品的价格相同，则下列公式必须成立：

$$P = E_{ppp} \times P^F$$

或者

$$E_{ppp} = P/P^F \qquad (15.1)$$

式（15.1）定义了**购买力平价汇率**（PPP exchange rate）。购买力平价理论认为，实际汇率的长期均衡值是 E_{PPP}。根据这个理论，在任何时间点上，E 可能不等于 E_{PPP}。因为随着人们的预期以及其他金融市场条件的变化，需求和供给会突然改变，故而，外汇市场会出现较大的波动性。但是，如果时间充裕，购买力平价理论认为，实际汇率应该与购买力平价汇率趋同。也就是说，E_{PPP} 是 E 的长期均衡值。

我们为什么要把购买力平价视为汇率的自然均衡？答案与自然市场力量有关。例如，假设购买力平价不成立，特别是

$$P>E\times P^F$$

如果存在这种情况，以当地货币计价的外国产品组合的价格将低于国内产品组合的价格。这将刺激国内居民增加对外国产品的购买（因为相对便宜），此过程也会催高外国货币的购买量。与此同时，外国人会倾向于购买本国产品，从而促使国内产品的需求下降。结果是，外国人对美元的需求下降。由于这一活动，我们预期 P 将下降，E 和 P^F 将上升。因此，购买力平价得以实现。所有这一切可能需要一些时间，特别是 P 和 P^F 的变化，所以购买力平价不可能很快实现。但是，如果时间充裕，市场力量最终会促使购买力平价形成。

如果 PPP 成立，则实际汇率等于 PPP 汇率，如式（15.2）所示：

$$E=E_{ppp}=P/P^F \tag{15.2}$$

式（15.2）称为**绝对购买力平价**（absolute PPP）。请注意，式（15.2）中的价格分别指同一批产品的国内价格和国外价格。这些价格统称为价格水平。价格水平随着时间的推移而发生变化，通常情况下，价格发生变化时，式（15.2）的右侧值也将发生变化。关键是 E_{PPP} 不一定固定不变。汇率的均衡值会随时间改变。

根据式（15.2），检验绝对 PPP 在一般条件下是否成立的一种方法是，将 E 的观测值与 P/P^F 的观测值进行比较。但是事实证明，这很难做到。国家政府不会公布价格水平的数据，即使公布，每个国家的产品组合也不可能完全相同。相反，各国通过价格指数的方式公布数据，如消费者价格指数（CPI）。最好将价格指数看作在两个不同时间点上计算的两个价格水平的比率。时间 t 的消费者价格指数是指典型消费者在时间 t 购买一批产品的成本和在基年购买同一批产品的成本的比率。将这个比率乘以 100 即得到指数。举个例子，如果 t 年的 CPI 等于 125，则意味着那一年的消费者购买同一批产品要比基年的消费者多支付 25%。CPI 从上一年到下一年的百分比变化是该国的通货膨胀率。基于现有数据，如果不假设 PPP 何时对一个国家成立，就不可能构建一个简明的 E_{PPP} 测量模型。①

尽管价格水平数据从未公布，但人们还是可以查看在不同国家销售的各种产品的价格。如果相同的产品在两个国家以同样的价格出售，一旦价格转换成通用

---

① 参见 Lawrence Officer，"The Purchasing-Power-Parity Theory of Exchange Rates：A Review Article，" *IMF Staff Papers*（1976）。

货币，**一价法**（law of one price）就产生了。许多研究试图检验一价法是否成立。[①] 一个常见的发现是，一价法并不成立，这并不出人意料。现实世界中，产品差异化，信息昂贵，实现全球产品价格均等化存在各种障碍。当然，产品越同质，我们越期待一价法能够成立。某些在全球基本保持相同形式的产品为一价法提供了最好的实例。例如，黄金在国际市场上以美元报价，因此我们认为一价法对黄金来说相当适合。然而，在任何商店内，衬衫都存在不同的款式、品牌名称和价格；我们无法期望一价法适用于国内衬衫，更不用说在国际市场上了。

PPP 的另一种替代形式称为**相对购买力平价**（relative PPP）。相对 PPP 是在绝对 PPP 基础上将公式转换成变化百分率：

$$\hat{E}=\hat{P}-\hat{P}^{F} \tag{15.3}$$

注意，$\hat{P}$（$\hat{P}^{F}$）是国内（国外）价格水平的变化百分率。[②] 也就是说，这些术语代表国内外的通货膨胀率。式（15.3）仅表示，如果美国的通货膨胀率高于国外，本国货币（例如美元）将会出现贬值趋势（即 E 上涨），反之亦然。[③]

图 15－2 提供了一些有限的证据来支持相对 PPP 在现实世界中的含义。我们绘制了美元-日元的价格变化以及美日通货膨胀差异的年度数据图。图中有几个点需要注意。首先，如果 PPP 总是成立，则两条曲线将完全一样。显然，图中并非如此。相反，汇率显示出比通货膨胀差异更大的波动性。然而，在图中大约 1/3 的年份里，这两条曲线基本相同。而在大多数年份中，这两条曲线沿着理论预测的方向移动。最后，请注意，实际上在整个时期，通货膨胀差异线都位于零轴上方。这意味着在过去 40 年间，美国的通货膨胀率一般高于日本，即美国价格水平与日本价格水平的比率一直在上升。这与图 15－1 所示的和式（15.2）表明的每 100 日元的美元价格长期上升的趋势一致。

这个例子说明了 PPP 作为汇率行为理论的优势和劣势。尽管两条线的移动貌似存在关系，但相关性较弱。即使是在年度层面，汇率也比理论预测的波动性更大。因此，PPP 充其量是汇率变动的一个“弱势”预测因子。

---

① 参见 Peter Isard，“How Far Can We Push the Law of One Price?” *American Economic Review*（1977）；David C. Parsley and Shang-Jen Wei，“Convergence to the Law of One Price without Trade Barriers or Currency Fluctuations，” *Quarterly Journal of Economics*（1996）；Charles Engel and John H. Rogers，“How Wide Is the Border?” *American Economic Review*（1996）；Alan M. Taylor，“Potential Pitfalls for the Purchasing-Power-Parity Puzzle? Sampling and Specification Biases in Mean-Reversion Tests of the Law of One Price，” *Econometrica*（2001）；Janet Ceglowski，“The Law of One Price：Intranational Evidence for Canada，” *Canadian Journal of Economics*（2003）；Martin Berka，“Nonlinear Adjustment in Law of One Price Deviations and Physical Characteristics of Goods，” *Review of International Economics*（2009）；Mario J. Crucini，Mototsugu Shintani，and Takayuki Tsuruga，“The Law of One Price without the Border：The Role of Distance versus Sticky Prices，” *Economic Journal*（2010）；Mark S. Seasholes and Clark Liu，“Trading Imbalances and the Law of One Price，” *Economics Letters*（2011）。

② 回顾第 1 章，变量中的符号（$\hat{}$）意味着我们以百分比变化来衡量它。

③ 请注意，相对 PPP 比绝对 PPP 的条件更弱。如果绝对 PPP 成立，那么相对 PPP 也成立，但反过来却不一定成立。

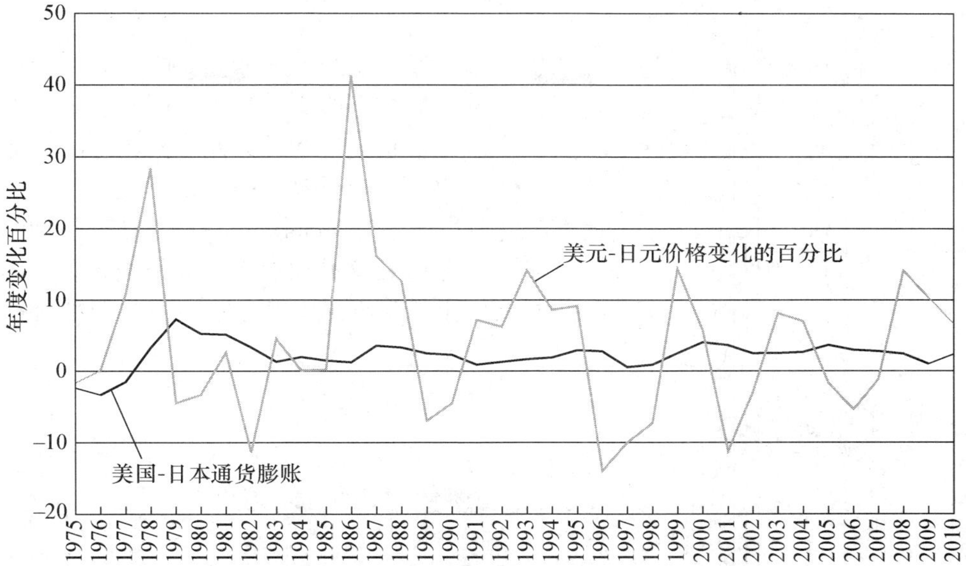

图 15-2　美国-日本购买力平价

15.2　购买力平价的用途

除了充当汇率长期均衡价值模型，PPP 还有一些其他的用途。第一是在第一次世界大战结束时作为重新建立固定汇率制的指南。在战争之前，许多国家通过将其货币与黄金挂钩的方式设定汇率。战争期间，各国放弃了这些固定价格，使其货币有效浮动。因此，不同国家在战争中以及战争后经历了不同的通货膨胀率。在战争开始与结束之间，这些国家的黄金价格存在很大的差别。当这些国家恢复旧的汇率制度时，并不清楚应该按照何种标准设定其铸币平价水平。一些国家将 PPP 视为汇率的均衡价格，并将之作为指南。

PPP 的第二个用途是提高在同一时间对不同国家经济绩效数据进行比较的能力。这个用途依靠 PPP 汇率实现。在研究不同国家的数据时，使用市场汇率可能会带来某些困扰。发展中国家许多产品和服务（例如理发）的价格往往非常低，尤其是在以美国等发达国家的货币计量时。如果以市场汇率来衡量这些国家的总体经济活动，其产出水平通常被低估。通过推导出与这些产品价格等值的汇率，PPP 汇率可以在数据中将这些偏差纠正过来。世界银行和国际货币基金组织等国际组织在其众多出版物中就用到了这些汇率。①

也许 PPP 最常见的用途就是以某一给定的市场汇率对“非均衡”进行衡量。欲知其因，可以回顾一下式（15.2）。如果 PPP 成立，则有

$$E=E_{ppp}=P/P^F$$

现在，将左边的两项除以 E（实际汇率）：

---

① 例如，回顾第 1 章中的表 1-1，其中公布了使用名义汇率和 PPP 汇率时的人均国民生产总值（GNP）。

$$1=E_{PPP}/E\text{（只有当 PPP 成立时）}$$

换句话说，就是计算 PPP 汇率并将其除以当天的实际汇率。如果结果等于 1，则 PPP 成立。但也存在不成立的可能性。假设结果等于 0.75，那么 PPP（或均衡利率）就比实际汇率低 25%。也就是说，今天的外币比其均衡价格贵 25%。如果外币太贵，国内货币就会太便宜。这种情形下使用的术语就是，外币被市场**高估**（overvalued），而本国货币被**低估**（undervalued）。相反，如果 E_{PPP}/E 大于 1，则外币价格将低于其均衡价格。在这种情况下，外币被低估，国内货币被高估。全球视野 15－1 提供了一种有趣的方式来考察高估或低估货币到底是什么意思。

全球视野 15－1

巨无霸汉堡包的购买力平价

多年来，《经济学人》一直在颁布巨无霸汉堡包的购买力平价指数。[1]该指数研究了巨无霸汉堡包在不同国家的价格差异。如果购买力平价（PPP）完全成立，那么当使用单一货币价值进行衡量时，各地的巨无霸汉堡包应该以相同的价格出售。例如，根据 2011 年 7 月的调查数据，美国的巨无霸汉堡包以 4.07 美元的价格出售（根据亚特兰大、芝加哥、纽约和旧金山的价格计算）。如果一个美国居民到另一个国家旅游，看到一个巨无霸汉堡包以该国当地货币计价，他可以通过汇率来确定汉堡包比美国的价格昂贵还是便宜。以美元计价时，如果国外和国内的价格相同，那么 PPP 成立。

2011 年 7 月，假设有人在阿根廷消费，其购买的巨无霸价格为 20 阿根廷比索。如果按 1 比索＝0.241 2 美元的汇率计算，20 比索等于 4.84 美元，比较的结果是，阿根廷的巨无霸略贵于美国。此时阿根廷的 PPP 汇率为 4.07/20＝0.203 5。由于 E_{PPP}（＝0.203 5）小于 E（＝0.241 2），所以《经济学人》的结论是，与美元比较，阿根廷比索被高估了大约 15%。

通过使用 2011 年 7 月的汇率对巨无霸的价格进行比较，《经济学人》发现，世界上最被高估的货币是挪威克朗，因为汉堡包在挪威的价格为 45 克朗（8.31 美元）。因此，以挪威克朗计价的巨无霸价格不得不削减 105%（克朗的美元价格将从 18.48 美分下降到 9 美分），才能与美国的价格等同。最被低估的货币是港元；在中国香港，巨无霸的美元价格为 1.94 美元。[2]港元必须升值 109%（由 12.84 美分上升到 26.95 美分），才能与美国的价格相同。

通过巨无霸来研究汇率，方法看似愚蠢。然而，一价法应适用于同质产品，巨无霸在世界各地是同质的。虽然人们无法期望汇率和价格与实际的巨无霸平价趋同，但应该存在某种压力使它们朝此方向逼近。毫无疑问，2011 年夏天前往挪威旅行的美国居民会发现，在挪威，一美元能够买到的东西少于美国国内。同样，如果那个美国居民同时来到中国香港，她会发现香港的价格更加实惠。这样，我们可以把国际价格的比较视为确定各种汇率被高估还是低估的一个有效途径。

[1]最近的巨无霸指数可参考网页 http://www.economist.com/blogs/dailychart/2011/07/big-mac-index。

[2]印度的巨无霸指数略为便宜，但是无法和三明治直接比较，因为印度的三明治以鸡肉为馅。

15.3 购买力平价的检验①

PPP 理论已经在数以百计的学术论文中得到检验，其有效性证据混杂不一。由于假设 PPP 只在长期均衡条件下成立，因此，对该理论的适当的检验必须以长时间跨度的数据样本为基础。有几项研究采用了跨越一个多世纪的数据，这些论文在一定程度上为这一概念提供了强有力的支持。②

到目前为止，我们一直在回避如何使用相关数据来构建 PPP 汇率的衡量标准这一问题。回顾一下，准确的价格水平数据并不存在，但是，价格指数如一国的消费者价格指数（CPI）等数据基本上是唾手可得。如前所述，CPI 的基年值等于 100。指数可以通过以下公式计算：

$$CPI_t=\frac{\sum_{i=1}^{n}\omega_i p_{it}}{\sum_{i=1}^{n}\omega_i p_{io}} \tag{15.4}$$

式中，o 表示基年；p_{it}是在时间 t 产品 i 的价格；ω_i是产品 i 在价格指数中所占的权重。CPI 公式的分子和分母分别表示同一批产品在两个时间点的不同价格。换句话说，分子是消费者在时间 t 所面对的价格水平 P_t，分母是消费者在基年所面对的价格水平 P_o。换一种说法，

$$CPI_t=\frac{P_t}{P_o} \tag{15.5}$$

假设某个外国 CPI 以同样的方式构建，则有

$$CPI_t^F=\frac{P_t^F}{P_o^F} \tag{15.6}$$

现在，假设我们把国内 CPI_t除以国外 CPI_t。③ 这等于

---

① 此部分可以省略但不会影响内容的连贯性。

② 参见 Lawrence Officer，"Effective Exchange Rates and Price Ratios over the Long Run：A Test of the Purchasing Power Parity Theory，" *Canadian Journal of Economics*（1980）；Niso Abuaf and Philippe Jorion，"Purchasing Power Parity in the Long Run，" *Journal of Finance*（1990）；Yoon-bai Kim，"Purchasing Power Parity in the Long Run：A Cointegration Approach，" *Journal of Money，Credit，and Banking*（1990）；Francis X. Diebold，Steven Husted，and Mark Rush，"Real Exchange Rates under the Gold Standard，" *Journal of Political Economy*（1991）；James R. Lothian and Mark P. Taylor，"Real Exchange Rate Behavior：The Recent Float from the Perspective of the Past Two Centuries，" *Journal of Political Economy*（1996）。

③ 关于检验 PPP 的论文，参见 Michael Melvin and David Bernstein，"Trade Concentration，Openness，and Deviations from Purchasing Power Parity，" *Journal of International Money and Finance*（1984）；P. G. J. O'Connell，"Market Frictions and Real Exchange Rates，" *Journal of International Money and Finance*（1998）；Jerry Coakley，Robert P. Flood，Ana M. Fuertes，and Mark P. Taylor，"Purchasing Power Parity and the Theory of General Relativity：The First Tests，" *Journal of International Money and Finance*（2005）。

$$\frac{CPI_t}{CPI_t^F}=\frac{P^t}{P_t^F}\times\frac{P_o^F}{P_o} \tag{15.7}$$

如果我们假设基年的绝对 PPP（由式（15.2）给出）成立，则有 $E_o=E_{oPPP}$。也就是说，基年的实际汇率等于当年的 PPP 汇率。现在，将式（15.7）中的项交叉相乘，由此产生的公式使用每年的可用数据提供了一种 PPP 汇率的实证度量方法：

$$E_{tppp}=E_o\frac{CPI_t}{CPI_t^F} \tag{15.8}$$

式（15.8）提供了一个构建数据的公式，以检验在标准条件下 PPP 是否成立。这种检验不过是简单地将实际汇率 E 的变动与其 PPP 对应的汇率 E_{PPP} 联系起来。这可能是检验此理论最常用的技术手段。这些研究所得出的部分结论包括：对于贸易开放程度更高的国家而言，PPP 成立的程度更高，而对于存在大量贸易壁垒的国家来说，PPP 成立的程度较弱。

PPP 的另一种检验方法是对一个国家实际汇率 E_R 随时间变化的状况进行研究。**实际汇率**（real exchange rate）是用于表示某一货币竞争力变化的统计数据，可以用来研究货币是被高估还是被低估。实际汇率可通过以下公式计算：

$$E_R=\frac{E\times P^F}{P} \tag{15.9}$$

将式（15.9）转换成变化百分率，可得

$$\hat{E}_R=\hat{E}+\hat{P}^F-\hat{P} \tag{15.10}$$

如果 PPP 成立，则式（15.10）的右侧等于零（回顾式（15.3））。这样，随着时间的推移，实际汇率的变化百分率也会等于零。换句话说，如果 PPP 在一个国家成立，则该国的实际汇率应该不变。

事实证明，如图 15-2 所示，PPP 完全成立的情形并不多见。任何两个发达经济体之间的汇率，在任何时间点都不太可能与 PPP 相等。这些经济体的特点是汇率制度灵活，外汇市场交易量巨大。如果两国之一正在经历高通胀，则 PPP 成立的程度往往更高。① 如果一个国家的名义汇率 E 的波动性小，PPP 成立的程度也会更高。

15.4 确定汇率的货币分析法

PPP 为汇率长期均衡价值提供了一种理论。但是，正如我们已经指出的那样，这远不是长期汇率行为的完整理论。也就是说，PPP 认为汇率波动应该与价

① 本领域的研究包括 Shang-Jin Wei and David Parsley, "Purchasing Power Disparity during the Floating Rate Period: Exchange Rate Volatility, Trade Barriers, and Other Culprits," National Bureau of Economic Research Working Paper no. 5032 (February 1995); Yin-Wong Cheung and Kon S. Lai, "On Cross-Country Differences in the Persistence of Real Exchange Rates," *Journal of International Economics* (2000).

格水平的变动相关。然而，PPP 并没有对价格变动的原因进行诠释。要完善该理论，必须往模型中添加其他要素。这需要通过一种汇率行为理论来实现，这个理论称为确定汇率的货币分析法（MAER）。MAER 是长期汇率行为的主导理论，在 20 世纪 70 年代由芝加哥大学的经济学家创建，在过去 40 年中得到广泛研究。

MAER 有两个基本组成部分。第一个是 PPP。第二个组成部分是，假设两国代理人都对货币存在明确稳定的需求，并且每个国家的价格水平朝货币市场出清的方向移动。这些要素都表述在下列等式中：

$$E=E_{ppp}=P/P^F \tag{15.2}$$

$$M/P=L \tag{15.11}$$

$$M^F/P^F=L^F \tag{15.12}$$

式中，$M(M^F)$ 代表货币供给；$L(L^F)$ 代表两国对实际货币余额的需求。注意，式（15.11）和式（15.12）可分别用来计算国内和国外价格水平。

$$P=M/L \tag{15.13}$$

$$P^F=M^F/L^F \tag{15.14}$$

通过整理式（15.2）、式（15.13）和式（15.14），可得

$$E=(M/M^F)\times(L^F/L) \tag{15.15}$$

将式（15.15）转换为变化百分率，可得

$$\hat{E}=\hat{M}-\hat{M}^F+\hat{L}^F-\hat{L} \tag{15.16}$$

最后，我们假设任何一个国家对实际货币余额的需求完全取决于该国的实际收入水平，则有

$$\hat{L}=k\,\hat{Y} \tag{15.17}$$

$$\hat{L}^F=k\,\hat{Y}^F \tag{15.18}$$

式中，$Y(Y^F)$ 表示国内（国外）实际收入；每个公式中的 k 都是固定常数，表示随实际收入变化的货币需求。将式（15.17）和式（15.18）代入式（15.16）得到 MAER 的基本公式：

$$\hat{E}=\hat{M}-\hat{M}^F+k\,\hat{Y}^F-k\,\hat{Y} \tag{15.19}$$

式（15.19）表述了 MAER 的几个基本预测。特别地，当所有其他变量不变时：

a. 国内货币的增长将导致本国汇率上升（即当地货币贬值）。

b. 外国货币的增长将导致本国汇率下降（即当地货币升值）。

c. 国内产出的增加将导致汇率下降（即当地货币升值）。

d. 国外产出的增加将导致汇率上升（即当地货币贬值）。

预测 a 和 b 似乎很直截了当。就其本质而言，如果一个国家发行更多的本国货币（其他条件都保持不变），那么该国货币在外汇市场上的价值就会下跌。这是因为国内（外国）货币的增加将导致国内（外国）经济体的通胀压力上升，从而降低该经济体的货币购买力。

预测 c 和 d 表明，对货币需求产生影响的变量的变化（其他条件都保持不

变）是如何对汇率产生影响的。尤其是，国内收入的增长催高了货币需求，给国内价格水平带来下行压力（根据式（15.15））。通过 PPP，这使汇率降低了。国外产出的增长提高了对外国货币的需求，并给外国价格水平带来下行压力。通过 PPP，这使汇率提高了。

货币分析法已经通过各种方式得到检验，与 PPP 的检验一样，其结果也是混杂不一。不少早期研究论文发现了支持这一模型的证据。[①] 不久，Meese and Rogoff 在一项重要研究中证明，货币模型在预测汇率的未来价值方面效果并不理想。[②] 各种统计技术得到广泛应用后，出现了不少其他研究成果。越来越多的人似乎达成了共识：MAER 为分析汇率的长期波动提供了一种实用手段。[③]

在本章和最后一章中，通过将汇率的短期波动与长期趋势结合起来，我们可以构建两种基本汇率行为的简单模型。我们注意到，两个基本组成部分 UIRP 和 PPP 都不是完整的汇率行为模式。事实证明，有一种方法可以将两者结合到某一框架之中，此框架的构建以前面描述的基本货币模型为基础。这种方法包括汇率的预期变化率，这是决定汇率的（除了货币供给和产出水平之外）另一个因素。与此类似的模型已成为汇率经济学当前关注的焦点。毋庸置疑，这些内容已远远超出本书的研究范畴。

本章小结

1. 汇率的长期走势指的是货币价值在数十年里（或更长的时间）的变动趋势。购买力平价理论（PPP）为解释此行为模式提供了一种模型。

2. PPP 汇率 E_{PPP} 是以相同货币计量时使两批产品（一批国内的和一批国外的）的成本相等的汇率。绝对 PPP 理论认为，E_{PPP} 是汇率的长期均衡值。

3. 一个较弱的 PPP 理论版本称为相对 PPP，相对 PPP 认为汇率的长期路径与国内外通货膨胀率差异的变动相关。

4. PPP 理论可以用来衡量某一货币的价值是否符合基本条件。如果外币价格超过 E_{PPP}，则此外币被高估，反之亦然。

5. PPP 的检验表明这个理论并不适用于所有情形。尤其是在短期内，以及通货膨胀率较低的国家、经济相对封闭的国家，或者两者兼而有之的国家。

6. 确定汇率的货币方法将 PPP 与国内外货币市场的均衡条件相结合，提供了基于两国货币供应量和产出水平的变动的汇率行为理论。

---

① 例如，参见 Robert J. Hodrick，“An Empirical Analysis of the Monetary Approach to the Determination of the Exchange Rate,” in J. A. Frenkel and H. G. Johnson，eds，*The Economics of Exchange Rates*（Reading，MA：Addison Wesley，1978）；Jeffrey A. Frankel，“On the Mark：A Theory of Floating Exchange Rates Based on Real Interest Rate Differentials,” *American Economic Review*（1979）。

② 参见 Richard Meese and Kenneth Rogoff，“Empirical exchange rate models of the seventies：Do they fit out of sample?” *Journal of International Economics*（1983）。

③ 例如，参见 Ronald MacDonald and Mark P. Taylor，“The Monetary Approach to the Exchange Rate：Rational Expectations，Long-run Equilibrium and Forecasting,” *IMF Staff Papers*（1993）；Nelson C. Mark，“Exchange Rates and Fundamentals：Evidence on Long-horizon Predictability,” *American Economic Review*（1995）；Steven Husted and Ronald MacDonald，“Monetary-based Models of the Exchange Rate：A Panel Perspective,” *Journal of International Financial Markets，Institutions and Money*（1998）；Charles Engel and Kenneth D. West，“Exchange Rates and Fundamentals,” *Journal of Political Economy*（2005）。

练　习

1. 假设存在以下汇率和价格数据：

年份	E	P	P^F
2005	0.49	100	100
2006	0.52	106	102
2007	0.55	112	104
2008	0.56	115	105
2009	0.60	120	106

a. 计算 2005 年以后每年的 E，P 和 P^F 的变化百分率。

b. 在此期间，哪里的通货膨胀率更高（国内还是国外）？

c. 在这个例子中，相对 PPP 成立的程度有多高？

2. 假设一个巨无霸汉堡包在纽约需要花费 5 美元，在日内瓦需要花费 30 瑞士法郎。再假设，当天 1 瑞士法郎的价格相当于 20 美分。计算瑞士法郎与美元之间的购买力平价汇率。根据你的计算，瑞士法郎是被高估还是低估？请解释原因。假设现在一个巨无霸汉堡包在伦敦的价格为 1.25 英镑，而现货汇率为 2.50 美元。那么英镑是被高估还是低估？巨无霸汉堡包是不是计算 PPP 的良好基石？请解释原因。

3. 由于 PPP 并非在任何时间点上都成立，货币高估或低估这两个术语是否具有实质意义？请说明。

4. 对于什么类型的产品，一价法成立的程度较高？

5. 假设在 1 月 1 日，100 日元的价格等于 80 美分，并且 PPP 成立。一年后，日本的通货膨胀率为 5%，美国的通货膨胀率为 10%。如果年底的汇率达到 90 美分，那么日元是被高估还是低估？或者等于 PPP？请解释之。

6. 假设年初，一本教材在法国巴黎的售价为 60 欧元，在纽约市的售价为 60 美元，并且 PPP 成立。一年后，法国的通货膨胀率为 10%，而美国没有出现通货膨胀。那么到年底时，令 PPP 成立的汇率是多少？

7. 什么是实际汇率？如果绝对 PPP 总是成立，那么实际汇率随着时间会发生什么变化？实际汇率的变化如何表明，货币的变化方向令一国的产品竞争力变得更好或者更坏？

8. 假设墨西哥的经济增长突然减缓，其他所有条件都保持不变。根据汇率模型的货币方法，墨西哥比索的美元价格应该发生什么变化？为什么模型会做出这样的预测？

9. 考虑式（15.19）给出的 MAER 模型。假设该公式中每个国内带“^”符号的变量的增长速率与国外同行的增长速率正好相同。MAER 模型预测汇率会发生什么变化？为什么模型会做出这样的预测？

10. 假设国内货币需求每年下降 2%，货币供给每年上涨 6%。那么国内价格水平正在发生什么变化？请说明。

参考文献

"The Big Mac Index." *The Economist*. http://www.economist.com/blogs/dailychart/2011/07/big-mac-index.

Edison, Hali, Joseph Gagnon, and William Melick. "Understanding the Empirical Literature on Purchasing Power Parity, the Post-Bretton Woods Era." *Journal of International Money and Finance* 16 (February 1997).

Froot, Kenneth A., and Kenneth Rogoff. "Perspectives on PPP and Long-Run Real Exchange Rates." In ed. G. Grossman and K. Rogoff. *Handbook of International Economics*, vol. 3. Amsterdam: Elsevier, 1995.

MacDonald, Ronald. *Exchange Rate Economics: Theories and Evidence* (London: Routledge), 2007.

Taylor, Alan, and Mark Taylor. "The Purchasing Power Parity Debate." *Journal of Economic Perspectives* (Fall 2004).

第 16 章 经常项目理论

本章主题

经常项目的弹性分析法
弹性和 J 曲线
来自贬值的证据
吸收分析法
跨期模型

在第 11 章中我们了解到，一个国家经常项目余额是衡量此国在一段时间内国际财富变化情况的指标。如果一国出现经常项目顺差（逆差），则其国际财富会增多（减少）。为什么有些国家会出现经常项目逆差，其他国家却出现顺差？倘若一个国家存在经常项目逆差，这种逆差是否可以通过国家的自我调整得以改善，还是必须由决策者采取措施才能达成目标？如果必须采取措施，哪些政策是可行的？这些政策将如何发挥作用？多年来，经济学家试图通过几种经常项目行为理论来回答这些问题。本书中，我们将主要研究其中两个理论。事实上，这两个理论是从不同的观点和关注点来分析经常项目的。故而，这些理论为我们提供的是不同的分析方法。

为了更好地理解这两种理论观点，我们需要考察在国际收支平衡表中出现的基本交易类别：

商品贸易
服务贸易
收入循环
单边转移支付 ← 分隔线（在此绘制以定义 CAB）
资本项目
金融项目
国际储备

BOP 中的分隔线表示经常项目是如何计算的。[①] 在线的上方，通过扣减贷方和借方，获得经常项目余额（CAB）的值。分隔线下方的贷方和借方净额表示 CAB 的融资方式。换句话说，这些项目表示，为纠正分隔线以上的贸易活动失衡所需的金融资产和负债的国际净贸易额。在我们首先要研究的两个经常项目模型中，我们的关注点是商品和服务的国际贸易，即分隔线上方的大部分活动。这个理论称为**弹性分析法**（elasticities approach）。弹性分析法强调一个国家汇率变化对消除经常项目失衡的作用。下面，我们还将简要介绍弹性分析法的一种扩展方法，即**吸收分析法**（absorption approach）。该方法指出，自身的汇率调整可能不足以改善经常项目不平衡的状态。第二个模型侧重于金融资产和负债的国际流动，大部分活动在分隔线的下方。该模型称为**跨期模型**（intertemporal model）。

16.1　经常项目的弹性分析法

弹性分析法是国际经济学中历史最悠久的理论之一。早期，大多数国家普遍采用固定汇率，经常项目失衡被解释为主要是因为政府选择了一种与零余额不一致的固定利率。尤其是在外币（E）定价较低时，进口变得很便宜，出口却很昂贵。因此会出现经常项目赤字。弹性模型试图回答的根本问题是：如果一个国家出现经常项目赤字，那么在什么条件下当地货币贬值（E 上升）可以促使 CAB 提高？最近，随着灵活汇率制度的采用，该模型被用来证明，政府为了减少经常项目赤字，努力使本国货币贬值（为了提高 E）这一决策是合理的。例如，最近美国政治家呼吁中国政府让人民币对美元升值，以减少中国对美国的经常项目盈余，这与该模型的主张一致。[②]

弹性分析法从几个简单的假设开始。第一，排除国际收入流动和转移，这样理论就可以只关注商品和服务贸易。因此，在本章中我们对经常项目赤字或盈余的分析也适用于贸易余额。第二，进出口的需求和供给仅取决于其价格。汇率变动会改变国外商品的国内货币价格以及国内商品的外币价格，这将影响贸易商品的需求和供应。

为了尽可能简单地阐明模型，我们假设世界上只有两个国家——美国和日本。此外，我们假设只有两种商品——鞋子和拖拉机进行交易。美国从日本进口鞋子，并将拖拉机出口到日本。假设开始时，一双鞋在美国售价 50 美元，在日本售价 5 000 日元。假设两种货币之间的初始汇率为 0.01 美元=1 日元（或 1 美元=100 日元）。如果美元对日元的比率下跌（日元升值）至 0.012 5 美元（或 1.25 美元=100 日元），而鞋价保持不变，则日本的 5 000 日元现在会变成 62.50

① 回顾第 11 章的讨论，将分隔线向上或向下移动到 BOP 中的其他位置，提供了测量国际收支的其他措施。

② 分析弹性模型汇率变动影响的研究的一个例子参见 Matthew Higgins and Thomas Klitgaard, “Would a Stronger Renminbi Narrow the U. S. China Trade Imbalance?” Federal Reserve Bank of New York, July 13, 2011。作者认为，由于价格弹性较小，失衡的幅度会缩小。

美元（5 000×0.012 5）。美元贬值之后，对美国买家来说，日本鞋的价格上涨。日元上涨（美元贬值）会导致美国对日本进口鞋的需求下降。价格变动所引起的需求量变化是由**进口需求弹性**（elasticity of demand for imports）决定的。

以 ε_D 表示进口需求弹性，我们可以把 ε_D 表示为：

$$\varepsilon_D=\frac{\%\Delta Q\text{ 进口}}{\%\Delta P\text{ 进口}} \tag{16.1}$$

式（16.1）的分子代表在其他因素不变的情况下，进口量的变化百分比随着这些商品价格的变化百分比（分母中的数量）而改变。需要注意的是，几乎对于所有商品来说，商品的数量与价格负相关。对商品数量的需求随价格的上升而下降，反之亦然；这意味着式（16.1）中的分子和分母具有相反的符号。由此可见，以绝对值表示进口需求弹性的方法很常见，我们会按照这种方法来表述。

继续研究这个例子，假设按照美国最初的汇率，在美国制造一台拖拉机需要1万美元，在日本需要100万日元。当美元对日元贬值，如果拖拉机的美元价格保持不变，那么美国拖拉机对应的日元价格会下降到80万日元（＝10 000美元/0.012 5）。日元上涨（美元贬值）会导致日本对美国拖拉机的需求上升。价格变化所导致的需求量变化由日本进口需求弹性决定。

根据前面的假设，在这个例子中，美国的CAB是指美国将拖拉机出口到日本所获取的收入与美国人购买日本鞋的支出之间的差额。美国人购买日本鞋所支出的数额也就是日本鞋出口到美国获得的收入。回顾你学过的经济学知识，当产品价格发生变化时，该产品的销售收入可能会上升、下降或保持不变。而决定收入如何变化的因素就是产品的需求弹性，在这个例子中，需求弹性是指进口需求弹性。

在这个例子中，我们一直在讨论，随着美元价值的下跌，进口鞋的价格会上涨25%（从50美元上涨到62.50美元）。如果进口鞋的数量下降25%以上，则 ε_D 会大于1（绝对值），故鞋的需求富有弹性。如果当价格上涨25%时，需求量的下降不到25%，则鞋的需求缺乏弹性，ε_D 将小于1。

进口需求弹性将决定价格变动后进口总额（价格×数量）的变化。由于需求弹性（$\varepsilon_D>1$）的作用，数量比价格的变化幅度更大，因此，进口商品的总支出将与价格发生反方向变动。假设日本鞋的需求富有弹性，如果美国人对日本鞋的支出比原价高25%，那么日本鞋的需求量会下降25%以上，所以在日本鞋价格上涨之后，对进口日本鞋的总支出会下降。

在上述情况下，经常项目（进口支出）的借方将随着美元价值的下降（E 的上升）而减少。相反，如果进口需求缺乏弹性（$\varepsilon_D<1$），那么在进口鞋价格上涨25%以后，进口鞋的需求量下降不会超过25%，进口总支出（以及国际收支平衡表中经常项目的借方）会增多。因此，进口需求弹性大小是确定汇率变动如何影响经常项目余额的重要参数。

到目前为止，我们已经讨论了汇率对国家进口的影响，现在我们来讨论出口。回顾之前举过的例子，美元贬值后，日本进口的美国拖拉机的价格从 100 万日元降到 80 万日元。这表示日本进口商品的价格下跌了 20%，日本在进口美国拖拉机上的支出总额（以日元计）将取决于其进口需求是否富有弹性。从美国及其 CAB 的角度来看，该模型做了非常明确的预测。在日本的进口需求弹性大于零时，我们假设拖拉机的美元价格保持不变，只要销往日本的拖拉机数量有所增加，以美元计价的出口收入就会上涨。

这个例子简单说明了弹性分析法的基本结论之一：**马歇尔-勒纳条件**（Marshall-Lerner condition）。这个条件表明，一个国家的货币贬值之后，其经常项目提高（即越来越大）的前提是国内外的进口需求弹性总和超过 1。这个条件表述如下：

$$\varepsilon_D+\varepsilon_D^F>1 \tag{16.2}$$

式中，ε_D^F表示外国的进口需求弹性。我们可以通过上述例子来进一步了解马歇尔-勒纳条件背后的逻辑关系。美元贬值后，如果 $\varepsilon_D>1$，美国的进口支出总额（CAB 的借方）会下降。同时，美元贬值后，只要 $\varepsilon_D^F>0$，以美元计价的美国出口收入（CAB 的贷方）就会上升。结合这两种情况，我们可以对马歇尔-勒纳条件进行初步验证。

马歇尔-勒纳条件是否成立取决于进口需求弹性的大小。什么因素决定了这些弹性的实际大小？显然，进口商品的替代品数量是一个重要的因素。如果国内替代品的价格很低，那么随着国外商品价格的上涨，消费者将迅速转向购买国内的替代品，需求弹性将会上升。但如果进口商品是必需品（例如石油），即使价格上涨也难以阻止人们的消费需求，需求弹性会因此降低。其次，时间也在一定程度上影响需求弹性的大小。在短期内，随着价格上涨，可能难以找到进口商品的替代品，因此弹性会很小。然而，随着时间的推移，消费者会由购买价格上涨的进口商品转变为购买较为便宜的其他替代品。因而长期弹性往往大于短期弹性。由于上述原因，很可能在货币贬值或贬值后的几个月内弹性非常小，此时，马歇尔-勒纳条件可能不成立。

如果国内外对进口的需求足够缺乏弹性，可能会产生 ***J* 曲线效应**（*J* curve effect），开始时，向美国进口的外国商品价格上涨，但对进口商品的需求量变化不大，所以购买外国（如例子中的日本）商品的总支出实际上增加了。同样，由于对美国出口商品（以日本为例）的需求缺乏弹性，以外币计价的从美国进口的商品价格可能会下降，但这些商品的需求量仍会增加。在这种情况下，美国经常项目赤字在美元贬值后实际上会增大。上文所说的 *J* 曲线效应指的是在货币贬值之后 CAB 的路径。也就是说，在汇率变动之后，经常项目余额开始下降。这是因为，进口需求和出口需求缺乏弹性意味着进口支出的增加高于出口收益。但随着时间的推移，弹性开始变大，经常项目余额开始有所改善。随着时间的推移，CAB 的路径与字母 *J* 形似（见图 16－1）。在图中我们注意到，经常项目余额在初始时为负值，随着时间的推移而下降。货币贬值在时间 t_0发生。

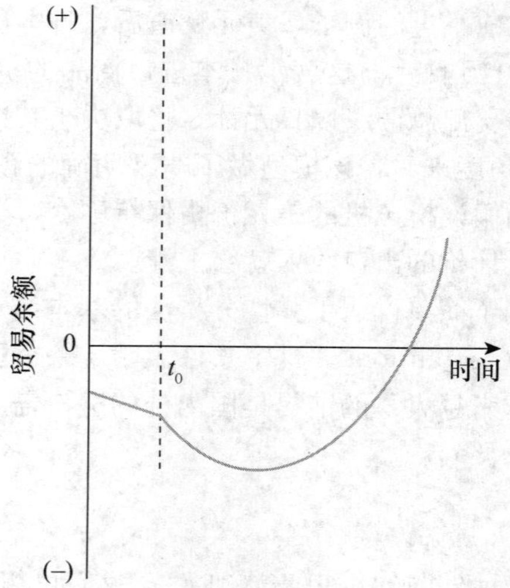

图 16－1 *J* 曲线

16.2 弹性和 *J* 曲线[①]

通常，货币贬值被认为是增加一个国家 CAB 的工具。然而，*J* 曲线效应表明，通过货币贬值来提高外国商品进口到本国的价格，并降低国内商品的价格以出售给外国买家，CAB 在短时间内会下降。我们现在开始讨论在短期内决定国际贸易弹性的重要因素，以考察 *J* 曲线产生的原因。货币贬值后，我们发现在不同的时期内，交易者对新设定的价格具有一定的时滞性，即交易者对于新设定价格的反应能力最初受到限制，但随着时间的推移会逐步改善。

16.2.1 货币合同阶段

在汇率改变之前谈判的合同在货币贬值后马上期满，我们将之称为**货币合同阶段**（currency-contract period）。图 16－2 说明了货币合同阶段。合同在时间 t_1 签订，合同成立后，在时间 t_2 会出现货币贬值。合同中规定的付款时间将在 t_3 截止。这些现有合同对国际贸易余额的影响取决于合同所用的计价货币。[②]

图 16－2 货币合同阶段

① 可以跳过本节和下一节，不会影响内容的连续性。

② 关于计价货币的影响的研究，参见 Michael B. Devereux，“How Does a Devaluation Affect the Current Account?” *Journal of International Money and Finance*（December 2000）。

例如，我们假设美元贬值。贬值前，汇率为每单位外币 1 美元（为简化这个问题，我们假设只有一种外币）；之后，汇率调至 1.25 美元。如果美国出口商承诺以美元向外国公司出售价值 1 美元的商品，出口商仍将赚取 1 美元。但是，如果出口合同以外币（FC 表示外币）计价，那么出口商预期会收到 FC_1，相当于 1 美元。相反，如果贬值导致汇率变化为 $FC_1=1.25$ 美元，则美国出口商将从美元贬值中获得意外收益。另一方面，如果美国进口商从外国公司购买商品的进口合同要求用美元支付，美国进口商就不会受到贬值的影响。如果合同以外币计价，美国进口商必须支付 1.25 美元才能买到出口商手中的 FC_1。在这种情况下，由于贬值，进口商会遭受损失。在这里考虑的简单世界中，卖方更愿意以预期会升值的货币签订合同，而买方更喜欢以预期会贬值的货币签订合同。表 16－1 总结了货币合同阶段内可能的贸易余额效应。

表 16－1　　美元贬值后货币合同阶段的美国贸易余额效应

美国出口合同的计价货币	美元	外币
外币	Ⅰ. 出口增加 进口不变 贸易余额增加	Ⅱ. 出口增加 进口增加 初始盈余：贸易余额增加 初始赤字：贸易余额减少
美元	Ⅲ. 出口不变 进口不变 贸易余额不变	Ⅳ. 出口不变 进口增加 贸易余额减少

注：表格中的出口和进口指美元的价值。

表 16－1 将效应分为四个部分。第Ⅰ部分代表以外币签订美国出口合同，以美元签订进口合同的状态。在这种状态下，出口的美元价值将会提高，因为外国买家必须以比贬值后美元更具有价值的外币支付，而美国进口商品以美元支付，因此贬值对美国进口商品的美元价值没有影响，贸易余额将有所改善。

第Ⅱ部分表示美国出口合同和进口合同均以外币签订的贸易余额效应。美元贬值使外币价值有所提高，因而进出口的美元价值将会上涨。对美国贸易余额的最终影响取决于相比进口，美国出口规模的大小。如果出口额超过进口额，这意味着一开始就存在贸易顺差，出口价值的提高将超过进口价值的提高，贸易余额随之增加。相反，如果一开始就存在贸易逆差，也就是进口超过出口，那么进口价值的增长幅度将超过出口价值的增长幅度，贸易余额会减少。

如果美国的进出口合同全部以美元支付，则贸易余额不会受贬值的影响，如第Ⅲ部分所示。如果出口以美元支付，进口以外币支付，则出口的美元价值不会受贬值的影响，进口的价值会增加，因此贸易余额会减少，如第Ⅳ部分所示。值得注意的是，只有在第Ⅳ部分的情况下，美元贬值后货币合同阶段的贸易余额才会相应减少。第Ⅱ部分中的贸易余额只有当存在初始贸易逆差时才会下降。表 16－1 主要表明，进口商品以外币计价的方式为美国在货币合同阶段的冒险尝试提供了必要的条件，而这种冒险尝试在 *J* 曲线中可以观察到。

16.2.2 传导阶段

货币合同阶段是指在汇率改变之前谈判的合同在货币贬值后马上期满。在此期间，假设商品价格不会立即适应货币价值的变动。当然，随着新的贸易合同的谈判，商品价格最终将趋向新均衡。**传导分析**（pass-through analysis）侧重于在货币合同阶段期满之后，货币贬值后短期内商品成交价格的调整程度。这种调整表现为贬值国家进口商品的价格上涨，以及该国对世界其他国家出口商品价格的下降。如果商品价格不以这种方式调整，该国的消费模式就不会改变，也不会获得理想的经常项目来改善货币贬值带来的影响。

最近的研究表明这样的事实，汇率传导往往是不完整的。也就是说，交易商品的价格的变化幅度往往不会与汇率的变化幅度相匹配。此外，传导效应似乎会因国家的不同而存在差异。现在我们来讨论一下这方面的相关证据。

16.3 来自贬值的证据

通过前面的讨论我们发现，货币贬值可能通过货币合同和传导阶段对 CAB 造成短期影响。就实际影响而言，过去的货币贬值会提供怎样的启示？遗憾的是，现有证据显示，货币贬值在不同时间对不同国家的影响有所不同，故而很难一言概之。一些研究表明，贬值在短期内使经常项目得以改善，也有一些研究并不支持这一说法。

如全球视野 16－1 所说，几位研究人员发现，不同国家的生产者通过调整出口利润率，可以在一定程度上抵消汇率变动的影响。这似乎是解释各国汇率的价格传导效应存在差异的重要因素。例如，如果日元兑换美元时升值，日本将倾向于将日元升值通过日本出口商品的高美元价格传导给美国进口商。日本出口商可以通过降低其产品利润率和降低日元价格来抵消日元升值的影响，从而限制这种更高价格的传导效应。这种**市场定价**（pricing to market）行为在日本和德国出口中尤其普遍，但在美国出口中并不常见。

全球视野 16－1

传导效应和利润

在第 15 章，我们了解到一价法将某一商品的国内货币价格（P）同其国外货币价格（P^F）乘上汇率（E）（$P=EP^F$）联系起来。如果本国货币贬值（E 上升），P^F 保持不变，P 将根据汇率的变化成比例上升。一价法的这一观点将汇率变动完全传导到国内价格上。

另一种观点认为，因为行业竞争力存在差异，故而，一些行业的边际利润可能高于其他行业。假设一种国外生产的产品的成本

为 C^F，边际利润为 M^F，则有 $P^F=C^F+M^F$。现在，一价法可以表示为 $P=E(C^F+M^F)$。在这种情况下，由于 M^F 可能会随着 E 的变化而变化，传导效应可能不会完全发生。例如，国内货币可能贬值，但如果 M^F 的下降幅度足以抵消 E 的上涨幅度，P 可能不会改变。

美国贸易数据表明，利润率的调整可能是解释传导效应大小的重要因子。[1] 在美国进口数据中可以发现，在美元贬值期间，外国生产商普遍降低了利润率。而在美元升值期间，外国生产商则提高了向美国销售商品的利润率。这一切都意味着外国卖家在美元贬值时削减利润率，这样外国商品的美元价格 P 上升的幅度不会等于美元贬值的幅度。当美元升值时，外国的利润率 M^F 增加，这样外国商品的美元价格 P 下降的幅度不会等于美元升值的幅度。

同一期间对美国出口的考察发现，美国的利润率变化相对较小。美国出口行业的利润率似乎对汇率变动不太敏感。这可能是由于美国国内市场规模较大。相对于国际因素，美国企业的定价决策可能更加关注国内市场的情况。

我们可以预见，定价决策会因行业竞争力的不同而存在一定的差异。[2] 然而，现有证据表明，美国出口商品的外币价格比进口商品的美元价格对汇率传导效应的影响更大。这表明，当美元贬值时，美国进口商品的反应可能会比我们所笃信的一价法慢得多，也小得多。

[1] Catherine L. Mann，“Prices，Profit Margins，and Exchange Rates，” *Federal Reserve Bulletin* (1986).

[2] 有很多关于这个问题的研究，包括 Robert M. Dunn，Jr.，“Flexible Exchange Rates and Oligopoly Pricing：A Study of Canadian Markets，” *Journal of Political Economy* (1970)；Eric O'N. Fisher，“A Model of Exchange Rate Pass-Through，” *Journal of International Economics* (1989)；Michael W. Klein，“Macroeconomics Aspects of Exchange Rate Pass-Through，” *Journal of International Money and Finance* (1990)；Michael M. Knetter，“Is Export Price Adjustment Asymmetric? Evaluating the Market Share and Marketing Bottlenecks Hypotheses，” *Journal of International Money and Finance* (1994)；Pinelopi Goldberg and Michael Knetter，“Goods Prices and Exchange Rates：What Have We Learned?” *Journal of Economic Literature* (1997)；Guillaume Gaulier，Amina Lahreche-Rein，and Isabelle Méjean，“Exchange-Rate Pass-Through at the Product Level，” *Canadian Journal of Economics* (2008)。

例如，约瑟夫·加尼翁（Joseph Gagnon）和迈克尔·奈特尔（Michael M. Knetter）分析了汽车贸易行业，预计美元对日元贬值 10%将导致日本汽车公司对其制造的汽车降价（以日元计），因此，对于美国进口商而言，从日本进口的汽车以美元计的价格将只上涨 2.2%。但并没有类似证据表明美国汽车公司为了应对美元升值而降低汽车的出口价格（以美元计）。托马斯·科里特加德（Thomas Klitgaard）发现，日元每升值 10%，日本出口商就倾向于将出口利润率削减 4%（相对于国内销售利润）。他还表示，除了削减利润率，20 世纪 90 年代，日本出口商通过将生产转向对价格上涨不敏感的高价值产品来应对日元升值。正是由于日本这种抵制汇率传导效应的行为，日本贸易余额对于汇率变动的敏感程度低于美国。

有证据表明，货币贬值的影响在短期和长期内会有所不同，这取决于与资本成本相关的劳动力成本的变化。① 在贬值后的短期内，企业的产出和出口往

① 下列文献分析了此问题：Kristin Forbes，“Cheap Labor Meets Costly Capital：The Impact of Devaluations on Commodity Firms，” *Journal of Development Economics* (2002)。

往随着贬值国家劳动力成本的下降而增加。公司往往利用这一优势扩大生产，增加出口。然而，随着时间的推移，如果与该国相关的风险增加或利率上升，资本对于贬值国家的企业而言会变得更加昂贵。因此，贬值的净效应取决于一个国家出口行业的资本和劳动的利用和配置情况。来自几个国家的证据表明，资本/劳动比率低的国家，货币贬值更可能导致出口扩张和快速的经济增长。但在资本/劳动比率高的国家，贬值往往对出口扩张和经济增长的影响很小。

相对于汇率的变动，商品市场价格的调整速度较慢，过程较长。几项研究表明，进口价格通常需要长达3年的时间才能反映汇率的变动状态，而出口价格通常只能反映3年后汇率变动影响的3/4左右。美国在21世纪初的经历十分有趣。美元在2002年2月升值到最高点，但在2005年2月前跟大量其他货币相比，平均贬值约15%。这种贬值应该与美国进口商品价格的上涨有关。实际上，所有非石油进口商品的平均价格只上涨了6.4%。[①] 因此，这远远小于此3年间美国进口价格的完全传导效应。正如上述证据所示，随着时间的推移，较低传导率的美国进口商品似乎在进口行业中占很大的比例。如果真是这样，我们预期传导效应将来会有所降低。[②]

有证据表明，在发达经济体尤其是美国[③]，汇率传导效应对进口商品价格的影响已经下降。对于这种现象，有如下几种解释。

1. 价格对汇率敏感的进口商品的比重降低。例如，在美国，非石油工业产品和食品饮料的份额持续下降。由于具有较高的汇率传导效应，当这些产品在一个国家的进口总额中的比重下降时，我们发现对美国进口价格的传导效应变得更小。

2. 外国出口商越来越多地实施市场定价行为，调整出口价格，以便在汇率改变时降低对美国进口价格的影响。

3. 随着中国市场份额的增长，汇率传导效应对美国进口的重要性已经下降，这是由于中国对美元汇率的弹性有限，以及由于担忧来自中国的竞争，其他国家被迫将美元贬值传导效应限制在更高的美国进口价格上。

汇率变动对国内价格施加影响的主要渠道是进口价格，因此汇率传导对进口价格影响的削减意味着美国通货膨胀对美元价值变动相对不敏感。这也意味着需要更大的汇率变动才能带来美国进口价格的变化，以减少美国的外国商品消费量，降低美国的经常项目赤字。

---

① 相关数据来自“Dollar Depreciation and Inflation,” *Federal Reserve Bank of Cleveland Economic Trends*（April 2005）：1-18。

② 近期证据的概述来自 Diego Valderrama，“Does a Fall in the Dollar Mean Higher U. S. Consumer Prices?” *FRBSF Economic Letter*（August 13，2004）。

③ 更多证据来自 Gordon Bodnar，Bernard Dumas，and Richard Marston，“Pass-Through and Exposure,” *Journal of Finance*（2002）；Jose Campa and Linda Goldberg，“Exchange Rate Pass-Through into Import Prices,” *Review of Economics and Statistics*（2005）；Mario Marazzi and Nathan Sheets，“Declining Exchange Rate Pass-Through to U. S. Import Prices：The Potential Role of Global Factors,” *Journal of International Money and Finance*（2007）。

16.4 吸收分析法

弹性分析法表明，一个国家有可能通过货币贬值来改善其贸易余额。一旦汇率影响传导给进出口价格，进口将减少，出口将上升，从而刺激总体本土商品和服务的生产以及收入的提高。如果一个国家在货币贬值之前处于充分就业的产出水平，此国目前的产出就是其能够产出的全部数量，不会有额外产出。在货币贬值后会怎样？现在我们通过吸收分析法来研究国际收支平衡表中的经常项目，进而回答这一问题。

吸收分析法是弹性分析法的扩展，研究的是国内对商品和服务的支出相对国内产出水平做出怎样的改变，才能让货币贬值行动促使 CAB 上升。正如在初级经济学课程中所描述的，总产出 Y 被写成等于总支出，或

$$Y=C+I+G+(EX-IM) \tag{16.3}$$

式中，C 代表消费；I 代表投资；G 代表政府支出；EX 代表出口；IM 代表进口。我们可以定义由字母 A 表示的**吸收**（absorption）等于 $C+I+G$，CAB 由 $EX-IM$ 来表示；因此，上式可以写成

$$Y=A+EX-IM$$

或者

$$Y-A=EX-IM \tag{16.4}$$

吸收 A 代表国内总支出，所以，一旦国内生产总值 Y 超过国内消费的产出即吸收 A，国家就出现经常项目顺差。另一方面，如果吸收超过国内生产，则 $Y-A$为负值。因此，根据式（16.4），CAB，即 $EX-IM$ 也会出现负值，这很容易解释，国内需求超出国内产出的部分将通过进口来满足。

吸收分析法实际上分为两类，这取决于经济是处于充分就业状态还是存在未使用的资源。如果马歇尔-勒纳条件成立，我们知道货币贬值将导致出口上升，进口下滑，其中部分支出将改变方向，转向国内生产的商品。这意味着货币贬值往往会刺激国内产出的提高，以满足日益增长的需求。如果我们考虑失业率较高的情况，那么产出就会存在上升空间。如果 Y 上升，A 保持不变，汇率变动就会促使经常项目上升。如果我们考虑充分就业状态，因为产出已经处于充分就业水平，所以产品和服务的生产不可能更多。如果此时货币贬值，结果可能是通货膨胀率上升，而对经常项目余额的作用很小甚至没有任何作用。如果外国人试图购买更多的国内产品，同时国内未来产出不会提高，唯一的结果就是将正在生产的商品和服务价格哄抬上去。在这种情况下，提高 CAB 唯一的办法就是总体支出下降（即 A 下降）。

因此，吸收分析法主要是告诉人们，如果一个国家在产出已经达到或接近完

全就业水平时贬值货币，该国就必须强制执行紧缩的货币和财政政策，以限制通货膨胀，同时扩大 CAB。

16.5 跨期模型

如上文所述，弹性分析法主要是通过关注汇率变动如何影响贸易流动来理解经常项目行为。跨期模型研究的核心是资本的国际流动情况，而资本国际流动的目的在于为国家储蓄和投资需求水平之间的失衡提供融资。涉及储蓄和投资金额的决策从根本上说是关于时间问题的决策（因此叫作跨期）。一个人减少或者推迟当前的消费，是为了以后可以消费更多。企业购买工厂和设备是为了能够在未来生产更多产品（或者更有效率）。

为了推导经常项目跨期模型的基本预测，我们首先需要对一些术语进行定义，并推导出初始的基本均衡条件。我们从定义**国民储蓄**（national saving）开始。国民储蓄（NS）是指整个经济体储蓄的净额，由以下等式定义：

$$NS=Y-C-G$$

要了解此公式是如何推导出来的，考虑这样一个事实，经济体可以分为公共和私有两个部分。私有部分由居民组成（我们假设公司是居民拥有的组织）。居民储蓄（NS_{priv}）是净（税后）收入与家庭消费之间的差额。

$$NS_{priv}=Y-TX-C$$

式中，TX 表示家庭支付的税款。

公共部门是指政府。净储蓄 NS_{govt} 是指政府税收收入与支出间的差额。

$$NS_{govt}=TX-G$$

国民储蓄是这两种储蓄的总和。

$$\begin{aligned}NS&=NS_{priv}+NS_{govt}\\&=Y-TX-C+TX-G\\&=Y-C-G\end{aligned}$$

现在，我们再来看看 GNP 的定义：

$$Y=C+I+G+EX-IM$$

与我们讨论吸收分析法时一样，假设净出口额（$EX-IM$）等于经常项目余额(CAB)。

根据 GNP 的定义整理公式，得

$$Y-C-G=I+CAB$$

或者

$$NS=I+CAB$$

上一等式适用于参与国际贸易的任何国家。此等式说明，国民储蓄可以用来为通过投资支出（I）方式收购（建设）国内资本存量，或者通过经常项目顺差方式收购外国金融资产的行为融资。

我们现在从探讨定义转向研究国家经济行为。假设在每个时期，居民都会制定消费和投资计划。我们用 C^d 表示计划消费，用 I^d 表示计划投资支出。为了简单起见，我们将政府支出视为完全外生。① 同时将 CAB 视为剩余。其价值大小由商品、服务和资本品的支出计划结果确定。

在这种假设条件下，当计划支出等于生产时，产品市场实现均衡：

$$Y=C^d+I^d+G+CAB$$

或者，当计划储蓄等于计划投资支出加上 CAB 时：

$$NS^d=I^d+CAB$$

整理上式，可以推导出跨期模型的基本公式：

$$CAB=NS^d-I^d$$

也就是说，CAB 是一个国家在某一时期所需储蓄水平与所需投资支出水平之间的差额。如果国民储蓄超过投资，则会产生经常项目顺差，反之亦然。

为了进一步说明跨期模型是如何运行的，我们首先考虑一个**小型开放经济体**（small open economy）的案例。此经济体是如此之小，以至于任何活动都不会对世界**实际利率**（real interest rate）产生影响。世界实际利率是指国际资本市场和金融市场中目前盛行的实际利率，在这些市场中，个人、企业和政府均可按照此利率进行跨国借贷。假设我们考虑的经济体完全可以进入国际资本市场，该经济体的居民可以选择以世界实际利率进行借贷活动。高利率会促进高储蓄水平的形成。② 最后，我们假设投资决策也取决于实际利率。实际利率水平越低，投资支出水平就越高。

如图 16－3 所示，我们展示了一个小型开放经济体的国民储蓄和投资时间表，其中的直线代表当前的世界实际利率。利率线呈水平状表示我们所讨论的国家确实很小，无论这个国家在国际资本市场上借贷多少资本，完全可以按照此利率执行。③ 如果这个国家可以进入国际资本市场，世界实际利率将会成为该国的现行利率。这是因为没有任何国内贷款人愿意以低于 5%的利率贷款，因为贷款人有机会以 5%的利率在国际市场上放贷。也没有任何一个国内借款人愿意以高于 5%的利率借款，因为他可以按照 5%的利率在国际市场上借款。因此，根

① 也就是说，我们假设政府支出与当前或预期的事件无关。在这个模型中，我们可以随意改变一个参数，看看这种变化如何影响均衡。

② 正如我们将在短期内看到的，国民储蓄受其他因素的影响。

③ 在 20 世纪的大部分时间里，大多数国家自由进入世界资本市场的能力是非常有限的。从 20 世纪 70 年代开始，随着主要发达经济体首先进入和最近许多发展中国家依次进入，进入世界资本市场的国家迅速增多。关于金融全球化进程的更多细节以及对这些政策影响的讨论，参见“Financial Globalization：Gain and Pain for Developing Countries，” by Sergio L. Schmukler in the Atlanta Federal Reserve *Economic Review*（2nd quarter，2004）。

据图 16－3，意愿国民储蓄为 70 亿美元，意愿投资支出为 30 亿美元。如果该国无法进入国际市场，这就不是均衡点。超额储蓄无处可去，实际利率不得不下降以使投资和储蓄达到均衡。在本例中，令国内投资和储蓄达到均衡的实际利率为 3%。这个利率称为封闭经济体实际利率，因为在一个封闭的经济体中，国家没有机会参与世界资本市场，这就是其利率的最终归宿。然而，在开放的经济体中，40 亿美元的超额储蓄可以用来购买外国资产。在这个案例中，由于国家正在购买相同数量的外国资产，因而该国的经常项目顺差将达到 40 亿美元。

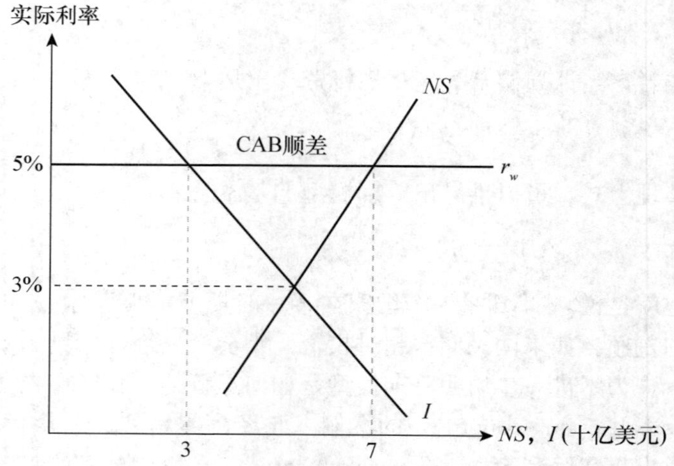

图 16－3　经常项目顺差的定义

现在来考虑另一个例子，如图 16－4 所示。假设世界实际利率为 2%。在这个利率水平下，该国企图花 40 亿美元购买资本品，其国民储蓄为 20 亿美元。再次申明，如果是一个封闭的经济体，就不会产生均衡，而且存在对资金的超额要求，利率将不得不提高。然而，在一个开放的经济体中，需要的资金可以在国际市场上得到满足，国家的经常项目逆差为 20 亿美元。对此，跨期模型的基本预测是，如果世界实际利率高于（低于）国内储蓄和投资均衡时的利率，那么该国将产生经常项目顺差（逆差）。这些例子说明了在考虑经常项目失衡时，弹性分析法和跨期模型分析法存在本质的区别。前者侧重于讨论商品的进口与出口，后者则侧重于分析国民储蓄与投资之间的失衡问题。尽管如此，这两种模式都适用于相同的经济现象。一个国家想要进口外国资产（获得经常项目顺差）的唯一方法是，在购买外国产品（进口）上的支出少于向外国出售产品（出口）所赚取的收入。

两种模型之间的区别聚焦于导致失衡的动机和行为。在弹性模型中，汇率和国民收入增长的差异导致不同国家在进出口上支出的差异，进而带来经常账户的失衡。在跨期模型中，失衡源自储蓄和投资决策的错位，这种错位主要来自现行世界利率，以及此利率与能够平衡国内储蓄和投资水平的利率的差距。

到目前为止，我们只研究了面对固定世界实际利率的小型开放经济体的情

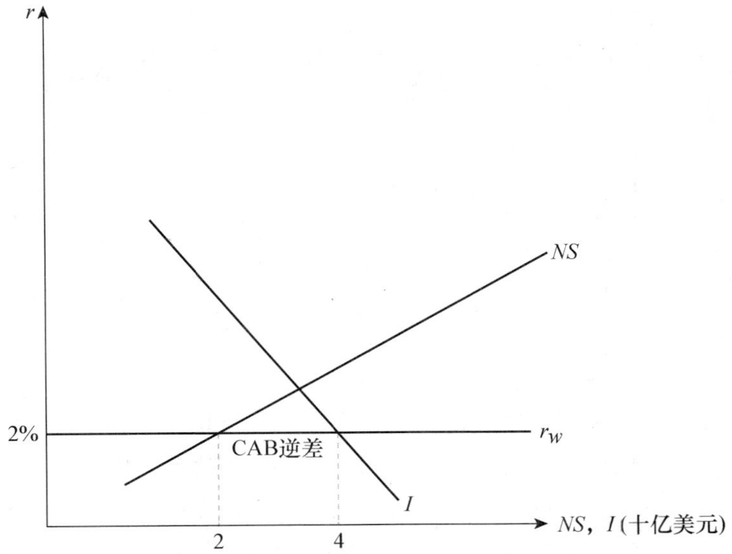

图 16－4　经常项目逆差的定义

况。现在我们要考虑两个密切相关的问题：世界实际利率是如何确定的？如果一个大国参与世界金融市场，会发生什么？大型开放经济体是如此之大，其借贷规模均会对世界实际利率产生影响。现实世界中的这类经济体有美国、欧盟（包括作为一个组织及其多个成员国）和日本。这些国家通过合作可以设立世界实际利率，其他小国将以此利率为标准制定储蓄和投资决策。要了解这是如何运作的，可以参考图 16－5。

在图 16－5 中，我们假设存在两个大型开放经济体：本国（H）和外国（F）。我们能明确作出的唯一假设是，这些国家开始时条件都不一样，所以，在不同的实际利率水平下，每个国家所借贷的金额存在差异。例如，在图中，我们假设 H 的封闭经济体实际利率比 F 更低。那么这些国家将如何互动？显然，如果两国都可以自由参与资本市场，则最终只会存在一个利率。利率必须唯一，才能实现一个国家想要借入的金额与另一个国家想要贷出的金额相等。在图中，这个均衡利率为 5%。在这一利率水平下，本国的 CAB 顺差与外国的 CAB 逆差数额匹配。在高于（低于）5%的利率水平下，F 的期望借入额高于（低于）H 的期望贷出额。

16.5.1　美国数据一瞥

图 16－6 是过去 30 年中，美国名义国民储蓄和投资水平占名义 GDP 的比重。该图为美国 CAB 行为提供了一些有趣的见解。在这一期间，投资支出占经济总量的比例都在 20%左右。在 20 世纪 80 年代后期的大部分时间里，利率一直高于这一水平，直到 90 年代初才下降到 17%左右。80 年代中期是美国经济强劲增长的时期（图中未显示），90 年代初，美国经济经历了一个小幅衰退。到底

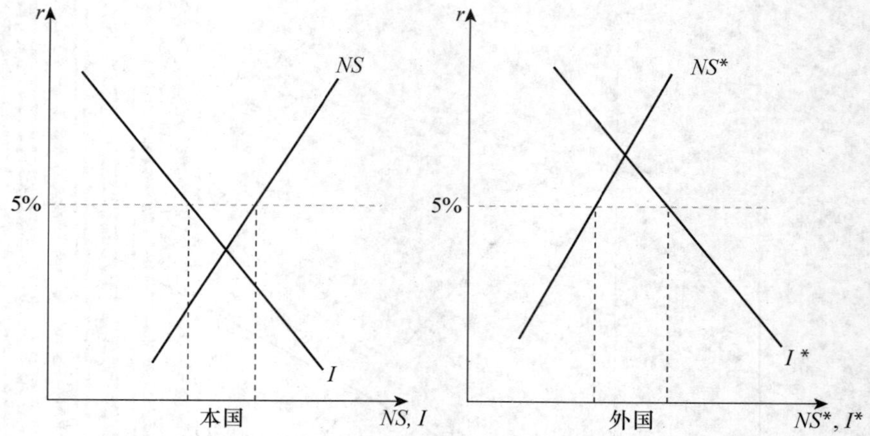

图 16－5　美国储蓄和投资模式

是投资活动成为经济整体表现的催化剂，还是投资支出是对整体经济运行的回应，目前尚无定论。在任何一种情况下，投资显然都是顺周期性的。这种宏观行为模式在 20 世纪 90 年代至 21 世纪初反复出现，在克林顿执政的经济高速增长期间投资急剧上升，随后，在 21 世纪初的衰退期投资再度下滑，“9·11”恐怖袭击延缓了经济增长。最后，如图 16－6 所示，随着世界经济陷入低迷，近几个季度的投资支出有所下降。

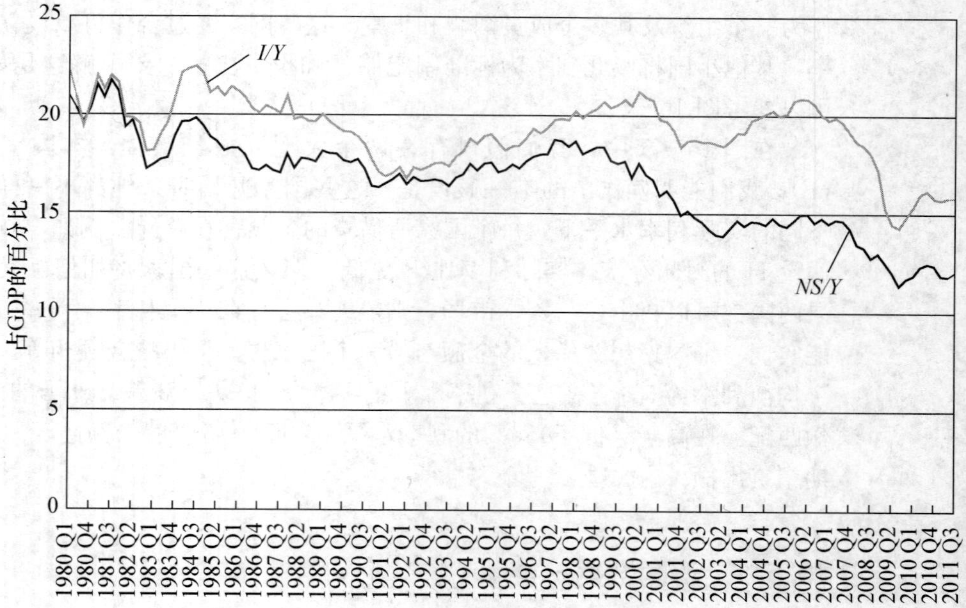

图 16－6　美国的储蓄和投资模式

在图中所示的初期，国民储蓄与投资支出水平及其整体行为模式相当匹配。在 20 世纪 80 年代中期，这两个系列开始出现分离。回想一下，CAB 是国民储蓄和投资之间的差额（在图中用纵轴表示）。几乎整个时期内，投资均超过国民储蓄，CAB 一直处于逆差。如图所示，这些逆差在 80 年代中期以及自 90 年代后期以来都较大（超过 GDP 的 3%），最高值出现在 2005 年和 2006 年。

由于投资（占 GDP 的百分比）始终保持相对不变，逆差似乎是由于国民储蓄减少，尤其是 21 世纪初储蓄长期下降所导致的。分析学家将储蓄长期下降归咎于这段时间内资产价格（包括房价）的上升。一旦感觉财富在增加，个人一般会选择减少储蓄。2008 年第四季度，国民储蓄几年来首次上涨，这可能是由于当时股价大幅下跌，房价在前几年开始下滑。近年来国民储蓄的热潮也导致投资市场的低迷。这些变化的综合结果是 CAB 逆差显著缩减。至于这种缩减到底要持续多久、范围多广，目前尚无答案。

本章小结

1. 可以通过两个基本理论来确定一个国家的经常项目余额（CAB）：弹性分析法和跨期模型。弹性分析法侧重于商品贸易和汇率在确定贸易流量规模方面的作用。跨期模型侧重于国际金融资产交易。

2. 国内货币贬值时，与国内市场上的本土商品相比，外国商品的价格上升，与海外市场上的外国商品比较，国内商品的价格降低。

3. 如果汇率变动导致进出口价格发生变化，货币价值变动后贸易流量的变化将由国内外进口需求弹性的大小决定。马歇尔-勒纳条件为降低货币价值以改善 CAB 界定了充分条件。

4. J 曲线描述了货币贬值后，经常项目余额先降后升时，贸易余额的潜在模式。在这种情况下，由于贸易弹性太小，因而马歇尔-勒纳条件一开始无法成立。

5. 货币贬值之后，在贬值前签署的合同中所采用的计价货币成为决定贸易项目价值的一个重要决定因素。

6. 有关货币贬值对经常项目余额影响的证据表明，并不存在任何标准模式。这可能是由于贸易商品价格对汇率变动或出口商的市场定价行为的敏感程度较低所导致的。

7. 只有收入相对于吸收增加，经常项目才能改善。在充分就业的条件下，可能需要实施紧缩货币或财政政策来配合货币贬值。

8. 跨期模型显示，只要一国的国民储蓄大于（小于）投资支出，该国就会出现经常项目顺差（逆差）。

练　习

1. J 曲线指的是什么？它是如何产生的？

2. 假设给定国家的 $\varepsilon_D=0.75$ 和 $\varepsilon_D^F=0.5$：

a. 在这种情况下，进口需求是富有弹性还是缺乏弹性？

b. 马歇尔-勒纳条件是否成立？为什么？

c. 假设货币贬值后，这个国家进口产品的本币价格上涨了 10%。其进口数量会发生什么变化？

d. 假设货币贬值后，该国出口产品的外币价格下降了 10%。其出口数量会发生什么变化？

e. 在 c 和 d 的条件下，如果一开始这个国家花 1 000 万美元进口产品，并从出口中赚取 800 万美元，那么货币贬值后其经常项目余额会发生什么变化？（提示：假设以国内货币计价的出口产品价格没有发生变化。）

3. 吸收分析法的含义如何因为是否存在充分就业条件而产生差异？

4. 在一个小型开放经济体中，存在如下数据信息：

NS^d＝100 亿美元＋1 000 亿美元×r_w

I^d＝150 亿美元－1 000 亿美元×r_w

Y＝450 亿美元

G＝80 亿美元

r_w＝0.05

a. 请计算该国的国民储蓄、投资支出、经常项目余额、意愿消费额和吸收值。

b. 得益于某项技术创新，该国的意愿投资额在各个世界利率水平上都增加50亿美元。以此为基础，计算a部分问题的数值。

c. 回到原来的条件。假设 G 下降30亿美元。使用此信息再次计算a部分问题的数值。

5. 假设世界上有两个大型开放经济体——A国和B国。假设一开始，两国的经常项目余额为零，世界实际利率为5%。假设现在只有A国存在技术创新，请画图说明这种情况。试说明，A国和B国的经常项目余额会发生什么变化？世界实际利率会发生什么变化？解释之。

参考文献

Gagnon, Joseph E., and Michael M. Knetter. "Markup Adjustment and Exchange Rate Fluctuations: Evidence from Panel Data on Automobile Exports." *Journal of International Money and Finance* (April 1995).

Goldstein, Morris, and Mohsin S. Khan. "Income and Price Effects in Foreign Trade." In *Handbook of International Economics*, vol. 2, ed. Ronald W. Jones and Peter B. Kenen. Amsterdam: North-Holland, 1985.

Klitgaard, Thomas. "Exchange Rates and Profit Margins: The Case of Japanese Exporters." *FRBNY Economic Policy Review* (April 1999).

Marquez, Jaime, and Caryl McNeilly. "Income and Price Elasticities for Exports of Developing Countries." *Review of Economics and Statistics* (May 1988).

Olivei, Giovanni. "Exchange Rates and the Prices of Manufacturing Products Imported into the United States." *New England Economic Review* (1st Quarter 2002).

第 17 章 开放经济的宏观经济学

本章主题

宏观经济建模
内外部均衡
国际政策协调

与封闭经济体相比，对国际贸易和国际支付开放的经济体会面临更复杂的问题。典型的关于宏观经济均衡和政策的导论往往局限于封闭经济体的观点。这些研究涉及针对失业或通胀问题的政策调整，但是经常不考虑世界其他国家潜在经济行为对本国经济运行的影响。显然，对于一体化日益显著的世界经济而言，这种方法不足为训。

本章我们将建立一个包含几个开放经济组成部分的简单的宏观经济模型。这个模型是对你在宏观经济学原理中所学习过的封闭式宏观经济学模型的扩展。通过此模型，我们将讨论经济政策如何对 CAB 的规模产生影响，经常项目中组成部分的变化如何对整体宏观经济产生影响。①

在一个开放经济体中，我们可以总结其需要达成的经济目标为：同时实现内部和外部均衡。**内部均衡**（internal balance）意味着经济体获得潜在产出，通胀率和失业率双低。**外部均衡**（external balance）指一国的 CAB 为零。经济学原理的重点放在内部均衡上。如果只关注内部均衡如通胀率、失业率和经济增长率，分析可以采用简单模型。如果要追求内外均衡目标，则必须对经济进行更详细的研究。复杂度的增加使当代政策制定者面临的问题更加现实。这不再是通过简单的政策改变就可以应对国内失业率或通胀率的问题。如今，决策者还必须考

① 本章附录将对一个较完整的开放经济模型——蒙代尔-弗莱明模型（Mundell-Fleming model）进行研究。这个模型让人们了解货币政策和国际金融流动对政策效果的影响。

虑对 CAB 和汇率的影响。

17.1　宏观经济建模

在这部分，我们将为开放的宏观经济建立一个简单的模型。该模型将用于产出问题的研究。在这个过程中，我们将确定 CAB 的数值，然后考虑可能对经济产生影响的一系列潜在冲击。我们将讨论这些改变如何对产出和 CAB 产生影响。我们先假设一个资本和劳动力未得到充分利用的小型开放经济体。假设国内价格水平不变，利率水平也不变。我们关注的是如何找到这种经济体的均衡产出水平。要做到这一点，我们先定义下列名词：

Y=国内产出水平（GDP）

C=居民在所有产品和服务上的消费支出

I=厂商对设备和工厂的支出（投资）以及居民在新房上的支出

G=政府部门对产品和服务的支出

EX=出口（外国人对本国产出的支出）

S=本国居民的储蓄

IM=进口（本国居民对外国产出的支出）

如果这个经济体对国际贸易封闭，则其均衡 GDP 将由本国的总产出（即总供给）等于经济体中所有主体的计划支出（即总需求）的那个点决定。没有国际贸易，产出（Y）将等于消费（C）加上投资（I）加上政府支出（G），或者

$$Y=C+I+G \tag{17.1}$$

在开放经济体中，还存在另一个国内产出的需求来源，即外国人对本国产品的支出——出口（EX）。此外，由于一个开放经济体中所有部门（个人、厂商和政府部门）的支出包括进口支出（IM），这部分对进口产品的支出必须扣除，以便计算出对本国产品的全部支出。因此，式（17.1）中的均衡条件必须改变：

$$Y=C+I+G+X-IM \tag{17.2}$$

式（17.2）即开放经济体的均衡条件。根据一个经济体的收入循环图，可以通过另一种方法来描述这个均衡条件。由于 Y 等于对国内生产的全部产品和服务的总支出，它大约等于国内厂商的全部收入。不过，要使厂商能够经营，它们必须雇用生产要素的服务。因此，厂商的收入流回到个人手里，变成提供生产服务的收入。经济体中个人获得的收入只有三种用途，其一为购买产品和服务（C），其二为储蓄（S），其三为税收（TX）。[①] 这些选择可以通过式（17.3）表达：

$$Y=C+S+TX \tag{17.3}$$

要获得均衡，式（17.2）和式（17.3）必须同时成立。也就是说，计划收入

① 等式中的 S 表示第 16 章中讨论的私有部门储蓄水平。

水平必须与计划支出水平相等。为此，我们令两式相等：

$$C+I+G+EX-IM=C+S+TX \tag{17.4}$$

因为两边都有 C，所以式（17.4）可以简化为：

$$I+G+EX=S+IM+TX \tag{17.5}$$

用文字表达，式（17.5）意味着在均衡点上，计划投资、政府支出加上出口必须等于计划储蓄、税收加上进口。

这个说法为何成立？考虑收入循环图。假设个人拥有全部生产要素，因此，厂商将所有的收入支付给个人。个人获得这些收入后，其中，$S+IM+TX$ 的一部分不会回流到厂商手里。这部分是国内收入的漏损项，分别为税收、非消费储蓄或者对外国厂商的支付。如果故事到此为止，厂商的支出将会超出其收入，这是不可能持续的。这显然不是经济中的均衡状态。幸运的是，厂商还有其他的收入源。首先，厂商从同行那里购买产品。这部分支出称为投资支出（I），由从个人储蓄那里获得的资金支持。政府也通过税收收入和借款购买产品（G）。此外，厂商可以向国外消费者出售产品（EX）。因此，$I+G+EX$ 可视为收入流的注入部分，来自个人以外的对厂商的支付。式（17.5）的意义现在变得明确了。在均衡点上，收入流的计划注入量必须与收入流的计划漏损量相等。

要找出 GDP 均衡水平，我们必须对如何制定计划作出假设。尤其是，我们假设经济体中每个部门的支出和储蓄大抵上依赖 GDP 水平。支出和储蓄会随着 GDP 水平的变化而改变。

例如，个人根据收入水平决定其储蓄水平。收入越高，储蓄越多。同样，假设个人也根据自己的收入水平决定对进口产品的消费。最后，假设厂商和外国消费者当前计划以固定资金购买国内产品。这一系列假设用代数式表达如下①：

$$S=sY \qquad 0<s(=\Delta S/\Delta Y)<1$$
$$I=I_0$$
$$G=G_0$$
$$TX=TX_0$$
$$IM=IM_0+mY \qquad 0<m(=\Delta IM/\Delta Y)<1$$
$$EX=EX_0$$

式中，s 和 m 为分数，分别代表边际储蓄倾向和边际进口倾向。这些字母表明个人在收入每增加 1 美元时计划分配在储蓄和进口上的比例；I_0，G_0，TX_0，IM_0 和 EX_0 分别表示由外部决定的投资、政府支出、税收以及进出口支出水平。

将这些假设代入式（17.5）的均衡条件，求出 Y 值，可以得出下述根据外

---

① 这些对经济行为的假设过于简单。例如，我们可以假设储蓄和投资支出依赖于利率水平，也可以假设税收以收入为基础。这些更加真实的假设都无法改变本节的结论。在本章后面的部分，我们将研究进出口受到汇率变化影响时，Y 和 CAB 的均衡值会产生怎样的变化。

生支出水平和边际支出倾向获得均衡产出水平的公式：

$$Y_e = \frac{1}{s+m}\{C_0 + I_0 + G_0 - TX_0 + EX_0 - IM_0\} \tag{17.6}$$

式中，Y_e表示均衡产出水平。

我们可以通过绘图来表示这个模型。如图 17－1 所示，横轴表示 GDP 水平，纵轴表示对应收入循环图上不同 Y 的经济支出注入（$I+G+EX$）以及支出漏损（$S+TX+IM$）。图中有四条直线。横线 EX_0 代表出口额，高度为 EX_0。较高的横线代表投资支出、政府支出和出口总额（$I_0+G_0+EX_0$）。

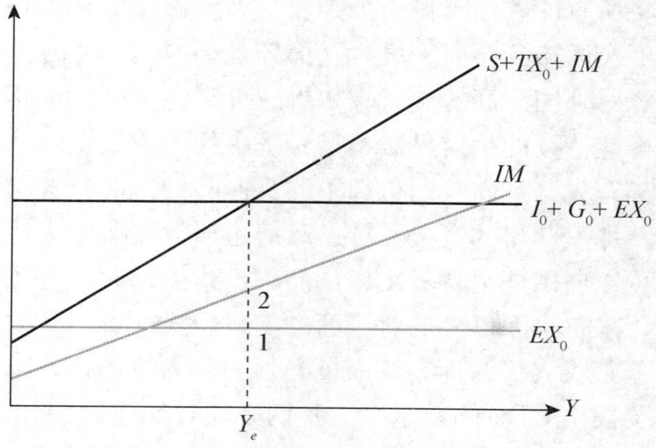

图 17－1　均衡产出的确定

较低的向上倾斜的直线代表进口支出水平。依据关于进口支出计划制定的假设，此支出始于高度 IM_0，然后按照斜率 m 上升。这条线给出的基本信息是，进口支出随着经济增长而上升。收入水平越高，进口额越大。

根据原来的假设，$S+TX+IM$ 可以写成 $sY+T_0+IM_0+mY$。稍微整理一下公式，$S+TX+IM$ 可变成

$$T_0 + IM_0 + (s+m)Y$$

此公式即图 17－1 中那条较高的向上倾斜的直线。其截距为 T_0+IM_0，由此处按照斜率 $s+m$ 上升。支出注入（$I+G+EX$）等于收入漏损（$S+TX+IM$）处的收入水平代表此经济体的均衡产出水平，由产出水平 Y_e点决定。

注意均衡点的几个要点。第一，所有低于 Y_e的产出，经济体的注入（$I+G+EX$）超出经济体的漏损。因此，经济出现增长趋势，Y 上升。高于 Y_e的产出，支出流的漏损即储蓄、税收和进口支出超过支出注入。这会令厂商减少产出，结果是 Y 下降。所以，无论起点在哪里，产出都会回归到均衡水平。

第二，可以直接通过图形决定 CAB 的规模。假设经济体的产出水平在 Y_e。这一点的出口额等于 EX_0。图中用 Y_e到点 1 的垂直距离表示。在此产出水平上，进口额等于 Y_e到点 2 的垂直距离。如图所示，此经济体的经常项目赤字规模为点 1 和点 2 间的垂直距离。哪怕在产出均衡点，情况亦如此。这并非必要条件。实际上，这个经济体也可能获得经常项目盈余。这里赤字来源于我们对决定进出

口额的公式的组成部分的假设。需要了解的观点是，在这个简单的模型中，CAB 为零并不是均衡产出的必要条件。

此模型还可以用来研究一个国家受到经济冲击时的变化情况。比如，I 从 I_0 下降到 I_1。这与 2008 年美国遭受大衰退时经历的冲击类型并无二致。新房的支出是 I 的一个组成部分。2007 年，由于房价开始下降，整个国家对房地产的支出急剧萎缩。I 的萎缩意味着收入注入的减少。在类似的模型中，这部分支出从 $I_0+G_0+EX_0$ 下降到 $I_1+G_0+EX_0$，变化量为 ΔI（$=I_0-I_1$）。在图 17－2 中，我们通过总注入线的向下移动表示投资支出的萎缩。由图可知，投资支出的萎缩导致均衡产出从 Y_e 下降到 Y_{e1}，同时经常项目赤字减少。

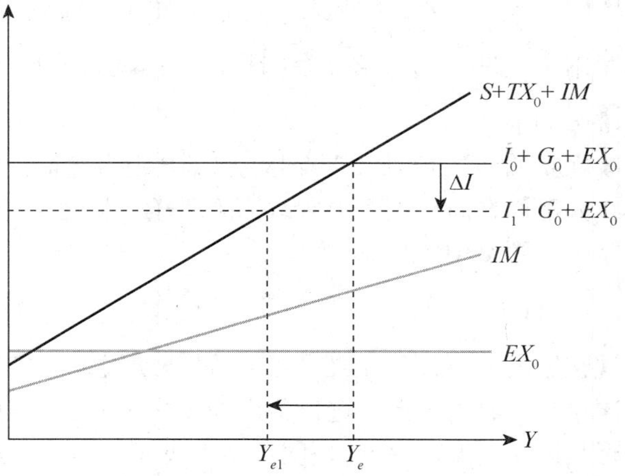

图 17－2　投资支出萎缩对产出水平的影响

为了了解这些变化的规模，我们可以回到模型的代数表达式。根据式（17.6），初始的 GDP 水平为：

$$Y_e=\frac{1}{s+m}\{C_0+I_0+G_0-TX_0+EX_0-IM_0\}$$

新的 GDP 水平为：

$$Y_{e1}=\frac{1}{s+m}\{C_0+I_1+G_0-TX_0+EX_0-IM_0\}$$

用第二个公式减第一个公式可知 GDP 的变化量：

$$Y_{e1}-Y_e=\Delta Y=\frac{1}{s+m}(I_1-I_0)=\frac{1}{s+m}\Delta I \tag{17.7}$$

因为 ΔI 为负值，所以 ΔY 亦是负值。如式（17.7）所示，GDP 的变化与投资支出的简单变化不一样。产出的变化是投资变化带来的产品产出的改变，以及边际储蓄倾向和边际进口倾向变化导致的产出的改变。后者称为**开放经济乘数**（open economy multiplier，OEM）。

尽管公式存在细微差别，但 OEM 与宏观经济学原理课程中的简单乘数相似。根据设定，其数值一向高于 1。此结论的结果是，一个经济体的投资水平

（或者出口或政府支出）上升（下降），将导致产出（然后是收入）收缩（扩张），其幅度超过需求的初始变化（即初始投资支出的下降）。此结论背后的经济学原理与宏观经济学原理是一样的。尤其是，投资支出的降低意味着该行业工人收入的下降。部分人员收入的下降导致这些人对产品和服务需求的削减。这类需求的削减会进一步促使产出降低，这反过来会令其他行业工人收入减少。

这些工人减少了消费，消费的减少又进一步使收入降低，循环往复，如此这般。值得注意的是，伴随每一轮收入的减少，新一轮支出的下降幅度越来越小。这是因为当个体收入减少时，他们的消费并非降低同样的数额。更确切地说，每一轮收入的损失导致进入储蓄和进口支出部分的漏损总额的下降。本模型的封闭经济体版本表明，漏损源只有一个，即储蓄。此例中的乘数等于 $1/s$。在开放经济体版本中，进口成为第二个漏损源，因此，开放经济体的乘数（$\frac{1}{s+m}$）比封闭经济体的乘数小。

现在我们回到 CAB。一个国家 CAB 中占比最大的是其产品和服务的进出口额。正如我们在简单模型中所讨论的那样，假设生产要素支付的净流动和外国援助非常少，则 CAB 可以写为：

$$CAB = EX - IM \tag{17.8}$$

现在考虑一下图形的推导。我们继续假设国家的出口额等于 EX_0。不过，由于国家整体收入下滑，进口支出亦随之下降。这意味着 CAB 必须改变。我们的目标是确认 CAB 的变化幅度。参考式（17.8）的变化幅度：

$$\Delta CAB = \Delta EX - \Delta IM \tag{17.9}$$

根据式（17.9），CAB 的变化幅度等于 X 的变化减去 IM 的变化。已知此例中出口不变。新均衡的进口支出如何？记住有关进口支出水平的假设。在此经济体中，人们的进口支出为一个固定数额 IM_0 加上收入的某一部分。其中第一部分固定不变，但是第二部分依赖于收入（Y）。这意味着如果收入变化，进口支出也随之改变。这里，收入下降了，进口也下降了 $m\Delta Y$，即

$$\Delta IM = m\Delta Y \tag{17.10}$$

令 ΔEX 为零，整合式（17.7）、式（17.9）和式（17.10）可得到 I 改变导致 CAB 变化的规模：

$$\Delta CAB = 0 - m\Delta Y$$

$$\Delta CAB = \frac{-m}{s+m}\Delta I \tag{17.11}$$

式中，由于 ΔY 为负值（产出下降），即使出口不变，CAB 也在上升。这是因为经济已经萎缩，个体对进口产品的支出减少。

模型两个方向都成立。如果投资支出上升，产出也会增加。在这个情况下，因为出口不变，所以 CAB 将下降。

前面讨论的简单模型能增进我们对当前一些经济现象的理解。2007 年，美

国的住房支出下跌，2008 年经历大衰退。在此模型中，投资支出下降也会导致产出下降（从而收入也下降）。此外，模型预测收入下降会令 CAB 趋好。如第 11 章所讨论的那样，这正是美国所经历的。2008 年至 2009 年末，美国经常项目赤字大幅下降超过 3 000 亿美元，大部分是进口减少带来的。

要了解模型的数字表述，可以参考下面的例子。

例 1

假设一个经济体的初始情形如下：

$s=0.05$
$m=0.20$
$C_0=2.8$ 万亿美元
$I_0=2.0$ 万亿美元
$G_0=1.2$ 万亿美元
$TX_0=2.5$ 万亿美元
$EX_0=1.5$ 万亿美元
$IM_0=1$ 万亿美元

通过式（17.5），经济体的 GDP 均衡水平为：

$$Y=\frac{1}{0.05+0.2}\{2.8+2.0+1.2-2.5+1.5-1.0\} \\ =16(\text{万亿美元}) \tag{17.12}$$

括号外部的式子就是开放经济乘数（OEM）。此例中等于 4。考虑投资支出下降 1 000 亿美元带来的影响。其他条件不变，在新的均衡点上，GDP 下降了 4 000 亿美元（$=0.4\times(-0.1)=-0.4$ 万亿美元），导致 5%的产出衰退缺口的产生。

再研究这个变化对 CAB 的影响。初始时，出口额为 1.5 万亿美元。进口呢？要找到这个数额，记住 $IM=IM_0+mY$。代入已知数值，$m=0.2$，$IM_0=1$ 万亿美元，Y 等于 16 万亿美元。因此，在初始均衡点上，进口支出等于 4.2 万亿美元。这意味着在初始均衡点上，这个国家的经常项目赤字为 2.7 万亿美元。由于投资支出降低，Y 下挫 0.4 万亿美元至 15.6 万亿美元，但出口不变。用公式计算进口额，等于 4.12 万亿美元（$1+0.2\times15.6$）。因此，CAB 上升了 0.08 万亿美元。整个结果可以通过式（17.11）验算：

$$\Delta CAB=\frac{-0.02}{0.05+0.2}\times(-0.1)=-0.8\times(-0.1)=0.08 \tag{17.13}$$

上述模型可以用来研究其他冲击的影响。例如，经济体出口业务增加，出口额从 EX_0 上升到 EX_1，如图 17－3 所示。由图可知，产出上升到 Y_{e2}，CAB 得以改善。

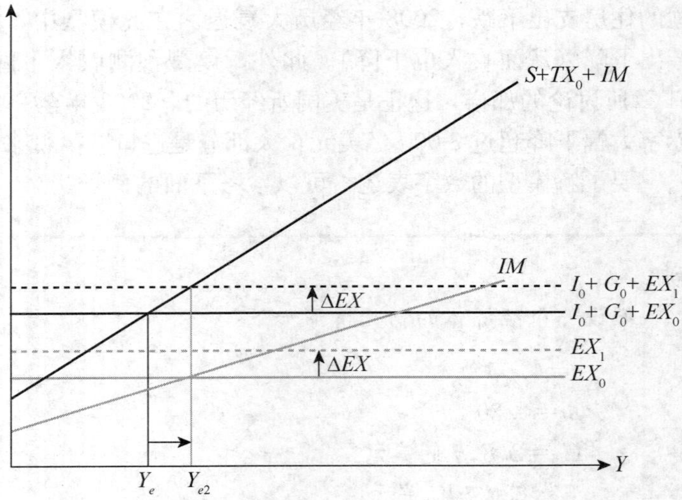

图 17－3 出口增加对产出水平的影响

通过式（17.7），我们可以求出出口增加对产出水平的影响：

$$Y_{e2}-Y_e=\Delta Y=\frac{1}{s+m}(EX_1-EX_0)=\frac{1}{s+m}\Delta EX \tag{17.14}$$

和从前一样，产出的变化由两个因素决定：初始业务（这里是出口）改变的规模和 OEM 的大小。这里的经济学原理和前面完全一样。初始销售的上升令产品出口部门收入和就业水平提高。这些人员在收入提高后，转而购买其他行业的产品和服务，其他行业的收入水平因此水涨船高。不过，提高的收入会有一部分以高储蓄和进口支出的形式从系统中漏损。

根据图 17－3，CAB 上升。可以通过式（17.9）、式（17.10）和式（17.14）来证明并求出变化的规模。整合上述三个公式，可得

$$\begin{aligned}\Delta CAB&=\Delta EX-\Delta IM=\Delta EX-m\Delta Y=\Delta EX-\frac{m}{s+m}\Delta EX\\&=\frac{s}{s+m}\Delta EX\end{aligned} \tag{17.15}$$

这个公式表明，出口上升与 CAB 的上升并不是一一对应的关系。这是因为经济得到扩张并带来进口的增加。

17.2 内外部均衡

至此，我们已经通过宏观经济模型研究了对经济产生影响的几个潜在冲击，如投资支出的降低或出口销售的提高等。下面我们将研究政府政策的影响。如本章导言所述，经济决策者经常有多个目标。其中之一就是内部均衡。内部均衡指的是产出达到潜在的水平，失业率处于自然失业率水平，通胀率处于可控状

态。另一个目标是外部均衡，即 CAB 为零。在一些情形下，这些目标有可能互相冲突。某一目标的政策有可能使另一目标出现偏差。本节就是要研究这些问题。

首先研究扩张性财政政策对经济的影响。比如政府支出 G 的提高或减税 TX。在我们的模型中，两种政策对经济体的影响很相似，因此，我们的研究以政府支出的提高为主。图 17-4 通过图形分析了政府支出提高对产出水平和 CAB 的影响。为简化分析过程，我们假设经济体始于 CAB 等于零。如图所示，随着 G 的上升，均衡产出提高到 Y_{e3}，但是，CAB 出现赤字。因为政府支出上升而税收不变，政府预算产生赤字，CAB 也出现赤字。这就是所谓的**双赤字现象**(twin deficits phenomenon)。① 这种现象指政府预算出现赤字的同时，经常项目也出现赤字。不过这不一定是一种常态。20 世纪 90 年代末期，美国政府预算出现盈余，但是却出现经常项目赤字。

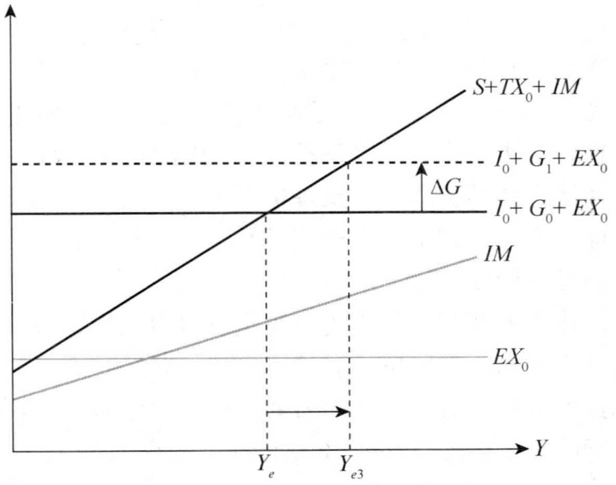

图 17-4　政府支出增加对产出水平的影响

如前面的例子所示，我们可以通过模型的代数式证明图形分析预测的结果。根据式 (17.7)，政府支出增加导致的产出变化等于

$$Y_{e3}-Y_e=\Delta Y=\frac{1}{s+m}(G_1-G_0)=\frac{1}{s+m}\Delta G \tag{17.16}$$

这里，OEM 大于 1，所以，产出的扩张要大于政府支出的增加。对这个现象的解释与我们在讨论出口增加的影响时所做的解释相同。政府支出增加会进一步促使商业扩张。

① 许多研究调查了双赤字现象，参见 Michel Normandin，"Budget Deficit Persistence and the Twin Deficits Hypothesis，" *Journal of International Economics* (1999)；Lori Leachman and Bill Francis，"Twin Deficits：Apparition or Reality，" *Applied Economics* (2002)；Jeffrey Frankel，"Could the Twin Deficits Jeopardize US Hegemony?" *Journal of Policy Modeling* (2006)；David Y. Chen，"Effects of Monetary Policy on the Twin Deficits，" *Quarterly Review of Economics and Finance* (2007)；Soyoung Kim and Nouriel Roubini，"Twin Deficit or Twin Divergence? Fiscal Policy，Current Account，and Real Exchange Rate in the U. S.，" *Journal of International Economics* (2008)；Mark J. Holmes，A Reassessment of the Twin Deficits Relationship，*Applied Economics Letters* (2010)。

通过式（17.9）、式（17.10）和式（17.16），我们可以求出政府支出上升对CAB的影响。

$$\begin{aligned}\Delta CAB &= \Delta EX - \Delta IM \\ &= 0 - m\Delta Y \\ &= \frac{-m}{s+m}\Delta G \end{aligned} \tag{17.17}$$

根据式（17.17），因为出口未变，所以CAB下降，但是，由于收入上升，所以进口支出也随着增加。

在第16章我们了解到，如果马歇尔-勒纳条件成立，一个国家货币的贬值或升值会让其CAB得到改善。本章我们假设这是成立的。现在将汇率引入模型。如果汇率变化，EX_0 和 IM_0 也随之变化。具体而言，假设出口 EX 上升，当 E 上升（即本币价值降低）时，进口支出中与收入无关的那一部分（IM_0）会下降。这是因为 E 的改变会令外国人对本国商品支付的价格降低，而本国居民购买的进口商品价格上扬。图17－3显示了出口销售上升带来的结果。在这里，产出增加是因为对经济的注入增加了。如果进口支出下降，收入流的漏损也会减少，这就会进一步刺激经济行为。① 因此，模型预测，一国本币的贬值可以促进该国经济活动的扩张。在某种情形下，这可能成为设计汇率变化的货币当局的政策目标。不过，如果这个国家已经达到或接近充分就业水平，贬值带来的总需求上升会导致通胀产生。

要达到内部和外部均衡，决策者可以选择财政政策和汇率政策两种手段。本节的例子说明，采取单一政策有可能令某一状态变好而另一状态变差。因此，为达成多个目标，决策者可能需要采取政策组合。首届经济学诺贝尔奖得主荷兰经济学家简·丁伯根（Jan Tinbergen）曾深入研究过这些问题，并设计出一条原则，称为**丁伯根法则**（Tinbergen rule）。② 丁伯根法则申明，要实现经济目标，一个国家选择的政策工具的数量至少要等于目标变量的数量，而且这些政策工具必须是相互独立的。也就是说，如果一个国家计划实现内部和外部均衡，至少需要采用两种政策工具。在下面的讨论中，我们假设政府会使用财政和汇率政策。

图17－5描述的是斯旺曲线（Swan diagram）。③ 横轴表示政府的支出水平（G）。政府支出是达成政策目标的工具之一。纵轴表示汇率（E）。汇率变化也是政策工具的一种。向上倾斜的曲线 EB 表示带来外部均衡的政府支出和汇率水平的集合。这是与CAB为零相对应的 G 和 E 的组合。向下倾斜的曲线 IB 表示带来内部均衡的政府支出和汇率水平的集合。两线的交点 O 代表国家达到内外部

① 本章练习中的第9题要求你绘制一个能够反映这种情况的图表。第10题也提供一个练习，用以计算产出增加的规模以及CAB的改善情况。

② 参见 Jan Tinbergen，*On the Theory of Economic Policy*，2nd ed.（Amsterdam，North-Holland，1959）。

③ 斯旺曲线最早由 Trevor Swan 构建，参见 Trevor Swan，"Longer-Run Problems of the Balance of Payments，" reprinted in Richard E. Caves and Harry G. Johnson，*Readings in International Economics*，Homewood，Ill.，Richard D. Irwin（1968）。

均衡的唯一的政府支出和汇率水平的组合。

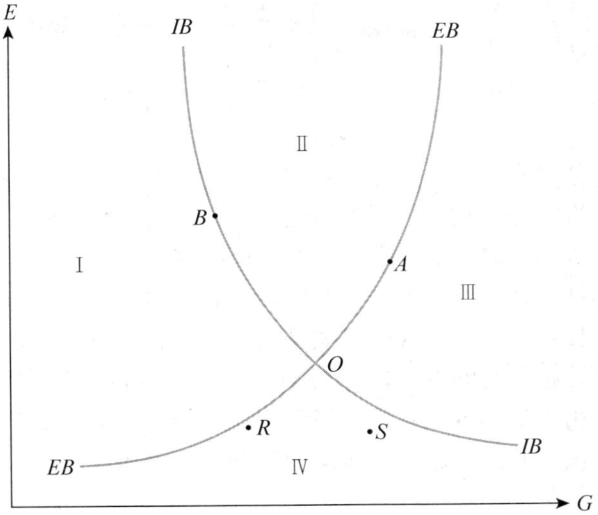

图 17－5　内外部均衡的斯旺曲线

为了充分理解斯旺曲线的意义，我们首先关注单条曲线。*EB* 为何向上倾斜？假设国家位于 *A* 点。因为国家在曲线上，所以其 CAB 等于零。假设现在政府支出增加。从模型中我们了解到，产出会增加，进口支出将上升。这意味着国家经常项目会出现赤字。要消除赤字，本币需要贬值。也就是说，*E* 必须上升。这个逻辑的意义在于，*EB* 的斜率必须为正值。讨论也说明了经济偏离 *EB* 曲线时所面临的情形。曲线右侧的点表示经常项目出现赤字。曲线左侧的点表示经常项目出现盈余。

曲线 *IB* 为何向下倾斜？假设国家位于曲线上，如 *B* 点。在这点上，经济处于内部均衡状态，即获得潜在产出，通胀率低并且稳定。现在假设 *E* 降低，则此国的货币变得坚挺，结果是进口商品价格下降，本国在外国市场的出口产品价格上扬。两相结合，国家将陷入衰退。为了回到新汇率下的内部均衡状态，政府支出必须增加。因而，*IB* 必须向下倾斜。线上的点表示内部均衡状态，线外的点表示国家面临经济困境。讨论指出位置低于曲线的点表示经济衰退，高于曲线的点表示通胀性繁荣。

考虑偏离 *EB* 和 *IB* 的所有点。斯旺曲线将这些点划分为四个区域。区域Ⅰ表示内部衰退、经常项目盈余状态。区域Ⅱ表示通胀性繁荣、经常项目盈余状态。区域Ⅲ表示通胀性繁荣、经常项目赤字状态。区域Ⅳ表示经济衰退、经常项目赤字状态。决策者很容易判定本国经济处于哪一个区域。斯旺曲线说明得很清楚，要达到 *O* 点，必须采取政策组合。也就是说，任何偏离内部和外部均衡的点，都可能令政府支出和汇率发生改变；对正确的政策组合的确认或许是个问题。

为进一步表述这一点，考虑处于区域Ⅳ的一个经济体。这个经济体同时经历经常项目赤字和经济衰退。问题是，决策者并不了解经济到底处在哪个位置，无法采用合适的政策组合来处理这些问题。经济可能处于 R 点或者类似 S 点的位置。在这两个位置上，本币贬值都是正确的汇率政策。E 的改变将会刺激出口，抑制进口。在这个过程中，经济将呈增长趋势。如果经济处于 R 点，则初始的衰退范围足够大，需要政府扩大支出来促使经济进一步扩张，以达到内外部均衡点 O。

如果经济处于 S 点，则扩张性财政政策会使经济偏离 O 点。在这种情形下，要获得内外部均衡，货币贬值政策必须与紧缩财政政策（G 点降低）相结合。

真实世界中的决策者永远会面临刚刚讨论过的经济问题。部分原因在于，关于当前经济状况的数据需要花费时间收集和分析。与此同时，经济状况或许已经发生变化。另外，我们的模型均属最理想状态。它们无法告知我们合适政策变化的实际范围和幅度。这些模型最多只能告诉我们应该采取的政策的大方向。最后，由于世界各国实施政策后会互相影响，决策变得更加错综复杂。所以说，尤其是面临共同问题时，各国的决策者应该随时会面，以协调各方采取的行动。

17.3 国际政策协调

1973 年布雷顿森林体系崩溃，世界上主要经济体开始采用浮动汇率制，部分原因是各国无法在一系列共同的经济政策上达成一致。德国和日本均担心，美国 20 世纪 60 年代末和 70 年代初期的经济政策扩张性太强。这些国家认为，汇率钉住美元意味着国家将被迫实施类似于美国的经济政策。体系崩溃后，这些国家和其他国家的货币对美元大幅升值。同年末，随着欧佩克石油禁运政策的出台，油价翻了两番，世界各国开始经历第一次油价冲击。这促使各国努力在国际范围内寻求更好的经济政策协调行动。

国际政策协调（international policy coordination）指几个国家同时协调经济政策的实施，以便实现共同的政策目标。经常是，某国可能不太愿意单独实施这些政策，但是，如果各国能够合作并按照承诺实施这些政策，则这些政策会带来利益。

当代政策协调的历史可追溯到 1975 年。当年，法国总统吉斯卡尔·德斯坦邀请意大利、日本、联邦德国、英国和美国等国家领导人到法国参加一个峰会。这几个国家代表当时世界上最大的工业化国家，称为 G6 组织。峰会议程包括对世界经济形势的讨论、探讨这些国家领导人可能采取的手段等，尽管峰会并没有制定任何行动纲领，但是，这些国家领导人以及加拿大总理可以继续每年举行峰会。

G7 峰会始于 1976 年，之后每年举行。1997 年，G7 变成 G8，俄罗斯总统被正式邀请参加峰会。多年来，经济形势变化繁复，其主要议题也相应更改。间或会有协议达成，以便采取具体行动。政策协调行动的一个例子是，为了使某一种货币贬值或升值，允许一组央行对外汇市场采取联合干预政策。全球视野 17-1 对一个著名的联合干预案例进行了讨论。

全球视野 17-1

广场协议

1985 年 9 月 22 日，来自美国、联邦德国、日本、英国和法国的代表出现在美国纽约广场酒店（Plaza Hotel）的一个秘密会议上，他们宣布了一项计划，通过联合干预外汇市场让美元贬值。这就是所谓的五国集团或 G5，它们对美国国会通过提高关税和配额限制美国进口的威胁作出回应。联合干预被视为通过美元贬值对国际贸易产品施加影响，以消除美国经常项目赤字。

经过 20 世纪 80 年代初期的升值，美元在 1985 年初开始贬值。但是，8 月和 9 月美元又有所回升。G5 的计划是让人们关注这样的观点，即基本的经济力量必须对美元贬值发挥作用。财政部部长们表示，美国稳健的经济增长须与其他国家强势的经济增长相结合。他们认为，市场汇率并没有反映出那些令美元贬值的力量，因此，他们表明意图——遵循宏观经济政策并实施联合外汇市场政策，使美元更接近其期望值。

广场宣言对市场的影响强烈。因为五国之间的秘密交易，故而广场宣言出乎人们的预期。宣言改变了市场参与者对五国政府未来政策的预期方式。具体而言，它暗示着美国政策的改弦更张，即从原来由交易员自由决定美元汇率，变成美国政府通过干预带来弱势美元。

由于交易员预期的作用，宣言后第二天，没有任何官方干预，美元即开始贬值。一旦干预开始，其贬值幅度会很大。

宣言后几个星期内，美元一旦产生回升的趋势，美联储便出售美元。10 月的第一周，美联储就以 1.99 亿美元兑换德国马克，2.62 亿美元兑换日元。其目的是使市场参与者确信，五国政府愿意让美元贬值。

广场协议出台的 1985 年 9 月 22 日经常被视为外汇市场历史上具有特殊意义的日子，原因是它对汇率的影响以及协议本身的公共性质。央行很少召开记者招待会来讨论其会议和政策计划。人们把这个公共宣言当作里根政府原来市场导向汇率政策的转折点，预示着需要通过新的国际政策协调机制达成国内政治和经济目标。

除了汇率目标，国际政策协调可能会涉及其他考虑到全球经济互相依赖特征的宏观经济目标。一个实例就是避免所谓的**以邻为壑政策**（beggar-thy-neighbor policy），即一国会贬值本币以刺激出口，抑制进口。如果其他国家也以贬值本币作为回应，那么，这一系列竞争性货币贬值行为将会以损人不利己的结局告终。所有的国家可能会一同承受贬值带来的高通胀率。通过国际政策协调，这类竞争性贬值行为应该可以规避，因为很显然，没有哪个国家单独实施这种以邻为壑的政策而获得成功。很多时候，政策协调被用作刺激某国向他国出口的手段。诸如德国或美国这样的大国已采取类似政策以刺激其进口。进口的增加反过来会刺激其他国家的经济增长。这有时被描述为**机车效应**（locomotive effect），大国如机车拉动整列火车一样，带动其他落后国家发展。

随着时间的流逝，更多的国家试图在经济峰会上发声。1999 年，一个新论坛创立，来自主要发达国家和发展中国家的财政部部长和央行行长按年度集会。这个论坛就是所谓的 G20。全球视野 17-2 对 G20 进行了详细的描述。

全球视野 17－2

G20组织

20世纪90年代，世界上发生多次金融危机，最著名的危机发生在几个发展中国家或新兴经济体中。[1]这些危机包括1994—1995年的墨西哥比索危机；1997—1998年的亚洲货币危机；1998年的俄罗斯危机以及1998—1999年的巴西危机。这些危机的起因大多类似。这些国家的汇率基本上与某一贸易伙伴挂钩，然后，汇率会受到交易员压力的影响，金融资本被撤出，最后不得不放弃固定汇率制。汇率一旦崩溃，由于收支影响或信贷缺失问题，本地出现破产潮，国家面临重大的经济衰退。为应对这些危机，G20组织应运而生，部分目的是让那些主要新兴经济体能够在全球经济讨论和治理中获得更多的话语权。

G20组织由19个国家的财长和央行行长加上欧盟组成。成员国包括阿根廷、澳大利亚、巴西、加拿大、中国、法国、德国、印度、印度尼西亚、意大利、日本、墨西哥、俄罗斯、沙特阿拉伯、南非、韩国、土耳其、英国和美国。此外，来自国际货币基金组织（IMF）和世界银行的领导人也是参与者。成员国占全球GNP的90%，世界贸易的80%。

1999年以来，G20成员国已经处理并在一系列问题上达成协议，包括经济增长政策、减少对金融体系的滥用、处理金融危机及应对恐怖主义等。2004年，G20成员国承诺实施一项针对税收问题的透明、信息互通的新的高标准。其目的是应对金融体系的滥用，消除诸如避税等非法行为。G20的目标还包括在与进一步推进经济全球化和国际金融体系相关的问题上，为成员国制定一套共同规则。

伴随着2008年的全球经济衰退，G20开始领军制定政策并扩大国际政策合作。2008年，G20峰会在华盛顿召开；2009年在伦敦和匹兹堡召开；2010年在多伦多和首尔召开，2011年在法国戛纳召开。这些峰会已经产生一系列有意义的、具体的成果。首先，金融规范得以大幅扩展。成员国已经达成协议，设计出一个可持续的、平衡的经济增长框架，以加强G20成员国的宏观经济合作，从而减少危机的影响。其次，通过IMF和世界银行雄心勃勃的治理改革方案，全球治理取得巨大进步，发展中国家的作用和需求得到关注。[2]

[1] 详情可参见“Lessons and Controversies from Financial Crises in the 1990s,” Country Note F in *Economic Growth in the 1990s: Learning from a Decade of Reform* (Washington, D.C.: The World Bank, 2005), online at http://www.worldbank.org/prem/lessons1990s/chaps/CnoteF_LessonsandControversies.pdf。

[2] 部分研究已经将个别政府观点差异的影响和重要性考虑在内。这些研究包括：Atish Ghosh, “International Policy Coordination in an Uncertain World,” *Economics Letters* (1986); Gerald Haltham, “International Policy Coordination: How Much Consensus Is There?” *Brookings Discussion Papers in International Economics* (1986); Torsten Persson and Guido Tabellini, “Double Edged Incentives: Institutions and Policy Coordination,” in *Handbook of International Economics*, ed. Gene Grossman and Kenneth Rogoff (Amsterdam: North-Holland, 1995); Pierpaolo Benigno, “A Simple Approach to International Monetary Policy Coordination,” *Journal of International Economics* (2002); Matthew Canzoneri, Robert E. Cumby, and Behzad T. Diba, “The Need for International Policy Coordination: What's Old, What's New, What's Yet to Come?” NBER Working Paper 8765 (February 2002)。关于协调可能不需要或无益的观点，参见Kenneth S. Rogoff, “A Vote Against Grandiose Schemes,” *Finance and Development* (2003)。

在发达国家经济下滑的阶段，人们对何种国际政策协调形式和范畴更加适合的讨论更加热烈。很多著名经济学家参与其中，但现实层面的难题是，不同的国家政府强调不同的问题，可能对当前的经济形势持有不同的观点。与典型的学术辩论比较，国际政策协议的制定过程更加复杂。学术研讨一般会假设各国政府对当前的经济问题持相同的意见，不同政策的实施有助于这些问题的解决。

21 世纪初，一个与国际经济政策有关的核心议题是美国大规模、持续增长的经常项目赤字，以及应该采取何种措施来降低这个赤字。至 2004 年初，赤字接近历史高点，即占美国 GDP 的 6.3%。如此大规模的赤字，大部分通过外国政府和央行购买美国政府债券来融资。有人认为，美国应该通过增加个人储蓄、减少政府预算赤字来提高储蓄率，以降低美国进口来减少经常项目赤字。其他人则坚信，是超量外国储蓄加速了美国经常项目赤字的增长，也就是说，其他国家的储蓄者被美国的投资机会所吸引，因此，美国的金融流入急速增长，导致金融账户盈余，经常项目赤字随之产生。

美国的经常项目赤字应该归咎于美国还是其他国家？人们热烈讨论应该采取什么措施来处理这个问题。有人认为，问题在于亚洲政府维持其货币对美元的固定汇率，这些国家因此累积了大量以美元计价的金融资产，还通过干预外汇市场来稳定其固定汇率。例如，在私有部门用美元兑换人民币时，中国政府就通过购买美元资产来维系人民币与美元的固定汇率。美国政治家呼吁中国政府允许人民币升值，让中国产品对美国消费者提价，从而降低美国对中国的赤字。针对此政策建议，评论家指出，汇率不会因此而变化很大，美国对中国的赤字降低的幅度会比许多人预期的小得多。中国官方则认为，中国经济尚不具备实施浮动汇率制的条件，如果人民币大幅升值，会对许多中国产业和工人造成危害。

这场争论指出了国家间协调经济政策的困难。一个国家居民眼中有益的政策在另一个国家居民的眼中可能贻害无穷。

本章小结

1. 一个开放经济体的宏观模型包括进口和出口。进口支出部分依赖于总体经济活动。

2. 开放经济体模型的均衡点出现在一个产出水平上，在这个产出水平上，以储蓄、税收和进口支出形式出现的漏损等于以投资支出、政府支出和出口形式出现的支出注入。

3. 根据模型的假设，均衡产出并不意味着 CAB 为零。

4. 支出注入水平的改变将导致产出的改变，改变的幅度为支出改变的规模乘以开放经济乘数（OEM）。此外，CAB 也随之变化，因为进口支出与产出相关。

5. OEM 等于 1 除以边际储蓄倾向和进口支出之和。

6. 在简化模型中，政府支出上升促使产出增加但 CAB 变差。

7. 在简化模型中，出口增加促使产出和 CAB 上升，但是，幅度不如出口高。

8. 内外部均衡对决策者而言是一个双重目标。内部均衡指国家获得充分就业水平，同时通胀率低。外部均衡指 CAB 为零。

9. 丁伯根法则认为，要实现政策目标，一个国家选择的政策工具的数量至少要等于目标变量的数量，而且这些政策工具必须是相互独立的。

10. 国际政策协调指的是几个国家同时协调经济政策，以便实现共同的目标。

练 习

1. 定义内部和外部均衡，用实例解释为什么对某一目标的追求可能会给另一个目标的实现带来困难。

2. 联合干预政策如何促进宏观经济政策的趋同？

3. 假设美国国会强制增加税收。利用本章的简化宏观模型预测此政策对产出水平和CAB的影响。

4. 假设中国允许其货币汇率浮动，对美国的出口大幅下降。这对中国的产出水平及其CAB会产生什么影响？采取何种政策可以令其产出回归到原来的水平？此政策对其CAB会产生什么影响？

5. 假设边际储蓄倾向是0.4，边际进口倾向是0.2。如果投资支出下降1 000万美元，国民收入的均衡水平会变化多少？开放经济乘数是多少？

6. 通过斯旺曲线表示，如果一个国家出现通胀性繁荣和经常项目赤字，哪种经济政策较适用？该经济体属于哪个区域？这个国家应该采取何种政策？其政策组合是否与同区域中的其他国家一样？为什么？

7. 一个经济体具有下列特点：

$s=0.15$　　$I_0=400$　　$G_0=TX_0=IM_0=0$

$m=0.05$　　$EX_0=600$

a. 求开放经济乘数。

b. GDP均衡水平是多少？

c. 假设出口上升200，GDP均衡水平会发生什么变化？解释之。

d. 假设由于关税，原先的进口支出中有500转换为等额的I的增加。这对GDP会产生怎样的影响？解释之。

8. 考虑下列经济数据：

$s=0.2$　　$m=0.2$　　$I_0=500$　　$G_0=250$

$TX_0=200$　　$EX_0=400$

a. 求开放经济乘数。

b. 此经济体的GDP均衡水平是多少？

c. 初始的CAB是多少？

d. 假设政府支出下降50。GDP均衡水平会怎样变化？CAB会怎样变化？

e. 从初始均衡点开始，假设出口上升50。GDP均衡水平会怎样变化？对CAB的影响是什么？

9. 由于货币贬值，EX_0上升到EX_1，自主进口支出从IM_0下降到IM_1。绘制图形，表示这些变化对GDP均衡水平和CAB的影响。

10. 考虑问题9中的经济体。运用模型的代数式计算由于贬值，Y和CAB的变化。

附录 17－1　蒙代尔－弗莱明模型

研究开放宏观经济行为的主要模型是蒙代尔－弗莱明模型（Mundell-Fleming model）。[①] 本附录将对此模型进行讨论，研究如何运用这个模型来理解在汇率行为的不同假设条件下，经济政策对一个经济体的影响。核心宏观经济政策工具包括财政政策（政府支出和税收）和货币政策（央行对货币供给的控制）。这些工具都可以用来获取宏观经济均衡。假设宏观经济均衡需通过经济体中三种均衡才可以达成：

1. 产品市场均衡：产品和服务的供给量与需求量等同。
2. 货币市场均衡：货币的供给量与需求量等同。
3. 国际收支均衡：经常项目赤字（盈余）等于资本项目盈余（赤字），官方结算余额等于零。[②]

我们通过一条总结各个市场均衡的曲线来分析宏观经济均衡。*IS* 曲线表示产品市场均衡。*LM* 曲线表示货币市场均衡。*BP* 曲线表示国际收支均衡。[③] 将这些曲线合并到一个图中，即 *IS-LM-BP* 图。三条曲线的交点即宏观经济均衡点。此处，国内利率 i 等于 i_e，国内国民收入等于 Y_e。下面将讨论每一条曲线的推导过程，如图 A17－1 所示。

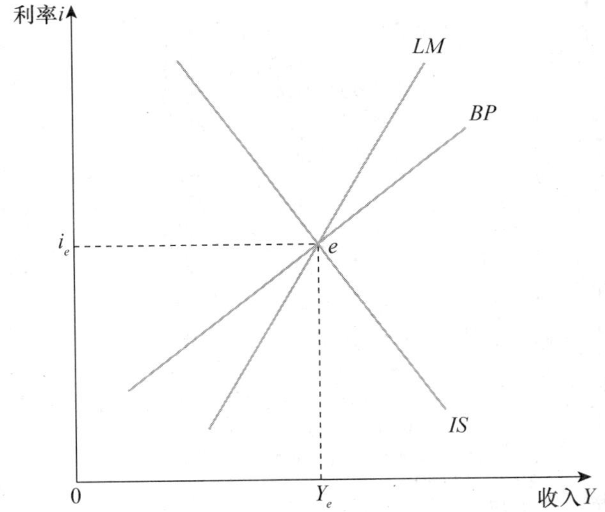

图 A17－1　产品市场（*IS*）、货币市场（*LM*）和国际收支平衡（*BP*）的均衡

---

① 这个模型以 20 世纪 60 年代开发类似模型的两位研究人员的名字命名。参见 Robert A. Mundell，"Capital Mobility and Stabilization Policy Under Fixed and Flexible Exchange Rates，" *Canadian Journal of Economics*（1963）；Marcus Fleming，"Domestic Financial Policies under Fixed and under Floating Exchange Rates，" *IMF Staff Papers*（1962）。蒙代尔因在这方面的工作获得 1999 年诺贝尔奖。此间研究文献非常多。一个有用的概述可以参见下列文献的第 8 章内容：Nelson C. Mark，*International Macroeconomics and Finance*（Malden，MA：Blackwell Publishers，2001）。

② 在本节中，我们使用术语"资本项目"来表示国际收支表中的资本和金融项目。

③ 这些标记是宏观经济学文献中的传统表示法。*IS* 代表投资和储蓄，是产品市场均衡的重要决定因素。*LM* 代表货币需求（*L*）和货币供应（*M*）。*BP* 代表国际收支平衡。

IS 曲线

首先，看看 IS 曲线。此曲线代表其他条件（如价格水平）不变时，实现产品市场均衡的 i 和 Y 的组合。产品和服务的产出与需求相等时，产品市场均衡产生。经济学原理指出，当经济体的支出“漏损等于注入”时，宏观经济均衡出现。具体而言，国内储蓄（S）、税收（TX）和进口（IM）代表没有花在国内产品和服务上的收入，即支出的漏损。注入收入流的支出包括投资支出（I）、政府支出（G）和出口（EX）。

如本章开始所述，下式成立时，均衡点出现：

$$S + TX + IM = I + G + EX \qquad (A17.1)$$

当支出的漏损等于注入时，从产品和服务生产中获得的收入价值与全部支出或产出需求量相等。图 A17－1 中的 IS 曲线表示，i 和 Y 的不同组合令式（A17.1）相等。现在讨论为什么 IS 曲线向下倾斜。

假设税收（TX）由政府确定，与收入水平无关，居民的储蓄额（S）和进口支出（IM）依赖于收入水平。国内收入越高，居民的计划储蓄和进口支出就越大。参见图 A17－2 的下图，$S+TX+IM$ 线向上倾斜。这表明，国内收入越高，储蓄、税收和进口额越大。假设投资支出（I）与国内利率相关，不随国内收入的变化而改变。这是因为投资支出由借贷资金偿付。出口由外国收入（即国外进

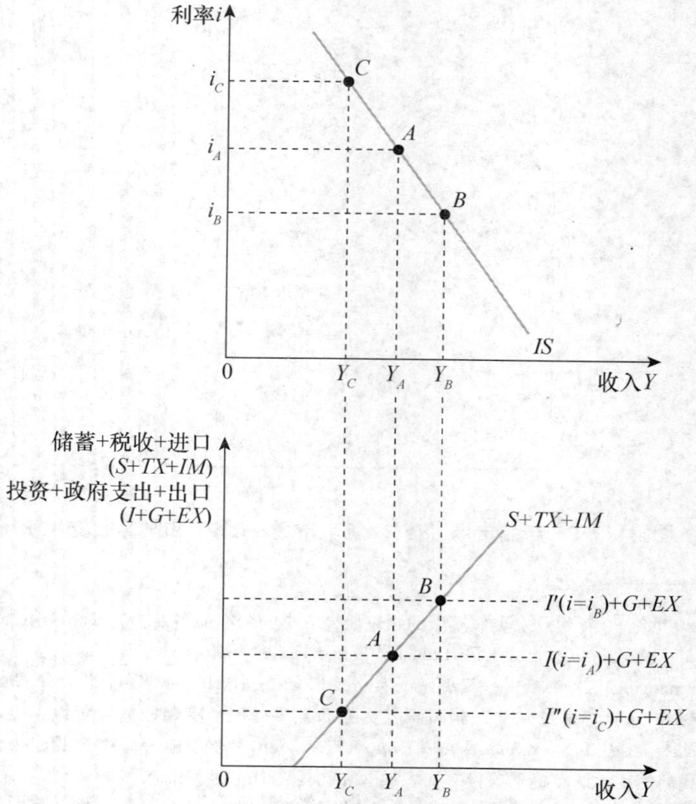

图 A17－2　**IS 曲线的推导**

口）决定。由于 I，G 和 EX 与当前的国内收入无关，图 A17－2 的下图中的 $I+G+EX$ 线呈水平状。

式（A17.1）表示当 $S+TX+IM=I+G+EX$ 时的均衡水平。图 A17－2 中下图的 A 点代表均衡收入水平为 Y_A 时的一个均衡点。上图的 Y_A 点与 IS 曲线上的 A 点一致。这一点也与特定的利率 i_A 相关。

要理解 IS 曲线为何向下倾斜，可以考虑当利率变化时结果怎样。假设利率下降。如果利率较低，多数潜在的投资项目会盈利（借款成本降低时，厂商对投资回报的要求亦降低），投资增长，如图 A17－2 中，$I+G+EX$ 线移动到 $I'+G+EX$ 线。在此高投资支出水平上，均衡收入水平上升到 Y_B。IS 曲线上的 B 点表示在较低均衡利率 i_B 和较高均衡收入 Y_B 条件下新的产品市场均衡。

最后，考虑利率上升后的情形。投资支出下降，因为借贷成本上升，潜在项目的盈利下降。低水平投资支出导致图 A17－2 中 $I+G+EX$ 线下移到 $I''+G+EX$ 线。新的均衡点 C 与收入水平 Y_C 一致。图 A17－2 的上图中，C 点对应均衡收入水平 Y_C 以及均衡利率 i_C。IS 曲线上的其他点与形成产品市场均衡的其他收入和利率组合对应。

我们必须记住，IS 曲线是在假设国内价格水平（和汇率）不变的条件下绘制的。国内价格水平的改变会导致产品国内价格与国外价格比率的变化。如果国内价格下降（利率不变），投资、政府支出、税收和储蓄不变，但是，因为国内产品比国外产品便宜，所以出口增加但进口减少。结果是 $I+G+EX$ 线向上移动，$S+TX+IM$ 线朝右下移动。这两部分调整均与更高的均衡收入水平对应。由于收入增加、利率不变，IS 曲线向右移动。国内价格水平的上升将使 IS 曲线向左移动。如果汇率上扬，价格水平不变，结果也是一样。

LM 曲线

图 A17－1 中的 LM 曲线表示当货币需求与供给相等时，不同的 i 和 Y 的组合。图 A17－3 显示了派生的 LM 曲线。左边表示货币需求曲线 M^d 和货币供给曲线 M^s。横轴衡量货币供应量，纵轴衡量利率。注意，M^s 为一条垂线。这是因为央行可以任意选择货币供给，与利率无关。实际选择的货币供给为 M_0。货币需求曲线向下倾斜，表示利率越高，货币需求量越低。

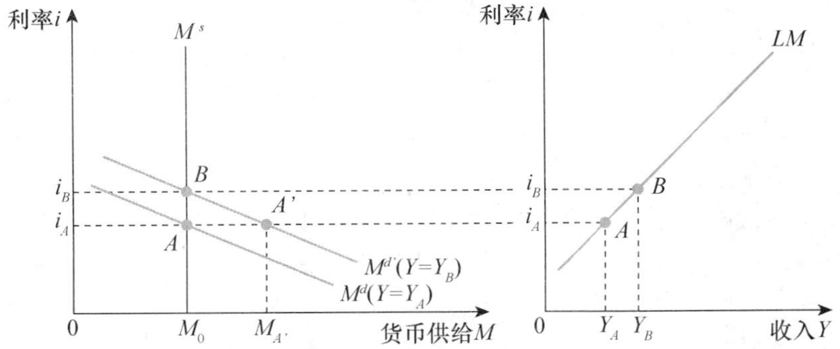

图 A17－3 LM 曲线的推导

利率和货币需求量之间呈反向关系是因为利率代表持币的机会成本。由于持币无息，因此，利率越高，与其他获息资产比较，人们持币需要牺牲的利息收益就越大，故而人们持币越少。

初始的货币市场均衡点在 A 点，利率为 i_A。货币需求曲线 M^d 按照给定的收入水平绘制。如果收入增加，货币需求会上升，即 M^d 会移动到 $M^{d'}$。既定利率水平下的货币需求会上升，因为收入水平越高，人们需要持有更多货币用于产品支出。

现在讨论为什么 LM 的斜率为正值。假设初始的均衡点为 A 点，此时的利率为 i_A，收入为 Y_A，如图 A17－3 所示。如果收入从 Y_A 上升到 Y_B，货币需求则从 M^d 上升到 $M^{d'}$。如果利率还是 i_A，则会出现货币需求过剩。可以用图A17－3的左图表示，当前的货币需求为 $M_{A'}$。收入上升后，货币需求为 $M^{d'}$。在利率为 i_A 时，货币需求曲线上的 A'点与更高的货币需求 $M_{A'}$ 对应。如果货币供给维持在 M_0，则会出现货币需求过剩，即 $M_{A'}-M_0$。超出现有货币存量的货币需求会推高利率，直到新的均衡点 B 点出现。这个新的均衡点与更高的利率 i_B 和更高的收入 Y_B 对应。A 点和 B 点出现在图 A17－3 右图的 LM 曲线上。LM 的其余部分反映了类似的利率和收入的均衡组合。

LM 是根据某个既定的货币供给量绘制的。如果货币供给量增加，则货币需求量必须上升以维持均衡。这就要求利率 i 下降，因此，LM 会右移。同样，货币供给量的下降将推高 i，从而使 LM 左移。

BP 曲线

图 A17－1 中绘制的最后一条曲线为 BP 曲线。此曲线代表生成国际收支均衡的 i 和 Y 的组合。曲线根据给定的国内价格水平、汇率和净外债绘制。均衡点出现在官方结算余额等于 0 处。只有当经常项目盈余（赤字）与资本项目赤字（盈余）相等时，均衡才会出现。图 A17－4 中展示了派生的 BP 曲线。图 A17－4 的下图中，CA 表示经常项目盈余，KA 表示资本项目赤字。CA 向下倾斜，因为随着收入增加，国内进口上升，经常项目盈余下降。假设资本项目由利率决定，与收入无关。因此，KA 呈水平状。当 CAB 与资本项目余额相等时，均衡点出现，官方结算余额为零。初始时，均衡点在 A 点，此点的收入水平为 Y_A，利率为 i_A。如果利率上升，国内金融资产会更加吸引外国投资者，资本项目赤字下降到 KA'。在原来的收入水平 Y_A 上，经常项目盈余会超过资本项目赤字，因此，收入必须上升到 Y_B 以达到新的均衡点 B 点。图 A17－4 的上图中 BP 曲线上的 A 点和 B 点表示，随着 i 上升，Y 必须提高以维持均衡。只有向上倾斜的 BP 曲线才可以在 i 变化时，使 i 和 Y 的组合与均衡点对应。

均衡点

经济体要获得均衡，需要所有的三个市场——产品市场、货币市场和国际收支都处于均衡状态。只有当 IS，LM 和 BP 三条曲线在同一利率和收入水平下相交于同一点时，均衡才能实现。图 A17－1 中，e 点为均衡点，出现在均衡利率 i_e 和均衡收入水平 Y_e 上。除非某些条件改变导致其中一条曲线移动，否则，均衡点会与一种状态保持对应，这个状态就是，生产的产品全部售出，货币需求等于货币供给，官方结算余额为零。

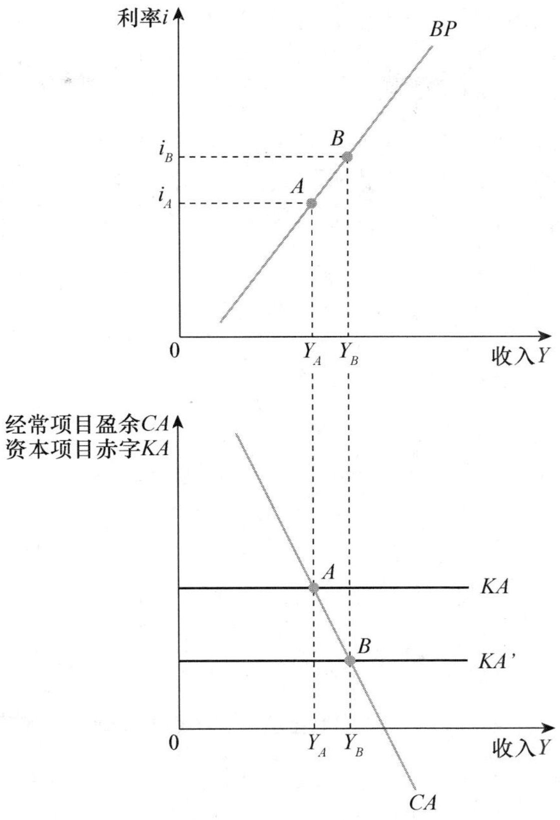

图 A17-4　*BP* 曲线的推导

固定汇率制下的货币政策

在推导 BP 曲线的过程中，我们假设国内的高利率会吸引外国投资者进入，从而使资本项目赤字降低。下面我们稍微简化这个模型，假设这个国家可以自由进入世界金融市场，而且国内和国外资产可以完全替代。如果资产可以完全替代，投资者的回报将完全一样。如果汇率固定，则意味着国内外利率相同。如果资本可以完全流动，则国内外利率的任何偏差会令投资者只持有高回报的资产。显然，在这种固定汇率制下，央行没有任何空间实施独立的货币政策。

图 A17-5 描述了这种状态。由于资产可以完全替代，BP 曲线在国内利率 i 与国外利率 i_F 相等时呈水平状。任何高于 i_F 的利率将会导致资本大量（无限）流入，因为对国外资产的需求降到零；利率低于 i_F 则引起资本大量外流，因为对国内资产的需求降至零。故而，只有在利率等于 i_F 时才能实现国际收支均衡。

假如央行增加货币供给，LM 曲线从 LM 移到 LM'。IS-LM 均衡点会从 e 点移动到 e' 点。e' 令产品和货币市场达到均衡，但是会出现大规模的资本外流和国际收支赤字。这将促使本币在外汇市场上贬值。要维系固定汇率，央行必须干预，通过出售外汇购买本币。对外汇市场的干预将降低本币供给，促使 LM 曲线移回原来的位置，以维系初始均衡点 e 点。如果资本完全流动，这种情形就会即刻发生，并且不会出现从 e 点偏离的现象。任何降低货币供给和使 LM 曲线左移的努力，只会给利率和干预行为带来相反的后果。

如果资本非完全流动，则短期内央行有机会改变货币供给。但是，要维系固定汇率，面对外国汇率固定不变的情形，必须实施完全反向的政策。基本上，过程需要循序渐进，而不是立竿见影。例如，图 A17－5 中从 e 点到 e' 点的移动可能需要一段时间（几周或者几个月）。随之发生的国际收支赤字的上升也可能会维持几个月。慢速调整的基本原因是，在短期内，国内利率随外国利率改变的能力是有限的。

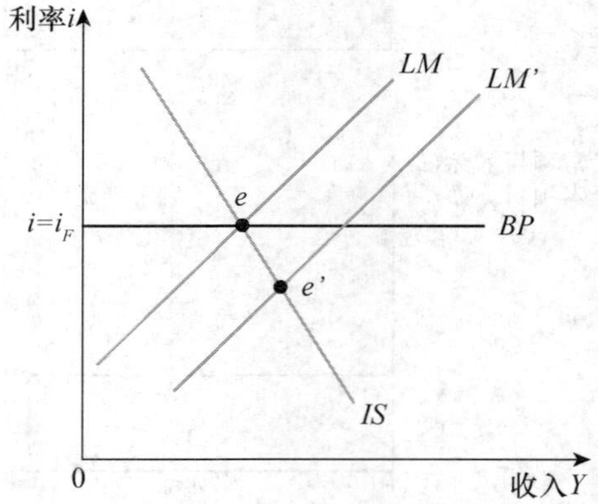

图 A17－5　资本完全流动和固定汇率制下的货币扩张行为

本节研究的要义是，在固定汇率制下，货币政策对经济产出的影响不是很明显。另外，金融资本流动性越强，货币政策对产出改变的影响越小。

固定汇率制下的财政政策

政府支出或税收的变化会使 IS 曲线移动。假设需要实施扩张性财政政策，图 A17－6 显示了其效果。如果汇率固定、资产完全替代、资本完全流动，则在 $i=i_F$ 时，BP 曲线呈水平状。政府支出的上升使 IS 曲线右移到 IS'。国内均衡点从 e 点移动到 e' 点，意味着更高的均衡利率和收入水平。由于 e' 点在 BP 曲线的上方，国内利率上升吸引外国资本流入，官方结算余额出现盈余。要防止本币升值，央行必须提高货币供给，用本币购买外币。货币供给增加将使 LM 曲线右移。如图 A17－6 所示，一旦货币供给的增加足以使 LM 曲线移动到 LM'，均衡点将出现在 e'' 点。注意，e'' 点使利率回到 i_F，不过，产出上升了。

后面的结果与上述的货币政策扩张有很大的差异。在固定汇率制和资本完全流动的条件下，货币政策看起来对收入水平的改变无能为力。这是因为在固定汇率制下，政府缺乏足够的空间实施独立的货币政策。相反，财政政策对收入的影响强烈，可以用来刺激国内经济的发展。

浮动汇率制下的货币政策

现在我们来研究一个汇率浮动和资本完全流动的情形。本节的分析与前面两节固定汇率分析的主要区别是，在浮动汇率制下，央行没有义务干预外汇市场以维系某一特定的汇率。没有干预，则经常项目盈余（赤字）和资本项目赤字（盈余）总是相等，官方结算余额等于0。此外，因为央行不需要通过干预市场来固

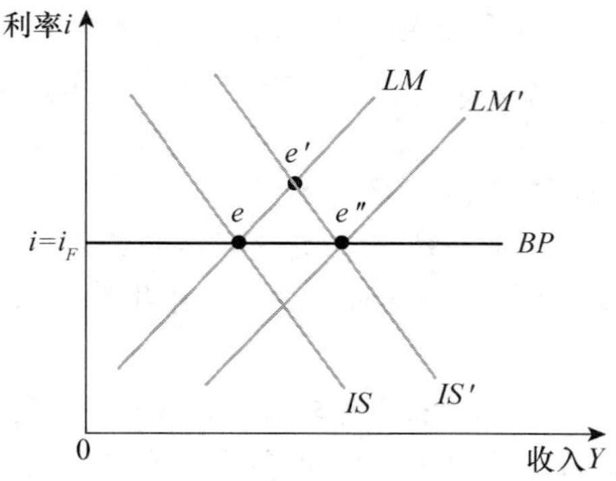

图 A17－6　资本完全流动和固定汇率制下的财政扩张行为

定汇率，货币供给能够根据货币当局的任何需要改变。浮动汇率制的拥趸认为，这类独立的货币政策是浮动汇率制的优点之一。

资产完全替代和资本完全流动的假设将使 $i=i_F$。当 $i=i_F$ 时，BP 曲线也呈水平状。只有在这个条件下，国际收支均衡才需要汇率变化以应对经济条件的改变。

汇率变化会令 IS 曲线移动。假设短期内，国内外产品价格固定不变，本币贬值令本国产品比外国产品便宜，从而刺激国内净出口。因为净出口是总支出的一部分，IS 曲线将右移。本币升值令本国净出口下降，使 IS 曲线左移。

图 A17－7 表示扩张性货币政策的效果。货币供给增加令 LM 曲线右移到 LM'。e'点的利率和收入水平将带来货币和产品市场的均衡，但是会引起大额资本项目赤字（以及官方结算赤字），原因是国内利率会低于 i_F。由于这是一个浮动汇率体系，通过将汇率调整到均衡恢复的水平，官方结算赤字可以规避。具体而言，来自官方结算赤字的压力会促使本币贬值。由于国内净出口上升，此贬值将令 IS 曲线右移。当 IS 移动到 IS'时，新的均衡点 e''点生成。在 e''点，收入上升，国内外利率趋同。

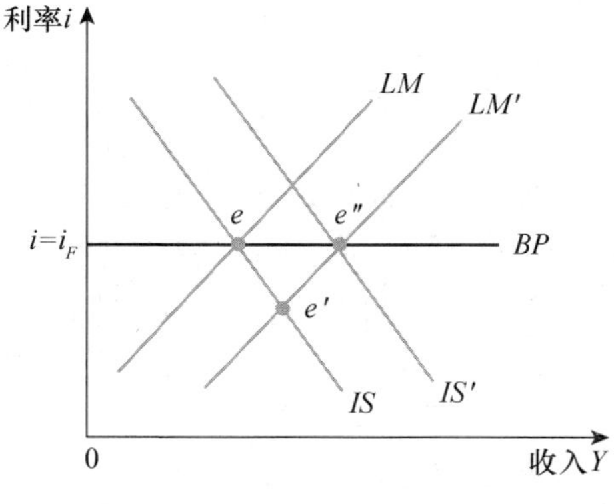

图 A17－7　浮动汇率制和资本完全流动条件下的货币扩张政策

如果货币政策是紧缩而非扩张，则结果相反。利率临时高企将使资本项目赤字下降，本币升值。随着本国净出口下降，IS 曲线将会左移，直到新的均衡点在一个更低的收入水平达成，原来的 $i=i_F$ 得以恢复。

与固定汇率制相反，浮动汇率制下货币政策可以改变产出水平。因为要通过调整汇率维持国际收支均衡，央行可以实施有别于他国的独立货币政策。

浮动汇率制下的财政政策

诸如减税或加大政府支出之类的扩张性财政政策会促使 IS 曲线右移。如前所述，如果汇率固定，类似的政策将使国内收入水平提高。而在浮动汇率制下，结果却大相径庭。

在图 A17－8 中，扩张性财政政策使 IS 右移到 IS'。此次移动会带来一个中间均衡点 e' 点。在 e' 点，产品市场和货币市场将达到均衡，但是，因 e' 点的利率较高，外国金融资本流入，导致官方结算可能出现盈余。由于浮动汇率可以调整以消除国际收支盈余，本币因此升值。此升值会减少国内出口，刺激进口；随着净出口额降低，IS 左移。一旦 IS 移回到初始位置，所有市场的均衡得以恢复。注意，最后的均衡点出现在初始的 i 和 Y 水平上。在浮动汇率制和资本完全流动的条件下，财政政策对产出水平的改变无效。

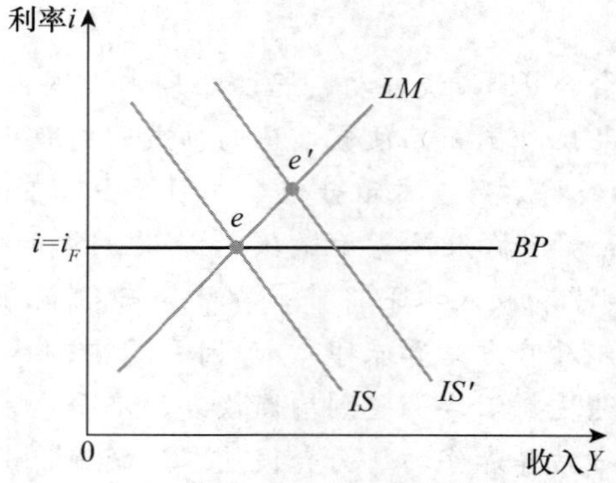

图 A17－8　浮动汇率制和资本完全流动条件下的财政扩张政策

参考文献

Bergsten, C. Fred. "Should G7 Policy Coordination Be Revived?" *The International Economy* (Fall 2003). Carlberg, Michael. *International Economic Policy Coordination*. Berlin: Springer, 2005.

Demirguc-Kunt, Asli and Luis Serven. "Are All the Sacred Cows Dead? Implications of the Financial Crisis for Macro and Financial Policies." World Bank Policy Research Working Paper No. 4807 (2009).

第 18 章 国际银行业务、债务与风险

本章主题

境外［离岸］银行业务源考
国际银行设施
境外银行业务
国际债务
国际货币基金组织的条件
腐败的影响
国家风险分析

外汇市场是一个货币交易市场。货币是支付商品和服务的一种手段，外汇市场的存在是为了促进国际支付。正如需要国际货币支付一样，还需要国际信贷和以不同货币计价的存款和贷款。国际存款和贷款市场通常称为**欧洲货币市场**（eurocurrency market），接受存款和发放贷款的银行通常称为欧洲银行。

欧洲货币市场和欧洲银行的前缀“欧洲”会形成误导，因为在一般情况下，描述的活动与境外银行（提供外币借款和贷款服务）有关，并不仅仅局限于欧洲。例如，欧洲美元市场最初是指美国以外的美元银行。欧洲日元市场是指在日本以外的以日元计价的银行存款和贷款。

欧洲货币市场的显著特点是，在银行交易中使用的货币一般不同于银行所在国家的国内货币。当然，这并非完全绝对。因为部分国际银行业务也可能会涉及本国货币。在涉及国内货币的国际银行业务产生时，这种业务会根据适合的规则从国内货币银行业务中分离出来。正如我们在下一节将介绍的，由于允许提供更有效银行服务的规则迅速增加，境外银行业务迅速增长。

18.1 境外［离岸］银行业务源考

欧洲美元市场始于20世纪50年代末。在此期间，某些欧洲银行开始接受美元存款，并承诺存款人有权以美元的形式取回其存款。虽然欧洲美元市场创立的原因和方式仍然备受争议，但其中有一部分是被大家共同认可的。鉴于美元的储备货币地位，唯一的合理解释是：第一个境外货币市场的发展是为了美元。有些人认为，社会主义国家是早期欧洲美元余额的来源。这些国家经常需要美元，但是因为害怕遭到报复，所以不想把美元存在美国银行。因此，它们存在英国和法国银行里的美元可能是欧洲美元的第一批存款。

除了政治因素的考虑，欧洲银行还是追逐利润的产物。银行通过以一种利率（存款利率）借入资金（从存款人那里），再以更高的利率（贷款利率）贷出这些资金的方式来赚钱。价差就是存款利率和贷款利率之间的差额。由于美国对国内银行监管严格，美国境外银行可以为客户提供比美国竞争对手更高的存款利率和更低的贷款利率。例如，法律要求美国银行以非生息储备的形式将其部分存款存放在美联储银行。因为欧洲银行基本上不受监管，储备额比美国同行小得多，所以它们可以提供的美元价差幅度更小。结果是，存款倾向于向海外流动，潜在的贷款客户也是如此。除了没有储备金的强制要求，欧洲银行还受益于其他措施，如不存在政府规定的利率控制，没有存款保险要求，没有政府授权的信贷分配，没有对新银行的进入限制（从而鼓励更高水平的竞争和效率），而且税率很低。不过，这并不意味着拥有欧洲银行的国家不会实施这些规定。我们观察到这些国家存在两套银行规则：对国内货币银行业务制定各种法规，但是，外币银行业务几乎不受监管。

图18-1描述了美国国内贷款与存款利率和欧洲贷款与存款利率之间的关系。该图说明，美国银行价差超过欧洲银行价差。欧洲银行能够提供比美国竞争对手更低的美元贷款利率和更高的美元存款利率。倘若不存在这些差别，欧洲美元市场可能不复存在，因为对美国居民来说，欧洲美元交易被认为比美国国内美元交易更有风险。这意味着，对于欧洲银行的存款供给而言，美国存款利率相当于给欧洲存款利率设定了一个下限，因为欧洲银行的存款供给对美国的存款利率具有完全弹性（如果欧洲存款利率降到这个利率以下，欧洲银行将不会获得任何美元存款。）。至于从欧洲银行贷款的需求，美国的贷款利率为欧洲贷款利率设定了一个上限，因为从欧洲银行贷款（美元）的需求对美国的贷款利率具有完全弹性（收费超过这个利率的欧洲银行会发现，市场对其贷款的需求下降到零）。

要比较美国与欧洲美元市场的实际贷款和存款利率，需要解决对哪个利率进行比较的问题。在欧洲美元市场，贷款利率通常以超过LIBOR多少个百分点报价。LIBOR指的是**伦敦银行同业拆放（借）利率**（London interbank offered rate，LIBOR），是大型伦敦银行每天早上互存或互相拆借的利率。每天上午

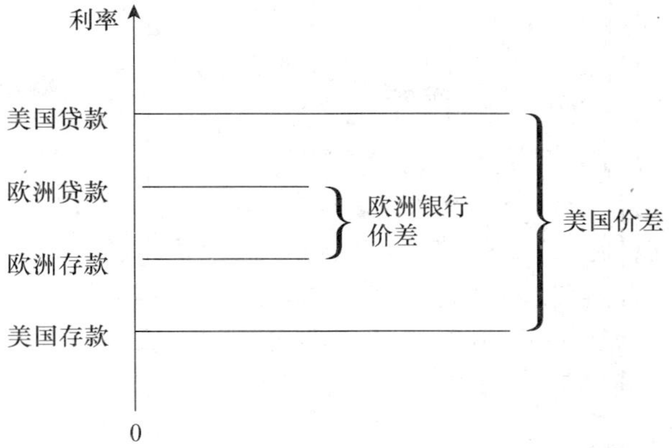

图 18-1　美国与欧洲银行的价差比较

11 点（伦敦时间），英国银行家协会（BBA）会给每一种主要货币的 LIBOR 设定一个值。LIBOR 是确定世界各地利率的核心利率。例如，某种货币的可变贷款利率可能设定在 LIBOR 加上 2%的水平上并每年调整。因此，每年一次，贷款的利率将调整为 LIBOR 的现值并加上 2%。

LIBOR 每日的价值由成员银行决定，这些银行凭借其声誉、在伦敦市场的业务水平以及货币方面的专业水平得以遴选。在每个工作日的上午 11 点前，每家银行将公布其通过接受 LIBOR 成员银行以外的银行同业拆放（借）利率，能够借到的合意的规模资金的利率。将利率按顺序排列，取最中间的一半数据（去掉前面的 1/4 和排在后面的 1/4），进行算术平均，此平均数就是当天的 LIBOR 值。

英镑和以下九种货币的 LIBOR 值每日固定：加拿大元、丹麦克朗、欧元、美元、澳元、新西兰元、日元、瑞典克朗和瑞士法郎。每一种 LIBOR 值的到期日每一天都设定，有隔夜、两天、一周、两周以及 1～12 个月。美国商业票据利率被认为是与 LIBOR 最具可比性的国内利率。欧洲美元存款利率与美国大额存款证（CD）利率最具有可比性。

我们发现，一种特定货币的外部利率受到其国内价差的约束。不过，有了资本控制，这种情况可能不复存在。对国际资本流动的控制举措，可能包括外国贷款和存款的配额或对国际资本流动征税。例如，如果瑞士要限制外国资金流入，那么我们可能会看到这样一种情况，瑞士国内的存款利率超过其他国家瑞士法郎的存款利率。虽然外国人更愿意将其瑞士法郎存款放在瑞士银行，以赚取更高的利息，但是限制资本流动的法律禁止了外国人的这种行为。

当人们感到私人财产权遭受威胁时，也可能会产生反常的利率关系。如果美国威胁将没收外国存款，资金往往会离开美国，转向外部美元市场。这可能造成欧洲美元存款利率低于美国存款利率。

一般来说，风险对国内价差的作用超过对外部价差的作用。在国内市场，政府机构会帮助确保国内金融机构的良好业绩，而欧洲货币市场基本上不受监管，缺乏中央银行的支援。如果投资基金受货币标价国家（当要还款的时候）和存款银行的国家控制，国际交易还会存在另一种风险。例如，如果一家美国公司在一个中国香港银行有美元存款，当它想提取这些美元时——假如要偿还中国台湾的债务——该交易可能受到两方面的政府干预。其一，中国香港可能不会让外汇自由汇出。其二，美国可能会控制本国流出的美元，使香港银行难以买到所需的美元，以填补提取资金留下的空洞。应该承认，即使国内和外部的存款与贷款利率因风险有所不同，所有利率最终也会趋向一致。当国内美元利率上升时，外部利率也将上升。全球视野 18－1 分析了在 2008 年金融危机期间，LIBOR 如何对与同业拆借有关的信用风险急剧上升做出反应。

全球视野 18－1

金融市场的黑天鹅事件

本文将 LIBOR 定义为同业拆借利率。这意味着一家银行将以 LIBOR 利率贷款给另一家银行。如果银行担心自己借给另一家银行的款项不能偿还，结果会怎样？答案是利率会上升，以反映与贷款相关的更高风险。2008 年金融危机期间，同业拆借利率上升到历史高位，人们称之为黑天鹅事件。“黑天鹅”这一术语源于历史。因为欧洲人只看过白天鹅，所以他们以为天鹅皆白色。直到 17 世纪，澳大利亚黑天鹅被发现催生了“黑天鹅”这一术语，用来表示意料之外的罕见事件。

2008 年，人们断言金融市场发生了黑天鹅事件。2008 年 9 月，投资银行雷曼兄弟的破产请求得到政府获准。众所周知，和许多其他金融机构一样，雷曼兄弟发放的贷款与其价值严重脱节。雷曼兄弟的信誉已经成为明日黄花。然而，人们认为某些机构“太大而不能倒”，政府应该给予资助以便使其履行它们对其他公司的义务。2008 年初，另一家大公司贝尔斯登也发生了同样的情况。随后，美国政府向贝尔斯登提供贷款，并协调将其出售给 J. P. 摩根公司，以避免贝尔斯登破产，并确保该公司不再拖欠他人的债务。但是，美国政策制定者却决定允许雷曼兄弟破产并免除其义务。

2008 年 9 月 15 日，雷曼兄弟宣布破产。随后，由于每一家银行都担心其他银行对个人和公司的贷款有可能发生违约情况，因此，同业拆借市场的信贷风险急剧上升。LIBOR 大幅上升就是对此信贷风险的反映。TED 价差，即三个月的 LIBOR 利率和三个月的美国短期国库券利率之间的差额，是流行于同业拆借市场的信贷风险度量指标。由于美国政府违约的概率基本为零，所以美国国库券属于无风险资产。图 18－2 说明，在雷曼兄弟违约前后，TED 价差发生了怎样的变化。TED 价差大约是 1%，在 9 月 15 日雷曼兄弟宣布破产的前几天开始上升。即使政府的政策是把大量货币注入市场，尽力缓解由于银行间互相拒绝借贷而导致的银行资金困难问题，利率还是在持续不规则地攀高。随着 LIBOR 的上扬，银行转而向政府求助，而不是依靠彼此来获得短期融资。TED 价差最终攀升到 4.50%——这是真正的黑天鹅事件。

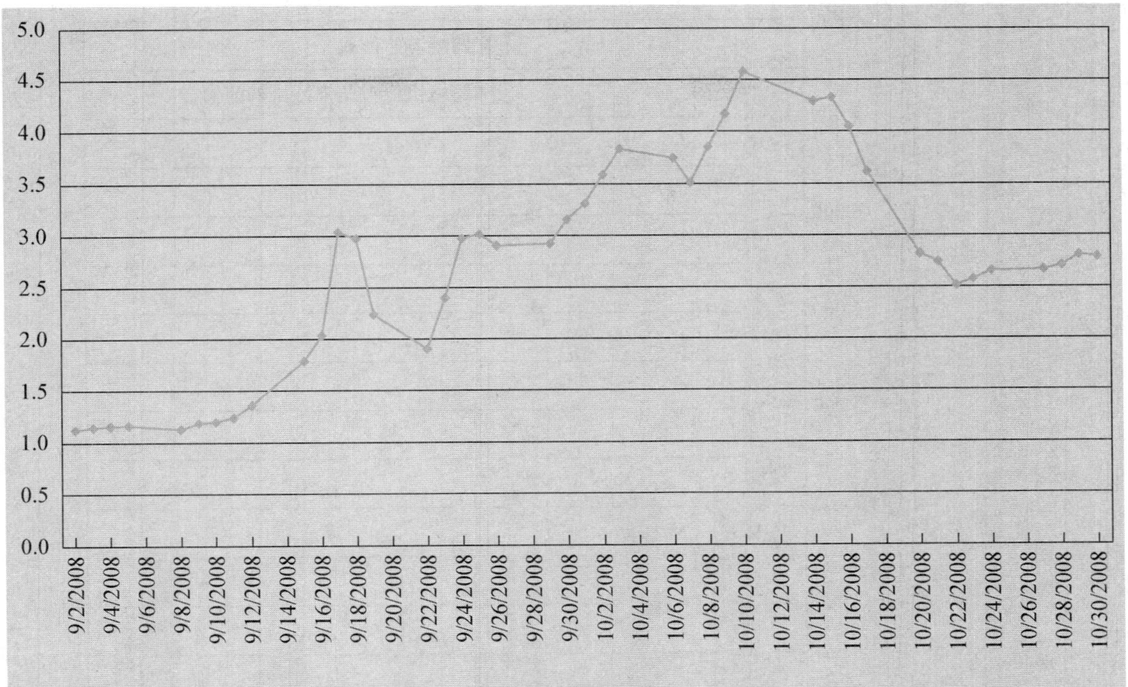

图 18－2　TED 价差

随着时间的推移，为处理其他主要的国际货币问题，不少重要的外部市场得以构建。但是，与欧洲美元的业务活动价值（指美元的离岸银行业务）相比，其他货币市场基本上是小巫见大巫。

图 18－3 说明了不同国家银行持有外国资产的状况。英国在国际银行业务中发挥的作用十分明显。注意该图对不同的银行资产类型进行了区分，包括对外国人的总索偿权和非银行机构的信贷。银行同业拆借是其在他国银行持有的存款额。如果要了解非银行借款人的实际信用额度，必须扣除银行之间的同业活动，并重点关注非银行机构的信贷。图 18－3 显示了银行同业拆借市场在国际金融业务中的巨大规模。在本章后面部分，我们将提供一个银行同业存款与向非银行机构授信的例子。

18.2　国际银行设施

1981 年 12 月，美联储允许美国银行在本国参与欧洲银行业务。在此之前，从事国际银行业务的美国银行通过其境外分行处理贷款和存款业务。许多地方（像开曼群岛或巴哈马这样的地方）的“壳”分行不过是一个小办公室加一部电话而已。然而，通过这些地点处理贷款和存款，美国银行可以规避那些适用于正常美国银行的法定储备金要求及利率法规等。

1981 年 12 月，**国际银行设施**（international banking facilities，IBF）在美国得

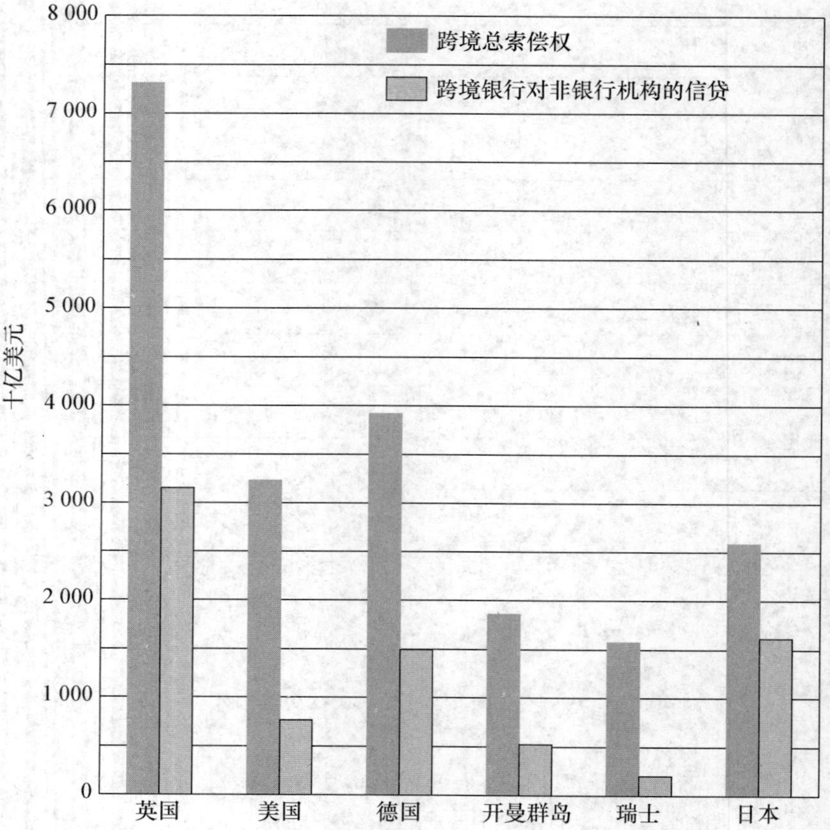

图 18－3　存款行的外国资产（按国家排列）

资料来源：Bank for International Settlements，Basel. 数据是 2008 年 3 月的：http://www.bis.org/publ/。

以合法化。① IBF 不再具有银行的实体设施。相反，它们仅要求现有银行通过另一套簿记，对 IBF 提议并允许的存贷款进行记录。IBF 也可以接受非美国公民或其他 IBF 国家公民的储蓄并向他们发放贷款。这些存贷款与银行的其他业务分开管理，因为 IBF 业务不受法定储备金、利率法规或者联邦存款保险公司存款保险金的约束，而这些约束适用于常规的美国银行业务。

IBF 的目标是，允许美国银行在无须使用离岸银行机构的状态下与海外银行竞争。IBF 的位置一般都可以反映银行业务地域。不足为奇，作为国家的金融中心，纽约州承担了超过 75%的 IBF 存款。此外，拥有大量 IBF 业务的州包括加利福尼亚州和伊利诺伊州。IBF 得到审批后，美国的几个州通过对 IBF 业务征收低额税款或免税的方式，鼓励 IBF 业务的开展。IBF 业务量也是对先前国际银行

① 对导致 IBF 建立的事件与争论的描述，参见 K. Alec Chrystal，"International Banking Facilities，" *Federal Reserve Bank of St. Louis Review*（April 1984）；Sydney J. Key and Henry S. Terrell，"International Banking Facilities，" in *International Banking and Financial Centers*，ed. Yoon S. Park and Musa Essayyad（New York：Kluwer，1988）；Michael H. Moffett and Arthur Stonehill，"International Banking Facilities Revisited，" *Journal of International Financial Management and Accounting*（1989）。

业务的反映，与其他州的业务活动水平相比，纽约位居前列。

18.3　境外银行业务

欧洲货币市场处理的资金量巨大无比。由于银行同业交易的重要性，市场总量夸大了非银行储户和非银行借款人之间中介资金总额的实际业务量。为了衡量欧洲银行的实际授信额度，我们使用市场的净规模，即从总存款或现有贷款总额中减去银行同业业务量。为了理解欧洲美元业务的总量和净额之间的差异，请看以下示例。

例 1

假设有一家美国公司 X，为了赚取更高的存款利息，它将存于美国银行的 100 万美元转移到欧洲银行。表 18－1 显示了此交易的 T 账户分录。美国银行现在对欧洲银行 A 负债 100 万美元（记录在资产负债表的右侧）。因为这 100 万美元存款的所有权已经从 X 公司转移到欧洲银行 A。欧洲银行 A 将交易记录为，在美国银行拥有以存款形式储备的 100 万美元资产，以及对 X 公司的 100 万美元负债。现在，假设欧洲银行 A 没有客户借出这 100 万美元（美国），但另一家欧洲银行 B 有这样的借款人。欧洲银行 A 会把这 100 万美元存到欧洲银行 B，赚取的利息超过为 X 公司这 100 万美元必须支付的利息。表 18－2 显示，欧洲银行 A 在欧洲银行 B 存入款项后，美国银行现在欠欧洲银行 B 一笔美元存款，这笔欠款作为欧洲银行 B 的资产，与 B 对 A 的 100 万美元负债持平。

表 18－1　X 公司在欧洲银行存款 100 万美元

资产		负债
	美国银行	
		应付欧洲银行 A 100 万美元
	欧洲银行 A	
在美国银行有 100 万美元存款		应付 X 公司 100 万欧洲美元存款

表 18－2　欧洲银行 A 在欧洲银行 B 存款 100 万美元

资产		负债
	美国银行	
		应付欧洲银行 B 100 万美元
	欧洲银行 A	
在欧洲银行 B 有 100 万欧洲美元存款		应付 X 公司 100 万欧洲美元存款
	欧洲银行 B	
在美国银行有 100 万美元存款		应付欧洲银行 A 100 万欧洲美元存款

最后，在表 18－3 中，欧洲银行 B 给 Y 公司贷款。现在，美国银行已经将其存款负债转让给 Y 公司。（注意，在欧洲美元交易后，无论美元何时花费，实际美元必须来自美国。只有美国创造美元，欧洲美元市场只是充当中介角色。）市场的总

体规模记为欧洲银行的总存款 200 万美元（欧洲银行 A 和 B 各 100 万美元）。市场的净存款是总存款减去银行同业间存款，所以这是对非银行美元用户的授信的衡量方式。在此例中，欧洲银行 A 在欧洲银行 B 存入 100 万美元。如果从欧洲银行存款总额 200 万美元中减去这笔同业存款 100 万美元，我们发现市场的净规模变成 100 万美元。这 100 万美元是从非银行机构贷款人流动到非银行机构借款人的信贷值。

表 18 - 3　欧洲银行 B 借给 Y 公司 100 万美元

资产		负债
	美国银行	
		应付 Y 公司 100 万美元
	欧洲银行 A	
在欧洲银行 B 有 100 万欧洲美元存款		应付 X 公司 100 万欧洲美元存款
	欧洲银行 B	
给 Y 公司贷款 100 万美元		应付欧洲银行 A 100 万欧洲美元存款
	Y 公司	
在美国银行有 100 万美元存款		应付欧洲银行 B 100 万美元贷款

由于欧洲美元市场的交易量如此巨大，经济学家和政客经常关心欧洲美元市场对国内市场的影响，这情有可原。在美国，欧洲美元存款包含在货币供应量的 M2 定义中。美国货币供应量的衡量是用来估计公众消费的可用资源的。欧洲美元不是直接消费型货币，而是货币替代品，如国内银行的定期存款。因为欧洲美元不能作为一种支付手段，所以欧洲银行无法像国内银行那样创造货币。欧洲银行不过是中介而已。它们接受存款，然后将之贷出。

尽管欧洲美元没有支付手段，它仍然可能对国内货币业务产生影响。对于缺乏高效货币市场的国家而言，进入非常有效率和竞争激烈的欧美市场可能会减少对国内货币的需求。居民可以选择将资金转移到欧洲美元市场，而不是持有国内货币，这样可以获得富有竞争性的由市场决定的收益。

对最大限度提高存款和贷款利率之间的价差，所有银行都青睐有加。在这方面，欧洲银行与国内银行毫无二致。所有银行都对与其资产和负债相关的管理风险倍加关注。像所有中介机构一样，欧洲银行倾向于短期借款和长期贷款。因此，如果存款负债大幅减少，短期内我们会看到存款利率极速上升。将存贷款期限相匹配的优点是：存款和贷款可以同时到期，银行可以更好地应对存款或贷款需求的变化。

欧洲货币市场的固定存款期限可以从几天一直到几年，尽管大多数不足 6 个月。存单被认为是最接近欧洲货币存款的国内金融工具。

欧洲货币市场的贷款期限可达 10 年以上。欧洲货币贷款利率通常根据 LIBOR 设定。回顾一下，LIBOR 是为了方便伦敦大型银行间贷款而设定的。以 LIBOR 定价的贷款需定期调整利率，如 3 个月调整一次。这些可调利率有助于减少银行利率风险。

大额贷款通常由欧洲银行集团发放。该集团以领头或经办银行为首，希望参与贷款的其他银行将加入该集团，并为贷款提供融资。通过允许银行降低其对单项贷款的参与水平，银行可以涉及更多的贷款项目，利用这种多样化来降低风险。

18.4 国际债务

国家政府有三种方式对其支出融资：税收、货币创造和债务。各国政府都在不同程度上使用这些方式，每一种方式都存在过度使用的潜在问题。税收一直饱受诟病，货币创造可能会迅速带来更高的通货膨胀水平。因此，政府往往诉诸债务。

通过债务融资需要政府发行债券。这些债券的买家获取利息，并在到期日收回债券本金。许多发展中国家面临的问题是，在本国市场它们的债券需求有限。因此政府经常需要在国际市场上以**主权债务**（sovereign debt）的形式筹集资金。这种方式通常要求国家发行的债务以外国货币结算。因此，如果债务以美元计价，则借入国在出售债券时会收到美元。但是，之后它必须用美元支付利息和偿还最终债务。只要借入国的货币和美元之间的汇率保持稳定，国家拥有足够的能力在未来用通过国际贸易赚取的美元来偿还债务，这套系统就会运行良好。如果其中一个条件发生变化，就可能会出现债务危机。

拉美债务危机是债务危机的一个例子。20 世纪 70 年代，由于欧佩克国家在欧洲银行存入巨额美元，银行里充斥着**石油美元**（petrodollars）。反过来，这些银行将欧佩克国际收支盈余产生的美元大部分借给发生赤字的发展中国家。（这种模式通常称为石油美元的循环。）贷款发放时，发展中国家显然要承受信用风险。发展中国家的出口商品价格高，没有人能够预测 80 年代初会发生全球经济衰退。债权银行期望贷款能够用这些国家的出口盈利偿还。80 年代初，随着发达国家收入和需求的下降，债务国开始面临产品需求下降的问题。与此同时，由于美元利率上升，其债务利息也随着增加。到 1982 年，发展中国家发现自己过度举债，其中的许多贷款无法偿还。表 18－4 显示了债务危机期间，LDC（欠发达国家）面临的外债规模的估计值。

表 18－4　国际债务危机期间的外债/出口比率
（平均外债总额占商品出口、服务和私人转移支付的百分比）

国家	比率（%）					
	1982 年	1984 年	1986 年	1989 年	1991 年	商业银行未决索偿权，1988 年末（十亿美元）
阿根廷	405	461	536	537	433	30.4
巴西	339	322	425	302	325	67.6
智利	333	402	402	188	154	11.0
哥伦比亚	191	254	198	208	168	6.0
厄瓜多尔	239	259	333	392	363	5.5
墨西哥	299	292	413	264	224	63.4
尼日利亚	84	158	300	390	257	6.7

续前表

国家	比率（%）					
	1982年	1984年	1986年	1989年	1991年	商业银行未决索偿权，1988年末（十亿美元）
秘鲁	269	356	497	432	484	5.3
菲律宾	269	309	308	226	216	10.8
委内瑞拉	84	158	322	212	187	26.6

资料来源：数据来自 *World Debt Tables*，*1989-1990*，First Supplement（Washington，D.C.：World Bank，1990）；*World Development Report*（New York：Oxford University Press，1993）。

回顾一下，出口是为了提供偿还债务所需的外汇收入。考察表18-4中的外债/出口比率，可以发现许多国家陷入困境。阿根廷或巴西处理现有债务（履行其债务义务）的唯一出路就是借入更多款项，直到其出口收入增加和/或利率下降，降低利息支付（记住，这些是可变利率贷款）。如果债务实在太过繁重，则可以进行**债务重组**（debt rescheduling）。债务重组是指就贷款条款——延期和延长本息偿还进行重新谈判。

至此，以上讨论表明，许多发展中国家无力在世界市场上出售以本国货币计价的债券。如果由于某种原因，这些国家无法继续支付利息和/或偿还这些贷款，就会出现危机。就像第17章讨论的一样，随着墨西哥、东亚、俄罗斯、巴西和土耳其出现问题，金融（或债务）危机成为20世纪90年代和21世纪初一个反复出现的问题。这些都是发展中国家或新兴市场经济体活生生的实例。发达国家也经常发行主权债务，这些贷款通常被认为安全性较高。然而，现实却并非一直如此。全球视野18-2讨论了在欧元区新出现的危机。

全球视野18-2

欧元区危机

在撰写本书初稿时，欧元区的一些欧洲国家发行更多主权债务的能力出现了问题。欧元区国家发行的债务以欧元计价，而这些欧洲国家没有能力印出更多欧元来偿还这些债务。欧洲央行（ECB）负责欧元区所有国家的货币政策。欧元区内任何一个国家发行债务时，由金融分析师评估该国偿还其债务的能力，因此该区域内的不同国家债务的利率可能会有所不同。自2008年以来，尽管其他欧元区国家的借款成本已经下降，但是希腊、爱尔兰、意大利、葡萄牙和西班牙等国的债券利率仍大幅上涨。图18-4提供了2000年1月至2011年11月四个成员国的短期国库券利率。[1]

如图所示，在2000—2011年的大部分时间里，即使利率有升有降，这四国政府的借款利率都大致相同。然而，在早期，希腊不得不支付更高的利率。这是因为希腊直到2001年才成为欧元区成员国。在此之前，其债务以当地货币德拉克马计价。一旦正式加入欧元区，其借款成本便与其他成员国一致。希腊政府利用当前的较低利率大量借款。2008年，欧洲国家开始受到大萧条的影响，希腊首当其冲。金融市场开始质疑希腊政府偿还债务的能力，其债务利率被拉高。2010年，欧元区各国政府同意给希腊提供资金，帮助其处理债务问题。希腊也向国际货币基金组织（IMF）申请贷款。但这笔资金不足以减少市场恐惧。在撰写本文时，对希腊债务进行重组的谈判正在紧锣密鼓地进行，其目的是让债权人同意接受原先借给希腊的贷款的部分损失。

作为欧元区的初始成员国，西班牙曾经历经济繁荣，这要归功于国内利率的大幅下跌。随后是住房价格攀升，建筑业欣欣向荣。然而，类似美国的悲剧却在此国重新上演，房价开始下跌，西班牙陷入一场大衰退。这场经济衰退导致税收收入大幅下降，政府财政赤字上扬。由于缺乏通过发行货币来支付债务的能力，西班牙政府必须增加借款。无独有偶，金融市场开始质疑西班牙偿还政府债务的能力。如图显示，西班牙的利率也在攀升。希腊和西班牙以及欧元区承受财政压力的其他国家所面临的共同问题是，它们需要在世界市场上赚取额外的欧元以偿还债务。唯一途径是加大出口。为快速扩大经常账户，这些国家的产品竞争力必须高于其他国家的产品。正如我们在第 16 章看到的，如果这些国家控制了本国货币，它们会使之贬值。然而，此法对欧元区成员国却不可取。相反，生产成本——在很大程度上由工资构成——必须削减。这似乎变成这些国家短期内面临的情形。

相比之下，德国经济对大衰退的化解方式有口皆碑。房价平稳，银行业安全。而且，德国出口迅速扩张，其中大部分流向欧元区的其他成员国。如图所示，即使其他成员国的债务利率上升，德国的债务利率依然表现平稳。在起草本文时，这种借贷成本背离已经对欧元区的持续生存产生了巨大压力。当然，现在判断欧元区能否以及如何继续生存为时尚早。

[1] 由于缺失一些数据，图中显示的德国数据是货币市场利率。在此期间，图中这个利率和国库券的利率几乎是相同的。

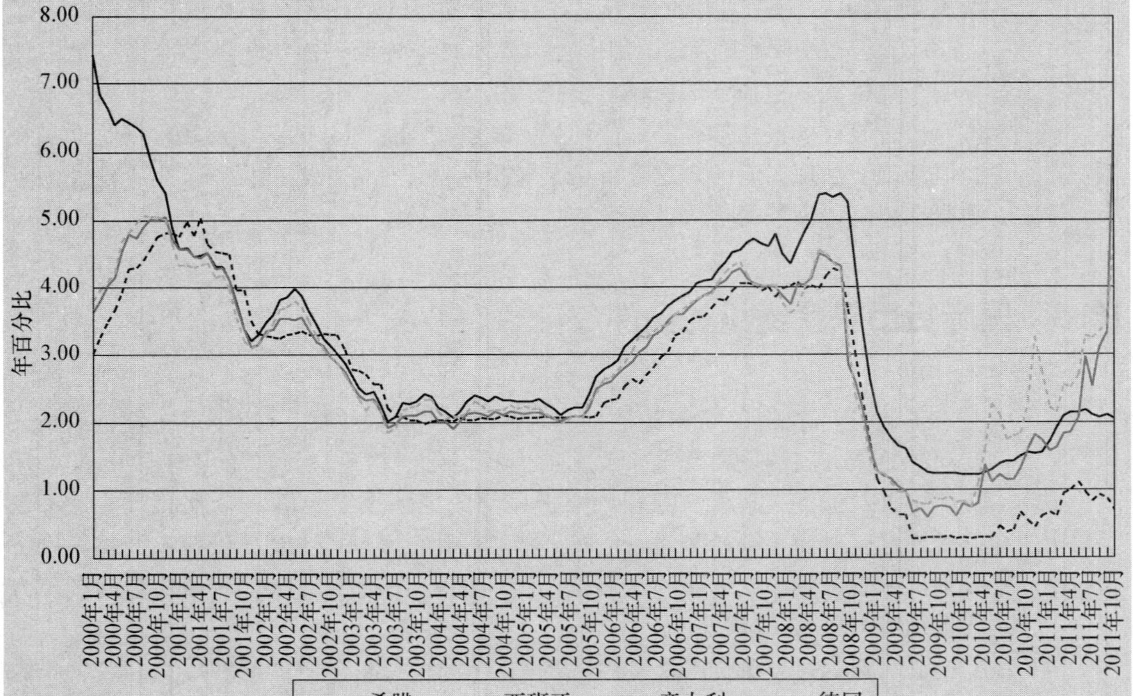

图 18-4　欧元区政府短期国库券的利率（2000—2011 年）

对于许多发展中国家来说，债务重组最重要的舞台之一便是**巴黎俱乐部**(Paris Club)。巴黎俱乐部并不是一个具有持续生命力的官方组织。巴黎俱乐部是指债权国政府（通常是西方发达国家）与债务国之间的非正式会议。一旦某个国家出现债务违约风险，各债权国就会拒绝对之追加贷款，债务国可与法国政府联系，要求与其法定债权人会晤。（除了法国愿意主持此类会议而使之变成某种传统以外，在巴黎举行此类会议似乎不存在其他特别理由。）在此类会议召开之前，债务人必须先向 IMF 申请一个备用贷款安排。巴黎俱乐部会议的功能是，协调债务国和债权国之间的谈判，内容包括重新规划还款的时间及成本。

除了巴黎俱乐部对政府债务进行重组，商业银行的债务也得到重组。在这些情形下，商业银行组成委员会与债务人谈判。除了延期还本付息和修改贷款条款外，商业银行还在这些债务国的商业项目中参与发展中国家的债权换股交易。**债权换股（债转股）**（debt/equity swap）是将债务置换成债务国的本国货币，然后，用这些货币购置债务国某一企业的所有权。

债转股的存在刺激了二级市场的增长。在二级市场里，债权商业银行可以将发展中国家的债务出售，买主可以将这笔债务换成债务国的股权。这个市场仍然相当小，只占商业银行持有的发展中国家债务总额的1%或2%。市场的“单薄”可能会产生单一的买方或卖方就可以“推动市场”的结局。也就是说，由于市场规模相对较小，购买债务的一个大单就可能把债务价格提高。根据《欧洲货币》杂志引用的一个经纪人的经历，有一次，花旗银行为日本的日产公司购买了6 200 万美元的墨西哥债务，用以置换墨西哥境内的一家汽车制造企业。这一债务购买数量竟然将债务的市场价格拉高了3%。

债转股很少根据债务的面值转换。发展中国家债务的二级市场价格是通过在面值基础上贴现界定的。这个价格是对拒绝偿还债务风险的反映。拒绝偿还债务的概率越高，债务的价值就越低。

18.5 国际货币基金组织的条件

正如我们在第13章讨论的那样，国际货币基金组织（IMF）一直是面临还款问题的债务国的重要资金来源。前面我们已经讨论过，如果没有 IMF 的备用贷款协议，债务人将无法获得巴黎俱乐部的债务重组。IMF 贷款的重要性不仅仅表现在它对商业银行和政府债权人的“纾困”。IMF 还要求借款人调整其经济政策以减少国际收支赤字，从而提高偿还债务的能力。这种 IMF 要求的调整方案被视为 IMF 的“条件”。

制定贷款计划流程的部分内容包括 IMF 代表团对借款国的考察。这个代表团由审查该国经济问题和解决方案的经济学家组成。与借款人谈判后，会达成一个有条件的贷款计划。条件通常涉及宏观经济变量的目标，如货币供应增长或政府赤字。贷款按期发放，如果条件尚未满足，新贷款有可能被终止。

现在可以理解 IMF 的条件对债权人的重要意义。从贷方的角度来看，贷款给主权国家与贷款给私人实体涉及的风险管理并无二致。虽然国家很少破产，但却可能会爆发革命或政治动乱，产生拒绝偿还上届政府债务的风险。即使政治变化并非如此激烈，如果经济条件恶化，国家也可能无法或者不愿偿还这些债务。因为既没有国际法庭来执行合同，借款国也没有除债权国家资产以外的贷款抵押品，所以国际贷款催生出一个新险种。此时，IMF 会充当监督者的角色，在债务国同意 IMF 的条件后，向债务人提供新贷款。如果外国债权政府或商业银行建议变更债务人的国内政策，政府可能会觉得主权被侵犯。但 IMF 是一个有 180 多个成员的跨国组织，派往债务国的 IMF 代表团的成员来自不同国家，其建议往往无关政治。然而，IMF 仍然因为自身以发达工业化国家的利益为主导而经常被人们诟病。就投票权而言，虽然 IMF 成员最近制定了有关配额政策的两套变更方案，旨在给予新兴市场和发展中国家更多的发言权（通过更多的投票权），但还是没有改变该组织被发达国家操控的事实。

IMF 的政策通过投票决定，投票权取决于一个国家的“配额”。配额是一个国家为获得成员资格而对 IMF 作出的财务贡献，用 IMF 的记账单位**特别提款权**（special drawing right，SDR）记录。最好把 SDR 视为由美元、英镑、欧元和日元四大世界货币的固定数量组成的一种人造货币。一个国家的配额至少要有 25%以储备货币或特别提款权的方式支付。余下的 75%用该国货币支付。尽管 IMF 成员经常同意通过增加资金的手段扩大现有配额规模，但是配额仍然代表 IMF 的一次性会员费。配额因国而异，其大小取决于一系列因素，如国家的大小、贸易的开放程度、持有的国际储备等。截至 2011 年底，美国持有规模最大的配额——421 亿特别提款权（约合 540 亿美元），图瓦卢持有的配额最小——180 万特别提款权（约合 230 万美元）。

每个国家有 250 张票，加上其配额每 100 000SDR 算 1 票。由于美国的配额几乎占总资金的 18%，所以美国的票数最多，占总票数的 16.7%。其次为日本和德国，分别占 6.2%和 5.8%。接下来为英国和法国，各占 4.3%。这五个发达国家占据 IMF 配额的 40%以上，因此它们可以主导投票。2008 年 3 月，IMF 成员同意通过一套旨在给新兴市场和发展中国家更大投票权的配额规模变更方案。2010 年底，IMF 成员同意进一步改革，以支持前期努力，并将基金组织的整体规模翻倍。2008 年签署的协议于 2011 年 3 月生效，结果是 54 个成员的配额得以增加。其中重要的成员有中国、印度、俄罗斯等，这些国家的投票权亦随之增加。当 2010 年协议生效时，SDR 总数翻倍，从原来的 2 380 亿增加到 4 770 亿。配额份额将从代表人数超出比例的国家（主要是欧洲国家）向新兴市场和发展中经济体转移。十大配额份额中，四个将分配给中国、巴西、印度和俄罗斯。

IMF 因强加限制经济增长及降低借款国生活水平的条件而受到人们的批评。其典型的条件包括减少政府支出，提高税收和限制货币增长。例如，1986 年 7 月，墨西哥与 IMF 签署了一项价值 16 亿美元的贷款协议。该协议包括以下条件：预算赤字在接下来的 18 个月内必须削减 3%，货币增长必须受到限制以减少资本外逃，名义利率必须超过通货膨胀率，必须减少可扣除的营业费用以增加税基。① 这些政策可以认为是IMF强加的紧缩政策，但是这些紧缩政策却旨在帮助借款政府促使生产性私营部门在经济中发挥更大的作用。

IMF在2008年11月批准了一项针对匈牙利的150亿美元贷款计划。由于债务繁重，匈牙利发现很难吸引新融资并支持现有支出。IMF的计划包括通过降低政府支付的工资和养老金来减少政府支出等。在金融危机时期，政府很难开口告诉选民，公共部门雇员的工资和退休人员的养老金必须削减。然而，鉴于外部权威如IMF强加的规则，这种不受欢迎的政策可能更容易实施。

IMF的观点是，对还款困难的债务国而言，调整方案无法回避。虽然压缩政府职能和政府补贴的调整措施确实会产生短期成本，但是调整会对长期增长起促进作用。从长远来看，必要的调整会刺激经济增长以偿还债务。

18.6 腐败的影响

政府官员的腐败行为长期以来一直约束着经济的增长。在许多国家，为了获得政府服务和补贴，给官员送钱或送礼的现象相当普遍。研究表明，国家的腐败程度与投资和增长两者都存在明确的负相关关系。

研究表明，如果一个国家的政策法规会导致其实际经济产出与自由市场条件下的产出出现扭曲，该国一定会腐败猖獗。例如，购买或出售外国货币需要政府批准的国家，外汇黑市一定会很兴盛。在外汇黑市上，兑换美元需要花费比官方汇率更多的本国货币。这种扭曲现象使政府官员窃得机会，通过提供官方利率赚取个人收益。

一般来说，一个国家的市场竞争程度越激烈，腐败机会就越少。因此，旨在减少腐败的政策通常涉及减少公务人员分配利益或征收费用的自主裁量权。这可能包括政府行为更加透明化以及在政府就业中引入择优竞争。由于国家腐败问题比较敏感，IMF最近才开始将之纳入其咨询和借贷职能。当从IMF或世界银行的贷款被腐败政客贪污而没有发挥其预期作用时，提供这些贷款的主要工业化国家自然而然会关注到这一情况，然后向国际组织施加压力，要求将反腐败措施纳入贷款条件中。20世纪90年代末，当严重的腐败行为已经对借款国的当地经济产生巨大的反作用时，IMF和世界银行开始明确地将反腐败政策纳入借款流程。

18.7 国家风险分析

国际金融活动涉及的风险在国内交易中很罕见。执行合同的国际法院几乎没

① Art Pine对墨西哥的贷款协议进行了描述，参见“Mexico-IMF Pact Is Seen Easing Cash Crunch，Altering Economy，” *Wall Street Journal*（July 23，1986），25。Susan Schadler对IMF的条件做了一个综述，“How Successful Are IMF-Supported Adjustment Programs？” *Finance and Development*（1996）。

有，银行无法收回国家抵押品，因为这些抵押品通常没有任何担保。虽然对主权国家的问题贷款已经进行了大量的“债务问题”公告，但必须意识到，由于资本管制或汇率政策等原因，给私有企业发放的贷款也可能会变为不良贷款。在这方面，如果外汇管制阻止资金转移，哪怕是跨国公司的国外子公司，也可能无法向其母公司转移资金。

对于商业银行和跨国公司而言，评估国际交易风险是极其重要的一环。国家风险分析已成为国际商务的重要组成部分。国家风险是指一个国家的总体政治和财政状况以及这些条件对一国偿还债务能力的影响程度。在确定与某一特定国家相关的风险程度时，分析人员必须同时考虑定性和定量两种因素。定性因素包括这个国家的政治稳定性。某些关键特征可能是对政治不确定性的反映：

1. 不同语言、种族和宗教团体的分裂，它们会对稳定性造成破坏和威胁。

2. 极端民族主义和对外国人的厌恶，它们可能会导致地方优惠待遇以及外资控股企业国有化。

3. 不利的社会条件，包括贫富悬殊现象。

4. 由示威、暴力和游击战频繁发生所证明的社会冲突。

5. 激进团体的力量和组织。

除定性或政治因素，还要考虑促使一个国家偿还债务的经济因素。[①] 在这方面，国家风险分析人员会调查一些事实，如下所示：

1. 外债。具体来说，是外债占国内生产总值（GDP）或外汇收入的比例。如果一个国家的债务比较多，这个国家可能存在还款问题。

2. 国际储备持有量。这些持有量代表，如果其出口收入下降，一个国家满足其短期国际贸易需求的能力。国际储备与进口的比率可以用来按照流动性对国家进行排名。

3. 出口。这个因素通过出口赚取的外汇和出口产品的多样性来衡量。主要依靠一两个产品赚取外汇的国家可能比出口产品多元化的国家更容易受到出口大幅波动的影响。

4. 经济增长。这个因素通过实际 GDP 或实际人均 GDP 的增长来衡量。可以将之视为一个国家总体经济状况的指标。

虽然不存在一种万无一失的国家风险评估方法，但是，在一些结构化方法基础上对各个国家进行评估和比较，国际贷款人将获得依据，以判断是否向特定国家提供贷款。

《欧洲货币》杂志每年对国际银行家进行两次调查，以了解他们对国家信誉的评估结果。除了对国家风险的主观评估，《欧洲货币》的排名还包括对以下内

① 有许多研究分析了国家风险的经济决定性因素。参见 Sebastian Edwards，“LDC's Foreign Borrowing and Default Risk：An Empirical Investigation 1976－1980，” *American Economic Review*（1984）；R. A. Somerville and R. J. Taffler，“Banker Judgment versus Formal Forecasting Models：The Case of Country Risk Assessment，” *Journal of Banking and Finance*（1995）；Steven B. Kamin，“The Current International Financial Crisis：How Much Is New?” *Journal of International Money and Finance*（1999）；Claudio Borio and Frank Packer，“Assessing New Perspectives on Country Risk，” *BIS Quarterly Review*（2004）。

容的评估：经济增长、外债和还款记录以及当前可采用的信贷条件。表18－5是最近调查结果的一个样本。我们不必太在意确切的排名次序，而应关注国家的分组情况。表格顶部的所有国家风险状况良好，银行容易提供贷款。中等风险国家在获取借款方面会受到一定的约束。被认定为高风险的国家会发现，自己不可能吸引到新的商业银行贷款。可以肯定的是，银行家不会在伊拉克等国家开展新业务。

表18－5　　国家风险评估实例

最低风险国家
1. 卢森堡
2. 挪威
3. 瑞士
4. 芬兰
5. 丹麦
中等风险国家
1. 75. 约旦
2. 76. 土耳其
3. 77. 越南
4. 78. 印度尼西亚
5. 79. 菲律宾
高风险国家
1. 182. 古巴
2. 183. 津巴布韦
3. 184. 马绍尔群岛
4. 185. 朝鲜
5. 186. 伊拉克

资料来源：*Euromoney* (September 2008). Copyright © 2008 Euromoney. Reprinted by permission.

本章小结

1. 国际银行存贷款市场称为欧洲货币市场。参与这个市场的银行称为欧洲银行。这些银行对本国货币以外的其他货币进行存贷。尽管以欧洲银行命名，但这些银行却分布在世界各地。

2. 因为各国监管机构对欧洲货币交易的管制比对本国银行交易的管制更宽松，所以欧洲银行得以建立并获得发展。这样，银行就可以通过支付略高的存款利率来吸引外资，并通过略低的贷款利率发放国际贷款。

3. 曾几何时，美国银行参与欧洲货币市场的能力有限。1981年，美联储允许美国银行创建国际银行设施（IBF）。IBF是允许从事欧洲货币银行业务的美国银行部门。

4. 欧洲货币市场的利率依日变动。变动以LIBOR利率为基础。LIBOR值每天由伦敦设置，根据欧洲美元市场对非银行机构的实际授信额度的规模来确定。LIBOR即伦敦银行同业拆放（借）利率，是伦敦的大型银行每天早上相互存款或拆借的利率。

5. 主权债务是指政府发行的以另一种货币计价的债券。如果汇率变动或出口机会恶化，国家会发现很难偿还主权债务。在这种情况下，巴黎俱乐部的债权国有时会对主权债务贷款进行重组。

6. IMF给面临短期国际收支问题的国家提供贷款。IMF的贷款往往伴随着强加给借款国的条件。这些条件要求债务国调整其经济以增加还款的可能性。

练　习

1. 为什么欧洲银行可以提供比国内银行范围更小的价差？

2. 请创建一个例子，假设美国通用电气公司在欧洲美元市场有 1 000 万美元的存款。在法国公用事业公司巴黎电气借走这 1 000 万美元之前，至少要包括一笔银行间的交易。此例如何对欧洲美元市场的总体规模产生影响？对市场净规模的影响是什么？

3. 想象自己正在接受一家大型国际银行某一职位的面试，面试官提到，最近该行在向外国政府贷款时遇到一些问题。面试官问，银行在评估涉及外国政府机构的贷款方案时，应考虑哪些因素？你怎么回答？

4. 什么是 IBF？IBF 业务的初期增长来自哪里？

5. 巴黎俱乐部安排可以针对何种债务？为什么在巴黎俱乐部会议之前需要提供 IMF 备用贷款协议？

6. 当研究人员对抛补利率平价的有效性进行测试时，考虑的通常是欧洲货币利率而不是特定国家的银行报价。你认为此选择的理由是什么？

7. 债转股如何促进国际债务问题的解决？站在债务国的立场，指出债转股的优点和缺点。你认为债转股市场多年以来一直保持小规模的原因是什么？

8. 从表 18-5 的三类国家（从风险方面考虑）中各选一个国家，为其创建国家风险指数。依据你可以观察到的因素——GDP 增长率、出口额、人均 GDP 增长等——进行排序。根据得出的结果，你是否基本同意表中所列举的这些国家的特征？

参考文献

Bird, Graham, Mumtaz Hussain, and Joseph P. Joyce. "Many Happy Returns? Recidivism and the IMF." *Journal of International Money and Finance* 23 (June 2004).

Brealey, R. A., and E. Kaplanis. "The Impact of IMF Programs on Asset Values." *Journal of International Money and Finance* 23 (2) (June 2004).

Bulow, Jeremy, and Kenneth Rogoff. "Cleaning Up Third World Debt without Getting Taken to the Cleaners." *Journal of Economic Perspectives* 4 (Winter 1990).

Clark, Jack, and Eliot Kalter. "Recent Innovations in Debt Restructuring." *Finance and Development* (September1992): 6-8.

Cline, William. "Private Sector Involvement in Financial Crisis Resolution." Center for Global Development Working Paper 18 (2002).

Kutan, Ali, and Bernd Hayo. "Investor Panic, IMF Actions, and Emerging Stock Market Returns and Volatility: A Panel Investigation." *Journal of International Money and Finance* (November 2005).

Mayer, Wolfgang, and Alexandros Mourmouras. "IMF Conditionality: An Approach Based on the Theory of Special Interest Politics." *The Review of International Organizations* (2008).

Schadler, Susan. "How Successful Are IMF Supported Adjustment Programs?" *Finance and Development* (June 1996).

术语表

A

absolute advantage　绝对优势（3）

absolute PPP　绝对购买力平价（15）

absorption approach　吸收分析法（16）

absorption　吸收（16）

ad valorem tariff　从价关税（6）

antitrade biased growth　逆贸易偏向型增长（10）

appreciation　升值（12）

arbitrage　套汇（12）

asset market model　资产市场模型（14）

autarky　自给自足（2）

automatic borrowing rights　自动借贷权利（13）

B

balance-of-payments equilibrium　国际收支均衡（11）

balance of payments　国际收支平衡表（11）

balance of trade　贸易平衡（11）

beggar-thy-neighbor policy　以邻为壑政策（17）

brain drain　人才外流（10）

"Buy American" acts　"购买美国货"法案（7）

C

call option　看涨期权（12）

capital abundant　资本丰裕（4）

capital intensive　资本密集型（4）

capital-saving technical change　资本节约型技术革新（10）

commercial policy　商业政策（6）

community indifference curve（CIC）　社会无差异曲线（2）

comparative advantage　比较优势（3）

compound tariff　复合关税（6）

constant returns to scale　规模收益不变（3）

consumer surplus　消费者剩余（6）

consumption possibility frontier　消费可能性边界（3）

Council of the EU　欧盟理事会（9）

countervailing duty　反补贴税（8）

countervailing duty　反补贴税（7）

covered interest parity　抛补利率平价（12）

credit　贷方（11）

cross rate　交叉汇率（12）

currency-contract period　货币合同阶段（16）

current account balance　经常项目余额（11）

customs unions（CU）　关税同盟（9）

D

deadweight cost of the tariff　关税的无谓成本（6）

debit　借方（11）

debt/equity swap　债权换股（债转股）（18）

debt rescheduling　债务重组（18）

depreciation　贬值（12）

destabilizing speculation　非稳定性投机（13）

devaluation　贬值（13）

diminishing returns to labor　劳动收益递减（10）

dumping margin　倾销幅度（8）

dumping　倾销（8）

dynamic gains from trade　贸易动态利得（6）

E

economic development　经济发展（10）

elasticities approach　弹性分析法（16）

elasticity of demand for imports　进口需求弹性（16）

embargo　禁运（7）

escape clause　免责条款（8）

eurocurrency market　欧洲货币市场（18）

European Commission　欧盟委员会（9）

European Court of Justice　欧洲法院（9）

European Parliament　欧洲议会（9）

European Union（EU）　欧盟（9）

exchange rate　汇率（12）

export subsidy　出口补贴（7）

exports　出口产品（1）

external balance　外部均衡（17）

F

factor endowments　要素禀赋（4）

factor price equalization（FPE）　要素价格均等化（4）

fixed exchange rates　固定汇率（12）

flexible exchange rates　浮动汇率（12）

forward discount　远期贴水（12）

forward exchange rate　远期汇率（12）

forward premium anomaly　远期升水异常（14）

forward premium　远期溢价/升水（12）

free-trade areas（FTA）　自由贸易区（9）

futures market　期货市场（12）

G

general equilibrium　一般均衡（2）

generalized system of preferences（GSP）　普惠制（6）

gold-exchange standard　金汇兑本位制（13）

gold export point　黄金输出点（13）

gold import point　黄金输入点（13）

gold standard　金本位制（13）

gross domestic product（GDP）　国内生产总值(1)

gross national product（GNP）　国民生产总值(1)

guest workers　外籍劳工（10）

H

hedge　套期保值（12）

I

IMF conditionality　IMF 贷款条件（13）

immizerizing growth　贫困化增长（10）

importance of being unimportant　充当不重要角色的重要性（3）

import-substitution development strategies　进口替代发展战略（10）

imports　进口产品（1）

incomplete specialization　非完全专业化（4）

increasing returns to scale　规模收益递增（5）

index of openness　开放指数（1）

indifference curve　无差异曲线（2）

infant industry argument　幼稚产业观点（7）

injury test　损害测试（8）

input-output table　投入产出表（5）

internal balance　内部均衡（17）

international banking facilities（IBF）　国际银行设施（18）

international division of labor　国际劳动分工（3）

international policy coordination　国际政策协调（17）

international price discrimination　国际价格歧视（8）

international reserves　国际储备（11）

intertemporal model　跨期模型（16）

intervention　干预（12）

intraindustry trade　产业内贸易（5）

J

J curve effect　*J* 曲线效应（16）

L

labor abundant　劳动丰裕（4）

labor intensive　劳动密集型（4）

labor-saving technical change　劳动节约型技术革新（10）

law of one price　一价法（15）

Leontief paradox　里昂惕夫悖论（5）

linkage effects　联动效应（10）

locomotive effect　机车效应（17）

logrolling　互投赞成票（8）

London interbank offered rate（LIBOR）　伦敦银行同业拆放（借）利率（18）

M

Maastricht Treaty　《马斯特里赫特条约》(13)

T

tariff escalation　关税升级（6）

tariff rate quotas（TRQs）　关税配额（7）

tariff　关税（6）

terms of trade　贸易条件（3）

term structure of interest rates　利率期限结构（14）

Tinbergen rule　丁伯根法则（17）

trade adjustment assistance（TAA）　贸易调整援助（8）

trade creation　贸易创造（9）

trade deficits　贸易逆差（1）

trade diversion　贸易转向（9）

trade（tariff）war　贸易（关税）战（6）

trade surpluses　贸易顺差（1）

trade triangle　贸易三角形（3）

twin deficits phenomenon　双赤字现象（17）

U

unconditional most favored nation status　无条件最惠国待遇（8）

uncovered interest rate parity（UIRP）　无抛补利率平价（14）

undervalued　低估（15）

upstream subsidy　上游补贴（8）

V

value marginal product of labor　劳动边际产出价值（10）

voluntary export restraint（VER）　自愿出口限制（7）

W

Walras law　瓦尔拉斯定律（3）

Pearson

尊敬的老师：

您好！

为了确保您及时有效地申请培生整体教学资源，请您务必完整填写如下表格，加盖学院的公章后传真给我们，我们将会在2～3个工作日内为您处理。

请填写所需教辅的开课信息：

采用教材			□中文版 □英文版 □双语版
作　　者		出版社	
版　　次		ISBN	
课程时间	始于　　年　月　日	学生人数	
	止于　　年　月　日	学生年级	□专科 □本科1/2年级 □研究生 □本科3/4年级

请填写您的个人信息：

学　　校			
院系/专业			
姓　　名		职　　称	□助教 □讲师 □副教授 □教授
通信地址/邮编			
手　　机		电　　话	
传　　真			
official email（必填） （eg：×××@ruc.edu.cn）		email （eg：×××@163.com）	
是否愿意接受我们定期的新书讯息通知：	□是　□否		

系/院主任：__________（签字）

（系/院办公室章）

____年____月____日

资源介绍：

——教材、常规教辅（PPT、教师手册、题库等）资源：请访问 www.pearson highered.com/education。（免费）

——MyLabs/Mastering 系列在线平台：适合老师和学生共同使用；访问需要 Access Code。（付费）

100013　北京市东城区北三环东路36号环球贸易中心D座1208室

电话：（8610）57355003　　传真：（8610）58257961

Please send this form to：elt.copub@pearson.com

Website：www.pearson.com

教师教学服务说明

中国人民大学出版社工商管理分社以出版经典、高品质的工商管理、财务会计、统计、市场营销、人力资源管理、运营管理、物流管理、旅游管理等领域的各层次教材为宗旨。

为了更好地为一线教师服务，近年来工商管理分社着力建设了一批数字化、立体化的网络教学资源。教师可以通过以下方式获得免费下载教学资源的权限：

在中国人民大学出版社网站 www. crup. com. cn 进行注册，注册后进入“会员中心”，在左侧点击“我的教师认证”，填写相关信息，提交后等待审核。我们将在一个工作日内为您开通相关资源的下载权限。

如您急需教学资源或需要其他帮助，请在工作时间与我们联络：

中国人民大学出版社　工商管理分社

联系电话：010-62515735，82501048，62515782，62515987

电子邮箱：rdcbsjg@crup. com. cn

通讯地址：北京市海淀区中关村大街甲 59 号文化大厦 1501 室（100872）